ŒUVRES

COMPLÈTES

DE BOSSUET

PUBLIÉES

D'APRÈS LES IMPRIMÉS ET LES MANUSCRITS ORIGINAUX

PURGÉES DES INTERPOLATIONS ET RENDUES A LEUR INTÉGRITÉ

PAR F. LACHAT

ÉDITION

RENFERMANT TOUS LES OUVRAGES ÉDITÉS ET PLUSIEURS INÉDITS

VOLUME XXIX

PARIS
LOUIS VIVÈS, LIBRAIRE-ÉDITEUR
13, RUE DELAMBRE, 13

—

1879

ŒUVRES
COMPLÈTES
DE BOSSUET

PARIS. — IMPRIMERIE Vᵛᵉ P. LAROUSSE ET Cⁱᵉ
19, RUE MONTPARNASSE, 19

ŒUVRES

COMPLÈTES

DE BOSSUET

PUBLIÉES

D'APRÈS LES IMPRIMÉS ET LES MANUSCRITS ORIGINAUX

PURGÉES DES INTERPOLATIONS ET RENDUES A LEUR INTÉGRITÉ

PAR F. LACHAT

ÉDITION

RENFERMANT TOUS LES OUVRAGES ÉDITÉS ET PLUSIEURS INÉDITS

VOLUME XXIX

PARIS

LOUIS VIVÈS, LIBRAIRE-ÉDITEUR

13, RUE DELAMBRE, 13

1879

LETTRES

SUR

L'AFFAIRE DU QUIÉTISME.

REMARQUES HISTORIQUES.

On connoît l'hérésie qui attaqua si dangereusement l'Eglise de France dans le xviie siècle, menaçant d'ensevelir à la fois le dogme et la morale sous un tas de ruines; on connoît les erreurs qui constituent fondamentalement cette hérésie : Dieu aimé sans rapport à nous-mêmes, l'amour inné du bonheur détruit dans le cœur de l'homme, l'indifférence entre le salut et la damnation, la quiétude passive sous l'action de la grace, l'inutilité des sacremens et l'impossibilité de la prière; on connoît enfin les apôtres qui prêchoient plus ou moins franchement ce nouvel évangile : Molinos, le P. La Combe, Madame Guyon, Fénelon. Déjà nous avons parlé du quiétisme moderne, et les lettres qu'on a lues déjà mettent la question dans tout son jour [1]

Le lecteur, nous le croyons du moins, n'a plus à nous faire qu'une question : Comment avez-vous édité les lettres relatives au quiétisme? Pour connoître notre édition, il faut connoître les éditions précédentes. Disons donc, pour commencer par là, que les premiers éditeurs, et par suite tous les autres, ont fait dans la correspondance sur le quiétisme de nombreuses suppressions; ils ont supprimé, non-seulement des traits particuliers qui peignent en quelque sorte la vie intime de l'écrivain, mais souvent des faits qui présentent un intérêt général. Nous allons donner quelques-uns des passages que les critiques n'ont pas jugés dignes de publicité. Bossuet écrit à son neveu, dans la première Lettre de ce volume :

Le roi a la goutte bien serré, et cela a empêché Sa Majesté d'aller passer à Trianon le reste de ce beau mai. Il n'y a rien encore de nouveau. Je ne sache pas qu'on ait encore nouvelle de l'arrivée du prince d'Orange en Flandre ; mais on disoit ces jours passés son passage en Hollande La santé du roi, à sa goutte

---

[1] Voir vol. XIX, p. 1 et suiv.; et vol. XXVIII, p. 554 et suiv.

près, est très-bonne. Je pars pour Versailles, où si j'ai occasion d'amuser le roi de votre voyage, je le ferai [1].

Ce passage ne se trouve dans aucune édition. Il en est de même de ceux qu'on va lire, appartenant à la deuxième Lettre de notre volume :

Il n'y a encore aucune nouvelle, sinon que nous nous trouvons partout les plus forts. Je ne sais pourquoi on parle de paix plus que jamais, et ce me semble plus sérieusement. — Ajoutez au chiffre *Diomède* pour ce cardinal, *saint Narcille* pour Casanata, *l'archidiacre* pour Cibo, le *Bon Ange* pour Altieri. — Je m'en vais dîner à Conflans; et mercredi je serai à Meaux, s'il plaît à Dieu. — Tout le monde paroît bien content de M. Phelippeaux, et j'en reçois de grands témoignages [2].

Les tirets indiquent les alinéas. — Toujours Bossuet à son neveu :

On ne manquera pas de vous mander les nouvelles. Il n'y en a point de considérables. Les armées se regardent en Flandre, et de notre côté on prend des postes avantageux pour tout empêcher. M. Chasot m'écrit de Metz que la nôtre d'Allemagne fait toujours bonne contenance au delà du Rhin. Plusieurs veulent encore la paix de Savoie, dont on dit que les conditions sont assez avantageuses pour le duc; et qu'on a cru qu'il étoit de la politique de rompre la ligue, quoiqu'il en coûtât beaucoup. Le roi se porte toujours parfaitement mieux. Quand je serai sur les lieux, je me rendrai attentif à ce qui se passe [3].

Voici encore un passage du maître, car c'est Bossuet qu'on mutile de préférence :

On ne peut vous mander de nouvelles certaines. On se regarde en Flandre. Le prince d'Orange tient en jalousie Dinant et Charleroy, pour apparemment chercher l'occasion de l'attacher au premier, qu'on ne pourroit sauver en ce cas. Cela fatigue les troupes, et tient tout en incertitude. Les bruits de la paix de Savoie changent tous les jours; depuis hier on semble fixé à la croire manquée, et de l'armée on l'écrit ainsi. Vous en devez savoir plus que nous au lieu où vous êtes. — Je serai à Paris sans manquer, s'il plaît à Dieu, de samedi ou de lundi en huit jours, et vous ne recevrez plus de lettres d'ici. — Je ferai vos complimens à toute la maison de Noailles, sur la mort de M. le marquis de Noailles. — Les pluies désolent les jardins. On n'espère ni pêches, ni melons. Les vignes sont menacées de tous côtés. Il n'y a de ressources que dans les vins de Vareddes. Au reste Castor a été enrôlé dans un régiment qui est passé à Meaux. Il n'y avoit plus moyen de supporter sa mordacité. Nous nourrissons la postérité qu'il nous a laissée de Junon; la beauté en est encore assez ambiguë [4].

---

[1] *Edit. Vivès*, vol. XXIX, Lettre LV, p. 1 et 2 ; Lettre correspondante: *édit. Lebel* ou de *Versailles*, vol. XL, Lettre LIV. — [2] *Edit. Vivès*, vol. XXIX, Lettre LVI, p. 3; *édit. Lebel*, vol. XL, Lettre LV. — [3] *Edit. Vivès*, *ibid.*, Lettre LIX, p. 5 et 6; *édit. Lebel*, *ibid.*, Lettre LIX.

[4] Bossuet dit encore, dans la Lettre LXIV : « Je ne sais si je vous ai mandé la disgrace et l'éloignement de Castor pour avoir osé, après Madame d'Alègre, mordre encore Madame Etienne. » Ce passage n'étoit pas à la hauteur des Bénédictins des *Blancs-Manteaux*; ils l'ont retranché avec plusieurs autres qui l'accompagnoient.

— Je salue M. Phelippeaux, sans oublier M. l'abbé de Lusançi. On dit ici qu'il doit revenir au mois de septembre [1].

Ces passages, qui sont retranchés dans toutes les éditions, forment les deux tiers de la lettre. — Ceux qu'on va lire la forment tout entière, moins quelques lignes :

On ne dira pas cette fois qu'il n'y a point de nouvelles. Vous aurez su aussitôt que nous la trêve de Savoie, qui est une paix. On croit qu'on aura bientôt la princesse aînée de Savoie, qui doit épouser Monseigneur de Bourgogne, et qu'elle viendra à Fontainebleau. On vient d'apprendre que M. de Savoie avoit congédié les Allemands avec ordre de se bien conduire, sinon qu'on les chargeroit. Il a en même temps retiré la garde allemande, qu'il avoit donnée à Madame de Savoie dès le commencement de la guerre, et lui a donné la sienne. — Le prince d'Orange a renvoyé son gros canon et les prisonniers qu'il avoit assemblés de tous côtés, après la visite qu'il a reçue du pensionnaire de Hollande de la part des États. On assure qu'il lui a été demander un pouvoir, pour faire la paix, qu'il a été obligé de lui donner. On espère bientôt une trêve de ce côté-là, et dès à présent on y est sans action. Nos généraux ont bon ordre de se tenir sur leur garde. — Le roi est à Marly, jusqu'à samedi, en bonne santé et fort content. On donne de grandes louanges à M. Teste, qui suit cette négociation avec M. Sauvage depuis six mois. — On raisonne beaucoup sur la condition du traité. Il est certain qu'on rend tout à la France, et qu'on démolit Pignerol. Du côté d'Allemagne, il est question de Strasbourg démoli ou de l'alternative qui est, dit-on, Brisac et Fribourg ; du côté d'Espagne, de Luxembourg ou de l'alternative qui est, dit-on, Ypres, Condé et Vervins. Tout cela concluroit la paix générale, et on dit que c'est ainsi que la Hollande la négocie. Tout cela est encore caché : voilà les bruits les plus vraisemblables [2].

Tous les passages qui précèdent ont été supprimés dans un petit nombre de pages ; et si le lecteur veut lui-même constater mille autres suppressions non moins regrettables, qu'il compare les lettres que nous avons pu revoir et compléter sur les autographes avec les lettres correspondantes dans n'importe quelle édition.

Mais les éditeurs ne se sont pas contentés d'émonder, d'élaguer, de mutiler la correspondance sur le quiétisme ; ils l'ont altérée, corrompue, défigurée dans le style. Nous avons vu dans cent endroits de cette édition comment les audacieux correcteurs ont remanié Bossuet ; voyons de quelle manière ils ont manipulé son neveu.

Ce « petit-neveu d'un grand oncle, » pour employer la dénomination du comte de Maistre, est inexact, raboteux, lourd ou plutôt inqualifiable dans son style : il écrit en françois, dit encore M. de Maistre, comme feroit un laquais allemand qui auroit eu pendant quelques mois un auvergnat pour maître de langue. Cependant les premiers éditeurs avoient

---

[1] *Édit. Vivès*, vol. XXIX, Lettre LX, p. 6 et 7 ; *édit. Lebel*, vol. XL, Lettre LX. — [2] *Édit. Vivès*, ibid., Lettre LXIII, p. 10 et 11 ; *édit. Lebel*, ibid., Lettre LXIII.

traité ce cher abbé, leur ami, qui fut janséniste autant que possible, avec un amour de prédilection; les meilleures plumes des *Blancs-Manteaux* avoient retouché, caressé, poli sa prose : donnons un échantillon de leur procédé. On va parler du décret qui condamne le livre des *Maximes* :

LES ÉDITIONS.

Il renferme vingt-trois propositions principales, qui sont rapportées dans leur entier, et qu'on condamne *sive in sensu obvio...*, avec quelques autres qualifications également fortes. La qualification d'*hérétique* ne s'y trouve pas, quoique la proposition de l'involontaire en Jésus-Christ soit du nombre des vingt-trois, et qu'on l'ait transcrite sans restriction ni modification, comme étant du livre, et par conséquent de l'auteur. Je vous dirai dans la suite de quelle manière le tout s'est fait. On ne condamne pas seulement telle édition du livre : on en condamne toutes les éditions. Les différentes clauses, usitées dans les bulles en pareil cas, n'y sont pas oubliées. On a ôté seulement celle de *igne comburantur*, qui n'est pas essentielle. Il n'est pas dit un mot qui tende à excuser le sens de l'auteur, ni ses explications. Ces paroles, *sive in sensu obvio, sive ex contextu libri et sententiarum*, destinées à caractériser l'intention du décret, paroissent aller au-devant des chicanes qu'on auroit pu faire sur le sens de l'auteur et de ses explications. On ne sauroit désormais les alléguer, puisqu'il est manifeste que ces explications, contraires au sens condamné, *obvio*, ne sont ni bonnes ni recevables, vu qu'elles seroient encore contraires au texte du livre et à toute la suite de son exposé, et n'y conviennent pas.

Les propositions en particulier se verront dans la bulle : je n'en puis savoir le détail au juste; mais vous voyez, par ce que je viens de vous marquer, que l'essentiel se trouve dans le décret. La doctrine du livre de M. de Cambrai,

LE MANUSCRIT.

Il y a vingt-trois propositions principales, énoncées et mises tout du long, lesquelles on condamne *sive ex sensu obvio...*, et je pense, quelques autres qualifications très-fortes. La qualification d'*hérétique* n'y est pas, quoique la proposition de l'involontaire y soit tout du long, sans restriction ni modification, comme étant du livre et de l'auteur par conséquent. Je vous dirai dans la suite comme le tout s'est fait. On ne condamne pas seulement le livre d'une telle édition : on condamne toutes les éditions et toutes les traductions. Toutes les autres clauses, en pareil cas, n'y sont pas oubliées. On a ôté seulement celle de *igne comburantur*, qui n'est pas essentielle. Il n'est pas dit un mot qui tende à excuser en rien le sens de l'auteur, ni ses explications. Ce qu'on a mis : *Sive ex sensu obvio, sive ex contextu libri et sententiarum*, paroît aller au-devant de la chicane du sens de l'auteur et encore des explications, puisqu'il est manifeste que ces explications contraires au sens condamné, *obvio*, ne sont pas bonnes ni recevables, puisqu'elles seroient encore contraires au texte du livre et à toute la suite, et n'y conviennent pas.

Les propositions en particulier se verront dans la bulle; je n'en puis savoir le détail au juste. Vous voyez par là que l'essentiel est fait. La doctrine du livre de M. de Cambray n'a plus aucune ressource : elle est condamnée et expri-

LES ÉDITIONS.	LE MANUSCRIT.
expressément condamnée, est flétrie sans ressource pour ne laisser rien à désirer. Je conviens qu'il auroit fallu qu'on eût ajouté la qualification d'hérétique, et l'on auroit dû qualifier chaque proposition en particulier; mais sans entrer ici dans les raisons qui ont contraint de ne pas insister plus longtemps sur ces deux points, je m'imagine que vous les pénétrez bien. Il a paru ici trop difficile de donner exactement à chaque proposition ses qualifications propres, d'autant plus qu'il n'étoit pas aisé de faire convenir les cardinaux. A chaque proposition il auroit fallu livrer autant de batailles contre les amis de M. de Cambrai; et c'étoit ce qu'ils demandoient, uniquement pour embrouiller et pour éterniser cette affaire, sous prétexte de rendre la décision plus exacte : toutefois on en seroit venu à bout, si M. le cardinal de Bouillon n'avoit pas été dans les congrégations.	mée. Pour rendre tout complet, je conviens qu'il falloit la qualification d'*hérétique*; et il auroit été à souhaiter que la qualification eût été à chaque proposition, comme dans la bulle contre Baius; mais sans que je m'arrête longtemps sur les raisons qui ont contraint à ne pas insister plus longtemps à l'une et à l'autre, je m'imagine que vous vous les figurez bien. La qualification particulière de chaque proposition a paru ici trop difficile pour la faire dans la dernière exactitude : on avoit peine à convenir. Il auroit fallu livrer autant de batailles contre les amis de M. de Cambray. C'étoit ce qu'ils demandoient uniquement pour embrouiller et pour éterniser cette affaire, sous prétexte d'une décision plus exacte : ce qu'on auroit pourtant fait assurément, si M. le cardinal de Bouillon n'avoit pas été dans les congrégations [1].

Encore une citation, prise à l'autre extrémité du livre :

LES ÉDITIONS.	LE MANUSCRIT.
Dans les visites de congé que je fais aux cardinaux, je leur insinue qu'il est important qu'on défende les explications et écrits publiés par M. de Cambrai pour la justification de son livre. Je démontre la nécessité de cette prohibition, d'une manière à ne pas recevoir de réplique; et je fais sentir que c'est une conséquence du décret prononcé. Je ne désespère pas qu'on ne fasse quelque chose à cet égard, surtout si M. le nonce en parle. Au reste, vous ne pouvez vous imaginer la mauvaise humeur, pour ne rien dire de plus, que le cardinal de Bouillon a témoignée en apprenant la réponse de M. le grand duc sur M. de Madot.	Dans mes visites des cardinaux, j'insinue la défense des explications et livres de M. de Cambray, et en démontre la nécessité d'une manière à ne pas recevoir de réplique, et comme une conséquence nécessaire de ce qui s'est fait. Je ne doute pas qu'on ne fasse quelque chose, surtout si M. le nonce en parle. Je vous envoie la copie d'un imprimé qui est ici entre les mains de quelques cardinaux. Je le crois dicté par M. le cardinal de Bouillon et par le P. Charonnier, et la lettre est imprimée en Hollande. Vous l'avez peut-être vue. J'écris fort à la hâte, n'ayant pu finir mes audiences et mes affaires que fort

---

[1] *Édit. Vivès*, vol. XXX, Lettre CDLIV; p. 303 et suiv.; *édit. Lebel*, vol. XLII, Lettre CDXXXVII, p. 326 et suiv.

LES ÉDITIONS.	LE MANUSCRIT.
Ce prince plein d'équité a fait savoir à ce cardinal qu'il vous avoit donné sa parole, ainsi qu'à M. de Paris, de prendre à son service ce gentilhomme, dont on lui répondoit, et qu'il ne pouvoit honorablement y manquer. Cette mortification, jointe au refus que l'ambassadeur du grand duc a fait de lui accorder le titre d'Altesse, a grandement aigri l'esprit du cardinal de Bouillon contre l'ambassadeur et son maître. Ce cardinal est résolu de se venger de l'affront qu'il prétend lui être fait en sa qualité de ministre du roi. Il est bon que Sa Majesté en soit informée.	tard; ce qui fait que je ne pourrai peut-être pas écrire à M. de Paris, à qui je vous prie de faire mes complimens. Si vous n'êtes pas à Paris, et que vous jugiez à propos d'envoyer quelques copies de ce que je vous écris sur les affaires courantes, vous ne feriez peut-être pas si mal. Au reste, vous ne pouvez vous imaginer la rage que le cardinal de Bouillon a eue de savoir la réponse de M. le grand-duc sur M. Madot, qui est qu'il avoit donné sa parole à vous et à M. de Paris pour ce gentilhomme, et qu'il ne pouvoit y manquer. Cela joint au refus d'*Altesse* que l'ambassadeur du grand-duc a fait, cause une grande aigreur entre ces puissances. Le cardinal est résolu de s'en venger par rapport au roi. Il est bon qu'il en soit informé [1].

Telles qu'elles se trouvent dans les éditions, les lettres de l'abbé Bossuet sont des canevas brodés par les Bénédictins des *Blancs-Manteaux*. Gagnent-elles à ces broderies ? Elles y perdroient, si elles pouvoient perdre quelque chose. Au reste, l'auteur se peint dans ces lettres en traits éclatans. Admirateur passionné de ses qualités précieuses, il se loue, il se vante, il s'exalte sans mesure ; à l'entendre, il délibère et détermine, il conçoit et exécute ; c'est lui qui décide tout, qui fait tout; c'est lui qui éclaire et sauve l'Eglise. Une ame si amante d'elle-même, comment pourroit-elle aimer les autres ? Aussi l'abbé d'antichambre n'a-t-il que du fiel dans le cœur, que des calomnies dans la bouche et que des réquisitoires au bout de sa plume; ses adversaires sont déraisonnables, insensés, furieux, enragés; ils sont traîtres au roi, traîtres à la France, traîtres à l'Eglise, à Dieu même; allons ! qu'on les condamne, qu'on les flétrisse, qu'on les exécute ! Le plus grand tort de Bossuet, c'est d'avoir toléré son neveu.

Il nous reste à relever, non plus des inexactitudes littéraires, mais des altérations que nous laisserons au lecteur le soin de qualifier. Bossuet avoit exposé, dans une *Ordonnance* publiée par l'archevêque de Paris, la doctrine catholique sur la grace. Parlant de l'effet produit par cette exposition, il dit dans une Lettre: « Les *jansénistes* sont consternés. » Pour soustraire à ce coup leur croyance secrète, après avoir

[1] *Edit. Vivès*, vol. XXX, Lettre DVII, p. 449; *édit. Lebel*, vol. XLII, Lettre CDLXXXV, p. 527.

couvert de ratures le mot *jansénistes*, les Bénédictins des *Blancs-Manteaux* lui font dire : « Plusieurs sont mécontens [1]. » Ailleurs Bossuet désapprouve « deux thèses soutenues à Reims coup sur coup, » dit-il sans ajouter par qui elles ont été soutenues ; les charitables religieux ont imprimé : « Soutenues à Reims par les Jésuites [2]. » Plus loin, Déforis et ses collaborateurs prêtent à Bossuet tout un alinéa de leur façon, pour amener cette allégation du moins gratuite, que les Jésuites avoient fait retrancher d'un ouvrage intitulé les *Hommes illustres*, des écrivains qui « méritoient bien d'y avoir place [3]. » Si l'on va plus loin encore, on trouvera un autre passage également fabriqué par la fraude, qui leur fournit l'occasion de formuler, sinon contre tous les Jésuites, du moins contre le Père de la Chaise, l'accusation de ruse, d'artifice, de félonie [4]. Et ce n'est pas assez pour eux de faire parler Bossuet quand il se tait, ils lui imposent silence quand il parle contre leur gré ; les suppressions ne leur coûtent pas plus que les additions. Dans ce passage de Bossuet : « Nous ne craignons le P. Diaz, ni même le P. Tyrso, encore que nous le respections beaucoup, » ils ont retranché les mots qu'on vient de lire : « Encore que nous le respections beaucoup, » pourquoi? parce que le P. Tyrso étoit général des Jésuites [5]. Après avoir répandu le sarcasme contre ces religieux, l'abbé Bossuet dit : « Je sais fort bien distinguer le Père de la Chaise et deux ou trois de nos amis... ; je vous prie de le lui dire, et j'en parle ainsi ici dans l'occasion. » Cherchez ces paroles restrictives dans toutes les éditions, vous ne les trouverez nulle part : les disciples de saint Benoît les ont retranchées pour faire tomber sur tous les disciples de saint Ignace les diatribes du futur évêque de la régence [6]. Et chose déplorable et pourtant vraie, leur esprit et leur ressentiment semblent n'être pas morts avec eux. Souvent dans leurs notes, qui sont très-nombreuses et très-longues, ils commencent par canonner les Jésuites, puis ils brûlent leurs dernières munitions contre l'archevêque de Cambray. Eh bien, les savans qui ont présidé à l'édition de Versailles, membres aussi d'une congrégation religieuse, font tonner cette artillerie contre les Jésuites ; mais sitôt que Fénelon paroit en ligne, ils se hâtent d'éteindre le feu ; ils arrêtent ou continuent les bordées jansénistes, suivant qu'elles peuvent atteindre leurs amis ou leurs ennemis [7].

Voilà comment les éditeurs ont imprimé la correspondance relative au quiétisme : ils l'ont altérée de toutes manières ; le lecteur remar-

---

[1] *Edit. Vivès*, vol. XXIX, Lettre LXXII, p. 29 et 30 ; *édit. Lebel*, vol. XL, Lettre LXXII, p. 230. — [2] *Edit. Vivès, ibid.*, Lettre LXXXV, p. 47 ; *édit. Lebel, ibid.*, Lettre LXXXIV, p. 252. Les thèses avoient bien été soutenues par les élèves des Jésuites, mais Bossuet ne le dit pas. — [3] *Edit. Vivès, ibid.*, Lettre XCV, p. 57 et 58 ; *édit. Lebel,* Lettre XCIV, p. 265 ; et Lettre XCV, p. 267. — [4] *Edit. Vivès, ibid.*, Lettre C, p. 64 ; *édit. Lebel, ibid.*, Lettre XCIX, p. 273 et 274. — [5] *Edit. Vivès*, vol. XXIX, Lettre CXV, p. 88 ; *édit. Lebel*, vol. XL, Lettre CXIV, p. 309. — [6] *Edit. Vivès*, vol. XXX, Lettre CDLXXXV, p. 380 ; *édit. Lebel*, vol. XLII, Lettre CDLXIII, p. 432. — [7] *Edit. Vivès*, vol. XXIX, Lettre LXV, p. 13 ; *édit. Lebel*, vol. XL, Lettre LXV, p. 210.

quera lui-même des milliers de falsifications. Pour nous, ajoutons seulement que, dans notre édition, les lettres collationnées sont désignées par une indication spéciale, et disons dès ce moment que la plupart des autographes se trouvent à la bibliothèque du séminaire de Meaux. D'un autre côté, nous donnons plus de cent lettres qu'on chercheroit vainement dans les autres éditions : il suffit, pour s'en convaincre, de comparer pour ainsi dire les numéros d'ordre qui se trouvent dans les titres. A cela, si l'on ajoute les nombreux passages retranchés par les éditeurs et rétablis par nous d'après les manuscrits, on verra que les matières nouvelles renfermées dans notre collection formeroient un volume de l'édition de Versailles.

Avant de déposer la plume pour ne la plus reprendre dans cette publication, un mot, qui sera tout ensemble le premier et le dernier, pour notre défense. Deux critiques ou deux censeurs différemment intéressés dans les anciennes éditions de Bossuet, nous ont accusé d'avoir relevé avec amertume les erreurs et les fautes de Déforis. Voici la vérité. Nous avons fait dans Bossuet, à chaque page, à chaque alinéa, de nombreux changemens; nous avons ajouté, retranché, remplacé des termes par d'autres termes, des phrases par d'autres phrases, de longs passages par d'autres passages. Eh bien, devions-nous modifier aussi profondément des pages vénérées, devions-nous bouleverser d'un bout à l'autre toutes les éditions du plus grand de nos écrivains, devions-nous froisser violemment les préjugés des savans et jeter la stupeur dans l'opinion publique, sans montrer au grand jour les raisons qui justifioient cette audacieuse entreprise? Ah! si nous n'avions pour ainsi dire abrité notre travail de réparation derrière un rempart impénétrable, les hommes de lettres et les routiniers, les académiciens et les marchands de livres nous auroient accablé de leurs traits. Nous avons donc relevé quelques-unes des altérations commises soit involontairement, soit de propos délibéré, par Déforis; mais nous avons aussi relevé le prix infini de son œuvre. Parce que nous le savions aussi bien que personne pour l'avoir appris par une dure expérience, nous avons dit que, dans la publication des œuvres posthumes, Déforis a accompli un travail immense, effrayant, prodigieux; nous avons proclamé hautement qu'il a bien mérité des lettres, de la piété, de la religion; nous avons exalté, selon nos forces, le dévouement et la constance qui l'a rendu martyr, non-seulement de la science, mais de la foi [1]. Est-ce là du fiel et de l'aigreur?

[1] *Edit. Vivès,* vol. VIII, p. xxxvi.

LETTRES
SUR L'AFFAIRE DU QUIÉTISME
(SUITE.)

LETTRE LV.

BOSSUET A SON NEVEU (a).

A Paris, ce 28 mai 1696.

Nous reçûmes samedi vos lettres du 11; elles ont fourni un agréable entretien à toute la famille. J'ai vu sur cela, dès hier matin, M. le marquis Salviati, qui m'a envoyé ce matin une lettre de Monsieur le grand duc, qui parle de vous en termes très-obligeans. M. l'abbé Renaudot m'en a aussi apporté une fort honnête, sur votre sujet, de M. l'abbé de Gondi. J'écris par cet ordinaire à Son Altesse et à MM. de Gondi, Salviati et Ricasoli.

Je fais aussi vos remerciemens à M. Dupré (b), dont je vis hier la sœur. Nous attendons avec impatience les nouvelles de Rome : il me semble que vous ferez bien de faire un petit journal de ce que vous verrez et apprendrez. Nous vous demanderons les nouvelles : c'en a été pour vous une bien fâcheuse que celle de la mort de M. de la Bruyère (c). Toute la Cour l'a regretté, et M. le prince plus que tous les autres. M. d'Aquin, ancien premier médecin, s'est tué aux eaux par son art, en agissant contre l'avis de ses confrères des provinces.

Le roi a la goutte bien serré, et cela a empêché S. M. d'aller passer à Trianon le reste de ce beau mai. Il n'y a rien encore de nouveau. Je ne sache pas qu'on ait encore nouvelle de l'arrivée du prince d'Orange en Flandre; mais on disoit ces jours passés

---

(a) Revue et complétée sur l'original, qui se trouve au séminaire de Meaux. — (b) Correspondant de l'abbé Bossuet à Florence. — (c) Le célèbre auteur des *Caractères*, qui mourut d'apoplexie le 10 mai 1696.

son passage en Hollande. La santé du roi, à sa goutte près, est très-bonne. Je pars pour Versailles, où si j'ai occasion d'amuser le roi de votre voyage, je le ferai. Je verrai les mesures qu'on pourra prendre pour avoir de bonne main les portraits de nos beaux princes (a), et pour les livres j'y donnerai ordre.

Je reçus hier par M. l'abbé de Louvois l'*Apologie* de M. le cardinal Noris, dont cette Eminence m'a fait présent. Faites-lui-en bien des complimens de ma part. Je n'en ai vu que la moitié, et quand j'aurai tout lu j'écrirai moi-même. Le style est noble et savant, la théologie exacte, les remarques judicieuses : son ennemi (b) est à bas, sans avoir sujet de se plaindre.

† J. Bénigne, év. de Meaux.

P. S. Je vous prie de bien assurer de mes très-humbles respects M. le cardinal de Janson. J'attends avec impatience des nouvelles de votre arrivée auprès de lui.

LETTRE LVI.

BOSSUET A SON NEVEU (c).

A Paris, ce 7 juin 1696.

Je vous crois présentement à Rome, et je souhaite apprendre bientôt que vous y êtes arrivé en bonne santé avec votre compagnie.

Je crois vous avoir mandé que les complimens que je faisois au grand duc sur votre sujet, furent prévenus d'une réponse de ce prince à celle que vous lui aviez présentée de ma part, où il fait de vous une agréable peinture. On a pris grand soin dans cette Cour de nous faire savoir que vous y aviez donné satisfaction : et je reçois encore à présent une lettre de M. de Ricasoli la plus obligeante du monde.

J'ai fait les diligences qu'il falloit pour vous procurer les ta-

---

(a) Le grand duc de Toscane désiroit ces portraits, ainsi que les ouvrages du prélat.—(b) Cet ennemi étoit un anonyme, qui, sous le nom simulé d'un *Docteur de Sorbonne scrupuleux*, s'étoit élevé avec beaucoup de violence contre l'*Histoire du Pélagianisme* du savant cardinal.—(c) Revue et complétée sur l'original, de Meaux.

bleaux des princes. Je n'ai pu parler au roi ni de cela, ni de votre voyage, à cause de sa goutte, dont il se porte très-bien à présent.

M. de Beauvilliers étoit aux eaux; mais M. l'abbé de Langeron s'est chargé de lui en parler.

Il n'y a encore aucune nouvelle, sinon que nous nous trouverons partout les plus forts. Je ne sais pourquoi on parle de paix plus que jamais, et ce semble, plus sérieusement.

J'ai lu les dissertations dont M. le cardinal de Noris a bien voulu me faire présent. Ce sont des pièces achevées en savoir, en élégance, en délicatesse; et je vous prie de le bien dire à son Eminence, en attendant que j'aie l'honneur de lui en écrire.

Ajoutez au chiffre *Diomède* pour ce cardinal, *saint Narcille* pour Casanatta, *l'Archidiacre* pour Cibo, *le bon Ange* pour Altieri.

On parle beaucoup ici de la censure qu'on médite à Rome contre Papebrock (a) en faveur des carmes, sur leur descendance d'Elie. J'ai une thèse de ces Pères sur ce sujet-là, de la dernière impertinence. Je souhaite de tout mon cœur qu'il ne parte rien de Rome qui ne convienne à sa dignité.

Je m'en vais dîner à Conflans; et mercredi je serai à Meaux, s'il plaît à Dieu.

Tout le monde paraît bien content de M. Phelippeaux, et j'en reçois de grands témoignages.

(a) Papebrock, savant jésuite de Hollande, aida de son vaste savoir les PP. Bollandus et Henschenius dans le célèbre ouvrage des *Actes des Saints*. Parvenu au XIV° volume, trop éclairé pour favoriser une crasse ignorance soutenue par un intérêt malentendu, il plaça l'origine des Carmes dans le XII° siècle, et leur donna le bienheureux Berthold pour premier général. Les carmes prétendoient remonter d'âge en âge jusqu'au prophète Elie; ils traduisirent le blasphémateur devant la Chaire de saint Pierre et à la barre de l'inquisition espagnole. L'inquisition espagnole lança l'anathème, en 1695, contre les quatorze premiers volumes des *Actes des Saints*; mais bientôt après le souverain Pontife défendit toute controverse sur l'origine des Carmes, toute discussion concernant leur descendance d'Elie. — Soyez à jamais bénie, sainte Église romaine! Vous seule avez préservé, et vous préservez seule, les églises particulières des erreurs les plus absurdes et les plus dangereuses.

LETTRE LVII.

BOSSUET A M. DE LA BROUE (a).

A Paris, ce 27 juin 1696.

Je voudrois bien, Monseigneur, vous douvoir écrire certaines choses qui se passent : vous verriez que je n'oublie pas celles que vous me recommandez avec tant de raison si pressamment. Je tâcherai de vous envoyer au plus tôt ce qui regarde le quiétisme. Vous ne sauriez croire ce qui se remue secrètement en faveur de cette femme : mais enfin on me paroît résolu de la renfermer loin d'ici dans un bon château, et de lui ôter tout commerce. Ses déguisemens sont évidens; on en a la preuve; et cependant ses partisans ne reviennent point. Si l'on vous pouvoit tout mettre sur le papier, vous verriez bien des choses qui vous feroient beaucoup de peine. J'ose vous dire seulement que si je lâchois le pied, tout seroit perdu : mais jusqu'ici on n'a rien pu gagner contre moi, et je ne crois pas qu'on gagne rien, tant que je serai en vie. Je suis, Monseigneur, comme vous savez, etc.

† J. Bénigne, év. de Meaux.

LETTRE LVIII (b)

BOSSUET A SON NEVEU.

Ce 10 juin 1696.

Je reçois avec plaisir votre lettre de Rome du 22 mai; une de pareille date de M. le cardinal de Janson me témoigne toute sorte de bontés et une particulière satisfaction de vous. Il m'écrit aussi très-obligeamment de M. Phelippeaux. Nous attendons la suite de vos Relations tous les ordinaires. Je ne manquerai pas de vous écrire. Aujourd'hui la fête ne m'a laissé que le loisir qu'il falloit pour écrire aux deux (c) cardinaux. Vous faites bien

---

(a) Revue sur l'original. — (b) Revue sur l'original. — (c) De Janson et Noris.

de ne vous embarrasser que le moins que vous pourrez de...... Il me semble que vous devez avoir un cachet semblable au mien.

LETTRE LIX.

BOSSUET A SON NEVEU (a).

A Meaux, ce 24 juin 1696.

J'ai grande joie d'apprendre par votre lettre du 4 la continuation des bontés de Monseigneur le cardinal de Janson. Je ne le fatiguerai pas de remerciemens, et jamais on ne finiroit. Témoignez-lui bien ma reconnoissance.

Je suis ravi du bonheur que vous avez eu de baiser les pieds de Sa Sainteté, et de toutes les bontés qu'il vous a témoignées. Je crois qu'il faudra trouver quelque occasion de lui écrire. En attendant, vous ne sauriez assez marquer à tout le monde, ni assez chercher les moyens de faire insinuer au Pape même ma reconnoissance, mes respects et mes soumissions.

Il revient de tous côtés qu'on est content de vous à Florence : j'espère qu'il en sera de même à Rome. Le commencement est fort beau. Je suis bien aise que vous paroissiez avec toute la bienséance possible, et même avec de l'éclat convenablement.

Je ne manquerai pas à mon retour à Paris, qui sera au commencement du mois prochain, de voir M. le nonce, et en attendant de lui faire par lettres nos remerciemens (b).

J'ai obtenu la permission de faire tirer les portraits des princes. On trouve plus à propos de les faire faire par Troye, dont le pinceau passe pour meilleur, et il fera un effort pour l'Italie. Nous commencerons aussitôt après mon retour, et j'écris dès à présent pour le préparer.

On ne manquera pas de vous mander les nouvelles. Il n'y en a point de considérable. Les armées se regardent en Flandre, et de notre côté on prend des postes avantageux pour tout empêcher. M. Chasot m'écrit de Metz que la nôtre d'Allemagne fait

---

(a) Revue et complétée sur l'original. — (b) Le nonce avoit donné à l'abbé Bossuet des lettres de recommandation

toujours bonne contenance au delà du Rhin. Plusieurs veulent encore la paix de Savoie, dont on dit que les conditions sont assez avantageuses pour le duc; et qu'on a cru qu'il étoit de la politique de rompre la ligue, quoiqu'il en coulât beaucoup. Le roi se porte toujours parfaitement mieux. Quand je serai sur les lieux, je me rendrai attentif à ce qui se passera.

J'attends des nouvelles de vos visites, et surtout chez les cardinaux d'Aguirre, Colloredo et Noris.

Le Père général des Jacobins (a) est trop habile et de trop bon sens pour ne pas trouver ridicule le livre de la Mère d'Agréda, quand même elle n'auroit pas fait Dieu Scotiste. M. le nonce a fait quelques efforts pour empêcher le cours de la censure de la Faculté : il paroît qu'on passera outre.

LETTRE LX.

BOSSUET A SON NEVEU (b).

A Germigny, ce 30 juin 1696.

Je suis étonné de voir par votre lettre du 12, que vous n'avez encore reçu aucune lettre de nous en Italie. Depuis la réception de vos lettres de Florence, j'ai écrit tous les ordinaires, très-peu exceptés. M. Phelippeaux ne parle non plus des lettres que je lui ai écrites. Il faut prendre garde aux causes du retardement, et rectifier les désordres s'il y en a eu.

On ne peut vous mander de nouvelles certaines. On se regarde en Flandre. Le prince d'Orange tient en jalousie Dinant et Charleroy, pour apparemment chercher l'occasion de l'attacher au premier, qu'on ne pourroit sauver en ce cas. Cela fatigue les troupes, et tient tout en incertitude. Les bruits de la paix de Savoie changent tous les jours; depuis hier on semble fixé à la croire manquée, et de l'armée on l'écrit ainsi. Vous en devez savoir plus que nous au lieu où vous êtes.

(a) Le père Cloche, François de nation, dont il sera souvent parlé dans la suite de cette correspondance. — (b) Revue et considérablement augmentée sur l'original.

Lundi les commissaires (*a*) feront leur rapport sur la Mère d'Agréda, et ils doivent qualifier dix ou douze propositions : le reste en gros : la Faculté n'aura pas le temps de délibérer au *prima mensis :* je n'en sais pas davantage. M. le nonce a rendu quelque office à la sollicitation des cordeliers auprès de M. le chancelier.

On est dans une grande expectation de ce qui se fera à Rome sur le P. Papebrock.

Je serai à Paris sans manquer, s'il plaît à Dieu, de samedi ou de lundi en huit jours, et vous ne recevrez plus de lettres d'ici.

Nous vous avons écrit la mort du pauvre M. de la Bruyère, et cependant nous voyons que vous l'avez apprise par d'autres endroits.

Je ferai vos complimens à toute la maison de Noailles, sur la mort de M. le marquis de Noailles.

Les pluies désolent les jardins. On n'espère ni pêches, ni melons. Les vignes sont menacées de tous côtés. Il n'y a de ressource que dans les vins de Vareddes (*b*).

Au reste Castor a été enrôlé dans un régiment qui est passé à Meaux. Il n'y avoit plus moyen de supporter sa mordacité. Nous nourrissons la postérité qu'il nous a laissée de Junon ; la beauté en est encore assez ambiguë.

Je salue M. Phelippeaux, sans oublier M. l'abbé de Lusanci. On dit ici qu'il doit revenir au mois de septembre.

† J. Bénigne, év. de Meaux.

P. S. J'ai reçu une lettre du 4, de M. le cardinal de Janson, toute pleine de bontés pour vous, à laquelle je fais réponse.

(*a*) De la faculté de théologie. — (*b*) Mauvais petit vignoble à deux lieues de Meaux. On dit à Meaux *vin de Vareddes,* comme on dit à Paris *vin de Suresnes.*

LETTRE LXI.

BOSSUET A SON NEVEU (a).

A Paris, ce 9 juillet 1696.

Par votre lettre du 19, vous arriviez de la campagne, et vous alliez vous mettre en train de visites doucement. Pour moi j'arrivai ici samedi. Je trouvai l'affaire de la Mère d'Agréda embarquée. Les députés ont fait leur rapport, qu'on a imprimé. La Faculté doit commencer à délibérer samedi 14, et continuer jusqu'à la fin de l'affaire. Les cordeliers font leur brigue, mais on croit que tout passera à l'avis des députés.

Un cordelier nommé Mérom a dit qu'il étoit porteur de deux brefs, où Sa Sainteté se réservoit la connoissance de cette affaire; et au cas que l'on passât outre, a déclaré qu'il en appeloit au Pape. Il s'est depuis, dans l'assemblée même, désisté de son appel. On a su qu'il n'y avoit point de brefs qui portassent ce qu'il a dit, et l'on a passé outre à la délibération. Vous savez que ce qui a engagé la Faculté c'est l'approbation de deux de ses docteurs.

M. le premier président a mandé Mérom sur ce qu'il avoit voulu présenter des brefs qui n'avoient point passé par les formes ordinaires, et on vient de me dire qu'on l'avoit envoyé hors de Paris. Tout le monde est soulevé contre l'impertinence impie du livre de cette Mère.

M. le cardinal d'Aguirre n'a pas voulu s'expliquer sur cette matière, apparemment ne voulant ni approuver une chose mauvaise, ni condamner ce que sa nation approuve aussi bien que son roi. J'ai grande impatience que vous ayez rendu vos respects à cette Eminence, et aux autres dont vous savez que je souhaite particulièrement que vous méritiez les bonnes graces.

J'ai mandé Troye, et nous allons faire travailler aux portraits des princes. Je verrai demain Mgr. le nonce.

Il n'y a point de nouvelles. On se regarde en Flandre: on prend des postes: on fourrage à ce moment. On me vient dire

(a) Revue et complétée sur l'original.

qu'on croit qu'il pourroit y avoir une action. Tout est en Piémont en même état. On parle tantôt de paix, tantôt de guerre : vous en savez plus que nous de ce côté-là.

Mes très-humbles respects à son Eminence. Vous ne dites plus rien de M. l'abbé de Lusanci. Nous nous portons par merveille, Dieu merci, mais toujours en même état. J'embrasse M. Phelippeaux.

† J. Bénigne, év. de Meaux.

P. S. Je vous envoie l'imprimé des députés de la Faculté. La Faculté n'oubliera pas le décret de la commission.

LETTRE LXII.

BOSSUET A SON NEVEU (a).

A Paris, ce 16 juillet 1696.

J'ai reçu votre lettre du 26 juin. M. de Reims m'a dit qu'il avoit aussi reçu votre relation. Vous lui avez fait plaisir et à moi aussi. M. le cardinal de Janson continue à lui écrire sur votre sujet d'une manière si obligeante, que nous ne saurions assez l'en remercier, ni vous ni moi. J'en ai le cœur pénétré.

Le roi arriva le jour même de Marly à Trianon. Je suis revenu hier de Versailles pour assister à la réception de M. l'abbé Fleury (b) et à sa harangue à l'Académie. Il a la place de notre pauvre ami (c), que je regrette tous les jours de plus en plus.

Je ne vous dirai rien de nouveau. Les armées ne font que s'observer en Flandre. On dit tous les jours qu'il y aura quelque action. Vous savez plus de nouvelles que nous, de celles de Piémont. Tout le monde et les personnes les plus sérieuses veulent et assurent la paix.

Tout est ici dans le même état dans la famille. Ayez soin de votre santé pendant ces chaleurs.

(a) Revue sur l'original. — (b) C'est le célèbre historien de l'Eglise. Bossuet l'avoit fait adjoindre à Fénelon comme second précepteur des enfans de France, et sut par son crédit le maintenir même après la chute du premier précepteur. — (c) La Bruyère.

LETTRE LXIII.

BOSSUET A SON NEVEU (a).

A Paris, ce 23 juillet 1696.

On ne dira pas cette fois qu'il n'y a point de nouvelles. Vous aurez su aussitôt que nous la trêve de Savoie, qui est une paix. On croit qu'on aura bientôt la princesse aînée de Savoie, qui doit épouser Mgr de Bourgogne, et qu'elle viendra à Fontainebleau. On vient d'apprendre que M. de Savoie avoit congédié les Allemands avec ordre de se bien conduire, sinon qu'on les chargeroit. Il a en même temps retiré la garde allemande, qu'il avoit donnée à Madame de Savoie dès le commencement de la guerre, et lui a donné la sienne.

Le prince d'Orange a renvoyé son gros canon et les pionniers qu'il avoit assemblés de tous côtés, après la visite qu'il a reçue du pensionnaire de Hollande de la part des Etats. On assure qu'il lui a été demander un pouvoir, pour faire la paix, qu'il a été obligé de lui donner. On espère bientôt une trêve de ce côté-là, et dès à présent on y est sans action. Nos généraux ont bon ordre de se tenir sur leurs gardes.

Le roi est à Marly, jusqu'à samedi, en bonne santé et fort content. On donne de grandes louanges à M. de Teste, qui suit cette négociation avec M. de Sauvage depuis six mois. Le R. P. Péra a mandé ici à M. le cardinal d'Estrées, que vous étiez très-bien venu en Italie.

On continue à délibérer en Sorbonne sur la Mère d'Agréda. Les avis se partagent fort sur la manière de censure. Ceux qui favorisent le livre traînent en longueur les opinions.

J'ai reçu la censure des inquisitions d'Espagne sur Papebrock, dans le paquet de M. Phelippeaux, du 3, à mon frère.

On raisonne beaucoup sur la condition du traité. Il est certain qu'on rend tout à la France, et qu'on démolit Pignerole. Du côté d'Allemagne, il est question de Strasbourg démoli ou de l'alter-

(a) Complétée sur l'original.

native qui est, dit-on, Brisac et Fribourg; du côté d'Espagne, de Luxembourg ou de l'alternative qui est, dit-on, Ypres, Condé et Vervins. Tout cela concluroit la paix générale, et on dit que c'est ainsi que la Hollande la négocie. Tout cela est encore caché : voilà les bruits les plus vraisemblables.

Il y a eu une petite affaire entre M. de Lyon et M. de Rouen, à la messe du roi : le premier qui avait occupé la place, l'a soutenue contre l'autre, qui la vouloit prendre sur lui. Le roi n'a pas paru voir : moi qui y étois, je ne vis rien.

LETTRE LXIV (a).

BOSSUET A SON NEVEU.

A Paris, ce 29 juillet 1696.

J'ai reçu votre lettre du 10, et à peu près de même date celles des cardinaux Cibo, Altieri, Casanate et Colloredo, toutes très-obligeantes. Celle du cardinal Casanate a un caractère particulier d'amitié et d'estime pour vous et pour moi. Je suis ravi que vous fréquentiez sa maison et sa bibliothèque, et que vous vous entreteniez et moi aussi dans ses bonnes graces

M. de Croissy est mort cette nuit, après avoir reçu la veille et l'avant-veille tous les sacremens avec une piété exemplaire.

M. de Croissy est ici avec M. l'abbé. J'en viens : on ne les voit pas. Je pars pour Versailles.

J'avois fait vos complimens à toute la famille et même à Madame de Boussolle sur le mariage, et il a été bien reçu.

Le mariage de M. de Torci avec mademoiselle de Pompone est arrêté. Le roi l'a souhaité, et son désir s'étant déclaré davantage dans la maladie, on juge que Sa Majesté vouloit lier les deux familles, pour traiter les affaires étrangères avec M. de Pompone durant quelque temps. On ne doute point que l'exercice de la charge ne demeure à M. de Torci, dont la sagesse, l'honnêteté et les manières sont universellement approuvées, en sorte qu'on aura de la joie de tout ce qui se fera à son avantage. S'il y a ce

(a) Corrigée et complétée sur l'original, qui est à Meaux.

soir ou demain quelque chose de nouveau, je vous l'écrirai de Versailles.

Par la fin de vos lettres du 10, on avoit reçu à Rome la nouvelle de la paix de Savoie, qu'on appelle encore ici une trêve de trente jours. M. le prince d'Orange a fait défense de parler de paix dans son armée, où l'on ne parloit d'autre chose. On doute beaucoup qu'il ait donné des pouvoirs de faire la paix. Mais l'on ne doute presque plus qu'on ne la veuille en Hollande et en Angleterre même, où l'on se lasse beaucoup de tout payer et de manquer d'argent.

On continue les délibérations sur la Mère d'Agréda. La question est entre la censure *in globo* et la censure avec des qualifications particulièrement appliquées, dont plusieurs disent que le livre n'est pas digne. On dit ici que la censure contre le *Propylæum* du P. Papebrock a passé à Rome.

Nous entendîmes hier la Robertine de M. l'abbé de Louvois, qui se fit avec autant de savoir, de précision et d'élégance qu'il étoit possible. M. l'abbé de Janson y disputa et fit très-bien : on le loue beaucoup. A mon retour de Meaux, qui sera après l'Assomption, je chercherai l'occasion de le connoître.

Je pars jeudi matin, 2 août, avec le P. Séraphin, qui vient prêcher Saint-Etienne.

Nous avons vu le livre du cardinal Sfondrate sur la Conception immaculée (a) : il est élégant et curieux. Il y fait beaucoup valoir un livre sous le nom de Flavius Dexter, auteur du quatrième siècle, que le cardinal d'Aguirre a mis en pièces dans ses *Conciles*. M. de Paris vous prie de lui rendre graces de son présent, et de le bien assurer de ses services.

Votre compliment est très-bien reçu.

M. le nonce est ici fort estimé par mille belles qualités. M. de Reims lui donna ces jours passés un grand dîné, où M. le car-

(a) Ce livre est intitulé *Innocentia vindicata*. L'auteur entreprend d'y prouver sur la foi de Flavius Dexter, que la Conception immaculée de la sainte Vierge a été définie dans un concile des apôtres ; d'où il conclut que la fête de la Conception est d'institution apostolique. Mais les *Chroniques* publiées sous le nom de Flavius Dexter et imprimées à Sarragosse en 1619 avec un Commentaire de François Bivarius, moine de l'ordre de Citeaux, sont un ouvrage supposé. *Voy.* D. Ceillier, *Hist. des Aut. ecclés.* (*Les édit.*).

dinal d'Estrées fit excellemment les honneurs. J'embrasse M. Phelippeaux.

Les lettres de M. le cardinal de Janson sont toujours si pleines de bonté pour vous, que je me crois obligé de m'en entretenir encore avec lui.

Tout se porte céans à l'ordinaire. Voilà une lettre de Madame de Jouarre, que j'aurois dû vous envoyer il y a longtemps. Gardez-vous bien, en lui faisant réponse, de ne lui pas marquer ce retardement; je serois perdu sans ressource.

Mesdames de Luynes sont ici au sujet d'un grave mal d'yeux de Madame d'Albert. Elles vous saluent.

Je ne sais si je vous ai mandé la disgrace et l'éloignement de Castor pour avoir osé, après M. d'Alègre, mordre encore Madame Etienne. Jamais Germigny ni Meaux n'ont été si beaux que cette année.

LETTRE LXV.

DE FÉNELON A BOSSUET (a).

A Versailles, ce 5 août 1696.

J'ai été très-fâché, Monseigneur, de ne pouvoir emporter à Cambray ce que vous m'avez fait l'honneur de me confier : mais M. le duc de Chevreuse s'est chargé de vous expliquer ce qui m'a

---

(a) La première édition complète des lettres, c'est-à-dire l'édition des Bénédictins des *Blancs-Manteaux*, renferme la note que voici :

« C'est ici la lettre de créance dont M. le duc de Chevreuse étoit porteur, lorsqu'il rendit à M. de Meaux son manuscrit des *États d'oraison*. M. de Cambray refusa de l'approuver tant à cause de son attachement pour Madame Guyon, qu'il ne vouloit pas condamner, que parce qu'il sentoit que les principes de M. de Meaux étoient absolument contraires aux siens. Telles étoient les raisons qui le *touchèrent d'une manière si capitale*, et qui l'empêchèrent *de suivre son cœur en cette occasion*. Il croyoit apparemment bien justifier tous ces beaux sentimens, en renouvelant au prélat ses anciennes protestations d'une *extrême déférence*. Il est parlé de cette lettre de M. de Cambray dans la *Relation*, de Bossuet, *sur le quiétisme*, sect. III, n° 11. » (Voir, dans notre édition, vol. XX, p. 111.)

Les deux savans directeurs de Saint-Sulpice qui ont présidé à l'édition de Versailles ont reproduit la première phrase de cette note; mais ils ont supprimé tout le reste! Pourquoi cette suppression ? On sait que Fénelon avoit étudié la théologie, ou plutôt les auteurs mystiques, comme le cardinal Bausset nous le dit lui-même, à Saint-Sulpice.

obligé à tenir cette conduite. Il a bien voulu, Monseigneur, se charger aussi du dépôt pour le remettre, ou dans vos mains à votre retour de Meaux, ou dans celles de quelque personne que vous aurez la bonté de lui nommer. Ce qui est très-certain, Monseigneur, c'est que j'irois au devant de tout ce qui peut vous plaire et vous témoigner mon extrême déférence, si j'étois libre de suivre mon cœur en cette occasion. J'espère que vous serez persuadé des raisons qui m'arrêtent, quand M. le duc de Chevreuse vous les aura expliquées. Comme vous n'avez rien désiré que par bonté pour moi, je crois que vous voudrez bien entrer dans des raisons qui me touchent d'une manière capitale. Elles ne diminuent en rien la reconnoissance, le respect, la déférence et le zèle avec lesquels je vous suis dévoué.

LETTRE LXVI.

BOSSUET A SON NEVEU (a).

A Juilly, ce 6 août 1696.

Vous m'avez fait plaisir de m'envoyer la lettre de M. de Savoie à Sa Sainteté. M. de Reims m'a mandé que vous la lui aviez aussi envoyée. Elle fait voir qu'on parloit ouvertement à Rome d'une paix dont, quand je suis parti de la Cour, on faisoit encore un peu de mystère. Le mariage m'a donné une occasion de parler de ce que j'ai perdu en Madame la Dauphine (b). J'ai été favorablement écouté. Je ne pouvois me taire en cette occasion, quel qu'en doive être l'événement. Vous en voyez toutes les raisons et toutes les difficultés.

Vous ne pouviez pas choisir deux livres plus propres que les *Variations* et l'*Apocalypse* (c). D'abord que je serai à Paris, c'est-à-dire après l'Assomption, je commencerai à envoyer les passages

---

(a) Revue et complétée sur l'original. — (b) Il en avoit été premier aumônier. Il demanda d'être premier aumônier de Madame la duchesse de Bourgogne; ce qu'il obtint dans cette année, comme on le verra par les lettres suivantes. (*Les édit.*) — (c) Il s'agissoit de traduire en italien ces deux ouvrages; et les traducteurs, pour faciliter leur travail, demandoient qu'on leur envoyât les passages latins des auteurs, qui étoient rapportés seulement en françois dans ces ouvrages.

latins qu'on demande, et avec raison. Voilà deux illustres traducteurs, à qui je vous prie de faire de ma part toute sorte de remerciemens et d'honnêtetés.

Le cardinal d'Aguirre m'écrit avec une tendresse et une bonté extrême pour vous et pour moi. Il me dit qu'il est actuellement occupé de la lecture des *Variations*, dont il fait un grand éloge.

J'écris à M. de Malézieu pour le chevalier tartare (*a*), qui m'a écrit et à qui je ferai réponse par le premier ordinaire. Dites-lui bien que je prendrai tout le soin possible de ses intérêts.

Je suis venu ici pour une thèse qui m'y est dédiée. Il y a nombre d'honnêtes gens et la fleur de l'Oratoire. On y attend le P. de la Tour, qu'on regarde comme devant être bientôt général. Le P. de Sainte-Marthe se doit démettre dans une assemblée qui se tiendra au mois prochain à l'Institution. Son grand âge et ses infirmités donnent un prétexte à sa démission, que tous les amis de cette congrégation ont crue nécessaire.

L'on continue les délibérations de Marie d'Agréda sur le même pied. Les moines et leurs partisans occupent le temps en vains et mauvais discours, espérant qu'on se servira de l'autorité pour les hâter. On n'en fera rien. Cette engeance est enragée contre moi, parce qu'ils veulent croire que j'agis plus que je ne fais et ne veux faire dans cette affaire.

Je n'ai point reçu de lettre du cardinal Noris: c'est le seul. Peut-être viendra-t-elle par le P. Estiennot ou ses compagnons. Je soupçonne un peu de froid de son côté. Quoi qu'il en soit, c'est un homme qu'il faut tâcher de gagner pour le bien de l'Eglise. Il est fort gouverné par la Cour de Florence.

Les trois têtes des princes sont faites. On pourra envoyer le tout au mois prochain.

Il faudra bien dire à M. le cardinal Noris combien j'estime ses ouvrages, et en particulier son *Apologie*, sur laquelle je lui écrirai, s'il m'en donne la moindre ouverture.

J'ai fait vos complimens à M. l'archevêque de Paris, qui vous

---

(*a*) On peut voir, sur ce chevalier tartare, une lettre de Bossuet au comte de Pontchartrain, vol. XXVII, p. 269; et la *Vie* du prélat par le cardinal Bausset, vol. IV, liv. VII, *pièces justificatives*, n. 1.

les rend de bon cœur, et vous prie de faire ses remerciemens à M. le cardinal d'Aguirre.

La famille est toujours en même état.

J'embrasse M. Phelippeaux.

Le roi a dit à Madame de Maintenon ma proposition (a), et elle m'en a écrit d'elle-même obligeamment. Je n'en crois pas davantage.

Mandez quelques mots de l'abbé de Lusanci, que je puisse marquer à sa famille.

Jeudi encore le prince d'Orange étoit campé près d'Ath. Il a fait fourrager pour huit jours. Il est au désespoir de la paix de Savoie. Elle est admirable, et on a bien su mépriser ce qui en effet ne servoit plus de rien : *Bene ausus vana contemnere.*

Le roi est à Marly. Je m'en retourne à Meaux et à Germigny jusqu'à la fête.

LETTRE LXVII.

BOSSUET A SON NEVEU (b).

A Versailles, ce 20 août 1696.

Après vous avoir dit que j'ai reçu votre lettre du 1er, il faut commencer par la nouvelle la plus importante, qui est celle de la santé du roi. Il lui est venu un clou sur le col, dont toute la capacité est comme d'un œuf de poule. Il a commencé à suppurer, mais non pas encore à fond. S. M. souffre un peu : mais il n'y a point eu de fièvre, et quand il y en auroit eu, on ne s'en étonneroit pas. Cet accident a rompu un voyage de Meudon. Le roi se lève s'habille, mange en public à l'ordinaire, soir et matin. On le voit à son lever : il tient ses conseils et il n'y a rien de changé. On ne peut avoir meilleur visage, ni se porter mieux dans le fond. Je le vois tous les jours, et je puis vous en être un bon témoin.

J'ai reçu un billet de M. le cardinal d'Aguirre, d'une bonté

(a) Bossuet désiroit être le premier aumônier de la duchesse de Bourgogne. C'est *la proposition* que le roi avoit faite à Madame de Maintenon. — (b) Revue et complétée sur l'original.

sans exemple. J'y fais la réponse que je vous envoie toute ouverte, et qui vous fera entendre les deux lettres auxquelles je réponds. Je suppose que vous avez mon cachet.

Je suis bien aise que le livre de la Mère d'Agréda soit connu. Ce qui retarde la conclusion de la Sorbonne, c'est cent quatre-vingts opinans, parmi lesquels les défenseurs indirects du livre, partisans secrets des cordeliers, parlent des quatre, des cinq et des six heures.

Assurez toujours bien de mes respects M. le cardinal de Janson : dites-lui que j'ai le cœur pénétré de ses bontés. Suivez en tout ses conseils, non-seulement pour ce qui regarde Rome, mais pour toute votre conduite.

Avant que de faire réponse au chevalier tartare, il faut que je parle à M. de Malézieu, qui ne sera ici que ce soir. Ainsi la réponse sera pour le premier ordinaire. Assurez-le de mon amitié. J'embrasse M. Phelippeaux.

On croit que le prince d'Orange retournera en Angleterre le 24 ou le 27. Les troupes de Hesse se sont retirées de son armée de Flandre, faute du paiement promis. Cela paroît d'une étrange conséquence.

Sur les bruits de la paix, le roi et la reine d'Angleterre demandent seulement qu'on ne les engage à rien, et qu'on ne stipule pour eux aucune pension du côté de l'Angleterre, ni rien qui tende à abdication de leur part.

Vous aurez vu, par la gazette, que milord chancelier d'Ecosse (a) est gouverneur du prince de Galles. Vous jugerez bien par le style extraordinaire de ma lettre au cardinal d'Aguirre, que les siennes m'y ont engagé.

(a) Milord Perth, dont on a vu les Lettres dans les vol. XXVI et XXVII.

LETTRE LXVIII.

BOSSUET A SON NEVEU (a).

A Versailles, ce 28 août 1696.

Pour commencer par la santé du roi, son clou alloit bien ce matin, sa goutte s'étoit relâchée et il paroissoit assez gai. Il en a été de même à dîné. Il n'y a que du temps et d'une assez grande douleur, mais sans aucun accident.

Sa Majesté déclara hier qu'elle envoyoit pour otages à Turin MM. les ducs de Foix et de Choiseul, avec dix mille écus à chacun pour leur voyage, et mille écus par mois pour leur table. On croit toujours que la princesse viendra à Fontainebleau. On n'a rien déclaré sur son sujet. M. de Savoie va se mettre à la tête de nos armées. On croit celle de M. de Catinat de trente à trente-cinq mille hommes, avec dix mille de celle de Savoie. Vous aurez su aussitôt que nous que M. de Mansfeld est à Turin, où il a offert le roi des Romains, et que cela n'a rien opéré. On fait dire à M. de Savoie qu'on le verroit à la tête des troupes de France avec autant de gaîté qu'il en avoit à paroître à la tête des troupes alliées, avec cette différence que celles de France étoient meilleures.

Vous aurez encore une fois de mes nouvelles d'ici; après il faudra aller au synode.

Il y a eu à Meaux quelque altercation entre le chapitre et les compagnies pour les places du chœur. Messieurs du présidial, pour se venger, ont informé et décrété d'ajournement personnel contre M. Noblin, pour avoir été à heure indue au ratafia chez Ramètin. Noblin est venu au parlement solliciter des défenses, que je crois qu'il obtiendra aisément (b).

J'ai fait convenir les compagnies pour leur marche à la procession de l'Assomption. Je crois qu'il ne me sera pas malaisé de

---

(a) Revue et complétée sur l'original. — (b) Le père de l'abbé Bossuet lui marque, dans une lettre du 5 octobre 1695, que le parlement avoit renvoyé l'affaire à l'official, et fait défense aux officiers du présidial de Meaux de connoître des affaires criminelles des ecclésiastiques, excepté dans les cas privilégiés. (*Les édit.*)

faire encore convenir le chapitre et les compagnies; mais ce sera pour mon retour. M. le lieutenant-général, avec M. le procureur du roi, m'avoient dit qu'on ne pousseroit pas plus loin que l'information l'affaire de Noblin. Peut-être n'en ont-ils pas été les maîtres, le lieutenant-criminel étant plus ardent.

Nous nous portons à l'ordinaire. M. Chasot vous écrira. Nous conviendrons, mon frère et moi, pour les copies que vous proposez; faites toujours travailler en attendant. Songez aussi aux belles estampes des lieux et des statues et peintures.

Nous aurons bientôt les tableaux des princes. Madame de Rouvroy fait faire une copie de Mgr. de Bourgogne pour Madame de Savoie.

Je souhaite d'apprendre au premier jour que l'indisposition de M. Phelippeaux n'aura rien été.

Mille respects à M. le cardinal.

DÉCLARATION DE MADAME GUYON,

FAITE ENTRE LES MAINS DE M. DE NOAILLES, ARCHEVÊQUE DE PARIS,

Sur ses sentimens, ses écrits et sa conduite (a).

Comme je ne respire, Dieu merci, que soumission aveugle et docilité pour l'Eglise, et que je suis inviolablement attachée à la foi catholique, je ne puis déclarer trop fortement combien je déteste du fond de mon cœur toutes les erreurs condamnées dans les trente-quatre propositions arrêtées et signées par Messeigneurs les archevêques de Paris et de Cambray, par Monseigneur l'évêque de Meaux et par M. Tronson.

Je condamne même, sans aucune restriction, mes livres que Messeigneurs de Paris et de Meaux ont condamnés, parce qu'ils les ont jugés, et qu'ils sont contraires à la saine doctrine qu'ils

(a) Bossuet, dans ses *Remarques sur la Réponse de M. de Cambray à sa Relation*, art. II, § VI, n. 26, (vol. XX, p. 198) observe que Madame Guyon, ayant été convaincue de contraventions expresses à des paroles qu'elle avoit souscrites, M. de Noailles, archevêque de Paris, fut obligé de prendre à son égard de plus grandes précautions; et ce fut en conséquence de ces preuves de duplicité qu'il exigea d'elle cette *Déclaration*, après qu'elle eut subi à Vincennes différens interrogatoires. (*Les édit.*)

avoient établie dans les trente-quatre propositions; et je rejette avec toutes ces erreurs, jusqu'aux expressions que mon ignorance m'a fait employer dans un temps, où je n'avois point encore ouï parler de l'abus pernicieux qu'on pouvoit faire de ces termes.

Je souscris avec une pleine soumission à l'interprétation que Messeigneurs de Paris et de Meaux leur donnent en les condamnant, parce que j'ignore la force de ces termes, que ces prélats en sont parfaitement instruits, et que c'est à eux à décider de ce qui est conforme, non-seulement à la doctrine, mais même au langage de l'Eglise, et du sens le plus naturel de chaque expression.

Au reste quoique je sois très-éloignée de vouloir m'excuser, et qu'au contraire je veuille porter toute la confusion des condamnations qu'on jugera nécessaires pour assurer la pureté de la foi, je dois néanmoins devant Dieu et devant les hommes ce témoignage à la vérité, que je n'ai jamais prétendu insinuer par aucune de ces expressions aucune des erreurs qu'elles contiennent: je n'ai jamais compris que personne se fût mis ces mauvais sens dans l'esprit; et si on m'en eût avertie, j'aurois mieux aimé mourir que de m'exposer à donner aucun ombrage là-dessus, et il n'y a aucune explication que je n'eusse donnée pour prévenir avec une extrême horreur le mauvais effet de ces sens pernicieux. Mais enfin, puisque je ne saurois faire que ce qui est arrivé ne soit arrivé, je condamne du moins, avec une soumission sans réserve, mes livres avec toutes les expressions mauvaises, dangereuses et suspectes qu'ils contiennent, et je voudrois pouvoir les supprimer entièrement. Je les condamne pour satisfaire à ma conscience, et pour me conformer d'esprit et de cœur à la condamnation que Monseigneur l'archevêque de Paris, qui est mon pasteur, et Monseigneur de Meaux en ont justement faite. Je voudrois pouvoir signer de mon sang cette déclaration, pour mieux témoigner à la face de toute l'Eglise ma soumission pour mes supérieurs, mon attachement inébranlable à la foi catholique, et mon zèle sincère pour détruire à jamais, si je le pouvois, toutes les illusions dans lesquelles mes livres pourroient faire tomber les ames.

Davantage, pour marquer toujours de plus en plus la sincérité de mes dispositions, je déclare que j'abhorre tout ce qui s'appelle conventicule, secte, nouveauté, parti; que j'ai toujours été, et que je veux toujours être inviolablement unie à l'Eglise catholique, apostolique et romaine, et que je n'en reconnois point d'autre sur la terre : que je déteste, comme j'ai toujours fait, la doctrine, la morale et la fausse spiritualité de ceux à qui on a donné le nom de *quiétistes :* que la seule idée des abominations dont on les accuse me fait horreur; et que je condamne de tout mon cœur et sans exception ni restriction, toutes les expressions, propositions, maximes, auteurs, livres que l'on a condamnés à Rome, et que Messeigneurs les prélats ont condamnés en France, comme contenans, tendans à insinuer une théologie mystique si pleine d'illusions et si abominable : que je suis très-éloignée de vouloir m'ériger en chef de parti, ni de dogmatiser en public ou en secret, de vive voix ou par écrit, ni de rien innover dans la doctrine chrétienne ou dans les exercices de piété, comme dans l'Oraison et les autres pratiques et maximes de la vie intérieure. Et pour ne donner plus aucun lieu à des soupçons injurieux à l'amour de la doctrine orthodoxe que Dieu a mis dans mon cœur, je proteste et promets de ne plus composer aucun livre, écrit ni traité de dévotion, ni de me mêler en aucune façon de la conduite et direction spirituelle de personne, de peur que ne me défiant pas assez de moi-même, je ne vinsse à m'égarer, ou à faire égarer les autres..

Et je promets encore de ne me plus diriger ni conduire par le P. La Combe, mon ancien directeur, puisque Monseigneur l'archevêque de Paris ne le juge pas à propos, qu'il a condamné le livre de ce Père, intitulé l'*Analyse de l'Oraison mentale,* et que l'on m'a dit que ce même livre a été condamné à Rome. Ainsi j'assure que je n'aurai plus aucun commerce de lettres ni autrement avec lui.

Enfin je proteste qu'à l'avenir je me soumettrai humblement à la conduite et aux règles que Monseigneur l'archevêque de Paris voudra bien me prescrire pour ma direction et conduite, tant extérieure qu'intérieure, et que je ne m'écarterai jamais de ce qu'il croira que Dieu demandera de moi : bien repentante et bien fâchée d'avoir, par mes livres et écrits, donné occasion aux bruits et aux scandales qui se sont élevés dans le monde à leur sujet ; et bien résolue à l'avenir de pratiquer cet ordre établi par l'Apôtre : « Que la femme apprenne en silence. » Ainsi Dieu me soit en aide et ses saints Evangiles.

C'est la déclaration sincère que je fais aujourd'hui, 28 août 1696, et que je signe de tout mon cœur dans la seule vue de Dieu et par un pur principe de conscience, et à laquelle je prie M. l'archevêque d'ajouter une foi entière.

(Madame Guyon, avant de signer cette déclaration, voulut consulter M. Tronson, supérieur de Saint-Sulpice, qui écrivit ces mots au bas de la déclaration.

« Puisque Madame Guyon veut bien s'en rapporter à mon sentiment, je crois devant Dieu, après avoir bien examiné cette affaire, que non-seulement elle peut, mais même qu'elle doit souscrire sans rien changer, à la déclaration ci-dessus, que Monseigneur l'archevêque de Paris exige d'elle, et s'y soumettre d'esprit et de cœur. »

Signé L. Tronson.

(En conséquence cette Dame ajouta les paroles suivantes à sa déclaration.)

Ce jourd'hui, 28 août 1696, j'ai signé de tout mon cœur la déclaration ci-dessus, pour obéir à M. l'archevêque, et me soumettre à tout ce qu'il croit que Dieu demande de moi ; et je l'ai fait sincèrement, par un pur principe de conscience, sans limitation ni restriction. Que si j'ai quelquefois été embarrassée à souscrire ce qu'on a demandé de moi, ce n'a jamais été par un attachement à mon sens, mais par un doute que je le pusse faire en conscience. Mais puisqu'on m'assure que je le puis et le dois en conscience, il est juste que je soumette mon esprit à celui de mes supérieurs : en foi de quoi j'ai signé en la présence de Dieu.

J. M. Bouvier de la Motte-Guyon.

LETTRE LXIX.

BOSSUET A SON NEVEU.

A Paris, ce 3 septembre 1696.

J'ai reçu votre lettre du 14. Je vous envoie une *Ordonnance* de M. de Paris (a), vraiment admirable, qui étonnera ici beaucoup de monde. On avoit fort pressé ce prélat, de certains endroits, de condamner un livre qui avoit paru avant votre départ. Il a fait sur cela ce qui étoit juste; mais il y a ajouté le plus beau témoignage qu'on pût souhaiter pour la grace et pour l'autorité de saint Augustin. Il souhaite que vous présentiez de sa part les exemplaires que je vous envoie de cette *Ordonnance*, à Messieurs les cardinaux Casanate et Noris : je me sers de cette occasion pour leur écrire. Quant à M. le cardinal d'Aguirre, il lui écrit lui-même, et je ne l'importune pas cette fois. Je vous prie de rendre ces lettres le plus tôt que vous pourrez, avec les *Ordonnances*.

Je ne crois pas que le terme : *Accepter les constitutions des Papes*, puisse déplaire : c'est la formule ordinaire. Elle est de tous nos auteurs et de Duval : elle est même de saint Antonin, très-favorable à la puissance des papes. Il établit l'autorité de la détermination de Jean XXII contre les fratricelles, entre autres

---

(a) C'est l'*Ordonnance* et *Instruction pastorale* de M. de Noailles, archevêque de Paris, du 20 août 1696, sur la grace et la prédestination. Les principes développés dans la seconde partie de cette instruction, sont les mêmes que saint Augustin a établis; et tous ceux qui avoient du zèle pour sa doctrine, applaudirent à l'exposé qu'en faisoit M. de Noailles. Mais leur approbation ne fut pas entière, comme l'observe Bossuet dans sa lettre du 17 septembre suivant : on reprochoit au prélat de n'être pas d'accord avec lui-même, et de détruire d'une main ce qu'il édifioit de l'autre, parce que les sentimens du livre intitulé *Exposition de la foi touchant la Grace et la Prédestination*, qu'il condamnoit dans son *Instruction*, étoient parfaitement conformes à ceux que cet archevêque enseignoit dans cet écrit. Aussi les personnes d'un certain côté, comme parle Bossuet, qui avoient si fort pressé M. de Noailles de condamner l'ouvrage en question, furent-elles très-mécontentes de la manière dont il avoit satisfait à leur demande; et irritées de se voir trompées dans leur attente, elles publièrent le fameux *Problème ecclésiastique*, cet écrit si rempli de fureur et d'insolence, que le Parlement fit brûler et lacérer par la main du bourreau, et qui fut également flétri à Rome par un décret du saint Office. (*Les prem. édit.*

raisons, sur ce qu'elle est *acceptata, examinata et approbata*. Nous trouverez ces paroles mémorables, Summæ, iv part., tit. xii, cap. iv : *Fratricelli sunt hæretici veri, qui asserunt contra determinationem catholicam, factam per Ecclesiam et Joannem XXII, per omnes successores ejus et omnes alios prælatos Ecclesiæ et doctores utriusque juris et magistros plurimos in theologiâ, acceptatam, examinatam et approbatam ut verissimam.*

Pour les nouvelles, on en a ici qui marquent que M. le maréchal de Catinat est en marche; qu'il doit être le 7 à Casal, c'est-à-dire à la place où il étoit; que M. de Savoie s'y doit rendre le 15; que l'armée sera de quatre-vingts bataillons, dont il y en a seize de M. de Savoie, et de cent escadrons. On a envoyé à M. de Savoie les patentes de généralissime. Il a reçu d'avance cent mille écus pour deux mois de subsides : vous voyez bien que c'est cinquante mille écus par mois, tant que la guerre durera.

Le roi se porte de mieux en mieux. Il n'a point été saigné; on n'a point fait d'incision : un baume excellent a fait des merveilles. C'est celui de Mᵉ Feuillet, déjà connu et en réputation.

Les délibérations de Sorbonne sur Marie d'Agréda vont finir. Apparemment le décret passera à l'avis des députés. Il faut attribuer la longueur au nombre des opinans, qui sont cent quatrevingts, et à l'affectation de ceux qui engagés par les cordeliers, ont voulu éluder ou reculer la condamnation.

LETTRE LXX.

BOSSUET A M. DE LA BROUE (a).

A Paris, ce 4 septembre 1696.

Je me sers, Monseigneur, de la commodité de M. de Vares pour vous faire rendre de la part de M. de Paris, cette *Ordonnance* qu'il vient de publier. On l'a fort pressé d'un certain côté de condamner le livre dont il y est fait mention. Il crut cela juste; mais en même temps il résolut de mettre un contre-poids en faveur de la grace efficace et de l'autorité de saint Augustin. C'est

---

(a) Revue sur l'original.

ce qu'il a fait comme vous verrez, et a mon avis de la manière du monde la plus forte et la plus précise. La lecture de cette *Ordonnance* vous fera sans doute souvenir de ce que je vous écrivis, il y a quelque temps, au sujet de mon ouvrage sur la grace : c'est là ce que j'avois en vue, et je ne puis vous dire la consolation que je ressens de voir la vérité affranchie, et l'autorité de saint Augustin autrefois tant vilipendée par certaines gens, si hautement rétablie. Dieu soit loué de son don inexplicable. C'est M. de Paris qui m'a envoyé cet exemplaire pour vous ; ne manquez pas de lui en écrire, et à moi quelque chose qu'on puisse montrer. On a été un peu étonné que vous n'ayez fait aucune réponse sur l'*Ordonnance* sur l'ordination (a), que M. Pirot vous a envoyée : M. de Nismes a répondu.

Peut-être que cette *Ordonnance* sur la grace donnera lieu, avec le temps, à faire paroître mon ouvrage sur cette matière. Je suis aux écoutes pour faire ce qui conviendra suivant la disposition que Dieu fera naître.

On va imprimer l'ouvrage sur le quiétisme (b) : on vous l'enverra feuille à feuille, à mesure qu'on l'imprimera. On ne peut faire autrement, sans une longueur extrême. On fera tant de cartons qu'il faudra : il y a de bonnes raisons de ne plus tarder. Enfin M. de Cambray s'est déclaré sur l'approbation. Après avoir eu ce livre entre ses mains trois semaines entières et plus, l l'a entièrement refusée, et n'a pu se résoudre à condamner Madame Guyon. J'ai été obligé d'en rendre compte : et c'est enfin à quoi aboutit cette docilité ou, pour parler plus juste, cette soumission sans réserve : je n'ai jamais vu d'exemple d'un pareil aveuglement.

Madame Guyon a souscrit à la condamnation de ses ouvrages comme contenant une mauvaise doctrine, contraire aux articles qu'elle a signés : moyennant cela et la renonciation à son directeur, avec quelques autres choses conformes à sa déclaration faite entre mes mains, on l'a reçue aux sacremens. Il y a un peu de discours dans sa soumission. Elle n'a pas voulu souscrire que

(a) L'ordination donnée par les évêques anglicans. — (b) *L'Instruction sur les états d'oraison.*

M. Tronson ne l'ait assurée par écrit qu'elle le pouvoit, et qu'elle y étoit obligée. On ne vit jamais tant de présomption et tant d'égarement que cette personne en a fait paroître : ses amis ne reviennent pas pour cela. Ce qu'il y a de meilleur, c'est qu'elle demeurera enfermée.

Je veillerai soigneusement à l'avis que vous m'avez donné pour l'Allemagne, et ne manquerai aucune occasion : mais il faut que Dieu la donne, et les bonnes affaires se décrient par des projets mal concertés.

L'affaire de la Mère d'Agréda va s'achever en Sorbonne, et passera à l'avis et aux qualifications des députés, avec quelques légères explications. Il faut imputer en partie la longueur de la délibération au nombre des délibérans, qui étoient cent quatre-vingts. Il y a eu aussi beaucoup d'affectation dans la cabale : on a vu en cette occasion combien il y avoit de fausses dévotions dans la tête de plusieurs docteurs, combien d'égaremens dans certains esprits, et combien de cabales monacales dans un corps qui en devoit être pur.

Vous m'avez parlé d'un mémoire que j'avois fait envoyer au cardinal d'Aguirre sur ce sujet par le cardinal de Bouillon : le voilà ; il vous instruira de ce livre. La réponse du cardinal à son confrère a d'abord été ambiguë et sans décision ; depuis il a parlé franchement. On a découvert que toute l'approbation que ce livre a eue en Espagne est l'effet d'une intrigue de Cour : et le cardinal s'en est expliqué à Rome assez ouvertement à mon neveu. Vous me renverrez, s'il vous plaît, ce mémoire ; car je n'en ai que cela.

Vous savez apparemment la congrégation que les Jésuites vont tenir à Rome. Leur général a mandé que tout le monde apportât une liste des propositions relâchées dont on accusoit sa compagnie ; et lui-même il donnera la sienne. Je crois qu'à la fin, de bon ou de mauvais jeu, ils deviendront orthodoxes. On ne paroît pas à Rome leur être fort favorable.

Vous aurez su la nomination des Dames et de quelques autres pour la future duchesse de Bourgogne : on n'a point parlé des charges d'Eglise. Je vous avouerai sans hésiter, que j'ai fait ma demande : elle a été aussi bien reçue qu'il se pouvoit ; et les apparences sont bonnes de tous côtés. Dieu sait ce qu'il veut ; et pour moi je suis bien près de l'indifférence. Je suis comme vous savez, etc.

† J. Bénigne, év. de Meaux.

Je pars demain pour m'en retourner.

LETTRE LXXI.

BOSSUET A SON NEVEU.

A Meaux, le 8 septembre 1696.

On a dû publier aujourd'hui la paix, et chanter le *Te Deum* à Paris. Elle a été publiée à Turin, et le mariage de la princesse de Piémont avec le duc de Bourgogne a été signé : M. de Mansfeld y étoit encore. M. le maréchal de Catinat et tous les officiers de l'armée ont été trois jours à Turin très-bien régalés, et tout le peuple ravi de les voir.

Les ducs qui vont en otage doivent partir aujourd'hui, pour être à Turin jusqu'à la paix générale. Ils y auront le même traitement qu'on y faisoit au marquis de Leganez, grand d'Espagne. Les Dames partent aussi pour aller au-devant de la princesse au Pont-de-Beauvoisin. L'ordre est donné pour mardi.

M. le maréchal de Catinat et M. le duc de Savoie seront toujours à Casal, l'un le 7 et l'autre le 15, comme je vous l'ai mandé ; et ce prince, le jour de son arrivée, dînera chez le maréchal. Le reste est attendu avec impatience.

On est épouvanté de l'empoisonnement de la reine d'Espagne, et de ses terribles circonstances. Trois personnes qui ont mangé du pâté où elle a trouvé la mort, sont mortes avec elle.

La censure contre la Mère d'Agréda tire à sa fin. Elle passera de cinquante voix à l'avis des députés. On dit de très-belles choses, et de temps en temps de grandes pauvretés. Je serai à Paris le 12, s'il plaît à Dieu.

LETTRE LXXII.

BOSSUET A SON NEVEU (a).

A Paris, ce 17 septembre 1696.

Votre lettre du 28 août m'apprend des choses si agréables pour Madame la princesse des Ursins, qu'on ne peut trop s'en réjouir avec elle. Toute la Cour en témoigne ici de la joie, et je vous prie de ne pas manquer de lui témoigner la mienne.

L'affaire des Pères de l'Oratoire fut consommée vendredi : le jour même que le P. de Sainte-Marthe fit sa démission, le P. de la Tour fut élu par quarante-deux suffrages sur quarante-cinq. Toute la Cour, aussi bien que toute la ville, a applaudi à un si digne choix.

La santé du roi va de mieux en mieux. Il a été purgé ce matin, et le sera encore vendredi. Nous le voyons tous les jours trois fois. Il a très-bon visage : il s'habille et commence à sortir. Il ira samedi à Marly, et on croit le voyage de Fontainebleau pour le 4.

On attend avec impatience les nouvelles d'Italie. M. de Savoie doit être mis à la tête des troupes hier, et a dû dîner chez M. le maréchal de Catinat. Il y a des parieurs pour dire que les Impériaux et les Espagnols accepteront la neutralité, d'autres disent qu'on fera la paix. Il passe pour bien constant que l'argent manque partout en Angleterre.

On parle d'un grand combat près de Thémesvar, où l'on dit que les Allemands ont été défaits et qu'il y a eu bien du sang répandu. La nouvelle en vient de toutes parts; mais on ne sait encore aucune circonstance positive. Après avoir passé la rivière de Teil, le grand seigneur fit rompre le pont de bateaux, et dit qu'il falloit vaincre ou mourir ensemble. Thémesvar est délivré.

Vous lirez ma lettre au tartare, et vous lui parlerez en conformité.

(a) Revue et complétée sur l'original.

Je vous prie de recueillir soigneusement ce qui a été fait contre Molinos, Malaval, Madame Guyon, l'*Analysis*, de La Combe, Falconi, Bernières, etc.

On commence à imprimer mon ouvrage contre les quiétistes.

L'*Ordonnance* de M. de Paris est très-bien reçue et très-applaudie.

Je ne manquerai point d'écrire à M. le cardinal Barberin au premier courrier.

M. Marescotti a écrit ici très-avantageusement sur votre sujet; et M. l'abbé Belot, à qui la lettre étoit adressée, a fort répandu vos louanges.

Nous avons des obligations infinies et au delà de tout à M. le cardinal de Janson. Vous pouvez lui dire sans façon, que je ferai dans le temps ce qu'il faudra pour l'affaire dont il vous a parlé. Le témoignage qu'il rendra de votre conduite pourra vous être utile dans le temps. Mais il a raison de vous dire qu'il faut aller en cela fort naturellement et fort délicatement : en sorte qu'on ne sente pas le moindre dessein; ce qui oblige à se renfermer dans des termes fort généraux.

Les tableaux des princes sont presque finis; ils seront beaux et fort ressemblans.

L'affaire d'Agréda doit être finie aujourd'hui (*a*), et a dû passer *magno numero* à l'avis des députés.

Je salue M. Phelippeaux.

Je m'en retourne jeudi; et vendredi je célébrerai, en attendant mon obit, l'anniversaire de mon sacre.

Soyez bien attentif à nous rendre compte de ce qui se dira de l'*Ordonnance*.

Les évêques de Flandres ont écrit au Pape sur son bref, où il veut qu'on entende les propositions *in sensu obvio*; et ils tâchent de faire voir qu'on abuse beaucoup de ce terme, que M. de Paris a suivi.

Les Jansénistes sont consternés, mais il paroît qu'ils se consolent de la première partie par la seconde (*b*).

(*a*) Elle fut en effet terminée ce jour-là, par une censure conforme à l'avis es députés, et qui fut confirmée le 1ᵉʳ octobre suivant.

(*b*) *La* première édition, et par suite toutes les autres, dit : « Plusieurs

Ma sœur et la famille vous embrassent.

Soyez bon Italien et conservez-vous dans ce grand chaud.

LETTRE LXXIII.

BOSSUET A SON NEVEU (a).

A Germigny, le 21 septembre 1696.

Je n'ai pas encore reçu vos lettres de cet ordinaire.

Nous attendons avec impatience les nouvelles de Rome sur l'*Ordonnance*. M. le nonce en a parlé froidement, et a dit qu'il n'appartenoit qu'au Pape de s'expliquer sur la foi. Vous savez nos sentimens sur cela, et la pratique de l'antiquité. On s'en est expliqué à Rome même dans l'affaire de Jansénius; et Innocent X a loué des lettres du clergé, où les évêques s'attribuoient le premier jugement.

Souvenez-vous des bulles et autres décrets sur le quiétisme du temps d'Innocent XI : il y en a sept ou huit, et je prie M. Phelippeaux de vous aider à les bien chercher, sans en omettre aucun.

La censure de la Mère d'Agréda sera relue au 1er octobre, et paroîtra aussitôt après selon l'avis des députés, avec quelques adoucissemens.

---

sont mécontens de la première partie de son *Ordonnance* sur la grace; mais il paroît qu'ils se consolent de cette première partie par la seconde. »

Dans l'espoir de rendre impossible la vérification, les premiers manipulateurs des œuvres posthumes ont raturé le texte original : après avoir chargé la ligne de barres croisées et d'une épaisse couche d'encre, ils ont changé les traits des lettres qui dépassoient le corps de l'écriture. Mais la différence d'encre et celle du ton, dévoilant la fraude, après une opération facile, on a pu lire dans les caractères primitifs, non pas « plusieurs sont mécontens, » mais « les Jansénistes sont consternés, » etc. C'est ce que Bossuet répète dans la lettre LXXVII : « Les Jansénistes en sont consternés. » Il est vrai que les honnêtes éditeurs ont, encore ici, remplacé le mot de *consternés* par celui de *mécontens*. Dans la lettre même qu'on lisoit tout à l'heure, ils ont supprimé une phrase qui s'accordoit mal avec leur altération ; cette phrase est celle-ci : « L'*Ordonnance* de M. de Paris est très-bien reçue et très-applaudie. »

On sait qu'il s'agit, dans tout cela, de l'*Ordonnance* de Mgr l'archevêque de Paris, portant condamnation du livre intitulé : *Exposition de la foi*, etc. Bossuet est l'auteur, non pas de tout cet écrit, comme on l'a dit, mais de la seconde partie, qui expose la doctrine sur la grace.

(a) Revue et complétée sur l'original.

Nous chantâmes hier le *Te Deum* pour la paix de Savoie.

On assure que les Espagnols se sont expliqués dans le Milanais sur le sujet de la neutralité, et cela paroît certain. On croit que Mansfeld en fera autant au premier coup de mousquet.

Vos tableaux s'achèvent, et il faudra bientôt nous marquer le moyen de les faire tenir à Florence. Je reverrai vos lettres précédentes pour m'y conformer.

Il y a eu à Meaux des difficultés infinies pour les places et pour les rangs. J'ai tout réglé.

Je célébrai solennellement mes obsèques le 21 (*a*), jour de saint Matthieu, avec grand concours. M. le théologal (*b*) fit un beau sermon.

MM. les abbés de Fleury et de Langle sont ici, et vous saluent.

LETTRE LXXIV.

BOSSUET A SON NEVEU (*c*).

A Paris, 1ᵉʳ octobre 1696.

Je suis bien aise de voir que votre accès n'ait rien été. Je vous ai écrit tous les ordinaires, excepté le dernier, que je n'avois pas encore reçu votre paquet. J'arrivai hier de Rosay ou plutôt de La Fortelle, où l'on but fort à votre santé. J'y allai avec M. l'abbé de Fleury. Je pars pour Versailles et jeudi, après le départ du roi, pour la Trappe. Vos tableaux s'achèvent. (La censure de la Mère d'Agréda a été relue ce matin et paroîtra dans peu de jours.) Ayez soin de votre santé. J'embrasse M. Phelippeaux. Nous attendons M. l'abbé de....

(*a*) Bossuet avoit fondé, dans son église cathédrale, un service qui devoit être célébré tous les ans après sa mort au jour de son décès ; et pour acquitter cette fondation, on disoit pour lui, pendant sa vie, une messe solennelle chaque année. — (*b*) M. l'abbé Treuvé, auteur d'une instruction fort estimée sur la pénitence. Son sermon fut imprimé. = (*c*) Inédite.

EPISTOLA LXXV.

CARDINALIS CASANATE AD EPISCOPUM MELDENSEM.

Iteratis amoris tui significationibus exornas me, illustrissime Præsul, novissimis scilicet litteris quas nuper ad me reddidit D. abbas Bossuetus fratris tui filius, jam pridem mihi præclaras ob ejus virtutes charissimus : ex quibus profectò illam præ cæteris decerpsi jucunditatem, quòd tantoperè ab illustrissimo D. archiepiscopo Parisiensi intellexi me amari. In cujus rei testimonium exoptavit clarissimus vir *Constitutionem* suam unà cum epistolâ tuâ ad me deferri; eo fortasse judicio inductus, illam ad me chariorem perventuram, si amantissimi mei litteris comitata accederet. Quod quidem negare non ausim, cùm cæteroquin præstantissimi viri egregiæ dotes tot tantæque sint, ut iis non modò universo Galliarum regno præluceat, sed cæterarum etiam Ecclesiarum præsulibus exemplo sit, illosque ad sui imitationem alliciat.

Gratissima insuper ad me accessit ejusmodi *Constitutionis* editio, tùm quia in eâ optimi pastoris animum recognovi Sedis apostolicæ decretis adeò conformem, ut nihil magis; tùm etiam quia planè video maximum gloriæ cumulum viro religiosissimo indè accessurum, ab iis præsertim qui catholicæ veritatis studio flagrant.

Te interim, illustrissime Præsul, summoperè exoratum volo, præfato D. archiepiscopo, quem plurimi meritò semper feci semperque faciam, propter hoc ingens erga me animi sui testimonium gratias nomine meo agas innumeras; tibique persuadeas nihil mihi fore jucundius, quàm tuis tuorumque commodis inservire, et valeas.

Dominationi tuæ illustrissimæ deditissimus,

H. card. CASANATE.

Romæ, 2 octob. 1696.

LETTRE LXXVI.

FÉNELON A BOSSUET.

A Fontainebleau, jeudi 4 octobre 1696.

J'arrivai, Monseigneur, de Paris à Versailles avant-hier au soir fort tard, et je ne sus hier par M. Ledieu que vous étiez à Versailles que dans le temps de l'embarras de mon départ : ainsi je ne fus pas libre d'avoir l'honneur de vous aller voir. J'espère que vous verrez par toute ma conduite quelle est ma sincérité. Personne, s'il plaît à Dieu, n'ira jamais plus loin que moi en zèle pour l'autorité de l'Eglise, et en attachement inviolable à sa tradition. Je vous suis très-obligé, Monseigneur, des soins avec lesquels vous avez la bonté de vous intéresser à tout ce qui me touche. Mais je crois que vous me devez la justice de compter sur ma candeur, et sur la simplicité avec laquelle je pense des choses dont vous êtes aussi persuadé que moi. Je n'admettrai ni ne souffrirai jamais ce qui va plus loin. Pour le public, il faut attendre patiemment des occasions qui soient naturelles et sans indécence, pour ne laisser rien d'équivoque dans les esprits : je n'en veux jamais négliger aucune occasion. Je vous supplie, Monseigneur, d'être persuadé que quand je ne serai point arrêté par des raisons essentielles, dont je laisserai juger des gens plus sages que moi, j'irai toujours avec joie et de moi-même au-devant de tout ce qui pourra vous témoigner ma déférence et ma vénération pour vos sentimens. Je ne ferai ni ne dirai jamais rien qui n'en doive convaincre le public. Conservez, s'il vous plaît, l'honneur de vos bonnes graces à l'homme du monde qui est attaché à vous, Monseigneur, avec le respect le plus sincère.

Fr. archev. duc de Cambray.

NOUVELLE DÉCLARATION DE MADAME GUYON.

A M. L'ARCHEVÊQUE DE PARIS

Ce 9 octobre 1696.

Je supplie très-humblement Monseigneur l'archevêque d'être persuadé de ma parfaite obéissance à ses ordres, et de la sincérité de mes paroles à tenir ce que je lui ai déjà promis par mes déclarations et par mes lettres, et que je lui promets encore de nouveau aujourd'hui. Je l'assure que dans l'adoucissement qu'il me fait la grace de me procurer, je serai fidèlement attachée à la conduite et direction de M. le curé de Saint-Sulpice, tant pour l'extérieur que pour l'intérieur; que je n'aurai aucun commerce de conversations, de visites, ni de lettres, sous main ou autrement, avec personne sans exception, que de son avis et participation; que je serai fidèle à me tenir au lieu qui me sera marqué, sans en sortir ni m'en éloigner sous quelque prétexte que ce soit, ni souffrir ou consentir en nulle manière qu'on m'en sépare ou qu'on m'en ôte sans l'ordre exprès de mondit Seigneur; et qu'enfin je ne donnerai volontairement aucune atteinte à la droiture de ma conduite, qui puisse me faire soupçonner d'aucune intrigue, ni pratique cachée avec personne sans exception. C'est ce que je lui promets et lui jure devant Dieu, et que je signe de tout mon cœur aujourd'hui.

De la Motte-Guyon.

LETTRE LXXVII (a).

BOSSUET A SON NEVEU.

A Germigny, ce 27 octobre 1696.

J'ai reçu vos lettres du 15 et du 26 septembre, et celles du 2. L'affaire de la neutralité est donc dénouée.

On attend la princesse (b) à Fontainebleau le 5 au plus tard. Le roi s'avancera à une petite journée et jusqu'à Montargis, qui est

---

(a) Revue et complétée sur l'original. — (b) De Savoie.

à huit lieues, avec Monseigneur et Monsieur, et ira la recevoir. On ne me marque pas que les princes y doivent être. J'espère être à Fontainebleau le 3, et vous aurez de là de mes nouvelles, s'il plaît à Dieu. Les Dames paroissent toujours bien contentes de la princesse. On attend à la Cour M. de Brionne, qui en dira les premières nouvelles *de visu*.

Tout ce que vous me mandez de l'*Ordonnance* (*a*) est su de M. de Reims et à l'archevêché, par le moyen du P. Estiennot et de M. Vivant. J'ai envoyé à M. de Paris ce que le cardinal Casanate et Fabroni pensent. On sait tous les sentimens du cardinal de Janson, par les manières dont écrit celui qui est auprès de lui. Le cardinal Noris fait fort le mystérieux. Le P. Estiennot a écrit à M. de Reims que M. le cardinal Noris avoit trouvé du mais dans l'*Ordonnance*. Vous avez fort bien tourné la chose. M. de Reims a dit que si M. le cardinal de Janson savoit où en sont les Jésuites; vous entendez le reste. Je ne dis rien de vous; mais on sait tout par ailleurs.

On m'a donné copie d'une déclaration et supplique de Hennebel (*b*), Lovanien, qui accepte le *sensu obvio*, et demande qu'on s'en contente. On a envoyé de Flandres à Rome une grande quantité d'exemplaires de l'*Ordonnance*, et quoique les Jansénistes de ce pays-là en aient été d'abord consternés, on croit qu'à présent ils s'en veulent aider.

Nous avons ici Madame et Mademoiselle de Mérat. Nous y sommes tous, excepté ma sœur. Toute la bonne compagnie vous salue. M. Chabert fait merveille à la farine. Je suis bien aise de vous savoir à la campagne. La nôtre est plus charmante que jamais. Les fontaines vont jusqu'aux nues. Nous allons commencer un bel ouvrage le long de la rivière, et en noyer les petites îles. Le fonds se prendra sur le prix des routes. Cela embellira la Marne.

On croit la paix générale assurée : on parle de conditions fort douteuses. M. l'abbé de Gomer est dans sa famille jusqu'à la Toussaint.

(*a*) De l'archevêque de Paris sur la grace. — (*b*) Docteur de Louvain, que sa Faculté avoit envoyé à Rome, au sujet des troubles excités dans les Pays-Bas.

Je n'ose rien dire de Strasbourg ni de Luxembourg. On ne dit mot de tout cela, et on souhaite tant la paix qu'il n'est question que de l'équivalent. Brissac est pour Strasbourg, et quelque chose de semblable pour Luxembourg.

Le P. Estiennot a écrit à M. de Reims que le cardinal Noris me feroit réponse; mais rien.

Ajoutez au chiffre *Chien vivant*, Pirot la Cadette.

LETTRE LXXVIII.

FÉNELON A M.***

A Fontainebleau, ce 28 octobre 1696.

Je suis si touché, Monsieur, de l'amitié dont votre lettre est remplie, que je ne puis m'empêcher d'y répondre avec un véritable épanchement de cœur. Je vous ai toujours aimé, et je vous aimerai toute ma vie : je ne me sens pas capable d'être jamais autrement. Pour votre vivacité, je ne l'ai jamais regardée que comme un effet excessif de votre zèle sincère pour l'Eglise, et de votre délicatesse pour l'intérêt de vos amis. J'aurois seulement souhaité que vous eussiez pris tranquillement, et sans précipitation, des mesures avec eux pour prévenir tous les éclats, puisque vous ne les aviez jamais trouvés ni faux dans leurs paroles, ni insensés dans leur conduite. C'étoit à vous, Monsieur, ce me semble, à retenir les esprits échauffés, à modérer leurs alarmes, et à tenir tout en suspens. Vos amis auroient eu en vous une confiance sans réserve; vous auriez eu part à toutes leurs délibérations : quand même ils n'eussent pas jugé comme vous sur la personne, ils auroient été sans peine d'accord avec vous, et pour les recherches les plus exactes, et pour les précautions propres à prévenir l'éclat. Enfin s'ils avoient eu ou des sentimens condamnables, ou s'ils avoient opiniâtrément refusé de prendre des précautions nécessaires, vous auriez toujours été reçu à les abandonner; et le plus tard eût été le meilleur pour vous.

Mais il n'y faut plus penser : Dieu a permis que les choses n'aient pas pris un chemin si naturel. J'adore sa providence : et loin d'avoir aucune peine à votre égard, je vous remercie des biens infinis qui me sont venus par là. Rien n'est bon que la croix de Jésus-Christ, sur laquelle il faut mourir attaché avec lui. La croix n'est véritable qu'autant qu'elle nous vient de nos meilleurs amis, de qui nous l'attendions le moins. Vous êtes tout ensemble mon bon ami et ma bonne croix, que j'embrasse tendrement.

Quand vous voudrez, je vous expliquerai tous mes sentimens; et je suis assuré que, lorsque vous les aurez examinés, vous conviendrez qu'il n'y a point d'inquisition ombrageuse qui puisse contredire ce que je pense. Vous verrez même que personne ne va plus loin que moi pour condamner tout ce qui passe les bornes, et pour prévenir l'illusion. J'ose dire que je sais mieux que ceux qui ont fait tant de bruit, les bornes précises où il faut s'arrêter, et le langage qu'il faut tenir aux mystiques pour les y réduire. Pardonnez-moi cette présomption : elle ne m'empêchera jamais d'être comme un petit enfant dans les mains de l'Eglise, et même dans celles de mes amis.

Je demeure avec vous, Monsieur, dans la règle que vous avez posée vous-même. Nous ne pensons différemment que sur une chose très-peu importante, et dont il n'est plus question : demeurons cordialement unis dans les choses que nous pensons de même; et s'il nous reste de part ou d'autre à connoître ce que nous ne connoissons pas, l'amour de la vérité, dans cet esprit d'unité, nous attirera la lumière dont nous avons besoin. Craignez tant qu'il vous plaira, de ne craindre pas assez ; accusez-vous de pousser la modération jusqu'à la mollesse : pour moi je ne puis savoir que ce que je sais, ni craindre que d'être injuste : *Unusquisque in sensu suo abundet.* Quand même vous auriez sujet de craindre quelque chose d'une personne décréditée avec tant d'éclat, que pouvez-vous craindre d'elle seule? Vous ne pourriez la craindre que par l'entêtement de vos amis; mais cet entêtement, si ridicule et si extravagant qu'on puisse se l'imaginer, n'ira jamais à rien contre les décisions dogmatiques, ni même contre les conseils des pasteurs. Ils sont sincères, simples et dociles; ils donneroient leur vie pour obéir à l'Eglise jusque dans les moindres choses; ils ne tiennent à aucune personne que par le lien unique de l'Eglise; il n'y en a aucune qu'ils ne sacrifiassent dès que l'Eglise parleroit : ils sont aussi soumis pour les personnes et pour les livres, que pour le fond de la doctrine.

Pour moi, je vous le déclare devant Dieu, j'aurois horreur de moi-même, si je me surprenois à penser autrement. Quand même j'aurois moi seul dans l'Eglise toute l'autorité des Papes et des conciles généraux, je n'agirois jamais ni en cette matière, ni en aucune autre, que par le conseil de mes confrères et de tous les saints prêtres qui sont instruits de la tradition (a). Ma conduite actuelle dans le diocèse de Cambray, que je veux continuer jusqu'à la mort, est de ne décider rien, depuis les plus grandes choses jusqu'aux plus petites, par mon propre sens. Tout se détermine par la délibération de mon conseil, qu'on appelle le *vicariat*, et qui est composé de cinq personnes que je consulte. Si j'étois seul d'un sentiment en des matières bien moins importantes que celle dont nous parlons, je ne le suivrois pas, quelque bon qu'il me parût. Je n'ai aucune prétention qui m'empêchât de prendre les partis les plus fermes, dès que je verrois la tradition blessée.

Il est vrai que la lecture des ouvrages des saints autorisés par l'Eglise, m'empêche de m'alarmer trop facilement sur des expressions qui ont été fort innocentes dans leurs écrits, qui ont pu l'être de même dans ceux des autres qui ont parlé sans précaution avant le dernier éclat, et sur lesquelles j'aurois mieux aimé des explications précises pour lever toute ombre d'équi-

---

(a) Tout ce que dit ici M. de Cambray, est bien démenti par sa conduite dans l'affaire du quiétisme. L'on se rappelle toutes les protestations de déférence et de soumission qu'il faisoit à Bossuet dans les commencemens, et dont il a si peu tenu compte, lorsqu'il a fallu donner des preuves de leur sincérité. Si ce prélat ne se fût pas entêté à défendre les erreurs d'une femme livrée au plus étrange fanatisme, l'affaire eût été terminée par la rédaction des articles d'Issy, et n'auroit fait aucun éclat. Mais son refus de se rendre aux avis des prélats les plus distingués, fit voir avec combien peu de fondement il pouvoit dire : « Quand même j'aurois moi seul dans l'Eglise toute l'autorité des Papes et des conciles généraux, je n'agirois jamais ni en cette matière, ni en aucune autre, que par le conseil de mes confrères. » Et tandis que tout ce qu'il y avoit de gens sages et éclairés s'élevoient contre ces systèmes pernicieux, avec quelle confiance osoit-il ajouter : « Si j'étois seul d'un sentiment en des matières beaucoup moins importantes, je ne le suivrois pas, quelque bon qu'il me parût ? » (*Les premiers édit.*)

voques, avec une condamnation expresse de tous les mauvais sens faite par l'auteur même, que des censures générales de supérieurs.

Quand même mon entêtement ou mon ignorance m'empêcheroient de discerner avec assez d'exactitude ce qui seroit contraire à la tradition, je déposerois sans peine mon sentiment particulier, pour me conformer à celui de mes confrères et d'un clergé savant et pieux. Avec de telles dispositions, dans lesquelles je veux vivre et mourir, je ne crains ni d'être trompé, ni de tromper les autres. Quand même je me tromperois, avec cette droiture et cette docilité sans réserve pour l'Eglise, mon erreur seroit vénielle et ne feroit mal à personne.

Que d'autres personnes, qui n'entendent pas le fond de la doctrine, ou qui ne l'entendent qu'à demi, ou qui y apportent secrètement leurs passions mondaines, s'effarouchent et alarment les autres, je n'en suis pas surpris. Vous le devriez être moins qu'un autre, vous qui avez passé votre vie à croire que beaucoup de gens zélés se font des fantômes pour les combattre. *Tu verò, homo Dei:* mais pour vous, Monsieur, vous nous connoissez, vous savez ce qui nous arrêtera toujours, et pour la doctrine et pour la conduite. Encore une fois, j'adore Dieu qui a permis que vous ayez cru l'Eglise en péril. Pour cela, il a fallu que vous ayez pris les plus dociles et les plus zélés de ses enfans pour des fanatiques, dignes tout au moins d'une prison perpétuelle. Mais tout ce que Dieu a fait ou permis est bon. Il m'unit à vous plus que jamais; et je ne puis vous exprimer à quel point je m'attendris en vous écrivant. Je vous offre d'entrer en conversation simple et cordiale, quand vous le voudrez: il ne s'agit point de dispute ni d'éclaircissement humain. Si je vous ai blessé ou scandalisé, je vous en demande pardon.

En tout ceci je n'ai fait que trois choses. La première est de me contenter des éclaircissemens dont vous vous êtes contenté; la seconde, de recueillir des passages des saints pour l'examen de la matière, après quoi j'ai signé les trente-quatre propositions; la troisième, de ne refuser de croire les accusations contre la personne qu'après que M. de Meaux m'a assuré qu'elles étoient sans preuve, et que les accusateurs étoient indignes d'être écoutés. Il est vrai que je crois que certaines personnes savantes sont plus en état de condamner ce qui est effectivement faux, dangereux et contraire à la tradition, que de marquer précisément ce qui est bon et de l'expérience des saints, en le réduisant à un langage correct. Vous jugez bien, Monsieur, que cette lettre demande un secret inviolable; et je connois trop votre cœur pour être en peine là-dessus. Je n'ai pour vous qu'amitié, estime, confiance et vénération.

LETTRE LXXIX.

BOSSUET A SON NEVEU (a).

A Fontainebleau, ce 5 novembre 1696.

Nous venons de voir arriver Madame la princesse de Savoie. Elle est fort bien faite : d'une physionomie fort vive et fort spirituelle, elle a un sourire fort agréable et un air qui plaît beaucoup. Le roi en écrivit hier ici des merveilles : il est content au dernier point et comblé de joie de l'humeur et du bon esprit de la princesse, qui n'a point paru étonnée, et qui a répondu à Sa Majesté et à tout le monde d'une manière où il a paru beaucoup de raison et de grace. Le roi fut hier l'attendre à Montargis, où elle devoit arriver. Monseigneur étoit avec lui, avec peu de monde de la Cour et les domestiques seulement. Monsieur avoit eu dessein d'aller plus loin, et pour cela étoit parti devant le roi; mais il s'est arrêté à Montargis. Toutes les Dames qui l'ont vue durant le voyage et ont eu l'honneur de la suivre, en sont charmées. L'entrevue entre Monseigneur le duc de Bourgogne et elle, s'est faite dans le carrosse du roi. Monseigneur de Bourgogne n'a fait que descendre du sien pour entrer dans celui du roi. Ils ont paru contens l'un de l'autre, et voilà tout ce qu'on sait du premier abord. Comme elle appeloit toujours le roi Sire, Sa Majesté lui a dit de l'appeler dorénavant Monsieur : ce qui décide le rang et le traitement de duchesse de Bourgogne. On ne croit pourtant pas

(a) Revue et complétée sur l'original.

qu'elle paroisse beaucoup en public. Le roi l'a toujours appelée Madame la princesse de Savoie, ou Madame la princesse tout court.

Nous savons ici que le Pape fait secrètement examiner l'*Ordonnance;* mais ce qu'on écrit de tous côtés conformément à ce que vous dites, fait espérer que tout tournera en approbation. Soyez bien en repos en votre maison de Frescati : je voudrois que ce fût en la maison de Cicéron.

J'ai reçu une lettre, toujours de plus en plus obligeante de M. le cardinal de Janson, que je vous prie d'assurer de rechef de mes respects.

J'ai oublié de vous marquer que le roi menoit la princesse, ce qui la faisoit paroître un peu plus petite qu'elle n'est. Sa taille est très-jolie. Le roi à table dans sa place ordinaire fit mettre la princesse entre lui et Monseigneur, à sa droite : Monsieur étoit à la gauche. Elle étoit dans le carosse sur le devant avec Monsieur.

LETTRE LXXX.

L'ABBÉ LEDIEU A L'ABBÉ BOSSUET,

A Fontainebleau, le lundi 5 novembre 1696

Nous sommes ici seulement de samedi 3 novembre. D'abord chacun a dit, petits et grands, je dis les plus gros bonnets, que M. de Meaux venoit prendre possession de la charge de premier aumônier de Madame. Tous les prétendans aux charges inférieures font assidûment leur cour à ce supérieur prétendu. Je remarque l'abbé de Choisy entre eux, qui depuis la mort de son bon ami La Bruyère a repris le commerce de notre Père grec. Cependant il n'y a aucune ouverture, et le bon Père est fort tranquille à son ordinaire sur ses livres, corrigeant ici même, comme ailleurs, les épreuves de son livre *sur les Etats d'oraison.*

LETTRE LXXXI.

BOSSUET A SON NEVEU (a).

A Germigny, ce 18 novembre 1696.

Après vous avoir marqué la réception de vos lettres du 2 et du 9 octobre, que je vous ai peut-être déjà accusée de Fontainebleau, je vous dirai que le cardinal Casanate m'écrit du 23 octobre une lettre pleine d'amitié et de confiance. Il se déclare pour l'*Ordonnance* (b), et insinue qu'on l'a lue et approuvée dans le consistoire, du moins dans une assemblée de cardinaux; mais il s'explique en même temps, pour interpréter le *sensu obvio* du Pape. On écrit de plusieurs côtés de ce pays-là, qu'il en va venir un nouveau bref (c) sur cette interprétation, et sur les propositions de morale déférées au Pape. Les Pays-Bas espagnols, et par contagion les nôtres, sont en trouble sur toutes ces choses.

Je suis ici encore pour quelques jours.

MM. Courtin et de Harlay sont nommés plénipotentiaires pour la paix. M. de Gergit accompagnera M. de Harlay. On n'attend que les passeports. Du reste on ne parle de rien.

La princesse continue à plaire beaucoup. Je crois vous avoir mandé que par le traité elle doit être mariée aussitôt après sa douzième année, qui arrivera l'an prochain, au six de décembre.

LETTRE LXXXII.

BOSSUET A SON NEVEU.

A Meaux, ce 1ᵉʳ décembre 1696.

J'ai reçu vos lettres du 23 et 30 octobre, de Frescati. Je suis bien aise que vous vous y trouviez bien et en bonne compagnie : c'est à vous à prendre garde, si un si long séjour y est convenable. J'entends bien que le vrai objet, dans un voyage de la

---

(a) Revue sur l'original. — (b) De M. de Paris. — (c) Effectivement il en vint un, sous la date du 24 novembre 1696.

nature du vôtre, est de se faire des connoissances et des amis, surtout parmi les personnes les plus considérables, qui sont les cardinaux : mais il faut bien choisir, et que ce soient les meilleurs, autant qu'il se peut. Des deux que vous me nommez, il y en a un qui n'est pas, ce me semble, en grande estime. Du reste je ne vous parle de cette sorte par aucun avis particulier, ni autrement que par conjecture. Vous êtes sage, et vous saurez bien réfléchir sur les idées que vous donnerez de vous-même. Jusqu'ici on paroît vous distinguer fort : il faut soutenir votre réputation. Vous savez que par toutes sortes de raisons, c'est M. le cardinal de Janson qu'il faut contenter.

Nous attendons ce que l'on fera sur le *sensus obvius*.

Il n'y a point de nouvelles. Je serai mardi à Paris, s'il plaît à Dieu. Je suis arrêté par le procès qu'on fait ici à l'officialité au curé de Jouarre. Il est question de bien remplir cette place si importante au diocèse.

LETTRE LXXXIII.

FÉNELON A M.***

Ce 6 décembre 1696.

Souffrez, Monsieur, je vous en conjure, que j'éclaircisse simplement avec vous deux endroits de votre lettre, où vous me paroissez donner à la mienne des sens très-contraires à mon intention. Je supposerai toujours que je me suis mal expliqué, quand vous aurez mal entendu.

Le premier endroit vous regarde. Je ne vous impute nullement de nous avoir pris pour des fanatiques, dignes tout au moins d'une prison perpétuelle : je veux seulement dire que vous n'avez pas dû croire l'Eglise en péril, et voici mon raisonnement. Madame Guyon ne pouvoit pas toute seule mettre l'Eglise dans ce péril, elle ne pouvoit le faire qu'en nous séduisant ; et vous n'avez pu croire que nous fussions capables d'être séduits contre l'Eglise, tant que vous ne nous avez pas crus des fanatiques, dignes d'être renfermés ; donc vous ne deviez pas vous alarmer tant pour l'Eglise : voilà toute ma pensée. J'ai supposé que vous ne nous preniez pas pour des visionnaires extravagans, puisque vous me témoigniez encore tant d'amitié : j'en ai conclu que vous ne deviez pas être tant alarmé sur la séduction d'une femme, qui ne pouvait être puissante et dangereuse que par nous.

Le second endroit regarde les gens qui peuvent avoir eu dans cette affaire des vues humaines. Vous m'auriez fait grace et justice de me laisser expliquer moi-même, si vous ne m'entendiez pas : je n'ai voulu parler que de mille gens qui ont discouru avec curiosité et avec malignité. Les évêques, dont il n'est pas question ici et que je révère comme je le dois, vous diront eux-mêmes combien les gens du monde ont voulu pénétrer dans cette affaire pour nous noircir à la Cour, surtout auprès des gens dont ils croyoient que nous avions trop l'amitié. Le monde ne seroit plus monde, si de telles choses n'arrivoient pas. Vous devez d'autant plus, Monsieur, croire ce que je dis, que vous le dites vous-même : car vous assurez que vous avez pris notre parti, quand on nous a imputé des choses qui sont certainement très-fausses. Voilà mon intention éclaircie de bonne foi sur les deux endroits de ma lettre que vous preniez dans des sens très-contraires aux miens.

Pour les discussions de faits qui regardent la personne, il ne me convient plus de les faire; et si vous m'aimiez sincèrement, comme je le souhaite et comme je prends plaisir à le croire, vous devez souhaiter que de telles choses se fassent par d'autres sans moi. Pour les passages dont vous me parlez, je ne les ai jamais vus : mais je ne dois pas condamner une personne sur des songes, rapportés simplement par elle sans les donner pour bons. Il y a même trop d'exemples de choses à peu près semblables dans de très-bonnes ames, pour en devoir conclure rien de décisif contre cette personne. A l'égard des prédictions, je ne les ai jamais lues, ni comptées pour quelque chose : j'ai cru même être bien assuré que la personne ne s'y arrêtoit pas plus que moi. On peut dire par simplicité ce qui vient dans l'esprit : mais il ne faut pas le donner pour une prophétie; et alors on ne se trompe point; quoique ce qu'on a dit se trouve faux. C'est la règle du bienheureux Jean de la Croix, qu'il me paroît capital de suivre toujours pour éviter l'illusion. Si une personne vouloit être prophétesse, ce seroit un préjugé contre elle qui me mettroit en grand soupçon. Quand je vois une personne qui donne simplement à ses supérieurs ce qui lui passe par la tête, ne comptant pour rien ce qu'elle donne et n'ayant point de honte de le dire par obéissance, alors n'importe que ce qu'elle dit soit vrai ou faux, bon ou mauvais : ce n'est point par là que je juge d'elle. Pour moi, Monsieur, je n'ai point à juger sur cette personne; cela ne regarde que M. l'archevêque de Paris, qui est éclairé, pieux et plein de grace : je n'ai qu'à me taire et à me renfermer dans mes fonctions.

Ce qui doit, Monsieur, vous mettre l'esprit en repos et pour l'Eglise et pour vos amis, c'est que, comme vous le croyez vous-même, ils ne pensent rien de mauvais; qu'ils donneroient leur vie pour empêcher les moindres nouveautés; qu'ils ne respirent que soumission à l'Eglise; qu'ils auroient horreur de tout ce qui seroit contraire à cette docilité ingénue, qu'ils ne seront jamais d'aucune cabale; qu'ils n'useront jamais de leur autorité pour blesser les règles, ni pour rien faire seuls; qu'ils ne seront jamais attachés à aucun livre, ni à aucune personne, ni à aucun sentiment suspect; et qu'au contraire ils seroient aussi zélés et aussi fermes que personne pourroit l'être, pour réprimer toute illusion. Ce fondement posé, il ne reste, Monsieur, qu'à conclure ce que vous avez conclu vous-même dans vos premières lettres : nous pensons vous et nous de même dans tout ce qui est important; nous ne pensons différemment qu'en ce qui n'est d'aucune importance; nous sommes, Dieu merci, dans la vraie unanimité. Je suis ravi d'y être avec vous; car je ne cesserai jamais de vous aimer avec tendresse et vénération.

LETTRE LXXXIV.

BOSSUET A SON NEVEU (a).

A Paris, ce 9 décembre 1696.

Le courrier apparemment n'est pas encore arrivé, et nous ne vous accusons aucune lettre. Nous attendons avec impatience ce que vous aurez résolu pour Naples. M. de Chaulnes dit que c'est un voyage hasardeux; mais vous saurez prendre vos mesures.

M. Troye avoit enfin habillé les princes : nous ne songions qu'à les envoyer, après avoir fait copier les têtes, quand Troye m'est venu dire qu'il y avoit défense par le ministère de M. de Torci de les envoyer sans nouvel ordre. Je m'en vais à Versailles pour savoir ce que c'est. Je pourvoirai incessamment à la somme pour les copies que vous faites faire.

Le Traité du feu cardinal Sfondrate est ici méprisé et condamné de tous les honnêtes gens. Songez à nous l'envoyer, aussi bien que son *Innocentia vindicata* (b), en sa conception immaculée définie par un concile des apôtres, et dont la fête est d'une institution apostolique.

Mes respects à M. le cardinal.

LETTRE LXXXV.

BOSSUET A SON NEVEU (c).

A Meaux, ce 30 décembre 1696.

J'ai reçu votre lettre du 4 par l'ordinaire, et un peu après le paquet où étoient les propositions que vous me promettiez par vos précédentes, dont j'écris à M. Phelippeaux.

J'ai donné des ordres très-exprès pour les quinze cents livres,

---

(a) Revue sur l'original. — (b) Le premier de ses ouvrages a pour titre : *Nodus prædestinationis dissolutus*. Cinq évêques de France le dénoncèrent au souverain Pontife; on peut voir leur lettre, vol. XXVI, p. 519. Le second ouvrage, *Innocentia vindicata*, nous est aussi connu; Bossuet en a parlé dans ce volume. Lettre LXIV, pag. 12. — (c) Revue sur l'original.

et cela bien assurément ne tardera pas. Il n'y a rien de nouveau à vous dire sur les tableaux des princes. J'espère trouver fait celui de la princesse en arrivant à Paris le 4 ou le 5, et on ne perdra point de temps à les envoyer. Je n'entends pas encore parler du départ des plénipotentiaires, qui ont seulement ordre de se tenir prêts. Vous jugez bien de la joie qu'a M. de Harlay de se trouver à la tête.

Nous avons grand intérêt de savoir si l'on persiste toujours à n'accorder aucune pension pour les cures, pour quelque cause que ce soit, et quelque âge ou quelque service qu'aient les curés, et de quelque valeur que soient les cures tant en fonds qu'en casuel. Faites-moi, je vous prie, toutes les distinctions là-dessus, en sorte que cette instruction puisse servir dans l'occasion pour la cure de Saint-Eustache, dont vous savez la nature.

Je vous prie aussi de faire chercher la dispense de ce mémoire, et d'en prendre le *transsumptum* pour me l'envoyer, s'il ne coûte pas beaucoup. Il s'agit d'une vieille affaire du diocèse, que nous ne saurions finir. Souvenez-vous aussi des décrets sur le quiétisme, surtout de ceux dont j'ai envoyé le mémoire et la date à M. Phelippeaux; ils me sont de conséquence. Mon impression sur le quiétisme en est au dernier livre, de dix qui sont assez courts.

M. Chasot est ici en bonne santé, et vous manderoit les nouvelles s'il y en avoit. La seule qui regarde la littérature consiste en deux thèses soutenues à Reims coup sur coup (*a*), dans l'une desquelles la doctrine de Molina sur la conciliation du libre arbitre avec la prédestination est proposée comme étant sortie toujours plus pure de toutes les épreuves où elle a été mise; et l'autre se sert de cette doctrine comme tirée de saint Augustin même dans le livre *de Bono perseverantiæ*, et propre à établir les préfinitions de Suarez et la prédestination gratuite *etiam ad glo-*

(*a*) Toutes les éditions disent : *soutenues à Reims coup sur coup par les Jésuites*; puis la première ajoute en note : « Nous aurons dans la suite occasion de parler de l'*Ordonnance* de M. le Tellier, archevêque de Reims contre ces thèses révoltantes. » Ce qu'il y a de plus révoltant, dans tout cela, c'est l'expression de *par les Jésuites*, c'est la falsification que se sont permise les Bénédictins jansénistes des *Blancs-Manteaux*.

riam, qui est proposée comme étant de saint Augustin, qu'on veut suivre en tout.

Nous attendons toujours ce que fera Rome sur le livre du cardinal Sfondrate, contre qui tout est soulevé.

LETTRE LXXXVI.

BOSSUET A M. L'ABBÉ DE MAULEVRIER.

Janvier 1697.

Je sais d'une manière à n'en pouvoir douter, que M. de Cambray veut écrire sur la spiritualité. Premièrement, il me l'a écrit, et j'ai sa lettre; secondement, j'en suis averti de très-bonne part. Je suis assuré que cet écrit ne peut causer qu'un grand scandale; 1° parce qu'après ce qu'il m'a fait dire sur le refus d'approuver mon livre, il ne se résoudra jamais à condamner les livres de Madame Guyon, ce qui est introduire une nouvelle distinction du fait et du droit, et faire voir que M. de Paris et moi avons condamné cette Dame sans entendre sa pensée. Cela est d'un si grand scandale, que je ne puis en conscience le supporter, et que Dieu m'oblige à faire voir qu'on veut soutenir des livres dont la doctrine est le renversement de la piété : 2° je vois par les lettres et par les discours de M. de Cambray, qu'il tendra à établir comme possible la perpétuelle passiveté; ce qui mène à des illusions insupportables. Car si cet état est possible, à moins de le restreindre, comme je le fais après le B. Jean de la Croix, à la sainte Vierge ou à quelque autre ame aussi extraordinaire, telle que celle de saint Jean-Baptiste, on donnera ouverture à conduire les ames sur ce pied-là; ce qui seroit renverser la bonne conduite des ames, et un des articles que M. de Cambray a signés, qui est le xxix° : 3° je suis assuré qu'il laissera dans le doute ou dans l'obscurité plusieurs articles, sur lesquels il me sera aisé de faire voir qu'il falloit s'expliquer indispensablement dans la conjoncture présente. Et si cela est, comme il sera, qui peut me dispenser de faire voir à toute l'Eglise combien cette dissimulation est dangereuse? Tout cela démontre qu'à moins de concerter tous ensemble ce qu'il faut dire, c'est qu'on veut tromper, c'est qu'on veut montrer que M. de Paris et moi l'avons mal condamnée, ce que j'avouerois sans peine s'il étoit vrai. Mais comme bien assurément cela n'est pas, la vouloir défendre c'est vouloir rétablir et remettre sur l'autel une idole brisée. Voilà la vérité à laquelle il faut que je sacrifie ma vie. Je le répète, on veut rendre la condamnation de Madame Guyon douteuse, par là la remettre en honneur; et on ne m'évite en cette occasion après m'avoir témoigné tant de soumission en paroles, que parce qu'on sent que Dieu en qui je me fie me donnera de la force pour éventer la mine.

Je me réduis à ce dilemme. Ou l'on veut écrire la même doctrine que moi, ou non. Si c'est la même, l'unité de l'Eglise demande qu'on s'entende; si c'en est une autre, me voilà réduit à écrire contre, ou à renoncer à la vérité.

LETTRE LXXXVII.

BOSSUET A SON NEVEU (a).

A Versailles, ce 20 janvier 1697.

Votre dernière sans date m'apprend que vous avez enfin reçu vos passeports pour Naples, et qu'apparemment vous devez être à présent parti pour ce pays-là. Je vous souhaite heureux voyage et un prompt retour.

Je croyois vous avoir mandé ce que vous me dites qu'on a écrit de M. de Cambray : apparemment ce sera M. Pirot qui l'aura mandé à M. Vivant, à qui il communique tout (b). J'attendrai les pièces sur le quiétisme. selon les dates que j'ai envoyées à M. Phelippeaux.

Vous aurez vu à présent qu'on a pourvu aux quinze cents livres. Troye a commencé le tableau de la princesse et je le presse de finir.

J'ai reçu le bref qui paroît juridique. On dit que la paix che-

(a) Revue et complétée sur l'original. — (b) M. L'abbé Bossuet avoit appris à Rome les mauvais procédés de M. de Cambray à l'égard de M. de Meaux; et il est clair que ce prélat n'en avoit rien écrit à son neveu même, tant il mettoit de modération dans tout ce qu'il faisoit contre les partisans de la nouvelle spiritualité. (*Les premiers édit.*)

mine toujours. Les plénipotentiaires croient partir au commencement du mois prochain et que le lieu du congrès sera Nimègue.

LETTRE LXXXVIII.
M. DE RANCÉ A M. DE SAINT-ANDRÉ, CURÉ DE VAREDDES.
Février 1697.

J'ai reçu, Monsieur, le livre que vous m'avez envoyé, et l'*Ordonnance* de M. l'archevêque : je vous suis bien obligé de ce que vous n'avez pas oublié la prière que je vous avois faite. C'est une chose déplorable, que de voir ces diversités de sentimens qui se forment dans l'Eglise, et particulièrement celle qui a donné lieu au livre de M. de Cambray. On ne sauroit trop louer le zèle de M. de Meaux de s'opposer, comme il fait, à des erreurs si pernicieuses. Je ne doute point que tous les gens de bien ne se joignent à lui, et que son parti ne soit celui de l'Eglise. Je n'ajouterai rien à ce billet, si ce n'est pour vous assurer, mon très-cher Monsieur, que je prendrai toute ma vie un intérêt sensible à tout ce qui vous regarde, et qu'il n'est pas possible d'être avec plus d'estime et de sincérité que je suis, etc.

FR. ARMAND-JEAN ane. abbé de la Trappe.

LETTRE LXXXIX.
BOSSUET A SON NEVEU.
A Paris, ce 3 février 1697.

Cette lettre vous trouvera revenu à Rome, et je souhaite que ce soit en bonne santé. Vous aurez su la nouvelle de M. le cardinal de Bouillon qui, sur les instances de M. le cardinal de Janson pour son retour, doit aller à Rome vers la Pentecôte, chargé des affaires dans l'attente du décanat du sacré collége (a). Il est

---

(a) M. de Cambray avoit dès lors résolu de porter à Rome l'affaire de son livre, en cas qu'il fût attaqué par les évêques de France ; et l'on avoit usé de petits stratagèmes pour engager M. le cardinal de Janson à demander son retour,

vrai que M. de Cambray a refusé d'approuver mon livre, en déclarant qu'il ne veut pas improuver Madame Guyon. Il a même depuis deux jours imprimé un livre sur la spiritualité (a), où tout tend à la justifier sans la nommer. Il n'a pris aucune mesure avec personne, et l'on trouve cela un peu hardi. A peine ai-je eu le loisir de parcourir son livre. J'embrasse M. Phelippeaux.

LETTRE XC.

BOSSUET A SON NEVEU (b).

A Paris, ce 11 février 1697.

Vous nous avez fait grand plaisir de nous donner de vos nouvelles de Naples. Nous espérons apprendre bientôt de celles du Vésuve, sans pourtant vous demander une recherche aussi curieuse que celle de Pline pour le mont Gibel. Vous aurez su que M. le cardinal de Bouillon devoit aller à Rome après Pâques, chargé des affaires, et que M. le cardinal de Janson devoit revenir au mois d'août ou de septembre. J'en ai fait mes complimens à cette Eminence.

Mon frère m'a dit qu'il vous avoit mandé quelque chose du procédé de M. de Cambray, et du livre qui a paru de lui depuis peu. Il s'est entièrement rallié avec les Jésuites, et il a dit qu'il n'avoit point à la Cour d'ami plus cordial que le P. de la Chaise (c). Il n'a pris aucune mesure qu'avec les Jésuites : aucune

et à prier le roi de charger des affaires M. le cardinal de Bouillon. Voyez cette intrigue détaillée dans la *Relation du quiétisme* de M. Phelippeaux, part. I, p. 228 et suiv. (*Les premiers édit.*)

(a) C'est le fameux livre : *Explication des maximes des Saints sur la vie intérieure.* — (b) Revue et complétée sur l'original. — (c) M. Phelippeaux dit dans sa *Relation*, p. I, p. 214 : « M. de Cambray depuis quelques années s'étoit lié par intérêt et par politique aux jésuites. Il ne manqua pas de communiquer son dessein (de publier son livre) au P. de la Chaise, et à ceux qui avoient le plus d'autorité. Il leur exagéra l'attachement qu'il avoit à la doctrine et à la gloire de la Société, et les raisons qu'ils avoient de le défendre contre des prélats qu'ils savaient leur être peu favorables. Et afin de les engager davantage, il montra son ouvrage aux principaux théologiens du collège de Clermont, qui en approuvèrent la doctrine, et lui promirent de la défendre en cas qu'elle fût attaquée. »

avec Madame de Maintenon, ni avec le roi. Quelle sera la suite de cette affaire? Dieu le sait.

On tient celle de la paix fort avancée, et que tout sera conclu avant l'assemblée, en sorte que les plénipotentiaires ne partiront que pour signer. Il paroît ici un manifeste du roi d'Angleterre, qu'il devoit envoyer au Pape pour en faire part par ses nonces aux princes catholiques.

Mon livre sur le quiétisme (a) est achevé d'imprimer, et va paroître incessamment. M. de Cambray en a publié un, qui a pour titre : *Explication des maximes des Saints sur la vie intérieure*. Il le prend d'un ton bien haut et bien décisif. Il parle dans l'avertissement de trente-quatre articles (b) de deux grands prélats, qu'il veut expliquer avec plus d'étendue : il ne dit pas qu'il les ait signés. On trouve un peu extraordinaire qu'il ait entrepris de le faire sans concert avec eux, et après avoir vu mon livre (c). Ce procédé étonne tout le monde, et à la Cour et à la ville. On remarque beaucoup qu'il a dit dans l'avertissement : « Les mystiques savent bien que je les entends, et je leur laisse à juger si je n'explique pas leurs maximes avec plus d'exactitude que la plupart d'entre eux n'ont pu jusqu'ici les expliquer. » On dit tout haut que par ces paroles il se veut mettre à la tête du parti. Le livre est fort peu de chose : ce n'est que propositions alambiquées, phrases et verbiage. On est assez déchaîné contre tout cela. Il y auroit des propositions essentielles à relever. Nous garderons toutes les mesures de charité, de prudence et de bienséance. On trouve l'action hardie et sans mesure.

(a) C'est l'*Instruction sur les états d'oraison*. Cet ouvrage se trouve dans le volume XVIII. — (b) Les articles d'Issy. — (c) Bossuet lui avoit communiqué le manuscrit de l'*Instruction sur les états d'oraison*. « J'attendois, dit le grand évêque dans la *Relation sur le quiétisme*, sect. III, n° 16, j'attendois ses difficultés pour me corriger sur ses avis; je me sentois pour lui, ce me semble, la même docilité qu'il m'avoit témoignée avant son sacre : mais trois semaines après, l'approbation me fut refusée par une raison que j'étois bien éloigné de prévoir. Un ami commun me rendit dans la galerie de Versailles une lettre de créance de M. l'archevêque de Cambray, qui étoit dans son diocèse. Sur cette créance on m'expliqua que le prélat ne pouvoit entrer dans l'approbation de mon livre, parce que j'y condamnois Madame Guyon, qu'il ne pouvoit condamner. » M. de Cambray prit dès lors la résolution de donner son livre des *Maximes*, et il exécuta ce dessein dans un profond secret, sans en rien communiquer à M. de Meaux.

Je salue M. Phelippeaux.

M. de Cambray a pressé et précipité son livre.

M. l'archevêque de Paris est irrité de ce procédé (a). Vous n'avez, vous et M. Phelippeaux, qu'à ouvrir les oreilles.

LETTRE XCI.

BOSSUET A M. GODET DES MARAIS, ÉVÊQUE DE CHARTRES.

Ce 13 février 1697.

J'ai vu M. de Paris, j'ai vu M. de Cambray, et je n'ai rien appris de nouveau. Le livre fait grand bruit et je n'ai pas ouï nommer une personne qui l'approuve. Les uns disent qu'il est mal écrit; les autres, qu'il y a des choses très-hardies; les autres, qu'il y en a d'insoutenables; les autres, qu'il est écrit avec toute la délicatesse et toute la précaution imaginables, mais que le fond n'en est pas bon; les autres, que dans un temps où le faux mystique fait tant de mal, il ne falloit écrire que pour le condamner, et abandonner le vrai mystique à Dieu; ceux-là ajoutent que le vrai est si rare et si peu nécessaire, et que le faux est si commun et si dangereux, qu'on ne peut trop s'y opposer. Je souhaite de tout mon cœur que Dieu mène tout à sa gloire. On se pare fort de M. Tronson; et je ne sais si ce que vous appelez sagesse en lui, n'est pas un trop grand ménagement.

LETTRE XCII.

BOSSUET A M. DE LA BROUE (b)

A Paris, ce 16 février 1697.

Vous aurez à présent reçu l'exemplaire de mon livre, que M. l'abbé de Catelan vous a envoyé. J'ai eu l'honneur, mon cher

---

(a) M. de Cambray avoit promis à M. l'archevêque de Paris, de ne faire paroître son livre qu'après celui de M. de Meaux. Mais s'étant ensuite imaginé qu'il étoit important pour lui de prévenir ce prélat, il pressa extraordinairement l'impression et la publication de son ouvrage, peu jaloux de tenir la parole qu'il avoit donnée. (*Les premiers édit.*) — (b) Revue sur l'original.

Seigneur, de vous écrire ce que j'attendois de vous. M. de Cambray a imprimé un livre que je souhaite qu'on vous envoie : M. l'abbé de Catelan prendra ce soin; sans lui je l'aurois fait. On est fort soulevé contre : la manière n'y nuit pas peu; car on a vu qu'il se cachoit de M. de Paris, et principalement de moi. On a su pourquoi il me refusoit son approbation : on a trouvé malhonnête qu'il voulût expliquer nos Articles sans concert, et écrire sur une matière que nous avons traitée en commun sans prendre aucune mesure. Nous tâcherons d'agir de manière que la vérité soit en sûreté, sans qu'il arrive de scandale de notre côté. Priez Dieu pour l'Eglise, pour M. de Paris, pour M. de Chartres et pour moi. Je voudrois bien pouvoir m'expliquer davantage : tout à vous, mon très-cher Seigneur.

M. de Paris et M. de Chartres m'approuveront; et cela est très-à propos, à cause de la liaison qui a été marquée entre nous dans cette affaire.

Mon neveu est de retour de Naples, où il a reçu toute sorte de civilités, et il est charmé de ce voyage : il vous assure de ses respects; toute la famille vous en dit autant. Ma sœur est toujours de même. Ha! que vous avez bien prédit beaucoup de choses! Je vous écrirai ce qui se passera de plus remarquable, autant qu'il sera possible.

LETTRE XCIII.

BOSSUET A M. DE LA BROUE (a).

A Paris, ce 23 février 1697.

Assurez-vous, Monseigneur, que je ne vous laisserai rien ignorer de ce qui se pourra écrire sur l'affaire dont vous désirez avec tant de raison d'être informé. Le livre de M. de Cambray continue à soulever tout le monde, c'est-à-dire docteurs et autres, et la Cour comme la ville. Nous sommes résolus, M. de Paris, M. de Chartres et moi, après avoir tout pesé, de lui présenter les articles sur lesquels il aura à s'expliquer brièvement et précisément, après les avoir pesés et réduits en termes précis. Nous

(a) Revue sur l'original.

procéderons en esprit de vérité et de charité par les voies les plus prudentes et les plus pressantes, selon que Dieu nous l'inspirera. Nous n'oublierons rien, s'il plaît à Dieu; et quoique M. de Cambray ait engagé le P. de la Chaise à parler pour son livre, nous espérons que la vérité sera si bien soutenue par tous ceux que vous avez vus engagés à sa défense, que la victoire lui demeurera toute entière. Priez Dieu pour nous : vous nous manquez bien; suppléez-y par vos prières.

On vous donne avec raison beaucoup de gloire, pour avoir réduit à l'obéissance les ennemis de M. de Saint-Pons (a). Je n'en dirai rien davantage, étant fort pressé; je pars pour Versailles.

On ajoutera quelques chapitres à l'ouvrage que vous avez : on vous enverra tout ce qu'on pourra.

LETTRE XCIV.

BOSSUET A SON NEVEU (b).

A Versailles, ce 23 février 1697.

Je vous envoie ma réponse à Messeigneurs les cardinaux Barberin et Denhoff; je vous prie de bien faire valoir mes reconnoissances à ces dignes cardinaux. Le livre de M. de Cambray fait ici, et à la Cour et à la ville, le plus mauvais effet du monde pour son auteur, dont le procédé et la doctrine soulèvent tout le monde contre lui. Le roi en est ému au delà de ce qu'on peut penser : il lui revient de tous côtés que tout le monde en est scandalisé. C'est M. le duc de Beauvilliers qui, le premier, en a porté la nouvelle au roi (c); Madame de Maintenon a suivi, et le roi étoit en impatience de savoir mes sentimens.

Le soulèvement est au delà de l'imagination. Je dois faire

(a) Les Récollets, avec qui ce prélat avoit des démêlés. — (b) Revue sur l'original. — (c) C'est-à-dire que le duc de Beauvilliers, en l'absence de M. de Cambray pour lors retiré dans son diocèse, présenta son livre au roi et en fit les honneurs à toute la Cour. M. de Pontchartrain, alors contrôleur général des finances, fut le premier qui avertit le roi que Madame Guyon avoit trouvé un défenseur dans sa Cour, dans sa maison, auprès des princes ses enfans. M. le Tellier, archevêque de Reims, en parla aussi plusieurs fois au roi.

encore avec M. l'archevêque de Paris un extrait des propositions censurables, que je vous enverrai.

M. le cardinal de Janson recevra par cet ordinaire une lettre de cinq évêques au Pape contre le livre du cardinal Sfondrate. Aussitôt que j'eus vu le livre, j'imaginai ce dessein, qui depuis s'est trouvé conforme à la pensée de M. Phelippeaux. Le roi a fort approuvé la lettre, dont il a demandé la traduction. J'ai fait la lettre, chargé par M. de Reims. Je vous prie de faire sur ce sujet-là, à M. le cardinal de Janson, toutes sortes d'honnêtetés de ma part. M. de Reims s'est chargé de lui adresser la lettre. Le roi l'a fort approuvée, et c'est tout ce que je puis vous en dire quant à présent. Vous ferez part à M. Phelippeaux de ce que je vous en ai dit ci-dessus.

Il y a un article dans la lettre du roi à M. le cardinal de Janson, pour lui ordonner de rendre la lettre en la propre main du Pape. Je suppose qu'il vous la fera voir : qui que ce soit n'en sait rien ici. Vous ne direz pas, si vous le voulez, que c'est moi qui ai fait la lettre.

Le roi sait le bon traitement que vous ont fait les Espagnols, et la manière dont le vice-roi vous a parlé de Sa Majesté, de la famille royale et de la France ; et elle a paru en être contente. M. de Reims lui a lu l'article de votre lettre sur les choses que vous a dites le cardinal Denhoff. J'ai vu ici M. le comte Denhoff, à qui j'ai beaucoup parlé de la religion : il est calviniste opiniâtre.

Nous attendons la suite du livre (a) contre la probabilité (b)

(a) Ce livre avoit pour auteur le P. Gonzalez, général des Jésuites. — (b) Les premiers éditeurs finissent la lettre par cet alinéa : « Le recueil des *Hommes illustres* de ce siècle, par M. Perrault, de l'Académie, paroît depuis quelques semaines. Les brigues et la jalousie de certaines gens ont fait mutiler cet ouvrage, et retrancher des hommes qui méritoient bien d'y avoir place. » A quoi se rattache la note qu'on va lire : « M. Ledieu, secrétaire du prélat, nous expliquera dans la lettre suivante, adressée à M. l'abbé Bossuet, quels étoient ces personnages.... » Voici maintenant ce que dit l'abbé Ledieu : « Enfin paroît depuis un mois le recueil des *Hommes illustres* de ce siècle,... par M. Perrault, de l'Académie.... Les PP. Jésuites ont fait rayer du nombre des hommes illustres, M. Pascal et M. Arnault, qui étoient gravés, et dont les éloges étoient imprimés à leur rang. Cela a révolté, surtout les gens de lettres. »

Ainsi voilà *certaines gens* qui, dans des sentimens de *jalousie*, par *brigues*,

LETTRE XCV.

M. TRONSON A L'ÉVÊQUE DE CHARTRES.

Ce 24 février 1697.

Je vous suis très-obligé, Monseigneur, des deux lettres que vous m'avez envoyées et qui accompagnoient celle que vous m'avez fait l'honneur de m'écrire; je remarque en cela votre bonté et votre charité pour moi. Ce m'est une marque obligeante de votre sincère et constante amitié. Si j'ai eu dans l'occasion dont vous me parlez trop de ménagement pour notre ami, comme on vous l'insinue, ce n'a été que pour n'avoir pas eu assez de lumières. Car dans le fond je vous avouerai franchement que j'ai cru, après plusieurs personnes de piété, qu'il étoit important que le monde fût instruit de ses sentimens. Or il me semble qu'il s'en explique assez, et qu'il les éclaircit d'une manière qui peut avoir deux bons effets. Le premier, de redresser ceux qui abusent des livres des bons mystiques et de leurs expressions, et qui y donnant un sens opposé à la doctrine de l'Eglise et contraire à la foi et aux bonnes mœurs, tombent dans de très-grands égaremens. L'autre est de prévenir les soupçons qu'on pourroit former contre lui, en faisant connoître d'une manière claire et précise tout ce qu'il pense sur cette matière. Je ne sais quel sort d'ailleurs aura son ouvrage; mais toujours, quoi qu'on en dise, il doit empêcher à mon avis qu'on ne soupçonne l'auteur d'avoir des erreurs qu'il condamne avec tant de force. Voilà mes vues, que je

---

enlèvent au mérite la place et l'honneur qui lui appartiennent; et si vous voulez savoir quels sont ces hommes injustes, tournez la page; l'abbé Ledieu vous apprendra que ce sont les *PP. Jésuites*. L'échafaudage est habilement dressé, mais un mot va le renverser par terre : c'est que Bossuet n'a rien dit de ce qu'on lui fait dire, c'est que l'alinéa qu'on lui prête est le produit de la fraude. Je viens de dire que la calomnie est tramée d'une main habile, c'est une méprise : car le passage interpolé se présente à tous les gens comme un calque fait, sur la prose malveillante de l'abbé Ledieu, par la plume lourde et plate de Déforis.

Malgré tout cela, qui pourroit le croire ? le faux s'est soutenu pendant un siècle ; toutes les éditions, celles qui se publient de nos jours comme les autres, reproduisent l'alinéa fabriqué par les Bénédictins des *Blancs-Manteaux*.

vous expose simplement, et que je soumets de tout mon cœur à ceux qui en ont de plus étendues. Car je sais que les miennes, quelque bonne intention qui les accompagne, étant fort bornées, me doivent toujours être fort suspectes. Celle dont je puis vous assurer qui m'est plus à cœur et qui ne me trompera pas, est que je serai toute ma vie avec toute la reconnoissance que je dois, et avec un attachement inviolable, entièrement à vous.

LETTRE XCVI.

L'ABBÉ LEDIEU A L'ABBÉ BOSSUET.

A Paris, ce lundi soir, 25 février 1697.

M. Bossuet n'ayant rien autre chose à vous mander, il n'a pas cru devoir mettre si tard la main à la plume. Puisqu'il me la fait prendre à sa place, je profiterai avec votre permission, Monsieur, de l'occasion pour dire de plus que le livre de M. de Cambray est enfin parvenu à être universellement méprisé. Plusieurs docteurs ont dit qu'il y auroit bien de quoi le proposer en Faculté, pour le censurer comme il le mérite. Aussi M. de Meaux y trouve-t-il des propositions erronées contre la coopération à la grace et sur d'autres matières : par où il paroît que l'auteur n'est pas bien foncé dans la théologie. Tout cela fait désirer de plus en plus l'ouvrage de notre prélat, qui vient de s'achever aujourd'hui, à la réserve des tables, qui nous tiendront encore cette semaine ; et je ne crois pas que l'on puisse vous l'envoyer par le premier ordinaire. Monseigneur de Paris a donné une magnifique approbation : nous attendons celle de M. de Chartres. J'ai été chargé d'imprimer, pour joindre à cet ouvrage, un recueil des actes de la condamnation des quiétistes, qui comprend la bulle d'Innocent XI contre Molinos, le décret de l'Inquisition aussi contre sa personne, et les autres portant condamnation des livres des nouveaux mystiques. Les *Ordonnances* des prélats de notre province y sont jointes ; de sorte qu'on aura sur cette matière tout ce qui s'est fait de plus remarquable contre cette secte.

Enfin paroît depuis un mois le recueil des *Hommes illustres*

de ce siècle, au nombre de trente-quatre ou environ; par
M. Perrault, de l'Académie, qui a fait les discours très-succincts
qui sont joints aux estampes de chacun. Lulli et Quinault en sont,
M. de Turenne, M. le Prince, M. Colbert, le cardinal de Riche-
lieu, M. le chancelier Seguier, M. Pellisson, Descartes, plusieurs
autres, et M. Phelippeaux, grand-père de M. de Pontchartrain.
Dans sa généalogie on s'est contenté de dire qu'il vient de la
branche des Phelippeaux établie à Blois, dans laquelle il y a eu
de suite jusqu'à sept secrétaires d'Etat; et que leur famille est
originaire d'Anjou, où un Jean Phelippeaux se trouve avoir
occupé une charge importante auprès des anciens comtes d'Anjou, dès l'an 1400 et tant, sans entrer en d'autre détail. Je dis
encore ceci, Monsieur, avec votre permission pour le compagnon
de votre voyage. Au reste les PP. Jésuites ont fait rayer du nombre des hommes illustres, M. Pascal et M. Arnauld qui étoient
gravés, et dont les éloges étoient imprimés à leur rang. Cela a
révolté, surtout les gens de lettres; et leur indignation a paru
même dans une lettre imprimée qui a couru.

LETTRE XCVII.

BOSSUET A SON NEVEU (a).

A Paris, ce 4 mars 1697.

J'ai reçu votre lettre du 12 février. Nous avons déjà parlé de
vous ensemble, M. le cardinal de Bouillon et moi : il témoigne de
la joie de vous rencontrer à Rome. Je lui ferai bien vos complimens, et votre lettre sur sa mission m'en donnera un grand sujet.
Je ne doute pas du regret qu'on aura à Rome d'y perdre M. le
cardinal de Janson : ce que vous me dites *del grand concetto*
qu'on a de lui en Italie, m'a fait un grand plaisir. Il est égal ici;
et nous y aurons autant de joie de le voir qu'on aura de regret
de le perdre de delà. Assurez-le bien de mes respects : vous ne
lui en sauriez trop dire, ni trop l'assurer d'un sincère attache-

(a) Revue et complétée sur l'original.

ment et d'une parfaite reconnoissance de toutes les bontés qu'il nous témoigne par des effets si agréables.

Je fais réponse à M. Phelippeaux sur les décrets du quiétisme. Mon livre achève de s'imprimer ; je vous l'enverrai aussitôt avec une lettre au Pape, pour le présenter à Sa Sainteté. Celui de M. de Cambray a excité un soulèvement si universel et qui, au lieu de diminuer, s'augmente si fort, que jamais il ne s'en est vu un pareil. Il y faudra apporter quelque remède : je vous en parlerai quand on aura pris un parti. Le mien, en attendant, est de parler le moins que je puis. Nous garderons toutes les mesures que la charité et la paix demandent.

Soyez attentif à notre lettre sur le cardinal Sfondrate. Je vous ai mandé que M. le cardinal de Janson, à qui on l'a adressée, a ordre de la rendre lui-même à Sa Sainteté. Je vous en enverrois une copie, si je ne croyois pas que M. le cardinal de Janson vous la fera voir.

Le portrait de la princesse est presque achevé, et on travaille sans relâche à mettre notre présent en état. Faites-nous faire de votre côté des originaux et autant d'antiques que vous pourrez, du moins en estampes. Vous aurez su la mort de Madame la chancelière. Les princes ont rendu à M. le chancelier les visites accoutumées, à commencer par Monsieur. Les plénipotentiaires sont partis. Je vais à Versailles à l'instant. On mande du bien de vous de tous côtés : soutenez.

Je ferai vos complimens à M. Phelippeaux sur son mariage avec Mademoiselle de Cheboutanne, que vous avez vue à Soissons. Ecrivez-lui-en un mot. Ce mariage est fort approuvé.

LETTRE XCVIII.

BOSSUET A M. DE LA BROUE (a).

A Meaux, ce 9 mars 1697.

Je vous ai déjà fait mes complimens, mon cher Seigneur, sur la grande part que vous avez eue à la satisfaction qui a été faite et

(a) Revue sur l'original.

donnée à M. de Saint-Pons. Quand vous aurez occasion de faire savoir à ce prélat la joie que j'en ai par le respect particulier que j'ai pour lui, aussi bien que pour l'intérêt commun, vous me ferez plaisir.

M. de Cambray ne donne point d'autre cause du refus de l'approbation (a) sinon qu'il ne pouvoit pas consentir, comme il eût fait par cet acte, à condamner Madame Guyon.

Je ferai une attention nouvelle à la huitième proposition des bégards : il m'a paru que c'eût été trop tirer les choses par les cheveux, que de l'attribuer aux nouveaux mystiques. Je suis bien heureux en effet d'avoir eu saint Chrysostome pour moi (b) dans le trente-troisième article : car sans cela vous m'écrasiez avec saint François de Sales et toutes les Saintes, même avec les plus excellens commentateurs ; mais, Dieu merci, je suis sauvé. J'ai bien su que Cassien était de même avis ; mais je ne le cite qu'à regret dans de telles choses, où le plus souvent il est outré dans ce qu'il dit le mieux.

Si l'on n'est pas content de la raison que j'ai donnée dans la préface du soin que je prenois pour certains mystiques, j'aurai du moins fait connoître que ce n'est pas par la grande estime que je fais de leur autorité. J'ai un peu corrigé les six dernières lignes que vous avez vues : mais quand on pensera que j'ai un peu regardé, quoique obliquement, M. de Cambray, je ne m'en offenserai pas : et il étoit difficile de laisser passer l'affectation de défendre, Madame Guyon sans en dire quelque mot en général.

Si vous avez de l'impatience de voir le livre de M. de Cambray, j'en ai encore plus pour en savoir votre sentiment, maintenant que vous le devez avoir reçu de M. l'abbé de Catelan. Ce que je vous puis dire en attendant, c'est que le soulèvement est universel, et augmente à mesure que le livre se répand. La Cour s'est d'abord soulevée autant et plus que la ville. Quelques Jésuites s'y sont déclarés, entre autres le P. de Valois et, à ce qu'on dit, le P. de la Chaise ; mais cela n'apaise pas les esprits : vous aurez appris tout le reste par ma lettre précédente.

(a) A l'*Instruction sur les états d'oraison.* — (b) Sur les demandes et désirs excessifs d'un amour sans règle. (*Les édit*

Je compte que mon livre sera présenté dans la semaine prochaine, et que de lundi en huit je l'enverrai au Pape avec une lettre pour Sa Sainteté. Vous saurez tout exactement. Je suis avec le respect que vous savez, Monseigneur, votre très-humble et très-obéissant serviteur,

† J. Bénigne, év. de Meaux.

LETTRE XCIX.

BOSSUET A SON NEVEU (a).

A Paris, ce 14 mars 1697.

Voilà quatre exemplaires de mon livre, dont j'en destine un à Sa Sainteté, l'autre à M. le cardinal de Janson, le troisième au cardinal Spada et le quatrième pour vous. Vous pouvez toujours faire relier ces livres. Je joindrai une lettre pour Sa Sainteté et pour M. le cardinal Spada, par l'ordinaire prochain. J'en parlerai au roi entre ci et là, qui le trouvera très-bon. Je présenterai le livre à Sa Majesté. Vous ne sauriez croire l'expectation du public : on s'attend de trouver la consolation et l'instruction, que M. de Cambray a ôtées au peuple par sa sécheresse. Le soulèvement continue avec indignation et mépris. On ne voit paroître de défenseurs déclarés que les Jésuites. M. le cardinal de Bouillon se mêle dans la chose pour soulager ce prélat. On est engagé dans une autre route avec le roi, par M. de Paris et Madame de Maintenon. Je ne vous puis rien dire du P. de la Chaise, qui ne s'explique pas. Par parenthèse, il n'est point dans notre chiffre ; nous le nommerons *Théocrite* et 67.

Il y a un grand mouvement à la Cour sur un démêlé pour la place au sermon, entre M. d'Orléans (b) et M. de la Rochefoucauld : je vous en manderai le détail de Versailles, où je vais (c).

Nous vous enverrons des livres pour nos amis par une autre voie.

(a) Revue et complétée sur l'original. — (b) M. du Cambout de Coislin, qui étoit alors premier aumônier, et fut dans la suite grand aumônier. Bossuet explique à la fin de cette lettre le sujet de la dispute. — (c) *L'Instruction sur les états d'oraison*.

Vous savez que le chambellan, le gentilhomme de la chambre et le capitaine des gardes occupoient au sermon le dos de la chaise du roi. Le premier aumônier avoit une quatrième place, à la droite du premier gentilhomme. C'est celle-là que M. de la Rochefoucauld a demandée et obtenue pendant l'absence de M. d'Orléans, et de M. l'abbé de Coislin. M. d'Orléans est revenu d'Orléans pour cette affaire.

LETTRE C.

BOSSUET A SON NEVEU (a).

A Paris, ce 18 mars 1697.

J'ai reçu votre lettre du 26 février. Nous approuvons beaucoup la résolution que vous prenez de revenir aussitôt que vous aurez vu à Rome M. le cardinal de Bouillon. Il vous prépare toute sorte de bon accueil, et m'a même dit qu'il prétendoit bien que vous n'auriez point d'autre logis que le sien. Mais il faut demeurer dans votre train ordinaire, et seulement lui rendre fort assidûment vos respects. C'est bien fait aussi de faire votre voyage comme vous l'avez projeté, et de ne donner point de fatigue à M. le cardinal de Janson.

J'ai vu partir le roi pour Marly en très-bonne disposition, à un peu de goutte près qui ne l'empêche pas de marcher. On tient pour assuré que l'empereur a donné son consentement pour Delft (b) et quoi qu'il en soit, tous les autres alliés y persistant, il faudra bien qu'il y vienne. On croit aussi les affaires de la paix fort avancées, et on ne doute plus qu'elle ne se conclue avant la campagne.

Voilà ma lettre au Pape (c) : je n'ai rien fait, comme vous pouvez croire, qu'avec l'agrément du roi. Recevez les ordres de M. le cardinal de Janson pour votre audience; résolvez avec lui les pas qu'il faudra faire du côté du cardinal Spada, ne perdez point de temps à mettre ma lettre aux pieds du Pape.

(a) Revue et complétée sur l'original. — (b) Ville de Hollande. — (c) Cette lettre se trouve en tête de l'*Instruction sur les états d'oraison*, vol. XVIII, p. 380.

Tout le monde est ici si déclaré contre M. de Cambray, et pour le procédé et pour le fond de la doctrine, qu'il ne s'y peut rien ajouter.

Vous verrez bien que j'ai évité de parler contre M. de Cambray, quoique tous les principes soient contraires.

Je vous envoie son livre, et au premier ordinaire vous pourrez avoir mes remarques : faites les vôtres, en attendant, avec M. Phelippeaux.

On presse les portraits autant qu'on peut.

Prenez bien garde à ajuster les cartons qu'on vous envoie (*a*) : ils sont de conséquence (*b*).

LETTRE CI.

M. TRONSON A L'ÉVÊQUE DE CHARTRES.

Ce 21 mars 1697.

Je profite du peu de relâche que me donne mon rhumatisme, pour vous mander les dispositions où se trouve notre ami. Il est prêt à profiter des remarques que Monseigneur de Meaux et d'autres feront sur son livre, et de déférer absolument à ce que Monseigneur de Paris, M. Pirot et quelque autre personne croiront qu'il doit expliquer ou corriger dans son ouvrage. Il me semble qu'après cette démarche on ne pourra plus douter de ses sentimens, qu'on n'aura plus sujet de le soupçonner de quiétisme, ni de craindre ce que l'on en appréhendoit pour l'avenir. Je ne sais si on ne soupçonnera point que ce que je dis ici vient encore

---

(*a*) Pour l'*Instruction sur les états d'oraison*.

(*b*) La première édition termine la lettre par l'alinéa que voici : « Nous avons, pour la vérité et pour nous, Madame de Maintenon. Le roi est presque autant déclaré et indigné contre M. de Cambray. Le P. de la Chaise a écrit à M. le cardinal de Janson en faveur de ce prélat; mais le roi y a pourvu. Vous devez vous expliquer fort sobrement. Le P. de la Chaise est venu me voir bien humblement. »

Ce passage révèle toute une autre plume que celle de Bossuet; aussi ne se trouve-t-il point dans la lettre originale. Et pourquoi les Bénédictins des *Blancs-Manteaux* l'ont-ils fabriqué ? Pour y rattacher, en forme de note, un long réquisitoire contre le P. de la Chaise et contre les Jésuites. Inutile d'ajouter que toutes les éditions reproduisent et la diatribe et l'interpolation.

d'un trop grand ménagement; mais j'ai cru qu'en parlant d'un ami à un ami, je pouvois simplement écrire ce qui me venoit en pensée. J'espère que vous le recevrez avec votre bonté ordinaire pour celui qui est entièrement à vous.

LETTRE CII.

BOSSUET A SON NEVEU (a).

A Meaux, ce 24 mars 1697.

J'ai reçu à Paris votre lettre du 5. J'attends avec impatience vos sentimens et l'effet de la lettre que nous avons écrite sur le cardinal Sfondrate. On aura vu du moins que nous sommes entrés de nous-mêmes dans les sentimens des bien intentionnés de Rome.

Je viens d'écrire au grand duc, en lui envoyant mon livre. Nous en ferons passer le plus tôt que nous pourrons, à Rome pour nos amis.

Nous sommes convenus M. de Paris et moi, par ordre du roi, de travailler incessamment à l'extrait des propositions du nouveau livre et à leur qualification. Il faut un peu de temps pour mettre cela en état. Le livre est insoutenable et abandonné. Les Jésuites, qui le soutenoient d'abord, ne parlent plus que des moyens de le corriger, et ceux qu'on a proposés jusqu'ici sont foibles. Le P. de la Chaise a dit au roi qu'un de leurs Pères, qu'il dit être grand théologien, y trouvoit quarante-trois propositions à réformer. Il m'a dit à moi-même la même chose, à la réserve du compte. Il y a plusieurs propositions directement contraires aux trente-quatre Articles que l'auteur a signés, entre autres contre le VIIIe et le XIe. Ce qui est répandu dans tout le livre contre le désir du salut et l'indifférence à cet égard, le trouble involontaire de la partie inférieure en Jésus-Christ, page 122, est erroné et plein d'ignorance. Le sacrifice absolu de son salut et l'acquiescement simple à sa perte et à sa damnation, page 90 et 91, est une impiété manifeste, réprouvée à l'article XXXI

(a) Revue et complétée sur l'original.

signé par l'auteur. La page 92 contredit les autres, et n'est qu'une vaine palliation de l'erreur. Un amour qui, page 3 et 17, est appelé *impie et sacrilége*, est marqué en la même page 17 comme *une préparation à la justification*. Autour de la page 97, vous trouverez le quiétisme tout pur, c'est-à-dire l'attente oisive de la grace sous prétexte qu'il ne la faut pas prévenir. Plusieurs passages cités pages 55 et 126, de saint François de Sales, ne se trouvent pas, et les autres sont pris à contre-sens, et même manifestement tronqués. Vous en trouverez de marqués dans mon livre, pages 8 et 9. Les premières définitions, sur lesquelles roule le système, sont fausses et erronées. L'avertissement et tout le style du livre a paru d'une arrogance infinie; et tout est tellement alambiqué depuis le commencement jusqu'à la fin, que la plupart n'y entendent rien, et il reste seulement la douleur de voir la piété dans des phrases, dans des subtilités, dans des abstractions. Je n'ai pas le temps d'en dire davantage; et en voilà plus qu'il n'en faut, pour vous faire voir les causes du soulèvement et de l'indignation universelle.

J'écris tout ceci avec douleur, à cause du scandale de l'Eglise et de l'horrible décri où tombe un homme dont j'avois cru faire le meilleur de mes amis, et que j'aime encore très-sincèrement malgré l'irrégularité de sa conduite envers moi. Je ne suis point dans la liberté de me taire après l'avertissement où il dit qu'il expose notre doctrine, de M. de Paris et de moi, dans les trente-quatre Articles. Nous serions prévaricateurs, si nous nous taisions, et on nous imputeroit la doctrine du nouveau livre.

Au reste il a assuré le roi et tout le monde, qu'il auroit la docilité d'un enfant et se rétracteroit hautement, si on lui montroit de l'erreur. Nous le mettrons à l'épreuve; car ce sera par lui-même que nous commencerons. En voilà assez sur ce sujet, et trop; mais il n'est pas inutile que vous soyez instruits, vous et M. Phelippeaux. J'ajouterai seulement que tout l'écrit est plein de contradictions, et que le faux et le vrai conviennent souvent.

M. de Paris, ni M. de Reims et moi n'avons aucune part à la lettre du roi, pour désavouer ce que le P. de la Chaise a écrit à

M. le cardinal de Janson en faveur de M. de Cambray. M. le cardinal d'Estrées est déclaré contre ce prélat assez ouvertement. M. le cardinal de Bouillon tortille (a).

LETTRE CIII.

DE RANCÉ A BOSSUET (b)

Mars 1697.

Je vous avoue, Monseigneur, que je ne puis me taire. Le livre de M. de Cambray m'est tombé entre les mains : je n'ai pu comprendre qu'un homme de sa sorte pût être capable de se laisser aller à des imaginations si contraires à ce que l'Evangile nous enseigne, aussi bien que la tradition sainte de l'Eglise. Je pensois que toutes les impressions qu'avoit pu faire sur lui cette opinion fantastique étoient entièrement effacées, et qu'il ne lui restoit que la douleur de l'avoir écoutée; mais je me suis bien trompé.

On sait que vous avez écrit contre ce système monstrueux, c'est-à-dire que vous l'avez détruit; car tout ce que vous écrivez, Monseigneur, sont des décisions. Je prie Dieu qu'il bénisse votre plume, comme il a fait en quantité d'autres occasions, et qu'il lui donne la force nécessaire; en sorte qu'il n'y en ait pas un trait qui ne porte coup. Pendant que je ne puis penser à ce bel ouvrage de M. de Cambray sans indignation, je demande à Notre-Seigneur qu'il lui fasse la grace de reconnoître ses égaremens. Dieu, Monseigneur, vous a choisi dans nos temps entre les autres hommes pour soutenir la vérité; et vous l'avez fait jusqu'ici en toutes rencontres et avec tant de succès, que je ne doute point que vous ne le fassiez encore dans celle-ci avec le même bonheur.

(a) Cette lettre, qui contient une censure abrégée et très-juste du livre des *Maximes des Saints* de M. de Cambray, manifeste les vrais motifs du zèle de Bossuet contre l'ouvrage de ce prélat; et il n'est personne, tant soit peu équitable, qui n'ajoute une foi entière aux déclarations que l'Evêque de Meaux faisoit sans gêne à son neveu, dans une lettre qu'il ne pouvoit soupçonner devoir être un jour imprimée, et où les hommes décèlent ordinairement les véritables dispositions de leur cœur. — (b) Cette lettre est rapportée dans la *Vie de M. de Rancé*, par l'abbé de Marsollier, liv. VI, ch. XI.

Je n'ai pas besoin de vous dire, Monseigneur, l'intérêt que je prends dans tout ce qui vous regarde ; car je m'assure que vous en êtes bien persuadé, aussi bien que de la reconnoissance, de l'attachement et de tout le respect avec lesquels je suis, etc.

Fr. ARMAND-JEAN, ancien abbé de la Trappe.

LETTRE CIV.

BOSSUET A M. DE LA BROUE (a).

A Meaux, ce 29 mars 1697.

J'ai reçu, Monseigneur, votre lettre du 13 : j'ai donné ordre qu'on vous adressât un paquet de livres pour vous, et pour Messeigneurs de votre voisinage. Je vous envoie en attendant les derniers cahiers qui, joints avec ce que vous avez, feront l'ouvrage complet.

Vous avez raison sur l'article 8 des bégards : je n'y avois pas regardé d'assez près ; je tâcherai de réparer le tort que j'ai.

Quant à M. de Cambray, le soulèvement et l'indignation augmentent de jour en jour contre son livre ; et on se déclare à mesure qu'on lit le mien. Il est consterné ; mais je ne vois pas encore qu'il soit humilié, puisqu'il ne songe qu'à pallier. Les Jésuites sont ses seuls partisans : encore disent-ils eux-mêmes que leurs plus habiles théologiens trouvent jusqu'à quarante-trois propositions à corriger. J'attends avec impatience vos sentimens, sans les vouloir prévenir en rien par les miens. Je pardonne à M. l'abbé de Catelan d'être politique avec tout autre que vous. M. de Cambray a endormi M. de Fleury comme beaucoup d'autres. Je reçus hier une lettre de M. l'ancien abbé de la Trappe, d'une force incomparable contre M. de Cambray : prions pour lui, car il est à plaindre et à déplorer. Je suis avec le respect que vous savez, etc.

(a) Revue sur l'original.

LETTRE CV.

LE CARDINAL DE BOUILLON A BOSSUET.

Ce 30 mars 1697.

J'ai différé, Monsieur, jusqu'à présent à vous faire mes remercîmens du livre que vous m'avez fait la grace de m'envoyer, par la raison qu'avant de vous les faire, je voulois en avoir pris la lecture : ce que j'ai fait, en l'accompagnant de mon admiration ordinaire pour toutes les productions de votre profonde érudition et de votre génie sublime. Mais après, Monsieur, vous avoir remercié de cette première grace, je vous en demande une seconde avant mon départ et avant que je prenne congé du roi ; ce qui sera le samedi saint, après la communion pascale de Sa Majesté.

Cette seconde grace, Monsieur, est de vouloir m'envoyer confidemment vos remarques sur le livre de M. de Cambray, vous donnant ma parole de ne les mettre entre les mains de personne, ni d'en donner aucune copie. Si cette affaire par malheur ne s'accommodoit pas, avant mon arrivée à Rome, par les voies de la douceur et de la charité chrétienne et épiscopale, qui doivent vous porter à interpréter le plus bénignement que faire se pourra toutes les expressions qui peuvent choquer d'abord, et M. de Cambray à vouloir donner tous les éclaircissemens nécessaires, pour que la droiture et la pureté de sa conduite et de sa doctrine ne laissent aucun doute dans l'esprit de ceux qui ne cherchent que la vérité ; si cette affaire ne s'accommodoit pas par cette voie avant mon arrivée à Rome, il est comme inévitable que j'en entendrai parler à Rome dans le tribunal où ces matières sont portées, à la tête duquel apparemment je me trouverai, les infirmités de MM. les cardinaux Cibo et Altieri qui en sont aussi ne leur permettant plus de s'y trouver.

Par cette raison, Monsieur, je dois désirer que vous me confiiez vos remarques, quoique encore imparfaites. Je vous avouerai, Monsieur, que j'ai toujours désiré de les avoir avant que de lire avec attention le livre de M. de Cambray, que je n'ai lu que rapidement, parce que j'ai regardé vos remarques comme nécessaires, pour que la tendresse et l'estime que vous savez que j'ai pour lui, aussi bien que vous, ne séduisît sans ce secours mes lumières, beaucoup inférieures aux vôtres en toutes choses, et principalement dans cette théologie mystique fort différente de celle de l'Ecole. Encore une fois, Monsieur, faites-moi l'amitié de m'envoyer confidemment les remarques qui me sont nécessaires ; voulant durant le chemin lire et relire le livre de M. de Cambray avec le secours de ces remarques, dans lesquelles je vous supplie de ne rien omettre de ce qui vous aura pu paroître d'abord blâmable, quoique votre charité épiscopale, indépendamment des sentimens que vous m'avez toujours fait paroître pour un prélat aussi distingué par son mérite qu'est M. de Cambray, vous ait fait trouver un bon sens à ses propositions.

Je crois, Monsieur, que la droiture de mon cœur, mon amour pour la vérité, mon estime remplie d'une si ancienne, permettez-moi ce mot, amitié pour vous, sont assez connues, pour que vous ne soupçonniez pas que mon estime et ma tendresse pour M. de Cambray me puissent porter à faire l'usage de vos remarques qui pût être le moins du monde désavantageux à la vérité et à vous. Au moins vous puis-je assurer avec sincérité que ni M. de Cambray, ni aucune personne de celles que vous avez lieu de croire être plus dans ses intérêts et ses sentimens que dans les vôtres, n'ont et n'auront aucune connoissance, qu'autant que vous le voudrez, de la prière que je vous fais par cette lettre, que je vous envoie par un homme exprès, pour qu'elle ne puisse pas tomber en d'autres mains que les vôtres, non plus que de la réponse dont vous m'honorerez. Croyez, s'il vous plaît, Monsieur, qu'on ne peut vous être acquis plus absolument et plus cordialement que je vous le suis.

Le card. DE BOUILLON.

LETTRE CVI.

BOSSUET A SON NEVEU (a).

A Meaux, ce 31 mars 1697.

J'ai reçu votre lettre du 12, et mon frère m'en envoie une de même date. Je suis bien aise que M. le cardinal d'Estrées ait eu la sincérité d'expliquer à M. le cardinal de Janson ses sentimens qu'il n'a pas cachés en ce pays. Vous faites bien de parler modestement avec votre compagnon : la chose ne parlera que trop par elle-même.

Les Jésuites font le plongeon, comme je vous l'ai mandé. Personne ici ne peut comprendre pourquoi on y veut voir le cardinal de Janson. J'apprends avec plaisir ce que vous me mandez de l'estime universelle où est à Rome M. le cardinal de Janson.

Troye m'a dit que le portrait de la princesse ne pouvoit être séché ni en état de partir qu'incontinent après Pâques. Je serai alors à Paris, faisant état de m'y rendre la seconde fête et là j'avancerai tout.

Pour vous dire des nouvelles des livres, le mien paroît bien reçu ; et la doctrine que j'y propose a augmenté le soulèvement contre l'autre, qui en est consterné. Il devoit aller passer les fêtes à Cambray ; il est demeuré et ne paroît point à la Cour. M. de Malézieu lui a prêté sa petite maison que vous connoissez, et il y est dans un état dont on écrit avec compassion. Il sera question de s'expliquer ; et quelque envie qu'on ait de le soulager, on ne veut point que la vérité en souffre.

M. le nonce me parla avant mon départ du bon témoignage qu'il me rendoit à Rome ; je l'ai su depuis par d'autres personnes, à qui il l'a dit.

Voici le temps où il faudra que vous retourniez : un plus long séjour seroit interprété à oisiveté. Jusqu'ici tout va bien ; mais il ne le faut pas gâter. J'ai besoin de vous et de M. Phelippeaux ; et je compte que l'arrivée de M. le cardinal de Bouillon vous déter-

(a) Revue et complétée sur l'original.

minera, sans attendre M. le cardinal de Janson. Vous aurez encore quelque chose à voir en Italie, et vous saurez bien prendre votre tour.

Si vous vous portez bien, nous nous portons bien aussi, moyennant les huîtres en écailles, le Volney et le Laurent. Mon frère se porte à merveille, et jamais sa santé n'a été meilleure.

J'envoie à M. Pirot la lettre qui étoit dans votre paquet.

Souvenez-vous, dans quelque occasion, de m'écrire quelque chose d'obligeant pour M. l'abbé Renaudot, qui dit en toute occasion mille biens de vous.

LETTRE CVII.

LE CARDINAL LE CAMUS AU CURÉ DE SAINT-JACQUES DU HAUT-PAS.

A Grenoble, ce 1ᵉʳ avril 1697.

Je vous rends graces, Monsieur, du soin que vous avez pris d'envoyer pour moi chez mon frère les *Ordonnances* de Monseigneur l'archevêque de Paris : je vous serai obligé, si vous voulez bien y joindre celle qui regarde la retraite des ordinands.

Je lis présentement le livre de M. de Cambray : je n'ai pas encore celui de M. de Meaux. Je trouve qu'on subtilise beaucoup, et qu'on met au jour quantité de cas métaphysiques qui scandalisent les foibles, dont les théologiens méthodiques et exacts ne peuvent s'accommoder, et dont les libertins se raillent. Si un mot a échappé à quelque pieux auteur, on prétend autoriser par là un langage fort différent de celui dont les saints Pères se sont servis communément dans l'Eglise. Mais comme ces nouveautés de langage et de sentimens sont entièrement bannies de ce diocèse, je n'ai rien à dire là-dessus. On ne peut être à vous, Monsieur, avec plus d'estime et de cordialité que j'y suis.

Le card. LE CAMUS.

LETTRE CVIII.

BOSSUET A SON NEVEU.

A Meaux, le jour de Pâques, ce 7 avril 1697.

J'ai reçu votre lettre du 19 mars : vous en recevrez deux de moi par cet ordinaire, parce que celle que j'écrivis dimanche dernier arriva trop tard d'un jour à Paris. Nous attendons l'effet de notre lettre à Sa Sainteté sur le livre du cardinal Sfondrate, et nous prions Dieu qu'il conduise l'esprit du Pape. Il seroit triste pour l'Eglise et pour son pontificat qu'on épargnât un livre plein de si grandes erreurs, et le déshonneur en demeureroit au saint Siége.

Je n'ai rien davantage à vous dire sur le livre de M. de Cambray. Je vous ai mandé où il étoit : on dit qu'il y est avec des docteurs. Nous tâcherons de mettre fin à cette affaire, aussitôt que je serai à Paris.

Il est difficile que le cardinal d'Estrées ait fait voir aux Jésuites ce que vous soupçonnez (*a*) ; car je ne crois pas qu'il l'ait eu en son pouvoir.

Je ne doute point que ce que vous pensez du P. de la Chaise (*b*) ne soit véritable : il est jésuite autant que les autres.

Faites bien mes amitiés au P. Dez : vous savez qu'il est de mes amis particuliers. Assurément c'est une tête et un homme bien intentionné et droit (*c*).

Je n'ajoute rien à ce que je vous ai mandé de votre retour. Tous nos amis sont ici d'accord qu'il est temps d'y penser, et qu'un plus long séjour ne feroit pas bien ici.

Je vous aurois envoyé la lettre des cinq évêques au Pape, si je n'avois tenu pour certain que M. le cardinal de Janson vous en feroit part. On n'en a donné ici aucune copie qu'au roi en françois et aux évêques souscrivans.

(*a*) La lettre des cinq évêques contre le livre du cardinal Sfondrate. — (*b*) Qu'il protégeoit le livre de M. de Cambray. — (*c*) Le P. Dez étoit jésuite, et l'on verra qu'il défendit à Rome la cause de Fénelon.

Je ne sais si je vous ai mandé que M. de Cambray fait ce qu'il peut pour nous détacher M. de Paris et moi : ses efforts ont été très-inutiles jusqu'ici. Je ne puis me dispenser de parler, puisqu'il dit dans son avertissement qu'il ne veut qu'expliquer nos Articles : mais j'ai agi et continuerai d'agir avec toute la modération possible.

LETTRE CIX.

L'ABBÉ BOSSUET A L'ÉVÊQUE DE MEAUX, SON ONCLE (a).

Ce 9 avril 1697.

Hier après dîner, j'eus l'honneur de présenter à Sa Sainteté votre livre et votre lettre. Il seroit trop long de vous mander tout ce qu'elle m'ordonna de vous faire savoir de sa part. Elle me répéta tout ce qu'elle avoit dit à M. le cardinal de Janson, que vous étiez le premier évêque de l'Eglise et le soutien de la religion en toute occasion, qu'il n'ignoroit pas l'estime que tout le monde faisoit de vous. Il me répéta cinq ou six fois : Nous le portons dans notre cœur. C'est la même expression dont il se servit après avec moi, en me parlant de moi. Enfin on ne peut rien ajouter au bien qu'il me dit de vous, et à l'obligation qu'il assure vous avoir, de ce que vous soutenez ainsi la bonne doctrine de l'Eglise. Je lui rapportai en peu de mots à quelle occasion vous aviez donné ce livre, et quelle en étoit la nécessité. Il me fit connoître qu'il étoit instruit de ce qui se passoit en France à ce sujet. Je fus très-aise de ce qu'il ne me parla pas de M. de Cambray, ne voulant en aucune façon m'en entretenir. Après avoir tenu longtemps la conversation sur votre sujet, il me demanda des nouvelles de Naples, comment j'avois trouvé cette grande ville : il m'entretint de Rome et de mille autres choses. Je tâchai de le

---

(a) C'est le seul fragment que nous ayons de toutes les lettres que l'abbé Bossuet écrivit à l'évêque de Meaux son oncle, depuis son départ pour l'Italie jusqu'au moment où l'affaire de M. de Cambray fut portée devant le saint Siége. Ces lettres, ou n'ont pas été conservées dans le temps, ou ont été égarées depuis; en sorte qu'il ne reste, pour tout ce commencement de la correspondance, que les lettres de l'oncle au neveu. (*Les édit.*)

contenter sur tout, le mieux qu'il me fut possible. Il m'a reçu avec un air si humain, que je ne me trouvai en aucune façon embarrassé devant lui. Vous croyez bien que cela ne se passa pas sans lui marquer, non-seulement le respect et l'amour que vous avez pour sa personne, mais encore celui de toute la nation. Je lui dis une chose qui lui fit plaisir ; c'est qu'il étoit plus heureux qu'aucun de ses prédécesseurs, puisqu'il avoit le bonheur de réussir en tout ce qu'il désiroit; qu'il venoit de voir réussir la paix d'Italie, qu'on pouvoit dire son ouvrage ; et qu'il auroit encore le bonheur de mettre la paix dans toute l'Europe, ce qui étoit l'ouvrage du Ciel et l'effet de ses prières et de ses souhaits. Le saint Père me parut très-touché de ce discours : il me répéta plusieurs fois qu'il désiroit ardemment cette paix, et à cette occasion il me parla du roi comme un père qui aime tendrement son fils. Je lui dis : Saint Père, il n'a pas seulement l'avantage d'être votre fils aîné, il a celui d'être le seul qui soutienne la religion, et par conséquent le saint Siége. Ce fut là-dessus qu'il s'étendit sur les louanges du roi, m'assurant que ce que je disois étoit vrai; que le roi étoit la colonne de l'Eglise et du saint Siége; que sans lui tout seroit ébranlé ; qu'il prioit Dieu tous les jours pour la conservation d'une vie si précieuse, qui est, dit-il, plus précieuse à l'Eglise que la nôtre propre. Oui, ajouta-t-il, sans lui, sans lui seul tout seroit perdu, et nous ne saurions trop lui marquer notre reconnoissance. Ce bon Pape ne pouvoit finir sur une si ample matière. Je suis sensiblement touché de ses manières naturelles, et de cette bonté qui fait son véritable caractère.

LETTRE CX.

M. DE RANCÉ A BOSSUET.

Ce 14 avril 1697.

Je n'ai reçu que depuis deux jours le livre que vous m'avez fait l'honneur de m'envoyer. Je ne vous dirai point, Monseigneur, qu'il ait surpassé mon attente, mais bien que j'y ai trouvé, dans le peu que j'en ai déjà lu, tout ce qu'on pouvoit désirer pour l'établissement de la vérité, et pour la destruction de l'erreur; et que rien ne peut être plus capable de désabuser ceux qui se sont laissés aller à leurs folles imaginations, et de prévenir les esprits qui pourroient écouter les mêmes extravagances.

Vous traitez la chose avec une profondeur et une étendue digne de vous, Monseigneur; et quoique Dieu donne à tout ce qui sort de votre plume une bénédiction particulière, il me semble que ce dernier ouvrage en a encore été plus favorisé que les autres.

Il est vrai, Monseigneur, que rien n'a jamais été plus important pour l'honneur de l'Eglise, pour le salut des fidèles et pour la gloire de Jésus-Christ, que la cause que vous soutenez : car en vérité, si les chimères de ces fanatiques avoient lieu, il faudroit fermer le livre des divines Ecritures, laisser l'Evangile, quelque saintes et quelque nécessaires qu'en soient les pratiques, comme si elles ne nous étoient d'aucune utilité; il faudroit, dis-je, compter pour rien la vie et la conduite de Jésus-Christ, toute adorable qu'elle est, si les opinions de ces insensés trouvoient quelque créance dans les esprits, et si l'autorité n'en étoit entièrement exterminée. Enfin, c'est une impiété consommée, cachée sous des termes extraordinaires, des expressions affectées, sous des phrases toutes nouvelles, qui n'ont été imaginées que pour imposer aux ames et pour les séduire.

Nous ne manquerons point de prier Dieu, Monseigneur, qu'il touche les cœurs, qu'il éclaire les esprits, et qu'il s'en rende tellement le maître, qu'ils profitent des instructions que vous leur donnez; les uns, en abjurant avec sincérité l'erreur qu'ils ont embrassée; et les autres, en la regardant comme le renversement de toute la piété chrétienne. Je suis, Monseigneur, avec tout l'attachement, la reconnoissance et le respect possible,

Fr. Armand-Jean, anc. abbé de la Trappe.

LETTRE CXI.

UN AMI DE L'ABBÉ DE LA TRAPPE.

Vous m'ordonnez, Monsieur, de vous apprendre ce que l'on dit ici des deux lettres que M. l'abbé de la Trappe a écrites à M. l'évêque de Meaux : la première, sur le livre de M. l'archevêque de Cambray, et la seconde, à l'occasion du livre de M. de Meaux. Vous paroissez même désirer savoir ce que je pense de ces lettres : je m'en vais répondre à vos deux questions ; soyez persuadé, s'il vous plaît, que je le ferai sincèrement et sans aucune prévention, ni sur la matière, ni sur les personnes.

Je commencerai donc par vous dire que beaucoup de gens condamnent M. l'abbé de la Trappe, et ménagent aussi peu les termes en parlant de lui qu'il les a lui-même peu ménagés en parlant de M. l'archevêque de Cambray. On demande d'où vient que M. l'abbé de la Trappe s'ingère de dire son avis en une occasion de cette nature, où personne ne le consulte. On dit qu'il lui conviendroit beaucoup mieux de garder le silence, et d'attendre avec respect le sentiment des évêques qui travaillent sur cette matière, et celui du Pape qui selon toutes les apparences ne manquera pas de s'expliquer là-dessus. On dit que toute sa juridiction n'ayant jamais dû s'étendre au delà des bornes de la maison que Dieu avoit confiée à sa conduite, toutes les fois qu'il a voulu sortir de cette sphère il n'a pas répondu à sa vocation.

De la thèse générale, on passe aux circonstances particulières sur le sujet des lettres dont il est question ; on prétend que par les termes dont il se sert, il oublie entièrement le respect qu'il doit au caractère de M. l'archevêque de Cambray et à son mérite personnel, qu'il n'appartient pas à un moine de parler ainsi d'un grand archevêque, que ses expressions marquent plus son tempérament et son humeur que son zèle et sa charité. Et pour confirmer ce sentiment, on rappelle tout ce qu'il a écrit contre M. l'abbé le Roi et le P. Mabillon, dans les contestations qu'il a eues avec eux. Car vous savez, Monsieur, que le monde ne pardonne rien aux saints : il examine tout à la rigueur, lorsqu'il s'agit de les condamner. Plus ils sont élevés par leurs vertus et leur sainteté, plus on prend plaisir de les rabaisser, et de les rapprocher des autres hommes par quelque trait de foiblesse que l'on croit découvrir en eux. Jamais cette malignité n'a paru plus grande qu'à l'égard du saint abbé dont il est question. On a donné souvent de très-fausses interprétations à des actions très-saintes : on lui a fait des crimes de plusieurs choses qui pourront peut-être servir un jour à sa canonisation : car il y a bien de la différence, selon l'Apôtre, entre le jugement de l'homme spirituel et de l'homme charnel ; c'est-à-dire de celui qui juge par les lumières de la foi et de celui qui juge par caprice, par fantaisie et suivant sa malignité ou sa passion.

Vous voyez, Monsieur, que je commence à me découvrir, et qu'après vous avoir informé de ce que j'ai entendu dire des lettres de M. l'abbé de la Trappe, je vous ai déjà fait connoître mes sentimens.

En effet il n'est pas difficile de trouver pourquoi la plupart des hommes se trompent dans les jugemens qu'ils font des actions des autres. Ils prennent presque toujours pour règle de leurs jugemens leur propre disposition, sans examiner celle des personnes dont ils jugent. Pour appliquer ce principe au cas présent, voici ce que je demanderois à ceux qui condamnent si fortement les lettres de M. l'abbé de la Trappe, et le préalable que je croirois nécessaire pour les mettre en état d'en bien juger : je souhaiterois, dis-je, qu'ils voulussent se transporter d'esprit et par réflexion dans la cellule de M. l'abbé de la Trappe, et se le représenter ensuite faisant la lecture du livre de M. l'archevêque de Cambray. Il voit qu'il y est traité des voies intérieures, de la vie mystique, de la sublime oraison, de la parfaite contemplation : il ne peut croire que ce livre ne soit pas de sa compétence. Un solitaire qui a passé près de quarante ans dans son désert, qui pendant tout ce temps a conduit de saints religieux, dont il a connu les sentimens les plus intimes et les plus secrets, doit avoir quelque connoissance des voies intérieures et entendre le langage mystique. Cependant il croit trouver dans ce livre des routes marquées pour arriver au pur amour, inconnues jusqu'ici aux saints habitans de sa maison et à lui-même : cela commence à lui rendre ce livre suspect. Il le lit, il le relit avec attention : le nom, le caractère, la réputation de l'auteur le tient en suspens ; il souhaiteroit trouver par une seconde lecture, qu'il s'est trompé dans la première. Mais enfin, après un long et solide examen, il croit trouver dans ce livre un système qui lui paroît n'être pas conforme à celui de l'Evangile et de la morale de Jésus-Christ : il croit y voir de fausses idées de la charité et du pur amour de Dieu ; je dis, il croit. Plein de ces réflexions, qu'il se persuade être fondées sur les plus solides principes de la religion, son zèle s'allume, et il s'y livre entièrement et sans mesure dans une lettre qu'il écrit à M. l'évêque de Meaux, avec lequel il est lié depuis longtemps d'une amitié très-étroite. Il lui écrit comme il lui auroit parlé. Il n'a point prétendu parler au public : il n'a pas même dû s'attendre que le monde auroit la moindre connoissance de ses sentimens sur cette matière. Si quelque événement imprévu a rendu ses lettres publiques, ce n'est point sa faute : si M. l'évêque de Meaux y avoit contribué, il ne faudroit pas douter qu'il n'eût eu quelque raison très-solide pour le faire.

Mais pour revenir à M. l'abbé de la Trappe, est-ce de son zèle ou de l'indiscrétion de son zèle qu'on le condamne ? On ne peut passer pour indiscret, quand on parle à son ami comme on se parleroit à soi-même, et à un ami tel que M. l'évêque de Meaux. Pour son zèle, en le regardant en lui-même, comment peut-on le condamner avec raison, surtout dans la seconde lettre où il ne parle point de M. l'archevêque de Cambray ? M. l'abbé de la Trappe, en lisant son livre, croit voir une secte très-dangereuse, toute prête à s'établir et à répandre de grandes erreurs parmi les fidèles : il est confirmé dans ce sentiment par le livre de M. l'évêque de Meaux, qui lui paroît ne pouvoir trouver de termes assez forts pour condamner cette pernicieuse doctrine.

Parler ainsi, dit-il en combattant les faux mystiques de nos jours, c'est anéantir la loi et les prophètes, c'est parler le langage des démons : parler ainsi, dit-il ailleurs, c'est contredire l'Evangile, c'est mettre la pierre de scandale dans la voie des enfans de l'Eglise ; parler ainsi, dit-il encore, c'est tomber dans l'hérésie et dans une impiété qui renverse toutes les mœurs chrétiennes. Son livre est rempli de semblables expressions : il dit même dans la lettre qu'il a écrite au saint Père, qu'il y auroit quelque indécence qu'un évêque montrât au public ces erreurs monstrueuses, sans témoigner aussitôt son indignation et l'horreur qu'inspire le zèle de la maison de Dieu : ce sont ses propres termes. Pourquoi le même zèle ne pourra-t-il point avoir inspiré à M. l'abbé de la Trappe les expressions dont il s'est servi, et que l'on condamne parce qu'on les trouve trop fortes ?

Il y a bien de la différence, dit-on, entre un prélat à qui il appartient de décider et de prononcer sur les matières de doctrine et de morale chrétienne, et un moine qui doit se renfermer dans son cloître et ne s'occuper que de ce qui se passe dans sa maison. Mais aussi il y a bien de la différence entre faire imprimer un livre et le donner au public, et écrire une lettre à son ami. Mais je veux bien encore porter la chose plus loin, et soutenir hardiment que si M. l'abbé de la Trappe vouloit écrire sur cette matière, et instruire le public de ses sentimens sur les voies intérieures, en établir les règles, en découvrir les illusions, en combattre les abus, il n'y auroit rien dans tout cela qui ne fût dans l'ordre. Qui peut sur un tel sujet nous donner plus de lumière qu'un homme qui doit en être instruit, non-seulement par sa profonde doctrine, mais par sa propre expérience, et par celle de tant de saints religieux qu'il gouverne depuis si longtemps ? Quand on demande de quoi il se mêle de dire son avis dans cette occasion, je répondrois volontiers : De quoi se mêloit saint Bernard, quand il combattoit les erreurs d'un Pierre de Bruys, d'un Abailard, et de certains hérétiques qui avoient pris de son temps le nom d'*Apostoliques ?* De quoi se mêloit-il, quand il travailloit à étouffer les schismes qui partageoient l'Eglise, quand il écrivoit au pape Eugène, et qu'animé d'un saint zèle il osoit prendre la liberté de lui représenter tous ses devoirs ?

Il y a de certains intérêts de l'Eglise qui engagent le zèle de tous les chrétiens, et surtout celui de tous les ecclésiastiques séculiers et réguliers, qui ont quelque lumière pour pouvoir défendre la vérité qui est attaquée.

J'aurois encore beaucoup de choses à dire pour justifier M. l'abbé de la Trappe, quand même il auroit dit publiquement ce qu'il a dit en secret; mais cela m'obligeroit à faire une dissertation, et à sortir des bornes que je crois être obligé de me prescrire dans cette lettre. Je la finis par une réflexion qui seule devroit suffire pour imposer silence aux gens du monde qui, en cette occasion, se déchaînent impitoyablement contre M. l'abbé de la Trappe. Que ceux qui savent ce que c'est que l'amour de la vérité, que ceux qui ont senti la vive impression que fait dans un cœur véritablement chrétien le désir de la défendre contre l'erreur; que ceux-là, dis-je, parlent tant qu'ils voudront du zèle de M. l'abbé de la Trappe, qu'ils jugent s'il est indiscret et s'il a passé les bornes. Mais pour ceux qui parlent de zèle, et qui n'en ont jamais eu le moindre sentiment; qui dans leurs réflexions et dans leurs discours ne consultent que la prudence humaine, règle toujours trompeuse quand il s'agit de juger de la conduite des saints: qu'ils ne soient point surpris si je leur dis sincèrement qu'il doit être bien plus permis à M. l'abbé de la Trappe de juger du livre de M. l'archevêque de Cambray, qu'il ne leur est permis de juger M. l'abbé de la Trappe et de condamner son zèle.

Voilà, Monsieur, ce que j'ai cru devoir répondre aux deux questions que vous m'avez faites. Si vous désirez encore quelque nouvel éclaircissement, je suis tout prêt de vous le donner, s'il est à mon pouvoir de le faire.

On peut ajouter aux raisons ci-dessus que M. l'abbé de la Trappe, en se faisant moine, n'a pas cessé d'être docteur; et qu'en cette qualité ayant juré de défendre l'Eglise contre ceux qui entreprendroient de donner atteinte aux vérités fondamentales, il a dû dans cette occasion où elles sont le plus dangereusement attaquées, témoigner tout le zèle qu'on lui reproche fort injustement; puisque pour parler, il a pris celle de toutes les voies la plus simple, la plus ordinaire et la plus permise, en un mot la plus conforme à son état, qui est celle de la confiance en son ami, qui étoit actuellement occupé à défendre la même cause. Mais on ne doit pas être surpris aujourd'hui de voir des gens s'animer par un faux zèle de religion contre ceux qui en soutiennent les véritables principes : c'est presque toujours le penchant des critiques de profession, parce que vivant dans le monde et de son esprit, pleins d'eux-mêmes, de leurs sentimens, et vides de Dieu, ils jugent pour l'ordinaire avec autant d'autorité et de certitude que d'insuffisance et de fausseté de lumières.

LETTRE CXII.

BOSSUET A SON NEVEU (a).

A Versailles, ce 15 avril 1697.

J'ai reçu votre lettre du 26, où vous accusez la réception des paquets du 23 février et du 9 mars, venus ensemble.

De peur d'oublier encore de vous parler de l'affaire avec M. le cardinal de Janson, au sujet de mon abbaye de Beauvais, j'ai dit il y a longtemps à ses gens d'affaires, qu'il n'y avoit qu'à me donner un mémoire, et qu'assurément je n'aurois point de procès avec Son Eminence.

Je suis ravi des commencemens de l'effet que devoit avoir la lettre des cinq évêques (b). Il ne se peut rien ajouter à ce qu'a dit en la présentant M. le cardinal de Janson : j'en ai rendu compte en bon lieu; et quoique la dépêche de Son Eminence doive mieux faire connoître toutes choses que je ne le puis, j'ose dire que ce que j'en ai rapporté ne nuira pas à faire connoître combien Son Eminence a servi et sert l'Eglise en cette occasion.

Tant mieux si l'on a ajouté au livre du cardinal Sfondrate (c). Ce n'est qu'au livre que nous en voulons et à sa mauvaise doc-

(a) Revue et complétée sur l'original.
(b) Le souverain Pontife chargea, le 7 mai 1697, une commission d'examiner le livre, incriminé par ces prélats, du cardinal Sfondrate; mais aucune censure ne fut ni proposée par la commission, ni portée par le saint Siége. Ainsi tomba la plainte des cinq évêques françois.
Les annotateurs des Lettres de Bossuet disent que « Sfondrate avoit été fait cardinal par Innocent XII, pour le récompenser de ses écrits contre la *Régale* et contre les quatre articles de l'assemblée du clergé de France de 1682. » Ne seroit-ce pas plutôt pour le punir de ces écrits, que les amis de la *Régale* et les promoteurs des *libertés gallicanes* le dénoncèrent devant l'Eglise ?
(c) On publia à Rome que les éditeurs du livre de Sfondrate, le P. Jean Damascène et le P. Gabrieli, avoient ajouté bien des choses erronées dans le livre. (*Les édit.*)

trine, et non pas à la personne, dont nous respectons la vertu et la dignité, et en elle le choix du Pape.

Je suis bien aise que cette lettre ait paru devant les yeux éclairés et favorables du R. P. général des Jacobins (a). Tout ce que j'entends dire de ce Père me donne de la vénération pour lui, et je vous prie de lui demander son amitié pour moi.

Je n'ai point encore reçu de lettre du cardinal d'Aguirre sur Sfondrate, si ce n'est une vieille lettre où il me parloit avec douleur de la mort de ce cardinal, son intime ami.

Je ne doute pas que le P. de la Chaise n'ait bon ordre de se rendre attentif à cette affaire, et à celle de M. de Cambray. Les Jésuites le favorisent ici ouvertement; mais on ne s'en émeut guère, et leur crédit n'est pas si grand que leur intrigue.

Je loue la discrétion qui vous fait ménager sur l'auteur de la lettre des cinq évêques. M. de Reims a dit au roi que c'étoit moi, et tout le monde le sait ici. On l'a mis dans les gazettes de Hollande et des Pays-Bas.

Aussitôt que je serai à Paris, c'est-à-dire dès demain, on pourvoira à l'envoi des tableaux, qui sont en état.

Il ne faut pas vous cacher ce que m'a dit ici un homme de considération sur le sujet du livre de M. de Cambray. Il dit qu'il y a à craindre une nouvelle hérésie; qu'il en est né de plus grandes de moindres commencemens; que je devois me tirer de cette affaire; qu'il falloit plâtrer, et laisser dire à M. de Cambray ce qu'il voudroit. Vous pouvez juger de ce que j'ai répondu : ce que vous pouvez le moins deviner, je vous le dirai; c'est que M. de Cambray nous a appelés comme en garantie de son Avertissement, en disant qu'il ne vouloit qu'expliquer les principes de deux grands prélats et de leurs XXXIV Articles.

Pour vous dire maintenant l'état des choses, M. de Paris, M. de Chartres et moi nous sommes réunis pour examiner le livre, en extraire les propositions, les qualifier, les donner au roi et par le roi à M. de Cambray. Nous ne voulons pas prévoir le cas qu'il refuse de satisfaire à l'Eglise. Quoi qu'il en soit, nous mettrons les choses dans la dernière évidence. Le roi est bien intentionné

(b) Le P. Cloche, qui fut très-lié dans la suite avec Bossuet.

pour la religion, plus que prince qui soit au monde, et nous tâcherons de faire en sorte que l'affaire finisse ici à l'amiable. Après cela nouvelles choses, nouveaux conseils.

Je n'écrirai pas par cet ordinaire à M. Phelippeaux, n'en ayant pas le loisir.

L'auteur du discours que je vous ai rapporté, est le cardinal de Bouillon. C'est Madame de Maintenon qui a raconté tous ses discours, conformes à ceux qu'il m'a tenus.

Il n'y a point de nouvelles. On croit que la campagne pourra commencer. On espère bien de la paix. Le roi se porte très-bien, quoiqu'il ait pris aujourd'hui médecine.

M. l'abbé de Chavigny est nommé à l'évêché de Troyes sur la démission de M. son oncle, qui se retire dans son séminaire et renonce au monde et à Paris, sans lever d'étendard.

Madame de Pons est à Paris plus agréable que jamais.

J'ai fait vos complimens à M. Phelippeaux, que le roi a nommé M. le comte de Maurepas.

MM. les abbés de Fleury, le précepteur, et de Catelan, ici présens, vous saluent.

LETTRE CXIII.

BOSSUET A SON NEVEU (a).

A Paris, ce 22 avril 1697.

J'ai reçu votre lettre du 2. J'attends des nouvelles de la présentation de mon livre et de ma lettre. Vous aurez pris garde au carton, et à le faire insérer dans l'exemplaire du Pape, qui sera mis entre les mains de quelque personne importante, qui sera sans doute M. le cardinal Casanate. Je vous prie de bien remercier Son Eminence de toutes les bontés qu'il me fait témoigner par vous. Sa profonde intelligence et son grand zèle pour la vérité paroissent assez par le peu que vous me dites de sa part.

Il n'y a rien à ajouter à ce que vous avez dit sur le sujet du cardinal Sfondrate. Nous serons très-aises non-seulement qu'on

(a) Revue et complétée sur l'original.

mette à couvert la personne, mais encore qu'on l'honore et qu'on la recommande. Il faut avouer pourtant que son *Innocentia vindicata* (a), dont nous avons parlé autrefois, laissant à part le fond du sujet, ne fait guère d'honneur à son savoir.

C'est une chose surprenante de voir jusqu'à quel point va le soulèvement contre M. de Cambray, et comment il augmente tous les jours. M. de Paris, M. de Chartres et moi continuons l'examen de son livre avec toute la diligence et toute la modération possibles, sans aucun égard à la personne, encore qu'elle nous soit chère; mais la vérité est la plus forte.

On fera partir au premier jour les quatre portraits. De Troye demande encore quelques jours pour laisser sécher celui de la princesse. Ils sont forts beaux, et le sien particulièrement.

M. le cardinal de Bouillon s'est ici fort déclaré pour le livre de M. de Cambray. Je lui ai parlé sur cela en vrai ami de l'un et de l'autre.

La Cour est à Marly jusqu'à samedi. J'aurai soin de votre lettre à M. de Phelippeaux, qu'on appelle le comte de Maurepas. Le roi l'a nommé.

Le roi, M. de Paris, M. de Reims et Madame de Maintenon paroissent toujours dans la même situation.

Toute la famille se porte bien.

Songez au retour : un plus long séjour seroit mal interprété ici, et deviendroit une affaire. Jusqu'ici tout se prend bien.

Vos entretiens avec le cardinal Denhoff et les cardinaux Casanate et Noris nous font bien voir l'état des choses.

Nous croyons que vous aurez reçu une vingtaine d'exemplaires de mon livre par les correspondans d'Anisson.

(a) L'auteur s'efforçoit de prouver dans ce livre, comme nous l'avons déjà dit, qu'un concile tenu par les apôtres avoit défini l'immaculée conception de la sainte Vierge.

LETTRE CXIV.

BOSSUET A SON NEVEU (a).

A Paris, ce 29 avril 1697.

J'ai appris par votre lettre du 9 les préparations de M. le cardinal de Janson et la bonne réception dont elles ont été suivies. J'avoue que j'ai vivement senti les témoignages de la bonté paternelle de Sa Sainteté, et que ce m'est une grande consolation de voir les petits travaux que j'ai entrepris pour l'Eglise si approuvés de son Chef. Vous ne sauriez assez marquer ma reconnoissance à toute cette Cour : faites-la retentir si haut qu'elle vienne aux oreilles du Pape, et priez M. le cardinal de Janson de vouloir bien joindre à toutes ses graces celle de la faire entendre à Sa Sainteté. J'attends la suite ; et il est important au bien de l'Eglise dans la conjoncture présente, que je sois honoré de quelque réponse.

Vous avez bien fait d'éviter d'avoir à parler sur le sujet de M. de Cambray : continuez à en parler avec la modération que vous avez fait.

Ma lettre à Sa Sainteté a été envoyée à M. de Reims par M. Vivant, qui y a même remarqué quelque chose du style des lettres qui ont été écrites à Rome dans l'affaire de Jansénius par les évêques de France. Il se fonde sur cette parole : *In quâ fides non potest sentire defectum*. Mais outre qu'elles sont de saint Bernard, je crois qu'il sait bien la haute profession que j'ai toujours faite de soutenir l'indéfectibilité du saint Siége, de l'Eglise et de la foi romaine. Au surplus on ne trouve pas ici que je me sois trop avancé ; et ma lettre, que M. Vivant a comme rendue publique, y est bien reçue.

M. de Cambray a écrit au Pape en lui envoyant son livre traduit en latin (b), pour le soumettre à sa censure. La lettre doit être à

(a) Revue et complétée sur l'original. — (b) Bossuet avoit été mal instruit : la traduction du livre n'étoit pas encore achevée, et M. de Cambray promettoit seulement au Pape de lui envoyer cette traduction.

présent arrivée à Rome. Cependant nous avons ici continué de nous assembler, M. de Paris, M. de Chartres et moi ; nous avons arrêté les propositions, qui ne sont pas en petit nombre, que nous trouvons dignes de censure, pour en envoyer au premier jour, et dès qu'elles seront rédigées, les qualifications précises à ce prélat. Nous ferons ensuite tout ce qu'il faudra en charité, pour défendre la vérité. Les bonnes intentions de M. de Cambray nous étant connues, nous ne doutons pas qu'il ne satisfasse l'Eglise, et ce nous seroit une grande douleur d'avoir à envoyer des instructions à Rome contre des erreurs qui tendent à la subversion de la religion. Cela est pour vous seulement et pour M. Phelippeaux : je remets à votre discrétion d'en dire ce que vous jugerez à propos à M. le cardinal de Janson. Notre examen étant connu, il n'y a point à en faire de mystère.

M. le cardinal de Bouillon ayant voulu savoir mon sentiment avant son départ, je lui ai parlé en ami, comme il l'exigeoit de moi. Cela ne l'empêchera pas de se déclarer ouvertement protecteur de M. de Cambray, et indirect défenseur de son livre.

Nous attendons la réponse sur le cardinal Sfondrate. On mande ici publiquement que le Père général des Jésuites a offert toutes les plumes de sa compagnie pour le défendre; qu'il est pourtant un des commissaires nommés pour l'examen ; que le P. Diaz, cordelier, est aussi fort zélé pour lui et irrité contre les évêques de France à cause de la Mère d'Agréda. Nous avons vu agréablement parmi ces commissaires, le Père général des Jacobins et les cardinaux d'Aguirre et Noris à la tête. C'est la cause de Dieu, et non pas la nôtre.

Les portraits sont prêts à partir. M. Anisson m'a assuré que vous deviez avoir à présent une vingtaine de mes livres pour faire vos présens.

J'attends de vos nouvelles au sujet de la préparation de votre retour, à peu près dans le temps de celui de M. le cardinal de Janson. Vous pouvez aller jusque-là, mais pas plus loin. Celui qui fit les réflexions que je vous ai mandées par ma précédente en faveur du pauvre défunt La Bruyère, est le cardinal de Bouillon. Vous aurez beaucoup à vous en donner garde : vous savez combien il est de mes amis.

Tout est ici pour la santé en même état.

J'ai rendu compte à la Cour de votre réception (a) ; et ne pouvant y aller que dans quelques jours, j'ai envoyé un grand extrait de votre lettre à Madame de Maintenon que j'ai suppliée de le faire voir au roi.

Je vous prie, en rendant ma lettre à M. le cardinal de Janson, d'y joindre toutes les marques de ma reconnoissance. J'embrasse M. Phelippeaux. Vous aurez été tous les deux bien aises que nous ayons fait M. Ledieu chancelier de notre Eglise.

M. le maréchal de Villeroy part jeudi. Vous aurez su que les ennemis ont occupé le poste qui nous avoit été si avantageux l'année passée.

LETTRE CXV.

BOSSUET A SON NEVEU.

A Paris, ce 6 mai 1697.

J'ai reçu votre lettre du 16 avril. Nous attendons la réponse de Sa Sainteté (b) avec respect. Nous ne craignons le P. Diaz, ni même le P. Tyrso (c) encore que nous le respections beaucoup, ni les plumes de ses confrères ; et nous savons que la vérité sera maîtresse dans l'Eglise romaine.

Pour l'affaire de M. de Cambray, il n'y a plus de mystère à en faire. Nous avons tenu huit ou dix conférences, M. de Paris, M. de Chartres et moi, pour arrêter les propositions que nous croyons condamnables dans son livre, les lui communiquer et l'inviter à les rétracter. Il a trouvé à propos d'en écrire au Pape et il a bien fait, si c'est avec la soumission et la sincérité qu'il doit. Mais comme nous avons sujet de craindre qu'il ne biaise, et

---

(a) Par le pape. — (b) A la lettre des cinq évêques contre le cardinal Sfondrate. — (c) Tyrso Gonzales, général des Jésuites. Les premiers éditeurs, et par suite tous les autres, ont supprimé la phrase incidente qui le concerne : *Encore que nous le respections beaucoup*. On voit que les Bénédictins des *Blancs-Manteaux* vouloient absolument brouiller Bossuet avec les Jésuites.

que nous ne croyons pas devoir laisser courir son livre, que nous croyons tendre à la subversion de la religion, nous nous sentons obligés d'instruire le Pape de l'importance de la chose et des raisons que nous avons d'en éclaircir Sa Sainteté.

Nous voyons M. de Cambray toujours très-attaché à défendre Madame Guyon, que nous croyons toute molinosiste et dont nous ne pouvons souffrir que les livres demeurent en leur entier sans mettre au hasard toute la piété. Nous avons eu toute la patience possible, et fait toute sorte d'efforts pour finir l'affaire par les voies de la charité. Puisqu'on la pousse jusqu'à Rome, il faudra éclater malgré nous, et montrer que nous ne sommes pas disposés à épargner notre confrère, qui met la religion et la vérité en péril. Vous pouvez dire avec discrétion et avec choix ce que vous trouverez à propos de ce que je vous écris, sans vous déclarer. Je prie M. Phelippeaux d'en faire autant, et cette lettre vous sera commune.

Je ne vous dissimulerai pas que M. le cardinal de Bouillon, qui a de grandes liaisons politiques avec M. de Cambray et ses amis, n'aille à Rome avec dessein de le défendre plus ou moins ouvertement, selon les occasions et dispositions qu'il trouvera. Mais entre nous, je vous dirai bien que cela ne nous étonne guère, et que nous ne doutons pas que la religion ne prévale. Je parlerai fort modestement, en vous assurant que le roi ne nous sera pas contraire : tout le monde est pour nous, et surtout le clergé : on craint tout pour la piété, si M. de Cambray évite la censure. Encore un coup, parlez prudemment, comme vous avez fait jusqu'ici. Dites ce qu'il faut, où il faut, quand il faut. Assurez bien que nous ne laisserons pas la vérité captive : c'est tout ce que je vous puis dire. J'ai parlé à M. le cardinal de Bouillon avec la sincérité que je devois.

L'explication que nous avons vue (a) est pire que le texte, et ne peut passer.

(a) L'explication donnée à l'évêque de Chartres par M. de Cambray.

LETTRE CXVI.

BOSSUET A M. DE LA BROUE.

A Paris, ce 18 mai 1697.

Je n'ai reçu, Monseigneur, que depuis trois jours votre lettre du 18 avril, où vous me dites votre sentiment sur le livre de M. de Cambray. Je ne sais par quelle aventure il est arrivé qu'une lettre de date postérieure et qui m'annonçoit celle-là, l'a précédée. Quoi qu'il en soit, je suis très-aise d'apprendre votre sentiment. Mais il me semble qu'il faut aller plus avant, et me dire encore si vous y trouvez quelque autre chose, et en particulier si vous trouvez que sa doctrine soit fort conforme aux articles qu'il a signés avec nous.

Le livre que vous souhaitez que je donne étoit, comme vous l'avez vu, presque en état avant votre départ; et en moins d'un mois je pourrois y mettre la dernière main : mais celui de M. de Cambray oblige à bien d'autres choses qu'à montrer la fausse idée qu'il a de l'amour. Le passage de saint Ignace est vraiment admirable et, comme vous le dites, très-convaincant. Tous les martyrs ont parlé dans ce même sens. Je souhaite que les dispositions de ce prélat soient aussi bonnes que M. de Béziers vous l'a écrit; mais je ne sais ce qu'il faut attendre d'un prélat qui, sentant un soulèvement si universel et si étrange contre son livre, bien loin de s'humilier, veut encore faire la loi et ne songe qu'à le défendre. Priez Dieu qu'il le change, et qu'il lui inspire un remède plus efficace dans une sincère humilité.

Je suis bien persuadé que M. de Rieux, quand il se seroit laissé éblouir d'abord au beau style de ce livre et à des paroles spécieuses, ne persistera pas quand il en aura pénétré le fond. J'attends ce que vous me manderez du sentiment de M. de Saint-Pons. J'ai été ravi de voir celui de M. de Béziers expliqué en si beaux termes et si obligeans pour moi : je vous prie de lui en marquer ma reconnoissance. Mon livre réussit à Rome, comme il a fait ici ; il en faut louer Dieu : l'autre est improuvé aussi hautement.

M. de Cambray met sa confiance dans le cardinal de Bouillon et dans les Jésuites. Il emploie ici toute son adresse; mais la vérité y est jusqu'ici la plus forte, et la sera s'il plaît à Dieu. Il y aura des choses à vous écrire sur cela, qui jusqu'ici doivent être encore secrètes : j'aurai peut-être la bouche ouverte par le prochain ordinaire. Pour moi, je ferai mon devoir avec la grace de Dieu. Je voudrois bien vous avoir à mon secours ; et si vous aviez quelque honnête prétexte de venir ici, ce me seroit une singulière consolation.

Vous apprendrez mieux l'affaire du cardinal Sfondrate par la lettre que nous avons écrite au Pape contre son livre, que par le récit que je pourrois vous en faire. J'espère être bientôt en état et en liberté de vous l'envoyer avec la réponse du Pape, que nous savons être résolue et devoir être fort honnête : mais Rome a bien de la peine à noter un cardinal, et le Pape une créature dont il a cru que la promotion lui ferait honneur. Nous avons écrit comme devoient faire des évêques.

On espère recevoir bientôt de Rome un bref à M. de Paris, confirmatif de son *Ordonnance* sur la grace.

Vous avez bien fait de préparer le peuple sur le quiétisme : nous avons su la bénédiction que Dieu a donnée à vos sermons.

La seconde édition de mon livre s'achève : il y aura un petit supplément que vous ne jugerez pas inutile. Il faut combattre pour la foi jusqu'au dernier soupir. Dieu me donne beaucoup de courage et de santé dans un grand travail et dans un grand âge : je ne m'en sens point par sa grace. Prions les uns pour les autres. Vous savez mon respect.

M. de Metz est mort (a) : on donne son évêché à M. l'abbé d'Auvergne, le cordon à M. de Paris, la charge de conseiller d'État à qui vous voudrez : je ne demanderai rien. *Retribuetur tibi in resurrectione Justorum.*

(a) Georges d'Aubusson de la Feuillade, nommé en 1668, et mort le 12 mai 1697, âgé de quatre-vingt-huit ans. (*Les édit.*)

LETTRE CXVII.

BOSSUET A SON NEVEU.

A Paris, ce 19 mai 1697.

Nous avons reçu votre lettre du 30. Je parlerai à M. de Torci ce soir, pour le faire agir en votre faveur (a), comme vous le désirez, auprès du nonce. Je ferai aussi ma batterie de ce côté-là. J'écrirai aux cardinaux ce que vous souhaitez; mais ce ne peut être par cet ordinaire. Vous me ferez grand plaisir de tâcher d'avoir l'écrit pour Sfondrate, et de me l'envoyer au plus tôt.

Je m'étonne que les exemplaires de mon livre, qu'Anisson a envoyés pour Rome, n'y soient pas encore arrivés. La traduction en latin ne se peut faire qu'avec beaucoup de temps.

Il est de la dernière conséquence pour vous et pour moi, que vous partiez à peu près en même temps que M. le cardinal de Janson avec M. Phelippeaux. Des deux difficultés que vous apportez pour différer votre départ, mon frère en lève une, qui est celle de l'argent; vous surmonterez celle du temps, comme M. le cardinal de Janson (b).

On a chassé trois religieuses de Saint-Cyr pour le quiétisme, et une entre autres qui a été au commencement une des meilleures amies de Madame de Maintenon, et que vous pouvez avoir souvent ouï appeler Madame la chanoinesse ; elle s'appelle Madame de Maisonfort (c). Elle a demandé en grace de venir dans le diocèse de Meaux, et on l'envoie à Jouarre. Cette affaire a fait grand bruit : on a cru voir dans cet événement la disposition de la Cour contre cette secte, dont la petite cabale a été fort alarmée.

L'affaire de M. de Cambray semble être à sa crise. Il n'a de

(a) L'abbé Bossuet sollicitoit à Rome un indult pour l'abbaye de Savigni, qu'il avoit obtenue on ne sait à quel titre. — (b) L'abbé Bossuet ne pouvoit s'arracher à l'Italie. La réputation qu'il en rapporta nuisit longtemps à son avancement. Il ne put obtenir un évêché que sous la régence. — (c) Nous avons parlé de cette Dame, et donné les lettres qu'elle reçut de Bossuet, dans le volume XXVII, p. 316 et suiv.

confiance que dans sa traduction latine, par où il espère de surprendre Rome, à ce que l'on dit. Car pour moi, il ne me voit plus et voudroit me faire regarder comme sa partie. A la Cour on dit qu'il attend tout de la protection de M. le cardinal de Bouillon et des Jésuites. Soyez attentif à ce qui se passera, sans vous ouvrir autrement que comme je vous l'ai marqué par ma précédente.

Le pauvre M. de Cambray est fort abattu, et n'en fait pas moins le fier. Je suis sa bête. On croit ici que M. le cardinal de Bouillon trouvera à Rome de quoi ralentir son ardeur pour ce prélat. Ce dernier croiroit venir à bout de tout, s'il n'avoit pas en tête M. l'archevêque de Paris aussi bien que moi.

Nous attendons le bref sur Sfondrate et la réponse à M. de Paris. J'espère aussi qu'on ne m'oubliera pas.

On trouve ici assez étrange le déguisement du livre de M. de Cambray; et l'on croit que Rome s'apercevra aisément du change, et de l'affectation de défendre un livre françois par une traduction latine du même livre.

Ménagez-vous avant de partir quelque bonne correspondance.

LETTRE CXVIII.

BOSSUET A SON NEVEU (a).

A Meaux, le jour de la Pentecôte, ce 26 mai 1697.

J'ai reçu ici, avec votre lettre du 7, le bref du Pape (b). J'en ai envoyé aussitôt une copie à mon frère, pour vous la faire passer. Nous avons sujet d'être très-contens. Je serai mercredi à Paris, où je verrai M. le nonce tant sur cela que sur votre indult, et ferai toutes les diligences nécessaires.

Par la lettre très-obligeante de M. le cardinal de Janson, la réponse aux cinq évêques devoit venir par cet ordinaire. Apparem-

(a) Revue sur l'original. — (b) Ce bref formoit la réponse à la lettre que Bossuet avoit envoyée au souverain Pontife avec l'*Instruction sur les états d'oraison*.

ment elle aura été portée à M. de Reims, qui est à Reims : ainsi je ne sais rien encore.

M. le cardinal de Janson ne me parle point du bref pour moi. Vous ne sauriez lui trop marquer de reconnoissance de toutes ses bontés.

Je pourrai vous mander par l'ordinaire prochain, la résolution qu'on prendra sur le livre de M. de Cambray. Il est bien certain que ceux qu'il a appelés en garantie, ne peuvent pas se taire.

Je vous ai parlé, en retournant, d'établir quelque correspondance. Il me paroît que M. le cardinal Denhoff (a) peut être mis à quelque usage à sa façon.

Anisson n'a pas encore avis que les livres qu'il a envoyés par Marseille soient arrivés.

La seconde édition va se distribuer.

LETTRE CXIX.

BOSSUET A SON NEVEU.

A Paris, ce 3 juin 1697.

J'ai reçu votre lettre du 14 mai. Je vous enverrai bientôt un imprimé où sera notre lettre sur Sfondrate et le bref du Pape (b), qui est ici trouvé fort bon, très-honorable pour nous, et du côté du Pape plein de dignité et de sagesse.

Toutes les lettres de Rome parlent des menaces de certaines gens qui veulent défendre Sfondrate; nous verrons.

On prendra ici demain une résolution finale sur le livre de M. de Cambray, et vous ne la pourrez apprendre que dans huit jours.

Ajoutez à ce que je vous ai mandé du discours du roi à Saint-Cyr, qu'il parla avec étonnement de ceux qui pouvoient estimer

---

(a) Ce cardinal, natif de Prusse, d'une illustre famille, étoit venu à Rome sans autre dessein que de voyager. Le pape Innocent XI, qui le goûta beaucoup, le fit prélat domestique et peu après cardinal. Il mourut à Rome le 20 juin 1697, âgé de quarante-huit ans. — (b) La *Lettre sur Sfondrate* et le bref du Pape se trouvent vol. XXVI, p. 519 et suiv.

la plus grande folle de son royaume. Cela a fait beaucoup penser aux amis de Madame Guyon.

Je pars mercredi pour Meaux dès le matin : je ne tarderai pas à revenir ; et je ne crois pas y passer l'octave. Dimanche je donnerai l'habit à la fille aînée de M. le Premier à Farmoutiers.

Je chercherai les moyens de faire savoir au cardinal Casanate que le livre de M. de Cambray est ici fort odieux, et que le roi en est indigné.

J'oubliois de vous dire que M. de Cambray se tourmente à donner des explications aussi mauvaises que le texte. Les prélats croient qu'il y a beaucoup de propositions à qualifier durement ; et qu'outre cela il faut abandonner le livre, qui n'est qu'un quiétisme pallié. Il a refusé de conférer à l'amiable avec moi, en présence de MM. de Paris et de Chartres. Il tourne son esprit et ses artifices à diviser, ou à amuser les prélats ; mais il ne viendra à bout ni de l'un, ni de l'autre. On croit qu'il éclatera bientôt quelque chose.

Je vous envoie copie de la lettre de M. de Cambray (a). Nous sommes résolus de répondre, et peut-être de le dénoncer dans les formes : c'est le seul parti que je vois, et le livre fait trop de mal pour être souffert.

Disposez-vous au retour le plus tôt que vous pourrez : vous en voyez toutes les raisons qui augmentent de jour en jour. Si vous avez des raisons nécessaires de prolonger pendant quelque temps votre séjour à Rome sans affectation, j'ai prié M. Phelippeaux de ne vous pas quitter, et je l'en prie encore (b).

M. de Cambray est superbe et consterné : on ne sauroit croire jusqu'à quel point il est devenu odieux à toute la Cour.

Songez à votre santé. M. le cardinal de Bouillon vous observera fort, et rendra bon compte de vous. Cette Eminence croit tout devoir à la cabale ; je dis tout : le roi est averti.

Je ne doute pas que vous n'ayez été bien aise de la promotion de M. l'abbé de Coislin à l'évêché de Metz.

(a) C'est celle qu'il écrivit au Pape, le 27 avril 1697. — (b) L'abbé Ledieu fait connoître, sinon dans l'imprimé, du moins dans le manuscrit de son journal, une des causes qui retenoient si fortement l'abbé Bossuet en Italie.

Assurez bien de mes très-humbles respects M. le cardinal de Janson.

J'avoue que je suis inquiet du retardement des exemplaires de mon livre, envoyés par Anisson.

Considérez bien cette lettre de M. de Cambray : tout y est captieux et artificieux. L'auteur s'y déclare pour les ascètes : mais M. l'abbé de la Trappe, le plus saint de tous les ascètes, le rejette et a écrit contre lui de terribles lettres, qu'on dit ici que M. le nonce a envoyées au Pape.

J'ai reçu une lettre très-obligeante de M. le cardinal Suada sur mon livre.

LETTRE CXX.

BOSSUET A SON NEVEU.

A Arminvilliers, ce 10 juin 1697.

J'ai reçu à Meaux votre lettre du 21 avril : j'y étois allé pour la fête, d'où je suis venu à Farmoutiers pour y donner l'habit à la fille aînée de M. le Premier. Cela fut fait hier, et je vins coucher ici pour me rendre ce soir à Paris, d'où cette lettre partira. J'aurai soin de vos lettres pour Madame de Pons et pour le nouvel évêque de Troyes (a).

La veille de mon départ de Paris, nous avions pris une résolution finale, qui devoit être portée au roi par M. de Paris. Elle alloit à dire que le livre dans son tout et dans ses parties étoit plein d'erreurs, un renouvellement pallié du quiétisme et une apologie secrète de Madame Guyon ; que le seul remède étoit de l'abandonner purement et simplement, et de condamner les livres de Madame Guyon et de Molinos, sinon d'instruire Rome et d'en attendre la décision, sans rien faire que donner les instructions nécessaires au peuple pour empêcher l'effet de la cabale qui se remue. Je ne sais pas comment cela aura été exécuté, et je re-

(a) Denis-François Bouthillier de Chavigny, nommé évêque de Troyes le 22 avril 1697. Il fut fait archevêque de Sens en 1716, et mourut le 9 novembre 1730, âgé de soixante-cinq ans. (*Les édit.*)

tourne à Paris pour m'instruire du succès. Ceci est pour vous seul.

Quant au cardinal de Bouillon, vous devez vous attendre qu'il rendra votre séjour à Rome fort curieux : vous m'entendez.

Je n'ai rien à attendre du roi ni de Madame de Maintenon, que des choses générales dans l'occasion.

M. de Paris craint M. de Cambray, et me craint également. Je le contrains ; car sans moi tout iroit à l'abandon, et M. de Cambray l'emporteroit (*a*). On a de bonnes raisons de ne pas mêler M. de Reims dans cette affaire qu'indirectement. Les avis que vous me donnez par rapport à M. le nonce, sont les seuls dont je puisse profiter, et je le ferai. Si la Cour s'apercevoit qu'il y eût le moindre dessein, elle gâteroit tout; et c'est la principale raison de Madame de Maintenon, qui n'a de bonne volonté que par rapport à M. de Paris. Du reste MM. de Paris et de Chartres sont foibles, et n'agiront qu'autant qu'ils seront poussés.

On commence à dire ici que Rome et le Pape ont quelque estime pour moi. Je ne dis sur cela que ce qu'il faut; vous en voyez les conséquences. Je suis seul en butte à la cabale.

Vous devez bien prendre garde à qui vous parlerez. Je crois M. l'abbé de la Trémouille (*b*) et les siens gens d'honneur, mais faire sa cour est une grande tentation. Vous saurez connoître votre monde.

(*a*) On voit ici au vrai le caractère de M. de Noailles. Ce prélat naturellement foible, toujours porté à prendre les tempéramens les plus doux, ou à se prêter aux accommodemens qu'on lui proposoit, a souvent été la dupe de sa trop grande facilité. Ennemi de toutes contestations et craignant d'exciter des disputes, il se contentoit aisément des palliatifs dont on vouloit couvrir les erreurs ; de sorte qu'il se laissoit souvent entraîner dans de fausses démarches, et avoit dans les affaires importantes grand besoin d'être animé. (*Les premiers édit.*)
— (*b*) Depuis cardinal.

LETTRE CXXI.

LE CARDINAL LE CAMUS A BOSSUET.

A Grenoble, ce 17 juin 1697.

Je fais, Monsieur, depuis si longtemps une profession si ouverte de vous honorer et de m'intéresser à tout ce qui vous touche, que je ne peux différer d'un moment de vous témoigner la joie que je ressens de la place du conseil que le roi vient de vous donner. Il n'y a point de place, pour élevée qu'elle soit, qui ne soit au-dessous de votre mérite et des grands services que vous rendez à l'Eglise. Le dernier de vos ouvrages sur l'oraison, que vous m'avez fait la grace de m'envoyer, est un ouvrage très-solide, et pour tout dire en un mot, digne de son auteur. On l'a si fort approuvé à Rome, que j'ai su par M. le cardinal Casanate qu'on souhaitoit qu'il fût tourné en latin et en italien pour l'instruction des pays étrangers. Il ne vous arrivera jamais, Monsieur, tant d'honneur et d'élévation que vous en méritez et que je vous en souhaite.

LETTRE CXXII.

BOSSUET A SON NEVEU.

A Paris, ce 17 juin 1697.

J'ai reçu la lettre de M. de Cambray (a), que vous m'avez envoyée, pendant que de mon côté je vous en envoyois un exemplaire : que cela ne fasse point ralentir votre zèle à m'envoyer tout ce que vous pourrez avoir de lui. Il enverra son livre traduit, sa tradition, et surtout des explications de sa doctrine. Il nous cache tout ici autant qu'il peut ; mais vous pouvez tenir pour assuré que ses explications ne seront ni bonnes en elles-mêmes, ni conformes à son livre.

Nous en avons fait au roi notre rapport ; et M. de Paris lui a porté notre avis commun, qui étoit que le livre étoit rempli, de-

(a) Sa lettre au Pape, dont on a déjà parlé.

puis le commencement jusqu'à la fin, dans son tout et dans ses parties, d'erreurs sur la foi et de quiétisme pallié ; en sorte qu'on ne pouvoit ni le soutenir ni le corriger. On attend là-dessus sa dernière résolution. Jusqu'ici il persiste à ne vouloir point abandonner son livre, et à refuser obstinément de conférer avec nous de vive voix. Nous avons pris encore huit jours pour faire les derniers efforts ; et si nous ne pouvons le réduire à la raison, nous écrirons à Rome sans hésiter par l'ordinaire prochain.

Toute la finesse de M. de Cambray consiste à donner des explications telles quelles à son livre. Ses amis croient tout sauver, pourvu qu'ils le sauvent ; et nous sommes résolus à ne recevoir aucune explication que celles qui s'y trouveront véritablement conformes. Et quand la doctrine de ses explications seroit bonne, si elle n'est conforme au livre, nous demeurerons fermes à poursuivre sa condamnation, parce que nous voyons clairement que tant que le livre subsistera, tout le quiétisme demeurera en honneur.

Je vis hier le roi et Madame de Maintenon, de la part de M. de Paris et de M. de Chartres, pour leur dire que notre parti est pris d'écrire au Pape, si M. de Cambray ne fait pas ce qu'il doit. J'ai porté la même parole à M. le nonce, du consentement du roi. Je pense que si M. de Cambray s'opiniâtre, il ne restera plus guère à la Cour (a).

Vous direz à M. le cardinal de Janson ce que vous voudrez du commencement de cette lettre, et s'il sait quelque chose de ce qu'on a dit à M. le nonce, vous ferez semblant de l'ignorer.

Vous n'oublierez pas de faire votre compliment à M. de Metz (b).

LETTRE CXXIII.

M. DE RANCÉ A BOSSUET.

Vous voulez bien, Monseigneur, que je vous dise que je prends trop de part à ce qui vous regarde pour être sans envie d'ap-

---

(a) Il n'y resta plus guère en effet : il reçut du roi, le 1er août suivant, l'ordre de se retirer dans son diocèse. — (b) Henri-Charles du Cambout de Coislin, né le 13 septembre 1664, nommé évêque de Metz le 26 mai 1697, mort le 28 novembre 1732.

prendre quelque chose dans les conjonctures présentes. J'ai ouï dire que le Pape vous avoit écrit : je ne doute point que ce ne soit pour vous témoigner combien il approuve le zèle que vous avez fait paroître dans l'ouvrage que vous venez de donner à l'Eglise pour la défense de la vérité, et pour la réfutation d'une erreur dont il se peut dire que les suites sont infinies. Je ne doute point que l'affaire ne tourne à votre consolation et à celle de tous les gens de bien. Il est certain qu'il n'y en a pas à laquelle ils doivent prendre plus d'intérêt.

Permettez-moi, Monseigneur, de vous faire une prière. Comme j'ai ouï parler, de plusieurs endroits, de la lettre que j'ai eu l'honneur de vous écrire sur le quiétisme, et que je ne me souviens point de ce que je vous ai mandé, vous me feriez un extrême plaisir de m'en envoyer une copie, au cas que vous l'ayez encore. Car le monde, comme vous savez, parle des choses comme il lui plaît : souvent il ne fait point de scrupule d'attribuer aux gens celles auxquelles ils n'ont point pensé, et on est bien aise de pouvoir répondre avec certitude.

Nous ne cessons point, Monseigneur, de recommander à Dieu tout ce qui vous touche, pour ce monde comme pour l'autre. Je puis vous assurer que vous tenez dans nos cœurs toutes les places que vous y devez avoir, et qu'on ne peut être avec plus d'attachement, de sincérité et de respect que je suis, etc.

Fr. ARMAND-JEAN, anc. abbé de la Trappe.

LETTRE CXXIV.

BOSSUET A SON NEVEU.

A Paris, ce 24 juin 1697

Votre lettre du 4 m'apprend l'arrivée en bonne santé, quoique avec une extrême lassitude, de M. le cardinal de Bouillon (a), et me fait espérer pour l'ordinaire prochain quelque chose de plus spécifié.

(a) Il arriva à Rome le 3 juin, avec le P. Charonnier jésuite, et le P. Serri dominicain, qu'il avoit choisi pour théologien.

M. de Cambray a déjà donné deux explications sur son système. La dernière, qu'il prétendoit décisive, est plus longue de beaucoup que son livre. Ceux à qui il l'a communiquée me dissuadent de la lire, et disent qu'elle ne satisfait à rien. On ne sait donc plus comment en sortir avec lui. Ses amis proposent des explications plus courtes et plus précises, qu'on nous promet demain. Il rend le traité fort difficile, par le refus opiniâtre de conférer avec nous trois ensemble de vive voix. Tout le monde le blâme sur cela, plus que sur tout le reste. Il fait rouler la difficulté sur moi, avec qui il ne veut point de commerce sur cette matière. Il ne falloit donc pas me prendre en garantie comme les autres. On ne comprend rien à son procédé, qui, je vous assure, devient de plus en plus odieux, d'autant plus que j'apporte de mon côté toutes les facilités possibles. Vous pouvez dire de ceci ce que vous trouverez à propos.

LETTRE CXXV.

L'ABBÉ LEDIEU A L'ABBE BOSSUET.

A Paris, ce 24 juin 1697.

On a pris, Monsieur, tous les soins imaginables pour vous faire recevoir bientôt plusieurs exemplaires du livre de Monseigneur de Meaux. J'ai inspiré à notre prélat, et il l'a enfin agréé, qu'on vous en envoyât six exemplaires de la nouvelle édition par la poste. Dans cette seconde édition il y a la lettre de Monseigneur au Pape, avec le bref de Sa Sainteté en latin seulement, qu'il faut faire mettre à la suite des approbations. Vous trouverez à la fin, sous le titre des *Additions et corrections*, de nouveaux passages de saint Augustin, et un dernier d'Hugues de Saint-Victor contre le faux désintéressement de l'amour pur, qui est très-décisif et très-réjouissant, parce que les faux mystiques y sont moqués comme ils le méritent. Cette lettre et ces additions ont paru assez importantes pour être imprimées à part : on en a fait un supplément, en faveur de ceux qui ont la première édition. J'en ai fait mettre douze dans le paquet, avec six lettres des cinq évêques au

Pape et le bref de Sa Sainteté. Il y a près de trois semaines qu'on est à l'imprimer ; Monseigneur le chancelier ayant fait toutes les mauvaises difficultés qu'on peut imaginer pour en empêcher la publication, jusqu'à entreprendre de le persuader à Monseigneur par de belles éruditions de la discipline de l'Eglise d'Afrique, qui ne vouloit pas s'assujettir au jugement du Pape ; car, dit-il, je sais bien l'Histoire ecclésiastique. On ne doute point qu'il ne fût soufflé par les révérends Pères Jésuites, et même par M. de Cambray, que M. Anisson a trouvé chez ce magistrat dans ces circonstances ; et qui aussi voudroit bien qu'on n'eût pas la liberté, sur cet exemple, de porter des plaintes et des mémoires à Rome contre lui-même.

LETTRE CXXVI.

BOSSUET A M. DE NOAILLES, ARCHEVÊQUE DE PARIS.

1er Juillet 1697.

Est-il possible, mon cher Seigneur, qu'il n'y ait point de réponse? Si cela est, on se moque visiblement, puisqu'il ne s'agit que de quatre mots et de leur définition. Cependant assurément la vérité souffre. On imprime le livre partout ; il l'est à Bordeaux : le nouveau bref (a) lui donne de l'autorité par sa seule ambiguïté. Pressez, je vous en supplie : on ne demande qu'à tourner tout en plaintes et en procédés contre moi, ou contre vous-même. Si vous saviez ce qu'on dit au nom de M. de Cambray et comme on vous met en jeu, vous verriez qu'il y va du tout pour vous, pour

---

(a) Il s'agit du bref adressé à l'archevêque de Cambray, en réponse à sa lettre au Pape. En voici la teneur :

« Venerabilis Frater, salutem et apostolicam benedictionem. Pergratæ acciderunt nobis Fraternitatis tuæ litteræ IV kalendas maii datæ. In iis enim eximiam quam erga sanctam hanc Sedem profiteris, observantiam apertè cognovimus, inque præclarâ opinione quam de zelo quo flagras in adimplendis muneris tui partibus gerebamur, confirmati sumus; meritò confidentes fore ut doctrinam, quâ præstas, divinæ gloriæ ad incrementum animarumque profectum, omni contentione ac studio impendas. Fraternitati interim tuæ apostolicam benedictionem peramanter impertimur. Datum Romæ, apud sanctam Mariam Majorem, sub annulo Piscatoris, die primâ junii 1697, Pontificatûs nostri anno sexto. »

les évêques qui ont travaillé avec vous et pour l'Eglise. Au nom de Dieu, finissons les procédés : venons au fond de la cause. Tout à vous, comme vous savez, mon cher Seigneur : je m'en vais coucher à Versailles.

LETTRE CXXVII.

BOSSUET A SON NEVEU.

A Paris, 1er juillet 1697.

La nouvelle de la place du conseil qu'on me donnoit jusqu'à Rome, comme vous me l'apprenez par votre lettre du 11 juin, est véritable de samedi dernier. Le roi me l'accorda à son lever à Marly, sans que je l'eusse demandée, avec toutes les bontés dont Sa Majesté sait accompagner ses grâces (a). Ainsi vous devez en faire part à vos amis, après l'avoir dit d'abord à M. le cardinal de Bouillon et à M. le cardinal de Janson, que leur extrême bonté intéressera pour nous dans ce nouveau témoignage de celle du roi.

Je l'ai mandé tout aussitôt à M. de Paris et à M. de Reims dans son diocèse, où il est il y a près de deux mois : il ne parle point encore d'en revenir.

M. de Cambray gagne ici du temps, par l'énorme longueur de ses explications. Il a refusé obstinément de conférer avec nous, à cause de moi, à qui seul il ne veut point parler, ni même communiquer quelques-unes de ses réponses. Il y en a d'autres sur lesquelles il demande mes réponses; et j'en ai donné une d'une demi-feuille de papier, pour le prier d'expliquer quatre termes ambigus, dont il se sert, par une définition précise ; après quoi on lui donnera en très-peu de mots la réponse qu'il demande (b).

(a) Il n'étoit point dans le caractère de M. de Meaux de demander et solliciter des graces pour lui-même. Tout occupé du soin de son diocèse, de la composition de tant d'ouvrages et des affaires générales de l'Eglise, il n'avoit ni le loisir ni la souplesse nécessaires pour s'intriguer et travailler à son avancement. Il eût d'ailleurs été indigne de sa gravité de s'amuser à briguer des charges, qu'il relevoit plus par son mérite qu'elles ne l'honoroient par leur éclat. —
(b) C'étoit une réponse aux vingt articles que M. de Cambray avoit dressés pour justifier son livre, et qu'il envoya à M. de Paris. Bossuet ne crut pas devoir les discuter fort au long, et il se contenta de mettre en marge de ces articles des réponses très-courtes. Nous rapporterons les articles et les réponses à la

On y joindra les extraits des propositions condamnables dans son livre, et l'on se mettra en état de les envoyer à Rome, après le temps que la bonté de M. de Paris souhaite que nous lui donnions pour venir à résipiscence ; ce que quelques-uns espèrent encore. Pour moi, quelque désir que j'en aie, je ne sais plus que penser, voyant ses tortillemens. M. le nonce nous témoigne qu'on souhaite à Rome que la chose se termine ici plutôt que d'être portée à l'Inquisition, qui aussi, comme vous savez, n'accommode guère ce pays-ci.

On souhaite fort d'apprendre bientôt que M. le cardinal de Bouillon soit quitte, comme on le croit à présent, de l'indisposition causée par la lassitude. Je vous prie de le bien assurer de la part que je prends à son heureuse arrivée, et à la bonne espérance que vous avez du prompt rétablissement de sa santé.

Je pars pour Versailles, où M. le chancelier veut me recevoir mercredi au conseil qui s'y tiendra.

M. le nonce m'a montré une lettre du Pape à M. de Cambray (*a*), assez sèche, quoiqu'on le loue, mais sans y dire un seul mot de son livre. On est toujours à la Cour dans les mêmes dispositions à son égard. M. de Cambray amuse M. de Paris : toute mon application est, comme vous pouvez penser, à faire en sorte qu'il ne le surprenne pas.

Le roi est fort content de moi : Madame de Maintenon est toujours de même, et je suis très-bien auprès d'elle. Le nonce m'a dit très-fortement qu'il falloit me faire cardinal et m'envoyer à Rome : quelques autres personnes parlent ici de la même manière (*b*).

La Cour est en grande attente de ce qui arrivera de M. de Cambray. Il ne paroît pas que ce prélat songe au livre qu'il avoit promis au Pape (*c*).

suite de cette lettre : pour rendre le lecteur plus attentif aux endroits défectueux de l'écrit de M. de Cambray, nous mettrons en italique tous ceux que Bossuet avoit marqués avec du crayon. (*Les premiers édit.*)

(*a*) Nous l'avons donnée en note à la lettre précédente. — (*b*) Si ce dessein avoit été exécuté, Bossuet eût répandu sur la pourpre romaine un éclat immortel. — (*c*) Il ne songeoit que trop à ce livre, c'est-à-dire à la traduction latine des *Maximes des Saints*. Toutefois ce ne fut qu'au 8 novembre suivant que l'on commença d'en recevoir, à Rome, des exemplaires manuscrits.

Nous espérons toujours votre retour au plus tôt : ne faites aucun mouvement pour moi au sujet du cardinalat.

LES XX ARTICLES DE M. DE CAMBRAY
AVEC LES RÉPONSES DE M. DE MEAUX.

M. DE MEAUX.

M. DE CAMBRAY.

ARTICLE Ier.

Nous n'avons vu, dans son livre, de distinction entre les actes intéressés et désintéressés, que celle qui regarde le *bonum in se* et celle qui regarde le *bonum sibi*, ou la béatitude et le salut.

N'est-il pas vrai que tout le système de mon livre se réduit à exclure du cinquième état d'amour les actes intéressés, sans exclure jamais les actes désintéressés de toutes les vertus distinctes ; et que tout mon système étant borné au désintéressement de l'amour, mon système, loin d'exclure les actes désintéressés, demande naturellement tous ces actes ?

ARTICLE II.

Cela est vrai, mais vague et indifférent, et d'autant plus impertinent à la question que nous traitons, que l'auteur change toutes les notions qu'il avoit auparavant données du pur amour dans son livre.

N'est-il pas vrai qu'on n'a jamais eu d'autre idée du désintéressement que celle que nous donne le pur amour de charité, par lequel nous aimons Dieu pour lui-même, nous et notre prochain en lui et pour lui seul ?

ARTICLE III.

Non, cela n'est pas vrai. Toute l'Ecole regarde l'amour d'espérance ou de concupiscence comme intéressé, quoiqu'il comprenne le prochain au même sens que nous-mêmes.

N'est-il pas vrai qu'on n'a jamais eu d'autre idée de l'intérêt propre, que celle d'une cupidité ou amour particulier de nous-mêmes, par lequel nous nous désirons le bien *autrement* qu'à

M. DE CAMBRAY.

notre prochain; en sorte que cet amour ne vient point de pur zèle pour la gloire de Dieu, mais qu'il est tout au plus soumis à l'ordre? C'est ce que saint Bernard nomme *cupidité* soumise: *Cupiditas quæ à superveniente charitate ordinatur.*

ARTICLE IV.

N'est-il pas vrai que cette *cupidité soumise* peut regarder la béatitude comme un état de l'homme, où elle seroit *pleinement contente*, au lieu que l'amour de charité pour nous-mêmes, ne nous fait désirer notre béatitude ou *parfait contentement, que pour* glorifier Dieu en nous?

ARTICLE V.

N'est-il pas vrai que l'inclination naturelle, nécessaire et indélibérée que nous avons pour nous-mêmes et qui accompagne tous nos actes, même les plus délibérés, est ce qui rend nos actes intéressés, et ce qui les empêche d'être désintéressés *

ARTICLE VI.

N'est-il pas vrai que quand on ne s'aime délibérément que *d'un amour de charité*, on peut en

M. DE MEAUX.

Cet amour qui est soumis à l'ordre, est un amour de charité.

Tout amour de charité est un amour de pur zèle, selon toute l'Ecole.

Saint Bernard n'a rien de semblable.

Béatitude et parfait contentement, selon cet article, c'est la même chose.

Que pour. On peut ici demander si la béatitude ou la gloire de Dieu sont fins subordonnées; et s'il n'est pas vrai, par la définition de la fin dernière, qu'il n'y en a point d'autre que la béatitude.

La notion de l'école de Scot, que tout le reste a suivie, confond l'intérêt avec la béatitude. Ainsi pour répondre avec précision, il faut faire précéder la définition, et répondre différemment selon les différens principes.

Se désirer le souverain bien, en tant que souverain bien, ne peut être sans le désir naturel

M. DE MEAUX.	M. DE CAMBRAY.
de la béatitude, qui est soumis et ordonné quand on met sa béatitude en Dieu : non pas en faisant deux fins dernières de la béatitude et de Dieu, ou regardant la béatitude, qui est la fin dernière, comme référible à une autre fin ; mais en expliquant que l'idée de Dieu et celle de la béatitude ne diffèrent que comme le confus et le distinct.	*vertu de cet amour* si pur se désirer le souverain bien, en tant qu'il est souverain bien pour soi ; et par conséquent faire des actes de vraie espérance avec son motif propre et spécifique, sans avoir besoin que la *cupidité soumise* s'y mêle *d'une manière délibérée?*

ARTICLE VII.

Il n'y a point d'erreur dans une opinion qui est suivie du torrent de l'Ecole.

N'est-il pas vrai que de tels actes, par lesquels nous *désirons* notre *souverain bien* en tant que nôtre, et qui sont de vraie espérance, ne peuvent sans erreur être mis au rang des *actes intéressés*, puisque la *cupidité même soumise* n'y a aucune part *d'une manière délibérée*, et qu'ils ne sont fondés que sur le seul amour de charité pour nous?

ARTICLE VIII.

L'intérêt propre, qui est pris pour l'espérance même, ne diminue pas, mais augmente plutôt par la parfaite charité.

Propriétaires et *mercenaires* sont deux choses différentes.

N'est-il pas vrai que l'intérêt propre, qui se trouve dans les justes moins parfaits, que les Pères ont nommés souvent *mercenaires*, et que les saints des derniers siècles appellent *propriétaires*, diminue dans ces justes à mesure qu'ils se perfectionnent, quoique leur espérance avec son motif propre augmente toujours à proportion que leur charité croît?

ARTICLE IX.

Bonum mihi est inséparable de ce que Scot et son école, que le torrent des théologiens

N'est-il pas vrai que les désirs et les demandes de la *sainte Vierge, de David, de saint Paul*

M. DE CAMBRAY.

et des autres grands saints pour leur perfection ou pour leur béatitude, étoient dans ce parfait *désintéressement,* et que leur espérance, pour être si épurée, n'en étoit pas moins véritable et n'en avoit pas moins son motif spécifique, qui est toujours *bonum mihi?*

ARTICLE X.

N'est-il pas vrai que ces actes d'espérance et des autres vertus, que la charité commande expressément pour les rapporter en même temps à sa propre fin, et qu'elle anime en leur communiquant sa propre perfection, *prennent l'espèce de la charité même,* sans perdre leur motif spécifique, qui est toujours le *bonum mihi,* ni par conséquent leur espèce particulière, comme *saint Thomas* l'assure : *Assumit speciem, transit in speciem?*

ARTICLE XI.

N'est-il pas vrai que de tels actes, en conservant le motif spécifique qui, par exemple, est le *bonum mihi* dans l'espérance, ne sont point intéressés, et par conséquent que le *bonum mihi* n'est point le *motif intéressé?*

ARTICLE XII.

N'est-il pas vrai qu'un juste, si parfait et si désintéressé qu'il puisse être, peut faire à toute heure et à tous momens de tels actes d'espérance et des autres

M. DE MEAUX.

suit, ont appelé, *utilité propre.*

Cela est vrai. Mais si l'auteur n'avoit pas voulu dire autre chose, il auroit parlé de la vertu et de son motif autrement qu'il n'a fait.

C'est parler contre les idées du torrent de l'Ecole.

Si toutefois l'auteur veut s'en tenir à cette idée, il s'ensuivra que l'amour d'espérance pure sera désintéressé, et par conséquent un amour pur contre toutes les idées qu'on a du pur amour. Ceci peut être appliqué aux articles x et xi.

Cela ne se peut, selon les idées communes de l'Ecole.

Le désintéressement de la charité consiste à regarder Dieu comme *bonum in se,* ce qui dif-

M. DE MEAUX.	M. DE CAMBRAY.
fère du *bonum mihi*, en quoi on met l'intérêt.	vertus avec leurs motifs propres, sans sortir du *plus parfait désintéressement de la charité*, puis-

que c'est la charité même qui les lui fait faire ?

ARTICLE XIII.

Voyez les xxxiv Articles. *Dans la seule charité*, en tant qu'elle est seule celle qui commande les autres, et rien de plus.	N'est-il pas vrai que *dans la vie et dans l'oraison la plus parfaite, tous les actes d'espérance et des autres vertus sont unis dans la seule charité, en tant qu'elle anime toutes les autres

vertus, et en commande l'exercice, etc., et qu'ainsi tous ces actes sont désintéressés ?

ARTICLE XIV.

Point du tout ; mais seulement que la charité seule les commanderoit au sens qu'on vient de voir. *Invariable*, selon la notion de l'auteur, veut dire, *dont on ne peut déchoir*.	N'est-il pas vrai que cette expression générale et absolue : *sont unis dans la seule charité*, emporteroit *en rigueur l'exclusion* de tous actes qui ne seroient pas unis dans la seule charité, et que cette exclusion s'étendroit sur toute la vie et l'oraison

la plus parfaite ; qu'ainsi j'ai *tempéré* cette *expression*, en la restreignant toujours à un état *seulement habituel* et non *invariable* ?

ARTICLE XV.

Tout cela ne signifie rien. On est intéressé pour le prochain comme pour soi, quand on recherche l'intérêt commun. Si l'on exclut le *bonum mihi* de la notion d'intérêt, il faut prendre une autre idée de l'a-	N'est-il pas vrai que quand on dit d'un côté, que la sainte *indifférence* n'est que le désintéressement de l'amour : et de l'autre, que le desintéressement de l'amour n'est que le *retranchement de la cupidité soumise*,

M. DE CAMBRAY.

pour ne désirer plus aucun bien que *par la charité*, comme on en désire au prochain, on dit

M. DE MEAUX.

mour pur que celle qui la disxtingue de l'espérance.

évidemment que la sainte *indifférence renferme* tous les désirs que la charité pour nous-mêmes nous doit inspirer, et qu'elle n'exclut jamais que les désirs *mêlés de cupidité soumise, ou intérêt propre?*

ARTICLE XVI.

N'est-il pas vrai, que si l'intérêt propre n'est pas *mon bien désiré par charité pour moi comme pour le prochain*, mais seulement le *contentement de la cupidité soumise*, le sacrifice de l'intérêt propre pour l'éternité, ne peut jamais être que le sacrifice ou retranchement du *contentement* de cette cupidité? d'où il s'ensuit qu'on peut continuer, dans la partie supérieure de

Le sacrifice de l'intérêt propre, est par tout le livre celui du salut.

On ne sait ce que veut dire tout ceci.

Si l'on n'a à sacrifier autre chose que l'amour naturel qu'on a volontairement pour soi-même, le mystère n'en est pas bien grand, puisqu'on a toujours tout son bien et tout son salut.

l'ame, à désirer et attendre *son souverain bien* par un amour de *charité pour soi*, dans le moment même où la *cupidité soumise perd tout appui en soi*, par la supposition imaginaire qui se fait dans la partie inférieure, qu'on est réprouvé.

ARTICLE XVII.

N'est-il pas vrai que si *l'intérêt propre n'est que cette cupidité soumise*, on peut dans la vie et dans l'oraison la plus parfaite ne désirer plus *d'ordinaire* les vertus pour son propre intérêt, c'est-à-dire pour *consoler*

L'Ecole ne le définit pas ainsi. Il faut convenir des notions, et répondre différemment selon chacune.

D'ordinaire : ce mot est remarquable.

cette cupidité, quoiqu'on ne cesse jamais de les désirer pour la

M. DE MEAUX.

gloire de Dieu en nous, et par un amour de charité pour nous-mêmes ?

La cupidité soumise, c'est-à-dire, comme l'explique l'auteur, l'amour naturel et délibéré de soi-même, est impertinente à la charité et à l'espérance, et d'un genre entièrement disparate.

M. DE CAMBRAY.

ARTICLE XVIII.

N'est-il pas vrai que la *cupidité soumise est permise à cause de sa soumission* à la charité, mais qu'elle n'est pas commandée; et qu'elle seroit commandée, si elle étoit ce qui constitue les vertus les plus commandées, *telles que l'espérance;* et qu'ainsi elle ne peut être essentielle au motif spécifique qui constitue cette vertu ? Autrement il faudroit dire que la sainte Vierge, qui n'agissoit point par *cupidité soumise*, et qui ne s'aimoit que d'un *amour de charité,* n'a jamais fait un seul acte d'espérance.

ARTICLE XIX.

C'est bien fait de rapporter à Dieu tout l'amour qu'on a pour soi-même; mais l'amour de la béatitude ne peut être ôté à l'homme, quelque saint qu'il soit.

Que si l'on dit que l'amour délibéré peut être ôté; j'en conviens; mais on ne voit pas que ce soit une chose si rare, ni qu'en cela consiste la perfection.

N'est-il pas vrai que si nous devons tâcher de ne nous désirer les biens inférieurs, que Dieu nous donne par sa volonté de bon plaisir dans les événemens de la vie, que par un amour de charité pour nous-mêmes et *sans intérêt propre où cupidité même soumise:* à plus forte raison nous devons tâcher de ne nous désirer les biens supérieurs qui nous sont déclarés dans la volonté signifiée, tels que les vertus, la persévérance et la béatitude, que par ce même amour de charité pour nous et *sans intérêt propre ou cupidité même soumise?* Faut-il désirer moins parfaitement les biens les plus parfaits? L'Ecriture qui les promet, et qui en commande le désir, nous engage-t-elle à les vouloir d'une manière moins pure et moins désintéressée que les événemens de la vie ?

ARTICLE XX.

M. DE CAMBRAY.

N'est-il pas vrai que quand on dit que le chrétien doit toujours exercer les vertus distinctes par conformité à la volonté de Dieu, on renferme nécessairement dans cette *conformité* les motifs spécifiques de toutes les vertus, puisqu'ils leur sont essentiels, et qu'autrement elles ne seroient plus *ces vertus commandées*? Peut-on se conformer à la volonté de Dieu, sans vouloir non-seulement ce qu'il veut, mais *encore par la raison précise* pour laquelle il nous engage à le vouloir avec lui? En veut-on moins la bonté propre d'une chose et sa convenance pour notre dernière fin, quand on ne veut cette bonté et cette convenance que pour nous conformer à la volonté de Dieu, qui, selon saint Thomas, est la *seule règle suprême* par laquelle toutes nos vertus, loin de perdre leur essence, trouvent leur perfection?

M. DE MEAUX.

Cela est vrai; et c'est pourquoi on condamne les expressions de l'auteur, qui parlant autrement, montre qu'il pense autrement aussi.

LETTRE CXXVIII.

M. DE RANCÉ A BOSSUET.

Ce 3 juillet 1697.

J'ai reçu, Monseigneur, les copies des deux lettres que vous m'avez fait l'honneur de m'envoyer : il suffit qu'elles ne contiennent rien que vous n'approuviez, pour que je ne me repente pas de les avoir écrites. Dieu a permis qu'elles allassent plus loin que je ne pensois. Il est vrai que le sujet me toucha d'une manière si vive, que je ne pus pas ne le point témoigner.

Nous attendons ce que vous avez la bonté de vouloir nous envoyer, et je ne doute point que Dieu ne favorise de nouvelles bénédictions tout ce qu'il vous inspirera d'écrire sur cette matière. Il seroit à souhaiter que ceux qui y ont intérêt prissent des sentimens de paix et d'humilité, et qu'on ne se fît point un honneur de soutenir ce qu'on ne devoit pas avancer : Dieu en tirera sa gloire. Nous ne manquerons point de lui offrir nos prières avec toute l'application possible. Je n'ai pas besoin de vous dire, Monseigneur, jusqu'où va l'attachement et le respect que j'ai pour votre personne; car je m'assure que vous en êtes bien persuadé.

Fr. ARMAND-JEAN, anc. abbé de la Trappe.

J'ai lu et relu la lettre que M. votre neveu vous a écrite, avec une consolation que je ne puis vous exprimer : rien ne marque mieux la disposition de Sa Sainteté pour l'affaire et pour votre personne.

LETTRE CXXIX.

BOSSUET A M. DE RANCÉ.

A Paris, ce 4 juillet 1697.

Je sais, Monsieur, que M. l'évêque de Noyon vous a écrit sur le sujet du quiétisme, dans le dessein de joindre votre réponse à sa lettre, et de les faire imprimer ensemble. Vous savez bien les raisons d'éviter cette conjoncture, et il me semble que vous n'avez rien à ajouter au sentiment d'un si grand prélat. La liberté que je prends est l'effet de mon zèle pour votre service, et pour votre réputation qu'il faut conserver à l'Eglise. J'espère ne passer pas cet été sans vous voir, et je suis à vous, Monsieur, comme vous savez.

LETTRE CXXX.

BOSSUET A SON NEVEU (a).

A Marly, ce 15 juillet 1697.

Je suis ici d'hier, et j'y passerai la semaine. On y est avec grande joie par l'élection de M. le prince de Conti et par l'espérance de la prise de Barcelone dans huit ou dix jours. On s'est logé sur la contrescarpe avec perte de 1000 à 1200 hommes,

(a) Revue et complétée sur l'original.

après une opiniâtre résistance des ennemis, qui ont regagné ce poste jusqu'à trois fois, mais il nous est demeuré. L'audace et l'intrépidité de nos troupes est au delà de tout, et il faut que tout lui cède.

C'est le jeune Galeran, secrétaire de M. l'abbé de Polignac (*a*), qui a apporté les nouvelles. De trente-deux palatinats, nous en avons vingt-huit : les quatre autres sont foibles, et nous en avons près de la moitié. L'archevêque et le maréchal ont proclamé l'élection, et en ont chanté le *Te Deum* : qui sont les marques portées par les constitutions de la république pour une élection valide et complète.

M. le prince de Conti a reçu cette nouvelle avec une modération admirable. On attend la députation solennelle, et cependant on ne change rien à l'extérieur.

Il est vrai, comme le porte votre lettre du 25 en conséquence de la mienne, qu'on a été content du bref aux cinq évêques (*b*); mais si l'on ne dit mot sur le livre, il ne sera pas aisé d'empêcher que quelqu'un ne parle ici. Pour moi, j'attendrai toujours une décision avec respect et patience; mais je gémirai en mon cœur, si l'on voit une acception de personnes dans la chaire de saint Pierre, dont je souhaite la gloire entière, qui est celle de Jésus-Christ même.

A ce coup on a promis dans huit jours la dernière réponse de M. de Cambray, que la charité fait attendre. La disposition de la Cour est toujours la même contre lui; et sa fierté, depuis le bref qu'il a reçu, est augmentée. Il ne le montre pourtant pas, et il seroit à souhaiter que nous en eussions une copie. Ni M. de Reims, ni moi ne l'emporterons sur l'archevêque de Paris (*c*), dont la famille..... Ce n'est pas à moi qu'il convient de se donner du mouvement (*d*). Ma vraie grandeur est de soutenir mon carac-

(*a*) Ce fut par les soins de l'abbé de Polignac, depuis cardinal, et alors ambassadeur en Pologne, que le grand nombre des palatinats de ce royaume élurent pour roi le prince de Conti. Mais bientôt, comme on sait, les Polonois changèrent de disposition, et donnèrent la couronne à l'électeur de Saxe. (*Les édit.*) — (*b*) Bref relatif au cardinal Sfondrate. — (*c*) Pour le cardinalat. Et cependant, sans Bossuet, qui connoîtroit aujourd'hui le cardinal de Noailles? — (*d*) L'abbé Bossuet pressoit sans doute son oncle de faire quelques démarches pour se procurer cette dignité. Ce grand homme lui répond d'une

tère, d'édifier et de servir l'Eglise, etc. La parabole de saint Luc, xiv, 12, est ma leçon. Je ne dois être ni remuant ni insensible.

On espère ici la promotion (a) dans peu.

Le cardinal de Bouillon sera toujours le même : il doit tout aux amis de M. de Cambray dans la conjoncture présente (b).

De concert avec M. de Torci, je parlerai au roi, afin qu'il permette que ce ministre dise à M. le nonce qu'on fera plaisir au roi de vous accorder l'indult (c).

Lundi 16, il n'y a rien de nouveau.

LETTRE CXXXI.

BOSSUET A SON NEVEU (d).

A Versailles, ce 22 juillet 1697.

M. Phelippeaux nous a assuré par sa lettre du 3, que vous étiez à Frescati ; nous n'en avons point eu des vôtres.

On attend ici la promotion de jour en jour. On commence à dire que M. le cardinal de Janson a ordre de retarder, et que c'est pour cela : ainsi je lui écris à tout hasard. Vous verrez ma lettre et celle à M. le cardinal de Bouillon, à qui vous vous expliquerez vous-même.

Vous leur pourrez dire que M. l'archevêque de Cambray donne ici à son ouvrage des explications mauvaises en elles-mêmes et qui ne conviennent nullement au texte. Il parle en tout cela avec

manière vraiment digne de sa supériorité, qui lui fait autant d'honneur qu'il en auroit reçu de la pourpre romaine. Au reste l'archevêque de Paris ne fut pas créé cardinal à cette promotion, mais ce fut M. du Cambout de Coislin, évêque d'Orléans. (*Les premiers édit.*)

(a) Des cardinaux. — (b) Les amis de M. de Cambray, comme nous avons déjà vu, dans le dessein de trouver à Rome un solide appui pour la défense du livre de ce prélat, persuadèrent au cardinal de Janson de demander son rappel, et déterminèrent le roi à confier le soin des affaires au cardinal de Bouillon, qui devoit se rendre à Rome pour se mettre en possession du décanat, qui alloit être bientôt vacant. Voyez toutes les intrigues qu'on fit jouer à cette occasion, fort bien développées dans la *Relation* de M. Phelippeaux, part. I, p. 228, 229. — (c) Pour l'abbaye de Savigni, dont on a parlé plus haut.— (d) Revue et complétée sur l'original.

une fierté étonnante. M. de Paris fait toujours des efforts pour le convertir; on en attend le succès.

Il n'y a point encore de nouvelles de Barcelone. Celles de Pologne sont mauvaises, et les espérances s'éloignent. La conversion de M. l'électeur de Saxe (*a*) paroît être une illusion. On dit néanmoins qu'il est appuyé du Pape, et que le nonce est déclaré contre nous. Le roi n'en vouloit rien croire, et se croyoit assuré du Pape, dont on disoit que le nonce avoit outre-passé les ordres.

J'oubliois de vous marquer que sans la participation de M. de Chartres ni de moi, M. de Paris avoit consulté huit docteurs non suspects à M. de Cambray, qui tous avaient rapporté que le livre et les explications ne se pouvoient soutenir (*b*). Deux évêques, à qui M. de Cambray les avoit remises ont répondu de même. L'un est M. de Toul; je ne sais pas l'autre. Il avoit voulu consulter M. d'Amiens, qui s'est excusé, ne croyant pas pouvoir rien gagner.

Le roi a résolu d'écrire de sa main au Pape sur cette affaire, afin que Sa Sainteté parle au plus tôt sur le livre. Il doit demain s'expliquer au nonce, et la lettre partira lundi, auquel jour M. de Paris, M. de Chartres et moi enverrons par le nonce notre déclaration sur le livre, signée de notre main, dont on vous enverra une copie.

M. de Reims est de retour.

(*a*) Ce prince se fit catholique pour pouvoir être roi de Pologne. — (*b*) Assurément on ne pouvoit, d'une part, pousser la condescendance plus loin, ni de l'autre montrer plus d'entêtement. Qu'on nous dise ce qu'il falloit faire de plus pour ouvrir les yeux à ce prélat, et quelle plus grande obstination auroit pu lui mériter l'abandon des gens sages et équitables. (*Les premiers édit.*)

LETTRE CXXXII.

LE ROI A INNOCENT XII.

A Meudon, ce 26 juillet 1697.

Très-saint Père,

Le livre que l'archevêque de Cambray a composé, ayant depuis quelques mois excité beaucoup de bruit dans l'Eglise de mon royaume, je l'ai fait examiner par des évêques et par un grand nombre de docteurs et de savans religieux de divers ordres. Tous unanimement, tant les évêques que les docteurs, m'ont rapporté que le livre étoit très-mauvais et très-dangereux, et que l'explication donnée par le même archevêque n'étoit pas soutenable. Il avoit déclaré dans la préface de son livre, qu'il vouloit seulement expliquer et étendre la doctrine de ces mêmes évêques. Mais après avoir tenté toutes les voies de douceur, ils ont cru être obligés en conscience de faire leur *Déclaration* sur ce livre, et de la mettre entre les mains de l'archevêque de Damas, nonce de Votre Sainteté auprès de moi. Ainsi, très-saint Père, pour terminer une affaire qui pourroit avoir des suites très-fâcheuses, si elle n'étoit arrêtée dans son commencement, je supplie humblement Votre Sainteté de prononcer le plus tôt qu'il lui sera possible sur ce livre et sur la doctrine qu'il contient, assurant en même temps Votre Sainteté que j'emploierai toute mon autorité pour faire exécuter ses décisions, et que je suis, très-saint Père, votre très-dévot fils,

Louis.

EPISTOLA CXXXIII.

BREVE INNOCENTII XII AD LUDOVICUM XIV.

INNOCENTIUS PAPA XII.

Charissime in Christo fili noster, salutem. Ingenti planè gaudio recreati sensimus pastoralem nostram sollicitudinem, ubi ex litteris Majestatis tuæ, die 26 julii proximè præteriti ad nos datis, ac etiam ex ore venerabilis Fratris nostri cardinalis Bullonii qui nobis eas reddidit, perspicuè intelleximus, quàm provido et præstanti zelo ad periculosas, occasione libri à venerabili Fratre archiepiscopo Cameracensi nuper in lucem editi, exortas controversias, continuò animum erexeris; illasque, pro eo quo regium tuum pectus assiduè flagrat, incomparabili studio incorruptè atque integrè custodiendi in florentissimo isto regno eam doctrinam, quam de fontibus Salvatoris haustam Romana Ecclesia cæterarum Mater et Magistra longè latèque diffundit, ad nostrum et hujus sanctæ Sedis judicium deferri curaveris, omnem subindè, pro eorum quæ definienda duxerimus executione, auctoritatis regiæ efficaciam præstiturus. Quemadmodùm itaque piissimam ac verè christianissimo rege dignam curam hanc tuam plurimùm in Domino commendamus; ità Majestati tuæ significamus nos memoratum librum illustrium theologorum examini subjecisse, quibus similiter transmissas nobis à venerabili Fratre archiepiscopo Damasceno nuntio nostro, clarorum aliquot Galliæ antistitum in illum animadversiones communicari jussimus, ut eò consultiùs quòd è re catholicâ fuerit auctoritate apostolicâ decernamus. Sed hæc omnia latiùs edisseret idem nuntius noster, qui egregiam Majestatis tuæ pietatem, perpetuamque ac constantem in eamdem Sedem observantiam indesinenter nos docet. Interim eximiæ religiosæque cogitationes tuæ protectorem eum experiantur, quem auctorem agnoscunt, enixè precamur, ac Majestati tuæ apostolicam benedictionem amantissimè impertimur. Datum apud sanctam Mariam Majorem die 10 septembris 1697, anno Pontificatùs 7.

SPINOLA.

BREF DE N. S. P. LE PAPE A LOUIS XIV.

INNOCENT XII, PAPE.

Notre-très cher Fils en Jésus-Christ, salut et bénédiction apostolique. Nous avons ressenti une grande joie au milieu de notre sollicitude pastorale, en apprenant par votre lettre du 26 de juillet dernier et de la bouche de notre vénérable frère le cardinal de Bouillon, avec quel zèle et quelle prévoyance vous vous portez à mettre fin aux disputes dangereuses qui se sont élevées à l'occasion du livre que notre vénérable Frère l'archevêque de Cambray a publié depuis peu. Rien ne nous touche plus que le saint désir que vous témoignez, de conserver pure et entière dans votre florissant royaume la doctrine puisée dans les fontaines du Sauveur, que l'Eglise Romaine, Mère et Maîtresse de toutes les autres, a répandue dans tout le monde; et qui vous a engagé à invoquer sur cette affaire notre jugement et celui du saint Siége, bien déterminé à employer votre autorité royale pour faire exécuter notre décision. Ces soins que la piété vous inspire et vraiment dignes d'un roi très-chrétien, méritent tous nos éloges; et pour y correspondre, nous donnons avis à Votre Majesté que nous avons commis l'examen de ce livre à des théologiens éclairés, auxquels nous avons aussi communiqué les observations faites sur ce livre par quelques illustres évêques de France, et que notre vénérable Frère l'archevêque de Damas notre nonce nous a envoyées, afin de nous mettre en état de statuer avec maturité par notre autorité apostolique ce que le bien de l'Eglise pourra exiger. Notre nonce qui dans toutes ses dépêches ne cesse de relever la piété de Votre Majesté et son respect toujours uniforme et constant pour le saint Siége, vous expliquera plus en détail toutes ces choses. Nous prions instamment l'auteur de vos religieux desseins de vous en accorder l'accomplissement. Nous donnons avec une tendre affection à Votre Majesté notre bénédiction apostolique. Donné à Sainte-Marie-Majeure le 10 de septembre 1697, la septième année de notre pontificat.

Spinola.

LETTRE CXXXIV.

BOSSUET A SON NEVEU (a).

A Paris, ce 29 juillet 1697.

J'ai reçu par le dernier courrier vos deux lettres, celle du 2 et celle du 9.

On vous envoie par cet ordinaire huit de mes livres, de la seconde édition; six sont déjà partis par un autre ordinaire. Peut-être qu'à la fin le paquet de M. Anisson, qui est arrivé à Livourne, cheminera. La seconde édition est remarquable par son addition, qui est importante : lisez-la bien, et la faites bien remarquer. Les huit livres qu'on vous envoie seront en deux paquets : on paiera ici le port sur le pied de douze livres.

Il n'y a point encore de nouvelles de la prise de Barcelone. L'affaire de Pologne se soutient. Nous avons contre nous l'éloignement. La meilleure nouvelle qu'on puisse mander est celle de la parfaite santé du roi.

L'ordonnance de M. de Reims (b) ne fait ici aucun bruit. Je ne me signalerai pas par de semblables actes. C'est à ceux qui remplissent les grands siéges à parler; pour moi, je me contenterai de faire les choses sans éclat.

Je n'ai point reçu la lettre que M. le cardinal de Bouillon me devoit écrire. Je ne l'attendrois pas pour lui envoyer les propositions qu'on reprend dans le livre de M. de Cambray, si cela étoit en mon pouvoir. Mais il faut que tout soit arrêté avec deux autres prélats; et encore qu'on soit d'accord du fond, chacun ajoute et diminue comme il l'entend : de sorte que je ne puis rien écrire de précis, et que d'ailleurs il me fâche d'écrire en l'air. C'est ce que vous direz à M. le cardinal. Vous y pourrez ajouter que

---

(a) Revue et complétée sur l'original. — (b) Cette ordonnance, du 24 mai 1697, regardoit les réguliers, et portoit qu'aucun ne seroit admis dans le diocèse de Reims à l'administration des sacremens, que lorsque outre le certificat de vie et de mœurs de leurs supérieurs, l'évêque dans le diocèse duquel ils auroient fait leur dernier séjour leur auroit donné un témoignage authentique de la sagesse de leur conduite, et du bon usage qu'ils auroient fait des pouvoirs qui leur avoient été confiés. (*Les édit.*)

M. de Cambray n'avance pas ses affaires par ses procédés : il croit tout gagner en me disant sa partie ; mais personne n'en veut rien croire. On n'est guère content de son obstiné refus à conférer avec nous, tant que je serai présent. Il y perd lui-même beaucoup ; car j'ai pour lui un fond de bonne intention inaltérable, malgré ses emportemens contre moi. Il se taille bien des affaires, dont il sortira très-mal apparemment des deux côtés ; et l'air plaintif et opprimé qu'il se veut donner ne plaît guère.

Nous attendons toujours votre retour, et il n'y a que les chaleurs qui vous puissent retarder. Nous nous portons bien, Dieu merci.

J'ajoute sur M. de Cambray qu'il ne croit personne que ceux qui le flattent : cela répond à une des choses que M. le cardinal de Bouillon vous ordonne de m'écrire. Assurez-le de mes très-humbles respects, et M. le cardinal de Janson. J'embrasse M. Phelippeaux.

Vous devez commencer à parler d'une manière plus douteuse de M. de Cambray, dont je vous écrirai plus précisément, quand j'aurai eu le loisir de voir les dispositions de la Cour. M. de Paris me retient ici ; et j'y suis occupé à rédiger les articles sur le livre de M. de Cambray, qu'on remettra lundi à M. le nonce pour le Pape. Cependant le roi a parlé très-puissamment au nonce, qui écrit conformément au discours de Sa Majesté ; j'ai vu sa lettre. Le roi écrit lui-même aujourd'hui très-fortement. On se défie des Jésuites et du cardinal de Bouillon : on se servira de la main du roi pour écrire au Pape. Le pauvre M. de Cambray aura ordre de se retirer. Le P. de la Chaise, patron du cardinal de Bouillon, ne paroît point dans tout cela ; mais on lui attribue tout. On croit que cette affaire reculera l'abbé d'Auvergne (a).

Aussitôt qu'on aura remis à M. le nonce la lettre du roi, j'agirai, et de mon chef. Retenez M. Phelippeaux ; écoutez beaucoup à Rome. La fureur de M. de Cambray contre moi est extrême : sa cabale est terrible, et ses artifices également ; mais nous avons pour nous Dieu, la vérité, la bonne intention, le courage, le roi,

(a) Neveu du cardinal de Bouillon

Madame de Maintenon, etc. J'ai besoin d'attention et de patience. M. le nonce est bien intentionné pour moi.

D'où vient que vous n'avez pas encore écrit à M. de Metz?

LETTRE CXXXV.

BOSSUET A M. DE LA BROUE.

A Paris, ce 1er août 1697.

Pour réponse à vos précédentes, le roi et Madame de Maintenon sont toujours d'accord sur le livre de M. de Cambray. J'en suis content, et les évêques qui ont parlé au roi sur le livre doivent donner lundi leur *Déclaration*, pour être envoyée à Rome par l'agent du Pape. Le roi lui a parlé nettement de M. de Cambray et du livre, fondé sur l'avis des évêques. Le roi a écrit au Pape de sa main : tout cela est fait, et vous voyez ce qui reste à faire. M. de Paris fait un peu de peine : mais la patience vient à bout de tout. Tout sera fait pour lundi : le roi le désire. Après cela M. de Paris s'expliquera par une *Instruction*, en attendant que Rome parle. Rome n'est point favorable au livre, quoiqu'il ait pour lui le P. de la Chaise et les Jésuites. M. de Cambray n'évitera pas le saint Office. Je souhaiterois une autre manière; mais il faut laisser faire Rome à sa mode. Les évêques se déclareront : on n'en vient à tout cela qu'après avoir tout tenté. M. de Cambray est inexorable, et d'un orgueil qui fait peur : on n'a rien voulu vous dire que les choses ne fussent réglées.

Outre l'examen que nous avons fait, M. de Paris, M. de Chartres et moi, comme appelés en témoignage par M. de Cambray dans son Avertissement et dans sa Lettre au Pape, M. de Cambray a demandé le sentiment de M. d'Amiens et de M. de Toul, dont le premier s'est excusé, et l'autre lui a déclaré son sentiment contraire au sien. Outre cela M. de Paris a donné le livre à examiner à huit théologiens sorbonnistes et autres, qui sans aucune communication et sans se connoître, se sont déclarés contre le livre et contre les explications que l'auteur leur vouloit donner. Il a pris le ton plaintif et opprimé; mais tout cela sera foible, et on découvrira tous ses artifices. Le refus obstiné qu'il a fait de conférer avec les trois évêques, scandalise les honnêtes gens et fait voir qu'il a bien cru qu'on le convaincroit.

LETTRE CXXXVI.

BOSSUET A L'ABBÉ RENAUDOT.

Jeudi matin.

Vous me ferez plaisir, Monsieur, de remercier Monseigneur le nonce du soin qu'il prend de m'avertir. Tout seroit prêt de ma part; mais le concert pourra prolonger les affaires de huit jours. J'aurai l'honneur, avant lundi, de voir Monseigneur le nonce. Je dînerai ici, et n'en partirai qu'à cinq heures: en attendant, votre visite me sera toujours fort agréable.

LETTRE CXXXVII.

BOSSUET A SON NEVEU (a).

A Paris, ce 5 août 1697.

J'ai reçu vos deux lettres, l'une par le courrier de M. le cardinal de Janson, l'autre de date antérieure par l'ordinaire du 16 juillet. La joie qu'on a eue ici de la promotion (b) a été très-grande. On a vu la bonne volonté du Pape pour la France, qui a beaucoup réjoui; et la personne de M. le cardinal de Coislin (c) étant fort aimée, on eût dit selon l'expression de M. de Noyon, que tout le monde avoit été fait cardinal. M. Noblet m'a vu ce matin; j'ai été longtemps avec lui. Selon ce que je vois, cette lettre ne trouvera plus son patron (d) à Rome.

M. l'archevêque de Cambray, après avoir refusé tous les partis où M. de Paris avoit tâché de le porter pendant trois mois pour le tirer d'affaire, a eu ordre de se retirer dans son diocèse, et il

---

(a) Revue sur l'original. — (b) Des cardinaux. — (c) Pierre du Cambout de Coislin, né à Paris en 1636, nommé évêque d'Orléans en 1665, fut fait cardinal le 22 juillet 1697. Il mourut le 5 février 1706. — (c) Le cardinal de Janson.

pourquoi M. de Paris, M. de Chartres et moi, serions-nous plutôt ses accusateurs que les autres évêques? Ce qui nous donne droit d'agir, c'est que M. de Cambray nous ayant appelés en témoignage dans la préface de son livre, on nous regarderoit avec raison comme les fauteurs et les garans de ses erreurs, si nous restions dans le silence : mais aussi nous ne pouvons aller au delà d'une déclaration de nos sentimens. Le roi a suppléé à tout, en demandant au Pape un jugement. Je vous enverrai notre *Déclaration* par le prochain ordinaire : je joindrai de temps en temps d'autres mémoires. Entendez bien la procédure. Madame de Maintenon m'écrit qu'il faut que vous et M. Phelippeaux soyez attentifs. Il faut parler avec modération, comme j'ai marqué par mes précédentes.

J'attendrai l'écrit que vous me promettez de M. Phelippeaux (*a*). Je crains que la tête du Pape ne soit pas trop bonne. J'étudierai la matière et me servirai de la conjoncture auprès du nonce. M. le nonce (*b*) est bien disposé pour moi, et contre M. de Cambray. Il n'est pas content du cardinal de Bouillon, croyant être cardinal plutôt que celui de son pays.

Nous nous portons bien. M. Noblet m'a dit mille biens de M. Phelippeaux; et je lui ai dit qu'il m'en avoit beaucoup écrit de lui, et vous aussi.

On vous enverra quatre livres de la seconde édition par le prochain ordinaire : ainsi avec six et huit des deux envois précédens, vous en aurez dix-huit.

(*a*) C'étoit des notes sur le livre des *Maximes des Saints*. — (*b*) M. Delphini, nonce en France, qui devint cardinal en 1699. Il croyoit avoir sujet de se plaindre du cardinal de Bouillon qui, selon lui, n'avoit pas assez fortement sollicité sa promotion. Il prétendoit qu'ayant témoigné depuis le commencement de sa nonciature beaucoup d'attachement pour la France, le cardinal de Bouillon ne devoit pas souffrir que le chapeau qu'il pensoit mériter fût donné à M. Grimani, Vénitien comme lui, et que le cardinal de Bouillon favorisoit, quoiqu'il fût entièrement dans les intérêts de l'empereur et ennemi de la France. Le cardinal Grimani fut depuis vice-roi de Naples. (*Les édit.*)

reçu pour les trois cardinaux (*a*) les lettres que vous souhaitiez.

L'abbé de Chanterac, grand-vicaire de M. de Cambray, doit aller à Rome (*b*). Il va encore un homme dont je ne sais pas le nom (*c*).

Les nouvelles de Pologne ne nous disent rien de certain. Au mouvement qu'on voit ici, on conjecture qu'on trame quelque chose pour le départ soudain du prince. Mais ce n'est que conjecture. Barcelone va lentement, mais sûrement. On veut la paix faite surtout avec l'Angleterre.

Je reçois en ce moment votre lettre du 3. Je suis bien aise que vous ayez reçu les lettres pour les trois cardinaux.

Le nonce est fâché. Point cardinal. Il espère au premier chapeau. Il est fort bien en cette Cour. Il fait fort bien contre M. de Cambray. Il a eu une audience sur les chapeaux; il y a été parlé de Pologne.

Nectes causas sur votre séjour sans vous déclarer. Vous avez beaucoup à vous défier de M. le cardinal de Bouillon. Vous en avertirez M. Phelippeaux.

Les Jésuites ont soutenu ici quatre thèses, et font valoir le *pur amour*; je crois qu'on leur parlera.

Nos Articles et nos censures, dont il est parlé dans notre *Déclaration*, sont, comme vous savez, à la fin de mon Livre (*d*).

LETTRE CXXXIX.

M. L'ARCHEVÊQUE DE CAMBRAY A UN AMI (*e*).

Ce 3 août 1697.

Ne soyez point en peine de moi, Monsieur : l'affaire de mon Livre va à Rome. Si je me suis trompé, l'autorité du saint Siége

---

(*a*) Ces trois cardinaux étoient Casanate, Noris et d'Aguirre. Bossuet étoit en relation avec eux; mais la plupart des lettres qu'il leur écrivoit nous manquent, et nos recherches et nos sollicitations n'ont pu nous les procurer. (*Les premiers édit.*) — (*b*) Il y arriva le 12 septembre 1697. — (*c*) C'étoit un ecclésiastique nommé la Templerie. — (*d*) L'*Instruction sur les Etats d'oraison*. — (*e*) M. le duc de Beauvilliers.

me détrompera ; et c'est ce que je cherche avec un cœur docile et soumis : si je me suis mal expliqué, on réformera mes expressions : si la matière paroît mériter une explication plus étendue, je la ferai avec joie par des additions : si mon Livre n'exprime qu'une doctrine pure, j'aurai la consolation de savoir précisément ce qu'on doit croire et ce qu'on doit rejeter. Dans ce cas même je ne laisserois pas de faire toutes les additions qui, sans affoiblir la vérité, pourroient éclaircir et édifier les lecteurs les plus faciles à s'alarmer. Mais enfin, Monsieur, si le Pape condamne mon Livre, je serai, s'il plaît à Dieu, le premier à le condamner, et à faire un mandement pour en défendre la lecture dans le diocèse de Cambray. Je demanderai seulement au Pape qu'il ait la bonté de me marquer précisément les endroits qu'il condamne, et les sens sur lesquels porte sa condamnation, afin que ma souscription soit sans restriction, et que je ne coure aucun risque de défendre, ni d'excuser, ni de tolérer le sens condamné. Avec ces dispositions que Dieu me donne, je suis en paix, et je n'ai qu'à attendre la décision de mon supérieur, en qui je reconnois l'autorité de Jésus-Christ. Il ne faut défendre l'amour désintéressé qu'avec un sincère désintéressement. Il ne s'agit pas ici du point d'honneur, ni de l'opinion du monde, ni de l'humiliation profonde que la nature doit craindre d'un mauvais succès. J'agis, ce me semble, avec droiture : je crains autant d'être présomptueux et retenu par une mauvaise honte que d'être foible, politique et timide dans la defense de la vérité. Si le Pape me condamne, je serai détrompé, et par là le vaincu aura tout le véritable fruit de la victoire : *Victoria cedet victo*, dit saint Augustin. Si au contraire le Pape ne condamne point ma doctrine, je tâcherai par mon silence et par mon respect d'apaiser ceux d'entre mes confrères dont le zèle s'est animé contre moi, en m'imputant une doctrine dont je n'ai pas moins d'horreur qu'eux, et que j'ai toujours détestée. Peut-être me rendront-ils justice, en voyant ma bonne foi.

Je ne veux que deux choses, qui composent ma doctrine : la première, c'est que la charité est un amour de Dieu pour lui-même, indépendamment du motif de la béatitude qu'on trouve en lui ; la seconde, est que dans la vie des ames les plus parfaites, c'est la charité qui prévient toutes les autres vertus, qui les anime et qui en commande les actes, pour les rapporter à sa fin ; en sorte que le juste de cet état exerce alors d'ordinaire l'espérance et toutes les autres vertus avec tout le désintéressement de la charité même qui en commande l'exercice. Je dis d'ordinaire, parce que cet état n'est pas sans exception, n'étant qu'habituel et point invariable. Dieu sait que je n'ai jamais voulu enseigner rien qui passe ces bornes. C'est pourquoi j'ai dit, en parlant du pur amour, qui est la charité en tant qu'elle anime et commande toutes les autres vertus distinctes : « Quiconque n'admet rien au delà, est dans les bornes de la tradition : quiconque passe cette borne, est déjà égaré (*a*). »

Je ne crois pas qu'il y ait aucun danger que le saint Siége condamne jamais une doctrine si autorisée par les Pères, par les écoles de théologie et par tant de grands saints que l'Eglise romaine a canonisés. Pour les expressions de mon Livre, si elles peuvent nuire à la vérité faute d'être correctes, je les abandonne au jugement de mon supérieur ; et je serois bien fâché de troubler la paix de l'Eglise, s'il ne s'agissoit que de l'intérêt de ma personne et de mon Livre.

Voilà mes sentimens, Monsieur. Je pars pour Cambray, ayant sacrifié à Dieu au fond de mon cœur tout ce que je puis lui sacrifier là-dessus. Souffrez que je vous exhorte à entrer dans le même esprit. Je n'ai rien ménagé d'humain et de temporel pour la doctrine que j'ai crue véritable. Je ne laisse ignorer au Pape aucune des raisons qui peuvent appuyer cette doctrine. En voilà assez : c'est à Dieu à faire le reste, si c'est sa cause que j'ai défendue. Ne regardons ni l'intention des hommes, ni leurs procédés : c'est Dieu seul qu'il faut voir en tout ceci. Soyons les enfans de la paix, et la paix reposera sur nous : elle sera amère, mais elle n'en sera que plus pure. Ne gâtons pas des intentions droites par aucun entêtement, par aucune chaleur, par aucune industrie humaine, par aucun empressement naturel pour nous justifier. Rendons simplement compte de notre bonne foi : laissons-nous

---

(*a*) *Maximes des Saints*, *Avertissement*, p. 17.

corriger, si nous en avons besoin; et souffrons la correction, quand même nous ne la mériterions pas.

Pour vous, Monsieur, vous ne devez avoir en partage que le silence, la soumission et la prière. Priez pour moi dans un si pressant besoin : priez pour l'Eglise qui souffre de ces scandales : priez pour ceux qui agissent contre moi, afin que l'esprit de grace soit en eux pour me détromper si je me trompe, ou pour me faire justice si je ne suis pas dans l'erreur : priez pour l'intérêt de l'oraison même qui est en péril, et qui a besoin d'être justifiée. La perfection est devenue suspecte : il n'en falloit pas tant pour en éloigner les chrétiens lâches et pleins d'eux-mêmes. L'amour désintéressé paroît une source d'illusion et d'impiété abominable. On accoutume les chrétiens, sous prétexte de sûreté et de précaution, à ne chercher Dieu que par le motif de leur béatitude et par intérêt pour eux-mêmes : on défend aux ames les plus avancées de servir Dieu par le pur motif, par lequel on avoit jusqu'ici souhaité que les pécheurs revinssent de leur égarement, je veux dire la bonté de Dieu infiniment aimable. Je sais qu'on abuse du pur amour et de l'abandon : je sais que des hypocrites, sous de si beaux noms, renversent l'Evangile : mais le pur amour n'en est pas moins la perfection du christianisme; et le pire de tous les remèdes est de vouloir détruire les choses parfaites, pour empêcher qu'on n'en abuse. Dieu y saura mieux pourvoir que les hommes. Humilions-nous, taisons-nous; au lieu de raisonner sur l'oraison, songeons à la faire. C'est en la faisant que nous la défendrons; c'est dans le silence que sera notre force.

Fr. archevêque, duc de Cambray.

LETTRE CXL.

BOSSUET A SON NEVEU (a).

A Germigny, ce 18 août 1697.

J'ai reçu votre lettre du 30 juillet. Vous aurez reçu à présent mes lettres aux trois cardinaux. Je fais réponse au cardinal de

(a) Revue et complétée sur l'original.

Bouillon, sur le compliment qu'il m'a fait comme conseiller d'État.

Il n'y a rien de nouveau sur M. de Cambray, sinon que sa lettre, qu'on a répandue avec tant de soin, soulève tout le monde autant que le Livre. Je vous envoie à toutes fins une réponse que j'y ai faite comme sous le nom d'un tiers (a). Je ne sais encore quel usage j'en ferai ici ; mais par l'ordinaire prochain vous recevrez une instruction latine (b) très-importante, avec des lettres pour quelques cardinaux à qui vous la pourrez présenter. Vous aurez reçu avant cette lettre, les douze exemplaires de mon livre que vous souhaitiez.

Le cardinal Petrucci (c) est un pauvre acteur. Je suis étonné de la netteté avec laquelle il vous a parlé : j'aimerois mieux que l'affaire fût plus secrète. Portez-vous bien : je continuerai à vous écrire à Rome, présupposant que mes lettres précédentes vous arrêteront.

Je ne vous dis rien de la prise de Barcelone, du 10. On a accordé une bonne capitulation en faveur de la reddition du château de Mont***. On ne dit rien de fort bon du côté de la Pologne.

J'ai vu entre les mains de M. le nonce une protestation en françois, écrite de la main de M. de Cambray, où il commence par dire qu'un évêque l'ayant accusé d'avoir contrevenu aux Articles délibérés à Issy, il proteste qu'il s'en tient à cette doctrine : il se plaint qu'on lui a refusé la liberté de s'expliquer : proteste de sa soumission en termes fort simples et fort clairs : est prêt à soutenir devant le Pape qu'il n'a rien dit de contraire aux Articles d'Issy : s'il n'a pas envoyé son livre latin, c'est que le roi lui a témoigné qu'il valoit mieux traiter à l'amiable : qu'il auroit été à Rome, si le roi l'avoit voulu permettre : il supplie M. le nonce de garder l'original de sa protestation, et d'en envoyer une copie au Pape.

On lui a si peu refusé de s'expliquer, que nous avons en seize gros cahiers ses explications. Elles ne sont ni bonnes en elles-

---

(a) *Réponse à une lettre de M. l'archevêque de Cambray.* Se trouve vol. XIX, p. 149. — (b) SUMMA DOCTRINA LIBRI CUI TITULUS : *Explication des Maximes des Saints.* vol. XIX, p. 453. — (c) Ce cardinal avoit été disciple de Molinos. Il en sera parlé plusieurs fois dans la suite.

mêmes, ni conformes au texte : il répond sur la plupart des difficultés qu'on lui a faites, et ce n'est qu'illusion. Il ne manquera pas de les ajuster, et même d'en envoyer d'autres : à quoi il faudra être attentif, aussi bien qu'à son Ordonnance ou Lettre pastorale explicatoire, qu'on dit toujours qu'il prépare, et qu'il pourra bien envoyer à Rome sans la publier sur les lieux.

Il y a une affectation à m'attaquer seul, pendant qu'avec trois autres... Il faut parler avec beaucoup de modération, de peur de donner lieu à ce qu'il dit contre moi comme sa partie ; et je vous prie de bien avertir de ceci M. Phelippeaux.

Assurez bien de mes respects très-particuliers M. le cardinal Casanate.

LETTERA CXLI.

IL CARDINALE D'AGUIRRE AL SIGNOR VESCOVO BOSSUET.

Roma, 20 agosto 1697.

Il Signor abbate Bossuet nepote degnissimo di vostra Signoria illustrissima si è compiaciuto li giorni passati di felicitare le mie brame, con porgermi sicure nuove della prospera e perfetta salute di vostra Signoria illustrissima tanto necessaria alla Chiesa di Dio, la quale ella non cessa sempre mai di piu illustrare con le sue degnissime opere. Conforme ho avuto l'onore di vedere in questa ultima sua, che il medesimo Signor abbate si è degnato presentarmi, dell' *Instruzione sopra li Stati dell' Orazione* contro la setta del quietismo; e benche non abbia potuto leggerlo intieramente, atteso il poco tempo che mi permettono le mie molte occupazioni, nulladimeno ho avuto la consolazione di poter far giudizio dalli primi due libri, quello che sarà tutto il resto dell'opera, colma di erudizione e pietà, veramente in tutto degna e propria della sua gran virtù. Quanto bramerei potergli significare a viva voce i miei sensi della stima cosi particolare, che conservo al suo merito, di che può farne qualche testimonianza il sudetto signor Abbate, a cui ebbi jeri l'onore di condurre meco in carrozza, per ammirare nella conversazione il suo gran talento e virtù, degno seguace e nepote di un tanto Prelato, come vostra

Signoria illustrissima, alla quale rassegnando, con l'intimo dell'animo i miei più fervorosi rispetti, che desidero vengano esercitati dalla di lei gentilezza con il favore di molti suoi pregiatissimi commandi, resto con baciare a vostra Signoria illustrissima le mani.

LE CARDINAL D'AGUIRRE A BOSSUET.

M. l'abbé Bossuet, votre digne neveu, a mis ces jours derniers le comble à mes désirs, en me donnant des nouvelles bien certaines de votre santé, si précieuse à l'Eglise que vous ne cessez d'enrichir de vos excellens ouvrages. C'est ce que me prouve encore votre dernière *Instruction sur les états d'oraison* contre la secte du quiétisme. M. l'abbé a eu la bonté de me la donner; et quoique la multitude de mes occupations ne m'ait pas permis de la lire en entier, je ne laisse pas de juger par les deux premiers livres de ce que doit être le reste de l'ouvrage. La piété et l'érudition y brillent à l'envi, et le rendent tout à fait digne de vos lumières et de votre vertu. Que je désirerois pouvoir vous exprimer de vive voix les sentimens de la haute estime que je vous ai vouée, et combien j'honore votre mérite! M. l'abbé pourra vous en rendre témoignage. J'ai eu l'honneur de le conduire hier dans ma voiture pour jouir de sa conversation; et j'ai admiré les grands talens et la vertu de ce digne neveu, fidèle imitateur du grand prélat auquel il a le bonheur d'appartenir. Agréez l'hommage du respectueux attachement que je vous réitère du plus profond de mon cœur : honorez-moi de le croire, et disposez sans réserve de celui qui a l'honneur d'être, etc.

LETTRE CXLII.

BOSSUET A M. DE RANCÉ.

A Germigny, le 22 août 1697.

Monsieur l'abbé Berrier me donne la joie, Monsieur, de m'apprendre que votre santé se soutient, et que votre vivacité pour la saine doctrine ne diminue pas. On a bien politiqué sur vos lettres : mais après tout, qui peut trouver à redire que vous ayez écrit votre sentiment à un ami ? Ce seroit en tout cas à moi qu'il se faudroit prendre du cours qu'ont eu vos deux lettres. Mais je n'ai jamais eu le dessein de les divulguer ; et après tout, c'est l'effet d'une particulière permission de Dieu. Oui, Dieu vouloit que vous parlassiez. Peut-être veut-il encore que vous souteniez votre sentiment de raisons. Faites-le, Monsieur, si Dieu vous en donne le mouvement, et envoyez-moi votre écrit. J'en ferai l'usage que Dieu veut, et je ne cacherai pas la lumière sous le boisseau. Si une lettre de M. de Cambray, qui a couru dans le monde sur sa retraite, vient à vous, vous y sentirez sans doute, aussi bien que moi, un très-mauvais caractère ; mais Dieu y mettra la main, et j'espère qu'à cette occasion la fausse spiritualité sera découverte. Je suis à vous, Monsieur, de tout mon cœur.

Rien ne m'empêchera, s'il plaît à Dieu, de vous aller voir que la conjoncture des affaires. Si j'ai huit jours de libre, je ne manquerai pas d'en profiter et je l'espère.

LETTRE CXLIII.

L'ABBÉ BERRIER A M. DE RANCÉ.

A Torci, ce 23 août 1697.

Voici, Monsieur, une lettre de M. l'évêque de Meaux : je crois qu'il vous parle des affaires présentes. Je lui ai dit ce que M. Boileau m'avoit engagé de vous dire ; sur quoi il m'a répondu que depuis la lettre que M. de Cambray a donnée au public sous le nom d'un ami, il n'y avoit plus guère de ménagemens à garder, et que depuis cette lettre il changeoit de manière de parler. La voici avec une réponse qui y a été faite : M. de Meaux vous prie de ne point donner copie de cette dernière, ni en dire l'auteur. L'opiniâtreté est aussi grande qu'elle peut être de la part de M. de Cambray. Non-seulement M. l'archevêque de Paris n'y a rien gagné, ni M. l'évêque de Chartres, ni plusieurs qui s'en sont mêlés ; mais il persiste avec hauteur dans son sentiment, quoique M. le nonce lui ait dit que s'il ne satisfait pas les évêques de France, très-certainement il sera condamné à Rome. M. de Paris doit écrire sur cette affaire, et M. de Meaux attend ce qu'il aura donné au public, pour faire imprimer le Mémoire qu'il a fait donner à M. de Cambray sur cette affaire, dans lequel il relève quarante-huit propositions toutes hérétiques, erronées ou tendantes à hérésie, qu'il a extraites du livre de cet archevêque.

Pour ce qui vous regarde, c'est M. le nonce qui a envoyé vos lettres au Pape, et elles sont publiques à Rome comme à Paris. On a voulu dire en grande assemblée et en présence de M. de Meaux, que c'étoit M. Maisne qui en avoit donné copie : il l'a justifié en disant que c'étoit si peu lui, que sur le bruit de ces lettres vous lui en aviez demandé une copie, et qu'ainsi on ne pouvoit vous accuser en rien. Ensuite il dit à ces prélats, M. de Bayeux en étoit un, que puisque M. de Cambray vantoit tant les expériences comme nécessaires pour juger sur les états d'oraison, on ne pouvoit rejeter votre sentiment; vous qui outre une science profonde avez l'expérience de tant de saints que vous avez conduits pendant plus de trente années. Je crois qu'il vous mande qu'il approuve fort que vous écriviez sur cette matière : mais il m'a dit de vous mander de lui montrer ce que vous aurez écrit avant de le faire voir, parce qu'il y a des faits que vous ne pouvez bien savoir par le public, sur lesquels il vous avertiroit. Il fera ce qu'il pourra pour vous aller voir; ce qui me paroît incertain, parce qu'il ne veut pas s'écarter à cause du mouvement présent où sont les choses. Quand j'aurai l'honneur de vous voir, je vous dirai le reste des autres circonstances de cette affaire. M. de Cambray n'a pas un évêque qui soit déclaré pour lui; mais le parti est fort dans les autres états, soit à la Cour, soit à la ville : c'est ce public qu'il faut à présent détromper.

Je vais chez M. l'archevêque de Paris : si j'apprends quelque chose de plus sur cette affaire, je l'ajouterai à cette lettre avant que de l'envoyer à la poste. Je suis avec tout l'attachement possible, et en quoi que ce soit, Monsieur, plus à vous que personne du monde.

L'abbé Berrier.

Ce 24.

Je ne vis hier M. l'archevêque de Paris qu'un moment : j'arrivai à Conflans comme il alloit monter en carrosse, pour aller à Paris y chanter le *Te Deum* pour la prise de Barcelone; mais je fus quelque temps avec M. l'abbé de Beaufort, qui fut présent à toutes les conférences de M. l'archevêque de Paris avec M. de Cambray. Il me dit que celui-ci en avoit très-mal usé avec M. de Paris, pour ne pas dire qu'il l'avoit maltraité; que le parti étoit fort; que l'Université de Louvain étoit divisée; qu'il y avoit des évêques en France qui n'osoient parler, mais qui dans le fond étoient pour M. de Cambray; enfin j'ai bien vu que l'on se repent presque de la condescendance que l'on a eue pour lui, ne s'étant servi de ce temps que pour grossir son parti. M. l'archevêque de Paris est resté enfermé à Conflans toute cette semaine, et je crois que ç'a été pour écrire sur cette affaire, dont à présent on va presser le jugement à Rome. Je lui ai dit une partie de ce que vous m'avez dit, lorsque j'ai eu l'honneur de vous voir. Vos sentimens plaisent à tous les gens de bien, et d'autant plus aux prélats, que M. de Cambray objectant toujours les expériences, on lui objecte les vôtres, sans doute plus exactes aussi bien que plus élevées que les siennes, soit par rapport à vous, soit par rapport au grand nombre de saints religieux que vous conduisez depuis si longtemps. Ainsi ce que vous écrirez leur fera un aussi grand plaisir qu'il sera de grand poids.

LETTRE CXLIV.

BOSSUET A SON NEVEU (a),

A Juilly, ce 26 août 1697.

J'ai reçu votre lettre du 26 juillet. Je vous envoie ce que je vous avois promis par l'ordinaire précédent. Il a fallu joindre cet éclaircissement (*b*) et cette confirmation à notre *Déclaration*, qui

---

(*a*) Revue et complétée sur l'original. — (*b*) C'est-à-dire le *Summa doctrinæ* et la *Lettre d'un Docteur*.

devoit être plus sommaire; et y ajouter ce qui regardoit l'état où M. de Cambray vouloit mettre la question, et quelque chose en général sur ses explications que nous avons entre les mains, mais auxquelles nous ne savons pas s'il se veut tenir.

Je ne laisserai pas à tout hasard de vous envoyer quelques remarques (a) dessus, pour vous seulement et pour vous en servir dans le besoin.

La pièce latine est fort importante. Remarquez bien qu'une des illusions qu'on veut faire à la vérité, c'est de tourner cette question en pure question d'école; et c'est pourquoi je m'attache, comme vous verrez, à démêler ce qui est d'opinion dont on dispute, et ce qui est de la foi où l'on est d'accord. Rendez-vous attentifs à ce point qui est capital dans cette affaire, vous et M. Phelippeaux.

Il importe aussi beaucoup de bien établir que quand les explications, ce qui n'est pas, seroient bonnes en elles-mêmes, c'est le livre qui fait le mal, et c'est le livre qu'il faut juger.

J'ajoute au *Mémoire* latin un *Mémoire* françois (b) sur saint François de Sales, parce que l'opinion qu'on auroit que ce saint seroit impliqué dans cette cause retiendroit avec raison; au lieu qu'en voyant que M. de Cambray en abuse jusqu'à l'excès, ce que ce *Mémoire* fait paroître, cela donne de la confiance et même une juste indignation.

Au surplus je joins encore une lettre qu'on publie sous le nom de M. l'abbé de Chanterac (c), parent et grand-vicaire de M. de Cambray. Cette lettre, avec celle de M. de Cambray que vous devez avoir reçue, fait connoître le caractère de ces esprits. Observez principalement, après les grandes louanges où l'on fait paroître M. de Cambray comme un saint et comme un esprit au-dessus des autres, de quelle sorte on conclut et comme on affecte de parler de lui comme les apôtres ont fait de Notre-Seigneur.

(a) Ces remarques, faites d'abord pour l'abbé Bossuet, furent refondues par l'auteur et publiées sous ce titre : *Les passages éclaircis*, ou réponse au *livre intitulé : Les principales propositions du livre des Maximes des Saints, justifiées par des expressions plus fortes des saints auteurs*. Dans cette édition, vol. XX, p. 371 et suiv.
— (b) *Troisième écrit ou mémoire de M. l'évêque de Meaux sur les passages de saint François de Sales*. Voir vol. XIX, p. 391 et suiv. — (c) Cette lettre étoit adressée à Madame de Ponthac Bossuet en parle dans son *second écrit*, n. XXIII. Voir vol. XIX, p. 389.

On se servira peut-être de tout cela pour intimider la Cour de Rome; et je sais en particulier que c'est l'esprit de M. le cardinal de Bouillon. Mais il n'y a rien à craindre : le livre ne trouvera ici aucun approbateur : dès le premier air de condamnation, ce prélat demeurera abandonné, et n'osera souffler lui-même. La Cour est ferme pour la vérité, et ne sera point ébranlée.

Il est vrai que les Jésuites remuent beaucoup ici, et remueront sans doute à Rome; mais leur pouvoir est petit. Ils affectent de soutenir des thèses sur le pur amour, qui ne font rien dans le fond, mais qui donnent néanmoins dans la conjoncture un air d'approbation à la doctrine suspecte. On fera ici ce qu'il faudra.

N'oubliez pas, par parenthèse, d'écrire au P. de la Chaise sur la mort de M. le comte de la Chaise son frère, et sur la charge donnée à son neveu avec cent mille écus de retenue; ce que le roi a fait avec toute sorte de démonstration d'estime et de considération pour ce Père. Tenez pour certain qu'il n'en sera pas pour cela plus écouté dans cette affaire.

Pour entrer un peu dans le fond de ce qu'on peut faire, Rome peut prononcer ou par une condamnation générale du livre ou en qualifiant des propositions, soit en particulier comme on a fait dans l'affaire de Jansénius, ou par un *respective* comme dans la bulle d'Innocent XI contre Molinos : et cela ou par un décret de l'inquisition ou par bulle qu'on nous pourroit adresser ici, comme dans la même affaire de Jansénius.

Cette dernière procédure seroit en ce pays-ci la plus authentique par les raisons que vous savez; mais ce sera aussi celle où la Cour de Rome aura plus de peine à entrer par sa prudence. Ainsi je crois qu'il faut tendre d'abord à une condamnation générale du livre et de la doctrine qu'il contient; ce qui ne doit point paroître difficile, y ayant tant de propositions manifestement condamnables comme contraires à la foi. Ce premier pas en pourra attirer d'autres successivement, selon l'occurrence.

A toutes fins je vous enverrai par l'ordinaire prochain, des qualifications précises sur les propositions marquées dans le dernier écrit : ce sera pour vous seul et pour les intimes confidens selon l'occurrence.

Attentif à tout, jusqu'aux moindres choses : tout est de conséquence en ces matières : c'est là votre principale fonction. Il n'est plus question de ménager autrement M. de Cambray qu'en n'en parlant qu'autant qu'il sera nécessaire.

Vous aurez, en voyant M. le cardinal Spada, à lui expliquer les motifs des deux écrits que vous lui rendrez pour les mettre aux pieds du Pape, et à me préparer une favorable attention sur tout ce que je pourrai envoyer par rapport aux dispositions de deçà.

Insinuez à qui et quand vous le jugerez à propos, qu'il sera utile de deçà pour y préparer la voie à la décision, de faire paroître des écrits forts, où l'on instruise le peuple de l'importance de la chose, toujours en marquant le respect convenable au saint Siége, et l'attente de son jugement. Surtout il faudra faire voir que ce n'est point une pointille de dispute théologique, mais d'une erreur qui iroit, comme celle de Molinos, qui n'y est que déguisée, à la subversion du culte.

Vous n'avez rien à faire avec M. l'abbé de Chanterac, que d'user de civilité dans la rencontre comme avec un homme de condition, sans faire de votre côté aucune avance, puisqu'il vous est inconnu.

Pour le cardinal Petrucci, c'est un homme qu'on a obligation, et qu'il ne faut ni mépriser ni en faire cas.

Vous serez plus embarrassé avec M. le cardinal de Bouillon : vous pouvez lui faire confidence de certaines choses, et surtout de celles qui doivent nécessairement venir à sa connoissance. Vous lui aurez sans doute déjà fait remarquer que je n'étois pas libre, ni dans la possibilité de lui rien expliquer sur notre *Déclaration*, qui ne dépendoit point de moi seul, et sur laquelle j'avois à recevoir la loi.

Il n'en est pas de même de mes *Écrits* particuliers, sur lesquels vous êtes plus libre : mais agissez toujours en sorte que vous assuriez les affaires préférablement à tout. Vous pouvez croire que je ne fais rien sans la participation de la Cour. Dans la place où se trouve M. l'archevêque de Reims, vous voyez qu'on est obligé à le mettre dans notre concert.

Au surplus, comme c'est ici l'affaire de Dieu, où par sa grace je n'ai en vue que la vérité, c'est une affaire de prière, de confiance et de piété.

Après mon synode, qui sera de jeudi en huit, je retournerai à la Cour : j'irai à Fontainebleau et je ne quitterai plus guère.

Vous pouvez joindre, si vous le trouvez à propos, à la pièce que je vous envoie en minute, une copie plus lisible pour le cardinal Spada. Dans la suite et à propos, vous donnerez des copies à Messieurs les cardinaux Casanate, d'Aguirre, Noris, Colloredo, Albano, Ferrari, Pansiatico, en les assurant de mes respects particuliers. Il faudra, je crois, alors que M. le cardinal de Bouillon soit des premiers : tout est remis à votre prudence. Surtout veillez à nous envoyer les pièces et explications qu'on donnera.

Les Jésuites nous chicanent par leurs thèses sur le pur amour, comme vous entendez. Mais exprès pour brouiller ils en avoient fait une contre le Pape qui disoit tout. On ne veut pas de bruit. Je l'ai empêchée. On empêchera les Jésuites par autres voies.

LETTRE CXLV.

L'ABBÉ DE CHANTERAC A MADAME DE PONTHAC.

Il est vrai, Madame, comme M. de Condom vous l'a dit, que M. l'archevêque de Cambray reçut la nouvelle de l'embrasement de son palais, avec toute la tranquillité qu'une vertu solide et un parfait désintéressement peuvent donner. Il me répondit simplement là-dessus qu'il falloit toujours aimer la volonté de Dieu, et que nous le devions même remercier de ce qu'il avoit fait son bon plaisir. Sa piété est sincère, et je crois qu'on ne peut guère trouver une personne dont le cœur soit plus rempli des vérités de sa religion : il s'en trouveroit encore moins dont l'esprit soit capable de les pénétrer si profondément. Peut-être est-ce la seule cause du grand bruit que son livre a fait à Paris, et qui retentit, me dites-vous, jusqu'à Bordeaux. Il n'est pas donné à tout le monde de connoître les mystères; et Jésus-Christ parloit bien différemment à ses apôtres, et au reste des troupes qui venoient avec plus de zèle pour entendre sa doctrine.

Je ne m'étonnerai point que ce livre ait le même sort que celui des plus grands saints qui ont écrit sur des matières si relevées, si peu à la portée du commun des chrétiens, et si peu à l'usage de beaucoup de savans dont le cœur desséché, comme dit sainte Thérèse, par des études stériles, ne s'ouvre point à la rosée du ciel et ne se laisse point pénétrer à l'onction de Jésus-Christ. Il est vrai, c'est un mal et une trop grande présomption, que tant de gens qui n'ont point de science des saints osent se rendre juges des mystères les plus cachés de la parfaite charité : ce n'est pas moi qui dis qu'ils blasphèment ce qu'ils ignorent.

Les écrits de sainte Thérèse, du bienheureux Jean de la Croix et de saint François de Sales, ont été examinés d'abord qu'ils ont paru avec ce zèle amer qui n'est pas selon la science : il sembloit même que la multitude alloit prévaloir contre eux. Les plus téméraires confondoient nos articles de foi avec les opinions particulières de quelques docteurs scholastiques ; et ceux qui connoissoient trop la religion pour condamner leur doctrine, les accusoient du moins de manquer de prudence. Ils ne faisoient sans doute pas assez d'attention que la plénitude du Saint-Esprit paroît une ivresse aux yeux du monde, et que la folie dont saint Paul tire toute sa gloire est une profonde sagesse devant Dieu.

Il n'est pas possible, Madame, qu'une personne sans prévention puisse dire que ce livre favorise les quiétistes. Je vous assure qu'il les condamne avec plus de sévérité qu'il ne paroît dans la censure de Rome contre les soixante-quatre propositions ; et vous verrez que ce méchant prétexte découvrira bientôt l'injustice et les motifs secrets des premiers auteurs de ce grand éclat.

Les PP. Jésuites jugent bien autrement de ce livre : ils l'approuvent, ils le louent, ils le défendent, et avec eux toutes les personnes d'une piété distinguée. Tous ceux qui l'ont lu en ce pays admirent l'élévation et l'étendue du génie de l'auteur, la beauté et la facilité de ses expressions simples et sublimes, l'évidence, la précision, la solidité de ses maximes et de sa doctrine, jointes à un mépris sincère de tout son esprit naturel, et une docilité d'enfant à l'autorité et aux décisions de l'Eglise.

Voilà, Madame, ce qui a toujours été incompatible avec la

moindre erreur, et qui fera toujours le caractère des saints et des vrais docteurs de l'Eglise. Quoique M. de Cambray dise des choses très-relevées, et que peu de personnes soient capables de le suivre de près dans cette grande élévation, on comprend bien néanmoins qu'il voit plus clair que les autres les vérités de la religion; qu'il les goûte, qu'il les aime, et que c'est le vrai amour de Dieu qui le fait parler de l'abondance de son cœur.

Nous, Madame, qui connoissons la vérité dès le commencement, nous pouvons rendre témoignage de ce que nous avons entendu, de ce que nous avons vu, de ce que nous touchons au doigt; et ce témoignage est sincère, aussi bien que l'assurance que je fais ici à M. de Ponthac et à vous, que je vous honore toujours, à Cambray comme à Bordeaux, avec le même respect.

G. DE CHANTERAC.

LETTRE CXLVI.

BOSSUET A SON NEVEU.

A Germigny, ce 2 septembre 1697.

Je vous ai annoncé la réception de vos lettres par les courriers extraordinaires. J'ai reçu celles du 12 et du 15, et depuis celle du 6 par l'ordinaire.

M. l'archevêque de Cambray, qui avoit retiré sa protestation mise entre les mains de M. le nonce, en a remis une autre sur laquelle je n'en sais pas assez pour vous en mander le détail; mais elle ne change rien dans la disposition des choses. M. le nonce est venu chez moi pour me la montrer : on la donnera au roi, et je la verrai.

On a nouvelle d'Avignon de M. le cardinal de Janson, qui sera le 5 à Paris.

On dit qu'on vendra toutes les charges de la maison de Madame de Bourgogne, et que celle de premier aumônier sera de cent vingt mille livres, que je ne donnerai pas.

Je vous envoie mes qualifications sur les propositions extraites du livre de M. de Cambray : l'usage en est marqué dans la page suivante.

Vous observerez M***, qui est un homme fort ignorant et non moins impertinent. Le discours qu'il a tenu sur les livres de M. de Cambray et les miens, est le même que celui que M. de Cambray répandoit ici pour amuser. On s'en est moqué, et il en faut faire de même.

Les lettres de Rome font connoître qu'on y sait que le roi a écrit au Pape sur M. de Cambray.

Si ce n'étoit jeudi mon synode, je me rendrois à Paris pour y voir M. le cardinale Janson. Je n'y serai que lundi.

Il faut laisser procéder les députés pour l'examen du livre comme ils l'entendront, étant juste qu'ils fassent la loi plutôt que de la recevoir.

Ce qui sera le plus facile, sera une condamnation en général sans rien spécifier; et après cela, une condamnation par un *respectivè*, soit à l'inquisition, soit dans une bulle comme celle de Molinos. Il faut seulement représenter à quelques personnes affidées, qui sachent le dire à propos tant pour le lieu que pour le temps, que comme c'est à la France qu'on veut profiter, il seroit à désirer qu'on fît des choses que la France puisse recevoir directement et sans réserve.

Il faut bien prendre garde de ne faire envisager rien de pénible ou de difficile. De quelque façon qu'on prononce, M. de Cambray demeurera seul de son parti, et n'osera résister.

On croit que ses lettres, dont je vous ai envoyé copie, tendent à faire peur à Rome, et à lui faire craindre de s'engager dans une grande affaire. Prenez le contre-pied et montrez que, quoi qu'on fasse, il n'y a rien à craindre d'un homme qui ne peut rien. Il est regardé dans son diocèse comme un hérétique; et dès qu'on verra quelque chose de Rome, dans Cambray surtout et dans les Pays-Bas, tout sera soulevé contre lui.

Quoique je présume bien qu'on aura peine à entrer dans des qualifications particulières, et qu'on ne jugera pas le démêlé assez important pour demander une bulle, j'envoie cependant mes qualifications (*a*), qui vous serviront en tout cas d'instruction, ainsi qu'à M. Phelippeaux.

(*a*) On n'a point ces qualifications.

La différence d'hérétique et d'erroné ne vous est pas inconnue. Hérétique, est ce qui est contraire expressément, en termes clairs et directement aux décisions de l'Eglise ou à la sainte Ecriture. Pour peu qu'il y ait d'obscurité ou de besoin de raisonner, on s'en tient à la qualification d'erroné, qu'il faut prendre dans le moindre doute plutôt que l'autre, qui demande une évidence absolue. Il y a là bien de l'arbitraire et du goût; mais ce qu'il y a de certain, c'est que l'erroné suffit presque toujours en cette occasion.

LETTRE CXLVII.

L'ABBÉ PHELIPPEAUX A BOSSUET.

A Rome, ce 3 septembre 1697.

J'ai reçu, Monseigneur, votre lettre du 12 août, par laquelle vous me marquez souhaiter que je reste à Rome dans la conjoncture présente : j'en vois assez la nécessité. Il faut se soumettre aux ordres de la Providence; trop heureux si je puis servir à la défense de la vérité, et vous marquer en cette occasion mon attachement inviolable à vos intérêts.

J'ai reçu votre *Déclaration* avec une autre explication, et la lettre françoise de M. de Cambray. J'espère qu'avec ces secours et les autres que vous nous faites espérer, on mettra la vérité dans une telle évidence, qu'elle sera reconnue de tout le monde. J'étudie sérieusement la matière, et je crois que je pourrai dans la suite faire un mémoire, dans lequel je donnerai plus d'étendue aux articles remarqués dans la *Déclaration,* et j'en ferai voir la fausseté par les principes que je tirerai de votre livre. Car il faut nécessairement instruire les examinateurs, et même les cardinaux, dans des choses si métaphysiques et qu'on ne manquera pas d'embrouiller et de déguiser autant qu'on le pourra. Il sera bon de m'envoyer quelque explication sur le trente-troisième Article, où l'on prétendra trouver la même doctrine que dans M. de Cambray; 2° sur l'essence de la charité, pour ne tomber pas dans la question purement scolastique; 3° sur ce qu'il dit qu'il n'exclut pas l'amour et le désir de la félicité comme volonté de Dieu, mais seulement comme bonheur de l'homme; en quoi il s'appuiera sur votre livre. Je sais ce que vous y répondez; mais je crois qu'il faut bien expliquer ces trois choses. Je tâcherai de profiter de vos lumières, et n'épargnerai rien pour faire triompher la vérité. Je ne doute guère du succès, quelque effort qu'on fasse de la part de M. de Cambray.

Je vous ai mandé dans ma dernière, que je ne croyois pas que M.*** fût député de M. de Cambray : je le crois pourtant à présent par les discours qu'il tient; et vous verrez par là quel fond vous devez faire sur des Gascons, quoiqu'ils vous aient de grandes obligations. Il tient le même langage que les Jésuites, entre autres le P. Gentet, François, et pénitencier de Saint-Pierre, qui dit que le livre de M. de Cambray est admirable; qu'il aura la fortune des bons livres, qui sont combattus dans les commencemens, mais qui victorieux dans la suite deviennent immortels dans la postérité : discours que la cabale et la flatterie font dire aux partisans du livre, mais qui se trouveront faux.

Le cardinal de Bouillon est toujours indisposé. On lui a fortement remontré que le livre de M. de Cambray ne valoit rien, et qu'il ne devoit pas se mêler pour son honneur de cette affaire, et on m'a assuré que ces discours avoient bien ralenti son ardeur.

Il vient ici plusieurs jésuites de Flandre, entre autres le confesseur de l'archevêque de Malines, et un autre, pour défendre Papebrock, dont on examine quelques œuvres, qui selon la relation des examinateurs pourront bien être condamnées.

Je doute fort que le livre du P. Dez passe. J'en ai demandé des nouvelles à une personne qui pouvoit m'en dire sûrement, et elle m'a répondu : *E un libraccio, l'autore è temerario e ignorantone.* Il dit que sous prétexte d'attaquer Baïus, il renouvelle toutes les querelles de Jansénius, et traite un peu mal saint Augustin. Ces Pères ne peuvent pas agir ici par autorité : bien des gens leur sont opposés; cela les déconcerte.

Je vous ai envoyé le nom des examinateurs du livre de M. de Cambray. On n'a point de nouvelle de l'arrivée de son grand-vicaire : on l'attend pour avoir les Mémoires qu'il doit communiquer. Je vois que l'affaire tirera en longueur, et nous voilà restés à Rome, du moins pour tout l'hiver, où nous n'aurons pas grand contentement du nouveau ministère. On parle même de s'en retourner en France au printemps, si l'indisposition continue : c'est la meilleure chose qu'on pourroit faire. Je suis avec un profond respect, Monseigneur, votre très-humble et obéissant serviteur.

PHELIPPEAUX.

LETTRE CXLVIII.

L'ABBÉ BOSSUET A SON ONCLE.

Rome, ce 3 septembre 1697.

Sa Sainteté a reçu par M. le nonce la *Déclaration des trois évêques*, et en fait faire des copies pour les cardinaux du saint Office. M. le cardinal Casanate me le dit hier : il m'ajouta que le Pape avoit été très-touché de la lettre du roi à ce sujet; que Sa Sainteté l'a reçue comme une des plus grandes marques de la religion, de la piété du roi, de son respect pour sa personne et pour le saint Siége. Cette lettre a produit d'abord tout le bon effet qu'on en pouvoit attendre : elle a avancé l'examen de l'affaire de plus de six mois. Vous savez quels sont les sept examinateurs nommés. Le pape leur a parlé à tous, leur recommandant de ne rien faire et de ne rien dire qui pût les rendre suspects : il les a exhortés à la diligence, leur déclarant qu'il vouloit juger cette affaire *ex cathedrâ*, c'est son expression; et répondre aux bonnes intentions et au zèle de Sa Majesté. On ne se contentera pas de condamner le livre en général, si on le trouve condamnable : on condamnera les propositions particulières qu'on extraira.

La *Déclaration des trois évêques* éclaircira beaucoup cette matière, fort obscure par elle-même et encore plus embrouillée dans le livre dont il est question. C'étoit ce qui faisoit le plus de peine aux cardinaux et aux examinateurs; mais on y a bien pourvu. Cette *Déclaration* est nette, précise et courte : elle donne l'idée du livre, en découvre le venin caché, par cette suite de propositions qui font voir tout l'esprit du livre; et elle produira un très-bon effet et accourcira la matière.

Je ne puis assez m'étonner de l'opiniâtreté et, si je l'ose dire, de l'endurcissement de M. de Cambray, à qui on a tout communiqué. Sa lettre du 3 août (*a*) marque bien son attachement à cette doctrine. Elle est publique ici : on la fait traduire en italien pour la distribuer au saint Office. On la regarde comme une pièce très-remarquable : on voit son but, les apologies et les excuses qu'il se prépare; on aperçoit surtout que le silence auquel il se dispose en cas de malheur, sera comme son dernier refuge. Je ne crois pas que l'air plaintif et opprimé qu'il veut se donner lui serve de rien; car on sait déjà ici les ménagemens qu'on a eus pour lui en toute façon, avec quelle douceur et quelle charité on l'a traité. Le cardinal Casanate m'a assuré qu'on approuvoit fort que le roi ne lui ait pas permis de venir à Rome. On attend les personnes instruites qu'il envoie pour travailler à sa justification : il faut compter que ses amis ne s'oublient point.

On veut ici, je dis toute la Cour, que les Jésuites soutiennent sous main ce livre : j'ai bien de la peine à me le persuader, parce qu'ils voient à présent à découvert qu'ils n'auroient pas tout l'honneur imaginable dans le succès, et qu'ils ne seroient approuvés ni soutenus de personne. On doit décider bientôt leur grande affaire de l'idolâtrie, qu'on les accuse de permettre aux nouveaux chrétiens de la Chine. Le saint Office leur a donné jusqu'au 17 de ce mois, pour répondre aux accusations de tous les autres missionnaires du monde : on passera outre, s'ils ne donnent pas leur réponse dans ce terme; jusqu'à cette heure ils ont gardé le silence.

M. de Cambray ne sauroit éviter la condamnation; mais il y aura bien des tortillemens et des chicanes : aussitôt que le grand-vicaire sera arrivé, il aura un espion, et nous serons instruits. Le cardinal Petrucci court ici chez les moines, pour leur donner une grande idée de M. de Cambray : c'est un bavard qui ne sait rien et un emporté. Vous ne sauriez croire combien il est important que le nonce continue à bien faire.

(*a*) Au duc de Beauvilliers, donnée plus haut.

LETTRE CXLIX.

BOSSUET A M. DE LA BROUE (a).

A Germigny, ce 3 septembre 1697.

J'ai reçu votre lettre, Monseigneur, du 23 d'août. Je ne puis vous rien dire de nouveau, n'ayant encore rien appris du côté de Rome depuis l'exécution des choses dont vous avez su le projet. M. de Cambray est chez lui, et il passe pour constant que c'est par ordre du roi. Je ne sais ce qui arrivera de changement du côté de la maison des princes. Il n'a pas tenu à mon témoignage que l'état de M. l'abbé de Catelan ne fût assuré, et en effet je ne vois aucune raison d'y craindre aucun changement.

Il ne s'agit point du tout d'avoir recours au saint Office, dont il n'est fait mention dans aucun acte. C'est M. de Cambray lui-même qui a porté l'affaire à Rome sans désigner à quel tribunal. Pour nous, nous ne nous rendons ni dénonciateurs ni accusateurs : et nous parlons comme témoins et comme appelés en garantie par M. de Cambray. Je n'ai point eu de loisir pour m'appliquer à d'autres affaires qu'à celle-là, depuis qu'elle est entamée. On va commencer à donner les éclaircissemens nécessaires, dont l'un sera le livre que vous avez vu, concernant la même matière. Pour l'autre dont vous souhaitez que je traite au plus tôt, il en faut laisser venir les occasions, qui ne semblent pas éloignées. Du reste je suis, Monseigneur, comme vous savez, avec tout le respect possible, etc.

J'ai reçu de gros paquets de M. de Saint-Pons sur la nouvelle rupture avec les Récollets : il m'écrit aussi sur la matière du temps, et me parle de conciliations que je n'entends pas, sur les divers sentimens, quoique opposés.

(a) Revue sur l'original

LETTRE CL.

BOSSUET A SON NEVEU.

A Paris, 9 septembre 1697.

J'arrive de Dammartin où j'ai passé le 8 tout entier, et ne sais aucune nouvelle depuis samedi à Meaux. J'y reçus votre lettre du 20 août, où vous m'annonciez vos lettres du 15 par le courrier de M. de Torci, et une du 17 par M. de Barrière. J'ai reçu la première, mais non la seconde : ce qui m'a causé un grand embarras, parce que je n'y ai rien entendu.

Le mal est qu'on sera longtemps sans s'entendre. Remédiez-y le plus tôt que vous pourrez. Je devinerai le mieux qu'il sera possible. Je trouve toutes les lettres du mois d'août du 3, du 6, du 12, du 15, du 20. Celle du 17 est éclipsée seule. J'apprens à ce moment par mon frère qui rentre, que M. le cardinal de Janson est arrivé. Qu'un abbé qui étoit avec lui, lui avoit dit que C..... n'alloit point à F..... mais à quelque chose de moins. Ce ne seroit rien. Tout dépendra de savoir si M. de Barrière est arrivé. Je ne sais si c'est l'abbé de Barrière ; quoi qu'il en soit, il faudra attendre.

Depuis ma lettre écrite, j'ai su de M. de Reims que l'abbé de Barrière étoit arrivé avant-hier et en même temps que M. le cardinal de Janson. Ainsi nous avons le paquet. Demain la cérémonie se fera et l'abbé de Barrière reviendra coucher chez M. le duc de Coislin. M. le cardinal de Janson a dit de vous et de la considération où vous étiez à Rome. tout ce qui se peut d'avantageux. à M. de Reims.

LETTRE CLI.

BOSSUET A SON NEVEU (a).

A Paris, ce 16 septembre 1697.

J'ai reçu votre lettre du 27 août. On a nouvelle que M. l'abbé de Chanterac est parti de Toulon : nous aurons besoin d'être instruits de ses démarches : surtout des explications qu'il pourroit porter. J'ai répondu à ce que j'ai pu prévoir : si vous pouvez les avoir, il faudra me les envoyer aussitôt; je donnerai toutes sortes d'éclaircissemens. Il tâchera d'embrouiller, et c'est tout. Sa lettre, dont je vous ai envoyé copie, fera connoître le caractère de son esprit, qu'on dit assez de même genre que celui de M. de Cambray, sinon qu'il est moins aigu et aussi plus solide. Vous voyez comme il est livré.

Voilà encore une lettre qu'on répand (b). M. de Cambray répand par là ce qu'il a déjà dit à tout le monde, qu'on étoit d'accord dans le fond; ce qui n'est pas vrai. Vous aurez vu dans les écrits précédens ce qu'on pense des explications.

Le roi a été bien aise de voir la diligence qu'on fait à Rome, et le caractère des examinateurs que vous marquez.

Tout le monde à Rome qui a ici correspondance, écrit en conormité.

On vous envoie la *Déclaration* imprimée. On l'a fait imprimer, pour dissiper les faux bruits que M. de Cambray faisoit semer, qu'on n'avoit rien pu trouver à reprendre dans son livre; et aussi afin qu'elle vînt plus facilement entre les mains des cardinaux et des examinateurs. On s'est dépêché de vous l'envoyer, avant qu'on eût fait les dernières corrections : vous en aurez des exemplaires corrects au premier ordinaire. Remarquez que dans l'exemplaire manuscrit que nous avons signé pour Sa Sainteté,

---

(a) Revue et complétée sur l'original — (b) M. de Cambray écrivit cette seconde lettre, pour adoucir ce qu'il avoit dit de trop dur dans celle à M. le duc de Beauvilliers. Nous ne rapporterons pas ici cette seconde lettre, parce qu'elle est trop longue, et que d'ailleurs l'auteur ne fait que répéter avec de nouveaux faits ce qu'il avoit dit dans la première. (*Les premiers édit.*)

on avoit laissé des fautes, même assez considérables, surtout pour les citations, par le peu d'exactitude des correcteurs : on s'en étoit chargé à l'archevêché.

Les lettres de Cambray portent que M. l'archevêque y fait bonne mine, et qu'on croit qu'il y fera une ordonnance explicative, mais secrète. Si elle est publique, nous l'aurons. Tout n'est que finesse, artifice et embrouillement.

La cabale est puissante, mais le livre trouve toujours peu d'approbateurs.

M. de Paris donnera une instruction, comme je vous l'ai mandé.

Nous vous envoyons encore six exemplaires de mon Livre, par l'ordinaire qui part.

M. le cardinal de Bouillon s'est excusé sur son indisposition et a peu écrit au roi.

On vous mandera d'ailleurs les nouvelles.

M. le cardinal de Janson dit ici mille biens de vous; il parle aussi très-bien de M. Phelippeaux : il doit vous écrire à tous deux. M. le cardinal de Janson a écrit à quelques-uns des députés. Il m'a dit qu'il falloit laisser quelqu'un à Rome, pour observer M. le cardinal de Bouillon et le tenir en bride. M. le cardinal de Janson et M. le cardinal d'Estrées parlent du cardinal de Bouillon. On sait que les Jésuites sont pour M. de Cambray.

Le roi dit hier en pleine table que le parti de M. le prince de Cont se fortifioit et réussissoit tous les jours. On espère beaucoup de la présence de ce prince. Le vent lui a été assez favorable. On ne le laissera manquer de rien.

Je vous prie de faire bien mes complimens à M. l'abbé d'Auvergne.

M. le cardinal de Janson dit que vous et M. Phelippeaux, vous pourrez vous servir utilement de M. Charlas (a), à qui le cardinal Albane et le cardinal Casanate se fient. J'ai fait parler le cardinal

---

(a) Antoine Charlas, de la ville de Conserans, étoit supérieur du séminaire de Pamiers, sous M. Caulet. Après la mort de ce prélat, les violences qu'on exerça dans le diocèse, à l'occasion de la Régale, l'obligèrent de sortir de France et de se réfugier à Rome, où il composa son livre *de Libertatibus Ecclesiæ Gallicanæ*, que Bossuet réfute si souvent dans sa *Défense de la Déclaration*.

de Janson, sur ce que le premier vous dit sur mon compte : il a paru ne rien savoir de tout cela ; ni rien du tout par rapport à moi, qu'en général l'estime du Pape. M. l'abbé de Barrière m'a vu, et n'a rien dit davantage ; on ne soupçonne rien.

On dit ici que M. le cardinal Albane est fort ami de M. le cardinal de Bouillon. Je suis fâché de l'indisposition de cette Eminence : il faut espérer que ce ne sera rien.

Nous nous portons tous à merveille, Dieu merci. Le roi part jeudi pour Fontainebleau. Je suivrai bientôt. Je revins samedi de Marly, où il ne se fit rien pour les charges de la maison de la princesse. Je retourne demain à Versailles.

M. de Cambray continue à semer partout, que c'est moi seul qui remue la cabale qui est contre lui. Il m'a cru le meilleur de ses amis, quand il m'a prié de le sacrer, et qu'il a remis tant de fois sa doctrine entre mes mains. Toute la cabale a été de le retirer de l'entêtement de Madame Guyon, à quoi j'ai travaillé de concert avec Madame de Maintenon, sa protectrice, à laquelle il doit tout, et à cacher son erreur au roi dans l'espérance qu'il donnoit de se corriger. Le roi a bien su me reprocher que j'étois cause, en lui taisant un si grand mal, qu'il étoit archevêque de Cambray : voilà tout mon crime à son égard et toute ma cabale. Cependant il m'a mis seul à la tête de sa protestation à M. le nonce, et il a supprimé M. de Paris, avec lequel il m'avoit mis la première fois. Le reste de sa protestation n'a rien de fort remarquable, de ma connoissance.

LETTRE CLII.

BOSSUET AU CARDINAL D'AGUIRRE.

A Versailles, ce 16 septembre 1697.

La lettre de Votre Eminence m'a donné beaucoup de joie. Je suis ravi de l'approbation dont elle honore ce qu'elle a vu de mon Livre ; j'espère que la suite lui paroîtra encore plus importante. Il est, Monseigneur, de la dernière conséquence qu'on donne le dernier coup au quiétisme, qui avec de belles paroles réduit la piété à des choses vaines, la fait consister en phrases, en rabat tous les motifs, et pose des principes d'où l'on tire des conséquences affreuses. Ce qu'il y a de plus à craindre, sont les équivoques, dans lesquelles on déguise et on renferme tout le venin. Je souhaite, Monseigneur, que la santé de Votre Eminence lui permette d'entrer en cette affaire.

Je porte envie à mon neveu de l'honneur qu'il a de vous voir. Si vous étiez venu en France pour y prendre les bains, comme on l'assuroit, nous partions à l'instant, M. de Reims et moi, pour jouir de la présence désirée, et de la candeur, de la piété, du savoir d'un tel ami que Votre Eminence. Je la supplie de tout mon cœur de continuer à mon neveu et à moi la précieuse amitié dont M. le cardinal de Janson me rend un si précieux témoignage. Je suis toujours avec un respect sincère, etc.

LETTRE CLIII.

BOSSUET A M. DE LA BROUE.

A Paris, ce 21 septembre 1697.

Je vous envoie, Monseigneur, la *Déclaration* que nous avons enfin été contraints d'envoyer à Rome, après qu'on a eu perdu toute espérance de ramener M. de Cambray par la douceur. Il est vrai qu'on a nommé sept examinateurs. On ne doute point qu'il ne se prépare des embrouillemens et des chicanes sans fin, dès que M. l'abbé de Chanterac sera arrivé.

On prend les mesures qu'on peut, pour empêcher Rome d'agir par le saint Office. Le Pape a dit qu'il feroit par lui-même. J'ai écrit à l'abbé Bossuet ce qu'il faut, et il sera utile à Rome. Le roi et Madame de Maintenon persistent. Les Jésuites se déclarent beaucoup. On a parlé de divers mouvemens à la Cour. Je puis vous assurer que je tiens pour vous. Je ne vois rien à craindre pour M. l'abbé de Catelan, qui se conduit bien.

Je ne tarderai pas à me rendre à Fontainebleau. Nous savons que M. de Rieux parle en vacillant sur le livre et sur la matière, qu'il paroît ne pas trop bien entendre. Ceux qui ne voient pas le fond prennent ceci pour des pointilles.

LETTRE CLIV.

BOSSUET A SON NEVEU.

A Paris, ce 23 septembre 1697.

J'ai reçu votre lettre du 3 septembre, dont j'ai envoyé en même temps un grand extrait à la Cour. Vous avez vu par mes dernières lettres, que j'ai fait à M. le cardinal de Janson la confidence que vous souhaitiez avec raison (a). Il continue à parler de vous de la manière du monde la plus obligeante, et à laquelle on ne peut rien ajouter.

Je crois que le roi est bien informé de l'état de la santé de M. le cardinal de Bouillon, par lui-même. Je suis fâché pour cette Eminence et pour les affaires du roi que sa santé soit mauvaise : mais je vois que, Dieu merci, le mal est plus incommode que dangereux. Il a mandé au roi que le livre de M. de Cambray n'éviteroit pas la condamnation.

M. de Paris fera paroître bientôt une instruction pour prémunir contre l'erreur, en attendant le jugement de Rome. On imprime actuellement l'écrit intitulé *Summa doctrinæ*; à quoi je joindrai une courte résolution des trois questions que M. de Cambray m'a faites, et de deux autres.

Nous dînâmes hier chez M. le nonce : il fit un repas magnifique aux trois cardinaux, à M. de Reims, à M. de Metz et à moi. Rien n'égale la splendeur et l'honnèteté avec laquelle il vit ici, ni la considération où il est à la Cour et dans toute la prélature. Il me fit voir une lettre de M. le cardinal Spada, qui lui mandoit d'envoyer sept exemplaires de mon Livre, en spécifiant les additions, et sept de celui de M. de Cambray; c'est pour les sept examinateurs. J'ai donné ordre à Anisson de porter les sept derniers à M. le nonce dès aujourd'hui sans parler de moi. Pour les miens, vous les pourrez fournir, moyennant les six

(a) Du séjour de l'abbé Bossuet à Rome.

que je mis encore à la poste par le dernier ordinaire, et quatre que j'enverrai par le prochain.

M. de Paris a reçu un bref fort honnête. Le Pape lui a fait dire par M. le nonce, qu'il accorderoit des pensions aux curés infirmes de son diocèse par forme d'aliment à certaines conditions. J'en demanderai autant; mais je réserve d'en parler aussi bien que de votre indult, jusqu'au temps où je verrai M. le nonce à Fontainebleau : il est toujours bien disposé. Si la lettre du roi au Pape se divulgue, envoyez-la-nous : quoique nous en sachions le contenu, la propre teneur est bonne à garder (a).

J'ai oublié de vous dire sur le livre de M. de Cambray, que visiblement son dessein est de défendre indirectement Madame Guyon, et de se mettre à couvert en faisant voir que le refus de la condamner n'empêche pas qu'il n'enseigne une bonne doctrine. On ne croit pas que ce livre lui fasse beaucoup d'honneur, n'étant élevé qu'en paroles et en phrases, comme j'ai dit. Nous n'avons sur ce point qu'à ne dire mot. On ne parlera que trop pour nous, et le livre tombera de lui-même.

LETTRE CLV.

L'ABBÉ BOSSUET A SON ONCLE (b).

A Rome, ce 27 septembre 1697.

Je ne vous écrivis pas l'ordinaire dernier, le mardi, à cause de l'extraordinaire qui devoit partir hier, aujourd'hui et tous les jours; mais M. le cardinal de Bouillon l'a retardé, et on ne sait plus quand il part. Comme il pourroit le faire partir dès demain tout à coup, je commence à vous écrire aujourd'hui, ayant bien des choses à vous écrire.

J'ai reçu la semaine passée votre lettre de Germigny, du 2 septembre, avec les qualifications, dont nous ferons l'usage qu'il faut : elles sont très-précises et très-nécessaires. J'ai reçu hier

---

(a) Les défenseurs de Fénelon ont toujours soutenu que Bossuet étoit l'aute de cette lettre : on voit qu'ils cherchent à tromper leurs lecteurs. — (b) Corrigée sur l'original.

votre lettre de Paris du 9 septembre : vous aurez reçu dans le même temps la lettre par M. de Barrière, et par conséquent le dénouement à ma lettre du 20, que vous n'entendiez pas, qui est pourtant très-importante, et les suivantes, pour connoître ce pays-ci. Tout chemine et cheminera suivant l'idée que je vous donne : et le cardinal de Bouillon et les Jésuites sont toujours les mêmes assurément.

L'abbé de Chanterac commence à paroître : il a vu le cardinal de Bouillon, l'abbé de la Trémouille, le général des Dominicains, le P. Estiennot, et plusieurs fois le cardinal Spada : il a eu audience du Pape. Il n'a encore rien donné. Le Pape et le cardinal Spada souhaiteroient fort qu'il eût apporté des exemplaires du livre de M. de Cambray, pour les mettre entre les mains des examinateurs, qui n'en ont que deux en tout. Son but est de retarder tant qu'il pourra, croyant que qui a temps a vie, surtout en ce pays qu'il arrive tant de changemens tout à coup : c'est la vue du cardinal de Bouillon; j'en juge très-sûrement par ses discours.

On m'a assuré que M. de Chanterac n'apportoit pas de traduction latine : je m'en suis toujours bien douté, parce que cela abrégeroit la matière, si la traduction étoit conforme à l'original ; et si elle ne l'étoit pas, ce seroit sa condamnation par lui-même. Quand Messieurs les cardinaux m'ont parlé de cette traduction, je leur ai parlé en ce sens ; et ils verront, si M. de Cambray n'a pas fait de traduction, le dessein et la mauvaise foi de l'auteur, qui n'avoit promis cette traduction que pour amuser. Cela bien relevé fera son effet : j'ai déjà dit fortement ce que j'en pensois au cardinal Spada et à Monseigneur Cenci, maître de chambre de Sa Sainteté, qui m'honore de son amitié particulière. Cela peut aller plus loin, d'autant plus que le Pape attendoit cette traduction avec empressement. On parle seulement d'une tradition prétendue depuis saint Thomas, dit-on, jusqu'à cette heure. On n'a encore rien reçu, le cardinal Casanate m'en a assuré.

On sait, à n'en pouvoir douter, que les Jésuites sont le conseil de M. l'abbé de Chanterac : il y passe très-souvent trois ou quatre heures du jour et de la nuit.

M. de Chanterac répand ici que M. de Cambray n'a jamais eu

aucune liaison particulière avec Madame Guyon; que c'est plutôt M. de Meaux qui a été très-content d'elle et de sa conduite, qui lui a donné des témoignages authentiques, et qui l'a reçue aux sacremens, lui permettant même de communier tous les jours. Je sais la vérité de tout cela, et tout ce qui s'est passé, et dirai ce qu'il faut; mais c'est pour vous faire voir la bonne foi avec laquelle on parle et on agit. Le même dit encore que vous n'avez d'abord et pendant six semaines rien trouvé à reprendre au livre de M. de Cambray, et que vous ne vous en êtes avisé que long-temps après : que pour M. de Paris et M. Pirot, ils ont vu et approuvé le livre avant son impression. Pour ce qui vous regarde, j'ai dans vos lettres de ce temps-là la conviction du contraire de cela : et pour M. de Paris et M. Pirot, supposé que ce qu'il dit soit vrai, comme me l'a dit encore M. le cardinal de Bouillon, on voit bien que ce n'est qu'une surprise manifeste de la part de M. de Cambray. Mais d'un autre côté cela même ne montre que trop clairement le venin caché de son livre, qu'ils ont enfin découvert et condamné publiquement; et rend le sort de ce livre tout à fait semblable à celui de Molinos, qui fut approuvé par des évêques et par les principaux religieux de tous les ordres, qui se laissèrent éblouir à l'air de piété de ce livre.

Il ajoute que vous n'avez communiqué à M. de Cambray aucune de vos difficultés : j'ai la preuve contraire en poche par l'écrit que vous lui avez envoyé par les mains de M. de Paris, de Marly le 15 de juillet, dont je fais ici un très-bon usage, et qui met M. de Cambray dans son tort par tous ces endroits. Il parle toujours dans le sens de la lettre de M. de Cambray sur les propositions du livre, dont il souhaite qu'on marque les sens. Mais la réponse à cette lettre fait voir la mauvaise foi de cette vue; et cette lettre ne fait pas ici l'effet que son auteur avoit espéré : j'ose dire qu'elle en fait un tout contraire.

On ne doute pas ici que le P. Dez ne travaille pour la défense du livre; je n'en puis rien assurer. Je sais seulement qu'il m'en parle toujours avec une grande affectation. Le secret du saint Office fait qu'on aura plus de peine à être instruit du particulier: avec cela rien d'essentiel ne nous échappera, s'il plaît à Dieu.

Il faut à présent que je vous parle de M. le cardinal de Bouillon, et de ce qui s'est passé entre lui et moi.

Je vous dirai d'abord qu'il se porte toujours de mieux en mieux, et qu'il commence à se communiquer. Il vint hier ici de Frescati pour la congrégation du saint Office, qui se tient devant le Pape tous les jeudis, et où on devoit parler de l'affaire des missions de la Chine, c'est-à-dire de ces prétendus actes d'idolâtrie dont on accuse les Jésuites. Au retour j'eus l'honneur de le voir; et comme c'étoit l'unique fois que je l'aie vu en état de m'entendre, je le priai de me donner un moment, pour pouvoir exécuter les ordres dont vous m'aviez chargé depuis un mois, de lui faire part sur cette affaire de M. de Cambray. Il me dit qu'il me savoit très-bon gré de ne lui en avoir pas parlé plus tôt, à cause de l'état où il avoit été; qu'il étoit incapable de tout; qu'il me prioit de venir le lendemain qui est aujourd'hui, dîner à Frescati, où nous aurions le temps de parler, et de lire ce que je voudrois lui montrer.

J'ai donc été ce matin à Frescati, et après le dîné nous nous sommes enfermés. Je lui ai dit tous les pas que j'avois faits auprès du cardinal Spada, à qui j'avois remis entre les mains les écrits que vous m'aviez adressés, et dont on devoit déjà avoir fait des copies de l'ordre de Sa Sainteté, pour les distribuer aux examinateurs et aux cardinaux du saint Office. Il m'a dit qu'il ne les avait pas encore vus, mais qu'il croyait pourtant qu'on les lui avoit donnés. Je lui parlai de l'écrit que vous aviez envoyé à M. de Cambray (a), du 15 de juillet : il souhaita de le voir, et je le lui lus. Il n'en fut que trop content, et je le vis étonné : il me dit qu'il n'y avoit rien à ajouter; il m'en a demandé une copie, que je fais faire. Je ne crois pas après cela qu'il croie que M. de Cambray n'a pas été instruit, et que vous lui ayez rien voulu cacher, et que vous n'ayez pas poussé à son égard la charité aussi loin qu'elle pouvoit aller. Il ne m'a pas dit un mot sur le refus obstiné de conférer avec vous.

Il m'a dit que si quelque chose le consoloit d'avoir été incommodé depuis un mois, c'étoit de ne s'être point mêlé jusqu'ici de

---

(a) C'est celui qui est intitulé : *Premier Écrit ou Mémoire de M. l'évêque de Meaux à M. l'archevêque de Cambray*, etc. Voyez vol. XIX, p. 350 et suiv.

cette affaire-là, et de ce qui s'est passé depuis qu'il a présenté la lettre de Sa Majesté; que l'indifférence étoit le parti qu'il vouloit prendre dans tout le cours de cette affaire, et qu'il ne se mêleroit ni pour ni contre. Je ne sais si cette indifférence est bien l'intention du roi; mais enfin voilà ce qu'il m'a fait l'honneur de me dire, croyant bien apparemment que je le dirois. Je lui ai lu la lettre de M. de Chanterac, qu'il a fait semblant de n'avoir pas vue : il l'a trouvée forte et bien écrite; il a eu la bonté d'écouter les réflexions que je prenois la liberté de lui faire avec toute l'ingénuité possible. Je n'ai pas encore pu faire dire à M. le cardinal de Bouillon, que M. de Cambray eût tort.

Au reste j'ai cru ne devoir plus faire de mystère sur mon séjour ici : il m'est revenu de toutes parts qu'on écrivoit de Paris que mon retour étoit retardé pour cela, et j'ai dit à M. le cardinal de Bouillon, à qui j'avois assuré mon départ au mois de septembre, que vous m'aviez mandé de retarder encore quelque temps pour voir le commencement de cette affaire; que néanmoins je n'étois chargé de rien, mais que je ne laisserois pas de m'instruire de tout, et de lui communiquer ce que j'apprendrois sur cette affaire-là. Il me pria de trouver bon qu'il ne me dît rien de ce que M. de Chanterac lui diroit et lui communiqueroit, comme il me promettoit d'en user de même pour ce que je lui pourrois dire. Je l'ai bien assuré que je ne lui demandois le secret en rien, pour ce qui regarde M. de Cambray et M. de Chanterac, ne voulant jamais lui dire rien que je ne puisse dire à M. de Chanterac et à M. de Cambray lui-même, parce que je ne dirois jamais rien que fondé sur la vérité et la bonne foi. Nous nous sommes quittés très-bons amis, et très-satisfaits l'un de l'autre.

Je vois bien que j'embarrasse fort ici le cardinal de Bouillon; mais il faut qu'il prenne patience : car à présent le sort en est jeté; et quelque sincère envie que j'aie pour toute sorte de raisons de retourner, je vois bien la nécessité où je suis de rester.

Le but de M. le cardinal de Bouillon est de tirer en longueur : la seule difficulté sur cette affaire viendra de sa part. S'il agit de bonne foi, dans trois mois l'affaire est finie, et comme il faut; mais il est sûr que non. J'espère en avoir des preuves démonstratives, peut-être dans peu. Je sais la force avec laquelle le roi a écrit ; mais le cardinal de Bouillon ne cherche qu'à le tromper, et veut uniquement son avantage et celui de ses amis.

Je ne comprends pas ce que c'est que les thèses que vous me mandez que les Jésuites ont soutenues pour le Pape.

Je suis très-obligé à M. le cardinal de Janson du bien qu'il dit de moi ; je vous supplie de lui en bien marquer ma reconnoissance.

Par mes dernières lettres vous aurez bien vu qu'on prend ici un autre train que celui que M. le cardinal de Janson s'imaginoit qu'on prendroit. On ne pense pas ici à l'Index ; et le Pape ne veut pas seulement qu'on défende le livre s'il est condamnable, mais qu'on en examine la doctrine pour la condamner comme le roi le souhaite. C'est lui qui l'a dit, et qui en a parlé dans ce sens aux examinateurs : l'assesseur du saint Office m'en a assuré, aussi bien que M. le cardinal Casanate.

LETTRE CLVI.

BOSSUET A SON NEVEU.

A Meaux, ce 29 septembre 1697.

J'ai reçu votre lettre du 10 ; au moins j'ai lu ainsi, quoique le chiffre fût un peu brouillé. Tâchez d'écrire les dates, les chiffres et les noms bien nettement. La lettre de M. Phelippeaux, qui étoit dans le même paquet, étoit du 2.

L'addition du P. Damascène aux examinateurs (*a*) est fâcheuse. Voilà trois examinateurs indisposés contre les François et contre nous, à cause du cardinal Sfondrate : cela paroît ici bien affecté. J'en parlerai à M. le nonce à Fontainebleau, où je serai jeudi. Je coucherai mercredi à la Fortelle.

Nous savons que M. de Cambray envoie son livre en latin avec quelques notes : la question sera principalement de voir si le tout sera bien conforme à l'original.

(*a*) Le P. Damascène, de l'ordre des Mineurs conventuels, étoit l'approbateur du *Nodus prædestinationis dissolutus* du cardinal Sfondrate.

J'enverrai les mémoires nécessaires. Un père Jacobin, nommé le P. Clerc, du couvent du faubourg Saint-Germain, est venu me demander des instructions de la part du P. Massoulié.

J'ai envoyé par M. Anisson quatre exemplaires de la seconde édition de mon livre *sur les états d'oraison*, vingt *Déclarations* latines, vingt *Additions* (a). M. le nonce m'a fait voir dans une lettre de M. le cardinal Spada, qu'on demandoit fort les *Additions*. On y joint un mémoire manuscrit, sur lequel on a fait la *Déclaration*. Il comprend beaucoup plus de choses, les traite bien plus amplement et qualifie : c'est pour cela qu'on ne l'a point fait imprimer. Vous n'aurez aujourd'hui que la première partie, qui consiste en vingt remarques : il y en a encore vingt-trois, qu'on enverra par l'ordinaire prochain. On pourra mettre ces instructions en mains affidées : étudiez-les, vous et M. Phelippeaux, vous y trouverez tout ; mais nous avons voulu nous réduire à ce qui est de plus essentiel. Il est bon qu'il y ait des gens qui voient tout : vous pouvez montrer le mémoire à Granelli (b).

On verra au premier jour une Lettre pastorale de M. de Paris, qui ne se publiera point que nous ne l'ayons vue. Je fais imprimer pour vous, mais non pas divulguer ici, l'écrit latin intitulé *Summa doctrinæ*.

J'attends les nouvelles de l'arrivée de M. de Chanterac : il est fort artificieux.

Je vous prie, vous et M. Phelippeaux, de bien couvrir votre marche, et de concerter tous vos pas : cela est de la dernière conséquence pour les deux Cours et pour tous les spectateurs.

(a) Il s'agit des additions faites par Bossuet à son *Instruction sur les états d'oraison*. Voyez vol. XVIII, p. 654. — (b) L'un des examinateurs.

LETTRE CLVII.

L'ABBÉ BOSSUET A SON ONCLE (a).

Ce lundi, 30 septembre 1697.

Ce que vous me mandez des charges de la maison de Madame la duchesse de Bourgogne, qu'on vendra peut-être, me paroît extraordinaire. J'ai de la peine à le croire, surtout pour ce qui regarde les charges ecclésiastiques, que le roi a un fort grand scrupule de laisser vendre.

Le Pape a eu la goutte ces jours-ci et un peu d'émotion, ou si vous voulez de fièvre. On l'a fait d'abord assez mal, mais ce n'a été rien de dangereux : il se porte mieux, et a aujourd'hui donné audience à M. le cardinal de Bouillon, qui est venu de Frescati exprès. Je ne l'ai point vu : on m'a fait avertir qu'il alloit faire partir son courrier ce soir.

Depuis que je me vois arrêté ici, que j'ai appris le départ de M. le prince de Conti, et qu'il y a apparence que les affaires de Pologne dureront brouillées quelque temps, il m'est venu une pensée, qui est peut-être une chimère, mais que je vais vous proposer, et dont vous ferez tout le cas que vous voudrez.

Quand M. le prince de Conti sera en Pologne, il me paroît qu'il est difficile qu'il se passe en cette Cour, dans les circonstances présentes, d'une personne de confiance qui agisse sous les ordres du ministre du roi ; mais qui néanmoins ait une commission particulière de lui de voir le Pape, les ministres et d'agir, s'il est nécessaire, en son nom. Pendant le séjour que je ferois ici, cette commission me feroit beaucoup d'honneur, et me donneroit une certaine liaison avec les affaires, qui, je vous avoue, non-seulement me feroit plaisir, mais me seroit utile et avantageuse. Vous ne doutez pas que je ne fisse tout de mon mieux pour m'en bien acquitter. Je suis pour M. le prince de Conti, tout porté sur les lieux, d'une manière qui ne lui fera pas déshonneur. Je ne lu demande rien, et ai ici des entrées partout. M. l'électeur a en-

(a) Revue et complétée sur l'original.

voyé ici depuis trois semaines, un gentilhomme à lui, en qualité de son envoyé, et qui fait ici ses affaires. Ce seroit une commission qui ne m'engageroit ici qu'autant que je le voudrois, et que les autres affaires m'y arrêteroient, et qui pourroit toujours m'être avantageuse en tout sens, aussi bien qu'à vous, me donnant occasion de parler au Pape de tout. Faites-y, s'il vous plaît, réflexion : consultez sur cette vue M. le cardinal de Janson et M. de Reims ; et prenez, si cette proposition ne vous déplaît pas, auprès de M. de Pomponne, du roi et de M. le prince de Conti, les mesures que vous jugerez à propos ; ou laissez-la dans le silence, si vous croyez que cela me convienne mieux. C'est M. le cardinal Barberin, dont je vous envoie une lettre et qui ne me veut pas de mal, qui m'a fait donner cette vue : il est ici le **protecteur de Pologne**.

Au reste comme le but de M. de Cambray et de ses amis est de tâcher de faire croire qu'il a des gens savans de son côté en France, ce seroit une chose très-utile et très-nécessaire d'exciter les plus grands évêques et les personnes de piété et connues, de se déclarer contre par des lettres et instructions courtes. Par exemple, M. le cardinal le Camus, M. l'abbé de la Trappe, M. de Mirepoix, M. de Nîmes, et autres qui sont en cet état.

Je compte que cette lettre vous trouvera à Fontainebleau. Je vous prie d'envoyer le paquet inclus à mon père en toute diligence.

J'oublie de vous dire que vendredi il y eut une congrégation extraordinaire des cardinaux du saint Office sur l'affaire des Jésuites de la Chine, et que contre l'attente de tout le monde, et même de Sa Sainteté, on donna un délai aux Jésuites de quatre mois. Ils n'avoient donné aucune réponse aux faits avancés par le procureur général des Missions étrangères, qui poursuit cette affaire ici.

Je finis pour envoyer ma lettre. Le Pape a donné audience dans son lit au cardinal de Bouillon : la goutte lui est descendue au genou et au pied ; du reste il se porte bien. M. le cardinal de Bouillon est reparti pour Frescati : la bonne santé de ce cardinal ne change rien à l'estime et à l'amitié qu'on a pour lui. Il ne veut encore voir personne à la campagne : il est et sera toujours incapable d'un grand travail.

Je vois bien qu'il fera ses efforts pour que le livre soit mis seulement à l'*Index*. Il faut, pour l'empêcher, que le roi en parle à M. le nonce, et en écrive à M. le cardinal de Bouillon comme d'une chose qui ne remédieroit à rien. L'indifférence que cette Eminence témoigne vouloir garder sur le livre, est exprès pour me persuader qu'il n'a pas eu de part à ce qui s'est fait au sujet des examinateurs, ce qui néanmoins est constant.

C'est ce cardinal qui a demandé en grace un délai pour les Jésuites.

Au reste je ne puis m'empêcher de vous faire souvenir du pauvre chevalier de la Grotte (*a*), qui est désespéré et qui mourroit ici de faim sans moi. Vous ne m'avez fait aucune réponse sur son sujet. Je vous ai envoyé il y a longtemps, un reçu de lui de six cents livres pour M. de Malezieu. Je lui donne de l'argent à proportion, mais cela m'incommode fort. Une réponse, s'il vous plaît, et une assurance de M. de Malezieu ; et ayez la bonté d'envoyer ces six cents livres à M. Guérin à Lyon, et de m'en donner avis ; sans quoi je serai obligé de l'abandonner, ne pouvant pas suffire à tout.

LETTRE CLVIII

BOSSUET A SON NEVEU.

A Fontainebleau, ce 7 octobre 1697.

Je n'ai reçu qu'aujourd'hui seulement votre lettre du 17 septembre : le courrier est arrivé tard à Paris, et les lettres ont retardé de deux jours entiers. J'ai fait imprimer l'écrit latin, qui est intitulé *Summa doctrinæ*, pour Rome seulement, et vous l'aurez par l'ordinaire prochain. Vous recevrez peut-être par celui-ci, une *Ordonnance* de M. de Reims contre des thèses que les Jésuites ont soutenues à Reims à la louange de Molina et de sa doctrine. Je n'ai que faire de vous en rien dire ; vous la verrez.

(*a*) C'est le même que le chevalier tartare.

Vous ne me parlez point du tout de M. le cardinal Nerli ; cependant on dit que c'est un personnage.

Je crois vous avoir mandé que M. l'abbé de Chanterac porte la version latine du livre des *Maximes des Saints*, avec des notes. Je suis bien aise de vous voir appliqué à l'ouvrage sans trop de confiance.

Avant mon arrivée ici, le roi avoit parlé à M. le nonce de Damascène, comme d'un surnuméraire suspect, qu'il falloit ôter. On avoit aussi parlé de Gabrieli, feuillant, sans le nommer, parce qu'on n'en savoit pas le nom. J'ai empêché qu'on ne poussât plus loin cette affaire, et je l'ai fait de concert avec M. le nonce, qui paroît toujours bien disposé : nous le tiendrons en bonne humeur.

Vous recevrez deux gros cahiers de remarques sur le livre de M. de Cambray, dont je vous ai déjà écrit. La dernière correction n'y est pas, parce qu'on n'a eu aucune vue de les donner au public, surtout à cause des qualifications; mais des gens instruits s'en pourront servir pour découvrir le venin du livre.

On fait grand bruit à Paris de deux livres envoyés à Rome de la part de M. de Cambray : l'un autorisé par M. de Paris, alors évêque de Châlons, c'est le livre du Frère Laurent, dont je crois que nous avons parlé ; l'autre s'appelle *Les fondemens de la vie spirituelle*, approuvé de moi étant doyen de Metz, où l'on prétend que la nouvelle spiritualité est tout du long ; mais ce n'est rien, et tout le contraire s'y trouve dans l'endroit qu'on m'oppose, chapitre v, que je vous marque à tout hasard, afin que s'il vous tomboit entre les mains vous sussiez ce que c'est.

Continuez à m'instruire ; rien ne tombe à terre. Si la cabale est grande à Rome, comptez qu'il en est de même ici : mais nous avons toujours pour nous le roi et Madame de Maintenon. J'instruirai M. de Paris et M. de Chartres de ce que vous m'apprendrez.

J'approuve tout ce que vous me mandez que vous faites. Portez-vous bien seulement et priez Dieu qu'il vous conduise dans la défense de sa cause.

LETTRE CLIX.

L'ABBÉ BOSSUET A SON ONCLE (a).

A Rome, ce 8 octobre 1697.

Vous aurez été étonné avec raison d'avoir été les deux ordinaires avant celui-ci, sans recevoir de mes nouvelles que peut-être une lettre que j'adressai pour vous à M. Blondel, du premier de ce mois, mais qui en présupposoit une autre du jour de devant, 30 septembre, et qui est le paquet inclus dans celui-ci, dont voici l'histoire en peu de mots.

M. le cardinal de Bouillon tenoit depuis huit jours à chaque moment, ce courrier extraordinaire nommé *Raisin*, en suspens comme devant partir : enfin il se résolut de le faire partir le premier octobre au matin. J'en fus averti sûrement, et en même temps qu'il n'étoit pas trop sûr d'envoyer les lettres, qu'on vouloit faire partir par ce courrier, au secrétaire de M. le cardinal de Bouillon, qui seroit apparemment, me dit-on, aussi curieux que le maître, et qui ne se faisoit pas une affaire d'ouvrir les paquets. A bon entendeur salut. Quand j'eus écrit et fait le paquet que je vous renvoie à présent, je le fis donner par mon valet de chambre au courrier qui promit de s'en charger et de vous le rendre, et en même temps un autre paquet pour M. le cardinal de Janson. M. le cardinal de Bouillon le sut apparemment : ce qui est de certain, c'est que quand le courrier fut parti, cinq ou six heures après un laquais de chez M. le cardinal de Bouillon vint rapporter ce paquet et dire que le courrier l'avoit oublié. Où la malice fut plus grande, c'est qu'on laissa aussi partir le courrier ordinaire, qui partoit cette nuit-là, et que je ne pus envoyer mon paquet, ni par l'extraordinaire, ni par l'ordinaire. J'avoue que cela m'a un peu piqué, sachant à n'en pouvoir douter qu'on n'a pas voulu que le courrier portât mon paquet qui s'adressoit à vous. Pour celui de M. le cardinal de Janson, je suppose qu'il est parti, car on ne me l'a pas renvoyé : je vous prie pourtant de vous en informer.

(a) Revue sur l'original.

Outre ces deux paquets que j'avois fait donner au courrier en main propre, j'adressois encore un paquet à M. Blondel, lequel j'envoyai au secrétaire de M. le cardinal de Bouillon, dans lequel il y avoit une lettre pour vous qui présupposoit la première, une pour M. de Reims et une pour M. le cardinal de Janson. Le secrétaire de M. le cardinal de Bouillon m'a assuré que ce paquet étoit parti dans le sien : je m'en rapporte à sa parole.

Peut-être si vous recevez cette lettre, aurez-vous parlé au courrier, pour savoir ce qu'étoit devenu le paquet que je vous marquois vous avoir envoyé par lui. Enfin le voici : je vous le renvoie sans l'ouvrir, et ne fais qu'ajouter ce que je puis savoir de nouveau. Examinez un peu un des cachets de ce paquet : vous verrez qu'on en a pris l'impression avec de la pâte ou de la cire, pour en faire faire un pareil apparemment. Cela est cause que je cachetterai pour cette fois-ci, avec de la cire d'Espagne et le cachet de M. Phelippeaux, et dorénavant avec du pain ; et au lieu de mon cachet je me servirai de celui de M. Phelippeaux ou d'une tête antique que j'ai, qu'il est difficile de contrefaire. Peut-être aussi me servirai-je de la voie du courrier de Venise de temps en temps : je vous manderai les mesures que j'aurai prises. Je prends la liberté d'adresser ce paquet-ci, sur lequel j'ai raison de croire qu'on a eu quelque dessein, à M. de Reims, et celui de M. de Reims à M. le marquis de Barbesieux : j'en écris un mot à M. de Reims.

Je ne puis m'empêcher de vous dire qu'il me seroit très-commode de pouvoir écrire par les courriers extraordinaires ; ce que je ne puis plus, M. le cardinal de Bouillon voulant que les lettres passent par ses mains : ce que je ne crois pas trop sûr. Cela ne laisseroit pas d'être très-important quelquefois, dans de certaines circonstances, que vous fussiez instruit de la vérité de ce qui se passe ici, aussitôt qu'on le pourroit être, afin d'avoir la réponse prête à ce qu'on pourroit déguiser ou mander de faux. Je ne sais si d'en dire un mot au roi il seroit à propos ou à M. de Torci, ou à M. de Barbesieux, ou à M. Pelletier, afin qu'on avertît les courriers de prendre mes lettres sans les faire passer par ces gens-ci ; ou que quelqu'un de ces ministres trouvât bon qu'on leur adressât les paquets, ou enfin quelque expédient de cette nature, sans pourtant que cela vînt à la connoissance de M. le cardinal de Bouillon, s'il est possible. Au reste les paquets qui vous seront adressés auront toujours le dessus écrit de ma main, et seront cachetés avec du pain, ceux au moins de conséquence, et presque tous. Venons au fait.

M. de Chanterac continue ses discours ordinaires, que je vous ai mandés par ma lettre du 30. Il n'a et n'aura guère de gens qui le croient que ceux qui sont prévenus pour lui, qui sont en très-petit nombre, et les gens ignorans et mal informés. Les Jésuites et M. de Cambray sont toujours les mêmes. On parle publiquement que le P. Dez écrit. Jusqu'ici M. de Chanterac n'a vu que les *frates*, hors le cardinal Spada. Le cardinal Casanate est le même. L'abbé de Chanterac ne cherche qu'à embrouiller. On murmure qu'on veut répandre de l'argent. M. de Chanterac est très-peu de chose, grand parleur et ennuyeux à force de répéter les mêmes choses : ce sont les personnes qu'il voit le plus souvent qui me l'ont dit. Je lui fis l'autre jour des honnêtetés chez M. le cardinal de Bouillon, comme il sortoit et que j'entrois : cela fut court, et je n'entrai en matière sur rien ; le nom de M. de Cambray ne fut pas seulement nommé.

On m'a assuré de plus en plus que le P. Damascène étoit de la main des Jésuites et du cardinal de Bouillon. Il a paru même prévenu, mais c'est sans avoir vu le livre ; car on n'en a pas encore ici, et c'est ce qui est cause qu'on ne travaille pas. M. de Chanterac n'en veut pas donner. La traduction paroît évanouie : on ne sait ce que cela veut dire, ou plutôt on voit une démonstration du peu de sincérité et de l'artifice.

Nous mettrons, s'il vous plaît, un prélat nommé Fabroni, fameux ici par de nouvelles pasquinades, sous le chiffre de BB (*a*). Il pourra peut-être faire ici un personnage (*b*) : il est ami des Jésuites. M. de Chanterac va chez lui la nuit : le cardinal Casanate m'en a averti ; je le savois déjà. Le cardinal de Janson vous dira le caractère du personnage, qui est ici très-haï : j'en ai déjà fait avertir le Pape, qui est sur ses gardes. M. de Chanterac n'a à

(*a*) Ces chiffres seront expliqués à la fin des lettres. — (*b*) Il devint en effet cardinal sous Clément XI.

Rome d'amis que ceux du cardinal de Bouillon et des Jésuites : à la lettre ; je le découvre tous les jours, et cela commence à se publier ici.

C'est une chose très-utile d'avoir fait imprimer et publier la *Déclaration des évêques :* cela rend leur témoignage plus certain et plus authentique : et éclairera tout le monde et fera connoître la malignité du livre et les contradictions. M. de Reims en a déjà envoyé un exemplaire au P. Estiennot, qui sortoit de dessous la presse. J'ai prié ce Père de ne le pas faire voir que je n'eusse reçu le paquet que vous m'en envoyez, qui arrivera apparemment dans deux jours, et où seront les corrections. Il seroit à propos d'en faire venir ici le plus d'exemplaires qu'il sera possible, pour que tout le monde en ait s'il y a moyen : rien ne peut faire un meilleur effet. Si votre *Summa doctrinæ* étoit aussi imprimée, et l'instruction de M. de Paris, cela ne pourroit faire de mal. Le plus de petits écrits qui soient bons, qui pourroient paroître en latin et en italien, mais substantiels, feront des merveilles. M. de Chanterac n'a encore donné aucun écrit, aucune explication. Apparemment il fait ici examiner par ses protecteurs et ses amis ce qu'il a apporté là-dessus ; mais jusqu'ici rien n'a paru. Il espère qu'on lui communiquera les propositions que les examinateurs extrairont du livre pour y répondre, dit-il ; mais il se trompe : ce n'est pas l'usage du saint Office : ce seroit un procès sans fin. Molinos et le cardinal Petrucci auroient expliqué toutes leurs propositions, si on le leur avoit permis.

M. de Chanterac répand que la jalousie que vous avez eue de M. de Cambray et de son génie admirable et supérieur, est cause de tout ce grand bruit.

J'ai reçu votre lettre du 16, de Paris. Je reçois par le courrier une lettre de M. le cardinal de Janson, obligeante pour vous et pour moi autant qu'elle le peut être. Il me parle de vous et de votre livre avec des éloges que l'un et l'autre méritent à la vérité, mais qu'il connoît bien. Il me parle en même temps de la disposition unanime, universelle et ouverte de tout le monde en faveur de la saine doctrine. Je ne suis pas le seul à qui il en écrit ici, et cela fera un bon effet s'il continue. S'il avoit l'occasion, en écrivant ici à quelque tête principale, cela feroit à merveille, et confirmeroit extrêmement tout ce que je puis dire et faire. Je mande à M. le cardinal de Janson, que vous lui direz le détail de ce qui se passe ici sur tout cela. On en rend compte fort exactement à M. le cardinal d'Estrées: c'est le P. Péra, jacobin. Vous ne sauriez assez remercier M. le cardinal de Janson des bontés qu'il a témoignées pour moi.

Il est certain que c'est une grosse affaire à Rome d'avoir en tête le cardinal de Bouillon. Tout ministre est à Rome très-redoutable, plus qu'en aucun lieu du monde : vous en voyez bien les raisons. On les ménage plus, si l'on peut dire, que le Pape.

J'avoue que l'ingratitude et l'injustice de M. de Fénelon est au delà de ce qu'on peut dire.

Enfin la nouvelle de la paix arriva avant-hier à M. le cardinal de Bouillon, qui en donna hier part au Pape : il n'y a pas lieu de douter qu'elle ne soit universelle dans le terme prescrit. La paix en soi et Strasbourg consolent les François de Luxembourg et de la Lorraine, et la gloire du roi et de la France est dans son entier.

J'ai rendu votre lettre de compliment à M. le cardinal de Bouillon. M. Charlas sera employé utilement. La santé de M. le cardinal de Bouillon continue à être bonne. Son Eminence travaille très-peu, il est le même sur tout.

La nouvelle de la paix changera apparemment les vues d'argent qu'on avoit sur les charges de Madame la duchesse de Bourgogne.

Au reste M. de Chanterac crie ici à la persécution, et veut faire pitié ; cela ne lui réussira pas.

Sa Sainteté a toujours un peu de goutte ; la douleur l'empêche de dormir, il est abattu. Il ne seroit pas bon que cela continuât. Car pour un vieillard de quatre-vingt-trois ans, la perte du sommeil est un grand mal. Du reste il n'y a pas de danger. Je ne laisse pas de vous prier de prendre la précaution de vous assurer de M. le cardinal de Janson, pour être conclaviste en cas de malheur subit et inopiné. Ce seroit pour moi une chose très-avantageuse et très-agréable, d'autant plus que je suis persuadé qu'il aura plus de part que personne à ce qui s'y fera. Si cette Eminence ne peut pas m'accorder cette grace, peut-être M. le cardinal d'Estrées ne seroit pas fâché de vous faire ce plaisir et à moi. Si ces deux Eminences me manquent, j'en supplierai M. le cardinal de Bouillon, que je voudrois incommoder le dernier. Me trouvant ici, il seroit mal à moi de ne pas assister à ce manége, où on apprend toujours quelque chose, et d'où je ne sortirois pas sans l'indult que je souhaite, et sans d'autres prérogatives très-utiles dans la suite. Il n'y a, comme je vous dis, aucune apparence que le malheur soit assez grand pour l'Eglise de perdre son Chef; mais cette précaution ne fera mal à personne, et m'assurera en cas de malheur. Présentement que nous avons la paix, le conclave est une affaire de deux ou trois mois au plus.

LETTRE CLX.

L'ABBÉ BOSSUET A SON ONCLE

A Rome, ce 11 octobre 1697.

Je me sers d'un courrier extraordinaire qui a apporté la nouvelle de la paix, et que M. le cardinal de Bouillon renvoie. Cette lettre vous sera rendue sûrement : Son Eminence n'en sait rien; c'est par la voie du cardinal Ottoboni que je vous la fais passer. Je vous ai adressé un gros paquet contenant deux ordinaires, qui n'ont pu partir à cause que M. le cardinal de Bouillon n'a pas voulu que le premier partît par le dernier courrier extraordinaire. Je vous en ai compté toute l'histoire dans ma lettre du 8, partie par l'ordinaire dernier, et que j'ai adressée à M. de Reims : en même temps j'ai envoyé celle de M. de Reims à M. de Barbesieux, ayant sujet de me défier que M. le cardinal de Bouillon ne fît ouvrir mes lettres, et n'eût fait faire un cachet comme le mien. En général le cardinal et les Jésuites sont les mêmes sur tout.

M. le cardinal de Bouillon paroît rétabli, et vient ici de temps en temps : il emploiera ses forces et sa santé pour M. de Cambray, mais en agissant sous main. Les Jésuites et le cardinal de Bouillon font tous leurs efforts pour le servir. On n'a pas peu à faire à Rome, quand un ministre est contraire.

Les discours de M. de Chanterac consistent à dire que M. de

Cambray n'a aucune liaison particulière avec Madame Guyon, dont la personne et les mœurs ont reçu de vous un témoignage authentique; que la haine que vous avez contre M. de Cambray vient de jalousie d'auteur et d'envie de la supériorité de génie, d'esprit et de spiritualité de M. de Cambray (a). Il crie à la persécution; dit qu'on ne s'est pas expliqué franchement avec M. de Cambray sur ce qu'on trouvoit à dire à son livre; que M. de Paris et M. Pirot l'ont approuvé avec des termes extraordinaires d'estime; que c'est une cabale qui le persécute, et mille choses de cette façon, qui ne feront pas grande impression; car on est instruit, on le sera, et on a bon moyen de l'être.

La lettre du roi répond à une partie de ces impostures, aussi bien que l'écrit que vous avez fait communiquer à M. de Cambray par M. de Paris, du 15 juillet, dont vous m'avez envoyé copie. Je l'ai lu tout entier à M. le cardinal de Bouillon, qui en a été surpris, et qui voit bien par là qu'on n'a rien dissimulé à M. de Cambray. Si l'on pouvoit faire un petit détail de la liaison de M. de Cambray avec Madame Guyon, et de ce qui s'est passé dans cette affaire entre M. de Cambray, vous, M. de Châlons, Madame de Maintenon et Madame Guyon, à l'occasion des trente-quatre Articles, il faudroit y rapporter ce qui s'en est ensuivi; le refus qu'a fait M. de Cambray d'approuver votre livre, l'invincible opposition qu'il a témoignée pour conférer avec vous, le

---

(a) L'esprit qui faisoit parler ainsi M. le cardinal de Bouillon, s'est fort répandu, il subsiste encore; et il est bien étonnant qu'après toutes les protestations d'un aussi grand homme que Bossuet, après toutes les preuves qu'il a données de sa tendre affection pour M. de Cambray, de la véritable douleur qu'il ressentoit de ses égaremens, du désir sincère qu'il avoit de le ramener à la vérité; après, dis-je, tant de témoignages de charité et de condescendance de la part de M. de Meaux, il est inconcevable qu'on se soit obstiné à le traduire comme la partie de M. de Cambray, qu'on ait osé le représenter comme un homme jaloux de la gloire de son rival, acharné à sa poursuite, uniquement appliqué à le perdre. Si l'on se fait un devoir d'être équitable envers Fénelon, ne craindra-t-on pas d'être injuste envers Bossuet? et si l'on croit être obligé à tant d'égards envers le premier, quel respect, quelle considération ne demande pas le second? Combien doit-on prendre garde de lui prêter des sentimens contraires à la grandeur de son ame, à l'élévation de son mérite? Chercher à l'avilir en lui attribuant une basse jalousie, c'est se déshonorer, c'est insulter à la nation, parce que les rares qualités de cet homme unique sont un bien commun, auquel tous ceux qui pensent sainement doivent prendre le plus vif intérêt. (*Les premiers édit.*)

scandale que son livre a donné et donne tous les jours, avec la manière d'agir et d'écrire de ce prélat. Une relation de tous ces faits avec quelques réflexions, feroit bien voir l'intention de l'auteur : or comme l'intention d'un auteur influe beaucoup sur son livre, elle montreroit ici quel est l'esprit qui a dirigé celui de M. de Cambray, en manifesteroit le venin caché, et découvriroit le sens mauvais qu'il veut insinuer sous de belles paroles d'amour pur, de tradition, d'épreuves extraordinaires.

Ce qui porta coup à Molinos et fit apercevoir les vices de son livre, qui jusque-là passoit pour bon, fut sa conduite qu'on découvrit, et son intention dans tout ce qu'il faisoit. Bien d'habiles gens prétendent même qu'on auroit de la peine à trouver dans le livre de Molinos : *De la guide,* des propositions qu'on pût condamner indépendamment de ses autres écrits, de ses explications et de sa confession. Je ne veux pas dire par là qu'il n'y ait pas dans le livre de M. de Cambray assez de propositions manifestement mauvaises : mais ce que je propose en feroit encore découvrir le venin plus clairement à tout le monde, et principalement à ceux qui ne le veulent pas voir. Je n'oublie rien de ce qu'il faut dire pour instruire. Je fais travailler à la traduction, en italien, de votre écrit du 15 juillet, qui met M. de Cambray dans tout le tort imaginable. S'il est nécessaire, je le donnerai aux cardinaux et examinateurs.

J'ai appris depuis hier que M. le nonce avoit envoyé des livres de M. de Cambray, et que tous les examinateurs en avoient à présent.

J'ai appris encore ce matin que M. de Chanterac avoit dit, et c'est de l'abbé de la Trémouille que je le tiens, qu'il venoit de recevoir la traduction latine du livre de M. de Cambray. Je serai très-aise qu'il la fasse paroître : jusqu'ici il n'en avoit pas parlé. Il l'avoit sans doute; mais apparemment il la vouloit faire revoir ici et corriger : nous saurons tout cela avec le temps.

Tout le but de M. de Chanterac est d'embrouiller et d'allonger : si M. le cardinal le veut, cela est aisé; il peut sans peine traîner l'affaire en longueur. Je doute d'en pouvoir voir la fin, à moins que le roi ne presse et ne déclare qu'il s'en prendra à lui ; que toutes les semaines il n'en parle au nonce, et ne le prie d'écrire au Pape en conformité, pour qu'il n'écoute point ceux qui par politique et un ménagement pernicieux à l'Eglise, lui insinuent d'épargner M. de Cambray à cause de sa dignité et de ses amis.

Le Pape est toujours incommodé de sa goutte, qui le chicane et l'empêche de dormir. Il est très-chagrin et très-inquiet. Les uns disent que ce n'est rien ; mais, selon moi, c'est toujours beaucoup à un homme de son âge : il ne laisse pas de donner audience à tout le monde. Je vous écrivis par ma dernière lettre à tout hasard que me trouvant ici, si un malheur arrivoit au Pape, il me seroit très-avantageux et très-agréable d'entrer dans le conclave ; que je n'en sortirois pas sans l'indult que je demande et d'autres avantages pour la suite de la vie ; que pour cela je vous priois de prévenir incessamment là-dessus M. le cardinal de Janson en premier ; si M. le cardinal de Janson étoit engagé, M. le cardinal d'Estrées : j'avois oublié tout net M. le cardinal de Coislin, en cas de refus des deux premiers. Pour M. le cardinal de Bouillon, j'aurois peur de le contraindre si je le lui demandois, et de me contraindre aussi. Ce n'est pas que le Pape soit en danger ; mais on ne sait pas ce qui peut arriver à un vieillard de quatre-vingt-trois ans passés.

M. le cardinal de Bouillon se porte mieux, mais il est incapable d'une grande application. Sa vue est à présent de faire son neveu cardinal, en cas que le Pape veuille faire un Espagnol et un Allemand. Pour le coup, je ne sais si ce seroit l'intention du roi, et si Sa Majesté n'aimeroit pas mieux en ce cas vous nommer.

Je reçois dans le moment votre lettre du 23 septembre, datée de Paris. Je n'ai point encore reçu ce que vous et M. Ledieu me mandez qui vient pour moi, par la poste, de vos livres et de la *Déclaration* des trois évêques.

Je vois bien que M. de Cambray cherche ici à vous rendre suspect ; mais encore une fois il n'y réussira pas, quelque effort que lui et ses amis fassent. Sa protestation ne sert de rien : il est question ici du livre et du livre françois, s'il est bon ou s'il est mauvais. On ne s'éloignera pas de cela : ses explications bonnes ou mauvaises ne serviront de rien. On veut juger le livre; et nous tâcherons de faire en sorte qu'on ne prenne pas le change. Sa Sainteté est déjà avertie des tours qu'on veut donner en faveur de M. de Cambray ; et elle s'est expliquée clairement, disant qu'il étoit question du livre qui avoit fait le scandale.

Je crois qu'une des principales choses où je dois être attentif, c'est qu'on prévienne le Pape sur tout ce qu'on pourroit lui faire faire sans y penser. C'est une de mes grandes applications : moyennant cela les examinateurs iront leur train, et on ne les laissera manquer d'aucun secours, ni d'aucune explication sur leurs difficultés. Ceux d'entre eux qui sont les plus savans, redresseront les autres. J'ai déjà eu plusieurs conférences avec le Père général des Dominicains, le P. Serri, théologien de M. le cardinal de Bouillon, et le P. Massoulié examinateur : ils sont bien intentionnés et bien instruits : M. de Chanterac les a vus assez souvent depuis qu'il est ici, et c'est tant mieux : il ne gâte rien à nos affaires. Il commence à être un peu inquiet du succès, et dit qu'on ne fera pas M. de Cambray hérétique malgré lui.

Je vous ai mandé par mes précédentes, le délai que la congrégation du saint Office a encore accordé aux PP. Jésuites, pour répondre aux accusations des autres missionnaires de la Chine : c'est une grande grace qu'on leur a faite, à laquelle personne ne s'attendoit. On ne doute pas que le cardinal de Bouillon n'en soit la cause.

Le P. Daia a pris la qualité de procureur général des Minimes, quoiqu'il y en ait un autre qui en fasse les fonctions : c'est pour avoir un prétexte pour rester ici sans affectation.

Par une lettre que je vous écrivis le 30 septembre, qui devoit partir par un courrier extraordinaire, mais que M. le cardinal de Bouillon eut la bonté de ne pas vouloir qui partît, et qui n'est partie que mardi dernier, je vous parlois d'une idée qui m'étoit venue sur M. le prince de Conti si je restois à Rome, et laquelle je laissois à votre jugement. C'étoit qu'ayant peut-être ici besoin pour parler en son nom au Pape d'une personne de confiance, distinguée de M. le cardinal de Bouillon, qui ne peut pas faire de certains pas, je m'offrois à lui pour cela et pour lui rendre compte de ce qui se passe ici. Cela me feroit entrer dans une espèce de liaison d'affaires qui ne me seroit ni désagréable ni inutile. Cette idée auroit peut-être été meilleure à lui proposer à lui-même, si j'y avois pensé avant son départ; mais je ne songeois pas à rester ici. Si vous n'y voyez aucune apparence non plus qu'aucune raison, je serai très-aisément de votre avis. C'est M. le cardinal Carlo Barberini, dont je vous envoyai une lettre par le dernier ordinaire, qui m'a fait parler de cette vue, mais ne le nommez pas.

Je vous envoie un mémoire italien, traduit apparemment du françois venu de Paris : c'est pour brouiller les évêques avec le Pape, et empêcher les justes desseins du clergé de France; vous verrez de quoi il est question. On répand ici ce mémoire secrètement, et ce sont les Jésuites qui le débitent.

Quoique dans Rome on fasse courir le bruit que le Pape est mal, cela n'est pas vrai : il n'y a rien de nouveau sur sa santé. Il se lève, marche un peu, appuyé à la vérité; et il y a apparence que ce ne sera rien. Ne laissez pas, s'il vous plaît, de prendre des mesures d'abord avec M. le cardinal de Janson, pour lui marquer le plaisir que j'aurois de me revoir avec lui, sinon avec M. le cardinal d'Estrées, qui est celui, entre nous, qui s'ouvre davantage et qui se sert plus volontiers des honnêtes gens.

Je vous ai marqué par ma précédente, une nouvelle brigue qu'on fait jouer en faveur du livre de M. de Cambray : elle vient des Jésuites. M. de Chanterac a de très-fréquentes conférences avec Monseigneur Fabroni, qui est un zelanti, et qui a accès auprès de Sa Sainteté. Le cardinal Casanate m'en a averti : je le savois déjà et j'avois fait prévenir le Pape; ce qui a empêché tout le mal.

Vous ne pouvez trop témoigner ma reconnoissance à M. le cardinal de Janson; je suis pénétré de ses bontés.

LETTRE CLXI.

LE CARDINAL DE BOUILLON A BOSSUET.

A Frescati, ce 12 octobre 1697.

Je vous suis, Monsieur, sensiblement obligé de la part que vous me témoignez prendre à la grace que le Pape m'a faite de la coadjutorerie de Cluni pour mon neveu l'abbé d'Auvergne. Je me suis toute ma vie fait, Monsieur, un si grand honneur et un si grand plaisir dans la persuasion où j'étois d'avoir beaucoup de part en votre amitié et en votre confiance, que je souffrirois avec beaucoup de peine la moindre diminution que je soupçonnerois y être arrivée.

Je souhaite que M. l'abbé Bossuet, étant aussi content de moi que je crois qu'il a sujet de l'être de toute la conduite que j'ai tenue à son égard, depuis le premier moment que je suis arrivé dans ce pays jusqu'à présent, et qui sera toujours la même, me rende par ses lettres sur cela la justice qui m'est due. Car cela étant, je suis sûr, Monsieur, que loin de diminuer d'amitié et de confiance pour moi, vous ajouterez encore quelque nouveau degré de vivacité à l'une et l'autre; et serez persuadé que les sentimens d'estime et d'amitié que je puis avoir pour M. l'archevêque de Cambray, n'ont jamais causé la moindre diminution aux sentimens de vénération, d'estime et d'amitié si anciennement gravés dans mon cœur, et qui ne finiront qu'avec ma vie.

J'ai lieu de croire que par le bon air que je suis venu respirer ici depuis plus d'un mois, je la prolongerai plus loin qu'elle n'auroit été, si je m'étois opiniâtré plus longtemps à ne vouloir pas changer d'air durant quelque temps; car j'étois en très-mauvais état, lorsque je partis de Rome pour m'en venir ici. Mes insomnies continuelles depuis que j'y étois arrivé, jointes à une fièvre sans être continue, que j'avois tous les jours avec des accès qui outre cela marquoient la fièvre quarte, me conduisoient à grands pas à une fièvre lente, dont la fin apparemment eût été très-funeste pour moi. Mais, grace à Dieu, je suis présentement dans une aussi parfaite santé, pour le moins, que lorsque je partis de Paris. Croyez, Monsieur, et vous me rendrez justice, que personne ne vous est si véritablement et si absolument acquis que

Le card. DE BOUILLON.

P. S. Je me flatte, Monsieur, que vous ne serez pas fâché de voir les actes ci-joints, sur lesquels le Pape a jugé devoir accorder à mon neveu une grace aussi avantageuse et si honorable qu'est la coadjutorerie de Cluni. On ne peut pas me traiter avec plus de bonté, et j'ose dire, de distinction qu'il le fait. Je ne le connoissois point du tout, lorsque je suis venu ici, et l'idée que ses manières simples et naïves avoient données de lui avant son pontificat à tout le monde, aussi bien qu'à moi, est une idée très-fausse.

LETTRE CLXII.

BOSSUET A SON NEVEU (a).

A Fontainebleau, ce 14 octobre 1697.

Je ne sais pourquoi votre paquet ne m'a point encore été rendu. M. le cardinal d'Estrées a eu le sien : je ne vois pas à quoi attribuer ce retardement (*b*). Je vous prie d'être soigneux d'envoyer à temps à la poste : je suis bien persuadé que vous n'y manquez pas.

Nous avons vu des lettres où il paroît que M. l'abbé de Chanterac commence à débiter ses denrées, et que tout Rome est attentive à cette matière.

Le P. Estiennot (*c*) écrit au cardinal d'Estrées qu'on vise du côté du cardinal de Bouillon à un *donec corrigatur*. Ce ne seroit qu'augmenter le mal, au lieu de l'apaiser. Si l'on ne fait quelque chose de tranchant, on perdra tout, et la dignité du saint Siége sera rabaissée. Cette qualification ne convient point à un livre dont le tout, dès le fondement, est mauvais; et elle ne feroit

---

(*a*) Revus et complétés sur l'original. — (*b*) On sait que le cardinal de Bouillon avoit retenu le paquet jusqu'après le départ du courrier. — (*c*) Bénédictin, procureur-général de la Congrégation de Saint-Maur.

qu'un mauvais effet. Le cardinal d'Estrées croit qu'il se faut contenter d'une censure *in globo* : il dit que le détail causeroit un *imbroglio*, qui feroit tout abandonner au Pape.

Le cardinal de Bouillon enrage de vous voir à Rome. Il faut que vous et M. Phelippeaux couvriez votre jeu, pour ne point faire dire que les François se battent. Faites bien considérer ceci à M. Phelippeaux, et considérez-le bien vous-même : vous avez affaire de tous côtés à des gens bien fins.

Vous recevrez un paquet de l'ouvrage latin (*a*) : prenez bien garde à la manière de le donner. On ne vise qu'à faire paroître que c'est ici une querelle particulière.

M. de Cambray a fait une assemblée de docteurs, pour examiner une *Ordonnance* imprimée et non publiée.

Nous nous portons tous parfaitement bien. M. Chasot a eu un tantin de goutte.

Souvenez-vous bien de frère Laurent (*b*), qu'on objecte à M. de Paris. Vous recevrez peut-être par cet ordinaire, une lettre sur cela, qui est fort bien faite sous le nom de M. de Beaufort, et qu'on pourra faire courir, pour peu qu'on parle de ce livret.

L'*Ordonnance* de M. de Reims sur Molina et la grace (*c*), est ici et à Paris admirée de tout le monde : il vous en envoie ; il est à Reims.

(*a*) De la *Summa doctrinæ*. — (*b*) Le frère Laurent, carme déchaussé, étoit un de ces mystiques qui ne gardent aucune mesure dans l'expression : « L'excès et l'exagération, dit Bossuet, sortent partout dans les paroles de ce bon religieux. » (*Passages éclaircis*, chap. XII.) — (*c*) Cette *Ordonnance*, datée du 15 juillet 1697, condamnoit deux thèses soutenues chez les Jésuites de Reims, au mois de décembre précédent. Pour la rédiger, M. le Tellier avoit emprunté la plume du célèbre Vuitasse, professeur de Sorbonne ; c'est du moins ce que dit le *Journal des Savans*, du 17 janvier 1698. La querelle entre M. de Reims et les Jésuites fit alors beaucoup de bruit, et il en sera plusieurs fois question dans la suite de cette correspondance. On peut en voir les détails dans les *Mém. pour servir à l'Hist. ecclés.* par le P. d'Avrigny, tom. IV, pag. 91 et suiv.

LETTRE CLXIII.

L'ABBÉ PHELIPPEAUX A BOSSUET.

A Rome, ce 15 octobre 1697.

Je viens d'achever des animadversions latines sur les dix premiers articles du livre de M. de Cambray, qui sont les principaux. Je l'examine article par article, et en montre les erreurs ou les contradictions. J'ai fait ce travail dans la vue de m'en instruire, et de pouvoir aider ceux qui en auront besoin. Il ne reste plus qu'à le polir et le mettre au net : j'espère pouvoir vous l'envoyer à la fin du mois ; et si vous le jugez bon, on pourra le faire imprimer sans nom pour en faciliter la communication.

Les examinateurs ont enfin reçu des livres dont ils manquoient, et vendredi ils s'assembleront pour la seconde fois. Dans la première assemblée, il fut résolu que chacun feroit l'extrait des propositions qu'il trouveroit censurables, et que tous se les communiqueroient en commun. La traduction latine est arrivée ; mais elle sera peu utile, la plus grande partie entendant le françois ; et je sais qu'un d'eux a traduit le livre tout entier en italien. M. le cardinal d'Estrées a mandé ici que le P. Granelli vous avoit envoyé son vœu sur le livre de M. de Cambray. Il a confondu ce que je vous ai envoyé contre Malaval : cela n'a pas laissé de faire de l'embarras. Ainsi vous voyez la nécessité de ne rien dire sur ce chapitre : cette fausse nouvelle pouvoit nous priver d'un homme nécessaire.

Vous savez que l'affaire des Missions a été remise, et qu'on a accordé aux Jésuites un délai de quatre mois : la Congrégation paroissoit disposée à condamner Fabroni. J'ai donné un Mémoire italien, qui vous a été envoyé : vous voyez les bonnes intentions qu'on a. Fabroni avoit porté dans l'assemblée de ses confrères, une lettre françoise, pour l'envoyer au roi, contre le fait de M. l'archevêque de Reims. Mais un d'eux, dont je vous ai quelquefois parlé, s'y opposa ; et dit que quand il faudroit écrire au roi, ce n'étoit pas dans ces termes.

J'ai une seconde lettre de M. de Cambray, qui revient toujours à son principe et à sa docilité. Son agent ne dit encore que des choses générales : on se donne un air de persécution, quoiqu'elle n'ait pas accoutumé de tomber sur les gens de ce rang. Ce n'est que jalousie d'auteur : M. de Meaux n'a pu supporter un mérite si éclatant dans une personne moins avancée en âge. Le livre a été imprimé sans sa permission ; mais on ne l'a pas désavoué, et on le soutient encore ; il avoit été approuvé par M. de Paris et son grand-vicaire, qui l'ont loué comme un chef-d'œuvre : mais tant pis ; car en ayant reconnu le poison, ils se sont déclarés contre. Mais ce qui est pour moi un fait nouveau, M. de Cambray s'est brouillé avec Madame de Maintenon, pour n'avoir pas voulu consentir à l'exécution du traité qu'on prétend être entre Madame de Maintenon et le roi, auquel M. de Paris et M. de Meaux ont donné les mains. On ne vient point au fond de l'affaire, où consiste toute la difficulté ; et je crois qu'on est peu propre pour donner de bonnes raisons.

Le livre du P. Dez doit être déféré au premier jour : on prétend qu'il ne passera pas. On l'a fait procureur des Missions ; cela servira à le retenir à Rome : peut-être s'en servira-t-on à plus d'une affaire.

Le couronnement du duc de Saxe, fait au 15 septembre, nous fait attendre avec impatience la nouvelle de l'arrivée de Monseigneur de Conti. La nouvelle de la paix tant désirée, a fait ici plaisir à quelques-uns. M. l'abbé vous mandera d'autres nouvelles. Je suis avec respect, etc.

LETTRE CLXIV.

L'ABBÉ BOSSUET A SON ONCLE.

A Rome, ce 15 octobre 1697.

Je vous écrivis le 11 de ce mois par un courrier extraordinaire, qui ne partit pourtant d'ici que le 13, M. le cardinal de Bouillon ne pouvant jamais finir ses dépêches. J'avois reçu le matin votre lettre du 23 de septembre. Il ne s'est passé depuis ce jour presque rien de considérable sur aucune matière. Voici pourtant toujours quelque fait; et j'aime mieux être trop long que d'oublier quelque chose qui peut être de conséquence, et aider à connoître les dispositions des gens de ce pays-ci à qui nous avons affaire : les petites choses servent souvent à juger des grandes.

Le Pape, en apparence, se porte mieux. Il n'a plus de douleur de goutte, et donne audience à son ordinaire; mais il est resté fort foible et de fort mauvaise humeur : cela fait tout appréhender pour un homme de son âge. Les pasquinades que le peuple ingrat, dit-il, a fait contre lui et les *Zélans*, lui ont causé une vive douleur; et il ne s'est pas bien porté depuis. La destruction du théâtre en a été l'occasion, et on n'a jamais vu un déchaînement si universel. Il n'y a eu que deux ou trois *Zélans*, et Fabroni qui voudroit bien par là être cardinal, qui aient porté le Pape à cette résolution.

J'ai donné au cardinal Casanate et au cardinal Noris votre *Déclaration* imprimée : cela fait un bon effet. En faisant voir à tout le monde qu'on expose à la censure publique ce qu'on trouve à redire au livre de M. de Cambray, et qu'on agit ouvertement et sans mystère, on lui porte un coup dont il est difficile qu'il se puisse jamais relever.

Le cardinal Noris m'a dit très-nettement qu'il lui paroissoit que le livre en question étoit une justification de Molinos, mais cachée et artificieuse : le cardinal Casanate n'en pense pas moins. Ils n'ont encore vu aucun écrit de la part de M. de Cambray, et ils n'ont pas une grande idée de M. de Chanterac, à ce qu'ils m'ont dit : ils sont remplis d'estime pour les trois évêques.

J'ai reçu, comme vous voyez, les six exemplaires de vos livres et les *Déclarations :* vous ne sauriez trop envoyer ici de *Déclarations* et de *Summa doctrinæ*.

Il court une réplique en françois de M. de Cambray à votre réponse : je ne l'ai pas lue, et on la dit fort artificieuse.

Je vous envoie une lettre du P. Augustin, à qui j'ai rendu votre lettre. Entre nous, il est un peu bavard; mais il nous est bon pour découvrir certaines choses. Il ne sait ce qu'il vous mande sur le cardinal Denhoff, saint François de Sales, etc. : répondez-lui en général sans entrer en aucun détail.

L'affaire du P. Serri (a) qu'il vous mande, fera tort partout au cardinal de Bouillon, si on la sait faire valoir : c'est la pure vérité, et le P. Serri me l'a confiée à moi-même.

L'aveuglement de M. le cardinal de Bouillon sur M. de Cambray et les Jésuites, est extrême : il croit qu'il y va de son honneur de sacrifier tout pour ses amis.

J'ai vu depuis vendredi le P. Dez, qui fait l'ignorant sur tout, et qui sait tout : il est très-bien instruit des faux-fuyans de M. de Cambray. Je l'ai mis insensiblement sur la matière, et il s'est enferré sans y penser. Toute leur défense sur le pur amour porte sur la définition de la charité. C'est aussi là où M. de Cambray veut réduire toute la question : mais on ne prendra pas le change assurément ; et quand il n'y auroit que ce qui regarde leur pur amour, ils ne pourroient jamais sauver la définition qu'ils donnent de la charité dans le cinquième état, qui est celui des parfaits. Car il demeurera toujours pour constant que la charité, dans cet état, n'est différente de celle du quatrième que par l'exclusion de la béatitude et l'indifférence sur la damnation.

Jamais le P. Dez n'a pu se tirer de là : il m'a dit seulement qu'apparemment M. de Cambray n'en conviendroit pas, et diroit peut-être simplement qu'il y a des momens où on en peut faire abstraction ; ce que personne ne nie, mais ce qui ne peut constituer un état permanent, et ce qui ne le rend pas plus parfait. Cet état permanent néanmoins, où l'on met la perfection, est tout le but du livre de M. de Cambray. Il ne veut rien dire du tout, ou bien il veut établir cet état de perfection, qui n'est, encore une fois, différent de son quatrième état que par l'exclusion formelle de notre bonheur même, comme rapporté à Dieu considéré en lui-même. Je lui parlai très-doucement ; mais je lui fis voir que la difficulté seroit très-clairement et très-évidemment expliquée.

Il me dit que le P. Alfaro, l'un des examinateurs, n'entendoit pas un mot de françois ; que le latin de M. de Cambray l'aideroit

(a) La lettre qui suit celle-ci fait connoître cette affaire.

fort; qu'il l'avoit prié de l'aider sur le françois : je l'en ai prié aussi, et en même temps de trouver bon que nous examinassions en quelques conférences les matières ensemble; que j'espérois que nous conviendrions aisément des principes qui devoient être incontestables, surtout après les xxxiv Articles; que nous irions d'abord de bonne foi au point de la difficulté, et que nous verrions pour notre instruction commune en quoi elle consistoit. Je le ferai très-volontiers, et par là je saurai leurs faux-fuyans.

Le P. Dez fait le mystérieux sur sa nouvelle commission de procureur général des Missions, qui n'est qu'un titre en l'air pour lui servir de prétexte de passer ici l'hiver pour M. de Cambray : cela est sûr et comme public. Je crois savoir que le livre du P. Dez ne passera pas au saint Office.

Ayez la bonté de presser pour moi, pour le conclave qui est plus près peut-être qu'on ne pense, M. le cardinal de Janson, M. le cardinal d'Estrées et M. le cardinal de Coislin. Je souhaite bien n'en voir point; mais si ce malheur arrivoit, je serois au désespoir de rester à Rome très-inutile, et de ne pas avoir quelque petite part à ce qui se fera.

J'ai vu ce matin Monseigneur Lenci maître de chambre du Pape, qui m'a dit que le Pape se portoit bien. J'ai pris occasion de lui porter la *Déclaration des trois évêques*, pour lui faire mes complimens sur le rétablissement de la santé de Sa Sainteté. Il a bien de la bonté pour moi, et il m'a dit qu'il diroit à Sa Sainteté la joie que je lui témoignois de si bon cœur de sa santé. Je me sers de tous les moyens que je puis imaginer pour le faire penser à vous, et lui faire connoître l'attente où le roi et toute l'Eglise est d'une décision prompte et authentique sur l'affaire en question.

La lettre que je vous écrivis le 11 a été envoyée par l'abbé de la Trémouille, dans le paquet de M. le cardinal d'Estrées.

Je crois vous avoir mandé il y a longtemps, que les tableaux sont arrivés à bon port entre les mains de M. Dupré; que la princesse les a reçus avec des témoignages très-grands de joie et de bonté particulière pour vous et pour moi, et qu'elle lui en parle toutes les fois qu'il a occasion de la voir.

Je n'écris pas à M. de Reims par cet ordinaire, n'y ayant rien ici de nouveau : je vous prie de l'assurer de mes respects, aussi bien que M. l'archevêque de Paris.

J'ai rendu votre lettre à M. le cardinal d'Aguirre, qui étoit dans son lit. Il a eu ces jours passés une attaque d'apoplexie, dont il est revenu. L'état où il est fait de la peine : c'est un homme excellent, qui ne respire que le bien.

LETTRE CLXV.

DU P. AUGUSTIN, DOMINICAIN, A BOSSUET

Rome, Sainte-Sabine, octobre 1697.

Je ne mérite point toutes les graces dont il plaît à votre Grandeur de me combler dans votre lettre obligeante. Je confesse ma propre misère : je trouve cependant mon bonheur à vous faire connoître la confiance parfaite, le zèle ardent, le respect ancien et plein de religion que je dois au vrai maître des églises, au vrai père des fidèles, au vrai défenseur de la religion dans notre temps.

La première fois que M. le cardinal Denhoff, qui fut toujours rempli de vénération pour vous, Monseigneur, me parla du livre de M. de Cambray, qu'il avoit eu occasion de voir avec M. le sacristain du Pape, mon bon ami, il me dit qu'ils étoient convenus que M. de Cambray avoit pour lui les cinq derniers siècles dans lesquels les mystiques avoient écrit. Je lui répondis que M. de Cambray étoit malheureux, s'il n'avoit d'autres garans de la doctrine épiscopale que ceux-là, parce que le concile de Trente après leur naissance ne les avoit point proposés pour la règle que nous devons suivre : que s'ils avoient la tradition, ils étoient plus anciens ; que s'ils en manquoient en certains points, ils n'étoient pas en ceux-là auteurs catholiques dans la doctrine : que si sainte Thérèse et saint François de Sales étoient comptés parmi ces mystiques brouillés avec la tradition, on condamnoit leur savoir, mais non la tradition : que j'estimois que la règle proposée par M. de Meaux à Mademoiselle de Duras embrassant la religion catholique, étoit celle de cette sainte et de ce saint, comme celle encore de tous les saints Pères et saints docteurs en particulier, qui consistoit en ce que chacun d'eux crût ce que nous sommes obligés de croire de chacun d'eux en particulier, que l'Eglise catholique entend mieux l'Ecriture que nul en particulier.

Mais, me dit-il, pourra-t-on arriver là dans ce pays? Je lui répliquai : On y arrive si bien, qu'un cardinal du saint Office adore le livre de M. de Meaux, excepté dans l'endroit où il s'est arrêté à ôter avec quelque violence, disoit-il, des auteurs à M. de Cambray, qui ont dû suivre la loi de l'Eglise, qui n'ont pu faire un évangile nouveau, et qui ont écrit avant la condamnation du quiétisme.

J'ai cru que votre Grandeur ne désagréeroit point cette petite histoire, d'autant plus nécessaire à savoir que dans ce pays, à l'occasion du passage de saint François de Sales rapporté dans le *Nodus dissolutus* et à la tête du livre, on y a très-bien reçu parmi les autres réponses qu'on fait à l'autorité de ce bon saint en matière de théologie, qu'Alexandre VII, qui l'a canonisé et qui écrivit à Messieurs de Louvain au sujet de saint Augustin et de saint Thomas, est convenu que Dieu avoit accordé au premier *salutaria monita*, et aux autres *inconcussa dogmata*.

J'envoie par cette poste le *Jugement* du P. Serri, que votre Grandeur souhaite de voir. Pour l'avoir fait, il en coûtera à l'Eglise de Rome la perte de ce sujet si propre à la servir dans cette rencontre, et dans l'affaire du *Nodus prœdestinationis dissolutus*. M. le cardinal de Bouillon l'engagea à faire cet écrit en partant de Provence : il le lui remit à Rome. Après l'avoir lu, cette Eminence lui en témoigna son chagrin, lui disant qu'il le croyoit plus favorable à ses amis. Le Père lui répondit qu'il avoit pensé que Son Eminence vouloit qu'il la servît en servant la vérité. Cette entrée dans l'emploi de théologien a été suivie de peu de confiance dans les autres affaires, et en particulier dans celle de la Chine. Toute la dépense que ce cardinal a faite pour ce Père, a été de pourvoir à sa nourriture. Enfin la république de Venise a fait instance au Père général pour avoir le

P. Serri en qualité de théologien de l'Université de Padoue, un an après que ce religieux s'en étoit excusé. Le P. Serri s'est adressé à Son Eminence pour lui dire qu'il préféroit l'honneur de la servir à tout autre avantage. M. le cardinal lui a dit de suivre son inclination : le Père lui a répondu qu'elle étoit pour le servir. C'est après cela que M. le cardinal a donné la liberté au général d'en disposer comme il lui plairoit : celui-ci a cru que c'étoit un ordre interprétatif pour l'envoyer à Padoue, et il a pris des engagemens.

Le système de Rome est sûrement bien connu de Votre Grandeur : on n'y a confiance pour la théologie qu'à des religieux ; et il n'y en a que très-peu qui méritent d'être choisis, pour suggérer à l'autorité catholique et apostolique la science catholique et apostolique. L'ordre auquel on se confie davantage à Rome, est celui de saint Dominique. Le P. Serri a de la liberté, de l'élévation et de l'attention à la doctrine de la Maîtresse des Églises. L'Église fait une perte inestimable dans les circonstances présentes, s'il va à Padoue : il reste ici jusqu'à la fin de novembre. Si la Cour vouloit conserver un sujet actuellement appliqué à son service et qu'elle s'en expliquât, la demande d'un aussi grand prince dans cette occasion lui assureroit ici un sujet très-utile, et tireroit avec honneur d'engagement avec une république de conséquence, un ordre qui a quelque considération en Italie.

M. Steyaert (a), choqué d'un refus d'ordination fait par M. de Cambray sur des fondemens raisonnables aux ecclésiastiques du grand collége de Louvain qu'il gouverne, va écrire contre le livre de ce prélat. Ceux que le docteur Hennebel représente ici, lui écrivent qu'ils sont très-mécontens du livre, quoique très-édifiés du refus. Ce docteur a eu le moyen de lire le livre : il me dit hier qu'il étoit insoutenable, surtout après que l'auteur avoit souscrit les trente-quatre Articles, et vu l'excellent ouvrage de M. de Meaux. Il me fit espérer que l'Université de Louvain recevroit au plus tôt les trente-quatre Articles : nous devons aujourd'hui en conférer encore avec lui et Monseigneur le sa-

(a) Fameux docteur de Louvain.

cristain, qui est Liégeois; et se nomme Monseigneur le Drou.

Le P. Massoulié est de l'avis du P. Serri. Il m'a promis de faire un écrit (*a*) tiré tout entier de saint Thomas, qui est ici presque l'unique maître : son dessein particulièrement est d'attirer au parti de la vérité le bon M. Charlas, qui est à présent chez M. le cardinal de Montefiasconi. Je n'oublierai rien pour le porter à soutenir la cause de l'ame de la religion, de la foi vive, de l'espérance agissante, de la vraie charité chrétienne, qui ne détruit pas la nature humaine, mais qui la perfectionne, la rendant bonne et enfin heureuse, réglant les affections dans l'ordre de Dieu, enseignée dans les Ecritures expliquées par tous les saints Pères et les saints docteurs.

Il semble, Monseigneur, que la *Dissolution* sacrilége *du nœud*, que les Ecritures et les saints avoient appelé hauteur, abîme, sacrement, profondeur, volonté de l'Architecte, du nœud, dis-je, *de la prédestination*, ne peut être condamnée qu'après la décision de l'affaire de M. de Cambray, dans laquelle Sa Majesté est entrée avec autant de gloire que de religion. J'ai d'autant plus lieu de le croire, que ses protecteurs ont fait entendre au saint Père que la protection qu'il doit à un cardinal, qui est sa créature, l'engage à donner le temps de pouvoir le défendre après sa mort. J'apprends néanmoins qu'à force d'étudier pour le défendre, on reste convaincu qu'il ne peut être défendu.

J'ai fait un long travail où je l'ai suivi nombre par nombre; et j'ai démontré qu'il a violé la lettre et le sens de presque tous les passages qu'il rapporte : on en a tiré un sommaire, que M. le prieur de Tourreil, de Toulouse, porte en France. J'ai soutenu de plus qu'il a violé presque toutes les définitions que l'Eglise a faites sur la corruption du péché et la réparation de la grace médicinale et libératrice. Cet ouvrage est entre les mains de nos religieux : notre procureur général, frère du défunt cardinal Ricci, l'a approuvé avec des témoignages obligeans. Il est à présent entre les mains d'un autre qui en paroît satisfait : je

---

(*a*) Le père Massoulié fit en effet imprimer, en 1699, une réfutation des erreurs des quiétistes sous ce titre : *Traité de la véritable Oraison*, qu'il dédia à M. de Noailles archevêque de Paris.

le remettrai ensuite à M. le cardinal Casanate. J'espère toujours de plus en plus que cet ouvrage posthume ne sera pas le triomphe des ennemis de saint Augustin, mais leur tombeau.

Je sais l'estime qu'a votre Grandeur pour l'*Instruction pastorale* de feu M. le cardinal Denhoff sur le sacrement de pénitence. Il chargea M. le sacristain, M. Charlas et moi de la revoir : nous lui représentâmes certains points qui méritoient quelques éclaircissemens. Il approuva nos sentimens, nous ordonna de les mettre par écrit, et de les faire ajouter aux éditions suivantes. Je les présente à votre Grandeur, et la supplie de m'en apprendre au plus tôt son jugement : car M. le cardinal des Ursins a fait imprimer cette addition à Bénévent, M. le cardinal d'Aguirre à Salamanque, traduite en espagnol, et M. le vicaire apostolique en Hollande. J'en ai envoyé une traduction françoise à M. l'archevêque d'Embrun, qui l'a reçue : l'auteur l'avoit approuvée avant sa mort. Je supplie Votre Grandeur de m'accorder sa sainte bénédiction, et de me permettre de me dire, avec un très-parfait et très-profond respect, de Votre Grandeur, le très-humble, très-obéissant, très-fidèle serviteur et disciple.

Fr. AUGUSTIN.

J'ajoute ici après ma lettre écrite, que j'ai vu M. Daurat (a), directeur de M. Charlas : il m'a fait connoître que M. de Cambray leur avoit fait avoir son livre, et qu'il souhaitoit que je le visse. J'ai promis de faire toutes mes diligences pour le pouvoir lire, après quoi nous en discourrons. Il m'a été impossible jusqu'à présent de l'avoir : demain le cardinal Ferrari, notre procureur général et le P. Massoulié se retirent ici jusqu'à la Toussaint ; l'occasion est belle.

Votre Grandeur doit être avertie que les Romains ont été au désespoir au sujet du théâtre abattu par les ordres du Pape, et que c'est bien lui faire sa cour que de lui en donner des louanges : il en est toujours de plus en plus satisfait.

(a) C'étoit un ancien archiprêtre de Pamiers, réfugié comme M. Charlas, à Rome, depuis l'affaire de la Régale.

LETTRE CLXVI.

BOSSUET A SON NEVEU (a).

A Fontainebleau, ce 31 octobre 1697.

Votre lettre du premier octobre, qui étoit dans le paquet de M. Blondel, me fut hier rendue. Le courrier extraordinaire nommé Raisin, qui devoit apporter le paquet de la veille, m'a dit qu'il avoit reçu défense de M. le cardinal de Bouillon de se charger d'aucun paquet; et que tout ce qu'il avoit pu faire étoit de prier le secrétaire de Son Éminence de vous renvoyer le vôtre, sans qu'il en sache rien davantage. Les ministres du roi ont leurs raisons, et c'est à vous à prendre d'autres mesures par les voies ordinaires.

On est bien aise ici de savoir que M. le cardinal de Bouillon ait été si heureusement rétabli par le bon air de Frescati. J'apprends qu'il a mandé au roi, à ce qu'il paroît, de très-bonne foi, comme j'apprends, qu'il ne se mêleroit de rien en l'affaire de M. de Cambray. J'ai envoyé à M. le nonce sept exemplaires qu'il m'a demandés, du livre françois de ce prélat. Nous vous avons envoyé deux douzaines d'additions, qui serviront à suppléer les premières éditions qui pourront venir par Livourne. Vous direz toujours que vous partez.

On trouve ici que tout est à craindre des artifices de la cabale : que tout traînera en longueur ; qu'il arrivera quelque changement ; et on ne peut prendre confiance aux examinateurs. Je suis presque le seul qui croit que Dieu fera un coup de sa main, et ne permettra pas que la chaire de saint Pierre se déshonore par conniver à une si mauvaise doctrine, et si contraire à l'Évangile et à ses propres décisions.

M. de Cambray a cent bouches pour débiter ses faux avantages. On mande de Rome qu'on consultera le cardinal Pétrucci, qui voudroit tenir un milieu entre M. de Cambray et nous. Il seroit bien étrange qu'on nous mît entre ses mains. Nous l'avons épar

(a) Revue et complétée sur l'original.

gné, jusqu'à ne faire nulle mention des censures de ses livres (a).

Faites bien réflexion à ce que je vous ai mandé par l'ordinaire dernier. Allez au mieux plutôt qu'au plus court, si ce n'est que vous prévissiez de grandes longueurs. Le roi attend ce qu'on aura fait sur ce qu'il a fait dire par M. le nonce (b); et Sa Majesté pressera quand il sera temps. Je ferai la relation que vous désirez.

J'ai vu une lettre de Monsignor Giori à M. le cardinal d'Estrées, qui dit que tout va bien, mais qu'on prépare des longueurs. Il faut faire entendre que le livre est court, la matière bien examinée, déjà jugée en la personne de Molinos, de La Combe, de Madame Guyon, de Bernières; et qu'ainsi l'on doit être prêt.

M. le cardinal d'Estrées m'a parlé du P. Péra, jacobin, comme pouvant donner des avis sûrs.

La lettre de M. de Cambray est imprimée. Il se fait applaudir dans tous les lardons et les journaux de Hollande. Je vous en envoie l'extrait : c'est constamment M. de Harlay qui a fait dresser l'article.

Par les lettres du 7, les affaires de Pologne prennent un bon tour. Les ratifications de la paix sont venues. On la publie aujourd'hui à Paris. On dit que l'empereur fait le difficile, mais on ne doute pas de l'acceptation. On n'a rien déclaré pour les charges. Je pars demain à Fontenay coucher. Le lendemain dîner à la Fortelle. Jeudi à Meaux, où se rendra ce jour-là même M. l'intendant que nous trouverons le soir à Fontenay.

Prenez garde, en donnant l'imprimé de la *Déclaration*, de corriger les endroits qu'on a marqués à la main, qui sont importans.

Nous nous portons fort bien, Dieu merci.

Faites bien, dans l'occasion, mes complimens respectueux à M. le cardinal de Bouillon. M. le cardinal de Janson est à Beauvais, fort occupé de son diocèse.

Faites bien sur l'Ordonnance de M. de Reims, qui est ici fort

(a) Le cardinal Pétrucci avoit été disciple de Molinos. L'Inquisition condamna ses œuvres, et défendit ses ouvrages sur la théologie mystique. Il s'étoit soumis. — (b) Le roi avoit témoigné le désir que le P. Damascène fût retranché du nombre des examinateurs.

estimée, et en effet fort sage, fort savante, fort curieuse et nécessaire après les thèses.

Le roi est prévenu qu'on machinera pour vous obliger à revenir. On croit votre séjour nécessaire.

LETTRE CLXVII.

L'ABBÉ BOSSUET A SON ONCLE

A Rome, ce 22 octobre 1697.

J'ai reçu la lettre que vous m'avez fait l'honneur de m'écrire de Meaux, du 29 septembre. Je fais relier les six exemplaires que j'ai reçus par le pénultième ordinaire, et attends les quatre autres. Les vingt exemplaires de la première édition arriveront apparemment bientôt : ils sont partis de Livourne.

Depuis que les examinateurs ont reçu chacun le livre françois de M. de Cambray, il semble qu'ils veuillent aller plus vite. Ils firent vendredi dernier, chez le maître du sacré palais, la seconde session, toujours sur les préliminaires. Avant que la poste parte et que je ferme ma lettre, je dois être informé précisément de ce qui se sera passé; je finirai ma lettre par là.

Les amis et protecteurs de M. de Cambray se sont tant remués auprès du Pape, qu'il a permis aux examinateurs de voir M. de Chanterac, et d'écouter tout ce qu'il leur voudroit dire et donner pour leur instruction : ce qu'il leur avoit défendu d'abord, et ce qu'ils avoient aussi exécuté. Il n'y a pas grand mal : il est bon même qu'il ne se puisse pas plaindre de n'avoir pas été entendu, quoique le livre parle de lui-même. Mais il faut remarquer que c'est une règle religieusement observée dans les affaires du saint Office, que les examinateurs ne s'ouvrent en rien aux parties, même qu'ils ne les écoutent pas. L'assesseur leur a écrit à chacun un billet de la part de Sa Sainteté pour le leur permettre.

Le dessein des amis de M. de Cambray est de pousser la chose plus loin, et de faire en sorte qu'on communique à M. de Cambray les propositions qu'on croira devoir extraire de son livre, pour y donner l'explication qu'il jugera à propos et par là éluder la condamnation. Je sais que c'est là tout leur artifice. Jusqu'ici il n'y a pas de vraisemblance qu'ils y réussissent, mais c'est leur grande vue. Ce qu'il y a à craindre, c'est que Sa Sainteté, qui dit toujours oui au dernier venu, tout d'un coup, croyant ne faire aucun mal, s'engage à quelque chose de semblable, et par là n'éternise cette affaire. Je ferai bien tout de mon mieux pour que le saint Père se tienne sur ses gardes; et si, je l'ose dire, M. le cardinal de Bouillon vouloit se déclarer sur cette affaire et la faire finir, il n'en seroit pas seulement question. Mais jusqu'à cette heure, il dit lui-même qu'il ne s'en veut mêler ni pour ni contre : or ne se mêler pas contre, c'est vouloir ne pas finir; ce qui, ce me semble, n'est ni l'intention du roi ni celle du Pape.

Il est difficile d'empêcher les coups fourrés : tout ce que je puis faire, c'est de bien avertir et instruire le cardinal Casanate, le cardinal Noris, le cardinal Spada et le Pape par des gens affidés. Tout ce qui viendra du côté de M. le nonce et du roi, sera d'un grand poids; et pour cela il faut que M. le nonce écrive fortement là-dessus. Il n'y aura pas de mal aussi peut-être, qu'il parle au sujet de l'assesseur, qui paroît partial : cela pourra le faire un peu songer à lui; il est entièrement dévoué au cardinal de Bouillon. Jugez par là de cette Éminence. Avec tout cela les gens les plus sensés sont persuadés que le livre n'évitera pas la censure : mais ce ne sera pas sans peine, si M. le cardinal de Bouillon continue sa mauvaise volonté cachée; car pour les Jésuites, ils ne peuvent faire aucun mal considérable.

L'assesseur a parlé au Pape d'une manière très-artificieuse sur le livre en question : il lui a parlé de M. de Cambray comme d'un homme d'une grande considération, pour qui il falloit avoir des égards très-grands, et ne pas précipiter une affaire qui regarde de si près un grand archevêque; qu'il falloit l'écouter et voir ses raisons; que c'étoit une affaire de la dernière conséquence, et mille choses générales de cette façon, qui ne font qu'embrouiller l'esprit du Pape. Leur but est d'allonger et de gagner du temps, d'attendre s'il se peut la mort du Pape, et mille autres accidens qui peuvent retarder cette affaire.

On ne sauroit mieux faire que d'imprimer ce qu'on veut envoyer ici. Cela est beaucoup plus commode pour les examinateurs et les cardinaux, et cela est plus authentique.

Ce que le P. Augustin vous a mandé dans la lettre que je vous envoyai par l'autre courrier, de la Faculté de Louvain, n'est pas vrai. Hennebel, qui est ici, a reçu ordre de ne se pas mêler dans cette affaire. Ce docteur improuve fort le livre; et il est vrai que Steyaert dit qu'il écrit contre M. de Cambray.

Enfin M. de Chanterac a donné une copie du livre en latin au saint Office, qui en fait faire des copies pour chaque examinateur. J'emploierai tous mes efforts pour en avoir une, afin de vous l'envoyer incessamment, c'est-à-dire le plus tôt que je pourrai.

Je viens d'apprendre ce qui s'est passé vendredi dernier à l'assemblée des examinateurs : on n'a parlé que des préliminaires. Tous ont parlé déjà assez désavantageusement du livre : on a résolu d'en extraire des propositions qu'on examinera l'une après l'autre ; et on a voulu déterminer de s'assembler tous les vendredis de chaque semaine, pour que chacun rendît compte de son travail et pour convenir. C'est ce que j'ai fait proposer comme le meilleur moyen d'avancer : au moins on n'aura plus besoin de nouvelles convocations. Massoulié et Granelli servent et serviront fort bien et très-utilement. Le P. Alfaro, jésuite, s'est trouvé à cette assemblée : il est Espagnol et honnête homme, à ce qu'on dit ; et il se peut faire, s'il est bien instruit, qu'il ne fasse pas mal. Nous aurons l'œil à tout, et n'oublierons rien pour instruire tout le monde.

Le Pape paroît se porter considérablement mieux. Il donne audience à tout le monde, et s'est aujourd'hui promené fort longtemps dans son jardin. On prétend avec tout cela qu'il n'est pas hors d'affaire, que l'humeur de la goutte n'est pas dissipée, et que l'estomac ne fait pas bien ses fonctions. M. le cardinal de Bouillon n'est pas fâché qu'on croie que le Pape ne se porte pas bien, pour avoir plus de crédit ; et il est certain qu'on ménage plus les cardinaux dans le temps qu'on croit pouvoir avoir besoin d'eux, comme dans ces circonstances.

J'oubliai dans le dernier ordinaire, de vous écrire que le P. Dias et les autres cordeliers espagnols ont joué des ressorts très-grands depuis peu, pour faire faire quelque chose en faveur du livre de la Mère d'Agréda. J'ai été bien averti qu'ils vouloient employer pour cela M. l'ambassadeur d'Espagne; et dans les entretiens que j'ai eus avec le cardinal Casanate et le cardinal Noris, j'ai eu soin de les en avertir. Il s'est trouvé effectivement que peu de temps après, c'est-à-dire depuis quinze jours, M. l'ambassadeur d'Espagne leur en a parlé; mais ils lui ont ôté toute espérance de pouvoir renouveler cette affaire, et de rien faire en faveur de ce livre : le cardinal Casanate me le dit la dernière fois que j'eus l'honneur de le voir.

LETTRE CLXVIII.

BOSSUET A SON NEVEU (a).

A Germigny, ce 27 octobre 1697.

Il faut commencer par vous annoncer la réception de vos lettres du 8 et 11. Le dernier paquet par M. le cardinal d'Estrées, celui de M. de Reims, qui est chez lui, n'est pas encore arrivé jusqu'à moi.

M. le cardinal de Bouillon m'a honoré d'une grande lettre pleine de bonté. Vous jugerez par ma réponse, que je vous envoie, de ce qu'elle contenoit.

Je retournerai à Paris incontinent après la Toussaint.

On n'a encore rien déterminé sur la maison de la princesse.

Je conçois votre raison pour que le roi parle au nonce

J'ai bien entendu l'Allemagne et l'Espagne.

Vous aurez par l'ordinaire prochain, sans tarder, la *Relation* (b) que vous voulez. J'ai reçu la copie que M. Phelippeaux m'a envoyée (c).

M. de Paris prépare, et imprime actuellement une *Ordonnance* contre M. de Cambray.

Le mouvement que e donnent ici les amis de M. de Cambray est incroyable; ce qui nous oblige à instruire le peuple, et à préparer les voies au jugement qu'on attend. Les politiques répan-

---

(a) Revue sur l'original. — (b) Sur le quiétisme. — (c) Les remarques latines de cet abbé sur les dix premiers articles du livre des *Maximes*

dent qu'on aura de grands ménagemens, pour ne point flétrir un archevêque. Je ne le puis croire : ce seroit tout perdre. Plus une erreur si pernicieuse vient de haut, plus il en faut détruire l'autorité. Il sera temps de le ménager pour sa personne, quand on aura foudroyé une doctrine qui tend au renversement de toutes les prières et de toutes les conduites de l'Eglise.

Gardez toujours avec M. le cardinal de Bouillon, les mesures de respect et de confiance, que je vous ai marquées par ma précédente.

C'est M. le maréchal de Noailles qui m'a prié de vous envoyer la lettre sur le frère Laurent (a): vous ne vous presserez pas.

M. l'archevêque de Cambray a imprimé et publié une *Ordonnance* explicative de son livre, et pareillement explicative de sa prétendue tradition : il la tient cachée, et à Cambray même on n'en a point d'exemplaire (b). Il l'a fait imprimer en trois ou quatre lieux différens, afin de rendre plus difficile le ramas des feuilles. On est étonné du soin de cacher une ordonnance publique. Il la veut envoyer à Rome furtivement et nous la cacher, pour surpendre et nous ôter le moyen d'en découvrir les erreurs. Un évêque savant, à qui il l'a communiquée, m'a fait savoir qu'elle étoit pire que le livre : l'évêque de Toul (c).

J'embrasse M. Phelippeaux.

(a) Cette lettre, adressée au maréchal de Noailles par l'abbé de Beaufort, grand-vicaire de Paris, avoit pour but de justifier ou d'expliquer le livre du frère Laurent. — (b) Il s'agit ici de l'*Instruction pastorale* datée du 15 septembre, mais qui ne fut en effet publiée qu'à la fin d'octobre. Deux lettres de Fénelon à l'abbé de Chanterac (des 15 septembre et 23 octobre 1697), nous donnent les raisons du retard de la publication de cette pièce. On y voit que Fénelon avoit composé deux *Instructions*, l'une pour expliquer sa doctrine, l'autre pour exposer la suite de la tradition ; mais qu'après il jugea à propos de les fondre en une seule. On y apprend encore que plusieurs théologiens zélés pour la cause de l'archevêque de Cambray, lui firent des observations, qui donnèrent lieu à ce prélat d'ajouter à son *Instruction* beaucoup de cartons, comme on le voit dans l'édition originale, où plusieurs pages sont intercalées, d'autres imprimées en caractères plus menus ; et par là on explique d'une manière plausible ce que dit ici Bossuet, apparemment mal informé, que Fénelon avoit fait imprimer son *Instruction* en trois ou quatre lieux différens. (*Edit. de Vers.*) — (c) Henri-Pons de Thiard de Bissy, né le 25 mai 1657, nommé évêque de Toul en 1687. Il refusa l'archevêché de Bordeaux en 1697, et fut choisi par Louis XIV, le 10 mai 1704 pour successeur de Bossuet dans le siège de Meaux, qu'il occupa jusqu'à sa mort. Clément XI le fit cardinal en 1715. Il mourut à Paris, à Saint-Germain-des-Prés, dont il étoit abbé, le 26 juillet 1737.

LETTRE CLXIX.

L'ABBÉ BOSSUET A SON ONCLE.

A Rome, ce 29 octobre 1697.

J'ai reçu la lettre que vous m'avez fait l'honneur de m'écrire de Fontainebleau, du 7 de ce mois. J'ai reçu par le même courrier le paquet de vingt *Déclarations*, et quatre de vos livres et additions. Les vingt exemplaires de la première édition ne sont pas encore arrivés.

M. de Chanterac fait fort retentir ici la grace qu'il prétend avoir obtenue de Sa Sainteté, sur la communication de toutes les difficultés qu'on fera sur l'ouvrage de M. de Cambray. Il est vrai que le billet de l'assesseur aux députés contient, que c'est l'intention du Pape que les examinateurs puissent communiquer de vive voix réciproquement avec le grand-vicaire de M. de Cambray sur leurs difficultés; et c'étoit là un beau prétexte pour ne jamais finir, et entasser difficulté sur difficulté, et rendre suspects tous ceux qu'il auroit voulu : et c'est pourquoi les examinateurs, dans leur dernière assemblée de vendredi, ont résolu de ne rien communiquer de ce qui se passeroit dans leurs assemblées, ni de ce qui s'y résoudroit, et ont paru trouver très-extraordinaire l'ordre qu'ils ont reçu.

Cela m'a donné occasion d'en parler fortement ici, et d'en faire parler au Pape pour l'engager à révoquer cet ordre, qui ne sert à rien, et qui ne sert que de prétexte aux malintentionnés, qui est contre toutes les règles du saint Office et du secret nécessaire pour finir et pour bien finir.

Je ne puis pas encore répondre de ce qui se fera positivement ; mais j'espère par le premier ordinaire, pouvoir vous mander une résolution fixe de Sa Sainteté, de renvoyer tout à la congrégation des cardinaux ce qu'on lui demandera sur cette affaire, et en particulier un ordre aux examinateurs de ne point changer leur manière ordinaire de procéder avec les parties. C'est une chose

(a) Revue sur l'original.

juste, qui n'empêche pas qu'on n'écoute les raisons de M. de Cambray, et qu'on n'examine ce qu'il voudra donner pour sa défense; mais qui prévient mille inconvéniens et mille chicaneries. J'espère de faire prendre cette bonne résolution avant que le cardinal de Bouillon ait vent qu'on ait ce dessein, et qu'on rompt ses mesures. Je suis assuré que cela ne lui plaira pas: quand cela sera assuré je lui en parlerai, supposant toujours qu'il approuve tout ce qu'on fait pour empêcher les longueurs. Si ce que je fais faire ne réussit pas, je prendrai peut-être la résolution de demander une audience à Sa Sainteté pour lui représenter mes raisons; mais je ne ferai rien que de l'avis du cardinal Casanate et du cardinal Spada.

On tint donc vendredi 25 la troisième conférence, où l'on continua les préliminaires et à parler fortement contre le livre en général. Jusqu'ici tout va bien; on étudie la matière, on a les livres. Le P. Massoulié, le P. Granelli, le P. le Mire, le P. procureur général des Augustins, le maître du sacré palais sont les plus savans, sans difficulté, et font bien. Le P. Damascène étoit à la campagne: le P. Gabrieli et le P. Alfaro parlèrent peu. La première conférence se tiendra lundi 4 de novembre, parce que c'est le premier jour libre à cause des fêtes: on commencera à entrer dans le détail des propositions.

J'ai reçu les remarques, qui sont excellentes: je crois qu'il les faut traduire en latin et retrancher les qualifications. Si ceux que je consulterai là-dessus, qui seront le cardinal Casanate et le cardinal Noris, le jugent à propos, j'en ferai faire des copies, et les donnerai pour instruction. Jusqu'ici c'est mon dessein, à moins que je n'y voie quelque nouvelle difficulté. Cela est court et clair, et démonstratif: c'est tout ce qu'il faut.

Il y a longtemps que j'ai présenté un de vos livres à M. le cardinal Nerli, qui est assurément un personnage. Le cardinal de Bouillon est assez de ses amis; le P. Damascène aussi, et je l'ai trouvé un peu prévenu. J'ai été une heure et demie avec lui ce matin. Comme il est homme capable d'entendre, bien intentionné, qui aime qu'on l'instruise, et qui sait bien le françois, j'espère lui faire entendre la vérité. Je lui ai déjà levé bien des nuages qu'il avoit sur le procédé, et sur ce qu'on avoit tâché de lui insinuer. Je continuerai à le voir souvent : c'est un des plus appliqués du saint Office. C'est le seul cardinal, avec le cardinal Spada, que M. de Chanterac ait vu jusqu'à cette heure. Il est fort ami, ce me semble du cardinal d'Estrées. Si ce cardinal pouvoit lui faire savoir, non-seulement l'état des choses, mais le procédé de M. de Cambray et des évêques, et le scandale du livre, et l'improbation générale, cela ferait un bon effet. Car vous ne sauriez vous imaginer avec quelle application et quelle adresse on insinue ici le contraire, et que c'est une cabale où l'on a fait entrer le roi. Cela insinué par M. le cardinal de Bouillon et par gens qui semblent n'y avoir aucun intérêt, fait d'abord effet.

Ce matin je ne suis point entré chez le cardinal Marescotti, parce que M. de Chanterac y étoit : celui-là est ami particulier de M. le cardinal de Bouillon ; mais je l'ai bien instruit il y a longtemps. Ces deux cardinaux sont cardinaux papables.

Je reconnois tous les jours de plus en plus l'intérêt que M. le cardinal de Bouillon prend pour M. de Cambray. Le cardinal Albani (*a*) est fort ami de ce cardinal, et il est certain qu'en cette affaire-ci M. le cardinal de Bouillon croit s'en servir.

Je ferai tout de mon mieux, pour ne rien oublier, pour instruire ; Dieu fera le reste et le temps.

Il seroit fort à souhaiter que Damascène, Gabrieli et Alfaro n'y fussent pas (*b*) : mais c'auroit été un trop grand fracas, si le roi avoit pressé là-dessus le Pape ; et je crois que cela fera un bon effet, si M. le nonce a rendu compte comme cela s'est passé. Je l'ai dit au cardinal Casanate, qui est le seul jusqu'à cette heure sur qui je puisse compter.

Je n'ai pas encore entendu parler des livres que vous dites qu'on objecte à Paris : je ne sais ce que c'est que ce livre de frère Laurent.

M. le cardinal de Bouillon est toujours à Frescati, qui se porte bien, et qui régale tout le monde. Je ne puis lui aller faire ma cour aussi souvent que je le voudrois, ni jouir de la petite mai-

---

(*a*) C'est le cardinal qui succéda à Innocent XII, sous le nom de *Clément XI*.
— (*b*) Parmi les examinateurs.

son que j'y ai. Présentement qu'on peut retourner à Rome sans danger dormir, j'irai plus souvent et y coucher de temps en temps une nuit ou deux.

L'arrivée de M. le prince de Conti est sûre en Pologne. Le ministre de l'empereur, et de Saxe, ces jours passés ont fait leurs efforts pour faire faire ici des pas en faveur de Saxe, mais ils n'y ont pas réussi, cette Cour étant résolue d'attendre l'événement. Le cardinal de Bouillon ne s'est donné aucun mouvement sur tout cela, au grand étonnement de tout le monde.

Le Pape est sorti déjà plusieurs fois malgré le grand froid : il se porte mieux ; mais les cardinaux ne veulent pas croire qu'il soit hors d'affaire, et moins que personne M. le cardinal de Bouillon.

J'oublie de vous dire que le cardinal Pétrucci a dit que le livre de M. de Cambray étoit très-mauvais et insoutenable.

Il est bon qu'à M. le cardinal d'Estrées vous parliez quelquefois du P. Estiennot et de M. Georgi comme de gens que j'estime et de mes amis.

J'ai reçu l'*Ordonnance* de M. de Reims, qui est foudroyante : on y reconnoît la main.

J'ai entretenu et instruit M. Charlas, qu'on avoit commencé à prévenir ; mais il est à cette heure dans le bon chemin, si je ne me trompe.

LETTRE CLXX.

BOSSUET A M. DE NOAILLES, ARCHEVÊQUE DE PARIS.

A Marly, ce 3 novembre 1697.

Je ne trouve rien qu'à admirer dans votre *Instruction*. Elle est solide, elle est profonde, elle est correcte, elle est docte ; et si j'avois à reprendre quelque chose, c'est seulement qu'elle pourroit paroître un peu trop chargée de doctrine et de passages. Ce défaut est trop beau pour le corriger. J'ajoute que tout le monde n'en verra pas également l'ordre, quoique si l'on suit avec attention les titres de la marge, ils serviront de reposoirs et de guides.

Il me semble qu'à la page 51 il ne faudroit pas dire (*a*) si généralement, qu'on ne trouve aucune trace dans les martyrs de ces précisions subtiles. Il y en a un exemple dans Victor de Vite : on en pourroit trouver quelque autre. Cela ne fait rien dans le fond, et on en est quitte pour adoucir un tant soit peu l'expression.

Je vous supplie, mon cher Seigneur, de bien observer ces mots de la page 75, que *si l'on continue à vous accuser, comme on a fait*, etc. Il me paroît que ces excuses ne sont pas de la sublimité et, pour ainsi dire, de la magnanimité d'une *Instruction pastorale*. Vous paroîtrez trop ému du bon méchant mot d'un prélat que vous connoissez, et que tout le monde connoît, et des caractères qu'il nous a donnés à vous et à moi. Plusieurs croiront même que vous aurez voulu repousser à mes dépens le caractère de rigueur qu'il m'attribue. Ce n'est pas votre intention, je le sais ; mais je dis aussi qu'il ne faut pas qu'on le puisse ni dire, ni penser. Votre indulgence, qu'il faudroit plutôt appeler *patience sainte et charitable*, a servi à la vérité, puisqu'elle a servi à la conviction. Il n'y a point eu de rigueur en cette affaire, puisqu'on ne s'est déclaré qu'à l'extrémité. Notre *Déclaration* n'est pas un acte de rigueur; elle porte sa justification en elle-même. Ce n'est pas une rigueur dans votre *Instruction*, d'avoir marqué en trente endroits les paroles du livre de M. de Cambray : il est désigné trop clairement pour donner lieu à aucun doute. J'ôterois pour cette raison ces mots : *Le ménagement qui est dû au mérite et au caractère de l'auteur*. Ces excuses me semblent peu nécessaires après notre *Déclaration ;* et il me paroît plus noble, par conséquent plus épiscopal, de se justifier par le fond. C'est une assez bonne raison que celle *d'attendre le jugement du Pape*, et je crois que le reste fera parler sans nécessité. Je suis à vous, comme vous savez, mon cher Seigneur.

† J. Bénigne, év. de Meaux.

J'ajoute que cette *Instruction*, avec ces petits correctifs, ne

---

(*a*) On voit, dans l'*Instruction* de M. de Noailles, qu'il a eu égard aux observations de Bossuet, en corrigeant ou adoucissant les différentes expressions que le prélat reprenoit. (*Les édit.*)

sauroit trop tôt paroître : je la garde pour la mieux goûter moi seul.

LETTRE CLXXI.

BOSSUET A SON NEVEU (a)

A Marly, ce 4 novembre 1697.

J'ai reçu vos lettres du 15 octobre. Vous apprendrez par cet ordinaire, que le roi m'a donné la charge de premier aumônier de Madame la duchesse de Bourgogne. J'en reçus la nouvelle mercredi dernier à Germigny, par un courrier de M. de Pontchartrain, de la part du roi. J'ai laissé passer la Toussaint, pour faire l'office; et hier je partis pour venir ici coucher; et faire mes remercîmens. Le roi me dit tout ce qui se peut d'obligeant, de confiance, et Monseigneur de même; et je vous puis dire que ce fut une joie publique dans toute la Cour. Je verrai demain la princesse. On croit que le roi, qui n'a point nommé la chapelle, me veut faire l'honneur de m'en parler : il ne m'a encore rien dit. Nous avons résolu, mon frère et moi, de ne vous proposer pour rien. Il faut espérer que par votre bonne conduite on aura mieux. Ne doutez pas que je ne m'applique à vos avantages plus qu'aux miens, puisque dans les choses temporelles, vous pouvez, en continuant, faire mon principal objet.

Vous recevrez par cet ordinaire la nouvelle *Instruction pastorale* de M. de Cambray, dont je vous ai tant parlé dans mes précédentes : rappelez-en la mémoire. Je vous ai mandé combien artificieusement elle a été faite, et quel en est le dessein. Vous verrez par la date qu'il y a six semaines qu'elle est publiée : on a voulu avoir tout ce temps-là pour prévenir Rome si l'on pouvoit, et embrouiller les affaires. Elle doit faire un effet tout contraire. On voit un homme qui recule sur tout, qui ne sait comment couvrir ses erreurs, et qui n'a pas l'humilité de les avouer. C'est justement pour convaincre que le livre est visiblement condamnable, puisque l'auteur ne le peut sauver qu'en le tournant à contre-sens. C'est l'effet que vous attendiez de l'explication : vous

(a) Revue et complétée sur l'original

avez très-bien raisonné; et en général, je vous puis dire que tous les raisonnemens que vous faites dans la matière sont très-justes. Je vous enverrai bientôt de courtes remarques (*a*) sur cette *Ordonnance*. En attendant, voilà le récit que je vous ai promis (*b*) : il ne le faut communiquer qu'à peu de personnes qui soient sûres.

M. le cardinal de Janson est à Beauvais, très-heureusement appliqué à son diocèse. Ne doutez pas de mon attention à ce que vous me marquez par rapport a lui (*c*), et à M. le cardinal d'Estrées. Le dernier n'est point ici.

M. de Celi apporta avant-hier la nouvelle de la signature de l'empereur.

Tant ce qu'il y a ici de bons évêques, et moi plus que personne, nous faisons des vœux continuels pour la conservation de Sa Sainteté; et jamais Pape ne fut ni plus révéré ni plus chéri.

Assurez-vous que je ne partirai point d'ici, s'il plaît à Dieu, sans avoir fait résoudre ce que vous croyez nécessaire. Le roi est toujours porté par le même zèle, et il ne faut que lui montrer le bien. C'en est un grand qu'il a fait d'avoir dès le lendemain de la paix, et avant la signature de l'empereur, déchargé tout le royaume de l'ustensile, de la capitation et de la milice : c'est relâcher tout d'un coup quarante millions.

Les nouvelles de la Pologne vont toujours de mieux en mieux pour M. le prince de Conti, dont la prudence, la modération et la capacité font la merveille de toute la nation, dont les seigneurs le trouvent instruit de leurs affaires mieux qu'eux-mêmes.

M. le cardinal de Bouillon sera bien aise par sa bonté de la nouvelle grace que j'ai reçue; et je vous prie de lui en donner l'avis de ma part, en l'assurant de mes respects.

Le P. Augustin voudroit qu'on fît agir le roi dans l'affaire du

---

(*a*) Bossuet ne se borna pas à de courtes remarques, mais il fit un écrit assez étendu, sous ce titre : *Préface sur l'Instruction pastorale donnée à Cambray le 15 de septembre* 1697. Voyez cet ouvrage. vol. XIX, p. 178. — (*b*) C'est l'écrit intitulé : *De quietismo in Galliis refutato*, que nous avons placé à la tête de cette correspondance. — (*c*) Il s'agissoit d'engager l'un ou l'autre de ces deux cardinaux à prendre pour conclaviste l'abbé Bossuet, si le Pape venoit à mourir.

P. Serri : je le voudrois, mais il faut du temps et des occasions pour cela.

LETTRE CLXXII.

L'ABBÉ BOSSUET A SON ONCLE (a).

A Rome, ce 5 novembre 1697.

J'ai reçu la lettre que vous m'avez fait l'honneur de m'écrire de Fontainebleau, du 14. Vous aurez vu par mes précédentes, le sujet du retardement de mes lettres. J'attends par les réponses que je recevrai, savoir le sort de mes lettres.

Le *donec corrigatur* jusqu'ici paroît une chimère et une chose impossible dans l'état des choses, comme vous aurez vu par mes précédentes.

Le P. Estiennot n'est pas des mieux informé sur tout ; il est un peu bavard, et cherche à se faire valoir. Il ne doit pas être trop bien avec le cardinal de Bouillon. Avec cela il ne s'y faut fier que comme de raison.

Le saint Office est engagé à examiner les propositions : M. de Cambray le souhaite, et il y a apparence qu'on lui donnera contentement en partie ; car d'éviter le *respective*, s'il est condamné, il n'y a point d'apparence.

Il n'y eut point d'assemblée des commissaires hier, comme elle avoit été indiquée : on l'a remise de l'ordre du Pape jusqu'à nouvel ordre. Le prétexte est la traduction nouvelle avec les notes, qui commence à paroître, et qu'on veut que les examinateurs voient, avant que de continuer les assemblées. C'est toujours pour allonger ; et il n'y a aucune bonne raison à cela. On dit encore pour raison de cette remise, mais ce n'est qu'un bruit qui ne laisse pas d'avoir son fondement, que le nonce a écrit qu'il croyoit qu'on feroit plaisir au roi de nommer d'autres examinateurs à la place de Damascène et de Gabrieli, et que cela doit se résoudre demain à la Congrégation du saint Office. J'ai vu ce soir M. le cardinal Noris, qui m'en a touché quelque chose. Je lui ai dit à peu près ce que vous m'avez écrit sur ce sujet-là, lui

(a) Revue et complétée sur l'original.

faisant remarquer que le parti que les évêques prenoient naturellement étoit celui de la douceur, et de respect pour ce qu'ils pouvoient croire l'intention du Pape et de la Congrégation : nous verrons ce qui en sera. J'ai parlé au cardinal Casanate en conformité sur cet article.

Je leur ai parlé plus fortement sur l'article de la communication des pièces et propositions prétendues par M. de Chanterac, et sur le billet de l'assesseur. Ils sont convenus que c'étoit entièrement contre l'ordre et la règle du saint Office; que le Pape s'étoit comme engagé là-dedans sans le savoir. Je ne vois encore rien de précis, de déterminé là-dessus. Ces cardinaux et le cardinal Spada me rassurent là-dessus; mais je ne vois point de contre-ordre précis. Je saurai si demain on fait quelque chose à ce sujet; cela est de conséquence. Ce que je crains plus que tout, c'est la communication des propositions avant la condamnation, particulièrement contre toute règle du saint Office, cela ne s'étant jamais pratiqué. Je ferai ici de mon mieux pour représenter toutes les raisons contraires; je ferai toutes sortes d'instances. Une seule parole de M. le cardinal de Bouillon feroit tout; mais il ne faut pas l'espérer, et vous voyez en quel embarras je suis.

Ajoutez de plus qu'il n'y a pas de jour où deux ou trois personnes ne parlent au Pape en faveur de M. de Cambray, et qu'il ne sait plus où il en est. Dans le commencement, rien n'étoit pareil à son ardeur : à présent il dit qu'il faut aller *adagio*. M. le cardinal Noris m'a dit aujourd'hui très-franchement, mais en secret, que M. le cardinal de Bouillon disoit qu'il étoit sur cela indifférent; mais qu'il croyoit, lui, qu'il favorisoit M. de Cambray, et qu'il sollicitoit pour lui. L'assesseur le favorise par toutes ses démarches; les Jésuites se déclarent hautement : il n'y a que moi qui fais toujours semblant d'en douter. Je sais pourtant qu'ils n'oublient rien : ils vont sollicitant partout Italiens et François; et le P. Dez a dit il y a quatre jours, que la Société étoit engagée à faire autant d'efforts pour empêcher la condamnation de ce livre, comme elle en avoit fait pour faire condamner Jansénius.

Je ne sais ce qu'on pourroit faire pour faire taire ces Messieurs, qui publient partout sans honte que le roi ne prend plus aucun intérêt à cette affaire, et que M. le cardinal de Bouillon n'étoit chargé de rien là-dessus de sa part; qu'aussi il témoignoit une parfaite indifférence. Que puis-je dire à tout cela? Néanmoins je puis vous assurer que je ne me décourage pas.

M. le cardinal de Bouillon ne me parle non plus de cette affaire que si elle n'existoit pas. Aussi je ne lui en parle pas, et je fais tout ce que je juge à propos sans le lui communiquer. Il m'est revenu qu'on disoit que le roi avoit récrit fortement là-dessus à M. le cardinal de Bouillon : il le mériteroit bien. Si le roi jugeoit à propos de récrire au Pape pour faire de nouvelles instances, de parler fortement au nonce sur la communication des propositions comme un allongement inutile et injurieux, et contraire, selon l'aveu des cardinaux, des examinateurs, aux saintes règles du saint Office; du moins qu'il ordonnât au cardinal de Bouillon de l'empêcher de quelque manière que ce puisse être, et qu'il témoignât toujours la même vigueur, ce seroit une chose très-utile, pour ne pas dire très-nécessaire. Si on pouvoit même témoigner au cardinal de Bouillon que, moi étant à Rome pour cette affaire-là, il feroit une chose agréable de me communiquer sur cela ses vues. Je sais bien que cela l'embarrasseroit, mais cela me donneroit lieu de lui représenter bien des choses et de lui parler librement, ce que je ne puis faire.

Il ne faut pas oublier, s'il vous plaît, de faire parler à M. le nonce, au sujet de l'assesseur, comme d'un homme entièrement partial, et s'en plaindre. Il est bon que cela lui revienne, et qu'il sache le mécontentement tant du roi que de la part des évêques. Si le roi jugeoit encore à propos, quand il fera réponse aux bonnes fêtes aux cardinaux du saint Office, de leur en toucher une parole, cela feroit un effet merveilleux; mais je ne sais si cela est praticable. Enfin le mal en tout ceci est du cardinal de Bouillon : cela fait un très-mauvais effet pour la bonne cause.

Je n'ai point reçu encore le *Summa doctrinæ*: je le recevrai apparemment par le prochain courrier; j'en ferai un bon usage. On ne sauroit trop m'en envoyer, non plus que des *Déclarations des évêques.*

Nous avons résolu de traduire les remarques que vous m'avez

envoyées: rien n'est plus net, plus précis, ni plus démonstratif. La traduction latine faite, on retranchera peut-être les qualifications en forme. J'ai déjà écrit à Naples au sieur Balizon, pour voir si on ne pourroit pas faire imprimer cette traduction: cela seroit bien commode et plus utile, parce qu'il en faudroit trop de copies. Il me paroît que la matière sera bien éclaircie, après la *Déclaration*, le *Summa doctrinæ*, et les Remarques. M. Phelippeaux travaille actuellement à la traduction : nous la corrigerons ensemble.

Je n'ai pas encore entendu souffler de frère Laurent: j'ai reçu la lettre de M. de Beaufort.

On ne sauroit trop, en France, éclater contre le livre de M. de Cambray : ils se mènent ici beaucoup par réputation et par crainte.

M. de Chanterac a fait voir ici à quelqu'un le commencement d'un écrit en latin traduit du françois, sous le nom d'un docteur de Sorbonne (a) qui fait voir à ce qu'on dit, proposition par proposition, la condamnation de Molinos par M. de Cambray. Il est dit dans cet écrit, que M. de Cambray a pour lui la plus grande partie de la Sorbonne.

L'importance à présent est d'empêcher, à quelque prix que ce soit, la communication des propositions que les examinateurs extrairont de M. de Cambray. Il ne faut point perdre de temps; et si on envoyoit quelque courrier extraordinaire, en être averti pour faire faire les instances nécessaires et convenues, et m'avertir

(a) L'abbé de Chanterac répandit successivement jusqu'à trois écrits *sous le nom d'un Docteur de Sorbonne.* Le premier étoit intitulé : *Considerationes Doctoris Sorbonici super doctrinâ et libro D. archiepiscopi Cameracensis.* Non-seulement on y prétendoit que la plupart des docteurs étoient pour M. de Cambray; mais on représentoit encore ce prélat comme un saint persécuté par les jansénistes, dont M. de Meaux étoit le protecteur déclaré.
Le second écrit avoit pour titre : *Observationes et notæ in declamationem archiepiscopi Parisiensis et episcoporum Meldensis et Carnutensis adversùs archiepiscopi Cameracensis librum.* L'auteur entreprend de faire passer ces trois évêques pour des jansénistes, des brouillons et des ennemis déclarés du saint Siége. Le troisième écrit fut composé par le P. Dez, jésuite, d'abord en françois, puis traduit en italien, sous ce titre : *Reflezione d'un Dottore di Sorbona.* Il réunissoit les vices des deux autres ; et l'auteur croyant sans doute mieux entendre la doctrine du livre de M. de Cambray que ce prélat même, s'efforçoit de défendre ses sentimens par des principes et des raisonnemens tout tirés de son fond. (*Les premiers édit.*)

en même temps. Il faut être assuré qu'à moins qu'on ne voie du côté du roi une persévérance constante et publique, on ne verra point de fin.

Je vous envoie dans deux feuilles séparées ce que je sais de la traduction latine.

Je ne reçois aucune réponse de vous au sujet du pauvre chevalier de la Grotte, qui sans moi mourroit de faim.

J'ai perdu mon cachet à tête, ainsi je suis obligé de cacheter avec une devise de M. Phelippeaux, dont je vous envoie l'empreinte.

LETTRE CLXXIII.

BOSSUET A SON NEVEU.

A Versailles, ce 11 novembre 1697.

J'ai reçu votre lettre du 22 octobre. Quoique après ma nomination on attendît celle du reste de la chapelle, il ne s'est rien dit du tout sur cela. On revint samedi de Marly, d'où je suis venu ici. Je vais faire un tour à Paris, pour retourner au plus tôt à la Cour.

M. le cardinal de Bouillon a écrit sur mon sujet à M. l'abbé de Fleury (a), une lettre à peu près de même sens que celle que vous pouvez avoir comprise par ma réponse. Il se défend fort de se mêler de l'affaire de M. de Cambray, et dit qu'il ne croit pas que vous ayez aucun sujet de vous plaindre de lui. C'est ainsi qu'il a la bonté de parler, ajoutant même qu'il vous avoit offert de tenir chez lui la place d'ami, qu'y tenoit M. l'abbé de Polignac. J'ai prié M. l'abbé de Fleury de faire de ma part toutes les honnêtetés que je dois à des bontés si obligeantes. J'ai fort assuré que vous étiez dans les mêmes sentimens : je suis bien persuadé que vous parlerez et agirez sur ce même pied, et je vous en prie.

Je pensois vous envoyer quelques remarques sur l'*Instruction pastorale* de M. de Cambray : je ne sais si j'en aurai le loisir.

(a) André-Hercule de Fleury, né à Lodève le 22 juin 1653, d'abord aumônier du roi, fut nommé en 1698 à l'évêché de Fréjus, dont il se démit en 1715. Il devint précepteur de Louis XV, cardinal en 1726, puis ministre d'Etat, et mourut à Issy, le 29 janvier 1743.

J'envoie à M. le grand duc, pour contenter sa dévotion, l'office de saint Fiacre, qu'il a demandé.

Le roi a parlé à M. le nonce, et fera ce qu'il faut. M. le nonce dit qu'on ne lui mande rien de Rome, ni pour ni contre. Le roi continuera d'agir.

Conduisez-vous toujours avec votre prudence ordinaire. Vous pouvez adresser à M. Torci et à M. Blondel ce que vous aurez de conséquence à m'envoyer.

M. de Metz (a) et l'abbé de Castries, qui sont venus me surprendre ici à dîné, vous font bien des complimens.

LETTRE CLXXIV.

L'ABBÉ BOSSUET A SON ONCLE (b).

A Rome, ce 12 novembre 1697.

J'ai reçu la lettre que vous m'avez fait l'honneur de m'écrire de Fontainebleau, 21 octobre. Je n'ai rien changé à ma manière d'adresser mes lettres à M. Roulier, à Lyon, parce que je la crois sûre et que jusqu'ici rien ne s'est perdu. Je prends du reste les précautions que vous avez vues et qui sont praticables, de peur de surprise. Vous avez, il y a longtemps, l'éclaircissement sur le retardement de mes lettres du 1er octobre.

Tout est dans la même disposition que je vous ai marquée dans ma précédente, de la part des Jésuites et du cardinal de Bouillon. J'en reçois tous les jours de nouvelles confirmations : on n'en peut douter; mais, encore un coup, cela ne peut que faire un peu retarder.

Pour ce qui regarde M. de Cambray, il est bien difficile que son livre se sauve ici. On aura beau faire, cette Cour non pressée ira peut-être un peu lentement; mais il faudra mettre à profit cette lenteur, qui, avec cela, ne sera pas excessive; et pour la mettre à profit, il faut nécessairement traduire en latin les premières vingt remarques dont je vous parlois dans ma dernière lettre, et les faire imprimer. J'ai pris le conseil de M. le cardinal

(a) Du Cambout de Coislin, neveu du cardinal de ce nom. — (b) Revue et complétée sur l'original.

Casanate, de M. le cardinal Noris et de plusieurs autres. On a trouvé fort bon l'impression de la *Déclaration* et du *Summa doctrinæ*. Je fais valoir par là que les évêques ne font rien en secret sur cette matière ; qu'ils sont bien aises d'exposer aux yeux et à la censure publique des remarques sur un livre public, et dont le scandale est public. Cela m'a fort servi dans les instances que j'ai été obligé de faire, pour qu'on ne se départît pas des règles saintes du saint Office pour la communication des sentimens des examinateurs et des propositions, qu'on vouloit extorquer, et que la Congrégation a résolu de ne leur pas donner.

M. le cardinal Casanate m'a assuré encore aujourd'hui, et M. le cardinal Spada, que toute la permission qu'on avoit accordée aux examinateurs, étoit seulement d'écouter M. de Chanterac sans s'expliquer avec lui ; et c'est à présent l'intention de Sa Sainteté qu'on avoit surprise. A moins que le Pape et la Congrégation ne changent de sentiment, ils sont à présent dans le bon chemin.

On m'a assuré hier que le Pape avoit donné ordre au maître du sacré Palais, de ne plus appeler le P. Damascène aux assemblées : cela voudroit dire qu'il est exclus. J'en ai dit un mot aujourd'hui au cardinal Casanate, qui n'a voulu me rien dire ; mais il m'a parlé de manière que j'ai sujet de croire qu'il y a de cela quelque chose de vrai. Il n'y a pas grand mal, quoique le P. Péra m'ait voulu persuader qu'il étoit engagé à condamner le livre. Ce P. Damascène s'en prend au nonce, qui a écrit fortement contre lui, et sait les bons offices que vous lui avez rendus : ainsi il ne nous en sait pas mauvais gré.

Pour revenir à nos vingt Remarques, je vous dirai donc que M. Phelippeaux en a traduit une partie. J'avois écrit à Naples dans l'intention de faire imprimer cet ouvrage ; mais on me mande qu'il faut la permission du cardinal-évêque et du vice-roi. Cela seroit long à examiner, peut-être la permission ne seroit pas sûre : ainsi nous avons pris le parti de vous envoyer par cet ordinaire ce qu'il y en a de traduit et par le prochain je vous enverrai le reste. Il est absolument nécessaire de le faire imprimer bien et correctement. Ces vingt Remarques sont démonstratives et décisives : vous pouvez compter qu'avec cela bien entendu, le livre ne peut pas tenir. Vous y corrigerez ce que vous jugerez vous-même à propos. On n'a pas jugé à propos de mettre les qualifications : comme elles sont séparées, on en a inséré ce qu'il faut dans le corps du discours; cela ne sera pas improuvé ici, et est nécessaire. On croit à propos de mettre les principaux passages à la marge en françois, pour qu'on voie tout d'un coup d'œil et qu'on puisse confronter aisément.

Les dernières Remarques que j'ai reçues par le dernier courrier avec les *Summa doctrinæ*, sont aussi excellentes : mais l'ouvrage seroit trop long; et puis ces Remarques sont sur des matières plus délicates, plus épineuses, plus subtiles la plupart, et qui ne sont pas pour la plupart nécessaires pour la condamnation du livre en ce pays-ci, où on ne sera touché que des erreurs marquées et démontrées. On peut néanmoins, et il n'y a que vous qui le puissiez faire, en prendre le substantiel, et ce qui aide à fortifier les vingt premières Remarques, et l'insérer dans les vingt Remarques ou à la fin : mais il ne faut, s'il vous plaît, prendre que ce qui ne souffre aucune réplique, où il n'y a aucune échappatoire, vraisemblable, court le plus qu'il sera possible : car c'est ce qui fera l'utilité de cet ouvrage, surtout aussi que rien ne sente la querelle particulière et l'injure.

Il sera bon d'expliquer les suppositions impossibles, de faire voir en quoi est l'excès de M. de Cambray et combien est différent ce que vous en avez écrit, bien établir l'exercice de l'oraison de quiétude, qui ne rend pas plus parfaits chrétiens. Cela sape par les fondemens tout son système, et les passages de l'Ecriture dont il abuse manifestement. La Remarque sur les articles faux est excellente : il la faut mettre en substance et raccourcir. Enfin il faut faire de ces Remarques un ouvrage complet : mais pour les vingt-quatre dernières Remarques, ne mettre que ce qui est essentiel, substantiel et sans réplique, et qui puisse frapper ces gens-ci par les inconvéniens. Il faut, s'il vous plaît, que pendant qu'on imprimera les vingt Remarques, vous ne perdiez pas de temps à achever en latin cet ouvrage, et le conclure en laissant entendre qu'il y a une infinité d'autres remarques à faire, mais qu'on s'en tient aux substantielles.

Il est bon aussi que vous sachiez qu'une des choses qui fera ici le plus de tort à M. de Cambray, c'est qu'on s'imagine qu'il est cartésien, et qu'il préfère cette philosophie à la commune : cela gendarme ici quelques-uns des principaux examinateurs contre lui.

Au reste il n'est pas nécessaire que vous mettiez votre nom à cet ouvrage. Il ne faut même l'imprimer que pour ce pays-ci, vous réservant à faire imprimer le françois quand il vous plaira, et dans la forme que vous jugerez à propos. Encore une fois, n'hésitez pas à faire imprimer ce que nous vous demandons pour ce pays-ci, cela est absolument nécessaire; mais, s'il vous plaît, il ne faut pas perdre un moment de temps. Aussitôt mon paquet reçu, il faut faire imprimer en toute diligence ce que nous vous envoyons, quand vous aurez corrigé dans le latin ce que vous jugerez à propos. Vous conclurez l'ouvrage après cela, et cela dans le temps qu'on l'imprimera : dans huit jours vous recevrez le reste de la traduction des vingt Remarques. Aussitôt imprimées, aussitôt vous m'en enverrez, s'il vous plaît, pendant trois ou quatre ordinaires, le plus qu'il sera possible, aussi bien que des *Déclarations* et des *Summa doctrinæ* : il est nécessaire de répandre cela partout. On juge ici fort sur la réputation : ces trois pièces se soutiennent l'une l'autre, et suffisent. Au reste les dernières Remarques nous serviront ici pour approfondir la matière, et pour répondre, s'il est nécessaire, à quelques difficultés par quelques feuilles volantes, et pour instruire dans la nécessité. Mais l'imprimé, s'il vous plaît, bien correct, et promptement. Encore une fois, n'hésitez pas un moment, car cela est absolument nécessaire.

La *Lettre pastorale* de M. l'archevêque de Cambray a été envoyée ici imprimée. L'assesseur l'a prêtée à M. le cardinal Casanate, qui l'a lue : elle est très-longue. M. le cardinal m'a dit qu'il lui paroissoit qu'il commençoit à rétracter beaucoup de choses : il ne l'avoit plus et l'avoit rendue; il la croit conforme aux notes.

Au reste comme on alloit me donner copie des notes en latin, le maître du sacré Palais a repris le manuscrit, et je ne l'ai pu avoir; mais on m'a assuré que je l'aurois pour l'ordinaire prochain. M. le cardinal Casanate me l'a comme promis, et une autre personne.

Je vous envoie un écrit en françois contre vous (a), très-mauvais, sur le cas impossible. Il est de la main, à ce qu'on dit, de M. de Cambray. Celui du docteur de Sorbonne ne se publie pas, et apparemment ce n'est pas grand'chose.

Les personnes qui écrivent en France qu'on consultera sur cette affaire le cardinal Pétrucci, ignorent absolument cette Cour-ci et l'état présent des choses, outre que je sais de science certaine que ce cardinal condamne le livre de M. de Cambray. Mais il suffiroit qu'on crût qu'il y prît part, pour faire condamner plus vite M. de Cambray : il n'y a rien à craindre de ce côté-là.

Plus la Hollande se déclarera favorable à M. de Cambray, plus son affaire sera mauvaise ici.

Je ferai bon usage de la relation que vous me promettez. Il est certain que M. le cardinal de Bouillon est enragé contre moi. Je vais mon chemin, avec toute l'application qui m'est possible, et je rends tout le respect que je dois à tout le monde.

L'union entre vous, M. de Paris et M. de Chartres est nécessaire, et que même cela paroisse encore par quelque chose de public, aussi bien que l'attention et la protection du roi.

Si M. le cardinal de Janson et M. le cardinal d'Estrées écrivoient ici à quelque cardinal, ou personne de considération, la disposition de la France et du roi, le scandale du livre et votre procédé et celui de M. de Cambray, cela feroit un bon effet. Il seroit bon même qu'on commençât dans la Faculté et dans le clergé à se remuer là-dessus, s'il est possible : vous êtes prudent et sage.

Je finis par la nouvelle de la promotion inopinée de M. le cardinal Cenci, que le Pape déclara hier être un des deux réservés *in petto*, dès la première promotion : ainsi il va immédiatement

(a) Cet écrit, de près de deux cents pages in-12, est intitulé : *Lettre d'un Ecclésiastique de Flandre à un de ses amis de Paris, où l'on démontre l'injustice des accusations que fait M. l'évêque de Meaux contre M. l'archevêque de Cambray.* On fit d'abord courir cette pièce manuscrite à Rome, et enfin on la fit imprimer l'année suivante, 1698. (*Les édit.*)

après le cardinal Tanara. J'en ai une joie très-particulière; car c'est, je l'ose dire, le seul ami sur qui je puisse compter ici sûrement; et c'est un homme d'une douceur et d'un mérite infini, aimé de tout le monde et très-affectionné à la France. J'ai été cette après-dînée, une heure avec lui : il est bien aise, et il a raison; personne ne s'y attendoit, et lui moins qu'un autre. M. le cardinal de Janson en sera ravi.

On reçut la nouvelle samedi de la mort du cardinal Corsi.

Il n'est plus question de la santé du Pape, qui ne laisse pas d'être un peu plus foible que devant sa maladie.

M. le cardinal de Bouillon le divertit à merveille à Frescati, et y fait les honneurs de la France.

L'*Ordonnance* de M. de Reims est ici admirée de tout ce qui n'est pas jésuite. J'en écris à M. de Reims amplement, et choses qui ne lui déplaisent pas assurément : il vous en informera.

Faites un peu, je vous prie, ma cour à M. le cardinal d'Estrées, de Janson, M. de Paris, etc.

A ces remarques imprimées, il n'est pas nécessaire d'y mettre où elles sont imprimées : il suffit qu'elles le soient.

LETTRE CLXXV.

L'ABBÉ PHELIPPEAUX A BOSSUET.

Ce 18 novembre 1697.

Voilà le reste de la traduction faite à la hâte, et d'un style simple pour être mieux entendu, avec les notes de M. de Cambray. Vous pouvez insérer la réfutation de ces notes, et de l'écrit que j'ai envoyé par le dernier courrier. Comme ce ne sont que des observations, on y peut insérer les qualifications; et il faut nécessairement rendre la vérité éclatante, car il y a bien des sollicitations publiques et secrètes.

Vous me mandez de ne me donner que le moins de mouvement que je pourrai; rien n'est si facile : mais si je ne m'en donne, je ne sais qui s'en donnera. Au reste je puis assurer que ceux que je me suis donnés ont été nécessaires, et qu'ils n'ont été aperçus de personne, puisque je vais sans valet, et le soir, et que je ne vois que des personnes sûres et fidèles, qui sont de mes amis. Il seroit peut-être bon que je m'en donnasse davantage; mais ma première maxime, c'est d'obéir et de suivre vos volontés.

Les congrégations des examinateurs ont été suspendues en attendant la traduction latine, les notes et quelques autres écrits. Cette traduction a déjà été donnée à quelques examinateurs: je l'ai vue; le latin en est pur. Vous jugerez des notes : le peu que j'en ai vu ne servira qu'à faire condamner l'auteur.

On m'a assuré que le maître du sacré Palais avoit ordre de n'appeler plus Damascène: on en saura la vérité à la première assemblée. Ainsi il resteroit sept examinateurs, dont cinq paroissent vouloir faire leur devoir. On ne sait encore quel parti prendront Gabrieli et Alfaro, jésuite : on m'a assuré que le premier iroit bien; pour ce jésuite qui est Espagnol et assez honnête homme, je ne sais s'il pourra s'éloigner de l'engagement où paroît être la Société. On cherche déjà à différer; et nous serons longtemps ici, si de votre côté on ne presse. Vous n'ignorez pas ceux qui peuvent traverser : il n'y a que l'évidence de la vérité qui pourra toucher cette Cour, et la porter à agir malgré les sollicitations et les intrigues qu'on pourra faire.

Le livre du P. Dez (*a*) devoit être référé ce soir: mais comme M. le cardinal de Bouillon vouloit être présent, peut-être que les dépêches qu'il devoit faire auront engagé à différer. Le maître du sacré Palais donna ce livre à lire au P. Massoulié, qui y fit des notes. Le P. Dez les ayant vues, a fait un livre contre le dominicain sous le titre de *Réponse au Janséniste anonyme:* le dominicain s'en est plaint à la congrégation, et je ne sais comment cela se terminera.

L'*Ordonnance* de M. de Reims contre les thèses des Jésuites sera ici fort estimée : on a beaucoup de curiosité de la voir. C'est un coup bien violent pour des gens qui n'y sont pas accoutumés.

Si vous prenez le parti de faire imprimer les observations, il

---

(*a*) Ce livre étoit dirigé contre Baius, dont le P. Gerberon venoit de publier en Flandre les ouvrages.

faut y mettre tout ce que vous aurez à dire contre le livre, afin de ne point multiplier les écrits, et de ne point attirer de réponses frivoles. Tous les gens instruits et non prévenus sont pour nous. Je vous prie même d'insérer dans ces observations une réfutation courte de la *Lettre pastorale* que vous pouvez avoir : il n'en est venu ici qu'un exemplaire, apparemment pour pressentir ce qu'on en diroit en cette Cour. On parle encore d'un écrit d'un docteur de Sorbonne, probablement supposé : je n'ai pu encore le voir. Il faut que ce ne soit pas grand'chose, car on n'ose encore le communiquer. Après ces observations, s'il se fait quelque réponse, je serai en état d'y répliquer, faisant tout ce que je puis pour m'instruire à fond de la matière.

M. de Chanterac et M.**** courent partout, débitant beaucoup de choses qui ne servent à rien : ni l'un ni l'autre n'est capable d'entrer en discussion de la matière. Si M. le cardinal de Janson étoit encore à Rome, l'affaire seroit bientôt jugée; mais il faudra prendre patience. On attend quelque événement qui puisse retarder, et qui n'arrivera peut-être pas.

Les Jésuites ont répandu ces jours-ci que Madame de Maintenon avoit écrit au cardinal de Bouillon en faveur de M. de Cambray : on veut même que le roi soit indifférent; mais cela ne fera pas grand effet, s'il continue à presser l'affaire. Je suis avec un profond respect, etc.

LETTRE CLXXVI.

BOSSUET A SON NEVEU (a).

A Versailles, ce 18 novembre 1697.

J'ai reçu votre lettre du 29 d'octobre, et je suis bien aise de vous voir toujours au fait et fort attentif. J'attends par l'ordinaire prochain l'événement de votre projet (b). Il ne faut point sans nécessité demander d'audience au Pape, à cause du grand éclat que

---

(a) Revue et complétée sur l'original. — (b) Ce projet consistoit, comme on l'a vu par les lettres précédentes, à demander qu'on se conformât dans l'affaire de M. de Cambray, aux règles du saint Office, et qu'on ne communiquât point à l'abbé de Chanterac les délibérations. (*Les édit.*)

cela feroit ; mais agissant par le conseil que vous me marquez, vous ne sauriez que bien faire. Prenez garde de parler toujours en mon nom, sans mettre en jeu celui dont on ne doit point parler sans ordre (a).

Vous avez vu présentement l'*Instruction pastorale* de M. de Cambray : vous remarquerez aisément que tout y est déguisement et artifice. Je travaille à la réfuter sommairement. Ce n'est pas une explication, mais un autre livre, mauvais et censurable comme le premier.

M. de Paris doit envoyer aujourd'hui à Rome son *Instruction pastorale* (b). Il n'y nomme point M. de Cambray, ni son livre ; mais en trente endroits il en rapporte des quatre et cinq lignes, qu'il foudroie d'une étrange force.

Je vous envoie une petite lettre de M. l'abbé de Beaufort à M. le maréchal de Noailles, sur le sujet du frère Laurent, carme déchaussé. Vous verrez avec combien peu de ménagement un homme de l'archevêché et bien avoué de son patron, parle de M. de Cambray.

Outre l'*Instruction pastorale* de M. de Cambray, il remplit le monde de petits ouvrages, qu'il répand par le nombre infini de ses émissaires. En un mot, quoi qu'il dise et quelque beau semblant qu'il fasse, il n'a guère envie de se soumettre ; mais il le fera malgré lui, parce que si Rome prononce, il ne trouvera pas un seul homme pour le suivre.

M. l'abbé de Fleury l'aumônier a reçu une lettre de M. le cardinal de Bouillon par rapport à moi, où il veut toujours que je croie qu'il ne se mêle de rien. Cet abbé doit répondre que je crois tout ce qu'il dit, et que je n'entre en nulle connoissance de sa conduite, qui ne peut être que bonne et conforme aux ordres qu'il a. Je me réduis toujours sans plainte et sans chagrin, à dire que cette Eminence ne me fait pas assez de justice, sur ce qu'il me paroît trop regarder cette affaire comme une querelle particulière entre M. de Cambray et moi.

(a) Le nom du roi. — (b) Elle est intitulée : *Instruction pastorale... sur la perfection chrétienne, et sur la vie intérieure, contre les illusions des faux mystiques.* 6 octobre 1697.

Comme il parle de vous, je prie cet abbé d'assurer que vous recevez de ce cardinal toute sorte de bons traitemens, et que vous n'avez qu'à vous en louer. En lui demandant toujours sa bienveillance et sa protection, vous ne sauriez lui rendre trop de devoirs.

Pour les écrits que j'envoie, que votre prévention pour moi ne vous empêche pas d'examiner ce qui convient au lieu où vous êtes; pour moi je ne puis voir assurément que ce qui convient ici.

Les amis de M. de Cambray n'ont à dire autre chose, sinon que je lui suis trop rigoureux. Mais si je mollissois dans une querelle où il y va de toute la religion, ou si j'affectois des délicatesses, on ne m'entendroit pas et je trahirois la cause que je dois défendre.

La traduction en latin de mes Remarques françoises seroit bien longue. M. Phelippeaux prendra bien la peine d'en traduire ce qui sera plus utile. Mon intention est qu'elles puissent servir de mémoire à quelqu'un de confiance.

Vous devez avoir reçu deux pièces latines, qui sont pour vous et pour des personnes affidées : l'une est *Narratio;* l'autre est *Errores et qualificationes.*

Vous ne manquerez pas de nous écrire sur l'*Ordonnance* de M. de Reims. On dit qu'il court une lettre contre fort impertinente.

M. Chasot, qui est ici, vous mandera les nouvelles.

Tout est encore en son entier pour la chapelle : on n'en vendra point les charges.

Le roi a pris médecine par précaution et se porte mieux que jamais.

J'attends avec impatience l'écrit latin de M. Phelippeaux : je l'embrasse de tout mon cœur.

Nous nous portons tous à merveille.

M. le cardinal de Janson est encore à Beauvais ; on l'attend ici dans peu.

LETTRE CLXXVII.

L'ABBÉ BOSSUET A SON ONCLE (a).

A Frescati, ce 19 novembre 1697.

J'ai reçu ici, il y a trois jours, la lettre que vous m'avez fait l'honneur de m'écrire de Germigny le 27 du mois passé. Je suis venu ici prendre l'air quatre ou cinq jours, et m'en retourne demain. Je rendrai moi-même votre lettre à M. le cardinal de Bouillon, et aurai par là occasion de lui parler de cette affaire, dont, pour vous dire la vérité, nous ne nous parlons point, comme s'il n'en étoit pas question. La raison pour laquelle de mon côté j'en agis de cette sorte, c'est que je vois fort bien qu'il évite toutes les occasions d'entrer là-dessus en matière avec moi; et comme je veux aller mon chemin, et faire ce qu'il convient pour le bien de la cause, je n'en veux pas être empêché; et je suppose toujours qu'on en est bien aise, parce que cela doit être ainsi. Du reste je ne fais rien que je ne veuille bien qui soit su de tout le monde, et je garde toutes les mesures imaginables.

Enfin nous avons eu copie des notes latines, et j'ai chargé M. Phelippeaux de vous en envoyer un exemplaire par cet ordinaire : il vous instruira aussi de ce qu'il a pu savoir de nouveau depuis mon départ. Il vous doit envoyer les dernières feuilles de la traduction latine, dont nous attendrons ici les exemplaires avec grande impatience, comme chose très-nécessaire. Comme vous avez à présent l'*Ordonnance* et les notes, vous pourriez ajouter ce qu'il faut aux endroits. Ce que je prends la liberté de vous recommander, c'est la brièveté, et de n'aller qu'à l'essentiel, et aux grossières erreurs qui sont capables de frapper ces gens-ci.

Au reste vous ne sauriez, les uns et les autres, trop publier en France d'instructions contre M. de Cambray. M. le cardinal de Bouillon et les Jésuites sont bien aises de faire croire ici que le clergé de France est entièrement divisé sur cette matière, et que beaucoup de prélats et de docteurs ne condamnent pas le livre de

(a) Revue et complétée sur l'original.

M. de Cambray. Il seroit bon de faire connoître le contraire à tout le monde par toute sorte de voies.

Au reste j'ai appris depuis ma dernière lettre, qu'on murmuroit de faire une congrégation de cardinaux exprès pour cette affaire. Cela peut avoir son bon et son mauvais. Si cette nouveauté étoit demandée de la part du roi par M. le cardinal de Bouillon et de concert avec M. de Chartres, M. de Paris et vous, je la tiendrois pour bonne. Si c'est le contraire, je tiens ce dessein pour fort suspect : ce sera uniquement pour tâcher de changer le théâtre, qu'on croit n'être pas favorable.

J'ai mis en campagne deux ou trois personnes pour découvrir ce qui en est : et je le saurai dans peu, et j'agirai suivant l'occurrence. Ce que vous me mandez par votre précédente lettre, qu'on verra l'effet qu'aura ce que le roi a dit à M. le nonce, me fait être en suspens si ce ne seroit point de cela que vous me voudriez parler : d'un autre côté, je crois que cela vaudroit bien la peine de m'être mandé exprès.

Je suis venu ici en partie pour attendre que je fusse mieux instruit, et n'être pas obligé de parler là-dessus sans savoir ce que j'ai à dire. Tout ce que je puis vous dire, c'est que cela sera bien hardi au cardinal de Bouillon, s'il le fait sans ordre du roi. Car assurément une chose pareille ne se peut faire sans que le cardinal de Bouillon y ait part.

Les Jésuites publient hautement que la lettre du roi a été dictée par M. l'évêque de Meaux : cela est assez insolent, et pour aliéner l'esprit des examinateurs des trois évêques. Des moines intrigans, à la tête desquels est le P. Dias, Espagnol, publient que M. de Cambray est le seul défenseur des religieux, et qu'ils doivent le soutenir.

Il est sûr que le P. Damascène est exclus du nombre des examinateurs, dont il est très-fâché et les examinateurs sont fort aises. M. Phelippeaux vous écrira amplement : cette lettre sera dans son paquet.

Vous ferez, je vous prie, mes excuses à mon père et à M. Chasot, si je ne leur écris pas. J'ai reçu leur dernière lettre, celle de mon père du 28, et celle de M. Chasot du 27.

Le Pape se porte bien, et a fait son maître de chambre Monseigneur Aquaviva, Napolitain, qui est fort mon ami, et qui pourra parler au Pape plus fortement que M. Lenci, qui par modestie n'osoit parler de rien.

LETTRE CLXXVIII.

BOSSUET A SON NEVEU (a).

A Versailles, ce 25 novembre 1697.¹

Je vois, par votre lettre du 5, que vos travaux augmentent; Dieu vous bénira. Nous sommes au temps de l'embrouillement : celui du dénouement viendra, qui nous sera favorable.

Nous avons avis qu'on a ôté Damascène. J'en suis bien aise pour faire voir le zèle du roi, et pour la réputation de l'affaire, quoique ce religieux se fût expliqué pour la censure du livre. J'ai conseillé de ne rien pousser sur Gabrieli.

M. de Cambray et ses amis crient ici victoire, mais ne nous étonnons pas de ce style. Quand ce prélat fut chassé, tout résonnoit ici de sa victoire : le roi ne se soucioit plus de l'affaire et tout alloit bien. Il est vrai qu'en cette occasion ce n'est pas de même, et qu'on ne voyoit pas une cabale si puissante et si concertée; mais la vérité sera la plus forte.

Je vous prie de chercher les moyens de voir M. le cardinal de Bouillon, et de lui dire qu'encore que je croie tout ce qu'il lui plaît sur la neutralité qu'il promet, je ne cesserai jamais de me plaindre à lui avec respect du peu de justice que Son Eminence me rend, sur la plainte que j'ai eu l'honneur de lui faire des discours qu'on avoit tenus, et tendant à réduire cette affaire à une querelle particulière entre M. de Cambray et moi. Toute la France sait que je n'ai aucune affaire avec ce prélat, ni aucun démêlé avec lui qui ne me soit commun avec les autres prélats. Je ne cesserai de renouveler cette plainte à M. le cardinal de Bouillon, jusqu'à ce qu'il m'ait fait justice, et qu'il ait daigné me répondre sur ce point. Du reste toutes les lettres de Rome

(a) Revue et complétée sur l'original.

disent qu'il fait son affaire secrètement de celle de M. de Cambray : n'en croyons rien ni vous ni moi. Agissez toujours avec lui dans les mêmes sentimens de respect et de confiance, quand il vous jugera digne de vous écouter.

Vous avez pris l'esprit des explications de M. de Cambray : comme si vous aviez eu le livre des jours entiers entre vos mains (a).

Les harangues des compagnies que je viens d'entendre, m'empêchent de vous écrire sur vos réflexions qui sont très-justes.

Vous avez reçu à présent l'*Instruction pastorale* de M. de Cambray. C'est un moyen incontestable pour condamner le livre : et si l'Eglise romaine se laissoit éblouir d'une explication si grossière, ce seroit à ce coup qu'on pourroit dire : *Tunc qui in Judæâ sunt, fugiant ad montes*. Mais ce que dit saint Augustin sur les Pélagiens arrivera plutôt : *Sed Ecclesiam Romanam fallere usquequaque non potuit.*

Il est vrai qu'il y a dans le livre beaucoup de choses outrées contre Molinos ; mais ce n'est que pour le favoriser plus finement, et mettre toute sa doctrine dans des excès.

Je vous envoie un Mémoire (b), qui vous marquera dans l'*Ins-*

(a) L'abbé Bossuet avoit envoyé de Rome à son oncle, des remarques sur la traduction latine du livre de M. de Cambray, après l'avoir seulement parcourue rapidement. (*Les édit.*)

(b) Le titre de ce mémoire en fait connoître le but : *Extrait de l'Instruction pastorale de M. l'archevêque de Paris contre les faux mystiques, du 27 octobre 1697, fait par l'évêque de Meaux pour montrer que l'unique but de cet ouvrage est de combattre les erreurs de M. de Cambray.* Voici maintenant le mémoire même :

Instruction pastorale, p. 7, 8, sur la tradition, réfute la doctrine de l'Explication des Maximes des Saints, p. 261 ; et en particulier là même, pag. 7 : *Un secret*, etc. repris de l'Explic., Avertiss. p. 1, 2 ; livre, p. 261. Encore, p. 7 : *A un très-petit nombre d'ames parfaites*, contre l'Explic., p. 34. Encore, p. 8 : *La perfection nécessaire*, etc. Explic., p. 34, 35, 261. La même encore : *Doctrine cachée aux Saints* ; Explic., ibid. Encore Instruct. past., p. 8, 9 : *Si la perfection étoit celle dont parle l'Evangile* ; Explic., p. 261.

Instruct. past., p. 9 : *On ose dire qu'on a caché la doctrine de la perfection presque à tous les chrétiens, même à la plupart des Saints, et cela de peur de les scandaliser* ; Explic. des Maximes, p. 34, 35. Là même, Instr., ibid. : *Tombe dans le désespoir* ; Explic., p. 90. Inst., ibid. : *Acquiesce à sa réprobation* : Explic., p. 91. Instr., ibid. : *Faire un mystère de la perfection chrétienne* : Explic., p. 34, 35, 261 ; et dans l'Avertiss., p. 1, 2, 4, 5. Instruc., ibid. : *Le lait des enfans... la nourriture des forts*, repris de l'Explic., p. 261.

Instruct. past., p. 12, contre les précisions du pur amour enseignées dans

truction pastorale de M. de Paris, les endroits extraits du livre de M. de Cambray.

Je diffère de parler, parce que je veux donner une courte,
l'Explication des Maximes, p. 28, 29, 44, 226, 227, et en général sous ces termes de *précision, petites subtilités, abstractions, idées abstraites, petites distinctions de métaphysique, raffinemens de spiritualité*, et autres semblables répandus à toutes les pages de l'Instruc. past., surtout, p. 12, 13, 16, 17, 25, 34, 39, 40, 41, 49, 51, 52, 55, 62, 63, etc. C'est un caractère continuel du livre de l'Explic. et de son auteur, comme il est évident par l'esprit même de l'ouvrage et par sa propre expression, p. 28, 29, 44, 45, 226, 227.

Instruct. past., p. 12 : *On considère Dieu en lui-même, sans aucun rapport à soi;* Explic., p. 28, 42, 43. Instruct., ibid. : *Désirer Dieu comme son bien, même en rapportant tout cela à sa gloire, ce n'est qu'une charité mélangée*; Explic., p. 6, 8, 9, 14, 15, etc.

Instruction past., p. 15 et 17, à la marge : *Tous les chrétiens appelés à la perfection;* Explic., pag, 34, 35, 261. Instruct., p. 16 : *La plupart des Saints n'ont pas été capables de la perfection, quoique ce soit la simple perfection de l'Evangile;* Explic., pag. 34, 35, 261. Instruct., ibid. : *Par la subtilité de leurs précisions,* contre la précision du pur amour; Explic., p. 28, 29, 44. Instruct., ibid. : *Avoir renoncé à tout intérêt, même éternel;* Explic., p. 73.

Instruct. past., p. 17. : *La chair entièrement soumise à l'esprit*; Expliq., pag. 76. Instruct., p. 17, : *Raffinemens de spiritualités, subtilités, précisions chimériques,* contre l'Explic., pag. 28, 29, 44.

Instruct. past., p. 18. : *Sans rapport à nous*; Explic., p. 28, 42, 43.

Instruct. past., p. 19, : *Une ame ne doit plus avoir..... pour tout ce qui la regarde, non pas même pour son intérêt éternel;* Explic., p. 72, 73. Instruct., ibid : *Ni perfection, ni salut, ni paradis,* etc. ; Explic., p. 52, 54, 57, 226. *Instruc.,* ibid. : *Aussi un auteur célèbre,* etc.... *un raffinement insensé;* Explic., p. 63. Plus, trois lignes de suite prises mot à mot de M. de Cambray; Explic., art. v, pag. 59. Instruct. past., ibid. : *Sacrifice de notre salut dans les dernières épreuves;* Explic., p. 90.

Instruct. past., pag. 20 : *Ne vouloir plus pour soi, ni mérite, ni perfection, ni,* etc. ; Explic., p. 52, 54, 57, 226. Instruct., ibid. : *Invinciblement persuadée;* Explic., p. 87. Instruct., ibid. : *Acquiescer à la juste condamnation où elle croit être de la part de Dieu;* Explic., p. 91. Instruct., ibid. : *Il n'est plus question de lui dire;* Explic., p. 88, 89. *Rien ne la rassure;* Explic., p. 89. Instruct., ibid., à la marge : *Sacrifice absolu de son salut, et le directeur la laissera faire;* Explic., p. 90, 91. Instruct. ibid. : *Désespoir apparent.... Trouble involontaire;* Explic., pag. 89, 90. Instruct., ibid. : *L'espérance désintéressée des promesses*; Explic., p. 91.

Instruct. past. p. 21 : *Le désir désintéressé consiste à ne vouloir le salut qu'en tant que Dieu le veut*; Explic., p. 26, 27, qu'à cause que Dieu le veut. Instruct., ibid. : *L'ame persuadée invinciblement*; Explic., p. 87. Instruct., ibid. : *Le trouble est involontaire, dit-on, mais le sacrifice n'est-il pas volontaire ?* Explic., p. 89, 90. Instruct., ibid. : *Sacrifice conditionnel.... absolu;* Explic., p. 87. Instruct., ibid. : *Ne pas coopérer à toute sa grace*; Explic., p. 50. Instruct, p. 21 : *L'ame acquiesce à sa réprobation par un acte réfléchi,... et conserve l'espérance par un acte direct;* Explic., p. 87, 90, 91.

Instruct., past., p. 22. *Désespoir apparent.... péché apparent.... trouble involontaire;* tout cela refuté ; Explic., p. 87, 88, 89, 90, 91.

Instruct. past. p. 23 : *Ame indifférente pour tout ce qui la regarde;* Explic., p. 72. Instruct., ibid. : *Le directeur n'a d'autre ressource que de laisser faire un acquiescement simple;* Explic , p. 91. Instruct., ibid. : *L'ignorance orgueilleuse de*

mais forte réfutation de l'*Instruction pastorale* de M. de Cambray.

J'admire le peu de sincérité de M. l'abbé de Chanterac, de dire

ceux qui font les maîtres en Israël, sans avoir ni science ni vocation; l'auteur de l'*Explication des Maximes* désigné; et il l'étoit encore mieux dans la première édition qui a été retirée, on y lisoit : *Sans avoir les premières notions de la théologie.*

Instruct. past., p. 29 : *Le Dictionnaire des nouveaux mystiques ;* Explic., Avertis., p, 26.

Instruct. past., p. 30 : *Ne reproche que d'avoir manqué de zèle, pour réprimer la témérité d'une femme qui enseignoit la doctrine des Nicolaïtes.* C'est un caractère de M. de Cambray et de Madame Guyon.

Instruct. past., p. 31, à la marge : *Dans le cas du précepte;* Explic., p. 66, 99.

Instruct. past., p. 34 : *L'amour pur consiste à aimer Dieu pour lui-même, sans rapport à nous ;* Explic., p. 28, 42, 43. Instruct., ibidem, : *Pour son intérêt éternel ;* Explic., p. 73. Instruct., ibid. : *Nous ne serions pas dans la sainte indifférence, nous ne serions pas dans le degré de la résignation ;* et p. 35 : *Le Fils de Dieu n'aura donc été que dans le degré de la résignation où l'on a des désirs soumis, et non pas dans la parfaite indifférence où l'on n'a plus de désirs à soumettre ;* Explic., p. 49, 50.

Instruct. past., p. 35 : *Trouble involontaire de Jésus-Christ, anathème dans le concile général;* Explic., pag. 122. Instruct., ibid. La résignation et l'indifférence expliquées sur d'autres principes.

Instruct. past., p. 38 : *Saint Paul et saint Martin,* etc. L'*Explication des Maximes* réfutée sur ce sujet, p. 49, 52, 56, 57.

Instruct. pastorale, p. 39, 40 : *Vouloir son salut comme chose que Dieu veut; ne le vouloir précisément, exclusivement que parce que Dieu le veut;* doctrine de l'Explication, p. 26, 27, 52, 53, réfutée. Instruct., ibid. *Petites subtilités... précisions métaphysiques ;* c'est encore le caractère de M. de Cambray, qui revient souvent dans l'*Instruction pastorale.* Et p. 40 : *Précisions subtiles ;* le même caractère.

Instruct. past. p. 41 : *Acquiescer aux volontés connues et inconnues ;* Explic.. p. 61. Instruct. ibid. : *Excitations empressées ;* Explic., p. 99, 100 : *Intérêt propre... amour mélangé;* Explic., pages ci-dessus cotées et dans tout le livre.

Instruct. past. p. 44 : *Sans l'amour d'espérance notre intérêt domine sur la gloire de Dieu;* Explic., p. 4, 5, 8, 14, 22. Réfutation de ce sentiment attribué à saint François de Sales par l'auteur de l'Explic.

Instruct. past., p. 47 : *Jamais les justes ne regardent comme un cas possible, qu'ils puissent souffrir les peines éternelles, ni être privés de Dieu après l'avoir aimé toute leur vie ;.... il n'y a que les nouveaux spirituels qui croient ce mal non-seulement possible, mais réel ;* Explic., p. 90.

Instruct. past. p. 51. C'est une réfutation des précisions qui règnent dans tout le livre, et qui en sont le véritable caractère, comme on a dit ci-dessus.

Instruct. past., pag. 53 : *Mélange de charité... propre intérêt,* etc. Explic., p. 4, 5, 8, 9, 14, 15, 22, 23. Instruct., ibid. : *Pur amour... vue mélangée... cet amour étrange qui nous fait acquiescer... purification de l'amour... épreuves funestes :* toutes propositions tirées du livre de l'Explic., pag. 10, 15, 22, 23, 87, 91, 121, 143, 144.

Instruct. past., p. 55 : *Quand on s'est échauffé... il n'est rien de si aisé que de dire à Dieu qu'on l'aime sans rapport ;* Explic., p. 28, 43. Instruct., ibid. : *Motif précis ;* Explic., pag. 44, 45.

Instruct. past., p. 58 : *L'idée abstraite de l'être en général ;* Explic., p. 187.

Instruct. past., p. 59 : *Perdez non-seulement toute image sensible, mais toute*

qu'on se ralentit ici. M. de Cambray, qui se vante d'avoir pour lui la moitié de la Sorbonne, ne sauroit trouver un seul approbateur de sa doctrine, ni d'aucune des propositions qu'on reprend dans son livre. Il n'a même osé dire, comme ont fait M. de Reims et M. de Paris, qu'ils avoient consulté des évêques et des docteurs.

Jamais il n'y eut une pareille illusion à celle de son amour naturel permis, qu'il étale dans son *Instruction pastorale*, pages 9 et 16. On ne pouvoit rien inventer de moins convenable au livre, de moins fondé en soi-même et de plus outré. Il n'y a point de plus claire démonstration de la fausseté du livre en soi, ni de l'illusion que l'auteur fait à ses lecteurs. Son impudence est extrême d'avoir assuré, page 103, qu'il a toujours pensé de même, quand il n'y a pas trois lignes de suite qui demeurent en leur entier.

J'avoue que mes Remarques sont précises; mais il n'y a pas eu

idée distincte et nominable, etc. *La contemplation pure bannit tout cela : aucun n'a cru que la considération des personnes divines et de l'humanité de Jésus-Christ fût incompatible avec la pure contemplation : qu'il n'y peut avoir d'autres idées que l'idée abstraite de l'être en général*; contre l'Explic. des Maximes, p. 186, 187 et suiv.

Instruct. past., p. 60 : *La pure contemplation exclut les idées*, etc. Explic., p. 189.

Instruct. past., p. 62 : *Idées particulières et nominables*; contre l'Explic., p. 186.

Instruct. past., p. 65 : *Dès lors la vie intérieure et l'oraison est en péril*; c'est la lettre de M. de Cambray du 3 août, écrite à un ami, que l'on reprend.

Instruct. past., p. 66 : *Ne voulant rien d'extraordinaire... la grace commune des justes suffit selon eux*; contre l'Explic., p .64, 65, etc., 150, etc.

Instruct. past., p. 68 : *C'est mal combattre le quiétisme, de dire simplement que l'ame contemplative n'est pas privée pour toujours de la connoissance du Sauveur*; Explic., p. 194, 195. Instruct., ibid. : *C'est mal parler, de dire qu'on en perd la vue distincte au commencement*; contre l'Explic., p. 194, 195 et suiv.

Instruct. past., p. 69. Il réfute ceux qui croient qu'*on perd Jésus-Christ de vue dans les épreuves*; contre les endroits marqués en dernier lieu du livre de l'Explic. des Maximes.

Instruct. past., p. 71 : *Ne pas répondre à toute l'étendue de sa grace*; Explic., p. 50. *Etre indifférent à son intérêt même éternel*; Explic., p. 8, 73. Instruct. ibid. *Cet amour de nous-mêmes... que la jalousie de Dieu attaque précisément en nous*; Explic., p. 8. Instruct., ibid. : *L'amour qui provoque la jalousie de Dieu... ces idées bizarres de la jalousie de Dieu, qu'on nous a débitées*; Explic., p. 8, et ailleurs très-souvent, comme pag. 7, 28, 29, 73, 74, 89.

Instruct. past., p. 75 : *On sera surpris que nous n'ayons pas prononcé sur ce livre de spiritualité* : c'est celui de M. de Cambray, de l'*Explication des Maximes des Saints*, qui pourtant est réfuté dans toute l'Instruction pastorale, comme on vient de voir, même avec des qualifications très-fortes et très-dures.

moyen de les faire paraître comme elles sont, et je me remets à votre prudence.

Nous avons perdu notre cher ami l'archevêque d'Arles.

M. de Reims arrive demain à Paris.

Je viens de voir dans une lettre de Rome que M. Bernini, assesseur du saint Office, se déclare fort partisan de M. de Cambray. A Dieu ne plaise pour l'honneur du Pape et de l'Eglise romaine, qu'elle se laisse surprendre à la plus grossière des illusions.

M. de Cambray a écrit une nouvelle lettre au Pape au sujet de sa nouvelle explication. J'aurai la foi jusqu'au bout.

Tout à vous.

M. le prince de Conti revient. On a pillé la vaisselle d'argent et tout l'équipage de l'ambassadeur qui revient avec ce prince. J'embrasse M. Phelippeaux.

LETTRE CLXXIX.

L'ABBÉ PHELIPPEAUX A BOSSUET.

A Rome, ce 26 novembre 1697.

J'ai reçu une joie très-sensible en apprenant les nouvelles marques d'estime que le roi vient de vous donner (a) : la conjoncture est favorable, et servira à la cause qu'on ne cherche plus qu'à différer. Je viens d'apprendre de bon endroit, qu'on copioit un ouvrage de plus de soixante pages en faveur de M. de Cambray, composé par un P. jésuite : je tâcherai de l'avoir au plus tôt. Les assemblées des examinateurs sont toujours suspendues, en attendant les écrits qu'on promet. On doit donner la traduction latine de la *Lettre pastorale* de M. de Cambray : tout cela ne tend qu'à différer. On se persuade qu'il arrivera quelque conjoncture qui fera différer cette affaire, et encore plus celle de Sfondrate, à laquelle peut-être est-on plus intéressé qu'à l'autre. On m'a dit que M. l'archevêque de Reims étoit dans le dessein de faire de nou-

(a) Par la nomination à la charge de premier aumônier de la duchesse de Bourgogne.

velles instances, pour accélérer l'examen du livre de Sfondrate. Je ne sais s'il ne vaudroit pas mieux laisser finir l'affaire qui est commencée, qui est plus pressante ; d'autant qu'elle influe dans les mœurs et est d'une extrême conséquence. Quant à Sfondrate, un écrit d'un particulier suffiroit peut-être pour réveiller les esprits, s'il étoit d'une bonne main et convaincant : vous y ferez vos éflexions.

J'ai lu la *Relation* (a), qui est admirable, et qui ne manquera pas de faire une forte impression : par là on verra la fausseté qu'on s'est efforcé d'insinuer. Il n'y a rien à faire après les observations données qu'à presser le jugement : on les lit déjà en françois et en latin ; et je suis persuadé qu'elles feront tout l'effet qu'on en doit espérer. Je suis avec un profond respect, etc.

LETTRE CLXXX

L'ABBÉ BOSSUET A SON ONCLE (b).

A Rome, ce 26 novembre 1697.

J'ai reçu la lettre que vous m'avez fait l'honneur de m'écrire de Marly, le 4 novembre. Vous ne doutez pas de la joie que m'a donnée la certitude de la nouvelle de la charge de premier aumônier. Je ne doute pas de la joie de tout le monde à Paris et à la Cour. Ici tous les honnêtes gens qui vous connoissent en ont de la joie. MM. les cardinaux Casanate, Noris et Albane m'ont prié de vous le témoigner de leur part. Je ne doute pas que M. le cardinal de Bouillon ne vous écrive là-dessus : Madame la princesse des Ursins en a une véritable joie, et m'a prié de vous le témoigner. Pour ce qui me regarde, je n'ai jamais douté de vos bontés à mon égard : je mets tous mes intérêts entre vos mains, et je n'ai d'autre inquiétude que celle de faire mon devoir, et ce que je pourrai pour vous plaire et vous faire honneur. Voilà de quoi

(b) La relation latine : *De quietismo in Gallus refutato.* Elle se trouve au volume précédent, à la tête des *Lettres sur l'affaire du quiétisme.* — (b) Revue et complétée sur l'original.

vous pouvez être assuré, et j'espère que vous le verrez encore mieux quand j'aurai l'honneur d'être auprès de vous.

Les nouvelles marques de bonté du roi font ici fort bien pour tout. Je crois qu'elles font enrager les Jésuites et peut-être le cardinal de Bouillon, qui sont toujours les mêmes sur tout.

M. le cardinal de Bouillon me témoigna une extrême joie de la lettre que je lui présentai de votre part, et des amitiés, me dit-il, que vous lui faisiez. Depuis je l'ai entretenu un quart d'heure de l'*Ordonnance* de M. de Cambray : il m'a parlé en cardinal du saint Office, c'est-à-dire, fort réservé.

On n'a point encore recommencé les conférences des examinateurs. M. de Chanterac ne se presse pas de donner les copies nécessaires de sa traduction et des notes. J'ai pourtant lieu de penser qu'on les recommencera bientôt : il n'y a que moi qui presse la décision ; encore le faut-il faire avec modération, et par rapport à l'humeur des gens de ce pays-ci, et par rapport à ce que les protecteurs de M. de Cambray publient, qu'il n'y a que la précipitation qui soit dangereuse pour M. de Cambray.

Je prétends précisément le contraire ; et quand je suis obligé de parler, je me restreins à demander et à faire instance seulement pour qu'on ne fasse rien contre les règles, et qui puisse préjudicier à l'honneur du saint Siège. Du reste je suis le premier à dire qu'il faut écouter tout le monde, et ne se point précipiter, et que j'espère que bientôt on éclaircira cette matière tellement que la vérité sautera aux yeux : que c'est la seule et unique vue des évêques que de faire connoître la vérité et dévoiler le mensonge; au reste que c'est à Sa Sainteté et à la Congrégation du saint Office par leur prudence de tâcher de ne point donner par des longueurs extraordinaires un prétexte aux personnes mal intentionnées qui sont en grand nombre en France et ici, de répandre davantage le venin de leur mauvaise doctrine sous couleur qu'elle n'est pas improuvée par le saint Siége, quelques instances que le roi et les premiers évêques de France en fassent.

De certaines gens apostés ont beau ici me décourager : premièrement, je ne crains rien en faisant les démarches que je fais, qui sont de mon devoir ; en second lieu, je suis persuadé que deux mois plus tôt ou plus tard il faut que la vérité l'emporte. J'ose dire que je ne me flatte pas : et j'ai de très-sûres notions, autant qu'on peut les avoir. Les faussetés que les protecteurs de M. de Cambray ont répandues depuis deux mois produiront, s'il plaît à Dieu, un effet tout contraire à ce qu'ils se sont imaginé, dans l'esprit de ceux qui en ont été prévenus, quand ils se seront détrompés ; à quoi je travaille tous les jours.

Par exemple, Monseigneur Fabroni qui avoit fait le plus de mal dans le commencement dans l'esprit du Pape, commence à revenir. Je n'ai pas voulu l'aller voir encore; j'y ai envoyé M. Phelippeaux, qui lui a porté un de vos livres de ma part, et la *Déclaration des trois évêques* et le *Summa doctrinæ*, et lui a dit bien des choses qu'il ne savoit pas et qu'on lui avoit déguisées. J'irai incessamment : il a témoigné qu'il en seroit bien aise. Il étudie la matière, et en doit rendre compte au Pape. J'espère qu'on viendra à bout de tout avec patience ; on en a besoin en ce pays-ci.

J'ai su qu'on avoit tenté de faire une Congrégation nouvelle pour les raisons dont je me suis douté, et que je vous ai marquées par ma dernière ; mais cela n'a produit aucun effet. J'en ai parlé en confidence à M. le cardinal Casanate et à M. le cardinal Noris, qui n'en avoient pas entendu parler, et qui m'ont comme assuré que cela ne se feroit pas, étant un affront au saint Office.

J'ai reçu l'*Ordonnance* de M. de Cambray : jamais ordonnance n'a coûté si cher ; huit écus de port, c'est bien payer, je ne puis m'empêcher de le dire, une aussi méchante pièce. Je l'ai parcourue, et suis persuadé qu'elle ne lui fera ici aucun bien. On voit un homme qui est aux abois et qui, comme vous dites fort bien, veut couvrir ses erreurs sans avoir l'humilité de les avouer. L'ouvrage latin que j'attends imprimé, éclaircira tout : je l'espère ainsi, et ne puis assez vous répéter qu'il est absolument nécessaire.

La relation que j'ai reçue en même temps est admirable. Térence auroit été embarrassé d'écrire aussi bien sur une matière aussi peu divertissante que celle-là.

M. de Cambray et ses protecteurs mériteroient qu'on la publiât ; mais je n'en laisserai courir aucune copie : avec cela, je ne pourrai m'empêcher de la lire aux gens qu'il faut nécessairement détromper, et à ceux qu'il faut confirmer; ils sont en bon nombre. Je ne laisserai pas de choisir mon monde; et ce ne sera que dans la nécessité, et où il faut. Comme elle ne contient rien que de vrai, quel danger enfin peut-il y avoir? Soyez assuré qu'on ne vous ménage pas : il faut opposer la vérité à l'artifice et au mensonge.

L'écrit du frère Laurent est traduit : on n'en a pas encore parlé ici; nous le tiendrons tout prêt en cas de besoin. Tout ce qui peut toucher M. de Paris m'est aussi cher qu'à vous. Je vous supplie de l'en bien assurer, et je ne perds aucune occasion ici de le faire connoître tel qu'il est : c'est tout ce qu'il faut pour le faire estimer autant qu'il le mérite. Son *Ordonnance*, que j'attends par le premier courrier, fera un très-bon effet.

M. le cardinal de Bouillon a été jaloux que j'employasse une certaine personne, pour traduire ce qui est nécessaire en quelques fois : il lui a fait parler, et l'a obligée de traduire pour M. de Cambray ses deux lettres. La misérable et petite excuse qu'il a trouvée sur cela est pitoyable; et quand il m'en a parlé, je lui ai dit qu'il avoit fait à merveille, et me suis mis à rire : cela seul montre la corde. Il n'en faut pas douter; l'exclusion qu'a eue Damascène l'a très-fâché, aussi bien que l'assesseur.

Les Jésuites ne changent pas, on dit qu'ils ont ordre de tenir bon.

Il n'est plus question de la santé du Pape, qui se porte à merveille; Dieu le conserve.

Si ce que me mande M. l'abbé de Polignac est véritable, comme je n'en doute pas, le parti de M. le prince de Conti a pris le dessus, et M. de Saxe est très-embarrassé avec raison.

Vous ne me mandez rien sur le chevalier tartare : en vérité il fait pitié. Il craint que la parole qu'on lui a donnée de sa pension, tant qu'il sera en pays catholique, ne soit une chanson. Il faudroit une fois pour toutes qu'il sût à quoi s'en tenir, et qu'il n'eût pas tant de peine à se faire payer. J'avoue qu'il m'est ici extrêmement à charge, quoiqu'il soit fort modeste : je vous supplie de me mander précisément ce qu'il peut espérer.

On examine à présent au saint Office le livre du P. Dez sur les affaires du jansénisme. Le P. le Mire et le P. Granelli sont les examinateurs. Le dernier a déjà rendu son compte au saint Office : il y a grande apparence que ce livre ne passera pas.

Je vous prie d'assurer de temps en temps M. Rontems de mille assurances de respect.

On vient de dire à M. Phelippeaux qu'on copioit un écrit assez long pour M. de Cambray, fait par le P. Dez : tout cela ne sert à rien.

Je crois qu'il est important qu'on laisse là Sfondrate pour quelque temps : je n'en mande rien à M. de Reims ; mais on se servira de ce prétexte pour rendre ici de mauvais offices aux évêques auprès du Pape, que cette affaire-là touche vivement : enfin ce sont deux affaires pour une.

Au reste ayez la bonté de m'envoyer une douzaine d'exemplaires de la lettre des cinq évêques sur Sfondrate : plusieurs cardinaux m'en demandent.

LETTRE CLXXXI.

LE CARDINAL LE CAMUS A BOSSUET.

A Grenoble, ce 27 novembre 1697.

Rien n'est si grand, Monsieur, et si digne de vous que le zèle que vous faites paroître en toutes rencontres contre les nouveautés : on ne peut assez admirer la force avec laquelle vous avez attaqué le quiétisme, pour le détruire entièrement. Le dernier ouvrage que vous m'avez fait la grace de m'envoyer est digne de son auteur ; et s'il y avoit quelque chose à désirer, c'est que les textes du livre que vous combattez, pussent être mis dans toute leur étendue à côté des censures que vous avez faites. Il eût été à souhaiter que M. l'archevêque de Cambray eût donné, de concert avec vous, des explications et des éclaircissemens aux endroits de son livre où l'on peut trouver à redire. Cette conduite humble et édifiante lui auroit été d'ailleurs plus avantageuse ; car il auroit prévenu la censure de Rome qu'il aura peine à éviter, à ce qu'on me mande de ces quartiers-là.

Trouvez bon, Monsieur, que je profite de cette occurrence pour vous demander la continuation de votre amitié. Vous ne pouvez l'accorder à personne qui vous honore et qui vous estime plus que moi, et qui soit à vous avec plus d'attachement et de vénération que j'y suis.

LETTRE CLXXXII.

BOSSUET A SON NEVEU (a).

A Versailles, ce 2 décembre 1697.

Je viens de recevoir votre lettre du 12 novembre. On va travailler à l'impression que vous souhaitez : que l'on doit envoyer feuille à feuille.

MM. les cardinaux ne sont pas ici. Prenez garde aux endroits chiffrés; on est sujet à manquer quelques lettres qui embarrassent.

A samedi le mariage. La princesse communiera mercredi pour cela, et je ferai ma première fonction.

Vous verrez, par les remarques ci-jointes (b) que M. l'archevêque de Paris, sans nommer M. de Cambray, se déclare si ouvertement contre son livre, dont il cite en trente endroits des lignes entières, qu'il ne s'y peut rien ajouter. M. de Chartres n'a encore rien fait. L'*Instruction* de M. de Paris est très-bien reçue, et il met M. de Cambray en pièces. La lettre de M. de Beaufort, que je vous ai envoyée sur le frère Laurent, est perçante. Vous connoissez M. de Beaufort, qui est l'homme de confiance de M. de Paris.

Le roi a encore parlé très-fortement à M. le nonce, et celui-ci a écrit selon l'intention de Sa Majesté.

M. de Cambray continue à faire le soumis avec l'air du monde le plus arrogant. Il a fait les derniers efforts pour venir ici à la noce, mais on n'a pas voulu; dont il est bien mortifié.

(a) Revue et complétée sur l'original. — (b) Ces remarques sont jointes, comme note, à la lettre CLXXXVII.

Il n'y a pas un seul docteur de son sentiment. La cabale est puissante : mais tout cédera à la condamnation ; il n'en faut pas douter.

LETTRE CLXXXIII.

L'ABBÉ BOSSUET A SON ONCLE (a).

A Rome, ce 3 décembre 1697.

J'ai reçu la lettre que vous m'avez fait l'honneur de m'écrire le 11 de novembre, de Versailles. Je vous envoie la copie d'un écrit latin, fait en faveur de M. de Cambray sous le nom d'un docteur de Sorbonne, contre la *Déclaration des trois évêques*, et un extrait d'un autre écrit de la même plume, fait avant celui-là. Je n'aurois jamais cru, si je ne l'avois vu, qu'on eût osé écrire si insolemment au sujet des évêques, et de vous en particulier. Les écrits font juger de la bonne foi de celui qui anime tout. Il faut que lui et ses amis aient perdu l'esprit, si je l'ose dire, d'en venir, comme ils font, aux injures et aux calomnies : cela fera nécessairement un effet contraire à leur intention : cela est trop grossier et trop étonnant. Je savois bien ce qu'ils répondoient de bouche; mais qu'ils l'osassent mettre par écrit, et qu'ils en fissent la plus forte défense de leur cause, c'est ce que je ne pouvois m'imaginer. Cela me paroît également injurieux au roi et aux évêques. Je ne puis m'empêcher de le dire, mais ils feront bientôt le roi janséniste.

J'ai reçu une lettre très-honnête du P. de la Chaise en réponse à la mienne. Elle avoit été envoyée apparemment aux Jésuites ici, qui ne m'ont pas fait l'honneur, ni de me l'apporter, ni de me faire faire le moindre compliment sur la nouvelle grace que Sa Majesté vous a faite. Il y a même huit jours que j'y allai, et je n'ai pas entendu parler de personne. Je ne sais s'ils ont résolu de ne me point voir pour se venger de vous, qui avez eu la hardiesse de présenter au roi l'*Ordonnance* de M. de Reims. Je ne laisse pas de garder ici toutes les mesures possibles en paroles et

(a) Revue et complétée sur l'original.

en actions, disant toujours que j'ai peine à croire les faits qu'on me rapporte. Vous jugerez de ces écrits qui ne signifient rien d'ailleurs.

Au reste la copie des notes, que M. Phelippeaux vous a envoyée il y a quinze jours, a été prise sur l'exemplaire donné à Granelli; et celui que j'avois vu, dont je vous avois rendu compte et envoyé quelques extraits, étoit celui du maître du sacré Palais, qui se trouvoit entre les mains du P. Massoulié, celui proprement qui avoit été donné le premier au saint Office. Ce matin, en parcourant celui sur lequel M. Phelippeaux a fait copier ce qu'il vous a envoyé, j'ai trouvé qu'il y manque la note dont je vous avois écrit, qui regarde le silence prétendu des pasteurs et des saints qui étoit à la vérité bien positive, et suffiroit seule pour faire condamner le livre. Il faut qu'ils aient jugé à propos de la supprimer. C'est néanmoins un fait constant, que je l'ai vue et lue avec le P. Massoulié. Je veux un peu aller à la source, et savoir ce qu'est devenue cette copie. Je ne sais si, par le moyen de l'assesseur, ils ne l'auroient pas fait supprimer : s'ils n'ont pas eu cette précaution, j'espère en faire un bon usage. Mais il est toujours bon que vous soyez averti du fait. La note étoit telle que je vous l'ai mandé, faisant sa doctrine de l'amour pur appartenante à la foi, et disant qu'on avoit eu sur ce sujet une certaine économie de secret pour ceux *qui non poterant portare modò* : cela étoit encore plus fort que je ne puis vous le dire.

J'ai vu ces jours passés l'assesseur, qui après beaucoup de verbiage me dit que le saint Office avoit résolu, avant que de faire recommencer l'examen, d'attendre la réponse de M. de Cambray aux pièces dont cet archevêque avoit demandé la communication, qui sont la *Déclaration des évêques* et le *Summa doctrinæ;* et à qui on l'avoit accordé.

Cela me parut un peu extraordinaire : je pris sur cela la résolution de faire parler au Pape là-dessus, et moi de représenter à Messieurs les cardinaux que ce n'étoit qu'un prétexte pour allonger et reculer la décision ; que M. de Cambray avoit par là tout ce qu'il pouvoit désirer, qui étoit que non-seulement on ne jugeât point, mais qu'on n'examinât pas même sa doctrine ; que c'étoit éluder les bonnes intentions de Sa Sainteté et les instances de Sa Majesté, et peu répondre au zèle qu'elle témoignoit pour voir la fin de cette importante affaire, qui causoit un si grand scandale dans son royaume; qu'il n'étoit question que de ce livre qu'on avoit en main, dont on avoit même la traduction et les notes explicatives de M. de Cambray ; qu'on ne pouvoit pas comprendre ce qu'on pouvoit désirer de plus pour l'éclaircissement d'un livre qui faisoit toute la question, contre lequel seul les évêques s'étoient élevés, et dont M. de Cambray avoit demandé l'examen; qu'il n'étoit en aucune manière question des ouvrages que M. de Cambray pourroit faire dans la suite, où il diroit tout ce qu'il jugeroit à propos ; qu'il étoit uniquement question du livre ; que ce n'étoit que pour éterniser cette affaire qu'on employoit tous ces prétextes ; enfin qu'au moins rien ne devoit empêcher qu'on ne continuât à examiner le livre, sauf pour la décision dernière d'attendre l'éclaircissement que la Congrégation jugeroit à propos, si elle croyoit en avoir besoin.

Toutes ces raisons ont fait impression sur la plupart de Messieurs les cardinaux que j'ai pu voir, et même sur le Pape, à qui j'ai fait parler en conformité; et j'espère qu'on recommencera bientôt les conférences, d'autant plus que je sais que M. le nonce a écrit, et que le Pape, qui disoit il y a quelques jours qu'il vouloit *caminare in questo negotio col piede di piombo*, commençoit à dire qu'il falloit aller plus vite. Si je vois qu'on ne détermine rien sur les conférences dans la première congrégation, j'ai pris la résolution de parler moi-même à Sa Sainteté, en prenant l'occasion de lui témoigner de la part des trois évêques leur joie sur le rétablissement parfait de sa santé. J'ai pris la résolution de ne lui parler que dans la nécessité, pour appuyer davantage les choses. Cette conjoncture me paroît de la dernière importance; car si on n'examine pas, on n'aura garde de juger, et dorénavant le Pape et la Congrégation seront plus attentifs : car cette résolution de la Congrégation fut prise, il y a un mois, dans le temps que l'assesseur faisoit tout ce qu'il vouloit, et qu'on étoit sorti des règles ordinaires, comme vous l'avez su.

J'ai encore pris la résolution de publier, c'est-à-dire de donner aux cardinaux l'écrit que vous m'envoyâtes d'abord, auquel j'ai ajouté la petite préface que je vous envoie, qu'on a trouvée ici convenable au sujet et au temps. Je l'ai lue au cardinal Spada et au cardinal Casanate, qui l'ont approuvée. J'ai parlé aujourd'hui fortement là-dessus au cardinal Spada, qui m'a dit qu'il espéroit que, sans que j'en parlasse à Sa Sainteté, on feroit ce qu'il faut pour diligenter cette affaire. Il faut tout emporter à la pointe de l'épée, et tout faire sans la participation de M. le cardinal de Bouillon, qui pourroit par de petits mots tout empêcher. Vous jugez bien de l'embarras où je suis : j'espère ne me pas rebuter.

On m'avoit conseillé, et c'est M. le cardinal Casanate, de présenter un mémorial à la Congrégation et au Pape : mais j'ai jugé jusqu'ici à propos de ne le pas faire qu'à l'extrémité ; premièrement, parce que je ne crois pas devoir me déclarer si ouvertement partie et si en forme ; en second lieu, parce que j'aime mieux tenter les voies indirectes, et que cela vienne de la part du Pape ; en troisième lieu, parce que je doute que ce soit l'intention des évêques de reconnoître le tribunal du saint Office, et je ne pourrois présenter le mémorial qu'en leur nom ; outre que les évêques effectivement ne se portent point pour parties, et ont seulement déclaré leurs sentimens, et que c'est le roi qui demande et presse le jugement. Ces raisons m'ont retenu et me retiendront toujours : et c'est ce qui m'embarrasse : car si je pouvois agir directement et juridiquement au nom des évêques et un peu du roi devant la Congrégation et le Pape, je crois que l'affaire iroit plus vite ; mais tous les pas que je fais, il faut presque que je les fasse comme de moi-même, et point aussi ouvertement qu'il seroit à désirer ; vous en voyez bien les raisons. Avec cela mandez-moi, je vous prie, jusqu'où je puis m'avancer dans la nécessité, et dans les circonstances urgentes.

Le cardinal Spada m'a dit qu'à la place du P. Damascène, le Pape avoit nommé le Père général ou le procureur général des Carmes déchaussés (a). Je ne sais qui il est ; j'ai seulement ouï dire, ce me semble, il y a quelque temps, qu'il n'étoit pas trop ami des Jésuites : avec cela je me défie toujours de quelque

---

(a) Le général des Carmes déchaussés, le P. Philippe.

cabale dans les nouveautés. Le cardinal Spada m'a dit qu'il étoit consulteur du saint Office; mais je crois qu'il n'est pas bien informé. Je vous en dirai davantage par le premier ordinaire.

J'ai eu une longue conférence avec Fabroni : c'est un homme d'esprit, mais qui étoit prévenu. Je lui ai parlé en votre nom comme à une personne de considération, et dont vous estimiez le mérite. Je lui ai lu votre *Relation :* cela a fait un très-bon effet. On l'instruira bien, et j'espère qu'il ne favorisera plus ce qu'il ne connoissoit pas : il lit votre livre, dont il est très-content.

Je parlerai et remercierai, en conformité de votre lettre, M. le cardinal de Bouillon de ses bontés pour moi et de la manière dont il a écrit. Il est pourtant bon que vous sachiez que ce qu'il a écrit, qu'il m'avoit offert de me donner auprès de lui la place d'ami et de M. de Polignac, est très-faux. Il est vrai que je n'ai pas sujet pour les honnêtetés de m'en plaindre, mais, à dire aussi la vérité, je n'ai pas non plus sujet de m'en louer beaucoup. Mais M. le cardinal de Bouillon croit payer tout le monde par des complimens, et en disant qu'il a une grande confiance, quand il agit tout au contraire; cela suffit pour cet article. Je vais mon chemin en tout et je ne manque à rien pour ce qui est du cérémonial; mais je me tiens pour dit ce que je sais et ce que je vois. M. le cardinal de Bouillon ne veut en tout qu'imposer, et au roi et aux particuliers : il ne réussit pas mieux à Rome, sain que malade.

Le livre du P. Dez, sur les affaires du jansénisme, a été rejeté comme dangereux et mauvais par les deux examinateurs, le P. Granelli et le P. le Mire, qui ont fait leur rapport devant les cardinaux. Le cardinal de Bouillon n'a pu se contenir. Avant que les cardinaux prissent la résolution conforme à l'avis des examinateurs, il a parlé fortement en faveur du livre et a même interposé le nom du roi, ce qui a très-surpris les cardinaux et les a indignés; car ils se sont bien imaginé que le roi n'avoit donné aucun ordre. Ils ont ordonné qu'on donneroit à chaque cardinal l'avis des examinateurs par écrit, sur lequel ils formeront leur décision. Ils sont résolus, à ce qu'on m'a assuré, si le cardinal de Bouillon continue, d'en faire écrire au roi. Jugez du bon effet que cela fait ici : je ne puis vous dire à quel point sa conduite est méprisée à Rome.

Je vous supplie de me mander l'idée que Madame de Maintenon et le roi ont du cardinal de Bouillon, et s'ils croient d'être bien servis ici.

Il est nécessaire que le roi continue auprès du nonce ses bons offices, et lui témoigne son étonnement sur toutes ces longueurs affectées.

LETTRE CLXXXIV.

BOSSUET A SON NEVEU (a).

A Versailles, ce 9 décembre 1697.

On n'a point encore reçu les lettres de ce courrier : je vous écris cependant; et si elles arrivent, j'en accuserai la réception.

Toute cette Cour est d'une magnificence inouïe pour le mariage de Monseigneur le duc de Bourgogne : il fut célébré samedi; j'eus l'honneur de servir la princesse. Tout fut fait avec une grace merveilleuse de la part des mariés. M. le cardinal de Coislin fit l'office : ce ne fut qu'une messe basse. On fit les fiançailles et le mariage en même temps, dans la chapelle royale. Les évêques étoient en rochet et camail, MM. les cardinaux à leur tête : Estrées, Furstemberg et Janson. Ils eurent hier, avec M. le cardinal de Coislin, leur audience particulière de Madame la duchesse de Bourgogne, qui les fit asseoir à l'ordinaire sur un pliant. Hier elle tint le cercle, qui fut d'un éclat extraordinaire. Toutes les princesses du sang, Madame entre autres, avoient à leur tête Madame la duchesse de Bourgogne.

M. Chasot vous dira le reste et la magnificence du feu d'artifice. Jamais le roi n'eut la mine si haute, ni ne marqua plus de joie. Monseigneur seul en approchoit. On ne sait lequel des deux aime plus la princesse. Mercredi sera le grand bal royal où tout sera nouveau. Nous attendons le jour qu'on nous donnera pour prêter notre serment. J'irai à Meaux pour l'ordination et pour Noël, et reviendrai ici le lendemain de la Saint-Etienne.

(a) Revue et complétée sur l'original.

Vous aurez l'imprimé des *Observations* en latin le plus tôt qu'il sera possible : je suis très-content de ce que j'ai vu de la version. On imprimera en même temps la réfutation de l'*Instruction pastorale* de M. de Cambray, qui est une pépinière d'erreurs. On la mettra à la tête de mes *cinq Ecrits* (a), que vous devez à présent avoir reçus.

L'*Instruction pastorale* de M. de Paris fait fort bien ici. Tout le monde entend qu'il n'y manque que le nom de M. de Cambray et de son livre, car du reste de tous côtés il est mis en pièces.

Les Jésuites ont fait une remontrance à M. l'archevêque de Reims sur son *Ordonnance :* elle est respectueusement insolente. M. l'archevêque ne s'oubliera pas. J'ai un grand plaisir de voir triompher la véritable doctrine de saint Augustin. Les Jésuites me font plus de caresses que jamais, quoique je défende M. de Reims, et que, etc.; c'est avec modération, et le roi trouve tout bon, aussi bien que Madame de Maintenon.

Outre la remontrance que les Jésuites donnent publiquement, sans nom pourtant, ni d'auteur, ni d'imprimeur, ni d'approbateur, et sans privilége, il court un autre libelle outrageant contre M. de Reims: tout roule sur son humeur et sur sa famille. La remontrance n'est pas mal écrite pour le style : mais elle énonce faux en deux endroits; l'un, où elle dit que M. de Reims condamne la science moyenne; l'autre, où elle prétend qu'il oblige d'enseigner la prédestination *ad gloriam ante prævisa merita;* mais il a dit le contraire. Un des moyens d'autoriser à Rome l'*Ordonnance* de M. de Reims, seroit de la faire imprimer à Rome, avec les marques ordinaires d'approbation; comme on fit de mon *Exposition,* traduite en italien, qui fut imprimée à l'imprimerie de la Propagande ou du saint Office.

On écrit ici de Rome que M. l'abbé de Chanterac vante M. de Cambray comme le défenseur contre les évêques de France, de l'autorité du Pape, de l'anti-jansénisme et des moines. Il les gracieuse à Cambray, et leur dit qu'il se contentera, pour les recevoir à l'administration des sacremens, du témoignage de leurs

(a) Ces *cinq Ecrits ou Mémoires,* ainsi que la *Préface sur l'Instruction pastorale* de M. de Cambray se trouvent vol. XIX, p. 157.

supérieurs. Ils n'ont pas un homme plus opposé que lui dans le fond; mais il sait jouer.

La lettre qu'il a répandue en confirmation de celle à l'ami (*a*) est pire que l'autre. Car encore qu'il y promette de se soumettre à la décision du Pape, en quelque forme qu'il parle, il menace de passer ses jours à questionner le Pape en particulier; et toute sa soumission n'est que jeu.

M. le cardinal de Janson m'envoya hier une lettre en réponse à la vôtre, qu'il m'a aussi envoyée. Il parle toujours de vous avec la même estime, la même considération et la même tendresse.

Sur le sujet de ce qu'on dit du clergé de France, vous savez quelle fut ma conduite dans l'assemblée (*b*) et ce que je fis pour empêcher. Du reste il faut laisser oublier cela, et prendre garde seulement à ce qui se dira sur mon compte. Vous connoissez mon manuscrit sur cette matière (*c*), que M. de Cambray peut avoir eu de M. Fleury; mais il ne faut rien remuer.

LETTRE CLXXXV.

L'ABBÉ BOSSUET A SON ONCLE (*d*).

A Rome, ce 10 décembre 1697.

J'ai reçu la lettre que vous m'avez fait l'honneur de m'écrire de Versailles, le 18 novembre. J'ai reçu aussi les quarante exemplaires des divers écrits dont M. Ledieu me parloit : j'en ferai l'usage qu'il faut, et les communiquerai ici à ceux qui entendent le françois. Pour les cardinaux, il ne leur faut rien donner, hors à quelques-uns, que les observations latines quand elles seront imprimées. Cela contient tout : et la grande quantité d'écritures leur fait peur; il y en a déjà assez.

Vous aurez vu par ma dernière lettre, la situation des affaires et les pas et les instances que j'avois résolu de faire pour faire recommencer les conférences des examinateurs. Il seroit trop

---

(*a*) Voyez ci-dessus les lettres CXXXIX et CLI. — (*b*) De 1682. — (*c*) Le manuscrit de la *Défense de la déclaration du clergé de France*. — (*d*) Revue et complétée sur l'original.

long de vous marquer tout ce qu'il a fallu faire pour y parvenir : je vous dirai seulement que Sa Sainteté et messieurs les cardinaux de la Congrégation ont enfin entendu mes raisons, et qu'ils ont jugé mes instances sur ce sujet très-justes : l'assesseur même a suivi. Je n'ai paru par aucun instrument public. Le Pape a été bien instruit sans que j'aie eu audience de lui, mais on lui a représenté mes raisons sans que j'aie présenté de mémorial à la Congrégation. Elle a fait son décret ; et enfin Sa Sainteté a ordonné au maître du Palais, que, sans attendre les réponses de M. de Cambray sur les pièces à lui communiquées, il feroit continuer les conférences des examinateurs avec toute la diligence possible.

Le maître du sacré Palais est très-bien intentionné pour finir, et en sent la conséquence. Je l'ai vu, et j'en suis très-content. L'assesseur m'a fait l'honneur de me rendre compte de tout ce que la Congrégation et le Pape avoient déterminé sur ce sujet, et m'a fait entendre qu'il avoit fortement parlé là-dessus : je l'ai assuré que j'en étois persuadé. Je crois que M. le nonce recevra par cet ordinaire, la résolution que Sa Sainteté a prise. Je me suis servi utilement de ce que le nonce avoit écrit. Je crois savoir de bonne part que le Pape est réveillé, et voit qu'on l'a trompé quand on lui fait croire que le roi ne se soucioit pas de cette affaire, et sur ce qu'on lui disoit touchant M. de Cambray et les évêques. J'espère faire en sorte que votre *Relation* ira jusqu'à lui. Ce qu'il y a de plaisant, c'est que tout cela s'est passé sans que le cardinal de Bouillon en sût rien. Je ne sais pas même s'il le sait maintenant.

M. le cardinal de Bouillon arriva hier de Frescati, où il étoit resté huit jours, et me parla hier d'une manière d'un homme point informé de la nouvelle résolution du Pape et des cardinaux sur cette affaire ; et comme je crus être obligé de lui dire en général que j'avois lieu d'espérer que l'examen recommenceroit bientôt, il parut très-surpris, et me dit que ce n'étoit pas la résolution qu'il sembloit qu'avoit prise la Congrégation, mais qu'il en seroit bien aise. Je lui dis qu'à présent on avoit lieu d'espérer qu'il voudroit bien aider à presser cette affaire, étant dorénavant pour tout cet hiver à Rome : il ne me répondit rien. Je vous assure que j'ai tout sujet de me louer de tout ce que me dit hier d'obligeant pour vous et pour moi M. le cardinal de Bouillon, qui savoit de M. l'abbé de Fleury tout ce que vous lui aviez dit, dont il me témoigna une joie sensible. Vous ne devez pas douter que je ne réponde comme je dois à tant de bontés.

Il ne me manque que les cardinaux Carpegna et Noris à lire votre *Relation*, de ceux à qui j'ai résolu de la lire. Je l'ai lue aux cardinaux Nerli, Marescotti, Ferrari et Casanate. Les deux premiers étoient très-prévenus par le cardinal de Bouillon ; ils sont bien changés, et j'ai lieu de le croire. J'ai rendez-vous avec le cardinal Carpegna et le cardinal Noris pour la leur lire : je leur ai dit que vous m'aviez défendu de la publier, non que vous craignissiez qu'on vous pût démentir sur une chose si publique, et dont vous aviez les preuves en main ; mais seulement par charité pour votre confrère : que vous me l'aviez envoyée seulement pour mon instruction particulière ; mais que sachant combien il est important que Messieurs les cardinaux soient informés de la vérité sur une matière aussi importante et où on leur en a tant imposé, j'avois cru nécessaire de la communiquer à leurs Eminences, qui ont trouvé cela très-à propos, et très-utile à la cause, et la conduite que vous et moi tenons sur ce sujet fort louable : ils sont ravis de tout savoir.

Je sais que M. de Chanterac, qui a eu vent d'une relation, est très-en peine, et fait tous ses efforts pour la voir, mais inutilement ; car même j'ai pris la liberté d'en refuser des copies à ceux de Messieurs les cardinaux qui me l'ont demandée, par les raisons que je vous dis, qu'ils ont eux-mêmes approuvées. Le nouvel examinateur est le général actuel des Carmes déchaussés ; il s'appelle le P. Philippo : il est très-habile homme, à ce qu'on dit, homme d'esprit, mais très-sourd. On dit qu'il n'a aucune relation avec les Jésuites : on vient de m'assurer qu'il est même leur ennemi, et par rapport à Papebrock, et par rapport à Palafox.

La note sur le quarante-quatrième article vrai, dont je vous avois aussi parlé, se trouve encore dans l'exemplaire qu'a en main le P. Massoulié : je tâcherai d'en avoir copie avant de fermer ma lettre. Je l'ai bien averti de ne s'en pas dessaisir : elle ne se trouve pas dans celui de Granelli ; je ne sais si c'est à dessein.

Je n'ai garde de parler au nom du roi : je fais seulement entrevoir la part qu'il y prend, et qui paroît assez par sa lettre.

Je ne vois pas que l'*Ordonnance* de M. de Cambray fasse ici aucun bon effet pour son livre : on n'en a encore distribué aucun exemplaire aux cardinaux ; je crois que les examinateurs l'ont.

Je reçus avant-hier, par le courrier, deux exemplaires de l'*Ordonnance* de M. de Paris, qui est admirable et digne de ce prélat, et qui fera bien voir ici l'union des évêques. Je la portai dès le jour même à M. le cardinal Casanate, afin qu'il en pût instruire le Pape. Je ne sais si j'aurai le temps d'écrire sur ce sujet à M. de Paris par cet ordinaire ; mais ce sera par le premier, où je pourrai encore lui mander plus précisément ce qu'on en pense. Au reste la manière dont ce prélat se comporte à l'égard du livre de M. de Cambray et ce qu'il en dit à la fin, est précisément comme il le falloit pour ce pays-ci et comme je le souhaitois.

Je fais transcrire, et on me l'a promis avant le départ du courrier, un écrit traduit en italien pour M. de Cambray. L'original est françois, et fait par un jésuite françois. J'ai sujet d'être assuré que c'est le P. Dez : vous en jugerez. Il est plus modéré que les autres, mais on voit avec cela que tout part de la même urne ou

J'ai oublié, je pense, de vous mander qu'on avoit soutenu ici publiquement à la Propagande la doctrine contraire au prétendu amour pur de M. de Cambray ; et c'est ce qu'on veut dire à la fin de cet écrit.

Au reste on mande ici de Flandre que M. de Cambray envoie un Père de l'Oratoire porter son *Ordonnance* à tous les évêques de Flandre et dans toutes les Universités. Ce prêtre promet de repasser, pour prendre les réponses qu'il espère devoir être autant d'approbations. On dit que M. Steyaert a déclaré à ce porteur qu'il n'approuvoit pas la doctrine de M. de Cambray, et que le lendemain il avoit fait soutenir des thèses contre le prétendu amour pur.

Je ne doute pas que M. le cardinal de Bouillon ne se fasse valoir sur la résolution prise par le Pape et la Congrégation, s'il la sait à cette heure ; mais il n'y a pas la moindre part : cela a été déterminé d'un jour à l'autre, pendant qu'il étoit absent.

J'ai vu les nouvelles qualifications. Il seroit bon d'avoir ici en main l'écrit des protestans anglois, publié dans le temps de l'affaire de Molinos, cité dans la *Relation :* cela a frappé tous les cardinaux ; et je ne le puis trouver, quoique ce me semble condamné par le saint Office. Je vous prie encore de m'envoyer un exemplaire en blanc d'une belle édition de votre *Exposition de la Doctrine chrétienne*, pour le cardinal Casanate, à qui ce seul de vos livres manque, aussi bien que le recueil des *Oraisons funèbres*.

J'ai appris sur Sfondrate que la Congrégation du saint Office est comme déterminée à pousser cette affaire à présent, et à presser le Pape là-dessus. Je vois que le général des Dominicains le souhaite fort : il est des examinateurs. Le cardinal Casanate m'en a parlé : je lui ai dit franchement là-dessus que sans l'appréhension que j'avois que cette affaire ne retardât et n'embarrassât l'autre, j'en aurois bien de la joie. Il m'a assuré que l'une n'avoit rien de commun avec l'autre, et que tous les examinateurs se trouvoient différens. Je ne sais pas quelle sera la dernière décision de Sa Sainteté : je vois le pour et le contre dans cette affaire ; j'espère que Dieu fera tout pour le mieux. Le P. Estiennot m'a dit que M. de Paris pressoit plus ici cette affaire que M. de Reims ; j'ai de la peine à le croire. Je sais bien que pour moi j'ai fait ici valoir, tant que j'ai pu, la modération des évêques, et le respect pour la personne du Pape au sujet du silence des évêques. C'est ici où les Jésuites ne s'oublieront pas : ils ont toujours de bonnes causes à soutenir.

Nous savons les fâcheuses nouvelles de Pologne : les Polonois ne méritoient pas un tel roi. Le cardinal de Bouillon en paroît très-touché, mais plus par rapport à l'ambassadeur (*a*) qu'au prince de Conti. Il y a huit jours que M. le cardinal de Bouillon reçut une lettre de M. de Polignac, du 25 octobre, qui marquoit précisément tout le contraire de ce qu'on a vu, dans les circonstances les plus favorables.

(*a*) L'abbé de Polignac.

L'idée qu'on avoit ici de M. le prince de Conti n'a fait qu'augmenter par son malheur, dans l'esprit des amis et des ennemis : il n'y a qu'une voix là-dessus. On voit bien qu'il est au-dessus des couronnes, et qu'il n'en est pas ébloui. Un homme du commun auroit donné dans tous les piéges qu'on lui tendoit ; mais son discernement a éclaté dans ces conjonctures, autant que son grand courage.

La traduction de M. de Cambray commence à paroître ; il n'y en a encore qu'un exemplaire : on dit qu'on en copie, pour en donner à chaque examinateur. Cet exemplaire a été donné au maître du sacré Palais depuis trois jours, qui l'a remis à Massoulié. Je le sus hier au soir tard, et j'ai été ce matin trouver le P. Massoulié : j'ai vu cet exemplaire. Ce que je vous en manderai pour la première vue sera un peu général ; mais l'ordinaire prochain j'espère en pouvoir faire davantage. Le P. Massoulié ne m'a pas voulu permettre de copier rien ; ce sera par mémoire ce que je vous en manderai.

Ce qu'il y a d'abord à remarquer, ce sont les notes. Ce manuscrit consiste donc dans le corps du livre traduit ; et à côté, à la marge, il y a des notes, par lesquelles M. de Cambray prétend expliquer plus clairement ce qu'il a voulu dire, et rendre sa doctrine incontestable et claire : c'est la manière dont parlent ses agens.

J'ai lu pendant une demi-heure plusieurs de ses notes : voici ce que j'en ai pu tirer de plus important, et qui donne une idée du système des explications.

Premièrement, il reconnoît qu'il parle d'un état habituel, mais non invariable, dans le sens dont il en parle dans la préface.

2° Partout il ajoute toujours aux termes de *proprii commodi* et de *propriæ felicitatis*, dont les évêques se servent dans leur *Déclaration*, et qui appartiennent au quatrième état, ceux de *amoris interessati*, *propriæ mercedis*, et quelquefois avec cette réduplication de *quatenùs interessati ;* comme par exemple, dans la page 91 : Un directeur peut alors, dit-il, laisser faire à cette ame un acquiescement simple à la perte de son intérêt propre, *proprii commodi quatenùs interessati*. Cette expression, et plus précise signification, ne fait qu'un mauvais effet contre lui : car on voit par là son intention perpétuelle de rabaisser un amour comme intéressé, qui est amour très-pur et très-parfait, auquel nul théologien n'a donné le nom d'amour intéressé.

3° Dans l'article dixième, il veut absolument qu'on entende que tout se passe dans l'imagination, et point dans l'esprit. Et en cet endroit de la page 87 : « Alors une ame peut être invinciblement persuadée d'une persuasion réfléchie », etc., il dit, à la marge : *Persuasio invincibilis non est vera persuasio, sed imaginatio*; et insiste que c'est ce qu'il dit précisément. Il traduit après, ainsi, ce qu'il a dit de saint François de Sales : *Ita se esse reprobum sanctus Franciscus Salesius in ecclesiâ sancti Stephani in Gressibus opinatus est*; et à la marge : *Opinatus est, expressione vulgari, id est, credidit*; ce qui me paroît affoiblir le texte.

Dans la page 90, à côté de ces paroles : « Dans cette impression involontaire de désespoir, elle fait le sacrifice absolu de son intérêt propre », etc.; il met ces paroles : *Sacrificium dixeram aliquo modo absolutum, et ita restrictum volueram. Jam illud explico : immolat suam imperfectionem naturalem adjunctam spei supernaturali ; sed non ipsam spem ;* prétendant par *imperfectionem naturalem* entendre qu'il sacrifie toute vue d'intérêt propre, qu'il avoue être imperfection naturelle, sans pourtant perdre l'espérance surnaturelle, qui demeure toujours; ce qui me paroît une contradiction manifeste. Car peut-on comprendre une espérance surnaturelle sans la vue de notre béatitude, de notre bonheur, qu'il immole comme imperfection? C'est ensemble, et espérance, et désespoir; et un galimatias inintelligible.

4° Dans l'article xiv, à l'endroit du trouble involontaire de Jésus-Christ, il dit : *Hanc vocem tanquàm alienam rejicio ;* et il dit qu'elle n'est pas dans son original; que c'est une faute d'une personne chargée de l'impression de son livre qui l'a faite dans une bonne vue, et qu'il a pour témoins de ce fait des gens irréprochables. On le croira, si l'on veut; mais ceux qui entendent un peu le françois et la suite de son raisonnement, sont persuadés du contraire.

La cinquième chose que j'ai eu le temps de remarquer, c'est la note à l'article XLIV, qui me paroît, je ne puis m'empêcher de le dire, bien insolente. Il dit en termes exprès que le point de son pur amour n'est pas seulement une doctrine pour les ascétiques, mais encore pour les docteurs et les pasteurs, qui le conservent, avec les autres points de foi, comme le plus précieux dépôt de la foi ; que pour ce qui regarde l'économie, dont ils ont usé sur cela, il s'en faut prendre à l'imperfection des hommes, *qui non possunt portare modò :* vous voyez le rang où il met tant de saints martyrs et autres.

Le P. Massoulié, qui a examiné cet ouvrage, m'a dit que ces notes rendoient la condamnation plus sûre, parce que les endroits qui paroissoient ambigus dans son livre, et auxquels ses amis auroient pu donner un bon sens, sont présentement par son explication hors de toute ambiguïté, et on sait ce qu'il a voulu dire. C'est le jugement que jusqu'à cette heure en ont porté le P. Massoulié et le maître du sacré Palais. Je tâcherai cette semaine, si je puis, d'avoir toutes ces notes transcrites.

Ils m'ont dit que, jusqu'à cette heure, la traduction leur avoit paru fidèle, et la latinité bonne. Si je pouvois seulement avoir vingt-quatre heures le tout, on verroit bientôt si la traduction est fidèle, et je remarquerois les endroits où elle manque : et pour les notes, en quatre heures de temps elles seroient transcrites.

LETTRE CLXXXVI.

L'ABBÉ PHELIPPEAUX A BOSSUET.

Ce 10 décembre 1697.

Je viens d'apprendre que les examinateurs ont reçu ordre de s'assembler vendredi. Vous savez qu'on a substitué au P. Damascène, le général des Carmes déchaux, qu'on dit être honnête homme. M. de Cambray a écrit au cardinal Casanate, pour lui donner avis qu'il enverroit une réponse au *Summa doctrinæ* et à la *Déclaration*, et le prie de ne pas presser le jugement : il aura écrit pareillement aux autres cardinaux. Il a aussi écrit aux examinateurs : tout cela ne tend qu'à différer. Son député est un peu embarrassé de ce qu'il entend dire de la *Relation*, qu'il fait chercher inutilement ; car on n'en a point donné de copie, et on se contente de la lire. Elle ne laisse pas de faire un bon effet, et d'effacer les idées qu'il avoit données : il a recours à tout. Dimanche je le rencontrai venant de la chambre du P. Dias, cordelier espagnol fort intrigant. Il est ennemi de ceux qui ont fait condamner la Mère d'Agréda, dont il vouloit solliciter la canonisation : vous jugez bien qui lui a donné cette connoissance.

Vous avez tellement ramassé tout ce que le livre de M. de Cambray a de mauvais, et dans vos observations et dans vos écrits nouvellement arrivés, que vous ne laissez rien à grapiller aux autres : par là toutes mes animadversions deviennent inutiles. J'avois pourtant fait sentir que l'amour de soi renfermé dans l'amour de la béatitude, étoit bon ; et que d'en nier la bonté, c'étoit donner dans l'erreur des manichéens. J'avois amassé les passages de saint Augustin, de saint Thomas, de saint Bernard et des scolastiques, pour prouver que l'amour justifiant et renfermant le désir de la béatitude n'est point mercenaire ; que les saints les plus parfaits étoient ceux, comme dit Estius, que l'Ecriture nous représente avoir été les plus touchés de la possession de Dieu. J'avois remarqué cet endroit où il dit qu'il n'y a point de tradition plus évidente que celle de son amour pur : ce qui étant ou faux, ou du moins contesté, donnoit occasion aux hérétiques de se moquer des traditions les plus authentiques. Je l'attaquois fort sur ses traditions secrètes : j'insistois surtout sur l'indifférence et sur le dixième article, sur l'unique motif qu'il admet, savoir la volonté de Dieu ; ce qui me paroît avoir des suites fâcheuses. Vos écrits sont venus : il a fallu les traduire et les faire copier, et j'ai cru que mon travail ne serviroit que pour des réponses particulières, s'il en falloit faire ; mais vous épuisez la matière.

La *Lettre pastorale* de M. de Cambray fait un nouveau système. L'*Instruction* de M. de Paris est excellente, et fera ici un bon effet. Je croyois vous envoyer un troisième écrit italien intitulé, *Riflessioni d'un Dottore di Sorbona* : le copiste me l'avoit promis ; mais il est tard, et je désespère de l'avoir pour cet ordinaire. Il y a bien de l'apparence que l'auteur est le P. Dez ; il veut se signaler. On m'a assuré qu'il étoit auteur de quatre écrits : de trois latins, dont je vous en ai envoyé un entier, et un extrait du second que j'ai complet : le troisième est l'italien que je fais transcrire. Je n'ai pas le quatrième : je ferai mes diligences pour l'avoir, et pour savoir au vrai quel en est l'auteur. J'aurois une grande démangeaison d'écrire contre ce prétendu docteur ; mais vous le ferez mieux et plus modérément que je ne pourrois faire.

On se donne ici un grand mouvement pour s'opposer à la canonisation de Palafox. Le général des Jésuites a fait, dit-on, opposition chez le cardinal Casanate, ponent de cette affaire : cependant le roi d'Espagne en fait les instances et les frais. Les Carmes déchaux se remuent fort pour cette affaire : et l'ambassadeur d'Espagne n'a pas peu d'occupation de donner audience aux parties.

On m'a dit que M. de Cambray avoit envoyé sa *Lettre pastorale* aux évêques de Flandre par un Père de l'Oratoire, qui devoit leur en demander leur sentiment. M. Steyaert a dit qu'il n'étoit pas nécessaire d'attendre son avis, qu'il n'approuvoit pas la doctrine de l'archevêque ; et le lendemain il a fait soutenir une thèse contre son système. Cet homme assurément n'est pas janséniste, s'il ne l'est devenu depuis peu.

Après le rapport du livre du P. Dez, il a été ordonné qu'il iroit *per manus* des cardinaux. Le général des Jésuites a mandé à toutes ses maisons de faire des prières pour une grande persécution que souffroit la Société : on croit que c'est pour l'affaire de Palafox.

Le procureur des Missions étrangères de France a obtenu des bulles d'un nouvel évêché pour un des leurs. Ces Messieurs sont fort obligés à cet agent, et ne lui rendent pas assez de justice, si le bruit qui a couru de sa révocation étoit vrai. On a grand intérêt de l'éloigner d'ici ; mais ce n'est pas ses confrères.

Comme l'écrit italien ne vient pas et qu'il est fort tard, je vous envoie ce que j'avois mis au net de mon ouvrage, qui étoit assez long ; mais l'*Ordonnance* de M. de Paris et vos observations seront beaucoup meilleures : je m'en servirai, s'il y a nécessité de le faire. On verra clair dans cette matière, et il n'y a que les retardemens à craindre.

L'écrit italien vient d'arriver à dix heures du soir : il a été composé en françois et traduit par un Italien, l'abbé Mico. Le scribe a dit à un de mes amis qu'un jésuite l'avoit apporté en disant : Je ne suis pas quiétiste, mais je ne puis souffrir qu'on opprime ce pauvre archevêque. Selon toutes les apparences, d'après la peinture qu'on m'en a faite, c'est le P. Dez. La copie n'étant pas tout à fait achevée, je vous enverrai le reste par le premier ordinaire.

LETTRE CLXXXVII.

BOSSUET A SON NEVEU (a)

A Paris, ce 17 décembre 1697.

J'ai reçu votre lettre du 26 : je commencerai par le chevalier de la Grotte. Sa pension est assurée de deux cents écus, tant qu'il sera en pays de connoissance : à mon retour, j'entrerai dans le détail.

Je pars demain, pour ne revenir à Versailles que le 27, jour de saint Jean, pour le serment (b) et les autres choses. On nous a donné pour aumôniers ordinaires M. l'abbé de Castries, à qui vous ferez votre compliment, l'abbé de la Boulidière, de la Roche-Jacquelin, de Lévis de la maison de Mirepoix, et de Montmorel, frère de l'abbé des Alleurs. Le sacre de M. de Metz est dimanche prochain aux Feuillans, où il est en retraite, par M. le cardinal de Coislin, et messieurs de Verdun et de Carcassonne.

M. de Reims apparemment vous écrira sur la *Remontrance* insolente contre son *Ordonnance* (c), par un qui se dit jésuite,

---

(a) Revue et complétée sur l'original. — (b) Le serment que Bossuet devoit prêter comme premier aumônier de la duchesse de Bourgogne. — (c) Cependant M. de Reims dit lui-même, dans une lettre à l'abbé Bossuet, que cette *Remontrance étoit assez bien écrite*, et se recommandoit par un respect apparent. Elle eut pour auteur le P. Daniel, et se trouve dans la collection de ses ouvrages, tom. III, p. 431 et suiv.

mais sans nom d'auteur ni d'imprimeur, sans aveu, sans permission : cela réussit très-mal.

J'ai fait ce matin vos complimens à M. de Paris, qui m'a montré une lettre d'un Père minime, qui écrit de bon sens et qui mande qu'il se concerte avec vous ; ce que j'approuve beaucoup, et que je vous prie de continuer. Il lui parle de la nouvelle Congrégation, pour laquelle on avoit fait une tentative inutile, et lui marque que vous m'en écrivez.

Je trouve bien long d'imprimer mes remarques : j'en ferai un extrait, où je répondrai en abrégé aux notes et aux explications de l'*Instruction pastorale* en latin, et je serrerai la matière.

Quant à la dissension entre les évêques, il n'y en a point. Nous avons leurs lettres, contraires au livre et à l'*Instruction pastorale*. Il n'en a pas un seul pour lui, et vous pouvez le mettre en fait : j'en dis autant des docteurs. Si l'affaire n'étoit pas portée au Pape, on prendroit ici d'autres moyens de réprimer une erreur si dangereuse : mais M. de Cambray s'étant adressé lui-même au Pape, on seroit dans le dernier étonnement, si Rome ne condamnoit pas un livre par lequel tout Molinos revient.

Je ne vous dis rien sur la joie que vous avez de ma charge : la mienne se rapporte à la vôtre.

Vous aurez des lettres sur Sfondrate (a). Nous sommes convenus qu'on ne feroit rien à présent sur cela, et qu'on songera uniquement à Cambray.

Je reçois à l'instant une lettre pleine d'amitiés de M. le cardinal de Bouillon sur ma charge. Je vous prie de l'assurer de mes respects.

Je serois bien aise d'avoir l'écrit du P. Dez, s'il se peut.

M. Chasot vous mandera les magnificences plus que royales de la noce. On ne vit jamais rien d'égal.

La présence de M. le prince de Conti a consolé tout le monde de ce qui s'est passé. Le roi l'a reçu avec toutes les marques de joie et de tendresse.

Je ne sais si je vous ai mandé que j'avois vu un avis du P. Serri, admirable, sur le livre de M. de Cambray.

(a) Cette affaire fut alors suspendue pour toujours.

Tout ce que M. de Cambray expose dans son *Instruction pastorale* sur la doctrine, est déguisé. Il omet les articles les plus importans. Il coule sur Madame Guyon, qu'il veut défendre à quelque prix que ce soit, et l'enveloppe avec les mystiques des siècles passés, auxquels il veut faire accroire que nous en voulons dans nos censures. La traduction latine de son livre est un grossier artifice : elle est aussi vraie que les passages de saint François de Sales, dont il en a supposé, tronqué, altéré et pris à contre-sens plus de vingt.

LETTRE CLXXXVIII.

L'ABBÉ BOSSUET A SON ONCLE (a).

Rome, ce 17 décembre 1697.

J'ai reçu la lettre que vous m'avez fait l'honneur de m'écrire de Versailles, du 25 novembre. J'espère que mes dernières lettres vous auront un peu plus contenté que les précédentes. Les conférences recommencées me paroissent un coup de partie. De plus j'ai raison de croire qu'on ne les discontinuera pas, et même qu'on les rendra plus fréquentes qu'une fois la semaine : avec cela on ne peut répondre de rien. Les Cambraisiens sont ici un peu étonnés de voir qu'on a recommencé, et qu'on paroit déterminé à continuer.

Je ne vous fais pas une longue lettre aujourd'hui à une raison essentielle, que j'ai été saigné il y a deux heures pour un mal de gorge, et une espèce de fièvre double-tierce qui me prit samedi. Il n'y a aucun accident, Dieu merci, et on ne peut avoir des accès plus légers. Si l'accès me reprend demain au soir, je prendrai jeudi le quinquina qui me tirera vite d'affaire. M. Phelippeaux vous doit écrire plus au long. Il a été aujourd'hui voir M. le cardinal Casanate de ma part sur l'*Ordonnance* de M. de Paris. Vous me permettrez de finir en vous assurant de mes respects, et vous priant de faire mes excuses à M. de Paris si je ne puis lui rendre compte moi-même de ce que je puis savoir de son *Ordonnance*,

(a) Revue et complétée sur l'original.

et comme elle est ici approuvée de ceux qui ne sont pas prévenus. Je lui écrirai par l'ordinaire prochain, s'il plaît à Dieu. J'ai prié M. Phelippeaux d'écrire à M. l'abbé Pirot.

Ne soyez pas en peine de moi, car sans me flatter, ce n'est rien absolument.

LETTRE CLXXXIX.

L'ABBÉ PHELIPPEAUX A BOSSUET.

A Rome, ce 17 décembre 1697.

J'espère que l'indisposition de M. l'abbé n'aura pas de suite : c'est une fièvre qui le prit il y a trois jours. Il s'est fait saigner aujourd'hui; il ne paroît point d'accidens dangereux. Je vous mandai par le dernier courrier, qu'après les sollicitations qu'on avoit faites, on avoit ordonné au maître du sacré Palais de recommencer les assemblées. En effet, ils s'assemblèrent vendredi dernier, et sont intimés pour vendredi prochain; ce qui continuera régulièrement, du moins une fois la semaine. Car le cardinal Casanate, que j'ai vu aujourd'hui et à qui j'ai porté un exemplaire de vos derniers écrits, m'a fait entrevoir qu'on s'assembleroit deux fois la semaine. Plusieurs examinateurs se plaignirent qu'on avoit dit au Pape, et répandu dans le monde, qu'on n'avait suspendu les conférences que parce qu'ils avoient besoin des écrits qu'on leur a donnés : ils protestèrent qu'ils n'avoient aucun besoin de ces écrits pour s'éclaircir de la matière. On vouloit encore différer jusqu'à ce qu'on eût les réponses qu'on promet à la *Déclaration* et au *Summa doctrinæ*. Alfaro insista fort là-dessus; mais il ne fut pas écouté, et on lui répondit qu'on ne sortoit point de Rome, et qu'il falloit procéder à l'examen. Le P. Damascène envoya une lettre pour s'excuser sur les affaires qu'il avoit, qui l'empêcheroient de connoître de cette affaire. Gabrieli affecta une indisposition : on croit qu'il pourra bien s'exclure de lui-même. On a substitué à Damascène le P. Philippe, général des Carmes déchaux : je l'ai vu, je crois qu'il ira bien.

Granelli se plaignit à l'abbé de Chanterac de ce qu'on laissoit contre l'usage divers écrits à leurs portiers, et qui étoient remplis d'injures contre un prélat qui avoit rendu de grands services à l'Eglise; que cela ne feroit point d'honneur aux auteurs et n'avanceroit pas la cause. Il publie maintenant qu'il n'y a point de part, et je sais qu'il les a fait transcrire chez lui. Je n'ai pu savoir au vrai les auteurs des deux écrits latins : on dit que l'abbé de Chanterac les a composés avec un de ses amis. Mais quel est cet ami? Les uns assurent que c'est un des Jésuites dont on m'a dit le nom ; c'est le P. Gentel : mais d'autres disent qu'il n'en est pas capable ; cependant ce fut lui qui les porta aux écrivains. Pour l'écrit italien dont je vous envoie le reste, il a été composé en françois, et traduit en italien par un abbé Mico, qui est écrivain du P. Dez. C'est certainement son ouvrage, je n'en doute point : il veut se signaler ici par bien des endroits.

Je ne sais sur quoi ces Messieurs se fondent pour chanter victoire à Paris : car je vous réponds sur ma tête que le livre sera condamné, pourvu qu'on juge; et on jugera. On peut bien différer ou empêcher le jugement, mais non pas la condamnation du livre : j'espère même qu'on fera un extrait des propositions. Gabrieli pourra bien demeurer seul dans son sentiment; peut-être aura-t-il honte d'être seul : mais, quoi qu'il en soit, le succès me paroît certain. Toute l'attention qu'il faut avoir, c'est à ce qu'on ne diffère pas par quelque brigue cachée.

J'attends vos Remarques sur la *Lettre pastorale.* Nous avons reçu l'*Instruction pastorale* de M. de Paris : rien n'est plus solide. Il y condamne ouvertement l'erreur et l'auteur de l'erreur : elle era un effet merveilleux. On s'en est servi pour montrer la nécessité de remédier au plus tôt à une erreur qui se répandoit en tant d'endroits. Le P. Bernardini est bien intentionné, et ne songe qu'à nous seconder. Je vous envoie copie d'une lettre écrite à Granelli. Il y a répondu en complimens. Si on se fonde sur cela pour chanter victoire, on sera fort trompé. Je vous souhaite une heureuse année, et suis avec un profond respect, etc.

LETTRE CXC.

MADAME DE MAINTENON A BOSSUET.

A Saint-Cyr, ce 22 décembre 1697.

Il n'y a point d'affaires ni de divertissemens qui pussent m'empêcher d'avoir l'honneur de vous voir, Monsieur; mais il est très-bon que vous vous réserviez pour les choses nécessaires, et qu'on voie que notre cabale n'est pas si vive qu'on le veut persuader. Les nouvelles que M. l'archevêque m'a fait voir, sont à peu près celles que vous me mandez; et il y a bien de l'apparence qu'on tirera en longueur dans une Cour où l'on ne se hâte pas. J'espère que Dieu soutiendra sa cause et celui qui la soutient, et que vous me conserverez toujours les mêmes bontés. Je suis avec admiration et respect, Monsieur, votre très-humble et très-obéissante servante.

MAINTENON.

LETTRE CXCI.

BOSSUET A SON NEVEU.

A Meaux, ce 22 décembre 1697.

Nous n'avons pas encore ici les lettres du dernier ordinaire.

J'ai pris mon parti de ne point faire imprimer les Remarques, qui seroient une trop longue affaire. Je ferai l'analyse des notes et de l'*Instruction pastorale* en latin. Cela sera mieux, parce qu'il contiendra un extrait des Remarques et une réponse aux explications de M. de Cambray. Cela viendra parfaitement après le *Summa doctrinæ*, où j'en ai parlé en général, et en un mot je sens que cela sera bien.

Un Père minime de la Trinité-du-Mont mande à M. l'archevêque de Paris, qu'après son *Ordonnance* il ne faut plus rien faire; et il me semble que le sentiment de M. le cardinal d'Estrées étoit de ne rien faire du tout. Mais je ne suis ni de l'un ni de l'autre avis. Il faut ici instruire les peuples, qu'on séduit par mille petits écrits et par cent bouches cachées et découvertes. L'*Instruction* de M. de Paris est admirable; mais il n'a pas trouvé à propos de la faire précise contre ce qu'a dit en particulier M. de Cambray. Il n'y a rien contre son *Instruction pastorale,* ni contre ses notes. Je suis convaincu qu'il faut que Rome voie par nos écrits la nécessité de parler : c'est votre sentiment et celui de M. Phelippeaux. Vous me mandez même tous deux séparément, que nous n'emporterons rien que par l'évidence. Ce que je ferai sera court, et ne tendra pas à allonger : j'ajoute qu'il sera précis et démêlé, et ne laissera aucun doute, s'il plaît à Dieu. M. de Cambray est trop inventif, et il croit trop aisément en imposer au monde.

Voilà une réponse à M. le cardinal de Bouillon sur son compliment. Nous recevons tous les jours des lettres de tous les évêques, approbatives de notre doctrine et en particulier du *Summa doctrinæ,* qui a servi à beaucoup de monde.

M. de Chartres prépare quelque chose. L'*Instruction pastorale* de M. de Cambray a encore aliéné tous les esprits.

M. Vivant a écrit des merveilles sur la lettre (a) dès la première lecture, et encore plus après la seconde. M. Pirot m'a envoyé ce que M. Vivant lui avoit écrit sur ce sujet.

LETTRE CXCII.

BOSSUET A SON NEVEU.

A Meaux, lundi 23 décembre 1697.

Je reçois présentement votre lettre du 3 avec les papiers joints : il est fort tard, et je n'ai de temps que pour vous en accuser la réception. Vous faites bien de ne parler au Pape que dans la nécessité. Vous pouvez assurer que le roi a toujours le même zèle; mais gardez-vous bien de procéder en rien comme si vous agissiez par son ordre. On a peine à revenir d'une fausse dé-

(a) La lettre de Bossuet répondant à celle de M. de Cambray à un ami.

marche (a). Contentez-vous d'écouter : le reste dépend du temps. Je vous en dirai davantage une autre fois.

LETTRE CXCIII.

L'ABBÉ PHELIPPEAUX A BOSSUET.

Rome, mardi, 24 décembre 1697.

Monsieur l'abbé se porte beaucoup mieux : son inflammation de gorge est diminuée, et la fièvre a cessé; ainsi j'espère que cela n'aura pas de suite. Le P. Dias, cordelier espagnol, si déclaré contre la France dans l'affaire des bulles, continue de favoriser l'abbé de Chanterac. On m'a assuré qu'il avoit vu le Pape, et lui avoit fait l'éloge de l'archevêque : lui disant que ce n'étoit qu'une cabale des évêques, qui n'avoient pu l'attirer à leur parti; que c'étoit le seul qui favorisât les réguliers, et qui fût attaché au saint Siége : mais cela ne fera aucun effet, et M. de Chanterac commence à voir le péril où est le livre. Bien des gens lui disent nettement qu'il ne peut éviter la condamnation, et que la *Lettre pastorale* n'excuse point le livre, quoiqu'elle puisse servir à justifier la personne. Le P. Latenai lui tint ce discours, et ayant eu occasion d'en faire le récit à M. le cardinal de Bouillon, il lui répondit qu'il lui avoit fait fort grand plaisir, parce que ces gens-là se flattoient trop. Si cette réponse est sincère ou non, je n'en sais rien; car dès le commencement le P. Latenai, consulté par le même, se déclara pour nous, et cette Eminence peut savoir qu'il a relation avec moi. Il est le théologien du cardinal Altieri, et tous deux sont bien intentionnés.

Vendredi dernier il y eut conférence des examinateurs : on y traita du fond du livre, et de l'amour du cinquième état. Alfaro se déclara en faveur de M. de Cambray : mais Granelli parla contre M. de Cambray, comme un homme qui possédoit bien la matière. La première conférence est indiquée au lundi 30 : on y doit traiter de tout ce qui regarde l'indifférence. Vos derniers

---

(a) Ce trait a rapport aux éclats que fit le cardinal de Bouillon, pour soutenir le livre du P. Dez, rejeté par les examinateurs. (*Les édit.*)

écrits sont estimés autant qu'ils le méritent, et produiront l'effet qu'on en espère. On ne doit pas être surpris d'Alfaro : il est obligé de suivre l'impulsion des Jésuites. Ils sont fort curieux de voir la relation, mais inutilement; car on se contente de la lire à ceux qu'il est nécessaire d'instruire. Le P. Charonnier (a) a interrogé une personne qui l'avoit entendu lire, si on n'accusoit point l'auteur de charnalité. J'espère que le P. Charonnier et M.*** l'abandonneront, quand ils le verront noyé. On saura dans la suite des nouvelles plus particulières.

On m'a assuré que M. de Cambray vouloit faire une seconde édition de son livre, dans laquelle il corrigeroit tous les endroits qui ont choqué. Mais qu'espère-t-il de cette démarche? Plus il écrira, plus il s'embarrassera.

Granelli se plaignit à l'abbé de Chanterac des écrits répandus, pleins d'injures contre une personne (b) qui avoit rendu de grands services à l'Eglise, et qui ne servoient point à la cause, puisqu'ils étoient contraires aux explications de la *Lettre pastorale*. Je n'ai pu déterrer au vrai les auteurs des deux latins. Il est certain que le P. Gentel, jésuite, les a portés à copier; mais savoir s'il en est l'auteur ou un autre, on n'en sait rien au vrai. Pour l'italien, c'est le P. Dez qui en est l'auteur, autant qu'on peut savoir ces sortes de choses : c'est son copiste ordinaire qui l'a traduit en italien. Les uns et les autres seront peu lus par ceux qui seront bien intentionnés.

L'Instruction de M. de Paris est fort goûtée; et M. le cardinal de Bouillon a avoué qu'on ne pouvoit rien voir de plus précis ni de plus fort. Je lui ai donné les nouveaux écrits : on saura quel effet ils feront sur lui. Je suis avec un profond respect, etc.

Phelippeaux.

Le cardinal Franzoni est mort : ainsi il n'y a plus que les cardinaux Cibo et Altieri qui précèdent M. le cardinal de Bouillon. Il est en bonne santé, et officiera demain au Palais.

(a) C'étoit l'homme de confiance du cardinal de Bouillon. — (b) Bossuet.

LETTRE CXCIV.

L'ABBÉ BOSSUET A SON ONCLE.

Rome, ce 24 décembre 1697.

J'ai reçu la lettre que vous m'avez fait l'honneur de m'écrire de Versailles, le 2 de ce mois. Dieu merci, depuis avant-hier la fièvre double-tierce m'a quitté, et l'inflammation de gorge est passée : ainsi je ne suis plus malade, mais convalescent; et on me défend, je pense avec raison, d'écrire et de m'appliquer. C'est pourquoi j'ai prié M. Phelippeaux d'écrire pour moi. En général je puis vous dire que les affaires commencent à cheminer, et à être en bon train.

Les Cambraisiens sont un peu affligés, et les Jésuites pas moins insolens : ils mériteroient châtiment, en vérité, de la part de la Cour; j'entends les François qui excitent seuls les autres. Je parle là-dessus avec une modération très-grande. Le P. Alfaro sera, s'il peut, pour M. de Cambray. Le P. Gabrieli est douteux, et je suis fâché à cette heure du ménagement que nous avons eu. Comme les autres sont plus savans et plus braves gens, j'espère qu'ils feront leur devoir.

Le P. Dez n'a pas daigné me venir voir, ni aucun jésuite, excepté le seul P. Charonnier.

Je suis bien fâché de n'être pas en état d'écrire encore par cet ordinaire à M. de Paris sur son admirable *Ordonnance:* elle fait ici un très-bon effet. M. le cardinal de Bouillon m'a fait l'honneur de me venir voir, et de s'informer tous les jours exactement de ma santé.

Je ne vous dirai point l'histoire du paquet que je vous envoie; c'est ma lettre du 18 de ce mois, que j'ai retrouvée hier sur ma table : je crois être assuré de l'avoir envoyée dans mon paquet de Lyon du même jour. La voilà ; je suis très-fâché du retardement, car il y a des choses bonnes à savoir. J'espère que la lettre de M. Phelippeaux et ma lettre à mon père y auront suppléé. Je finis à cause de ma lettre.

LETTRE CXCV.

BOSSUET A SON NEVEU (a).

A Versailles, ce 30 décembre 1697.

J'ai vu la lettre à mon frère, du 10. Il ne faut point vous embarrasser des ports ni des frais pour les copistes, et autres de cette nature : n'y épargnez rien, et en m'envoyant le mémoire, j'y satisferai sur-le-champ. J'entrerai aussi très-volontiers dans les moyens de vous faire subsister, vous et M. Phelippeaux : il convient en toutes manières que ce soit honorablement, et même il ne faut point se dégrader; mais il me semble aussi que vous l'avez pris d'un ton un peu haut, et que vous devez le baisser un peu sans qu'il y paroisse. Du reste, il faut prendre courage et essuyer toutes les longueurs, même celles qui sont affectées.

C'est un bon effet de vos sollicitations, d'avoir obtenu qu'on reprît les conférences.

Il est vrai qu'il n'y a rien de plus indigne que le procédé de M. de Cambray à notre égard, et au mien en particulier. Il y a sur cela deux choses à faire, à quoi nous ne manquerons pas : l'une de le faire connoître, et l'autre de nous montrer les plus sages.

Mon frère vous aura marqué ce qu'il a fait dire à M. de Paris de votre part. Je suis bien aise que son *Instruction pastorale* plaise : sa gloire est la mienne. Nous sommes très-unis ; et vous me ferez plaisir de lui rendre bon compte, surtout de ce qui aura rapport à lui. Je n'ajoute rien de mes sentimens sur son *Instruction* ; je vous les ai déjà dits, et il est vrai qu'elle est excellente et très-théologique.

Les bons Pères minimes, qui lui rendent compte de ce qui se passe, lui inspirent quelquefois, à bonne intention, des choses qui ne sont pas convenables, comme est de n'écrire plus après son *Ordonnance*, parce que ce n'est qu'un prétexte d'allonger. Mais comme il n'a rien dit, ni sur les explications, ni sur l'*Ins-*

(a) Revue sur l'original.

truction pastorale, ni même sur beaucoup de points de la question principale, il faut bien donner les instructions nécessaires, en sorte, autant qu'il sera possible, que cela n'allonge pas. Voyez ces bons Pères, et entendez-vous avec eux autant qu'il se pourra. J'irai mon train, allez le vôtre : concilions tout; vous verrez ce que j'écris à M. Phelippeaux.

Le *Remontrance* des Jésuites à M. de Reims fait grand bruit : ils l'avouent publiquement. Ils la faisoient imprimer à Rouen, où le roi en a fait saisir tous les exemplaires. Le libraire a reconnu qu'il imprimoit par ordre des Jésuites ; on l'a mis en prison, d'où M. de Reims a supplié le roi de le délivrer. Je vous manderai la suite de cette affaire.

Nous attendrons les moyens que vous nous donnerez de ménager sur les ports : on prend ici les mesures qu'on peut pour ne vous point charger. On ne pouvoit se dispenser de vous envoyer l'*Instruction pastorale* de M. de Cambray, qui devient une pièce essentielle du sac.

Les bons Pères minimes ont mandé ici, qu'on avoit trouvé mauvais à Rome la *Déclaration*, comme une chose qui ressembloit trop à un jugement anticipé : mais il n'y a rien qui y revienne moins. Elle ressemble davantage à une espèce de dénonciation raisonnée, quoique ce ne soit point cela. C'est un témoignage de gens qu'on a voulu engager dans une mauvaise cause, et qui disent très-modestement les raisons qu'ils ont de désavouer ce qu'on vouloit leur imputer. Aussi n'avons-nous pas vu qu'on y eût rien trouvé de mal : ce sont des tours qu'on voudroit donner aux choses.

LETTRE CXCVI.

L'ABBÉ BOSSUET A L'ABBÉ DE GONDI.

A Rome, ce 30 décembre 1697.

Les bontés dont vous m'avez comblé quand j'ai passé à Florence, me font espérer que vous ne trouverez pas mauvais la liberté que je prends de vous assurer de mes respects à ce renouvellement d'année ; et que je me serve de cette occasion, pour vous parler d'une affaire sur laquelle vous voulez bien que je vous demande votre conseil et votre protection.

Vous aurez sans doute entendu parler du livre de M. l'archevêque de Cambray, qui fait tant de bruit en France, qui s'examine à présent dans la Congrégation du saint Office. C'est un livre contre lequel on peut dire que toute la France s'est soulevée, dont le roi a écrit à Sa Sainteté, et contre lequel M. l'archevêque de Paris, M. l'évêque de Meaux et M. l'évêque de Chartres ont été obligés de donner leur *Déclaration* en particulier, ayant été appelés en témoignage par M. l'archevêque de Cambray lui-même, dont ils ne peuvent approuver la doctrine. Il est donc question à présent à Rome d'examiner et de prononcer sur ce livre, sur lequel le roi et les évêques de France demandent au saint Siége avec instance un prompt jugement, comme vous le verrez encore mieux que je ne puis vous le dire, par la copie de la lettre du roi au Pape que je joins à cette lettre. Or je ne puis m'empêcher de vous dire, Monsieur, que j'apprends de plusieurs côtés que M. Fédé, agent de Monseigneur le grand-duc, se mêle dans cette affaire. Si c'est pour ou contre, c'est ce que je ne puis vous dire sûrement : mais comme je sais que ce n'est pas de concert avec moi qu'il travaille, j'appréhende un peu que l'on ne s'imagine que Son Altesse Sérénissime prend quelque part dans cette affaire, peut-être en faveur du livre de M. de Cambray. Or comme je suis assuré que l'intention de Son Altesse Sérénissime n'est pas de favoriser ce qui a la moindre apparence de n'être pas bon, connoissant autant que je fais, outre toutes ses excellentes qualités qui le font respecter de toute la terre, un zèle pour la religion et pour la bonne doctrine que rien n'égale, je prends la liberté, Monsieur, de vous ouvrir mon cœur sur cette affaire, pour vous supplier de vouloir bien en instruire Son Altesse Sérénissime suivant ce que vous jugerez à propos. Je vous en aurai, Monsieur, une sensible obligation en mon particulier; et je puis même vous assurer que M. de Meaux joindra cette nouvelle obligation à tant d'autres qu'il vous a. Je m'en rapporte sur le tout à votre prudence ; et si vous le jugez à propos, ne parlez de rien : je suis assuré que vous ferez le tout pour le mieux. Pardonnez-moi seulement la liberté que je prends, et faites-moi la justice d'être persuadé que personne ne vous honore plus véritablement que je fais, et n'est avec plus de respect, etc.

LETTRE CXCVII.

L'ABBÉ DE GONDI A L'ABBÉ BOSSUET.

Pise, ce 7 janvier 1698.

Comme je vous honore toujours infiniment, et que je fais gloire de n'avoir pour vous que des sentimens d'une parfaite estime, ainsi j'espère que vous me ferez la justice d'être fortement persuadé que l'on ne peut vous être plus obligé que je le suis à votre bonté, pour l'honnêteté de vos expressions à l'occasion du renouvellement de l'année. Je vous supplie de croire que j'y donne tout le retour que je dois, accompagné des vœux les plus ardens pour toutes vos prospérités.

Je suis pleinement informé de l'affaire qui concerne le livre de M. l'archevêque de Cambray, et qui fait tant de bruit en France. Je n'ignore point qu'on l'examine à présent fort soigneusement à Rome dans la Congrégation du saint Office : je sais aussi que M. l'évêque de Meaux, tout de même que MM. l'archevêque de Paris et l'évêque de Chartres, ont donné leur *Déclaration*, par laquelle ils n'approuvent point sa doctrine ; et je suppose que la même congrégation ne pourra pas longtemps tarder à prononcer sur ce livre.

Tout le détail qu'il vous a plu m'en faire dans votre lettre du 31 décembre, avec la copie de la lettre du roi au Pape, j'ai cru ne pouvoir me dispenser de le communiquer au grand-duc, pour lui donner la facilité de mieux comprendre les démarches de M. Fédé dans cette affaire. Son Altesse m'a dit que Monsieur Fédé ne pouvant pas ignorer qu'elle a écrit à des cardinaux et à des consulteurs du saint Office en conformité des sentimens de M. de Meaux, elle croit que son agent s'en étant aussi mêlé, il ne peut jamais avoir tenu d'autre langage que conforme au sien, c'est-à-dire en faveur de ce que M. votre oncle peut souhaiter. Mais pour s'en bien assurer, Son Altesse lui ordonne par ce même ordinaire de se donner bien de garde de jamais franchir aucun pas qui ne soit avantageux à la cause soutenue par ce digne prélat, que la solidité de sa doctrine et ses éminentes qualités rendent à juste titre l'un des plus beaux ornemens de l'Eglise, et pour la personne duquel Son Altesse a toute la plus haute estime, entièrement due à son grand mérite.

Je suis cependant aussi respectueusement que je dois l'être, Monsieur, votre très-humble, etc.

LETTRE CXCVIII.

L'ABBÉ BOSSUET A SON ONCLE (a).

Rome, ce 31 décembre 1697.

J'ai reçu la lettre que vous m'avez fait l'honneur de m'écrire de Versailles, du 9 décembre.

Mon père me mande de Paris qu'il vous envoyoit mon paquet dans le temps qu'il recevoit le vôtre pour moi. Ma santé, Dieu merci, est bonne. J'ai été huit jours sans sortir à me ménager. Je sortis hier un moment pour aller chez M. le cardinal de Bouillon. Le sang qu'on m'a tiré et la diète m'auront un peu affoibli. Je me porte à présent fort bien. Je viens d'écrire à M. le cardinal de Janson, à MM. de Paris, de Reims et Pirot.

Il y eut hier une conférence des examinateurs, et la première est indiquée au 9 janvier. Les Jésuites se déclarent toujours de plus en plus. Alfaro et Gabrieli se déclarent de plus en plus pour M. de Cambray. Il ne faut pas dire que vous le savez de moi ; mais que l'abbé de Chanterac se vante d'être assuré de ces deux-là. Massoulié, Granelli, Miro, Bernardini sont assurés ; Serrani l'est presque aussi. C'est le manége ordinaire des Jésuites, de caresser dans le temps qu'ils font le plus de mal. Enfin le P. Dez m'est venu voir ; je n'ai fait semblant de rien. Le nouvel examinateur, général des Carmes, est si sourd qu'il faut qu'il prenne

---

(a) Revue et complétée sur l'original.

son parti sur les écrits ; car dans les conférences il n'entend pas un mot, et cela est fâcheux : du reste il sera bien instruit, est honnête homme et droit.

Vos remarques imprimées feront un bon effet pour les cardinaux : je ne doute pas que vous n'y joigniez une observation sur l'*Instruction pastorale* de M. de Cambray, pour qu'on en voie les erreurs et les contradictions; le plus court qu'il se pourra. Il n'est pas question ici de l'année 1682, et je n'en souffle pas, et je ne vois pas qu'on parle de votre manuscrit. Sa Sainteté se porte à merveille. Je finis, car il est tard.

J'oubliois de vous souhaiter une heureuse année : je n'ai que faire de vous exprimer mes sentimens sur ce qui vous regarde, qui m'est plus cher et plus précieux que moi-même.

On est et on sera attentif à tout.

M. le cardinal de Bouillon commence à tenir un langage un peu différent, et dit que l'affaire de M. de Cambray n'ira pas bien. Il ne m'endormira pas, et je n'en suis que plus sur mes gardes sur les coups fourrés.

LETTRE CXCIX.

BOSSUET A M. DE LA BROUE.

A Versailles, ce 3 janvier 1698.

On a imprimé avec diligence, Monseigneur, la Préface aux écrits déjà imprimés; mais j'en ai suspendu la publication, pour faire paroître à la tête dans cette préface la réfutation de l'*Instruction pastorale*, qui achèvera, s'il plaît à Dieu, la démonstration de l'erreur et de l'ignorance de M. de Cambray. Après je me donnerai tout entier à la seconde partie, que vous souhaitez tant de voir paroître : en attendant je travaille à beaucoup de Mémoires nécessaires. Du côté de Rome, les affaires y languissoient par les efforts de la cabale puissante, qui ne tâchoit qu'à les faire oublier : mais j'ai envoyé des instructions, par le secours desquelles mon neveu (a) a trouvé le moyen de ranimer tout; en

(a) Admirable neveu, *Deus ex machinâ!*

sorte qu'on ira bon train, s'il plaît à Dieu. Le roi continue de presser avec zèle et vivacité. Vous seriez étonné de voir les écrits qu'on distribue à Rome de la part de M. de Cambray : on y lit que c'est une cabale de jansénistes qui le persécute, parce qu'il n'a pas voulu entrer dans leur faction; qu'au reste c'est un homme à ménager pour défendre l'autorité du saint Siége, attaquée par des hommes turbulens. Il se donne aussi pour protecteur des ordres religieux : enfin il est tombé dans l'aveuglement.

Je m'assure que M. de Saint-Pons ne sera guère content de ses excès; et s'il est ébranlé par le *Summa doctrinæ*, j'ose assurer qu'il sera convaincu par les écrits que j'aurai l'honneur de lui envoyer.

Je suis, Monseigneur, comme vous savez, avec tout le respect possible, votre très-humble et obéissant serviteur.

† J. BÉNIGNE, év. de Meaux.

LETTRE CC.

BOSSUET A SON NEVEU.

A Paris, ce 6 janvier 1698.

On étoit ici fort étonné de la lenteur qu'on sembloit vouloir apporter à l'affaire de M. de Cambray, et l'on avoit peine à comprendre après la part que le roi y prend d'une manière si déclarée pour la paix de son royaume et pour le bien de la religion, qu'on y dût procéder si mollement. Il y alloit même beaucoup de l'honneur et de l'autorité du saint Siége, que ceux qui avoient donné ces conseils n'ont guère eus en vue. Maintenant que la chose reprend son train, on est bien aise de l'heureux succès de vos sollicitations.

Il est bon de vous dire sans façon que M. le cardinal de Bouillon avoit ici insinué par ses lettres, que notre *Déclaration* avoit fait un mauvais effet pour nous; que le Pape l'avoit regardée comme un jugement par lequel nous prévenions celui du saint Siége, et qu'enfin nous avions perdu toute croyance. Je vous puis assurer qu'on ne l'a pas cru, et je n'en dirai pas davantage. Rendez en toute occasion tout respect à ce cardinal : mais comme il y va de la cause de Dieu, qui ne souffre nul foible ménagement, allez votre train, et assurez-vous que vous ne serez pas abandonné. Je veux bien vous dire que le roi par sa bonté a la complaisance de n'exiger rien de M. le cardinal de Bouillon contre M. de Cambray, qu'il sait que ce cardinal favorise ; mais c'est que Sa Majesté est persuadée qu'une affaire de cette nature n'a pas besoin des offices vulgaires de ses ministres. C'est une affaire proprement entre le Pape et le roi, une affaire de confiance entre les deux puissances; et le roi croit que c'est assez pour lui de s'expliquer à M. le nonce. Voilà ce qui est de ma connoissance, sans vouloir entrer plus avant dans les mystères d'Etat, dont je ne me mêle point. Vous pouvez vous ouvrir de ce que je vous dis à des personnes sages et bien confidentes.

On a beaucoup d'obligation à Monseigneur Giori, et on la ressent (a). Je vois qu'il a quelque peine de ce que je n'ai pas empêché la promotion de M. de Cambray ; et il est vrai que j'aurois pu lui donner de fortes atteintes : mais les conjonctures me déterminoient alors à prendre un autre parti, et M. de Cambray étoit si soumis, il savoit si bien dissimuler, qu'encore que je ne fusse pas sans quelque crainte, j'avois beaucoup plus d'espérance. Quoi qu'il en soit, je me laisserai sur cela blâmer tant qu'on voudra, parce que le blâme qu'on me donne est l'effet d'un zèle que je révère.

J'ai vu ici une lettre de M. Pequini à M. le cardinal de Janson, qui parle de moi d'une manière qui me donne du courage : il me fait l'honneur de comparer mes écrits à ceux des Pères. Je vous instruis de tout cela, afin que dans l'occasion et à propos, sans affectation, vous me ménagiez les bonnes graces de ces prélats dans l'affaire dont il s'agit.

Je verrai demain M. de Paris, et lui ferai vos complimens. Il sera bien aise de la manière dont vous faites valoir son *Instruc-*

(a) Ce prélat avoit parlé au Pape contre la nouvelle spiritualité de M. de Cambray. C'est ce que Bossuet avoit appris par la lettre de M. Phelippeaux, et plus particulièrement encore par une lettre de M. Giori même au cardinal de Janson, dont il est fait mention dans la lettre CCIII, ci-après. (*Les édit.*)

tion pastorale, qui est venue dans une conjoncture où elle étoit fort nécessaire : cette *Instruction* est très-excellente.

Vous avez su la *Remontrance* à M. de Reims, que les Jésuites ont fait imprimer sans aucune permission. Cette affaire va faire grand bruit : vous en saurez davantage par le prochain ordinaire. Les Jésuites la veulent soutenir, et vous voyez ce qui en peut arriver. M. de Reims m'a fait voir sur son *Ordonnance* une lettre de M. le cardinal d'Aguirre, qui remplit de joie tous les gens de bien, et qui est digne des premiers siècles de l'Eglise.

LETTRE CCI.

L'ABBÉ PHELIPPEAUX A BOSSUET.

A Rome, ce 7 janvier 1698.

Je crois que vous serez bien aise de voir plusieurs endroits de la traduction latine du livre de M. de Cambray, où il paroît qu'il a traduit dans la vue d'insinuer sa nouvelle solution, et où il corrompt le texte françois : vous y ferez les réflexions que vous jugerez à propos. Je ne vous dis rien des deux examinateurs qu'on a ajoutés, ni des raisons dont on s'est servi pour les obtenir : je suppose que M. l'abbé vous en aura mandé le détail. Je ne fais qu'achever ces notes, et il est si tard que je ne puis plus rien écrire. J'attends vos réflexions ; ce qui m'empêche de rien écrire sur la lettre, pour ne pas multiplier les écrits et donner occasion aux délais qu'on cherche. Je suis avec respect, etc.

LETTRE CCII.

L'ABBÉ BOSSUET A SON ONCLE (a).

Rome, ce 7 janvier 1698.

J'ai reçu la lettre que vous m'avez fait l'honneur de m'écrire de Paris, le 17 de décembre. Je me porte bien, Dieu merci : il me reste un peu de difficulté de dormir, à quoi n'a pas peu contribué

(a) Revue et complétée sur l'original.

un peu de fatigue qu'il faut me donner. Enfin la cabale nous a porté un de ces coups fourrés que je craignois tant; et cela étoit nécessaire pour allonger un peu, car tout avançoit, et bien. Il faut tâcher de réparer le mal, au moins dans l'intention : voici le fait. Comme la cabale a été apparemment bien avertie par ses émissaires dans le saint Office et dans les conférences, comme qui pourroit dire le P. Alfaro, que l'affaire n'alloit pas bien pour eux, et qu'apparemment on vouloit examiner à la rigueur le sens naturel du livre, ils ont voulu embrouiller les conférences, et pour cela M. le cardinal de Bouillon très-sûrement a fait insinuer au Pape par l'entremise de M. le cardinal Albane que l'examen qu'on faisoit de ce livre seroit d'un bien plus grand poids en France, si on ne se contentoit pas de faire examiner ce livre par des moines dont on méprisoit l'autorité en France et qu'on y joignît quelques évêques aux premiers examinateurs, cela seroit d'une plus grande réputation.

Cela dit par une personne de poids, instruite de nos manières, indifférente en apparence et très-adroite et insinuante, a fait l'effet que la cabale désiroit. Sa Sainteté a cru faire des merveilles, et grand plaisir aux évêques de France, de joindre des évêques; et en effet il y a six jours qu'elle joignit aux huit examinateurs deux prélats. L'un, Mgr l'archevêque de Chieti, dont je ne me souviens pas du nom propre (*a*); mais c'est un prélat napolitain, que le Pape a fait venir depuis peu à Rome pour être secrétaire d'une congrégation, et qu'on croit qu'il veut faire cardinal : c'est un homme qui a du mérite et du savoir. L'autre prélat est Monseigneur le sacriste du Pape (*b*), qu'on tire toujours des Pères augustins, et qu'on fait toujours évêque *in partibus* : il est Flamand, docteur de Louvain, homme d'esprit et de mérite. Il y a longtemps que je suis averti de sa liaison avec M. de Chanterac : il est aussi très-dépendant de M. le cardinal de Bouillon; et il s'est déclaré il y a longtemps, assez ouvertement, qu'il ne trouvoit pas dans M. de Cambray des choses si mauvaises, et qu'il y auroit peut-être quelque accommodement sur cette affaire. On ne peut douter que la cabale, bien

(*a*) Il s'appeloit Rodolovic, et étoit secrétaire de la Congrégation des Réguliers. — (*b*) M. le Drou, évêque de Porphyre, né à Ilui, au diocèse de Liége.

instruite de tout cela, n'ait proposé et insinué ce prélat au Pape. D'ailleurs, comme Flamand, il entend parfaitement le françois.

Je ne doute pas que le Pape n'ait eu la meilleure intention du monde : mais par là vous voyez quels ressorts on fait jouer pour allonger et pour embrouiller. On met deux prélats à la tête, dont l'un est comme déclaré, au moins très-prévenu : pour l'autre, on l'a dit d'abord tout à fait dévoué aux Jésuites ; mais je crois savoir que cela n'est pas. Je vous avoue que je ne m'attendois pas à cette nouveauté : aussi a-t-elle surpris tout le monde, et fait dire ici hautement qu'on vouloit sauver M. de Cambray. Je suis persuadé qu'on ne le sauvera pas ; mais au moins on donnera de l'embarras et on allongera ; car il faut recommencer, et d'ailleurs ces prélats se trouvent à la tête des conférences ; et s'ils sont mal intentionnés, ils peuvent mettre bien des obstacles.

J'ai cru être obligé, et cela par le conseil de M. le cardinal Casanate, de parler au cardinal Spada à fond sur tout cela. Je lui ai parlé pendant deux heures avant-hier avec tout le respect que je lui dois et à Sa Sainteté, mais avec toute la force dont je suis capable et que m'inspiroient l'importance de la matière et les circonstances. Il m'a paru bien recevoir ce que je lui ai dit, et je lui ai découvert toutes les cabales. Il m'a trouvé bien informé, et de choses même qu'il ne savoit pas. En un mot, hors la personne de M. le cardinal de Bouillon, je lui ai parlé de tout à cœur ouvert, afin qu'il en pût instruire, s'il peut, Sa Sainteté et empêcher de nouveaux changemens. Je lui en ai représenté l'importance, les grands inconvéniens, le mauvais effet que tous ces changemens feroient en France ; ce que pourroient dire et penser les évêques de France et le roi, de voir à quel point on sembloit favoriser M. de Cambray contre toutes les règles. Je lui ai rappelé tout ce qui s'étoit passé depuis le commencement de cette affaire, et la conduite qu'on avoit tenue, inouïe dans le saint Office jusqu'à cette heure. Il m'a assuré de la bonne intention de Sa Sainteté, qui croyoit tout faire pour le mieux ; que pour lui ses affaires l'empêchoient de vaquer à celles du saint Office, et qu'il n'y alloit presque jamais, et cela est vrai. Pour lui rendre ma plainte plus juste sur le fait de M. le sacriste, je lui ai dit qu'il y avoit déjà très-longtemps que je vous avois instruit de la prévention de ce prélat, et qu'il s'étoit déclaré trop favorable à M. de Cambray. Il faut, s'il vous plaît, que vous teniez le même langage à M. le nonce et au roi. Avec cela il ne faut pas demander sa révocation, mais se plaindre de la trop grande partialité qu'on fait paroître à chaque pas pour favoriser M. de Cambray, en embrouillant l'affaire de nouveau.

Je vous avoue que je suis obligé de faire ici un personnage qui ne doit pas plaire à cette cour. Car ce n'est que pour me plaindre de tout ce qu'on y fait, et en représenter l'injustice et la nouveauté. Il est vrai que je le fais avec toute la modération et dextérité dont je suis capable : mais enfin je le fais, et suis contraint de le faire ; et si je ne le faisois pas, il est certain que l'affaire ne finiroit jamais ; cela ne laisse pas, comme vous croyez bien, d'être très-désagréable et très-fâcheux. Je l'ai dit tout franchement au cardinal Spada, qui me l'a avoué. Je ne lui ai pas parlé dans la vue de faire révoquer M. le sacriste, mais seulement pour lui faire voir manifestement la part qu'il a à la cabale, l'effet que cela fait dans Rome, et immanquablement en France. Il m'a dit les plus belles paroles du monde ; mais j'ai pris la liberté de lui demander des effets. Je suis persuadé que ce que je lui ai dit sur M. le sacriste sera rapporté au Pape. De plus dimanche au soir on parla fortement au Pape de toutes ces cabales de MM. les cardinaux de Bouillon et Albane : mais encore une fois vous savez le caractère du Pape. Tout cela n'a pas empêché que je n'aie été voir ce matin M. le sacriste, avec qui j'ai eu une conférence de deux heures. C'est un homme froid et qu'on dit assez franc : il s'instruira assurément. D'ailleurs personnellement il n'est pas ami des Jésuites, et lié avec le parti contraire sur les affaires de Louvain. J'ai des personnes de poids pour lui parler ; du reste on ne peut répondre de rien. Pour Monseigneur de Chieti, j'ai bonne opinion de lui. Heureusement il s'est adressé à un de mes intimes amis pour étudier les matières avec lui, et chaque jour je sais ses sentimens les plus intimes.

Ce que je vous ai mandé des discours qu'on a tenus au Pape pour lui faire mettre les deux nouveaux examinateurs, est sûr ;

car c'est le Pape lui-même qui l'a dit, et les deux cardinaux aussi qui ont agi. J'espère que Dieu présidera à tout ; mais la rage des Jésuites contre moi est au delà de ce qu'on peut penser. Je m'imagine aussi de M. le cardinal de Bouillon ; mais on me témoigne de la part de cette Eminence tout le contraire. Je m'attends à quelque plat de leur métier. Les conférences recommencées leur ont mis la rage dans le cœur. Il ne tiendra pas à moi de les fâcher encore davantage en faisant mon devoir. Au reste je vous prie d'écrire une lettre d'honnêtetés, aussi bien que M. de Paris, à Monseigneur Giori, prélat de cette Cour, ami de MM. les cardinaux d'Estrées et Janson, qui fait tout ce qu'on peut faire auprès du Pape. Je sais qu'il sera bien aise d'une pareille marque d'estime et d'amitié, et cela l'excitera encore. Il est bon de lui écrire en latin : il n'entend pas un mot de françois : vous me ferez un sensible plaisir. Si M. le cardinal de Janson vouloit écrire à Monseigneur de Chieti dont il est très-ami, et au sacriste, sur l'attente où on est en France de voir finir le scandale qu'a causé le livre, cela feroit un très-bon effet.

Je ferai un autre jour mes complimens aux nouveaux aumôniers de ma connoissance. Je fais réponse à M. de Reims.

Il faut se plaindre à M. le nonce, mais modestement, et m'excuser de tout ce que je suis obligé de faire ici. Les plaintes que je fais ne passent pas le cardinal Spada.

Dites, je vous prie, à M. de Paris que je vous dis beaucoup de bien du Père minime, que je fais agir où il convient.

Je n'ai plus retrouvé dans la traduction de M. de Cambray l'*interessatus* dont je vous avois parlé, je m'étois brouillé : il traduit ainsi presque partout le motif de l'intérêt propre : *Appetitio proprii commodi*, et ajoute quelquefois *quœstûs proprii*. C'est une affectation manifeste de traduire par *appetitio*, le motif. *Appetitio*, c'est désir, cela se tient de la part de la puissance ; ce qui est toute autre chose que le motif, qui se tient du côté de l'objet : cela me paroît très-considérable, et je le fais ici remarquer. J'espère que vos remarques n'oublieront rien, et surtout sur l'*Instruction pastorale*, qui est pleine assurément de contradictions et d'erreurs ; et qui, bien entendue, doit le faire condamner par lui-même.

Il faut ici de la patience plus qu'on ne peut croire; j'espère l'avoir.

Un de mes amis, de chez M. le cardinal de Bouillon, a fait un extrait de plusieurs passages de la traduction de M. de Cambray, sur la traduction du motif intéressé qu'il traduit *mercenarii*, et de l'*appetitio proprii commodi*, qui marque une extrême affectation.

J'ai découvert, il y a déjà longtemps, le commerce qu'a l'abbé de Chanterac avec le P. Dias, Espagnol, qui est un fripon parfait, ennemi et de la personne du roi et du clergé de France, et qui ne cherche qu'à engager cette Cour contre la France : j'en ai parlé au cardinal Spada. Je crois que cela ne doit pas plaire au roi.

J'oublie de vous dire que M. le sacriste est consulteur du saint Office et que l'archevêque de Chieti n'en est pas, que pour cet effet il est encore nommé pour Sfondrate. Il y a dans le saint Office quatre consulteurs du saint Office; deux archevêques, qui sont Messeigneurs Bottini et Darti, un évêque qui est le sacriste, et Monseigneur Nucci, secrétaire de la Congrégation du concile.

LETTRE CCIII.

BOSSUET A SON NEVEU.

A Paris, ce 13 janvier 1698.

Votre lettre du 10 m'apprend des choses que je serois fâché d'ignorer. Je crois vous avoir mandé que j'ai vu entre les mains du cardinal de Janson une lettre de Monseigneur Giori, où il écrit conformément à ce que vous me marquez : M. le cardinal de Janson m'a promis de la faire voir où il faut. On est fort aise ici de la continuation des conférences des examinateurs.

J'ai reçu de Flandre un petit livre contre le *Summa doctrinæ*, qui a beaucoup de venin et de dissimulation. Il y est fait mention d'une réponse à la *Déclaration*, qui n'est pas encore venue à ma connoissance : je l'attends pour prendre ma résolution. Je ne ferai rien que de court. On ne croira pas aisément que M. le cardinal de Bouillon ait hâté la suite des conférences.

Il se passe ici une chose qui fait grand bruit au sujet de la *Remontrance* à M. de Reims sur son *Ordonnance*, que les Jésuites ont fait imprimer. Ils la croient fort respectueuse, et ce prélat la trouve pleine de dérision et de brocards. Après avoir attendu longtemps et avoir pris les mesures qu'il falloit, on lui a permis d'avoir recours à la justice du parlement, sans entamer le fond. Il s'agira seulement de la réparation sur le manquement de respect et sur une impression sans aveu. M. de Reims a donné une requête forte, mais modérée. Le provincial et les supérieurs des trois maisons des Jésuites ont été mandés à demain, pour venir avouer ou désavouer la *Remontrance*, et faire leur déclaration telle qu'ils jugeront à propos. Ils avoueront sans doute, et sur la forme leur condamnation est indubitable. Savoir comment cela tournera, et quelle satisfaction donneront les Jésuites pour prévenir ce coup, c'est ce qu'on ne peut encore prévoir. Le R. P. de la Chaise prit la peine de venir hier ici avec le P. Gaillard : ils me parlèrent amplement de cette affaire. Je leur fis quelque ouverture comme de moi-même ; je les reverrai demain : il sera encore temps, parce qu'on croit que les Jésuites ont obtenu un délai de quelques jours.

Vous êtes bien obligé à M. le cardinal de Bouillon de toutes ses bontés, que je publierai ici pour vous en faire honneur. On enverra au premier jour l'*Exposition de la foi*, et le recueil d'*Oraisons funèbres* que vous m'avez demandés. Vous aurez aussi les remarques des Anglois (a) sur M. l'abbé de Fénelon. Nous y joindrons la *Remontrance* à M. de Reims, sa Requête et l'Arrêt intervenu dessus pour mander les Jésuites. Cela s'est fait très-civilement par un greffier, qui est Dongois leur ami. Cet arrêt préjuge assez contre eux. Continuez à servir l'Eglise, Dieu vous aidera de plus en plus. Je ferai voir à M. le prince de Conti ce que vous m'écrivez sur son sujet, qui est très-juste.

(a) Bossuet veut parler ici d'un livre qu'on attribuoit au docteur Burnet, anglois, imprimé en 1688 à Amsterdam, sous ce titre : *Recueil de diverses pièces concernant le quiétisme*.

LETTRE CCIV.

L'ARCHEVÊQUE DE REIMS A L'ABBÉ BOSSUET.

De Versailles, lundi 13 janvier 1698.

Je vous ai adressé la copie d'une *Remontrance* imprimée que les Jésuites m'ont faite, et qu'ils ont distribuée partout. Après avoir fait réflexion sur les inconvéniens et sur les conséquences de leur laisser passer ce trait de leur superbe, j'ai pris le parti de la réprimer par les voies de la justice. J'ai pour cet effet demandé au roi la permission de présenter au Parlement une requête, qui fut rapportée vendredi dernier à la grand'chambre par M. Portail. Vous trouverez dans ce paquet la copie de cette requête, et celle de l'arrêt qui fut rendu sur-le-champ. Les quatre jésuites y dénommés doivent être entendus en personne à la barre de la Cour, qui ordonnera que la déclaration qu'ils feront me sera communiquée; et sur cette déclaration je suivrai ma procédure, dont il n'y a pas d'apparence qu'ils se tirent avec honneur. Je vous prie de montrer à Rome ma Requête et l'Arrêt, de me mander ce qu'on en dira, et ce que vous en pensez.

Je ne puis finir sans vous dire que je suis extrêmement étonné de ce que M. le cardinal Noris n'a point fait réponse à la lettre très-honnête que je lui ai écrite, en lui adressant mon *Ordonnance*. La traduction latine sera bientôt en état d'être imprimée.

LETTRE CCV.

LE CARDINAL DE BOUILLON A BOSSUET.

Rome, 14 janvier 1698.

C'est au sortir, Monsieur, d'une longue conversation que je viens d'avoir avec M. votre neveu, que je me donne l'honneur de vous écrire. Dans cette conversation je lui ai parlé sur bien des choses avec toute l'ouverture de cœur, tendresse et considération possibles. Il m'a fait connoître que mon silence sur la persuasion où je devois être de la pureté de vos intentions en combattant la doctrine du livre de M. de Cambray, vous avoit fait de la peine. En quoi, permettez-moi, Monsieur, de vous dire que vous avez tort : car me pourriez-vous croire capable de soupçonner la pureté et la droiture des intentions d'une personne que j'estime, honore et aime au point que vous savez que je vous estime, honore et aime depuis si longtemps? Croyez donc, s'il vous plaît, Monsieur, que je ne suis pas capable de soupçonner jamais la droiture de vos intentions, et qu'on ne peut être plus absolument et plus véritablement à vous que j'y suis, aussi bien qu'à M. de Cambray. Ce qui m'a affligé et continue à m'affliger, c'est de voir que les deux prélats de France que j'estime et aime le plus, se trouvent dans des sentimens si opposés. Faites-moi la justice, Monsieur, de compter en tout temps et en toutes occasions plus véritablement sur moi que sur personne.

Le card. DE BOUILLON.

LETTRE CCVI.

DE L'ABBÉ BOSSUET A SON ONCLE (a),

Rome, ce 14 janvier 1698.

Par la lettre que j'ai reçue de mon père du 23 décembre, j'ai appris que vous étiez à Meaux, et que mon paquet n'étoit arrivé de Rome que ce matin-là : ainsi vous ne l'aurez pu avoir assez à temps pour y faire réponse.

Il n'y a rien de nouveau sur l'affaire de Cambray. Jeudi passé 9, il y eut une conférence où les nouveaux examinateurs assistèrent : ils ne firent presque qu'écouter. On recommença de nouveau l'examen, et on mit sur le tapis six propositions, tirées du livre, sur le cinquième état et sur l'espérance, fondement de la doctrine de M. de Cambray. On doit le 23 de ce mois faire une nouvelle conférence, dans laquelle après qu'on se sera assuré que les propositions sont véritablement dans le livre, ou en paroles expresses, ou équivalentes, chaque examinateur votera, c'est-à-dire

(a) Revue sur l'original.

dira son sentiment sur les qualifications. On m'a assuré que les propositions sont très-bien extraites et d'une manière très-forte ; et si elles demeurent dans cet état, il n'y a jésuite qui les pourroit sauver. L'archevêque de Chieti s'appelle Monseigneur Rodolovic. Monseigneur le sacriste, à ce que l'on m'a assuré, a une grande liaison avec M. le cardinal de Bouillon : il est homme de doctrine, et je ne puis croire qu'il se veuille déshonorer. Tous les examinateurs seront instruits à fond hors le jésuite, à qui il est inutile de parler : il ne se trouva pas à la dernière conférence.

J'ai eu l'occasion ce matin de parler à M. le cardinal de Bouillon, et de lui renouveler vos justes plaintes, et cela à propos de ce qu'il m'a dit qu'on lui avoit rapporté que je disois qu'il étoit favorable à M. de Cambray. Je lui ai parlé là-dessus comme je devois, en l'assurant qu'il devoit être assuré que dans mes discours jamais cela n'échapperoit de ma bouche, comme effectivement j'ai là-dessus une réserve extrême. Je lui ai ajouté que je ne pouvois m'empêcher de lui avouer que c'étoit le sentiment de tout Rome et de toute la France ; qu'il y avoit donné lui-même un très-grand fondement, en parlant sur cette affaire de la manière qu'il m'en parloit à moi-même dans toutes les occasions ; que je voulois bien être persuadé que c'étoit un effet de la prudence dont il croyoit devoir user en cette circonstance ; qu'il y avoit longtemps que vous m'aviez encore chargé de lui renouveler vos justes plaintes sur son silence à l'égard de l'affaire personnelle qu'il prétendoit que vous aviez avec M. de Cambray. Enfin en lui parlant franchement sur l'inclination qu'il témoignoit à sauver M. de Cambray, je lui ait dit tout ce qu'il faut, sans qu'il ait eu le moindre sujet de trouver mauvais ce que je lui disois, et uniquement pour qu'il connût le sentiment du public. Je ne puis et ne veux pas vous dire ce qu'il m'a fait l'honneur de me répondre là-dessus : contentez-vous, s'il vous plaît, d'être assuré qu'il ne vous donnera là-dessus jamais aucune satisfaction ; que son parti est pris sur la conduite qu'il veut tenir, tant à votre égard qu'à l'égard de M. de Cambray, qu'il désire que je croie qu'il traite comme vous, et que peut-être il se plaint plus de lui que vous. Voilà fidèlement en beau l'état de l'esprit de M. le cardinal de Bouillon, qui sait fort bien ce qu'il a à faire, et qui m'assure ne me vouloir aucun mal des sentimens qu'il s'imagine que j'ai de lui. Il lui seroit bien aisé, s'il le vouloit, de me les ôter, si je les avois; mais je ne crois pas qu'il en veuille prendre la peine.

Il est, s'il vous plaît, de la dernière importance que vous ne disiez jamais ce que j'écris sur M. le cardinal de Bouillon, si ce n'est à M. de Paris, au roi et à Madame de Maintenon.

Il est bon et même nécessaire que vous écriviez, comme je vous l'ai marqué par ma dernière, à Monseigneur Giori en latin, comme aussi M. de Paris et M. de Chartres : il faut l'engager à continuer. A Rome tout le monde tremble de parler; vous en voyez bien la raison.

J'ai appris que l'abbé de Chanterac et les Jésuites étoient furieux contre moi à cause de votre *Relation*, qui fait connoître notre nouveau saint. Je ne puis attribuer qu'à eux un bruit qu'ils ont voulu répandre parmi les François, que j'avois ici des ennemis, qu'on cherchoit à m'assassiner, et même que j'étois tombé malade de peur. Toutes choses fausses, sans le moindre fondement : les gens qu'ils disent mes ennemis sont mes meilleurs amis. On feroit mieux de débiter des choses vraisemblables, s'ils vouloient qu'on y ajoutât foi, et que cela me fît quelque tort. M. le cardinal de Bouillon a bien ri ce matin avec moi de cette imagination : il n'en a fait aucun cas, et n'a assurément aucune part à ces manières basses de se venger, mais que je méprise comme je le dois. Je vous mande seulement cela, afin que vous voyiez la fureur et la rage de ceux à qui nous avons affaire. Ils voudroient être ici maîtres du tripot; mais je vais toujours mon chemin, et continuerai (*a*), s'il plaît à Dieu, à agir de même, sans crainte de qui que ce soit que de lui.

On attend ici la fin de vos écrits, et la répons à l'*Instruction* de M. de Cambray. Je crois que vous songerez aussi à m'envoyer des *Déclarations des évêques*. Il faut seulement convenir du port à Paris, et envoyer tout cela comme imprimés, comme marchandises et non comme lettres. Les observations telles que vous me

(*a*) Vaillant abbé, vous êtes un héros !

les promettez, feront bien pour les cardinaux : les examinateurs les ont tous vues, hors Alfaro et Gabrieli.

Des personnes bien affectionnées pour la bonne cause, sont persuadées qu'on cabale plus que jamais, et qu'on cherche quelque invention pour faire échouer cette affaire et justifier M. de Cambray. J'écoute tout; mais je ne suis pas encore arrivé à deviner ce qu'il est possible de faire pour réussir dans ce dessein, à moins que le roi n'abandonne l'affaire, et que Rome ne se veuille déshonorer.

On fera ce qu'on pourra à Paris pour gagner M. le nonce : les Jésuites n'oublient rien à cet effet. Il est bon, sans menacer, qu'ils soient convaincus que si Rome ne parle pas, la France est toute prête, aussi bien que le roi, à agir, et que rien ne l'en peut empêcher.

Ne dites, s'il vous plaît, qu'avec grande précaution ce que je vous mande sur ce qui se passe dans les conférences ; c'est le secret du saint Office. Il est bon que vous sachiez que tout le monde ici me veut tant de mal, que plusieurs Eminences m'ont fait, et fait faire des complimens, sur ce qu'elles souhaitent que, si M. l'abbé de la Trémouille est placé, je sois auditeur de Rote. Je sais ce que je dois répondre là-dessus. Les Jésuites et M. le cardinal de Bouillon ne laissent pas de l'appréhender. Je ne puis m'empêcher de vous dire que M. le cardinal de Bouillon m'a parlé ce matin en petit fou. Cela seul suffit pour savoir à quoi s'en tenir. Le roi, Madame de Maintenon et la France sont à plaindre. Il est difficile qu'il n'arrive pas quelque chose qui le découvre bientôt.

LETTRE CCVII.

BOSSUET A SON NEVEU.

Paris, 20 janvier 1698.

Je vois avec plaisir par votre lettre du 31, que vous êtes, Dieu merci, hors d'affaire. M. de Paris est content de votre lettre. Je n'ai point vu M. de Reims, qui apparemment est occupé de son affaire avec les Jésuites. Elle a été remise entre les mains de

M. le premier président (a), en conséquence des paroles données au roi par les deux parties, sur les offres de M. de Reims.

J'ai appris aujourd'hui de M. le cardinal d'Estrées qu'il y a deux nouveaux consulteurs, dont l'un est M. l'archevêque de Chieti, et l'autre le sacriste de Sa Sainteté. On dit que ce dernier est habile homme et fort porté au jansénisme; pour le premier, qu'il est un peu parent du pape, qu'il veut être cardinal, et que le Pape s'y fie beaucoup. On ajoute que Sa Sainteté lui fait quitter son archevêché et lui donne une abbaye.

Le bruit de l'effet de ma *Relation* retentit ici par toutes les lettres de Rome. C'est bien fait de n'en point donner de copies : mais il sera difficile de ne la pas rendre publique, si l'on se détermine à la présenter au Pape. Dans ce cas, il faudra faire du mieux qu'on pourra. Il est bon que le Pape en soit instruit. Le roi continue à presser M. le nonce. Vous faites fort bien de vous défier des coups fourrés et de la bonne mine. On est ici bien persuadé que le P. la Chaise est pour M. de Cambray. Nous nous portons bien.

LETTRE CCVIII.

L'ABBÉ LEDIEU A L'ABBÉ BOSSUET.

A Paris, ce 20 janvier 1698.

Dès vendredi dernier 17, il est parti d'ici, Monsieur, par la diligence de Lyon, un paquet contenant douze recueils d'*Oraisons*

(a) C'étoit Achille de Harlay. Ce magistrat ayant représenté au roi que l'affaire n'étoit pas de nature à être plaidée en plein parlement, le prince entra dans les vues du premier président, et le chargea de terminer le différend, dont il voulut qu'il fût seul arbitre. M. de Harlay arrêta que les supérieurs des Jésuites iroient chez l'archevêque de Reims lui demander l'honneur de son amitié, et lui témoigner qu'ils étoient sensiblement fâchés d'avoir encouru sa disgrace; qu'ayant cru être obligés de faire connoître les plaintes qu'ils prétendoient avoir lieu de faire au sujet de son *Ordonnance*, ils avoient laissé paroître une *Remontrance* sans nom d'auteur et sans permission, contre la forme des procédures qui sont seules légitimes dans le royaume, pour se pourvoir contre les Ordonnances de Nosseigneurs les prélats, et auxquelles ils ne manqueroient point dans la suite, s'ils se trouvoient en de pareilles occasions. Cet arrêté fut signé; et dès le lendemain on alla faire visite au prélat, qui parut avoir oublié tout le passé, tant il fit de caresses aux Jésuites. Voyez *d'Avrigny*, tom. IV, p. 100. (*Les édit.*)

funèbres de notre prélat, et autant de son *Exposition*, avec un autre paquet à votre adresse, où j'ai mis un recueil des pièces concernant Molinos et les quiétistes, et où se trouvent aussi les lettres des Anglois, dans lesquelles il est parlé de l'abbé de Fénelon. Sous la même enveloppe, j'ai mis encore quatre exemplaires de la *Remontrance* des Jésuites à M. de Reims sur son *Ordonnance* du 15 juillet dernier. La requête que ce prélat a présentée au parlement sur ce sujet, ne fait que sortir de dessous la presse pour passer entre les mains de l'auteur, qui a défendu expressément d'en donner aucune à personne : c'est ce qui m'empêche de vous l'envoyer à présent, ne doutant pas que vous ne la receviez par ce prélat même.

Depuis le départ de M. de Meaux pour Versailles, j'ai appris chez M. de Reims que les Jésuites devoient se trouver à trois heures après midi chez M. le premier président, pour conclure leur accommodement au sujet de leur *Remontrance*. Le prélat demande qu'ils viennent lui faire satisfaction chez lui, et qu'ils rétractent leur pièce par écrit entre les mains du magistrat leur arbitre. A cinq heures du soir on n'en avoit encore aucune nouvelle chez M. de Reims : on ne les y attendoit que demain.

L'impression de la réfutation de M. de Cambray tire à sa fin, et j'espère qu'on pourra vous l'envoyer incessamment. Le triomphe de la vérité qu'elle contient fait certainement un grand plaisir. Je suis, etc.

LETTRE CCIX.

L'ABBÉ BOSSUET A SON ONCLE.

Rome, ce 21 janvier 1698.

J'ai reçu par le dernier courrier vos lettres du 22 et du 23 décembre de Meaux, et celle du 30 de Versailles.

Je croyois qu'il n'y auroit de conférence des examinateurs, suivant ce qui avoit été résolu, que jeudi prochain 23 du mois ; mais mardi passé, c'est-à-dire il y a aujourd'hui huit jours, le Pape envoya ordre de tenir la conférence le jeudi suivant, 16 de ce mois, et dorénavant deux fois la semaine. Il y en a déjà eu deux depuis ma dernière lettre ; car hier il s'en tint une. Mais en même temps le Pape dit qu'il falloit disputer ; et c'étoit de la part de la cabale qu'étoit venue cette nouvelle imagination, qui ne s'est jamais pratiquée dans le saint Office. Effectivement jeudi passé on disputa avec aigreur de la part d'Alfaro et de Gabrieli : cela fut scandaleux. Je l'ai su, et j'en ai fait avertir le Pape et le cardinal Spada. Il y a lieu d'espérer qu'on mettra fin à cette manière d'examiner, qui n'est imaginée par la cabale que pour tout brouiller et tirer en longueur : car hier on commença à voter. Alfaro parla trois heures en faveur de M. de Cambray, et dit des choses pitoyables. Apparemment tout le monde ne sera pas de son avis. Alfaro et Gabrieli sont les seuls déclarés : j'espère que les autres préféreront la vérité à la cabale. On ne peut pas savoir de quel côté M. le sacriste et Monseigneur Rodolovic penchent : ils ne se sont pas expliqués, et nous avons toujours sujet d'appréhender par la manière dont ils ont été mis : du reste j'espère que la vérité triomphera.

M. le cardinal de Bouillon veut faire croire que c'est lui qui a fait doubler les conférences. Cela est très-faux ; car il dit qu'il en avoit parlé au Pape samedi dernier seulement, et c'est cinq jours avant que le Pape a donné l'ordre pour cela ; rien de plus constant.

M. le cardinal de Bouillon, en lui rendant votre réponse à son compliment, me dit qu'il vous avoit écrit dès l'ordinaire dernier sur ce que je lui avois témoigné de votre part. Je ne croyois en vérité pas qu'il le fît ; mais j'avoue que sans manquer au respect qui lui est dû, je lui ai parlé assez fortement, et il a jugé à propos de se raviser. Si vous ne lui avez pas encore fait réponse quand vous recevrez cette lettre, je vous prie de lui insinuer que les bruits qui courent sur sa partialité pour M. de Cambray viennent de toutes parts, mais que vous n'en voulez rien croire non plus que moi. J'ai jugé à propos après la conférence que j'ai eue avec lui, de donner à M. de la Trémouille, qui est à présent fort bien avec lui, la lettre que vous m'écriviez du 25 novembre, dans laquelle étoit l'ordre que vous me donniez de lui faire vos justes plaintes. J'ai trouvé depuis le commencement jusqu'à la fin, qu'il n'y avoit rien qui ne pût lui être lu, et qui ne pût faire un bon effet. Vous y parlez avec force et vérité sur tout : vous y marquez que toutes les lettres de Rome portent qu'il favorise secrètement M. de Cambray, mais que nous n'en croyons rien ni vous, ni moi. C'est après avoir lu cette lettre qu'il jugea à propos de parler au Pape pour presser, dit-il, le jugement de cette affaire. Néanmoins on publie partout que le dessein de cette Cour est de la traîner en longueur ; cela ne laissera pas d'être difficile, si les conférences continuent deux fois la semaine. Il est bien certain que si M. le cardinal de Bouillon vouloit, cela seroit déjà fini, et finiroit à présent à Pâques : je le veux encore espérer.

Le P. Dez est malade pour avoir trop travaillé. Le Père minime m'a dit qu'il avoit écrit à M. de Paris, qu'on ne pouvoit trop éclater et trop instruire en France ; et il est vrai qu'il n'y a que cela, et l'évidence de la matière qui puisse donner le branle ici, où ils tremblent sur tout.

Sur la résolution que vous prenez de composer un écrit nouveau, qui sera un précis, je me suis déterminé à faire faire plusieurs copies bien écrites de vos Remarques traduites, qui ont ici fait sur l'esprit de tous ceux à qui nous les avons communiquées un effet merveilleux, et qui emporteront l'affaire assurément : ce que vous ferez ensuite sera admirable pour les cardinaux. Je ne laisserai pas de donner vos Remarques écrites à MM. les cardinaux Casanate, Noris, d'Aguirre, Nerli, Albane et Ferrari, qui en sont capables, et peut-être Marescotti. Je suis persuadé qu'avec cela et le nouvel imprimé latin sur les nouveautés de M. de Cambray, l'affaire sera éclaircie et emportée.

M. de Chanterac dit qu'il a déjà reçu le premier cahier de la réponse de M. de Cambray, article par article, à la *Déclaration* et au *Summa doctrinæ,* d'une manière courte, précise, théologique et démonstrative : ce sera un composé de ses notes et de sa nouvelle *Ordonnance.*

Je crois savoir que M. le cardinal Noris a été consulté par un grand Seigneur de France, sur ce qu'on pouvoit faire pour sauver M. de Cambray ; et il a répondu qu'il falloit qu'il se rétractât, qu'il désavouât son livre comme mauvais, et que par là il préviendroit la sentence et se feroit plus d'honneur. Mais ici M. de Chanterac et M. le cardinal de Bouillon croient que les affaires sont trop avancées : effectivement il ne le peut plus faire après sa dernière *Ordonnance*.

J'ai déjà fait remarquer à tous les cardinaux et examinateurs, que ce nouveau sens qu'il veut donner à son livre, est contraire à toutes les explications qu'il en a données lui-même aux évêques ; à toutes celles que ses défenseurs et protecteurs ont données ici dans quatre écrits qu'ils ont répandus ; à sa traduction, à ses notes où il n'en dit pas un mot, à son livre lui-même, où il n'est rien dit d'approchant d'un sens qui est la clef de son livre, et sans lequel selon lui-même tout ce qu'il a dit est erroné et blasphématoire ; sans compter que ce sens ne vaut rien en soi. Selon moi, c'est une démonstration contre lui, et je n'ai encore vu personne qui n'en soit convenu.

Je vous envoie un mémoire pour un Père carme qui est ici. C'est un parfaitement honnête homme, qui m'est très-utile sur le livre de M. de Cambray et sur Sfondrate, bon théologien et dans les vrais principes, très-estimé du Pape et des cardinaux : il est aussi théologien du cardinal Altiéri. Je vous supplie de faire en sorte qu'il reste à Rome : c'est une personne très-instruite et de confiance, que les évêques, et en particulier vous et moi, y auront toujours. Ce qu'il demande est très-juste : il n'y a que les Jésuites et M. le cardinal de Bouillon qui peut-être s'y opposeront sous main. M. le cardinal de Bouillon lui fait mille amitiés, et connoît son mérite.

Je me porte bien, Dieu merci, et j'ai fait depuis huit jours toutes mes visites à presque tous Messieurs les cardinaux et autres principaux de cette Cour, qui envoient tous les jours savoir de mes nouvelles avec une bonté infinie.

Je ne puis assez vous témoigner la nouvelle obligation que je vous ai, de vouloir bien entrer dans la dépense qu'il me reste à faire ici, sur laquelle je n'aurois pu prendre aucune mesure. J'avois ajusté toutes mes affaires pour le mois de septembre, et je ne voulois vous être à charge en rien, sachant les dépenses que vous êtes obligé de faire : mais j'avoue que je ne puis y suffire avec le revenu de mon abbaye, qui est le seul que j'aie, et qui est bien diminué par les taxes et par le change horrible. Vous pouvez être assuré que la figure que j'ai été obligé de faire ici dès le commencement a été nécessaire, et par rapport à vous, et par rapport à moi; que je n'ai rien fait d'excessif, et ne fais rien encore. On juge ici beaucoup, même les plus honnêtes gens, par l'extérieur, et il faut m'y soutenir à présent plus que jamais par moi-même; car on ne cherche qu'à vous avilir et moi aussi. Je suis très-exact et très-réservé pour ma dépense : mais j'ai eu à en renouveler plusieurs, depuis trois mois, pour chevaux, carrosses et livrées, dont je ne puis me dispenser, et où j'ai ménagé de mon mieux. Si vous avez donc la bonté de m'aider, je vous prie de me faire savoir ce que vous pouvez me donner : je me réglerai là-dessus; et je vous serai toujours très-obligé, quoi que ce puisse être. Je prendrai la liberté après votre réponse, de tirer une lettre de change sur qui vous voudrez, de la somme que vous êtes en état de me donner. J'espère en vérité, plus que jamais, que tout finira pour ce printemps.

Le Père carme, dont je vous parle, est très-connu de M. Pirot et de M. de Paris, que vous pouvez faire entrer dans ce qui le regarde.

J'envoie à M. de Reims le commencement d'un écrit pour Sfondrate par un jésuite, où il traite assez mal les évêques de l'assemblée. Il seroit de conséquence qu'on ne laissât pas ici une pareille liberté, qui est très-injurieuse au roi et au clergé, et qui renouvelle une querelle assoupie. Un mot de la part du roi là-dessus à M. le cardinal de Bouillon remédieroit à tout : il ne pense à rien.

N'oubliez pas, je vous prie, Monseigneur Giori.

J'ai des complimens à vous faire de la part de MM. les cardinaux Altiéri, Barberini, Cibo, Casanate, Noris, d'Aguirre, Sacripanti, Cenci, Colloredo, Albane, à qui j'ai fait les vôtres en les visitant.

LETTRE CCX.

BOSSUET A M. DE LA BROUE (a).

Paris, le 25 janvier 1698.

Je vous supplie, Monseigneur, de me pardonner si je ne vous écris pas aussi ponctuellement que je le désirerois, lorsqu'il n'y a rien de particulier. Nous apprenons par ce dernier ordinaire, que le Pape a ajouté deux nouveaux consulteurs, dont l'un est Monseigneur Rodolovic archevêque de Chieti, que Sa Sainteté a appelé à Rome; l'autre est le sacriste du Pape, qu'on dit être savant homme et bien intentionné pour la bonne cause.

L'archevêque passe pour le plus savant homme d'Italie dans la lecture des Pères, après le cardinal Noris. C'est un homme de soixante-dix ans, qu'on dit être un de ceux que le Pape a réservés *in petto* pour le chapeau, et qu'il voudroit bien montrer comme son successeur.

Il paroît qu'on veut faire une bulle en forme, et qualifier les propositions : si ce sera *præcisè* ou par un *respectivè*, comme dans l'affaire de Molinos, nous n'en savons rien ; et il ne leur faut point faire de nouvelles peines.

Le Pape a fait dire au roi par M. le nonce, que pour faire quelque chose de solide, et ôter tout prétexte à M. de Cambray de dire qu'il n'a pas été entendu, on attendroit ses réponses à notre *Déclaration* et à mon *Summa doctrinæ;* mais en même temps qu'on ne lui permettroit point d'abuser de cette juste complaisance, ni de pousser trop avant cette longueur nécessaire.

On ne laisse pas cependant de continuer les congrégations des consulteurs, parmi lesquels on en voit deux déclarés pour M. de Cambray, dont l'un est le jésuite Alfaro, Espagnol, qui suit le mouvement de la société toute déclarée contre nous ; et l'autre se nomme Gabrieli, feuillant, si je ne me trompe, qui nous a été suspect dès le commencement. On n'a pas voulu le faire ôter, quand on fit Damascène, récollet, éditeur de Sfondrate, pour ne

(a) Revue sur l'original.

pas paroître incidenter. Tout le monde tient à Rome pour constant que le livre ne se peut sauver. Pour moi, par la confiance en la bonté et l'importance de la cause, je ne doute point que Dieu ne veuille à ce coup révéler cette iniquité, qui va s'insinuant dans l'Eglise d'une manière d'autant plus dangereuse qu'elle est plus secrète.

On a achevé d'imprimer ma réfutation de l'*Instruction pastorale*, et quelques autres écrits que vous aurez au premier jour, et que je vous prierai de distribuer. J'espère que la conviction de l'erreur y sera complète. Je ne ménage plus guère M. de Cambray, qui se déclare trop ouvertement, et veut faire une illusion trop manifeste à l'Eglise.

Les écrits qu'on donne à Rome de sa part et dont j'ai des copies, portent expressément que si nous nous sommes déclarés contre lui, c'est à cause qu'il n'a pas voulu entrer dans notre cabale, qui étoit celle des jansénistes; et qu'on a besoin en France d'évêques comme lui, pour défendre l'autorité du saint Siége. Ces bassesses sont bien indignes d'un archevêque : mais j'ai vu l'accusation du jansénisme écrite de sa main. Il dit aussi qu'on empêche par violence les docteurs de Sorbonne de se déclarer pour lui.

Le saint Office se remue beaucoup contre Sfondrate; et il n'y a que le Pape qui a peine à consentir à la censure : nous ne disons mot pour ne pas mêler tant d'affaires.

Vous aurez su le bruit qu'a fait la *Remontrance* des Jésuites, et la requête de M. de Reims au Parlement pour s'en plaindre. M. le premier président a accommodé cette affaire par ordre du roi. M. de Reims s'est déclaré qu'il remettroit volontiers ce qui regardoit sa personne, pourvu qu'on satisfît à l'injure de l'épiscopat. On y a pourvu par l'écrit donné à M. de Reims : et avant-hier leur provincial et les supérieurs de leurs trois maisons d'ici, qui l'ont signé, le portèrent assez humblement à M. de Reims, qui les reçut assez bien.

Je ne vous dirai rien de la Déclaration, où l'on a suivi les Instructions de M. de Basville de point en point. On lui est bien obligé du soin qu'il prend des affaires de la religion : je vous supplie, dans l'occasion, de lui en faire mes complimens.

LETTRE CCXI.

M. DE NOAILLES, ARCHEVÊQUE DE PARIS, A L'ABBÉ BOSSUET.

Paris, ce 26 janvier 1698.

J'ai appris avec bien de la joie, Monsieur, par la lettre que vous avez pris la peine de m'écrire, votre entière guérison : j'y prends autant de part que j'en avois pris à votre maladie, et je vous souhaite une parfaite et longue santé.

Je suis fort aise du bon succès que vous m'assurez que mon *Instruction* a dans votre Cour; et je vous rends graces de tout mon cœur des soins que vous avez pris de la faire valoir. J'en ai envoyé plusieurs exemplaires, et j'en enverrai encore d'une seconde édition en petit, qui sera achevée dans peu de jours. Je sais tout ce que vous faites, et tout ce que vous avez à combattre pour la défense de notre cause. Il paroît bien qu'on la croit bonne pour nous, puisqu'on fait tant d'efforts pour en éloigner le jugement. Les deux nouveaux consulteurs n'ont apparemment été nommés que pour cela : j'espère néanmoins que la vérité ne laissera pas de triompher; mais il vous en coûtera encore bien de la peine et de la vigilance. Je suis persuadé que vous continuerez volontiers l'une et l'autre. Soyez-le, je vous prie, que je vous honore toujours, Monsieur, parfaitement, et que j'ai pour vous tous les sentimens que vous méritez.

Louis Ant., archevêque de Paris.

LETTRE CCXII.

BOSSUET A SON NEVEU.

A Versailles, 27 janvier 1698.

Votre lettre du 7 nous fait voir les nouveaux efforts de la cabale, pour traîner l'affaire en longueur, et la réduire, s'il se pouvoit, à rien. Dieu ne le permettra pas, et au contraire tout tournera à la confusion de la mauvaise doctrine. On prendra les mesures qu'il faudra, pour rompre celles des partisans de M. de Cambray : je dois aujourd'hui parler au roi sur cela. S'il y a du temps, on vous mandera le détail. Tout aboutira à faire connoître avec quelle affectation on cherche à prolonger.

Le Mémoire que je joindrai à ma lettre, si l'on a le temps, vous instruira de la conduite que vous aurez à tenir. Assurez-vous qu'on n'oubliera rien ni sur la chose, ni sur votre personne, pour prévenir les inconvéniens. Le prétexte de nommer les deux nouveaux examinateurs est si évidemment mauvais, qu'il ne faut que le montrer sans le combattre. Je parlerai sobrement à M. le nonce de ce que vous m'avez mandé sur Monseigneur le sacriste. Il faut, le moins qu'on pourra, rendre suspect et odieux votre ministère.

J'ai vu, entre les mains de M. le nonce deux lettres du cardinal Spada, dans lesquelles il tâche d'appuyer les raisons du délai de l'examen, et de la communication des objections à M. l'abbé de Chanterac. Il n'y a rien de mieux tourné : nous aurons soin d'y répondre ce qu'il faut, pour empêcher qu'on n'en abuse; car le fond en est bon. On fera écrire M. le cardinal de Janson, comme vous le souhaitez : on ne manquera pas aussi d'écrire à M. Giori.

Il faut tout remarquer, et ne se point montrer difficile ni pointilleux. Votre conduite est dans cet esprit : je le vois bien, et je le fais remarquer à ceux qui doivent en être instruits.

Je viens de chez le roi, tout va bien pour l'affaire générale. J'ai fait un Mémoire, dont on me doit rendre réponse dans deux jours : il est capable d'acheminer les affaires.

Mais comme je parlois au roi sur votre sujet, pour le prévenir contre les mauvais offices, il m'a fait une histoire sur votre compte. On lui a dit que vous aviez été attaqué la nuit, pistolet appuyé, et qu'on vous avoit fait promettre que vous n'iriez jamais dans une certaine maison, sinon la vie : j'ai dit ce qu'il falloit (*a*). Ne vous lassez pas d'agir pour l'affaire dont vous êtes chargé : Dieu surtout.

(*a*) Louis XIV refusa constamment d'accorder toute charge ecclésiastique à l'abbé Bossuet.

LETTRE CCXIII.
L'ARCHEVÊQUE DE REIMS A L'ABBÉ BOSSUET.

A Paris, ce 27 janvier 1698.

Je vous ai envoyé, Monsieur, une copie de ma requête au Parlement, dès qu'elle a été rapportée, et celle de l'arrêt qui fut rendu le 10 de ce mois sur cette requête. Les Jésuites voulant arrêter la suite de cette procédure, ont mieux aimé la finir par un accommodement (*a*), dont je me suis rapporté à M. le premier président tout seul. Vous verrez par la copie ci-jointe des actes originaux que j'ai entre mes mains, comment cette affaire a été terminée.

LETTRE CCXIV.
L'ABBÉ PHELIPPEAUX A BOSSUET.

A Rome, ce 28 janvier 1698.

Je vous envoie une observation contre la *Lettre pastorale*, et les falsifications de la version latine de M. de Cambray, que j'ai cru devoir donner aux examinateurs, en attendant la réfutation que vous nous faites espérer. On vient de me prêter la réponse de ce prélat à la *Déclaration des trois évêques*, en françois, imprimée sans le nom de la ville où l'impression s'est faite : elle est plus grosse que le livre, et contient deux cent trente-six pages d'un caractère assez menu, avec *Responsio ad libellum cui titulus: Summa doctrinæ*, imprimée à Bruxelles. Ce livret contient soixante-douze pages : je n'ai encore pu lire ni l'un ni l'autre.

Il paroît, par votre lettre, que vous avez confondu Mico avec Miro. Le premier est un copiste, qui a traduit l'écrit italien que je vous ai envoyé : il est copiste des Jésuites et du P. Dez en particulier. Le second est un bénédictin, à qui le Pape vient de donner la charge de sous-bibliothécaire au Vatican. Il a été

(*a*) C'est le président de Harlay qui ménagea cet accommodement en faveur des Jésuites.

examinateur du livre du P. Dez, et l'est encore de celui de M. de Cambray. Miro n'est point vendu aux Jésuites ni au P. Dez; c'est tout le contraire.

Dans les congrégations qui se sont tenues on n'a point voté, le Pape ayant souhaité qu'on discutât la matière, et qu'on discourût sur chaque proposition extraite : chacun donnera après son vœu par écrit. Jusqu'ici les partisans du livre n'ont pas proposé une raison probable : ils sont fortement réfutés par ceux qui connoissent la vérité, et qui ne sont point engagés dans quelque faction. Il n'y a que Alfaro et Gabrieli qui soient déclarés pour le livre : vous en voyez bien la raison, et la nécessité que le dernier a de s'unir avec les Jésuites. Pour ce qui regarde le P. Massoulié, le P. Granelli, le P. Miro, le procureur général des Augustins et le maître du sacré Palais, qui sont les plus habiles, ils sont inébranlables pour nous et ne changeront pas, étant bien persuadés par la vérité même, et incapables d'avoir aucune complaisance pour les Jésuites, ni même pour le cardinal de Bouillon. On ne peut rien dire de précis des trois autres, ne s'étant pas encore déclarés : je les tiens pour suspects. Le général des Carmes balance, et ne fait que de méchantes objections. L'archevêque de Chieti est un homme sans théologie, bon homme, brelu, breloc : je ne saurois mieux le comparer qu'au curé de Quinci. Je l'ai vu deux fois : il est aisé de lui persuader quand je lui parle; mais les Jésuites d'abord lui tournent la cervelle. Il va néanmoins à la condamnation du livre en général. Je lui ai dit que cela ne suffisoit pas pour remédier tout à fait au mal, et qu'il falloit marquer les propositions mauvaises, comme on avoit fait à Molinos et à Pétrucci; que sans cela on diroit qu'il n'auroit rien trouvé de mauvais, n'ayant pu désigner aucune proposition en particulier. Il sera emporté par le sacriste, évêque de Porphyre, qui ne manque pas d'esprit, mais de bonne volonté. Je lui ai donné tout ce qu'on pouvoit pour l'instruire. Nous avons disputé ensemble; et la dernière fois il me fit des objections pitoyables, pour me prouver que le livre parloit de cinq états différens dans la définition des cinq amours. Je m'aperçus même qu'il me parloit avec quelque sorte d'aigreur : il fallut que j'eusse tout le flegme italien pour ne rien dire qui pût l'aigrir. Cependant, comme c'est un politique qui voudroit bien s'avancer, il pensera à lui quand il faudra voter : son pays (*a*) lui donne des engagemens qui me sont suspects. Il est sûr que la faction de M. de Cambray voyant cinq personnes inébranlables, a introduit les trois derniers pour avoir du moins un pareil nombre. Ils les comptent pour eux : peut-être pourront-ils bien se tromper dans leur calcul. Le Pape a nommé un nouvel examinateur, que l'assesseur doit intimer demain au saint Office : la chose est encore secrète. Je ne sais par quelle inspiration on l'a mis ; nous n'aurions osé le demander : ce n'est pas non plus M. de Chanterac, parce qu'il ne le croit pas favorable. Quand il le saura, M. le cardinal de Bouillon, les Jésuites et lui feront leur possible pour le faire exclure. Ce nouvel examinateur est le P. Latenai, homme incapable de trahir la vérité.

On vous a envoyé un Mémoire par le dernier courrier, et j'en envoyai un semblable à M. de Paris : ayez la bonté de l'avertir au plus tôt de manier cette affaire secrètement dans la conjoncture présente. Ni la personne dont il est question, ni moi, ne pensions point à ce qui est arrivé : l'abbé de Chanterac court après. On ne vous auroit pas envoyé ce Mémoire : cependant la chose se peut faire ; car la personne dont il est question dans ce Mémoire, mérite qu'on la serve par son seul mérite personnel.

Les Jésuites ont demandé dix jours de délai sur leur affaire de Confucius ou des Missions : on fut surpris de cette demande, on la leur accorda cependant. Je crois que le P. Latenai sera encore examinateur de Sfondrate, ou du livre de M. de Saint-Pons: on n'a pas encore commencé cet examen ; on m'a dit même aujourd'hui que le Pape l'avoit suspendu. Gabrieli a composé un gros volume pour la défense de Sfondrate : c'étoit lui qu'il falloit exclure au lieu de Damascène ; ou plutôt ils devoient être exclus également l'un et l'autre, aussi bien qu'Alfaro, puisqu'il paroît évidemment que son corps est partie.

On avoit fait courir le bruit ici que vous étiez fort malade, afin de ralentir les examens. Il n'y a menteries qu'on ne publie. Nous

---

(*a*) Il étoit Flamand, dans les intérêts de la Cour d'Espagne, et fort opposé à la France.

attendons des exemplaires de l'*Instruction* de M. de Paris en latin et en françois : il faut en envoyer un bon nombre, aussi bien que de celle de M. de Chartres. Ils ont publié que beaucoup d'évêques soutenoient le livre, que le roi ne s'en soucie plus, que les Jésuites sont tout-puissans à la Cour, que le roi a approuvé la *Remontrance* contre M. de Reims, que M. de Paris même et M. de Chartres étoient revenus après la *Lettre pastorale* de M. de Cambray. Je vis avant-hier le procureur général des Augustins : il est plein d'estime pour vous, il me dit de vous le témoigner le plus tôt que je pourrois. Il me redemanda l'écrit de M. de Paris. Le maître du sacré Palais travaille et combat *pro aris et focis* : il a traduit en italien l'écrit de M. de Paris. Il réfute vigoureusement les faux raisonnemens d'Alfaro, et lui reproche les falsifications des passages qu'il tronque. Si l'affaire du P. Latenai réussit, comme je l'espère, ce sera un nouveau secours qui ôtera le partage : cela ne retardera rien, il est instruit comme moi de la matière. On est fort surpris ici comment la témérité des Jésuites demeure en France impunie : tout autre seroit perdu, osant aller contre les intentions du roi. Ne viendra-t-il jamais un jour où Madame de Maintenon et le roi sauront les démarches qu'ils ont faites, et les discours peu respectueux qu'ils ont tenus contre l'un et l'autre ? Je vous écris selon les chiffres de M. Ledieu, et je continuerai. Je suis avec un profond respect, etc.

PHELIPPEAUX.

P. S. Sur le Mémoire que j'avois autrefois dressé pour les résignations des cures (*a*) et qui a été présenté par M. le cardinal de Bouillon, le Pape n'a rien voulu établir en général pour ne pas contredire son décret ; mais il a répondu : *Habebitur ratio in casibus particularibus.* Ainsi je crois qu'avec le certificat des évêques, elles pourront être admises. Ce mémoire fut envoyé à M. Lezineau, qui en parla au P. de la Chaise, et qui a fait donner ordre au cardinal d'en solliciter le succès.

(*a*) Il s'agit d'une permission que l'on sollicitoit à Rome pour les curés qui n'avoient point de bien, de pouvoir se réserver une pension en résignant leur cure.

LETTRE CCXV.

L'ABBÉ BOSSUET A SON ONCLE.

A Rome, ce 28 janvier 1698.

J'ai reçu la lettre que vous m'avez fait l'honneur de m'écrire de Paris, le 6 de ce mois : elle me fait voir l'esprit de la Cour plus que jamais. Je sais que M. le nonce fait bien son devoir. Les conférences continuent avec ardeur deux fois la semaine. Massoulié, Granelli, le Mire, le maître du sacré Palais, le procureur général des Augustins sont sûrs. Gabrieli, Alfaro sont les mêmes que je vous les ai représentés dans mes dernières lettres. M. le sacriste continue à excuser le livre de M. de Cambray le plus qu'il peut. Monseigneur Rodolovic est encore indéterminé, il est peu savant. Le carme est prévenu pour M. de Cambray, néanmoins j'espère qu'il pourra revenir. Dans les conférences on n'a fait que disputer, on n'a pas encore voté.

Monseigneur Giori m'a dit qu'il écrivoit aujourd'hui à la Cour (je ne sais si ce sera à M. de Pomponne ou à M. de Torci, à M. le cardinal de Janson ou à M. le cardinal d'Estrées) la relation de ce qui se passa avant-hier, entre lui et le Pape, au sujet de l'affaire de M. de Fénelon. Il a fait au Pape une peinture vive et vraie de tout ce qu'on a fait d'extraordinaire dans cette affaire, et de ce qu'on faisoit encore tous les jours sous main. Le Pape a entrevu la vérité et le piége qu'on lui tendoit, et a fini par ces paroles, que dorénavant il n'iroit jamais se coucher qu'il n'eût pressé deux fois cette affaire. On lui a fait comprendre les desseins secrets des ennemis de la France, qui ne vouloient qu'allumer un feu qui auroit de la peine à s'éteindre ; et cela est vrai : le Pape a été touché. Il est bon que vous soyez averti, afin de tâcher de voir la lettre, qui est forte et indirectement contre M. le cardinal de Bouillon. N'oubliez pas, je vous prie, d'écrire à ce prélat, vous et M. de Paris.

Depuis ma dernière lettre, je ne sais qui a inspiré au Pape de mettre pour examinateur, dans le dessein de lever le partage apparemment, en cas qu'il y en eût, le P. Latenai, qui est justement celui de qui je vous écrivois l'ordinaire passé. Il doit être proposé demain, de la part du Pape, à la Congrégation, et se trouver à la première conférence ; il est sûr. M. le cardinal de Bouillon n'en sait rien, et demain il tombera des nues : cela est excellent dans la conjoncture.

Si on pouvoit faire écrire M. le cardinal le Camus au Pape, pour lui faire sentir l'importance d'une prompte décision et instructive contre un livre qui a fait un si grand scandale, et qui est entre les mains de tout le monde, cela feroit un très-bon effet : il est évêque et peut parler, surtout après l'*Instruction pastorale* de M. de Cambray.

J'envoie à M. de Reims le reste de l'écrit pour Sfondrate ; la fin est aussi insolente que le commencement, et d'une grande ignorance.

L'affaire des pensions pour les curés est comme déterminée : on n'a pas fait de règle générale ; mais on m'a dit qu'on les permettroit pour les cas particuliers. C'est M. Lezineau à Paris qui est instruit de tout cela : vous n'avez qu'à le consulter, si vous voulez demander ici quelque chose, et après vous m'écrirez.

Le P. Latenai est fâché de la demande que je vous fis pour lui l'ordinaire dernier, craignant que vous ne crussiez qu'il demandoit votre recommandation comme une récompense d'avoir fait son devoir. Dans le temps qu'il m'en parla, il ne savoit rien du tout de ce qu'il a appris depuis. Il sera bon de le servir, mais par des voies indirectes et pas si ouvertement, comme vous le jugerez à propos. Vous pouvez toujours en dire un mot au roi : on laisse tout cela à votre prudence.

Je vous prie de m'envoyer un exemplaire de ces lettres des protestans anglois, que vous avez citées dans votre *Relation*, qui mettoient M. de Cambray au nombre des amis de la cause. Envoyez-nous aussi par la poste des *Summa doctrinæ*, des *Déclarations*, et de nouveaux recueils. Votre réfutation de la *Lettre pastorale* est nécessaire et attendue avec impatience, aussi bien que cet écrit latin où vous devez donner des principes pour répondre à tout. Nous ne nous oublions pas : M. Phelippeaux a déjà donné un écrit latin, court, pour réfuter par le livre cet amour naturel dont parle M. de Cambray, et son Explication des états. Je veux, pour prouver qu'il n'a jamais pensé juste, y ajouter une démonstration par toutes les explications qu'il vous a données en France, par ses lettres au Pape et à l'ami, par ses notes, par les écrits qui ont été faits ici sur ses remarques et par ses ordres : cela se peut aisément démontrer en peu de paroles.

J'attends avec impatience le premier courrier, pour savoir ce que M. l'archevêque de Reims résoudra sur les Jésuites. J'espère que M. le cardinal Noris sera obligé de lui faire réponse : je lui écris au long là-dessus. M. le cardinal de Bouillon est le même, plus mal intentionné que jamais : tout son but est de faire cardinal son neveu. Il dit toujours que M. de Meaux et M. de Cambray sont les plus habiles prélats, les plus savans de France. C'est vous faire grand honneur dans les conjonctures présentes : son intention est par là de dénigrer M. de Paris et M. de Reims, qu'il dit n'avoir pas fait leurs *Ordonnances*.

Je n'ai pu avoir que ce matin les deux derniers écrits imprimés de M. de Cambray : l'un en françois contre la *Déclaration*, où il ne fait que répéter sa solution singulière sur les états et l'amour naturel ; l'autre contre le *Summa doctrinæ* en latin, où il prétend réfuter votre définition de la charité. La fin contient une imposture manifeste, qui est que vous faites l'oraison passive presque toujours continue : vous dites le contraire partout ; cela répond au reste. Il y a un orgueil insupportable dans ses réponses. Il est encore surprenant de voir comment il évite de s'expliquer sur Madame Guyon et sur le livre de Molinos : je n'ai pu que parcourir ces ouvrages. Je compte qu'on les aura répandus à Paris, et que vous les avez eus plus tôt que nous.

Si M. le cardinal de Janson vouloit écrire à l'archevêque de Chieti sur le scandale qu'a causé le livre de M. de Cambray et sur ses explications de mauvaise foi, il ne pourroit en résulter qu'un très-bon effet.

Je vous envoie copie de la lettre que j'ai été obligé d'écrire à M. l'abbé de Gondi, sur des avis que j'ai eus que l'agent du grand-duc travailloit avec le P. Dias contre les évêques pour

M. de Cambray. Voilà la réponse de cet abbé. M. le grand-duc a exécuté effectivement le tout, et a envoyé à M. le cardinal Noris votre livre, croyant qu'il ne l'avoit pas : on ne peut rien de plus honnête. Je ne sais si vous ne pourriez pas écrire là-dessus à l'abbé de Gondi.

LETTRE CCXVI.

L'ABBÉ PHELIPPEAUX A BOSSUET.

Rome, 4 février 1698.

Je vous envoie un quatrième argument, qu'on a oublié dans la copie de l'observation que je vous ai envoyée par le dernier courrier. Il doit être placé à la fin de la deuxième illusion, qui regarde la solution qu'il donne, en prétendant avoir parlé des états. Sa réponse à la *Déclaration* contient les mêmes réponses que l'*Instruction pastorale :* il a soin de faire entendre qu'il ne condamne point Madame Guyon, et ne prend aucune part aux censures qui ont été faites contre elle, et à la fin il se donne pour un évêque opprimé. Ses partisans ne manquent pas d'exagérer le recours qu'il a eu au saint Siége, et la nécessité que le saint Siége a de favoriser ceux qui s'y adressent, afin de fournir par là aux autres évêques de nouveaux motifs pour y recourir.

L'affaire du P. Latenai a échoué, comme je l'appréhendois. Il ne fut point appelé le vendredi, et on n'a pu savoir si on en parla au saint Office le mercredi précédent, comme on le devoit faire. Je crois que M. le cardinal de Bouillon y aura eu bonne part. En arrivant ici il l'avoit fait consulter sur cette affaire ; et ayant vu qu'il n'alloit pas comme il l'auroit souhaité, il ne lui parla plus de rien. Il sondoit ainsi les gens, afin d'introduire ou d'exclure, dans le nombre des examinateurs, ceux qu'il trouveroit favorables ou contraires.

Jeudi dernier le Pape nomma les cardinaux Noris et Ferrari pour présider et régler les congrégations. C'est un bien ; mais cela retardera la conclusion : car les occupations des cardinaux et les différentes Congrégations dont ils sont, obligeront qu'on ne fasse plus qu'une congrégation par semaine. On a même résolu d'examiner le livre article par article, ce qui tirera en longueur ; et quand il n'arriveroit point de nouveaux incidents, nous serons bien heureux si cela étoit fini à la fin de l'été prochain. On ne sauroit trop presser de votre côté ; car on fera jouer tous les ressorts possibles pour retarder, qui est la seule chose qui leur soit favorable.

L'affaire alloit le mieux du monde, et auroit été finie avant Pâques, sans l'adjonction des nouveaux examinateurs. On avoit déjà examiné et qualifié huit ou dix des principales questions, et le reste suivoit naturellement. Il n'y avoit que Alfaro et Gabrieli pour le livre, le général des Carmes biaisoit : cela n'empêchoit pas que les autres n'avançassent. Nos parties ont su cette disposition, et ont vu qu'elles étoient perdues : ils ont fait suggérer par Fabroni vendu aux Jésuites, et par le cardinal Albane, qu'on se moqueroit en France de voir un jugement rendu par de seuls religieux, comme si c'étoit eux qui jugeassent. Ils ont produit l'archevêque de Chieti qui ne sait point de théologie et qui est ami ancien des Jésuites, et le sacriste qui s'étoit déclaré dès le vivant du cardinal Denhoff. Le sacriste n'a pas nié à un de ses amis qu'il n'eût été sollicité et gagné par M. le cardinal de Bouillon : jamais il n'avoit été employé en aucune semblable affaire. L'addition de ces deux derniers a fait connoître qu'ils seroient partagés : c'est ce qu'on cherchoit, pour faire naître de l'embarras et obliger le Pape à casser cette Congrégation et à en créer une autre ; ce qui retardoit le jugement, et leur donnoit espérance d'y pouvoir mettre des gens gagnés. Le Pape a été fort fâché de cela, et a nommé les deux cardinaux, pour assister et régler les choses, qui commençoient à s'échauffer de part et d'autre. La présence de ces Eminences arrêtera peut-être l'archevêque de Chieti et le sacriste. Je sais que le cardinal Noris n'estime pas le sacriste : cela l'obligera de prendre garde à lui, aussi bien que les avis qu'on lui a fait donner par ses amis.

Je ne suis pas surpris que le P. de la Chaise justifie le P. Dez d'avoir écrit ; c'est le style ordinaire. Mais dira-t-il que les Jésuites ne soient pas ouvertement déclarés ? L'abbé de Chanterac et le cardinal Pétrucci en font gloire et le publient partout. Ils se prévalent aussi beaucoup d'une lettre du roi, écrite au cardinal de Bouillon, qu'on dit avoir été distribuée à tous les cardinaux, pour faire voir que le roi ne se soucie plus du jugement du livre. On fait valoir une lettre de l'abbé de Fourci, qui mande que le chapelet se défile, que M. Bossuet reste seul, que M. de Paris et M. de Chartres se contentent des explications de M. de Cambray, et que les amis de ce prélat se multiplient de jour en jour. On ne cherche qu'à amuser et tromper le monde.

L'affaire de M. l'archevêque de Reims est considérable. Je souhaite qu'elle ait un bon succès. Un jésuite disoit l'autre jour que si on avoit empêché le libraire de Rouen, on en trouveroit vingt autres dans le royaume : voilà le génie des Jésuites. Nous attendons vos remarques. Je vous ai déjà mandé de les faire en latin aisé : votre style est pressé et trop sublime pour être seulement entendu par des Frates et des cardinaux qui n'en savent pas tant : c'est ce qui m'a obligé de faire mon observation en style scolastique, pour faire plus d'impression. Je souhaite qu'elle soit de votre goût : il n'y a que la nécessité qui m'ait obligé de la faire, et la vue que les vôtres ne viendroient pas sitôt. Je suis avec respect, etc.

LETTRE CCXVII.

L'ABBÉ BOSSUET A SON ONCLE (a).

Rome, ce 4 février 1698.

J'ai reçu la lettre que vous m'avez fait l'honneur de m'écrire, du 13 janvier : je me porte bien, Dieu merci, quoique je n'aie pas un moment à moi.

Voici le changement qui est arrivé à nos affaires. Le Pape a nommé le cardinal Noris et le cardinal Ferrari pour assister aux conférences, les régler et empêcher les disputes vaines et scandaleuses, que les partisans de M. de Cambray avoient introduites dans les conférences. Sa Sainteté s'est aperçue des efforts de la cabale; et pour être instruite de tout par des gens sûrs, éclairés

(a) Revue et complétée sur l'original.

et non suspects, elle a choisi ces deux cardinaux : assurément elle ne pouvoit pas faire un meilleur choix. Je l'avois proposé, il y a plus de deux mois, au cardinal Spada et au cardinal Casanate, et depuis peu j'avois fait quelques pas nécessaires : le Pape y est entré (a).

M. le cardinal Ferrari et M. le cardinal Noris, à moins qu'ils ne changent du blanc au noir, sont contre le livre : je les ai déjà instruits, et les instruirai. La *Lettre pastorale*, selon eux, est contre M. de Cambray : car il faut nécessairement condamner M. de Cambray, s'il n'a pas eu le sens de la *Lettre pastorale*, selon lui-même. La conséquence est bien aisée à tirer, et ils ne se tireront jamais de là. Tout le but de la cabale étoit d'allonger, et au moins de faire en sorte, en brouillant, qu'on se résolût à ne point qualifier les propositions, à ne pas faire une censure, mais seulement à défendre le livre. Je sais, à n'en pouvoir douter, que ce n'est pas à présent l'esprit de cette Cour. Le Pape a dit ce matin qu'il vouloit qu'on fît une censure dans les formes, et qu'on qualifiât les propositions, si elles méritoient d'être censurées ; qu'on les prendroit pour des ignorans, si on faisoit autrement, et qu'on se moqueroit d'eux. C'est le cardinal Albane, que j'ai vu ce matin et avec qui j'ai eu une conférence de deux heures, qui m'a assuré que le Pape venoit de le lui dire : je le sais encore d'ailleurs.

On a été obligé de réduire les conférences à une fois la semaine, à cause des affaires et des congrégations où ces deux cardinaux, qui sont de toutes, sont obligés d'assister : mais je compte pour beaucoup la règle et l'ordre que ces cardinaux mettront dans les conférences. Ils assistèrent déjà vendredi à celle qui se tint ; et on prit la résolution d'examiner le livre, article par article, pour en voir la suite et le sens. Ils n'ont plus de moyen d'allonger, qu'en parlant longtemps ; mais on y mettra des bornes : au moins dans les circonstances présentes, c'est tout ce qu'on y peut faire. Ce qu'il y a de bon, c'est qu'à présent apparemment le Pape ne fera plus rien sur cette affaire, qu'en consultant MM. les cardinaux Ferrari et Noris, qui ont de l'honneur, de l'esprit et de la conscience, et leur réputation à conserver.

(a) Brave abbé, vous sauvez l'Église !

M. le cardinal de Bouillon et les Jésuites ayant été avertis par l'assesseur que le Pape avoit nommé le P. Latenai, ont fait suspendre la nomination, en disant qu'il falloit attendre l'effet que feroit la présence des deux cardinaux : je le craignois bien quand je vous l'écrivis. Jusqu'ici ils insinuèrent tout ce qu'ils voulurent au Pape par Fabroni ; et c'est lui, poussé par les Jésuites, qui a proposé les deux derniers examinateurs, qui ont fait tout l'embarras avec le Père carme, qui est entêté jusqu'à cette heure. Quand on les a mis, il y avoit déjà dix propositions de qualifiées, et on se moquoit de Gabrieli et d'Alfaro : selon toute apparence, sans l'adjonction des deux derniers, l'affaire étoit finie ; mais cela a changé de face par là, et on ne le pouvoit ni prévoir ni empêcher. On a fait voir clairement tout cela au Pape ; mais il n'a su y apporter d'autre remède que celui que vous voyez.

M. le sacriste est tout au cardinal de Bouillon, et M. l'archevêque de Chieti à présent aux Jésuites. Les premiers quinze jours il avoit été bien : puis les Jésuites et M. le cardinal de Bouillon lui ont fait peur, et il est changé. Ils lui ont fait accroire qu'ils le feroient cardinal, et cela fera tout le contraire. C'est un ignorant, estimé tel ici de tout le monde et de tous les cardinaux : il avoue lui-même qu'il n'y entend rien ; cela fait pitié.

Je traduis le livre de M. de Cambray en italien pour les deux cardinaux, la traduction latine étant trop infidèle : ils verront par là l'infidélité. Je leur donnerai article par article, suivant qu'ils l'examineront.

J'ai eu ce matin une conférence de deux heures avec M. le cardinal Albane : on ne peut pas plus de souplesses dans un homme que j'en ai vu dans ce cardinal. On ne peut et on ne doit s'y fier en rien. Jusqu'ici il a fait beaucoup de mal : dorénavant il ne sera pas en état d'en faire autant. De certaines gens lui ont parlé fortement sur le tort que sa conduite lui feroit, si elle étoit sue des évêques et du roi : peut-être modérera-t-il ses insinuations. Je l'ai instruit de tout le fait, et encore du droit. Quand on viendra à la décision, il sera difficile qu'il soit pour le livre : mais les voies de douceur et d'accommodement, les tempéramens de la politique sont de son génie, et son inclination l'y porte dans cette affaire-ci. Il m'a assuré que le Pape vouloit une censure dans les formes, ou qu'on justifiât le livre. Il m'a paru trouver le dernier impossible, et il l'est effectivement : ainsi ils ne feront à présent que tâcher d'allonger. Il ne seroit pas impossible, si ceux qui veulent défendre le livre de M. de Cambray persistent, que l'on n'ajoutât quelques examinateurs. C'est à quoi j'aurai l'œil, et serai très-attentif. Tout est à craindre de la rage du cardinal de Bouillon et des Jésuites, qui mettront le tout pour le tout assurément. Cela fait ici pour M. le cardinal de Bouillon, pour le roi et la France un très-mauvais effet.

M. le cardinal de Bouillon publie partout que le roi lui laisse une entière liberté. On dit que l'abbé de Chanterac donne un extrait de lettre du roi qui le marque, à ce qu'ils prétendent. J'ai compris que cela se rapporte uniquement à ce que vous me mandez, que le roi ne prétend pas forcer la conscience de ce cardinal. Etoit-il possible qu'on lui demandât une pareille chose? Cela vous fait voir qu'il faut continuer de faire agir le roi auprès du nonce. C'est tout ce qui désole ces gens-ci, et le seul moyen de réussir et de finir.

M. le cardinal Noris a à présent quelque espèce de ménagement pour les Jésuites : pour lui rendre justice, cela jusqu'ici ne va qu'à ne se pas déclarer leur ennemi et partial contre eux ; mais il n'y a pas d'apparence que cette vue le fasse dans cette occasion biaiser. Pour le cardinal Ferrari, il n'y a rien à craindre. Je crois qu'il seroit à propos que M. de Paris, M. de Chartres et vous, écrivissiez séparément aux deux cardinaux, pour leur marquer l'importance de l'affaire, le scandale du livre, le péril de la religion de vouloir autoriser de pareilles visions, et combien il est nécessaire de donner une règle sûre. M. le cardinal Ferrari est, je pense, celui qui écrivoit à M. de Cambray ce qu'on vous a envoyé cet été. Cela feroit voir votre union, et on veut faire croire ici le contraire.

M. l'abbé de Fourci écrit ici que le chapelet commence à défiler ; que M. de Paris soutient à la vérité que le livre ne vaut rien, mais que le sens de la *Lettre pastorale* est bon ; que M. de Chartres dit à présent qu'avant la *Lettre pastorale* le livre ne valait rien, mais que la *Lettre pastorale* lui donne un bon sens ; que vous seul prétendez que ni l'un ni l'autre ne vaut rien. Je sais bien que tout cela est faux : mais avant qu'on ait détruit ces faux bruits, ils font ce qu'ils ont à faire. Vous ne sauriez tous trois trop parler, trop écrire, trop faire de bruit, s'il m'est permis de parler ainsi. Vous croyez bien que ni moi ni nos amis ne nous oublions pas.

M. le cardinal de Bouillon fait sonner bien haut le prétendu partage d'avis des examinateurs. Cela est affecté, et découvre tout : il faut que je sois sage. Je ne doute pas qu'à Paris on ne le fasse sonner bien haut (*a*).

M. le cardinal de Bouillon et les Jésuites sont alarmés des cardinaux Noris et Ferrari. Les Jésuites veulent partout faire voir leur puissance. Soyez tous bien modérés sur le fait de MM. les cardinaux Noris et Ferrari, et qui sont pour nous. Mais pour les autres, vous avez sujet de vous plaindre, excepté du P. Philippe : car Alfaro et Gabrieli, on sait leur intérêt. M. le sacriste étoit déclaré avant d'être choisi : M. l'archevêque de Chieti est un ignorant, et mené par les Jésuites publiquement à présent. Il est bon que M. de Paris et M. de Chartres parlent en conformité au nonce, afin qu'on ne croie pas que je sois le seul. Ne parlez qu'au roi et aux confidens du P. Latenai qui peut revenir au nombre des examinateurs. J'ai été trois heures avec Gabrieli. La théologie de ces gens-là fait pitié : ils croient avec un *distinguo* finir tout, et ne font que tout brouiller. Ce ne sont que subtilités ; en un mot, les mêmes solutions que celles des écrits envoyés. La *Lettre pastorale*, au lieu de les aider les embarrasse ; car ils prétendoient justifier le livre sans cela, comme on voit par leurs écrits.

Vos écrits et la réponse en françois et en latin ne peuvent venir trop tôt. Il faudroit tâcher de faire écrire au P. Philippe par quelqu'un qui lui fît voir le tort irréparable qu'il fera à sainte Thérèse, et aux autres vrais mystiques, de les confondre avec M. de Cambray. C'est là tout ce qui l'empêche de le condamner, croyant condamner les autres en même temps : nous faisons ici de notre mieux pour dissiper ses craintes.

Monseigneur Giori fait des merveilles, et tient le Pape attentif et en défiance. Il m'a dit que vous pourriez être cardinal, si M. le cardinal de Bouillon ne faisoit pas nommer son neveu. Le Pape est plus que jamais dans la disposition de faire cardinal le parent du duc de Saxe. Il faut en même temps un François, et cela non par nomination de la France, mais parce que le Pape croira faire plaisir d'en choisir un de cette nation. Ne pourriez-vous pas faire insinuer au nonce, qu'il seroit important qu'on ne laissât pas M. le cardinal de Bouillon maître du choix? M. de Paris pourroit avoir en ce cas la nomination de France. Sans cela le neveu de M. le cardinal de Bouillon aura part à la promotion, quoique le cardinal n'osât jamais le proposer au roi. M. le cardinal de Bouillon assurément se moque du roi dans l'ame.

M. l'archevêque de Reims a fait merveille : je m'imagine la rage de ceux qu'il a si justement humiliés. Il a ici bien des gens qui ne l'aiment pas; mais il sera soutenu contre les Jésuites.

Communiquez, je vous prie, avec MM. les cardinaux de Janson et d'Estrées, peu amis de M. le cardinal de Bouillon, et continuez à faire connoître l'obligation qu'on a à Monseigneur Giori.

Le moins que vous pourrez vous absenter de Paris et de la Cour sera le meilleur pour la cause, dans les occurrences qui demandent promptitude.

LETTRE CCXVIII.

BOSSUET A SON NEVEU.

A Paris, ce 9 février 1698.

J'ai reçu votre lettre du 21 janvier. Je vous en envoie une pour Monseigneur Giori : M. de Paris écrira dans le même sens; je ne crois pas qu'il soit nécessaire que M. de Chartres écrive. Vous rendrez à M. le cardinal de Bouillon, à votre commodité, la lettre que je lui écris.

L'affaire de la dispute étoit mortelle : nous verrons si le remède que vous tâchez d'y apporter, aura le succès que vous en espérez (*a*).

L'affaire de l'assassinat (*b*) fait ici grand bruit. J'ai fait part à mon frère, qui vous l'écrira, de ce qu'on en a dit ici en bon lieu. Il nous faut mander jusqu'aux moindres circonstances, qui servent à éclaircir tout ce qu'il y a de faux ou de vrai.

M. le cardinal de Bouillon ne voudra jamais avancer, et il faut tâcher de le faire indépendamment de lui.

Le P. Latenai sera bien servi. Vous verrez, dans la lettre à M. Phelippeaux, ce que je lui mande de cette affaire.

Modérez-vous dans votre dépense, mais ne vous dégradez pas. Vous savez tout ce que je suis obligé de faire : l'argent comptant est fort rare. Vous pouvez tirer sur moi de petites sommes, en les réitérant dans le besoin. Commencez par deux cents écus : mon frère vous aidera, et nous nous entendrons ensemble pour vous secourir.

(*a*) On a vu dans les lettres précédentes, qu'après l'adjonction des deux nouveaux consulteurs qui, comme l'avoit espéré M. le cardinal de Bouillon, fît naître un partage scandaleux, ce cardinal qui ne cherchoit qu'à retarder la décision, les engagea à demander, 1° qu'on différât de 15 jours la première assemblée, afin qu'ils pussent lire le livre de M. de Cambray, et les écrits faits de part et d'autre; 2° qu'on recommençât l'examen des propositions discutées jusqu'alors : ce qui leur fut accordé. Au moyen de ces dispositions, tout le travail des sept anciens consulteurs devint inutile, et on ne fut pas plus avancé que le premier jour. Mais le cardinal de Bouillon ayant su que le Pape désiroit qu'on accélérât l'affaire, et vouloit même pour cet effet que les consulteurs s'assemblassent deux fois la semaine, trouva un nouvel expédient pour éluder les bonnes intentions du Pape, et rendre l'affaire interminable. Il fit représenter au Pape par l'assesseur Bernini que la matière ne pourroit être bien éclaircie, à moins qu'on ne la discutât à fond, en disputant sur les différens objets controversés entre M. de Cambray et les trois évêques. Le Pape n'aperçut pas le piége qu'on lui tendoit, et donna l'ordre de disputer, que Bernini fit aussitôt intimer aux consulteurs. On vit bientôt quel étoit le but que s'étoient proposé les instigateurs de cette méthode. M. l'abbé Bossuet voulant en prévenir les suites, engagea M. Giori à agir auprès du saint Père pour faire révoquer l'ordre donné. Ce prélat parla en effet au Pape, et lui représenta que cette manière de juger ne tendoit qu'à aigrir les esprits et qu'à éterniser les disputes. Le Pape fut touché de ces observations; mais l'ordre subsista, et les consulteurs favorables à M. Cambray surent en profiter pour consumer le temps des conférences en vaines discussions, en subtilités artificieuses, et en toutes sortes de mauvaises difficultés. (*Les premiers édit.*) — (*b*) Dont on disoit que l'abbé Bossuet avoit été menacé. Le lecteur verra bientôt dans quelle occasion.

LETTRE CCXIX.

L'ARCHEVÊQUE DE REIMS A L'ABBÉ BOSSUET.

A Paris, ce 10 février 1698.

Je reçois, Monsieur, dans ce moment votre lettre du 21 du mois passé, avec un cahier de l'écrit que le P. Carreno, jésuite, a fait pour la défense du livre du cardinal Sfondrate : je vous prie de m'envoyer le reste de cet écrit.

Ma dernière *Ordonnance* n'est pas si forte contre les Jésuites que le livre du cardinal Noris, qui a pour titre : *Vindiciæ Augustinianæ*. Ce cardinal en doit convenir, s'il veut se souvenir qu'il étoit augustin quand il l'a composé et donné au public, et que je suis archevêque d'une grande Eglise et par mon ancienneté à la tête du clergé de France. Il est présentement cardinal : cette dignité ne le met pas en droit de ne pas répondre à une lettre très-honnête qu'un prélat, constitué dans la mienne, lui a écrite en lui adressant une *Ordonnance* dans laquelle, en parlant très-honorablement de ce cardinal, j'ai défendu la doctrine de saint Augustin contre les nouveautés de Molina. Un tel procédé ne lui fera point d'honneur : je doute même qu'il en tire aucun profit; et je serois fort aise qu'il sût ce que je viens de vous dire sur son sujet, et que je suis très-résolu de n'avoir de ma vie aucun commerce avec lui. Je suis toujours, Monsieur, entièrement à vous.

L'arch. duc de Reims.

EPISTOLA CCXX.

BOSSUETI AD D. GEORIUM.

Lutetiæ Parisiorum, 10 februarii 1698.

Viro illustrissimo Domino meo Georio, Jacobus Benignus Bossuetus, Meldensis Episcopus, salutem plurimam dat.

Pridem suadet animus, vir illustrissime, ut significem per litteras maximam illam existimationem tui, quam præclarissimarum artium studia, et ipsa commendatio tantæ virtutis exposcunt. Urget beneficium singulare, quo nos, pro amicâ tuâ veritate certantes, apud optimum beneficentissimumque Pontificem omni ope, nec minùs feliciter quàm diligenter, adjuvas. Sanè vides occulta, imò verò, aperta molimina ad tuendum librum, quo Gallia conturbatur, ingemiscunt passim episcopi, regis pietas commovetur : nempè sperant etiam Ecclesiæ Romanæ sese imposituros splendore verborum. Redibit quietismus adscitis novi libri coloribus, suorumque tractationes faciliùs quàm istam excusari et explicari posse confidet. Non id feret veritas, non id Innocentii XII sapientia et pietas : neque 'per blandos sermones illudi patietur Ecclesiæ, aut infringi tanti pontificatûs gloriam.

Tu verò, vir illustrissime, quem sanctus Pontifex celebratâ universo orbi terrarum, Galliæque imprimis, benevolentiâ atque etiam fiduciâ cohonestat, age more tuo, et laboranti veritati succurras : abbati Bossueto tibi devinctissimo, et laudum tuarum studiosissimo assertori faveas. Ego certè supplicare vix audeo ut me statim in hoc candidissimum pectus admittas, cultorem licèt ac veneratorem præcipuum virtutis illius, cujus vivam imaginem inclyti cardinales ac duo purpurati ordinis decora, Estreus et Jansonius, toties expresserunt. Illud interim, vir illustrissime, postulanti et flagitanti negare non potes, quin scilicet benignis auribus proni et humilis obsequii testificationem accipias. Vale.

LETTRE CCXXI.

L'ABBÉ BOSSUET A SON ONCLE.

Rome, ce 11 février 1698.

J'ai reçu la lettre que vous m'avez fait l'honneur de m'écrire, du 20 janvier. J'ai reçu aussi par la poste, et je vous prie de vouloir bien le dire à M. Ledieu, le gros paquet d'*Oraisons funèbres* et d'*Expositions*. J'aurois bien voulu avoir à la place des *Déclarations*, des *Summa doctrinæ* : deux ou trois exemplaires d'*Oraisons* et d'*Expositions* peuvent suffire pour le présent; mais il n'y a pas de mal, et je trouverai bien à qui les donner. J'ai été ravi du petit livret touchant M. de Cambray : il y est nommé, et bien nommé; et cela fera ici un effet terrible contre lui. La *Relation* a déjà produit l'effet que j'en attendois; mais une preuve comme celle-là, constante, qui le représente en France dès ce temps-là comme chef de parti, est très-considérable : je le ferai voir au Pape.

Au reste, tout le dessein de la cabale se réduit à engager cette Cour à se contenter d'une condamnation et prohibition du livre en général, comme on a fait pour le livre du *Moyen court* et autres, et à empêcher une qualification des propositions : mais voilà justement le point où le Pape est très-ferme jusqu'à présent. Cela lui a été proposé depuis quinze jours, par vingt personnes. Sa Sainteté l'a toujours rejeté comme une chose indigne du saint Siége dans les circonstances présentes : il veut absolument qu'on qualifie les propositions. Voilà tout le but des examinateurs qui favorisent M. de Cambray, ou plutôt ses protecteurs; car pour sa personne, je ne crois pas qu'on s'en soucie beaucoup. J'ai fait tout mon possible pour en détacher quelqu'un. Il n'y a rien à espérer que je pense du sacriste, ni de Gabrieli, ni d'Alfaro : mais l'archevêque de Chieti est déjà bien ébranlé, et j'espère tout de la droiture du carme, qui est assez entêté des mystiques. J'y ai travaillé ce matin, et ai fait voir à deux de ses confrères le tort qu'il faisoit aux vrais mystiques, de les confondre avec les nouveaux. Je verrai demain MM. les cardinaux Noris et Ferrari.

M. de Chanterac a distribué ici la traduction latine de M. de Cambray, imprimée avec les notes, différentes en quelques endroits, mais essentiellement les mêmes et beaucoup plus étendues : je ne sais si on les verra à Paris. On soupire ici après votre réfutation et vos écrits complets, aussi bien qu'après les observations latines; tout le monde me les demande. Le plus tôt seroit bien le mieux assurément : en attendant je donne des copies de la traduction que vous savez. Il n'y est pas dit un mot sur l'amour naturel : nous y avons ici suppléé par quelques observations courtes, en attendant les vôtres.

On sait ici l'accommodement des Jésuites, mais on ne sait pas encore précisément les conditions. M. de Reims ne m'a pas écrit cet ordinaire. Je crois les Jésuites bien mortifiés.

Sur ce qu'on a su ici que le P. de la Chaise vous étoit allé voir touchant cette affaire, on a dit que si vous vous en mêliez, il falloit mettre dans les conditions que les Jésuites cesseroient ici de défendre M. de Cambray. M. le cardinal de Bouillon n'est pas fâché qu'on croie que les Jésuites agissent pour le livre, s'imaginant que tout tombera sur eux et rien sur lui : mais il se trompe, car l'un n'empêche pas l'autre. Il voudroit bien me persuader qu'il penche pour vous dans cette affaire, mais on voit trop manifestement tout le contraire. Sans lui, le livre de M. de Cambray n'auroit pas tenu terre, et je serois très-sûrement présentement à Paris : vous savez comme je vous ai parlé des coups fourrés.

Les Jésuites et le cardinal de Bouillon commencent à me faire quelques caresses : c'est justement ce qui me fait craindre encore plus.

J'ai averti M. le cardinal de Bouillon de la manière insolente dont le jésuite, en défendant Sfondrate, parloit des évêques, et vouloit grossièrement et séditieusement renouveler les querelles passées : il a fort bien reçu l'avis. Je ne sais si je vous ai mandé que le P. Gabrieli fait imprimer un livre pour défendre Sfondrate.

Il n'y a rien ici de nouveau. Ma santé continue d'être bonne, Dieu merci, aussi bien que celle de M. Phelippeaux. Il seroit à propos que MM. de Paris et de Chartres m'écrivissent chacun une lettre ostensive. On ne cesse de répandre ici qu'ils approuvent à présent le livre de M. de Cambray, joint à la *Lettre pastorale*.

LETTRE CCXXII.

BOSSUET A SON NEVEU.

A Versailles, ce 15 février 1698.

Votre lettre du 14, jointe à la lettre que j'écrivois à peu près dans le même temps, est très-importante. Ne soyez en peine de rien, tout tournera à bien : ne faites point d'éclat, je crois que ces mauvais bruits se dissiperont d'eux-mêmes. Vous devriez avoir circonstancié davantage ce qui s'est passé à Rome : il auroit fallu marquer qui est celui qu'on accuse du prétendu assassinat, et rapporter toute l'histoire comme on l'a répandue. Ce n'est pas assez de dire que celui qu'on croit ennemi, est le meilleur ami ; ni, comme vous l'écrivez à mon frère, qu'on ne voit que ceux que l'on doit voir pour la réputation et pour le bien de l'affaire : il faut donner tout le détail. Cependant vous devez toujours aller votre train, sans vous rebuter : car par ce moyen tout tombera de soi-même, s'il n'y a rien, comme je le crois. Vous avez été en péril de perdre un bon ami : M. le cardinal de Janson a été fort mal d'un fâcheux rhume. On l'a saigné trois fois de ma connoissance, et il devoit l'être une quatrième fois, si le mal avoit pressé : il est à présent, Dieu merci, hors de péril. Le roi et toute la Cour en ont été fort en peine.

M. le cardinal de Bouillon m'a écrit une grande lettre sur votre conversation : il dit, entre autres choses, qu'il vous a parlé avec ouverture sur bien des articles. Vous a-t-il donné quelques avis sur votre conduite ? Il faut tout savoir pour parer ici les coups.

Je n'écrirai point encore par cet ordinaire à Monseigneur Giori, parce que je suis bien aise de voir auparavant M. le cardinal de Janson et M. le cardinal d'Estrées. J'enverrai par le premier ordinaire, un Mémoire que le roi donnera demain à M. le nonce : on a eu de bonnes raisons pour ne le pas envoyer plus tôt. Ce Mémoire dira tout ce qu'il faut.

Je ne parle point des choses marquées dans mes précédentes lettres. Vous n'avez à penser qu'à ce qui regarde l'affaire de l'Eglise : tout le reste ira de lui-même, et tournera à bien. Vous devez être persuadé qu'on pense à tout, et qu'on se sert de tout. Vous voyez bien qu'on est attentif à vos actions : marchez avec précaution, Dieu sera pour vous. Je ne répondrai à M. le cardinal de Bouillon que par l'ordinaire prochain.

LETTRE CCXXIII.

BOSSUET A SON NEVEU.

A Paris, ce 17 février 1698.

Je reçus hier fort tard votre lettre du 28 janvier. Je vois l'état des choses par votre récit, et le péril où tous les efforts de la brigue mettent la bonne cause : mais Dieu la soutiendra par la vérité. Le roi manda M. le nonce exprès dimanche, afin qu'il envoyât dès le lendemain, de la part de Sa Majesté, le Mémoire dont je vous fais passer copie (a). Le roi s'est expliqué fortement. Le second Mémoire, qui est le petit, n'a pas été donné : on a cru qu'il falloit voir auparavant ce que deviendroit la dispute, qui peut avoir un bon effet, en faisant expliquer les examinateurs entre eux avant de voter ; ce qu'ils doivent faire en secret et par écrit.

M. le nonce m'a fait voir une lettre de M. de Cambray, qui ne tend qu'à allonger. Il renouvelle sa demande d'aller à Rome, et prie qu'on lui obtienne la permission d'y envoyer toutes ses réponses qui sont imprimées, mais qu'il tient secrètes jusqu'à ce qu'on lui ait accordé de les produire. Sa lettre ne renferme que des plaintes : il répète huit ou dix fois qu'il ne veut point d'accommodement, que ce seroit flétrir sa foi. Vous diriez qu'on cherche des explications, quand il ne s'agit plus que d'attendre un jugement. Il déclare qu'il nous a offert d'écrire conjointement avec nous à Rome pour demander un jugement : c'est de quoi nous n'avons jamais ouï parler ; d'ailleurs avec la cabale qu'il a, il eût écrit sous main ce qu'il auroit voulu. Tout cela n'eût été qu'un amusement ; et si nous avions fait ce qu'il dit nous avoir proposé, nous aurions eu l'air d'être ses parties, que nous ne devons pas nous donner. Du reste des tours artificieux remplissent toute la lettre. M. le nonce a fait une réponse courte

---

(a) Ce mémoire fut envoyé par le nonce au cardinal Spada, secrétaire d'Etat du Pape. C'est Bossuet qui l'avoit composé, et nous le donnons à la suite de cette lettre.

et sèche, sans se charger d'aucune proposition envers Rome.

La lettre de Monseigneur Giori fera un bon effet : j'y serai fort attentif. M. de Paris lui a écrit par le cardinal de Janson. Vous avez reçu ma lettre dans laquelle je vous ai marqué ce que le cardinal d'Estrées m'a dit, qui est que M. Giori devoit beaucoup se ménager, qu'il étoit trop franc, qu'il lui conseilloit de ne pas montrer les lettres de M. de Paris. J'apprends pour la première fois, que les ennemis de la France (*a*) se mêlent de cette affaire : je m'en doutois.

Voilà bien des cabales réunies : celle de Sfondrate, de Marie d'Agréda, etc.

J'attends avec impatience la nouvelle Déclaration des examinateurs. C'est un coup de partie.

La Cour ne voudra point agir auprès du cardinal que vous marquez; mais je trouverai moyen de le faire.

M. de Paris a fait voir à M. le nonce les lettres d'un grand nombre des plus excellens évêques, déclarés pour nous. J'en ai aussi beaucoup; mais nous ne trouvons pas à propos de faire agir ces prélats.

On a découvert que le P. de La Combe, barnabite, directeur de Madame Guyon, chef de la cabale, étoit en tout et partout un second Molinos (*b*), et on l'a resserré dans le château où il est relégué.

On ménagera le P. Latenai, qui mérite d'être servi pour ses qualités personnelles : on a déjà mis les fers au feu. Ce Père doit être assuré qu'il ne sera commis en rien : on connoît ici son mérite.

MÉMOIRE

Remis par le roi entre les mains du nonce, pour être envoyé à Rome, et porter le Pape à accélérer la condamnation du livre de M. de Cambray.

On ne peut que louer Sa Sainteté de la prudence avec laquelle elle veut procéder à l'examen du livre de l'archevêque de Cam-

---

(*a*) Les ambassadeurs de l'empereur et du roi d'Espagne sollicitoient ouvertement pour M. de Cambray, et l'on eût dit une affaire d'Etat qui intéressoit toute l'Europe. — (*b*) La déclaration, que l'on trouvera plus loin, du P. La Combe à l'évêque de Tarbes, mettra ce fait dans le plus grand jour.

bray, et ôter à ce prélat tout prétexte de s'excuser, en disant qu'on n'aura pas ouï ses réponses. On craint seulement que ce ne lui soit une occasion de tirer cette affaire en longueur.

On a déjà donné à Rome divers écrits très-amples, tant pour la défense de ce livre que contre la *Déclaration* des trois évêques de France. On y a aussi distribué le livre du même archevêque traduit en latin, et ensemble des notes latines très-amples sur tous les endroits qui font quelque difficulté.

Il paroît donc par là que l'affaire est suffisamment instruite, et qu'il est peu nécessaire d'attendre de nouvelles réponses de cet archevêque.

Si néanmoins il vouloit répondre en particulier aux objections de ces trois évêques, il n'a tenu qu'à lui de le faire il y a long-temps, puisque leurs écrits sont imprimés depuis quatre mois; de sorte que la communication qu'il en demande à présent est une affectation par laquelle il semble vouloir tirer la chose en longueur, et embrouiller une affaire qui est toute simple.

Il a même déjà répondu, et l'on a vu ici ses réponses imprimées à Bruxelles, d'où l'on ne peut douter qu'il ne les ait envoyées où il a voulu.

Si les évêques de France publient d'autres écrits contre les livres de l'archevêque de Cambray, ce n'est point pour l'instruction du procès à Rome, mais seulement pour l'instruction de leurs peuples, et afin qu'on soit prémuni contre son *Instruction pastorale*, et cent autres livres qui viennent de tous côtés pour sa défense, tant du dedans que du dehors du royaume.

Quoiqu'on n'ait rien à dire au choix des personnes que Sa Sainteté a nommées de nouveau pour l'examen dont il s'agit, il y a sujet de craindre qu'on ne se serve encore de cette occasion pour obtenir de nouveaux délais, sous prétexte qu'il faudra instruire de nouveaux examinateurs.

On voit bien que l'examen du livre de l'archevêque de Cambray, traduit en latin, peut avoir son utilité par la confrontation du latin avec le françois; mais on pourroit aussi se servir de cet examen comme d'un détour pour éluder le jugement du livre françois, qui est celui qui fait tout le trouble.

Le livre traduit en latin n'est point connu, et l'on croira aisément que l'archevêque de Cambray en aura tourné la version à sa défense. C'est le livre françois qui fait le bruit, et c'est aussi sur ce livre que le roi demande une décision et que Sa Sainteté l'a promise.

Comme Sa Majesté tient tous les évêques et les Universités de son royaume dans l'attente du jugement du saint Siége, il est du bien de l'Eglise et de l'honneur de ce pontificat, que l'espérance qu'on y a ne soit pas trop prolongée, et qu'on ne laisse pas échauffer une dispute qui ne cause déjà que trop de scandale, dont le remède deviendroit plus difficile dans la suite.

Pour cela il est nécessaire de donner des bornes aux communications demandées par l'archevêque de Cambray; et sans s'arrêter à tant d'explications qui mèneroient la chose à l'infini, de prononcer sur un livre très-court, qui porte en lui-même sa justification ou sa condamnation.

LETTRE CCXXIV.

L'ABBÉ PHELIPPEAUX A BOSSUET.

Rome, ce 18 février 1698.

Vous avez sans doute observé que la plupart des notes du livre latin imprimé, de M. de Cambray, sont différentes de celles qui étoient dans des manuscrits, et que je vous ai envoyées. J'ai fait assez de bruit sur les falsifications du livre. Je crois que vous en ferez mention dans la réponse que vous préparez, et que vous en pourrez même donner l'extrait : c'est ce qui m'a empêché de le faire en particulier.

Le P. Estiennot mande à M. l'archevêque de Reims, par le dernier courrier, que la plupart des examinateurs étoient déclarés pour le livre : cela est très-faux ; rien n'a changé depuis ma dernière lettre.

Nous avons appris ce qui a fait exclure le P. Latenai. Deux cardinaux, à qui ses amis se plaignoient d'un tel procédé qui pouvoit lui être injurieux, répondirent qu'il avoit écrit contre le livre; et je sais de bonne part que M. le cardinal de Bouillon avoit fait montrer l'écrit au Pape. Personne n'avoit connoissance de cet écrit que l'auteur, M. le cardinal de Bouillon et moi. M. le cardinal de Bouillon, à son arrivée, consulta tous ceux qu'il pouvoit connoître, afin de les exclure s'il les trouvoit contraires à ses intentions. Il a eu beau protester au P. Latenai qu'il n'en avoit point parlé au Pape : il est vrai ; mais il avoit fait voir l'écrit par ses amis. C'est par ses intrigues que l'affaire a été embrouillée et retardée. Massoulié et Granelli m'ont assuré que l'examen seroit à présent fini, sans les adjonctions qu'on a faites, et qui ont obligé de recommencer la discussion du livre. Outre les cardinaux Noris et Ferrari, l'assesseur qui est Bernini, et le commissaire du saint Office qui est dominicain, y assistent comme témoins, aussi bien que les cardinaux.

On fait tout ce qu'on peut pour gagner ou intimider quelqu'un de ceux qui sont opposés au livre. On espère que si le partage continue, le Pape sera obligé, ou de casser cette Congrégation, ou d'ajouter de nouveaux examinateurs ; ce qui ne tend qu'à différer. On examine encore le premier article avec l'exposition des divers amours : tous n'ont pas encore opiné. Je vis hier l'archevêque de Chieti, que je tâchai d'instruire sur des points qu'on m'avoit dit lui faire de la peine, et je dois même lui envoyer des passages de saint Thomas : il me parut mieux disposé qu'auparavant. Nous tâcherons de savoir son sentiment, quand il aura opiné, aussi bien que celui du sacriste : c'est de là que dépend la certitude qu'on en pourra avoir. Au reste dans les deux dernières congrégations, il n'y eut que deux personnes qui parlèrent en chacune. On ne dispute plus, on a bien vu que c'étoit une chose inutile, et même ridicule : chacun discourt sans être interrompu. Dans la dernière congrégation, Gabrieli parla pour excuser le livre, Granelli parla pour le condamner. Je ne doute point d'un bon succès : personne n'approuve les solutions de M. de Cambray, ni cet amour naturel qu'on prétend retrancher. Mais quoi qu'on fasse, si l'examen continue de la manière qu'on fait, il ne peut être terminé plus tôt que de Pâques en un an. Après on viendra aux consulteurs, on fera les extraits des vœux, et l'affaire sera portée à la Congrégation des cardinaux : en voilà jusqu'à l'année sainte, supposé que le Pape ne meure point.

C'est à vous, Monseigneur, à juger s'il est à propos que je reste à Rome pendant tout ce temps-là. Je ne doute pas que vous ou M. de Paris ne trouviez facilement quelqu'un plus intelligent que moi, qui sera bien aise de voir Rome et de connoître cette Cour. En ce cas-là je pourrois m'en retourner ; ou même M. l'abbé pourroit rester seul, pour attendre la fin de l'affaire. Quand vos réponses seront venues, il n'y aura plus d'instruction à donner ; il ne s'agira plus que d'attendre. J'appréhende pour ma santé pendant l'été ; car je commence à sentir dans la tête des étourdissemens, qui me font craindre de tomber dans le même accident où je tombai quelque temps avant de partir de Paris. Et d'ailleurs bien des raisons particulières, et quelques affaires qui regardent ma famille, m'obligent de songer au retour ; et je vois que ma présence sera peut-être assez inutile ici, M. l'abbé y étant, qui pourra faire terminer l'affaire à sa gloire. Je vous supplie d'y penser, et de m'en mander votre sentiment.

On m'a averti que depuis quelques jours on a donné au Pape une écriture sanglante contre les évêques de France, qu'on accuse de vouloir tout brouiller et de violer les constitutions les plus saintes. C'est au sujet du règlement fait contre les réguliers : on ne cherche qu'à brouiller cette Cour avec la nôtre. M. le cardinal de Bouillon est plus attentif aux affaires des Jésuites qu'à celles du roi. Il n'arrête pas, ou peut-être même favorise-t-il ces étincelles, qui pourront allumer dans la suite un incendie : nos ennemis sauront profiter de tout. Les Jésuites ont encore demandé un délai de dix jours pour les affaires de Confucius. M. le cardinal de Bouillon envoya querir***, et le pria de diligenter et de presser cette affaire. C'étoit à une heure de nuit, le mardi gras, jour de poste : *Timeo Danaos et dona ferentes.*

Je vous prie de garder le secret sur l'affaire du P. Latenai avec M. le cardinal de Bouillon ; car je serois fâché de le commettre et de le perdre. On mande tout à M. le cardinal de Bouillon de Paris, et il n'est pas homme à pardonner : d'ailleurs le P. Latenai ne pourroit plus avoir de confiance en moi.

Le Pape est bien intentionné pour accélérer l'affaire : mais sa facilité fait qu'il sera toujours trompé. Il est certain que le crédit et le poste du cardinal de Bouillon peut ébranler des Italiens plus attachés à leur intérêt et à leur fortune qu'à l'amour de la vérité. M. le cardinal de Bouillon est leste, et pourra dans la suite susciter de nouveaux embarras. Il croira qu'il est de son honneur de soutenir ce qu'il a entrepris ; c'est son génie : saint Cyprien (*a*) auroit été ici d'un grand secours.

Je suis bien persuadé qu'on ne doit jamais apporter ici aucune affaire de doctrine : ils sont trop ignorans, et trop vendus à la faveur et à l'intrigue. Si on avoit fait juger en France ou par des évêques, ou par la Sorbonne, ils n'auroient jamais osé rien faire au contraire. Ils savent bien que la France est plus savante, et toute question de dogme les embarrasse, dans l'ignorance où ils sont. Après tout cette affaire si importante dépend des vœux de moines : il n'y a presque pas de docteurs de Sorbonne qui ne soient beaucoup plus habiles qu'eux en matière de religion (*b*). Je suis avec un profond respect, etc.

LETTRE CCXXV.

L'ABBÉ BOSSUET A SON ONCLE.

Rome, ce 18 février 1698.

Je reçois la lettre que vous me faites l'honneur de m'écrire de Versailles le 27. Je commencerai, s'il vous plaît, par ce qui me regarde.

Vous aurez vu par une de mes lettres, que vous n'aviez pas encore reçue lorsque vous m'avez écrit, que le bruit de cette fausse histoire étoit enfin venu jusqu'à moi. J'ai été, comme vous le croyez bien, le dernier qui l'ai sue ; et je vous en ai écrit un mot aussitôt que je l'ai apprise. Je n'aurois jamais cru que l'on eût l'effronterie de faire faire tant de chemin à une pareille fable, où il n'y a ni vérité ni vraisemblance. Tout le monde l'a bien vu,

---

(*a*) Nom chiffré, dont nous ne pouvons découvrir la vraie signification. —
(*b*) Nous laissons au lecteur le soin de qualifier ces odieuses paroles.

ce carnaval et dans toutes les occasions, et ces propos n'ont fait ici aucune impression ; cela est constant. M. le cardinal de Bouillon est persuadé plus que personne de la fausseté de ce récit; et il m'a dit que s'il l'avoit cru vrai, il n'auroit pu s'empêcher de vous en écrire. On voit bien la malice des auteurs de cette fable et la cause qui les a portés à l'inventer, par le soin qu'on a pris de faire aller cette sottise aux oreilles du roi. Il me semble que la fausseté de la narration se fait sentir d'elle-même par son contenu. Ici on ne menace pas : on exécute, parce qu'on craint d'être prévenu, et avec raison. Vous pouvez compter qu'il n'y a pas un mot de vrai dans tout ce bruit, qui s'est plutôt dissipé par sa fausseté que par le bien que certaines gens me veulent. Il est certain que tous ceux qui en ont entendu parler, l'ont su de chez le cardinal de Bouillon et les Jésuites.

M. le cardinal de Bouillon m'a assuré qu'il n'en avoit écrit à qui que ce soit, même avant d'être informé de la vérité. En voilà assez sur cette matière, il faut s'attendre à tout : je dis à tout ; Dieu soit loué.

LETTRE CCXXVI.

BOSSUET A SON NEVEU.

A Versailles, ce 24 février 1698.

J'ai reçu votre lettre du 4 : je suis bien aise d'apprendre que votre santé se conserve parmi tant de travail.

La nomination des deux cardinaux pour présider aux assemblées ne peut faire que beaucoup de bien. Je concerterai aujourd'hui avec M. de Paris ce que nous aurons à leur écrire. Je rends bon compte au roi de ce que vous et M. Phelippeaux m'écrivez. L'esprit même du cardinal Noris est contre le livre ; et il faudroit avoir oublié saint Augustin, pour donner dans ces rêveries et dans ces petitesses.

Loin que l'*Instruction pastorale* de M. de Cambray ait adouci M. de Paris et M. de Chartres sur le livre, elle les a convaincus de plus en plus qu'il est pernicieux et nécessairement censurable.

Non-seulement nous sommes parfaitement d'accord, mais encore nous donnerons dans l'occasion toutes les marques possibles de notre union. Je puis vous assurer en général que ceux qui dans cette affaire voudront faire leur cour au cardinal de Bouillon et aux Jésuites, la feront fort mal au roi et à Madame de Maintenon, qui ne conservent les dehors avec quelques-uns de la cabale qu'en attendant la censure, après laquelle on verra bien du changement.

Les bruits qu'on répand ici contre vous ne sont rien moins qu'un mauvais commerce, ce qui a donné lieu au Pape, ajoute-t-on, de vous éloigner de Rome, et de faire demander justice au roi par le nonce. Comme cela ne se trouve pas avoir la moindre vraisemblance, c'est la justification de votre conduite. Cependant vous voyez bien que vous ne sauriez trop vous rendre en toutes manières irrépréhensible.

Vous pouvez être assuré d'une parfaite union de M. de Paris et de M. de Chartres avec moi; et si l'on ne craignoit dans la conjoncture présente de trop émouvoir les évêques, on en feroit paroître cinquante lettres. La vérité est que si Rome ne fait pas quelque chose digne d'elle, et les cardinaux de leur réputation, ce sera un scandale épouvantable, qui fera beaucoup de tort à la religion.

Il faut qu'on ait écrit de Rome quelque chose à M. de Cambray sur l'accommodement projeté, puisque ce prélat a tant écrit contre à M. le nonce, comme vous l'avez vu par ma précédente. Il n'y a point d'accommodement dans une affaire de religion : la vérité veut être nettement victorieuse, et tout ce qui biaise a toujours été rejeté.

Il faut espérer que le P. Latenai reviendra; en tout cas il sera servi.

Votre travail sur le livre de M. de Cambray sera grand, mais très-utile. Le cardinal Albani se perdra ici de réputation, par ses complaisances pour M. le cardinal de Bouillon. Les accommodemens rendront ridicules tous ceux qui les proposeront.

Le roi sait ce que M. le cardinal de Bouillon a fait publier par l'abbé de Chanterac, de la lettre qu'il lui a écrite. C'est une manière de noter ce cardinal, que de faire passer les instances que fait Sa Majesté par la voie du nonce. Si l'on savoit ce qu'écrit l'abbé de Fourci, il auroit ici une grande affaire. La famille de M. le chancelier est toute pour M. de Cambray, parce que ce prélat est soutenu par M. de Harlay.

Vous aurez bientôt toute ma réponse à M. de Cambray. Je vous envoie une lettre que vous joindrez à ce livre, quand vous le rendrez à M. le cardinal Spada, pour le Pape et pour lui. Je dis un mot dans ma lettre du tort qu'on fait aux vrais spirituels, de les alléguer pour M. de Cambray.

Avant qu'il soit peu, vous verrez à Rome le provincial de France des Carmes déchaussés, qui est ami de son général. Il est bien instruit et très-persuadé que sainte Thérèse et le bienheureux Jean de la Croix sont fort éloignés de M. de Cambray, et qu'on leur a fait injure de les citer en sa faveur. Je ferai sur cela un petit écrit latin, où je joindrai saint François de Sales.

Ayez bon courage : ne vous rebutez point ; c'est le moyen de venir à bout de tout.

J'espère présenter mon livre au roi demain ou après-demain. L'écrit latin, dont je viens de parler, suivra bientôt contre la réponse au *Summa doctrinæ*.

Attendez-vous à voir votre prétendue affaire dans la gazette de Hollande : M. de Cambray y fait dire tout ce qu'il veut par M. de Harlay.

LETTRE CCXXVII.

L'ARCHEVÊQUE DE REIMS A L'ABBÉ BOSSUET.

De Versailles, lundi 24 février 1698.

J'ai reçu, Monsieur, vos lettres du 28 du mois passé, et du 4 de celui-ci. Je ne vous dis plus rien sur le fait du cardinal Noris : le procédé qu'il a jugé à propos d'avoir avec moi fait pitié ; tant pis pour lui (*a*).

(*a*) M. le Tellier, archevêque d'une grande Eglise et par son ancienneté à la tête du clergé de France, comme il nous l'a dit lui-même dans la lettre CCXIX, avoit daigné envoyer son *Ordonnance* contre les Jésuites au cardinal Noris ; le

Vous savez présentement comment mon affaire contre les Jésuites a été terminée. On a imprimé en Hollande les pièces qui regardent cette affaire : vous en trouverez deux exemplaires dans ce paquet. La Requête n'est point correcte ; vous la pourrez corriger sur le manuscrit que je vous en adressai le 13 du mois passé, dont vous m'avez accusé la réception par votre lettre du 4 de ce mois.

L'affaire du livre de M. de Cambray traîne trop pour la réputation de la Cour où vous êtes. Il faut, où qu'à la fin elle condamne le livre, ou que le livre la condamne. Dieu veuille qu'elle prenne enfin le bon parti : je le souhaite de tout mon cœur pour l'honneur du saint Siége. Je suis tout à vous.

EPISTOLA CCXXVIII.

BOSSUETI AD CARDINALEM SPADAM.

Eminentissimo Domino meo D. cardinali Spadæ, Jacobus Benignus Bossuetus, episcopus Meldensis, salutem et obsequium.

Vellem equidem conticescere, Eminentissime Cardinalis, et Sedis apostolicæ tacitus expectare judicium. Dùm enim Ecclesia Romana tàm gravi examine rem tantam expendit, quid est præstabilius quàm ut *præstolemur salutare Dei,* et ut *in silentio et in spe sit fortitudo nostra?* Sed per manus hominum tot currunt epistolæ, tot responsa prodeunt, *Instructiones pastorales* tantâ arte sparguntur, ut meritò vereamur, si nihil opponimus, ne *doctrinis variis et peregrinis* plebs Christi *abducatur* à simplicitate Evangelii.

Neque enim hìc de unius tantùm libri sorte agitur; sed an prævaleant spirituales argutiæ; verique spirituales ab Ecclesiâ Romanâ approbati, dùm ad asserenda hæc inventa perperàm licèt et inviti adducuntur, trahi videantur in erroris consortium.

Non ergò, Eminentissime Cardinalis, tanquàm ad contestandam instruendamque litem hæc scribimus; aut, quod absit,

---

cardinal Noris oublia de le complimenter sur ce chef-d'œuvre : voilà le *procédé* qui *excitoit* la *pitié* de M. le Tellier.

docendam suscipimus magistram Ecclesiarum, à quâ doceri cupimus. Rogamus autem ut hunc librum, quem extorsit ipsa necessitas, et benignus accipias, et ad sanctissimi Domini nostri pedes offerre velis. Redeunt enim ad nos libri nostri clariores atque firmiores, cùm vel tetigere apostolicum limen. Si verò ipse Paulus, arcanorum auditor et tertii cœli discipulus, venit Jerosolymam videre et contemplari Petrum, cum eoque conferre Evangelium quod prædicabat in gentibus, ne fortè in vacuum curreret aut cucurrisset : quantò magìs nos humiles, sed cathedræ Petri communione gloriantes, ad eam afferre omnia nostra debemus ; vel incitandi, si legitimè currimus ; vel emendandi, si vel minimùm aberramus ?

Ego verò quidquid scribo, hâc mente me scribere volo, sanctoque Pontifici fausta omnia apprecor ; utque te rerum præclarissimo administro diutissimè utatur oro, Eminentiæ tuæ addictissimus. Vale, Eminentissime Cardinalis.

Datum in palatio Versaliano, 24 feb. an. 1698.

LETTRE CCXXIX.
L'ABBÉ BOSSUET, A SON ONCLE.

Rome, 25 février 1698.

J'ai reçu la lettre que vous m'avez fait l'honneur de m'écrire de Versailles, le 3 de ce mois. Je vous dirai d'abord que j'ai fait représenter au Pape le scandale que causeroit dans toute la chrétienté et parmi les hérétiques, les longueurs et le partage des théologiens dans une affaire aussi éclaircie par les évêques de France. Sa Sainteté a jugé à propos de faire tenir les conférences deux fois la semaine, ordonnant aux deux cardinaux de laisser leurs autres occupations pour celle-là. De plus le Pape a fait connoître assez clairement ses sentimens, pour que les examinateurs pensent à eux-mêmes. Je suis comme assuré à présent de l'archevêque de Chieti, qui est tout changé : j'espère un peu du général des Carmes. Le cardinal Casanate travaille à ramener le sacriste : je doute qu'il y réussisse ; mais il le perdra dans l'esprit du Pape sans cela. Pour Gabrieli et Alfaro, c'est tout dire, ils sont vrais moines; et si leur intérêt le demande, ils se rendront à tout ce que l'on voudra. Le Pape et cette Cour ont bien vu les faux pas qu'ils ont faits, et semblent vouloir se redresser.

J'ai agi et parlé très-modestement. Depuis huit jours j'ai été chez la plupart des cardinaux, et leur ai représenté à quel péril la réputation du saint Siége et de l'Eglise étoit exposée par le partage des examinateurs; que c'étoit à eux à y remédier. Ils le sentent bien : et à la vérité si ce partage duroit ce seroit le plus grand scandale qui pût jamais arriver; il seroit pour les hérétiques et les ennemis de l'Eglise un sujet de dérision. On m'a paru touché de ces raisons; et le cardinal Casanate, qui m'avoit vu assez mélancolique à cause de tous ces procédés, m'a assuré que je me réjouirois bientôt, et que les choses prenoient un train plus prompt que je ne croyois. Je leur fais entendre que c'est actuellement plus leur affaire que de qui que ce soit. J'espère beaucoup depuis quelques jours : les conférences doublées abrègent déjà de la moitié. Je crains toujours néanmoins les coups fourrés et la rage du cardinal de Bouillon et des Jésuites, qui assurément ne diminue point. Monseigneur Giori continue ses offices et mérite reconnoissance : le général de la Minerve sert efficacement.

J'attends la *Préface* avec impatience : l'écrit latin feroit à cette heure un bon effet; ce qui est en françois n'en produit pas un pareil, à beaucoup près. M. de Cambray a envoyé ici son *Instruction pastorale* traduite en latin.

Je mande à M. de Paris que comme il pourra arriver que vous soyez obligé de rester quelque temps dans votre diocèse, je crois que le bien de l'affaire exige qu'il soit instruit exactement; que désormais je lui écrirai comme à vous, avec la même liberté, et que je lui enverrai même un chiffre. Je m'expliquerai comme il faut, je ne lui dirai rien d'inutile. Je suppose que vous l'aurez informé du vrai état des choses, et lui aurez fait connoître les esprits, tant de ceux qui nous font du bien que de ceux qui nous font du mal.

Je vous ai mandé, à ce qu'il me semble, qu'après avoir gardé le silence jusqu'à la fin de novembre sur le procédé des Jésuites à l'égard des évêques et de M. de Cambray, j'ai cru être obligé de déclarer qu'on savoit ce qu'ils faisoient. Il a fallu nécessairement prouver qu'ils sont parties, afin qu'on les tînt pour suspects. Ils insinuoient tout ce qu'ils vouloient, et faisoient un mal infini, sous le prétexte qu'ils étoient indifférens, ou qu'ils s'intéressoient à un saint persécuté et opprimé injustement par votre crédit.

Je vous dirai franchement que je vous ai écrit par un vrai hasard, aussi bien qu'à M. Chasot, touchant la fabuleuse histoire de cet assassinat. Je n'aurois jamais cru qu'on osât mander à qui ce soit cette fausseté, encore moins au roi, ou qu'on osât lui en parler. Dans cette pensée je ne jugeai pas à propos, en me justifiant à ce sujet, de donner seulement l'idée que cela pût être. Ce fut M. le cardinal de Bouillon lui-même qui me détermina enfin à le faire aussi légèrement que je l'ai fait. Après m'avoir entretenu de cette affaire, et m'avoir assuré qu'il étoit convaincu de la fausseté du fait, ce qu'il me répéta cent fois, il me conseilla de ne faire aucun cas de ce bruit qui tomberoit de lui-même, de n'en point écrire en France, et de ne pas chercher à me justifier, même vis-à-vis de vous, pour ne vous pas inquiéter. Il m'ajouta que si on m'en écrivoit, je pourrois mander alors que je n'en avois rien dit, vu la fausseté manifeste, et que je ne me serois jamais imaginé qu'on pût mander pareille chose. Je lui répondis que j'en userois de la sorte; mais ce conseil me parut un peu suspect, je me doutai de la fourberie : je pensai qu'on vouloit en avertir, et que l'avis pût faire tout son effet avant que je pensasse à y remédier. En conséquence, je vous en écrivis deux mots à tout hasard, pour en rendre compte en cas de besoin. Depuis il ne m'est seulement pas venu à l'esprit de vous en parler, voyant que par ma conduite et la liberté avec laquelle j'agissois, le monde étoit plus que persuadé de la malice de cette fable.

Voici les bruits qui ont couru. On prétend que le duc Sforze Cesarini, fâché de ce que je voyois Mademoiselle sa fille, qui, dit-on, ne me hait pas, m'avoit fait attaquer par des assassins; qu'ils m'avoient mis le pistolet à la gorge et m'avoient fait promettre de ne plus la voir, sans quoi ils m'auroient tué; que j'en étois tombé malade de peur ; c'est ainsi qu'on a interprété cette fièvre continue, cette espèce d'esquinancie que j'ai eue.

Je ne vous répéterai point qu'il n'y a pas un mot de vrai dans cette histoire : je veux seulement vous le démontrer. Il faut que vous sachiez que ce duc est de la faction d'Espagne. Dès que j'arrivai à Rome, il lia une étroite amitié avec moi chez M. le prince de Rossane, où nous nous voyions presque tous les soirs. Il me fit présent d'une tabatière : je lui en donnai une pareillement ; bref, depuis ce temps ma compagnie ne lui a pas déplu, et il m'a parlé volontiers de tout. Nous ne nous sommes néanmoins jamais vus que dans la maison des autres. Quand j'allai à Naples, il me recommanda à quelques-uns de ses amis. A mon retour je me crus obligé d'aller l'en remercier, et de m'acquitter de quelques commissions dont on m'avoit chargé pour lui et pour Madame sa femme. Ici la coutume est que les filles ne se montrent jamais dans les compagnies : je ne vis donc point Mesdemoiselles ses filles, et je ne les ai jamais aperçues qu'en carrosse dans les rues et aux promenades, hors deux ou trois fois à la campagne, où M. leur père me mena lui-même, et où je ne suis resté que le temps d'une visite. De tout l'été je ne les ai ni vues ni rencontrées, même dans les lieux publics. Depuis le mois d'octobre jusqu'à Noël, la mère et les filles ont été dans une de leurs terres, à vingt milles de Rome ; pour moi je ne suis sorti de Rome, ni dans le mois d'octobre, ni dans le mois de novembre, excepté quatre jours que j'ai passés à Frescati où étoit M. le cardinal de Bouillon, et qui est bien éloigné de la terre de cette Dame. Toute sa maison n'étoit point à Rome, lorsque je suis tombé malade le 13 de décembre, et je ne songeois seulement pas qu'elle fût au monde. J'oubliois de vous dire que pendant cet été je me suis trouvé très-souvent avec les fils qui, aussi bien que leur père, m'ont témoigné mille amitiés. Ces mêmes manières durent encore, et ont persévéré si publiquement depuis ma maladie, que tout le monde en a été témoin. J'ai même cru être obligé, sans affectation cependant, de ne point fuir la présence de la duchesse et de ses filles, qui m'ont toujours traité à leur ordinaire, avec toute sorte de civilités. Voilà l'état des choses : on a bien vu que je ne craignois pas, et que je n'avois point sujet d'avoir peur.

Toutes les circonstances d'ailleurs prouvent que cette histoire est controuvée : car effectivement si elle étoit vraie, qui l'auroit pu savoir? On a dit que la chose étoit arrivée pendant la nuit. Ce ne seroit pas moi qui l'aurois débitée; encore moins le père, qui par là auroit perdu une fille dont les articles du mariage sont signés, qui a été au désespoir de ce bruit, et qui m'en a parlé comme de la chose du monde qui lui a donné le plus de chagrin, quoique tout le monde fût persuadé de la fausseté. Il prétend que cette invention vient plutôt de ses ennemis que des miens, et il a raison. Mais que faire, sinon prouver par sa conduite et par ses actions qu'il n'y a rien de vrai dans cette histoire, qui n'a pas trouvé une seule personne raisonnable qui voulût la croire, qui n'a été inventée que pour me faire du mal auprès du roi, et tâcher de me décréditer ou de m'inspirer quelque peur, en me faisant voir qu'on a un prétexte pour pouvoir parvenir à ses fins; mais on me connoît bien mal. Telle est la vérité du fait : il n'y a ni plus ni moins. Tout le monde me rend ici justice : plût à Dieu qu'on me la rende également en France sur toute ma conduite en cette matière. Je suis bien venu partout : les pères et les mères sont les personnes qui souhaitent le plus que j'aille chez eux, parce que franchement je sais un peu parler et vivre. Peut-être François n'a jamais eu les entrées si libres chez les Italiens que moi : je les ai, parce que je n'en abuse pas, et que je ne vois que bonne compagnie. Je la fréquentois lorsque j'avois moins d'occupations : à présent c'est tout ce que je puis faire que de pouvoir trouver une heure ou deux pour m'amuser, pour entretenir mes amis et les personnes que je connois. Si je faisois quelque chose de mal, je ne manque ni d'envieux ni d'espions; mais je les défie de m'accuser sur quoi que ce soit, dont je ne puisse donner le démenti sur-le-champ par mes actions.

Au surplus M. le cardinal de Bouillon ne m'a donné aucun avis sur ma conduite : j'ose dire qu'il n'y a rien à y reprendre : du reste il a été pleinement convaincu de la fausseté de ce bruit. Il n'a jamais été question entre lui et moi que de quelques éclaircissemens qui le regardoient, touchant M. de Cambray et les Jésuites.

Je suis las d'écrire, et je finis en vous disant que l'abbé de Vaubrun est le favori et le correspondant intime, à qui, selon toutes les apparences, le cardinal de Bouillon a écrit sur cette affaire pour en instruire M. de Torci : il est entièrement dans les intérêts de cette Eminence. C'est par ce canal très-sûrement, ou par celui du P. de la Chaise, que ce bruit s'est répandu. Une preuve que cette histoire n'est pas véritable, c'est que le cardinal de Bouillon n'a pas osé l'écrire : il y auroit été obligé, si elle avoit eu quelque fondement.

LETTRE CCXXX.

BOSSUET A SON NEVEU.

A Versailles, ce 3 mars 1698.

J'ai reçu votre lettre du 11 février, qui ne fait que confirmer les précédentes. J'ai donné ce matin mon livre au roi : je le donnai hier à M. le nonce pour le Pape, pour M. le cardinal Spada et pour lui. J'y joignis la lettre pour ce cardinal, un peu abrégée et comme je vous l'envoie (*a*) : ainsi celle que vous avez sera inutile. J'ai voulu la faire plus modeste, en m'abstenant davantage de juger. Vous aurez une lettre ostensible de M. de Chartres : M. de Paris en écrira une au P. Roslet (*b*), à qui je vous prie de faire bien des honnêtetés et des amitiés de ma part ; je suis ravi de votre concert avec lui.

M. de Cambray a écrit à M. le nonce, pour lui représenter qu'il ne faut plus que j'écrive, qu'il cessera d'écrire aussi, que c'est le moyen de finir promptement ; qu'aussi bien ce que nous dirons ne sera plus que redites. D'ailleurs, que si j'écris, il demandera du temps pour répondre, et qu'il est juste que l'accusé parle le dernier. Il y a là beaucoup d'artifice, à son ordinaire. Il aura su que mon livre alloit paroître, ce qui étoit trop public pour être ignoré. Ainsi il n'a pas pu espérer que je retirasse un livre que

---

(*a*) C'est la lettre CCXXVIII, ci-dessus. — (*b*) Il étoit procureur général des Minimes, très-estimé à la Cour de Rome, et l'homme de confiance de l'archevêque de Paris.

j'étois sur le point de donner, et il a voulu seulement se préparer un moyen pour allonger, en faisant semblant d'abréger.

J'ai fait voir à M. le nonce l'injustice et l'affectation de ce procédé, par lequel il est visible que M. de Cambray donne le change, et fait passer pour pièces du procès ce que nous écrivons pour l'instruction, non du procès, mais des peuples. J'ai dit la même chose dans mon avertissement. Je lui ai fait lecture de ma lettre à M. le cardinal Spada, dont il a paru content. Si M. de Cambray vouloit qu'on n'écrivît pas, il ne devoit pas donner son *Instruction pastorale*, qui contenant un nouveau système et de nouvelles erreurs, demande une réfutation particulière. D'ailleurs si nos écritures ressembloient à celles d'un procès, il auroit dû nous communiquer sa version, ses notes et tout ce qu'il a écrit; puisque nous ne faisons rien qui ne soit public. C'est vouloir trop visiblement abuser le monde, de s'aviser de demander que nous cessions d'écrire, quand il a dit tout ce qu'il a voulu, et que nous n'avons rien dit sur ses nouvelles idées. Il faut que vous fassiez bien valoir ces raisons, et que vous découvriez la finesse de M. de Cambray pour éloigner la décision.

On nous fait craindre beaucoup de longueurs, en nous annonçant qu'on va recommencer l'examen du livre, article par article, et que chaque article occupera une conférence. En effet c'en seroit pour quarante-cinq semaines, sans compter les préliminaires des cinq amours. Je ne veux pas croire que cela soit réglé de cette manière : car en vérité ce seroit un peu se moquer de la chrétienté et de nous.

J'ai vu une lettre où l'on fait dire à un cardinal, qu'on semble insinuer être le cardinal Casanate, qu'on peut bien condamner le livre en général, à cause du scandale qu'il a donné par des expressions abstraites et ambiguës, mais non pas qualifier les propositions à cause des précisions où on les a réduites. J'ai peine à croire qu'on change ainsi du blanc au noir (*a*).

Je vis hier M. le cardinal de Janson en bonne santé, Dieu merci. Nous traitâmes tous les chapitres, et principalement celui

---

(*a*) Le cardinal n'avoit pas changé.

qui vous regarde sur les bruits qu'on a fait courir : il veut qu'on tâche d'aller à la source (*a*). J'ai justifié M. le cardinal de Bouillon sur votre parole : je n'ai parlé que des Jésuites. Le cardinal se fonde fort sur ce qu'on ne lui a pas écrit un mot de cette prétendue histoire, dont Rome retentiroit. On n'a rien écrit non plus à M. le cardinal d'Estrées, ni à personne ; et cette histoire tombera par là d'elle-même.

M. le cardinal de Janson écrira à M. l'archevêque de Chieti, et lui fera parler comme il faut. Tout le monde sait que le sacriste va mal. Le général des Carmes ne demande rien autre chose, sinon qu'on ne confonde pas la doctrine de sainte Thérèse et du P. Jean de la Croix avec celle des quiétistes. Ainsi on le peut avoir, en l'éclaircissant sur cela, à quoi l'on travaillera ici efficacement. Ne manquez pas de voir le provincial des Carmes déchaux, de la province de France, que nous avons bien instruit.

Nous savons que l'ambassadeur d'Espagne a parlé à M. l'archevêque de Chieti pour le livre. Nous avons fait remarquer que c'est trop, d'être recommandé de France et d'Espagne tout à la fois.

On s'est expliqué ici très-clairement sur les avis qu'on avoit du chapeau, que M. le cardinal de Bouillon vouloit faire donner à M. l'abbé d'Auvergne, son neveu (*b*). Je pense qu'il aura bien de la peine à le faire nommer. M. le cardinal en impose par ses belles relations.

On verra bientôt quelque chose de nouveau : c'est un mémoire du P. de La Combe (*c*), où il avoue ses illusions impures. On justifiera la liaison de Madame Guyon avec ce Père, qui étoit son directeur, et celle de M. de Cambray avec le même P. de La Combe. M. de Paris envoie au P. Rollet cette déclaration du P. de La Combe, qui fait horreur. Nous surseoirons un peu les impres-

(*a*) On n'y a pas été. — (*b*) Le cardinal de Bouillon écrivoit au roi que le Pape désiroit de donner un chapeau à l'abbé d'Auvergne, puis il assuroit le Pape qu'il feroit plaisir au roi s'il décoroit son neveu de la pourpre. Ses instances étoient si vives et si réitérées que le souverain Pontife dit un jour à Monseigneur Giori : « Cet homme est bien chaud dans les choses qu'il veut pour lui : » — « Oui, répondit le cardinal ; mais il est bien froid dans ce qu'il demande pour le roi ; cela fait compensation. » — (*c*) On pourra le lire tout à l'heure.

sions pour nous donner du repos, et aussi jusqu'à ce qu'on voie comment M. le nonce prendra la lettre de M. de Cambray.

J'ai un écrit tout prêt, de la dernière force, en latin.

On a fait payer sept écus de port, à M. le cardinal d'Aguirre, de l'*Instruction pastorale* de M. de Paris.

Ce cardinal a écrit à M. l'abbé de Pomponne une lettre pitoyable en faveur de la Mère d'Agréda. Il dit que cette affaire est capable de renouveler la guerre entre les couronnes.

M. le président Talon mourut hier de la pierre : tout le palais le regrette comme l'homme le plus capable qu'il eût à expédier, et le plus fertile en expédiens.

LETTRE CCXXXI.

L'ABBÉ PHELIPPEAUX A BOSSUET.

Rome, ce 4 mars 1698.

Vous aurez su par le dernier ordinaire que le Pape ordonna, le dimanche 23 février, qu'on tiendroit deux congrégations par semaine. Le sacriste, qui commença à parler mardi dernier, parla quatre heures dimanche, et ne finit pas. Il n'y a rien de bon à espérer de lui; son long discours tendit à favoriser le livre : il s'en étoit déjà déclaré dès le temps de la vie du cardinal Denhoff. Il n'aime pas la France, et est fort attaché à l'ambassadeur de l'empereur. Il est natif de Hui en Flandre, et voudroit bien être suffragant à Liége : il a des parens à Cambray. La congrégation a été remise à demain : le général des Carmes, qui étoit absent, y parlera et pourra bien tenir la congrégation entière. Outre qu'il est fort sourd, et par là incapable d'entendre les raisons des autres, il m'a témoigné qu'il craignoit qu'on n'enveloppât la Mère sainte Thérèse dans la condamnation. Il est convenu avec moi qu'on pouvoit condamner les propositions en y marquant les sens dans lesquels on les condamnoit, pour n'y pas comprendre les nouveaux mystiques auxquels son ordre est fort attaché. L'archevêque de Chieti parlera ensuite : comme il est fort variable, conduit par le sacriste et ami des Jésuites, je doute qu'on puisse sûrement rien espérer de lui. Quand je lui parle, il convient de tout; mais il change aisément. Massoulié, Granelli, Miro, le procureur général des Augustins, le maître du sacré Palais se sont déclarés dès le commencement contre le livre, et ont persisté. On a fait tout ce qu'on a pu pour gagner quelqu'un d'eux, mais inutilement jusqu'ici. Voyant les longs discours des autres, ils prendront le parti de parler peu, parce qu'ils sentent bien que le raisonnement ne peut rien sur l'esprit des autres. On examinera ensuite ce qui regarde l'indifférence contenue dans les chapitres v, vi, et vii : c'est ce qui m'a obligé de faire une observation en style scolastique sur cette matière.

On n'a point encore reçu votre *Préface*. Je ne puis vous dissimuler que j'attendois quelque chose en latin : le françois n'est entendu que de très-peu de gens; et ceux qui l'entendent ne comprennent pas toute l'énergie d'un style serré et sublime. L'archevêque de Chieti même, ayant lu l'*Instruction pastorale* de M. de Paris, dit que cela étoit écrit *oratorio modo*, et que cela ne le convainquoit pas. Voilà à quoi on en est réduit. J'attendois vos observations en latin, où on auroit pu retrancher et ajouter ce qu'on auroit jugé à propos : une préface françoise ne fera pas ici toute l'impression qu'elle devroit. M. de Cambray a donné, outre ses autres livres, la traduction latine de sa *Lettre pastorale*, et depuis deux jours, *Veræ oppositiones inter doctrinam episcopi Meldensis, et doctrinam archiepiscopi Cameracensis*. Il accable de livres; car on nous en promet encore : tout cela ne tend qu'à embrouiller la matière et à en prolonger la discussion.

M. le cardinal de Bouillon a souhaité me voir; il m'a vu : chacun se tint sur ses gardes. Néanmoins je ne pus m'empêcher de lui remettre devant les yeux tout ce qu'on avoit fait pour embrouiller l'affaire, et le peu d'égard qu'on avoit eu pour la France. M. le cardinal de Bouillon partit hier pour faire la visite de son diocèse d'Albane. Il me dit dimanche au soir qu'il avoit fort pressé le Pape, dans l'audience qu'il avoit eue ce jour-là, d'accélérer le jugement du livre; lui alléguant que les examinateurs ayant examiné le fond du système contenu dans les quatre premiers articles, pouvoient déclarer si le livre étoit bon ou mauvais.

Le nonce a écrit par le dernier courrier que le roi l'avoit fait entrer dans son cabinet, qu'il s'étoit plaint des lenteurs de cette Cour, et des bruits répandus qu'il ne prenoit plus d'intérêt dans cette affaire. Il a envoyé un Mémoire que le roi lui a mis entre les mains : je ne sais pas encore ce qu'il contient. Cela pourra faire changer la forme des congrégations : sans cela l'affaire tirera toujours en longueur. Les partisans du livre prendront plaisir de faire de longs discours; et le partage qu'on aura soin d'entretenir, fera naître de nouvelles difficultés et de nouvelles longueurs. Le Pape est très-bien intentionné, mais il ne sait rien et il est facile. Les cardinaux Fabroni et Albane poussés par M. le cardinal de Bouillon, feront sans cesse de nouvelles insinuations pour le troubler, et rendre ses désirs inutiles. Il semble que M. le cardinal de Bouillon voudroit à présent voir finir cette affaire; mais elle est trop embrouillée pour finir sitôt, à moins que le Pape n'ordonne aux examinateurs de donner leurs suffrages sans discourir.

On a chanté le *Te Deum* pour l'élection du roi de Pologne. Je ne vous ai point parlé du bruit que vous dites s'être répandu jusqu'à Paris : je n'en ai rien su que ce que M. l'abbé m'a dit en avoir appris par quelques bruits vagues qu'on avoit fait courir. J'ai toujours cru la chose fausse et sans fondement, et je l'ai crue plus digne de mépris que d'être relevée. Personne ne m'en a averti, et ne m'en a parlé sérieusement. On a pris le temps de publier ce bruit à l'occasion de sa maladie, qui n'étoit qu'un enrouement; et on a publié qu'il étoit blessé, ce que je sais être faux. On a même joint à cette fausseté un accident qui arriva à un gentilhomme, à qui M. l'abbé faisoit quelque charité dans la nécessité où il se trouvoit, mais qui n'avoit aucun rapport avec lui. On a peut-être cru décréditer la cause qu'on soutient par une telle fable. Quand on veut se venger en ce pays, on ne se sert pas de menace, on exécute sans aucun égard. Ainsi si on avait eu un tel dessein contre lui, on n'auroit pas manqué de l'exécuter. Ne formera-t-on point aussi quelque accusation contre moi, ou n'en a-t-on point fait? Je ne me sens, grace à Dieu, coupable de rien : mais ce n'est pas une raison contre la calomnie.

Nous avons reçu ce soir les exemplaires de la *Préface* : on en fera le meilleur usage qu'on pourra. Je suis avec un profond respect, etc.

LETTRE CCXXXII.

L'ABBÉ BOSSUET A SON ONCLE.

Rome, ce 4 mars 1698.

La lettre que j'ai reçue de M. Chasot, sur les bruits qu'on fait courir en France, m'a d'abord, je l'avoue, fait horreur et causé de l'indignation. Après cela je ne doute pas que plus on en dira, plus assurément on mentira, et plus on connaîtra la fausseté. Vous aurez reçu par ma dernière lettre tout le détail de cette fable. On n'avoit pas songé à dire ici les infamies d'un enfant, cette odieuse calomnie auroit détruit tout le reste du conte; car la personne qu'on en accuse est tous les jours en public, et y a été constamment. Enfin je crois qu'on a voulu accumuler infamie sur infamie, et fausseté sur fausseté : et en effet, quand on veut mentir rien ne coûte. Je ne puis me résoudre à répéter que toutes les circonstances de cette fable sont plus que fausses. Pour à Rome il n'est plus, sur mon honneur, question de cette fable, qui s'est évanouie dans un moment.

Du reste que voulez-vous que je vous dise? Je n'ai mérité par aucun endroit qu'on inventât ces impostures, qui ne peuvent venir que de l'enfer. Je vous ai marqué dans ma dernière lettre que tout ce qu'on en pouvoit dire étoit faux, ne croyant pas nécessaire de rien circonstancier, ne pouvant en vérité me figurer qu'on osât écrire ces horribles faussetés en France. Pour du sang répandu, il n'y en a certainement point eu dans ma maison, ni sur des gens qui m'appartinssent. Un nommé Saint-Vincent, gentilhomme malheureux, que M. le cardinal de Janson connoît, à qui je faisois la charité, fut attaqué un mois après ma fable inventée, et fut blessé à la main : mais en quoi cela me pouvoit-il regarder? Il a fait là-dessus sa déclaration à M. le cardinal de Bouillon : tout le monde le sait ici. J'ai chassé un laquais italien, qui étoit un malheureux, et qui se faisoit tous les jours des querelles; et un débauché, qui se fit un jour pour des insolences donner quelques coups, et je le chassai sur-le-champ. Ce laquais tué et l'autre blessé, dont me parle M. Chasot, est une imposture à laquelle on n'a pas seulement songé ici. En un mot, tout est faux depuis le commencement jusqu'à la fin; je n'en puis pas dire davantage. Il n'y a jamais eu le moindre fondement à toutes ces historiettes, et c'est fausseté bâtie sur fausseté.

Je n'ai pu m'empêcher de prendre la liberté d'écrire à Madame de Maintenon une lettre sur cela, pour qu'elle voulût bien la montrer au roi; et je m'imagine que cette lettre ne peut faire qu'un bon effet, si Sa Majesté a la bonté de l'entendre, et de m'accorder la grace que je lui demande de ne pas demeurer dans le doute là-dessus, et d'ordonner ici qu'on prenne toutes les informations nécessaires. Je n'ai rien à craindre de la malice ouverte de mes ennemis: quand Sa Majesté aura la bonté d'en donner l'ordre et, s'il se pouvoit, à M. le nonce, ma justification paroîtra clairement; car il n'y a pas ici un Italien qui me veuille du mal, et à qui ces fables aient fait la moindre impression. Pour M. le cardinal de Bouillon, il n'osera jamais assurer qu'il y ait rien de vrai, mais il pourra biaiser. Quoiqu'à dire vrai, la fausseté est si manifeste, que je ne crois pas qu'il lui soit possible de ne pas me rendre justice sur tout. Pour ce que M. de Chasot ajoute, qu'on dit que M. le cardinal de Janson m'a donné des avis sur la maison de Cesarini, il n'y a rien au monde de plus faux: jamais il ne m'en a ouvert la bouche, ni personne de sa part. Mais comment m'auroit-il conseillé de ne pas entrer dans une maison où je ne mettois pas le pied à Rome, et que je n'avois jamais vue un peu plus familièrement que quatre ou cinq fois tout au plus à la campagne? Comptez, je vous supplie, que je ne vous écris pas un mot qui ne soit la pure vérité; et que tout ce qu'on peut dire là-dessus de différent, est mensonge depuis le commencement jusqu'à la fin.

J'oublie de vous mander que j'adresse à M. de Paris ma lettre pour Madame de Maintenon, de peur que vous ne soyez à Meaux. Je n'ai rien à craindre que l'impression que peut prendre le roi: je vous conjure de ne rien oublier pour l'empêcher; j'ose dire que je le mérite par mon innocence et par ma conduite. J'écris à M. le cardinal de Janson sur ceci, et je ne doute pas qu'il ne me serve autant par inclination que par justice.

Le Pape, sur l'affaire de Cambray, est animé au dernier point depuis la lettre du nonce. M. l'assesseur m'a dit ce soir de sa part que Sa Sainteté souhaitoit qu'on commençât à instruire les cardinaux, pour ne point perdre de temps. M. le cardinal de Bouillon l'a pressé, à ce qu'il m'a dit; mais je crains que cette grande hâte ne tende à condamner le livre en général : je crains tout de la cabale, qui est de la dernière rage. Depuis les nouvelles instances du roi, M. le cardinal de Bouillon a changé de ton, mais n'en pense pas moins mal. M. le cardinal Albane a reçu une lettre forte de M. le nonce, qu'il a montrée au Pape : le Pape vouloit faire le décret sur-le-champ. Le grand point seroit de faire accorder les examinateurs. Je ne sais encore que dire de tout cela : d'ici à huit jours j'en jugerai mieux. Ne soyez en peine de moi sur rien : je veux espérer que la vérité triomphera de l'erreur et de la calomnie.

Il me faut, s'il vous plaît, envoyer des *Déclarations,* des *Summa doctrinæ* et vos observations latines.

Je vous parlerai l'ordinaire prochain, des consulteurs du saint Office. J'ai cru pendant quelque temps que Monseigneur le sacriste étoit du saint Office; mais je me suis trompé.

Les Jésuites triomphent ici sur M. de Reims : M. le cardinal de Bouillon le fait sonner bien haut.

M. de Reims ne m'a pas écrit les deux derniers ordinaires. Je ne trouve pas l'accommodement si avantageux aux Jésuites qu'ils le disent : il est bon que cela soit fini.

Je me porte bien, Dieu merci. Monseigneur Giori continue ses bons offices : je l'entretiens de mon mieux. A la lettre, je suis seul ici contre M. de Cambray; mais la bonne cause est pour moi.

Souvenez-vous, s'il vous plaît, de ce que j'ai eu l'honneur de vous dire, il y a longtemps, du coup fourré : sans le dernier, tout étoit fini à Pâques sûrement.

Je suis très-en peine de M. le cardinal de Janson. M. le cardinal de Bouillon le hait souverainement.

LETTRE CCXXXIII.

BOSSUET A SON NEVEU.

A Versailles, ce 10 mars 1698.

J'ai reçu votre lettre du 18 février. Vous me marquez la réception de la mienne, où je vous avois parlé de la prétendue histoire : cela tombe tout à fait ici, parce que personne n'en a reçu aucune nouvelle, ni M. le nonce, ni M. de Torci, ni MM. les cardinaux, ni M. de Monaco, ni aucun de ceux qui ont quelque correspondance connue.

Il faut pourtant s'attendre au rimbombo de toute la France, et à la Gazette de Hollande, où les amis de M. de Cambray font dire tout ce qu'ils veulent. Tout tournera à bien, même pour vous. Je pars bientôt pour Meaux : je dirai ce qu'il faudra avant mon départ.

Vous devez avoir vu maintenant l'*Avertissement* que j'ai mis à la tête de mon dernier livre, dans lequel je me suis proposé de donner des vues pour abréger la discussion, en réduisant la matière à huit ou neuf chefs qui comprennent tous les autres. Je n'écrirai plus qu'en latin, et je le ferai avec toute la diligence possible, sans pourtant me casser la tête. Ma *Préface* (a) fait ici un effet prodigieux, et met plus que jamais tout le monde, et en particulier tout l'épiscopat, contre M. de Cambray, malgré la cabale qui ne laisse pas d'être très-forte. Nous verrons ce que fera, pour accélérer, le dernier Mémoire que le roi a donné à M. le nonce. On n'oubliera rien ici de ce qu'il faudra faire.

Nous avons enfin la réponse de M. de Cambray à la *Déclaration des trois évêques*, avec trois lettres (b) de ce prélat à M. de Paris contre son *Instruction pastorale*.

M. Phelippeaux paroît s'ennuyer à Rome. Tâchez de le retenir; car s'il revenoit dans les circonstances présentes, cela feroit un

---

(a) L'*Avertissement* se trouve vol. XIX, p. 156; la *Préface* le suit, *ibid.*, p. 178. — (b) M. de Cambray fit paroître plus tard une quatrième lettre contre M. l'archevêque de Paris.

mauvais effet : instruisez-le des Mémoires ci-joints, et surtout de la *Déclaration du P. La Combe.*

On a envoyé à Rome au P. Roslet la copie authentique de cette *Déclaration* (a), dans laquelle le P. La Combe avoue des ordures horribles, où il a cru être entraîné de Dieu, après les actes les plus parfaits de résignation. Il semble reconnoître son illusion; mais la manière dont il parle est encore trop entortillée.

Ses histoires avec Madame Guyon, dont il est le grand directeur, et le correcteur de ses livres, sont comprises en partie dans la Vie de feu M. de Genève, par le Père général des Chartreux (b), dont on vous envoie quelques feuilles, en attendant qu'on vous envoie le livre entier.

De quelque artifice qu'use M. de Cambray pour pallier sa liaison avec Madame Guyon, elle paroît toute entière dans une lettre écrite de sa main (c), où tâchant de s'excuser sur le tort qu'on lui donnoit de tous côtés, au sujet du refus d'approuver mon livre sur les états d'oraisons, il répète cent fois que Madame Guyon est son amie, et qu'il répond de sa doctrine corps pour corps. M. de Chartres a fait voir cette lettre en original à M. le nonce, et doit lui en avoir laissé copie pour la faire connoître à Rome. Je lui conseille de la répandre lui-même en ce pays-là. Mais quoiqu'on soit déclaré, autant qu'il se peut, contre la doctrine de M. de Cambray, et que M. de Chartres doive l'écrire d'une manière très-précise, ou à vous ou à M. Phelippeaux, on a encore ici sur les faits certaine sorte de ménagemens, qui ne devroient plus avoir lieu dans un mal aussi déclaré.

Tout le parti du quiétisme et de Molinos ressuscité se rallie sous l'autorité du livre de M. Cambray, et n'a plus de protection que de son côté. Ainsi on a bien besoin que Rome se hâte de prononcer. Le parlement et les Universités, aussi bien que les évêques, voudroient qu'on prît ici des voies plus courtes, et nous

(a) Elle suit cette lettre. — (b) *Vie de M. Jean d'Aranthon d'Alex*, évêque de Genève, composée par D. Innocent le Masson, général des Chartreux. On peut la consulter avec l'*Eclaircissement sur cette vie* : on y apprendra bien des choses intéressantes touchant la nouvelle spiritualité de Madame Guyon et du P. La Combe, son directeur. (*Les premiers édit.*) — (c) C'est la lettre à Madame de Maintenon. Bossuet la donne tout entière dans la *Relation sur le quiétisme*, section IV; dans cette édition, vol. XX, p. 115.

avons beaucoup de peine à tenir tout en surséance : c'est ce que vous pouvez dire à des personnes confidentes.

Ayez courage et patience ; vous travaillez pour la cause de l'Eglise : il s'agit d'exterminer une corruption et une hérésie naissante. Si le roi n'étoit persuadé qu'à Rome on prendra des mesures justes pour finir et pour accomplir les saintes intentions du Pape, on ne sait quelle résolution il prendroit pour mettre fin à une cabale qu'il voit sous ses yeux, et qu'il supporte avec une modération digne de respect ; mais ce prince veut terminer une affaire de l'Eglise par des moyens ecclésiastiques.

On répand ici le bruit que M. Hennebel a été gagné par la faction de M. de Cambray et qu'à son tour il a gagné M. le cardinal Noris (a). Je n'en crois rien : cependant voyez le premier, et donnez-lui mes livres, même de ma part. Il est impossible qu'on puisse aimer saint Augustin et saint Thomas, et souffrir la doctrine de M. de Cambray.

Samedi je fus averti que M. l'archevêque de Cambray, après avoir rempli toute la France et tous les Pays-Bas de livres contre nous, avoit écrit au P. de la Chaise pour insinuer au roi qu'il falloit m'empêcher d'écrire. Il marquoit dans cette lettre qu'il en avoit écrit autant à M. le nonce. Mon livre venoit en ce moment d'être publié, et je le donnois au roi, quand on reçut cette lettre.

Dimanche, en le présentant à M. le nonce, il m'exhorta à ne plus écrire ; et sur cela je lui exposai ce que je savois des desseins de M. de Cambray.

Je lui montrai l'injustice du procédé de ce prélat, de proposer de n'écrire plus, après qu'il a rempli toute l'Europe d'écrits contre moi. Je lui fis voir les livres de M. de Cambray, où il me fait dire tout le contraire de ce que je dis ; dans lesquels sur ce faux fondement, il me déchire partout comme l'ennemi de l'Ecole, à laquelle, dit-il, je fais la guerre jusqu'à la déclarer impie, et contre lequel toutes les Universités se devroient réunir.

(a) Ces bruits n'avoient aucun fondement. Hennebel, docteur de Louvain, député à Rome par la faculté de théologie, n'a jamais approuvé la doctrine de Fénelon. Il en faut dire autant du cardinal Noris.

Nous savons depuis qu'il a fait imprimer trois lettres contre l'*Instruction pastorale*, de M. l'archevêque de Paris, où il avance comme un fait certain que ce prélat avoit approuvé son livre avant qu'il fût imprimé. Il remplit sa réponse à notre *Déclaration* de faits très-faux et très-outrageans contre nous.

Il dit entre autres choses qu'il nous a proposé d'écrire tous ensemble au Pape, pour lui demander de nous juger. C'est de quoi je n'ai jamais entendu parler : c'eût été un piége pour faire de cette affaire une querelle particulière de trois évêques contre un. On ne nous accusoit de rien ; et nous n'avions à nous justifier que de l'attribution que M. de Cambray nous faisoit de sa doctrine, dans l'Avertissement de son livre des *Maximes des Saints*.

Quand il y auroit quelques mesures à prendre sur les écrits que l'on fait, on ne peut s'assurer de rien avec M. de Cambray, qui fait tout imprimer hors du royaume, sans que personne puisse lui servir de caution touchant le silence qu'il offre après avoir répandu tout son venin.

Nous n'avons pas dessein d'écrire beaucoup, mais seulement de petits livres latins, qui ne contiendront presque autre chose que ce que nous avons mis en françois ; ce qui nous est nécessaire, non-seulement pour l'Italie, mais encore pour les Pays-Bas, où l'on tâche de corrompre la simplicité de la foi, d'où le mal passe en Espagne et en Allemagne. Les affaires allant à Rome avec la lenteur que nous voyons malgré les saintes intentions du Pape, il faut que nous tâchions de garantir, en attendant, nos peuples et nos voisins de la contagion.

C'est faire tort à Rome que de croire qu'elle ait besoin de nos instructions pour juger. Il s'agit d'un petit livre françois, et non d'une version latine altérée, ni des explications trompeuses, à la faveur desquelles on veut faire revivre Molinos et éluder sa condamnation, dont ses sectateurs le sauveront par les mêmes distinctions et subtilités dont se sert M. de Cambray.

Nous n'avons pas encore, par respect, nommé un cardinal (a) que Rome n'a pas épargné, quoique ses écrits donnent moins de prise que ceux de notre confrère.

(a) Le cardinal Pétrucci.

M. le nonce a bien compris nos raisons, et que M. de Cambray lorsqu'il demandoit du temps pour nous répondre, ne cherchoit que des prétextes pour allonger.

S'il n'y a qu'à se sauver par des équivoques et des subtilités, on ouvre une grande porte à Molinos et à toutes les sectes.

M. de Cambray a déclaré à plusieurs personnes, qu'il condamneroit les livres de Madame Guyon comme contenant une mauvaise doctrine. Tout cela n'est qu'artifice, s'il ne spécifie en quoi il les condamne; et s'il ne condamne son propre livre, qui renouvelle toutes les erreurs contenues dans ceux de Madame Guyon. Les partisans de ce prélat feront pourtant bien valoir ce consentement; car tout ce qu'il a de bouches parlantes font bien retentir tout ce qu'il fait. L'Eglise est en grand péril, et l'intérêt de la vérité demande que je demeure ferme.

DÉCLARATION DU P. LA COMBE, A M. L'ÉVÊQUE DE TARBES.

A Lordes, ce 9 janvier de l'an 1698.

Comme l'on n'a pas jugé à propos de m'entendre ici, avant que d'envoyer à Votre Grandeur les écrits qu'on m'a trouvés et les nouveaux chefs d'accusation dressés contre moi, j'ai cru que la justice me permettoit, et qu'il étoit même de mon devoir de vous faire, Monseigneur, avec un très-profond respect, les déclarations et les protestations suivantes, comme à mon évêque diocésain et mon juge naturel et légitime, depuis dix ans qu'il y a que je suis détenu (a) dans votre diocèse.

Entre ces écrits, il y en a cinq qui ne sont pas de moi, et auxquels je n'eus jamais de part : savoir l'*Explication* de *l'Apocalypse* (b), le *Traité sur saint Clément d'Alexandrie*, et trois ouvrages de feu Mère Bon de l'Incarnation, religieuse ursuline de Saint-Marcellin en Dauphiné. L'un est intitulé: *Jésus bon Pas-*

(a) Le roi le fit enfermer dès 1687, d'abord chez les Doctrinaires de la maison de Saint-Charles, ensuite à la Bastille, puis à Oléron, et de là dans différentes prisons. Il étoit alors depuis près de dix ans dans le château de Lourde ou Lordes, au diocèse de Tarbes, d'où il sortit en 1698 pour être transféré à Vincennes. — (b) Cet écrit étoit de madame Guyon; les autres renfermoient les mêmes principes.

teur ; le second : *État du pur amour ;* et le troisième : *Catéchisme spirituel.* Ce dernier est écrit de ma main, parce que je lui ai donné quelque ordre, et la distinction des chapitres qu'il n'avoit pas dans l'original.

Parmi ceux qui sont de ma façon, on trouvera : *Le moyen court et facile pour faire l'Oraison*, que j'avois corrigé, réformé et plus expliqué sur celui de Madame Guyon, quatre ou cinq ans avant que MM. les archevêque de Paris et évêque de Meaux eussent censuré le livre de ladite Dame.

Il y a une ébauche d'un livre intitulé : *Règle des associés à l'enfance de Jésus ;* livret qui devroit être tout autre que celui qui a été imprimé sous le même titre, et que M. l'évêque de Meaux a frappé de sa censure (*a*), quoique celui-là dût être formé sur le même dessein. Je l'avois commencé étant à Verceil en Piémont, il y a quatorze ans, avant presque que l'autre eût paru, et depuis je n'y ai plus touché.

Ces écrits, avec ceux des *Remarques spirituelles et morales*, me furent envoyées de Paris par un de mes confrères qui mourut peu après, dès qu'on supposa avec fondement que j'étois ici confiné pour le reste de mes jours. J'ai fait les autres en différens lieux, et en divers temps de ma prison, à dessein de m'édifier et de m'occuper dans une si longue et si profonde solitude.

Si j'ai tenu ces écrits cachés pendant quelque temps, ç'a été par la crainte de les perdre dès qu'ils seroient tombés en d'autres mains, y ayant encore quelque attache et y trouvant de la consolation, et non que je crusse qu'il y eût rien de mauvais. Présentement je bénis Dieu de bon cœur, de ce que par une singulière providence ils sont remis à Votre Grandeur ; et pour ne rien soustraire à sa censure, je lui soumets encore de plein gré les deux ouvrages ci-joints, les seuls qui me restoient et qu'on n'avoit pu trouver en fouillant ma chambre. L'un est l'*Analysis* de nouvelle façon, qui est celui dont j'avois eu l'honneur de parler à Votre Grandeur, dès que j'eus l'avantage de la voir : l'autre expose mes véritables sentimens touchant le pur et parfait amour

(*a*) Dans son *Ordonnance sur les États d'oraison*, du 16 avril 1695.

de Dieu, je veux dire sincèrement, tels que je les ai compris et professés.

J'abandonne très-librement tout ce que j'ai écrit au jugement de Votre Grandeur et à celui de tout autre prélat et docteur orthodoxe, qui pourroit être commis pour l'examiner, aimant mieux que l'on jette tout au feu que d'y souffrir quelque erreur et le moindre danger d'infection.

Pour ce qui regarde mes mœurs, j'avoue à ma confusion que j'ai très-mal fait de m'ingérer à donner ici quelques avis spirituels, dans le peu d'occasions que j'en ai eues, quoiqu'à peu de personnes, mais aussi à quelques-unes de l'autre sexe. Ce malheur m'étoit déjà arrivé, lorsque vous m'en fîtes, Monseigneur, une très-juste et très-sage défense. J'en demande très-humblement pardon à Votre Grandeur, comme encore d'y avoir donné depuis quelque atteinte. J'accepte de tout mon cœur telle punition qu'il lui plaira de m'imposer pour ce chef, aussi bien que pour mes autres transgressions, si celle d'une très-étroite réclusion, où je suis entré après une prison de onze ans, ne paroît pas suffisante.

J'ai dit que de bonnes et de saintes ames étoient quelquefois livrées par un secret jugement de Dieu à l'esprit de blasphème; ce qui a scandalisé quelques personnes. Cependant plusieurs graves auteurs l'ont écrit, entre autres saint Jean Climaque. On convient que ces horribles paroles sont formées par le démon, qui remue les organes de la personne qui le souffre malgré elle. Je n'ai jamais conseillé de consentir à cet état, ni d'y entrer, ni je n'ai pris aucune part à cette terrible épreuve; de laquelle même je me défendis, lorsqu'elle me fut intérieurement proposée il y a quinze ou seize ans, aimant mieux être sacrifié à toute autre peine qu'à la moindre ombre d'un mépris de la divine Majesté. Ayant ici connu deux personnes livrées à cette affreuse humiliation, je les ai consolées et aidées sans y participer.

J'ai dit que de bonnes et saintes ames sont quelquefois livrées à des peines d'impureté, soit à un esprit ou à un état qui leur en fait souffrir de cruels effets, sans que l'on puisse pénétrer comment cela se fait: je ne l'ai pas avancé de mon chef. J'ai trouvé en divers pays des directeurs qui disent l'avoir reconnu ; mais je n'en ai jamais donné de sûreté, ni aucune certitude, comme l'ont fait quelques-uns, et principalement Molinos. Au contraire je disois que ces terribles épreuves, supposé qu'il y eût du dessein de Dieu, devoient faire perdre toute assurance et toute confiance en sa propre justice. Je n'ai jamais prétendu non plus en faire une règle générale, ou un moyen nécessaire. Bien loin de là, j'ai toujours cru que le cas étoit très-rare, supposé qu'il y en eût; et j'avoue de bonne foi qu'après les divines lois et Ecritures, desquelles cette maxime s'écarte, rien ne me la rendit plus suspecte que d'apprendre qu'en divers lieux plusieurs personnes s'y laissent entraîner. Ainsi je n'ai pas pensé que la pente que j'avois à croire qu'il pût en cela y avoir du dessein de Dieu et une humiliation sans péché, fût contraire à la profession de foi catholique que j'ai toujours très-sincèrement faite, et que constamment je préfère à tout, puisque je n'attribuois cela qu'à une volonté de Dieu extraordinaire et du tout impénétrable, qui cause un moins cruel qu'incompréhensible martyre aux ames qui y sont abandonnées. C'est ainsi que je raisonnois.

Dieu me sera témoin que je n'ai jamais fait d'assemblées pour parler sur ce point, que de ma vie je n'en ai conféré qu'avec très-peu de personnes, et que même je n'en ai pas touché un mot à qui que ce soit jusqu'à ce que j'aie été prévenu, excepté seulement que j'en écrivis à un grand personnage en Italie, pour lui demander conseil. Sa réponse fut négative et très-orthodoxe. Ainsi sans des avances qui m'ont été faites, je n'en aurois pas ouvert la bouche, comme effectivement je n'en ai pas parlé à qui ne m'en a pas donné l'ouverture.

Bien loin d'affecter d'être chef de secte, comme on me l'impute, Dieu sait que je n'ai jamais cherché à y engager personne, et que je voudrois voir tout le monde bien acquis à Jésus-Christ par amour, et soumis à l'Eglise son Epouse. Non-seulement je n'ai ni relation ni commerce de lettres; mais je bénis Dieu de me voir toujours plus en état de n'en avoir point du tout, et de ce qu'une étroite prison me rempare contre ma fragilité et contre les surprises de l'ennemi ; promettant de plus de n'avoir jamais de tel commerce, à moins qu'on ne me le permît, quand même j'en trouverois les moyens.

Je ne sais si l'on peut me convaincre d'avoir donné dans aucune autre des erreurs de Molinos que dans celle dont j'ai parlé. Pour moi, je ne l'ai pas reconnu; et pour ce qui est de celle-là, je la rejette et déteste véritablement, aussi bien que toutes les autres, dont, grace à Jésus-Christ, je connois enfin clairement l'abus et les pernicieuses conséquences.

Je n'ai pas compris, et l'on ne m'a pas fait connoître, qu'il y eût dans mon livre *Analysis* ou dans quelque autre de mes écrits, aucune des erreurs des nouveaux mystiques, quoiqu'on mêle mon nom avec les leurs en censurant leurs maximes, que j'ai toujours rejetées et expressément réfutées, il y a plus de dix ans, comme on le pourra voir dans ma seconde *Analyse*, que j'ai prié qu'on remît à Votre Grandeur. J'ai bien mérité cette confusion par ma trop grande imprudence et vraiment folle conduite en beaucoup de rencontres. Je souscris volontiers à la condamnation qui a été faite de mon livre.

J'ai soutenu avec saint Jean Climaque et avec d'autres graves auteurs, la permanence et la durée ordinaire de l'oraison dans les ames qui la possèdent fort élevée et parfaite. Mais je n'ai pas décidé si cela se fait par un même acte physiquement continué, ou seulement par une continuité équivalente, qui consiste dans une suite très-facile de plusieurs actes, dont l'interruption et la succession n'est presque pas aperçue; ce qui me paroît plus vraisemblable.

Je suis tombé dans des excès et des misères de la nature de ceux dont j'ai parlé ci-dessus : je l'avoue avec repentance et avec larmes. Mais en même temps que je confesse mon iniquité contre moi-même, je me crois obligé d'ajouter que je mentirois, si je disois que c'eût été à dessein de séduire personne, ou seulement de me satisfaire, *absit*, ou par le même principe qu'on le fait dans les désordres du monde. On peut voir dans mes écrits, où je dépeins naïvement mon intérieur, n'écrivant que pour moi-même, l'estime, l'amour, l'attachement et la souveraine préférence que Dieu m'a donnée pour sa volonté et pour ses lois. Me voir avec cela livré et précipité, par un enchaînement de folie et de fureur, à des choses que sa loi défend, sans perdre le désir de lui être conforme en tout ; n'y être tombé qu'après les consentemens réitérés qu'il a exigés de moi plusieurs fois pour tous ses plus étranges desseins sur moi, m'en faisant en même temps prévoir et accepter les plus terribles suites : c'est ce que je n'ai jamais pu comprendre moi-même, bien loin que je présume de le faire comprendre et approuver aux autres. Mon Dieu, sous les yeux de qui j'écris ceci, sait combien de prières je lui ai adressées, et combien de larmes j'ai versées en sa présence pour le conjurer de me délivrer d'une telle misère, ou bien de me la changer contre toute autre peine, et de me couvrir de tous opprobres plutôt que de permettre que je me séduisisse moi-même, ou que j'en trompasse d'autres par des endroits si glissans et si dangereux. Il est vrai qu'en même temps je m'abandonnois pour cela même à sa toute absolue et toute-puissante volonté, supposé qu'il y allât de sa gloire ; ne pouvant lui refuser rien de tout ce à quoi il lui eût plu de me sacrifier, soit pour le temps ou pour l'éternité.

Il est bien certain qu'on en excepte toujours le péché, puisque c'est pour ne déplaire pas à Dieu même par une imperfection, ou par la moindre propriété et recherche de soi-même, qu'on en vient jusque-là, selon qu'on s'y sent porté par la plus haute résignation, que pour cet effet on appelle l'*extrême abandon*. Voilà très-sincèrement comme cela m'est arrivé, et comme la vérité me le feroit protester en confession et sur l'échafaud, ou au lit de la mort.

Grace à Dieu, j'en suis bien revenu. Depuis un temps considérable je me trouve affranchi de ces peines, et plus éclairé touchant ces illusions ; espérant de la divine bonté que par les mérites de Jésus-Christ mon Sauveur, elle me fera la grace de finir mes jours dans sa paix par la pénitence.

Après ce que je viens d'exposer, j'accepte par avance, et promets de suivre en tout point ce que l'on m'ordonnera touchant les dogmes et les mœurs ; suppliant en même temps que sans épargner ma personne, si l'on me trouve coupable, on épargne le nom et la réputation du corps dont je suis membre, et duquel j'ai été la croix et l'opprobre depuis si longtemps, comme aussi les personnes qui pourroient être intéressées dans ma cause; promettant avec l'assistance de mon Dieu d'user à l'avenir de tant de retenue et de précaution, que l'on n'aura plus aucun sujet de se plaindre de moi.

J'ai cru que Votre Grandeur ne désapprouveroit pas la liberté que j'ai prise de lui faire cette très-humble remontrance et sincère protestation; et abandonnant le tout à sa bonté pastorale et à son équité, je la supplie de souffrir que je me jette à ses pieds pour lui demander sa sainte bénédiction.

Dom François La Combe.

LETTRE CCXXXIV.

L'ABBÉ PHELIPPEAUX A BOSSUET.

A Rome, ce mardi 11 mars 1698.

La lettre de M. le nonce a fait tout l'effet qu'on pouvoit espérer. Le Pape est résolu d'accélérer cette affaire, et a donné des ordres précis pour cet effet; ce qui a fort alarmé nos parties. Je trouve votre *Préface* admirable : j'espère qu'elle achèvera de convaincre les plus opiniâtres; du moins donnera-t-elle une grande lumière. On attend ici une réponse de M. de Cambray contre l'*Instruction pastorale* de M. de Paris. Dans son livre : *Veræ oppositiones*, il réduit tout à deux questions : l'une regarde la nature de la charité; il prétend que vous voulez que la vue de la béatitude soit l'objet formel et spécifique de la charité : l'autre regarde la contemplation passive. Il le doit donner encore en françois. Je ne le croyois pas si fécond à produire des livres inutiles ou même mauvais.

Il y eut congrégation mercredi, où parlèrent le général des Carmes et le sacriste en faveur du livre. Dimanche on examina la matière de l'indifférence : cinq parlèrent, Alfaro et Gabrieli en faveur du livre; Miro, le procureur général des Augustins et Granelli contre. Ils dirent des choses si fortes et si plausibles, que

Alfaro, Gabrieli et les autres du parti sortirent fort mortifiés. Le cardinal Noris loua Granelli après la congrégation, et lui dit que c'étoit là la manière dont il falloit voter. Les autres parleront demain, et on verra à la fin quel parti prendront l'archevêque de Chieti, le sacriste et le général des Carmes. S'il y a une ligue entre eux, ils ne changeront point.

J'ai fait une observation sur cette matière dans le même style que celle que vous avez reçue; mais je ne sais si elle fera quelque impression sur eux. Il y a longtemps que le procureur général des Augustins m'a dit qu'on ne devoit pas prétendre leur faire entendre raison.

J'eus hier une longue audience de M. le cardinal de Bouillon, en lui présentant votre *Préface. Expiscari quærit;* il faut se tenir sur ses gardes, sans pourtant taire ce qui fait à la cause. Il témoigna être content, et il fut obligé de convenir de beaucoup de chefs.

Les Carmes obtinrent samedi dernier, contre les Jésuites, un décret de la Congrégation du concile, imposant silence de part et d'autre sur les contestations que Papebrock avoit excitées sur leur descendance d'Elie. Cette même Congrégation se trouva partagée, il y eut samedi huit jours, sur l'affaire de Palafox. Il s'agit de savoir si on informera de sa vie et de ses mœurs pour procéder à sa canonisation, que le roi d'Espagne sollicite aussi bien que le clergé de ce royaume. Les Jésuites se sont opposés au décret de permission qu'on demandoit, chose assez extraordinaire; car ils auroient pu s'opposer dans la suite de la procédure. La Congrégation fut partagée. Casanate, Noris, Ferrari, d'Aguirre, Guidiche, Marescotti furent d'avis d'accorder la licence d'informer : Colloredo, Sacchelli, Albane, Nerli, Acciaoli, Barberin le jeune et Cenci furent d'avis de la refuser : Durazzo fut douteux, et la décision fut renvoyée au Pape. Ceux qui souhaiteront de se faire canoniser, doivent prendre garde de ne rien écrire contre la Société. Je suis avec un profond respect, etc.

PHELIPPEAUX.

Je suis fâché que vous n'ayez pas eu de bonne heure la réponse de M. de Cambray à la *Déclaration* : je la crois imprimée à Lyon. Le livret : *Veræ oppositiones*, me paroît impression de Flandre : il est de la grosseur de la réponse au *Summa doctrinæ*. Je les ai tous ; mais il n'y a pas moyen de s'en défaire. J'attends votre réponse en latin. Je vous enverrai, l'autre ordinaire, mon observation.

LETTRE CCXXXV.

L'ABBÉ BOSSUET A SON ONCLE (a).

Rome, ce 11 mars 1698.

J'ai reçu votre lettre du 17 février. Je viens de rendre compte à M. de Paris de l'état de l'affaire : il n'y a rien de nouveau. Le Pape presse toujours, et a ordonné que chaque examinateur ne parlât que demi-heure. Dans la dernière conférence, qui se tint dimanche, cinq parlèrent : Alfaro et Gabrieli à leur ordinaire ; Granelli, le Mire et le procureur général des Augustins parlèrent avec l'applaudissement du cardinal Noris et du cardinal Ferrari, qui dirent que c'étoit ainsi qu'il falloit parler : on examinoit l'indifférence. On espère toujours de l'archevêque de Chieti ; mais on ne peut compter sur rien : tout le reste est dans la même disposition.

Votre *Préface*, si elle est entendue, doit opérer la décision : nous n'oublions rien pour la faire entendre. Les ouvrages latins sont essentiels pour les cardinaux. Pour la condamnation du livre, elle est assurée : mais puisqu'on y est, il seroit bon qu'on qualifiât les propositions. Le Pape est toujours dans la même disposition là-dessus, aussi bien que le cardinal de Noris, le cardinal Ferrari et les gens bien intentionnés, et qui aiment l'honneur du saint Siége. Le cardinal de Bouillon et les Jésuites ont la rage : ils disent que le roi sera content, pourvu qu'on juge vite pour ou contre : on croit bien le contraire. Le Mémoire a fait des merveilles.

Je parle à présent très-doucement, parce que je sais que le Pape et les cardinaux sont sur leurs gardes contre la cabale. Mais

(a) Revue sur l'original.

ce n'a pas été sans peine qu'on leur a fait voir clair. Imaginez l'embarras où j'ai été cinq mois, tout seul à la lettre (a) et le Pape et les cardinaux prévenus : à présent cela va bien, il faut seulement empêcher *pasticcio*.

J'ai vu le cardinal Spada un moment hier ; je lui ai témoigné être très-content. Je sais comment il faut parler au cardinal Ferrari, qui admire ce qu'il a lu de la *Préface :* il prend la chose sérieusement, et craint seulement qu'on ne veuille trop précipiter. Il a été content de ce que je lui ai dit là-dessus : il ne veut pas *pasticcio*, et a raison, pour l'honneur du saint Siége. Le cardinal Noris va bien aussi. Dans huit jours nous verrons mieux ce qu'on doit espérer de tous les examinateurs.

Il est arrivé ici une réponse de M. de Cambray à la *Lettre pastorale* de M. de Paris. Ce prélat a écrit une grande lettre pathétique et engageante aux examinateurs.

Les cardinaux ont été partagés sur l'affaire de Palafox. Le cardinal Noris a été pour ce saint contre les Jésuites : on s'en est remis au Pape.

Le cardinal de Bouillon a été surpris de votre dernière lettre. Il m'a avoué qu'il avoit dit que les deux plus grands évêques de France, et ses meilleurs amis, étoient vous et M. de Cambray ; et qu'il le pensoit comme cela. Tous les honnêtes gens sont ici scandalisés contre lui à mon sujet sur cette imposture, qu'on ne doute pas qu'il n'ait été bien aise qu'elle courût en France, par vengeance et par rage. Cela n'a jamais fait ici aucune impression, que contre lui et les Jésuites. Je vais tête levée et sans rien craindre, parce que je n'ai jamais rien eu à craindre, et que tout ce que je vous ai mandé au sujet de la maison qu'on dit me vouloir tant de bien et tant de mal est faux manifestement. Il n'y a ici personne à qui cela ait fait la moindre impression contre moi. J'ai évité jusqu'aux occasions les plus innocentes de faire parler : et jamais, en quelque temps que ce peut être, je n'ai rien à me reprocher. Je n'ai jamais vu et fréquenté que les plus honnêtes gens ; ce qui a peut-être causé un peu d'envie.

(a) Heureux abbé, vous seul avez connu la vérité, vous seul avez éclairé l'Eglise !

LETTRE CCXXXVI.

BOSSUET A SON NEVEU (a).

A Meaux, ce 17 mars 1698.

J'ai reçu votre lettre du 25 février : le paquet étoit en bon état. Je commence par vous louer d'avoir écrit directement à M. de Paris. La Réponse, par M. de Cambray, à la *Déclaration* se répand ici avec trois lettres contre M. de Paris, bénignement outrageuses et moqueuses. Il faut de nécessité qu'il y fasse répondre. Voilà ce que nous cachoit M. de Cambray, lorsqu'il offroit de se taire si nous nous taisions. Comme il continue à se donner pour un évêque opprimé et persécuté, il faut que nous parlions là-dessus, et que nous montrions que les airs plaintifs ont toujours accompagné les airs schismatiques.

On imprime trois discours latins dont le premier sera *Mystici in tuto*, en faveur du P. Philippe (b) ; le second, *Schola in tuto* ; le troisième, qui emporte la pièce, *Quietismus redivivus*. Je travaille à faire qu'on prouve par actes la liaison du P. La Combe, de Madame Guyon et de M. de Cambray. Il faut espérer qu'à cette fois la tour de Babel et le mystère de la confusion sera détruit. Vous pouvez choisir en attendant, pour les mettre en latin, les endroits de ma *Préface* les plus convenables aux dispositions que vous connoissez. Je suis bien aise des nouveaux ordres du Pape, et de ce que vous me mandez de M. le cardinal Casanate.

Le roi ne cesse de presser par M. le nonce. Sa Majesté a redoublé ses ordres au cardinal de Bouillon, pour le rendre responsable des lenteurs.

J'ai bien compris votre récit : je l'envoie à mon frère par l'exprès qui porte cette lettre à Paris. Vous voyez ; faites comme vous dites : nul ressentiment, mais les mettre au pis, et leur ôter tout prétexte.

(a) Revue et complétée sur l'original. — (b) Général des Carmes déchaussés, l'un des consulteurs, qui craignoit que la condamnation du livre des *Maximes* n'entraînât celle des ouvrages de sainte Thérèse, du bienheureux Jean de la Croix et de plusieurs autres saints mystiques.

Mercredi dernier, avant mon départ, fut déclaré le mariage de M. le comte d'Ayen avec Mademoiselle d'Aubigné. Le roi lui donne huit cent mille francs, outre cela cent mille en pierreries : la survivance des gouvernemens de Perpignan et de Berri, dont le dernier qui est au père de la mariée, le cas échéant, sera vendu au profit de la mariée. Le cardinal de Bouillon sera bien aise (a).

M. de Paris ne s'endormira pas : peut-être le chapeau.

M. le cardinal de Janson se rétablit fort bien. Je n'ai pu le voir avant mon départ.

L'affaire de M. le prince de Conti contre Madame de Nemours, après un délibéré sur le régime, a été appointée.

LETTRE CCXXXVII.

L'ABBÉ PHELIPPEAUX A BOSSUET.

A Rome, ce 18 mars 1698.

Avant l'arrivée de votre *Préface* j'avois fait une observation, sur l'indifférence, qu'on avoit distribuée à quelques examinateurs. Je vous l'envoie, afin que vous jugiez si je ne m'écarte point. Je l'ai faite au goût de ce pays-ci et dans leur style. Je vous envoie le livret *Veræ oppositiones*, qu'ils ont distribué en latin et en françois. M. l'abbé envoie à M. de Paris trois lettres imprimées contre sa *Lettre pastorale*, qu'on commença à distribuer dimanche dernier. Elles sont de même caractère que la réponse à la *Déclaration* : je les crois imprimées à Lyon. On devroit vous en envoyer : il faudroit charger M. Anisson de Lyon de vous faire passer un exemplaire de ce qui s'imprime en cette ville sur cette matière. J'ai toutes les pièces ; mais ce n'est pas sans peine qu'on peut les recouvrer. M. de Cambray donne le change partout dans ses lettres, et tâche de faire naître mille questions de pure possibilité, pour noyer le véritable état de la question : vous en jugerez mieux que moi.

(a) On comprend quel contentement le cardinal de Bouillon devoit avoir de ce mariage ; car tout le monde sait qu'il étoit ennemi déclaré de la maison de Noailles. (*Les édit.*)

J'ai fait vos complimens à Massoulié, à Granelli et au procureur général des Augustins, qui les ont reçus comme ils devoient. Ils sont très-contens de votre *Préface*, et elle donnera de grands éclaircissemens. Les autres continuent toujours à vouloir excuser le livre. On croit qu'ils changeront, du moins quelques-uns d'eux, à la conclusion de l'affaire, quand les articles seront discutés et qu'il faudra donner leur suffrage. On commença dimanche à examiner les épreuves du dixième article. Le Pape presse toujours le jugement. Je portai hier votre *Préface* au P. Dez : je le trouvai fort échauffé à justifier le livre. C'est chose pitoyable ; il ne comprenoit pas même le système. Je lui dis que quand il auroit lu la *Préface*, s'il vouloit que nous eussions une conférence ensemble, j'étois persuadé qu'il se rendroit à la vérité. Il y a des gens qui tirent beaucoup de réputation de leur corps et de leur habit : s'ils étoient particuliers, ils n'auroient tout au plus qu'un mérite médiocre.

Sur l'affaire de Confucius, les Jésuites ont donné deux gros volumes, contenant plus de sept cents pages, pour réponse. On assure que le P. Dez, qui en est l'auteur, a dit bien des injures à M. Maigrot ; que cet ouvrage est une traduction du livre du P. le Tellier et une compilation du P. Couplet. On voit bien que ces deux volumes ne tendent qu'à différer le jugement de cette affaire, ainsi que la multiplicité des livres que répand M. de Cambray : c'est le même génie qui conduit ces deux affaires.

M. le cardinal de Bouillon est toujours à Albane. Le P. Roslet, procureur général des Minimes, vous fait ses complimens. Il a distribué l'*Instruction pastorale* de M. de Paris en son nom, et cela a fait un bon effet ; car cela prouve l'union des prélats, et dissipe les mensonges qu'on avoit répandus. Monsieur l'abbé vous mandera le reste des nouvelles : nous attendons votre ouvrage latin. Je suis avec un profond respect, etc.

LETTRE CCXXXVIII.

L'ABBÉ BOSSUET A SON ONCLE (a).

Rome, ce 18 mars 1698.

J'ai reçu la lettre que vous m'avez fait l'honneur de m'écrire, du 24 février.

Les affaires sont en même état. Le Pape veut finir, et continue de presser. Il vouloit par l'insinuation du cardinal de Bouillon qu'on ôtât l'affaire des mains des examinateurs, et la faire passer dans l'état où elle est à la Congrégation des cardinaux. On l'a proposé au saint Office; on en a vu l'impossibilité. On s'est bien aperçu du dessein de faire échouer les bonnes intentions de Sa Sainteté et du roi, en étranglant une affaire, qui, n'étant point encore digérée ici, étoit hors d'état d'être examinée par les cardinaux et jugée comme il faut. Cela alloit à un *donec corrigatur*, ou à une nouvelle impression de ce livre avec des notes, ou tout au plus à une prohibition du livre très-légère. J'ai prévu le coup dès ce premier moment : et le cardinal Noris, le cardinal Ferrari et le cardinal Casanate s'y sont opposés, et ont été suivis de tous.

Voyez un peu, je vous prie, l'esprit de ces gens-ci. Ils ont voulu d'abord éterniser l'affaire; mais le cardinal de Bouillon pressé, et voyant qu'on veut examiner et finir bien, faisoit étrangler l'affaire, pour en rendre l'examen douteux et impossible, et la décision injurieuse aux évêques, au roi et au Pape. Il sacrifie tout aux Jésuites et à sa vanité, qu'il croit être intéressée là-dedans en faveur de M. de Cambray. Il n'a rien moins que rage contre moi, de voir le peu de cas que je fais de ses misérables finesses, et le peu d'effet que ses impostures ont fait à Rome. Je ne puis assez vous dire le mépris que cela a achevé de donner de lui (a). Il est vrai que je l'ai pris d'un ton bien haut; mais il s'agissoit

---

(a) Vous le voyez : de simple fripon qu'il étoit, le cardinal ambassadeur est devenu un infâme scélérat, depuis qu'il a paru croire à la volée de coups de bâton reçus par M. l'abbé.

du tout pour moi; et quand on n'a rien à se reprocher, on est bien fort. Ma douleur et ma tristesse n'a pas laissé d'être extrême par rapport à la France, qui ne voit pas ce qu'on voit ici.

Je vous avoue que je ne suis pas sans crainte au sujet de la *Gazette de Hollande:* je souhaiterois pour ma satisfaction, si elle a parlé de cette fable ou même quand elle n'en auroit pas parlé, qu'on y fît mettre l'article que je vous envoie, ou à peu près; aussi bien que dans les avis à la main de Paris, qu'on envoie partout : « Toutes les lettres portent la fausseté entière des bruits répandus en France sur M. l'abbé Bossuet, qui poursuit à Rome la censure du livre de M. de Cambray, et qui n'en partira pas que l'affaire terminée. » On peut ajouter qu'il a souvent audience de Sa Sainteté à ce sujet, et des cardinaux. Cela ne laisse pas sans affectation de justifier, quand la vérité y est et qu'on me voit ici faire ce que j'y fais.

Je ne vous en parlerai plus, si je puis m'en tenir (*a*); j'en ai honte. Il faut que je leur aie donné bien peu sujet de me critiquer, pour avoir inventé une fausseté pareille. La vérité est que je ne vais nulle part, et que je n'ai jamais fait un pas que j'aie caché, hors quelques-uns à présent, encore très-rarement, par rapport à ce que vous savez. Mais le cardinal de Bouillon et les Jésuites sont fâchés de me voir ici distingué de tout le monde, indépendamment d'eux.

Je vis avant-hier le P. Dez, qui fit l'étonné de l'imposture : il m'assura qu'on ne lui en écrivoit rien de Paris. Il me dit qu'il vouloit en écrire au P. de la Chaise, et lui rendre témoignage de mon innocence : je l'acceptai. Je me plaignis un peu à lui de la protection que les Jésuites donnent si publiquement à M. de Cambray; il s'en défendit fort pour lui, et très-légèrement pour les Jésuites. Du reste je lui donnai mille témoignages d'amitié de votre part et de la mienne.

J'ai cru qu'il étoit temps et à propos d'aller aux pieds de Sa Sainteté, n'ayant qu'à le louer dans les conjonctures présentes. J'y allai donc samedi; il me donna toutes sortes de marques de bonté en particulier, et pour vous une considération et une es-

(*a*) Il ne pourra pas.

time infinie. Il me demanda pourquoi j'avois été si longtemps sans le venir voir. Je lui fis entendre que les évêques n'étant pas parties dans cette affaire, mais seulement témoins nécessaires, appelés par M. de Cambray, je n'avois pas cru qu'il fallût l'importuner de leur part, connoissant d'ailleurs ses bonnes intentions. Il fut fort aise quand je lui ajoutai que je regardois comme un miracle, qu'il falloit qu'il eût été inspiré de Dieu, pour avoir résisté aux insinuations que je savois qui lui avoient été faites contre la vérité. Je lui témoignai de la part des évêques, la joie et la satisfaction qu'ils avoient reçue du choix des deux cardinaux, pour régler les conférences et finir les disputes. Sur ce mot de dispute, il m'assura que ce n'avoit jamais été son intention de faire disputer, que cette méthode étoit pernicieuse. Je l'assurai que j'en étois persuadé, et qu'on le voyoit bien par l'ordre qu'on tenoit à présent, et la diligence avec laquelle on travailloit, qui ne pouvoit être plus grande. Vous le voyez, me dit-il, et je suis bien aise que vous en soyez content.

Je fus encore bien aise de le prévenir sur les écrits que vous et les évêques de France jugez à propos d'opposer aux nouvelles illusions de M. de Cambray. Je savois qu'on l'a voulu animer là-dessus : je lui en dis toutes les raisons par rapport à la France, et tâchai de n'oublier rien. Il me parla fort des écrits qu'on répandoit ici ; mais cela regardoit ceux de M. de Cambray, dont il paroît presque chaque semaine quelque chose de nouveau, ou en latin ou en françois. J'envoie à M. de Paris trois lettres de ce prélat contre lui, qu'il vous communiquera.

Enfin je finis par lui laisser votre *Relation* latine (*a*), et ne croyant pas qu'il fallût que le juge ne fût pas instruit de tout. Il me promit de la lire exactement, et avec d'autant plus de plaisir et de satisfaction, m'ajouta-t-il, que vous m'assurez qu'elle est faite par M. de Meaux, à qui on doit ajouter une entière foi. Il voulut bien me louer par des termes que je ne mérite que par ma bonne intention, mais qui feroient rougir de honte mes imposteurs. Il m'ordonna de venir le voir plus souvent ; ce que je ferai assuré-

(*a*) Celle qui se trouve dans notre volume précédent, en tête des *Lettres sur l'affaire du quiétisme.*

ment tous les quinze jours, et peut-être plus souvent s'il est nécessaire. Comme je m'en allois, il me dit de me souvenir de vous écrire qu'il vous donnoit sa bénédiction, et qu'il vous portoit dans ses entrailles. Il me parla avec indignation de Madame Guyon.

Ce matin j'ai vu M. Aquaviva, maître de chambre de Sa Sainteté : je l'ai informé de tout. La lecture de la *Relation* l'a fort surpris : il m'a assuré que les Jésuites lui avoient fait entendre tout le contraire, en décriant les évêques, et vous en particulier, comme animés par l'intérêt et la passion, et le roi comme conduit en tout par Madame de Maintenon. On n'oublie rien : tout est illusion et artifice.

On acheva dimanche les articles de l'indifférence. Le sacriste parla deux heures, dans la vue d'excuser M. de Cambray. On m'a assuré qu'il se repentoit de s'être si fort engagé pour les Jésuites, depuis la lecture de votre *Préface;* je ne fais fond sur rien de cet homme. On ne peut encore savoir précisément à quoi se détermineront ceux qui veulent excuser M. de Cambray. On ne vote pas encore ; on ne fait qu'examiner les articles, par rapport aux propositions extraites : on verra à la fin de noter et qualifier.

L'archevêque de Chieti ne se trouva pas dimanche à l'assemblée ; il devoit parler : je le crois irrésolu et incertain. Il n'y entend rien du tout, et est gouverné par les Jésuites. J'ai vu tous les examinateurs depuis quatre jours, hors Alfaro et le sacriste. L'amour naturel les démonte : ils ne savent plus comment défendre M. de Cambray; ils n'y oublient rien cependant. Gabrieli me parle toujours comme devant à la fin condamner le livre ; mais il a peine à qualifier les propositions : mais il avoue le péril du livre à cause des circonstances et équivoques. Je lui ai démontré qu'il n'y en avoit plus après votre *Préface*. Le P. Philippe tremble pour les mystiques : il attend incessamment les Pères de France. Il a l'esprit très-faux, et prend toujours l'objection pour le principe.

Si cette division dure, je songe à faire proposer deux examinateurs assurés, Latenai et le général de la Minerve, par le moyen de MM. les cardinaux Noris et Ferrari. C'est le seul canal sûr : il s'agit de les y faire entrer ; j'y ferai mon possible.

Vous ne pouvez trop tôt envoyer vos écrits latins sur les observations, notes et amour naturel. Je fais relier votre livre pour le Pape et le cardinal Spada, à qui je le donnerai.

J'écris et continuerai de rendre compte de tout à M. l'archevêque de Paris.

On commença dès dimanche les épreuves : Alfaro parla à son ordinaire. Je commencerai incessamment à instruire les cardinaux, et j'ai déjà commencé.

Je ne saurois assez vous prier, vous et vos amis, de publier la fausseté de ce qui me regarde, homme et femme. Je vous prie de ne pas oublier Monseigneur le Dauphin : il est très-dangereux qu'il ne prenne des impressions qui dureroient autant que la vie. Vous pouvez même vous plaindre de M. le cardinal de Bouillon, s'il n'a pas daigné me rendre justice là-dessus. Il faut insister sur ce que je ne vais jamais, je dis *jamais*, dans cette maison : cela me paroît démonstratif, et public ici. Je n'y ai jamais été que comme je vous l'ai dit ; et il y a dix mois que je n'ai parlé aux Dames de cette maison qu'au lieu public depuis ma prétendue aventure, pour donner un démenti.

Il ne faut pas que M. le nonce cesse d'écrire, et surtout qu'on souhaite une censure qualifiée : l'un ne sera pas plus long que l'autre. Je ne me rebute pas, Dieu merci : j'aurois pourtant pour ma santé un peu besoin de repos ; mais j'espère aller jusqu'au bout.

LETTRE CCXXXIX.

BOSSUET A SON NEVEU (a).

A Meaux, ce 24 mars 1698.

Je ne vous dirai qu'un mot, parce que je n'ai reçu votre lettre du 4 qu'hier fort tard, et que j'ai passé la matinée à écrire à la Cour sur votre affaire, que j'ai réduite à un Mémoire plus court, craignant que votre lettre à Madame de Maintenon ne fût trop

(a) Revue sur l'original.

longue. J'envoie le tout par un exprès à M. de Paris et à Versailles. On fera tout ce qu'il faut, ne soyez en peine de rien. Dieu vous aidera, si vous apprenez à mettre en lui de bon cœur votre confiance. M. Phelippeaux vous fera part de ce que je lui écris.

Si l'on veut s'en tenir à une condamnation générale, il faudra s'en contenter en faveur de la brièveté.

LETTRE CCXL.

M. DE NOAILLES, ARCHEVÊQUE DE PARIS, A L'ABBÉ BOSSUET (a).

Conflans, 24 mars 1698.

Je réponds par celle-ci, Monsieur, à vos deux lettres du 25 février et du 4 de ce mois. Vous me faites grand plaisir de me mander surtout dans l'absence de M. de Meaux, ce qui se passe dans notre affaire. Je vois la peine qu'elle vous donne toujours, et les efforts de la cabale pour soutenir la mauvaise cause; mais j'espère de la bonté de la nôtre et des bonnes intentions du Pape, que vos soins auront enfin le succès que nous pouvons désirer. La proposition de M. le cardinal de Bouillon a, comme vous dites, du bon et du mauvais : ainsi il faut bien examiner dans quelle vue il l'a faite; et puisque nous avons tant attendu, il vaut mieux attendre encore un peu plus et avoir une condamnation plus forte. J'ai bien de la joie que vous soyez content du Père procureur général des Minimes : je vous prie de concerter toujours avec lui; vous pouvez vous fier à sa sagesse et à ses lumières. Il connoît la Cour où vous êtes, et il a beaucoup de capacité et de piété.

Je viens promptement à vos affaires particulières, et vous dis d'abord que j'y ai pris beaucoup de part, et vous ai fort plaint d'une pareille injustice. Je puis vous assurer, Monsieur, pour votre consolation, qu'on en est fort revenu présentement. Je porterai demain votre lettre à Versailles, et la présenterai après-demain à Madame de Maintenon : j'y ajouterai ce que je sais d'ailleurs; mais je ne ferai par là que confirmer ce que je lui ai déjà dit; car je lui en ai parlé comme il falloit pour vous. J'en

(a) Revue sur l'original.

parlerai aussi au roi : je ferai tout ce qui dépendra de moi pour effacer les impressions qu'on a voulu lui donner contre vous, et j'espère que nous en viendrons à bout. Ne vous découragez donc point : gardez-vous bien de donner dans le piége qu'on vous tend, pour vous faire sortir de Rome et abandonner l'affaire que vous soutenez. Forcez par une conduite précautionnée vos calomniateurs à se dédire, ou du moins ceux à qui ils en auroient imposé à changer de sentiment : après cela tenez-vous en repos. Comptez que j'aiderai M. de Meaux de mon mieux à vous en procurer, et qu'en cette occasion, comme en toute autre, je ferai tout ce qui dépendra de moi pour vous persuader, Monsieur, de la sincérité avec laquelle je vous honore parfaitement.

Louis-Ant., archev. de Paris.

LETTRE CCXLI.

L'ABBÉ BOSSUET A SON ONCLE (a).

Rome, ce 25 mars 1698.

Je viens d'écrire une très-longue lettre à M. de Paris, où je lui rends compte de tout, et des dispositions du Pape, du cardinal de Bouillon et des Jésuites, qui sont les mêmes.

J'ai reçu la lettre que vous m'avez fait l'honneur de m'écrire, du 3 mars.

Depuis ma dernière, j'ai su l'effet que votre *Relation* avoit fait sur l'esprit du Pape. Il se la fit lire deux fois, et cette lecture fit sur lui une grande impression. C'est Monseigneur Geraldini, secrétaire des Brefs, qui la lui lut, et qui me le dit après, et comme le Pape en avoit été content. Il étoit essentiel dans la circonstance où la cabale fait les derniers efforts, de lui imprimer bien dans la tête la suite de toute cette affaire, qui justifie si bien votre procédé et fait connoître M. de Cambray. Je dois incessamment joindre à votre premier écrit, envoyé à M. de Cambray, un extrait très-court de votre *Préface*, le tout en italien, pour le faire lire au

(a) Revue sur l'original.

Pape par la même personne, qui me l'a promis. Il faut qu'on soit ici aveugle pour résister à la lumière de cet ouvrage, qui confond et confondra à jamais l'erreur et M. de Cambray.

Je vis samedi le cardinal Spada, qui me reçut à merveille : il est très-content de votre lettre, que M. le nonce lui a envoyée par le dernier ordinaire. Il m'a assuré que le Pape, à qui il l'avoit lue, en étoit très-satisfait. Il n'avoit pas encore reçu les deux livres pour lui et pour le Pape : il les alloit envoyer chercher au courrier. Je lui dis que j'en avois deux prêts : il me répondit qu'il attendoit les siens. Effectivement, avant que de recevoir votre lettre, j'avois été chez lui avec un livre pour le Pape et pour lui, et votre lettre. Je ne le pus voir ; et revenant chez moi, je reçus votre lettre par laquelle vous m'appreniez que vous vous étiez adressé à M. le nonce. Il m'assura qu'il n'étoit plus question de communication d'écrits. Il approuve toutes vos raisons et tous vos procédés : il convient des vains prétextes que M. de Cambray allègue pour allonger ; mais que le Pape veut finir absolument. Je fus très-content de cette audience.

Monseigneur Giori m'a confirmé les mêmes choses, et que le Pape étoit très-content de votre lettre, de vous et de votre *Relation*. L'assesseur depuis deux jours lui a voulu brouiller la cervelle sur le livre de M. de Cambray, lui parlant des théologiens qui étoient pour lui. La cabale est plus furieuse que jamais, soutenue des Jésuites publiquement, et du cardinal de Bouillon à l'ordinaire.

Les cardinaux Ferrari et Noris m'ont parlé dans le même sens que le cardinal Spada, sur les délais et les communications. Autant qu'on peut s'expliquer clairement contre le livre, ils l'ont fait : avec cela je me défie de tout, tant la cabale est unie et puissante.

Le cardinal Spada me dit que vous n'étiez pas partie dans le procès, mais témoin nécessaire, appelé par M. de Cambray.

Le cardinal Noris me dit que M. de Chanterac demandoit du temps pour que M. de Cambray vous répondît, mais inutilement : il y avoit longtemps que je les avois prévenus.

Il y eut conférence avant-hier, jour des Rameaux : quatre parlèrent ; la matière des épreuves fut achevée d'examiner. Le P. Massoulié parla, le carme, le maître du sacré Palais, le sacriste dans les mêmes principes et les mêmes vues que ci-devant: Ils ont tous lu la *Préface*; mais la prévention, ou plutôt l'engagement est étrange. Ils veulent défendre M. de Cambray contre lui-même, contre les sens qu'il donne lui-même à son livre : ils le contredisent en tout manifestement : ils prétendent trouver les mêmes propositions dans leurs mystiques. Que ne trouveroit-on partout, si l'on vouloit procéder ainsi? Les plus grandes erreurs se trouveroient dans tous les Pères ; mais il est impossible de leur rien faire entendre. Ils ne le veulent pas : ils se font céler quand je les vais voir ; le sacriste l'a fait trois fois depuis huit jours. Presque tous, hors Alfaro, m'ont fait dire que la conclusion sera différente, et que je serai content ; mais je n'en crois rien.

Qui peut douter par l'union de la cabale et sa force malgré les démonstrations du Pape et du roi, des intentions du cardinal de Bouillon et des Jésuites? Le cardinal biaise ; il n'y a point en lui de sincérité. Son but est de faire croire au roi qu'il presse le jugement de l'affaire : il veut que le Pape l'écrive au nonce ; mais en même temps il assure que le roi ne se soucie pas que cela finisse bien ou mal. Il fait agir son secrétaire, comme pour presser ; mais ce sont toutes fausses démarches : son unique dessein est de paroître vouloir contenter le roi. Encore un coup, il est furieux plus que jamais.

Rien qui fasse un plus mauvais effet pour la personne du roi, que de voir à Rome le cardinal de Bouillon opposé aux intentions de Sa Majesté, et qui se moque de lui. Cela va jusqu'à faire craindre aux ambassadeurs d'Espagne et d'Allemagne que le roi n'envoie à Rome un ambassadeur : ils s'en sont expliqués, c'est tout ce qu'ils appréhendent le plus ; car ils se jouent ici du cardinal de Bouillon et le méprisent. Vous savez bien que je me suis toujours exprimé de la sorte ; c'est la vérité qui me fait parler.

La première conférence se tiendra le jeudi d'après Pâques : assurément on ne perd plus de temps. Je fais traduire en italien la *Déclaration du P. La Combe*, de l'avis du cardinal Casanate, qui n'a jamais avancé ce qu'on lui fait dire. Je mande à M. l'archevêque de Paris qu'il seroit d'une grande utilité d'avoir, par actes authentiques, la preuve de la liaison du P. La Combe avec M. de Cambray : il ne faudroit pas perdre de temps. J'ai vu le cardinal Nerli, qui m'a paru fort opposé à l'idée de M. de Cambray sur la béatitude exclue.

Le P. Estiennot m'a dit qu'on lui mande de Paris que les Jésuites me justifient partout au sujet de la fable que l'on a faite sur mon compte. Il est plus que certain que le cardinal de Bouillon en est l'auteur, et qu'il l'a fait écrire par les Jésuites. Si on veut à présent me rendre justice, il me semble qu'on doit être entièrement convaincu de mon innocence. Tout ce que je vous ai marqué ou aux autres, sur cet article, est la pure vérité. Je vous conjure de ne rien oublier pour la faire connoître telle qu'elle est, surtout au roi, à Madame de Maintenon et à Monseigneur le Dauphin. Si le roi pouvoit donner quelque marque publique du peu de cas qu'il fait de cette fable, ou en m'accordant quelque grace, ou en disant une parole, cela seul seroit capable de me tirer du fond de tristesse et de douleur où je suis plongé. J'oserois avancer que mon innocence et ma bonne intention le méritent.

Vous ferez fort bien de nous envoyer vos écrits latins ; il faut convaincre les personnes dans une langue qu'elles entendent : nous y suppléerons comme nous pourrons. S'ils ne sont pas nécessaires, nous ne les publierons pas.

Si tout ce que le cardinal de Bouillon écrit au roi est aussi vrai que ce qu'il lui mande sur le livre de M. de Cambray, jugez de ce qui en est. C'est son secrétaire qui fait toutes ses lettres : il a une manière d'écrire agréable, il n'a que cela de bon ; du reste c'est un étourdi. Le cardinal de Janson le connoît bien. Je suis assuré qu'il n'y a pas la moitié de vrai dans ses lettres : il lui importe peu que le roi s'en contente. Que dit-on de l'insolence des Jésuites et du cardinal de Bouillon ? Cela ne fait-il pas ouvrir les yeux ?

Le cardinal d'Estrées a écrit au P. Estiennot des merveilles de votre *Préface* : il en parle comme de votre plus bel ouvrage.

LETTRE CCXLII.

M. DE NOAILLES, ARCHEVÊQUE DE PARIS, A L'ABBÉ BOSSUET (a).

A Paris, ce 31 mars 1698.

Vous n'aurez qu'un mot de moi aujourd'hui, Monsieur, parce que je m'en vais coucher à Versailles, pour faire demain matin le mariage de mon neveu avec Mademoiselle d'Aubigné : comme vous le croirez aisément, il me donne quelques affaires. Mais j'en aurois davantage, que je ne pourrois différer de vous dire, que non-seulement je donnai à mon dernier voyage à la Cour votre lettre à Madame de Maintenon, qui la reçut très-bien; mais je parlai au roi amplement sur votre sujet, et assurai Sa Majesté de la fausseté des bruits qu'on a répandus contre vous. Elle me parut être très-disposée à le croire : ainsi je suis persuadé que vous pouvez avoir l'esprit en repos de ce côté-là. Il me paroît même que le public revient fort, du moins les gens désintéressés.

Je vois par votre lettre du 11 que notre affaire va plus vite, et vous donne toujours de la peine : j'espère qu'elle ne sera pas inutile, et qu'enfin la cabale succombera. Continuez vos soins, et croyez-moi, Monsieur, très-sincèrement à vous.

LETTRE CCXLIII.

M. LE TELLIER, ARCHEVÊQUE DE REIMS, A L'ABBÉ BOSSUET.

De Versailles, 31 mars 1698.

La calomnie qu'on a pris en gré de répandre en ce pays-ci contre vous, est sûrement venue de Rome. Vous n'avez d'autre parti à prendre que de ne vous en pas fâcher, et de prier Dieu pour la conversion des hommes qui sont capables de se porter à de si grandes extrémités contre ceux qu'ils regardent comme leurs ennemis, parce qu'on ose prendre la liberté de contredire leurs sentimens, et de ne s'y pas soumettre aveuglément. Je suis tout à vous.

(a) Revue sur l'original.

LETTRE CCXLIV.

BOSSUET A SON NEVEU (a).

A Meaux, ce 31 mars 1698.

Votre lettre du 11 me fait voir beaucoup d'embarras dans les Congrégations. Le principal est que le Pape est à présent bien instruit, et que les deux cardinaux font leur devoir. Ce que vous nous mandez du cardinal Noris est excellent. Le cardinal Ferrari ne fera pas moins bien : nous savons que cette Eminence veut un examen sérieux; mais je vois que c'est à bonne intention. C'est beaucoup que la cabale soit connue : et il y a apparence qu'on n'aura plus guère d'égard à ce qu'elle aura fait et ménagé contre les intérêts de la vérité, et contre le véritable honneur du saint Siége.

La lettre que M. Giori m'écrit est si forte, que je ne puis l'admirer assez. Je vous en dirois le détail, si je ne croyois qu'il vous l'aura fait voir. Il parle de vous avec estime, sans entrer dans le fait de la calomnie; mais il en a écrit partout ailleurs avec force. Pour moi, j'en suis à la honte, tant elle m'est avantageuse.

Les lettres viennent en foule de Rome, de l'étonnement où l'on y est de la calomnie. Dieu tournera tout à bien, et fera que le roi verra ce qui vous regarde par des voies désintéressées. Vous verrez par ce billet de M. Pirot ce que fait M. de Paris, qui pourtant ne m'en a pas encore écrit, ni qu'il ait rendu la lettre que je lui adressai pour le roi et pour Madame de Maintenon : il aura bien fait.

M. le nonce m'a fait l'honneur de m'envoyer l'extrait d'une lettre à lui de M. le prince Vaïni, qui elle seule suffiroit pour faire voir la fausseté visible d'une si odieuse calomnie.

Je vous prie, en rendant ma réponse à M. l'abbé de la Trémouille, de lui faire vos remercîmens et les miens. Il a écrit ici tout ce qui se peut dans l'occurrence en votre faveur.

Vous ne sauriez assez remercier M. l'abbé Renaudot qui répand,

(a) Revue et complétée sur l'original.

et ce qu'il reçoit par lui-même, et ce qu'on lui communique de tous côtés, avec un zèle et une amitié que nous ne saurions assez reconnoître.

Je ferai partir par l'ordinaire prochain le premier écrit latin (*a*). Je vous ai mandé le dessein des autres, qui iront coup sur coup; et je prétends que le dernier emportera la pièce. Je n'espère rien de l'archevêque de Chieti, qu'on a ménagé, tâté et gagné. Je ne répéterai plus ce que j'écris à M. Phelippeaux, qui vous le fera voir, sur mes écrits. Je les aurois préparés plus tôt, si j'eusse vu la réponse à la *Déclaration*. J'avancerai ici la semaine où le travail avance beaucoup plus qu'ailleurs.

Il y a du pour et du contre sur la censure, en général ou en particulier : celle-là sera plus prompte, l'autre plus honorable à Rome. Le cardinal d'Estrées a toujours été pour la première, à cause de l'embrouillement du Pape. Vous êtes à la source; agissez suivant votre prudence.

Vous avez des obligations infinies à MM. les cardinaux d'Estrées et de Janson : n'oubliez pas de leur faire vos remercîmens, et vos complimens à la maison de Noailles sur le mariage.

Voilà des nouvelles qu'on m'envoie de Versailles. J'attends celles de la distribution si elles viennent d'assez bonne heure.

On vous enverra par la prochaine commodité mon livre entier : une réponse latine sur le *Summa* suivra de près, et enfin un autre latin qui sera *Analysis explicationum* (*b*), tout par principes. J'attendois à y mettre la dernière main, que j'eusse quelque nouvelle de la réponse à la *Déclaration* : on nous l'a cachée soigneusement ; et il n'a paru ici que deux exemplaires de la réponse à *Summa*. Les observations de M. Phelippeaux sur l'*Instruction pastorale* sont excellentes : je n'ai pas encore tout lu. Vous devez avoir à présent le livre où M. de Cambray est rangé parmi les partisans de Molinos (*c*).

M. le cardinal de Janson ne voit encore qui que ce soit, quoiqu'il soit hors d'affaire, Dieu merci. On lui conseille d'affermir sa

---

(*a*) *Mystici in tuto*, vol. XIX, p. 584. — (*b*) On n'a point cet écrit. — (*c*) Ce livre est un recueil de diverses pièces concernant le quiétisme, imprimé à Amsterdam en 1688, qu'on attribua au docteur Burnet, Anglois. Nous en avons parlé dans une autre note.

poitrine. S'il se renferme encore quelque temps, je lui écrirai pour le brouiller et Chieti.

Votre lettre à M. l'abbé de Gondi a été fort à propos, et sa réponse fort avantageuse. Je ne manquerai pas de lui en écrire, et de la faire savoir à la Cour.

MÉMOIRE DU P. LATENAI,

ASSISTANT DU GÉNÉRAL DES CARMES, A ROME,

Sur les sentimens et la conduite d'une dévote quiétiste.

Il y a environ treize à quatorze ans, que le P. Latenai étant à Paris dans une grande fête, fut prié pour le service de l'église de sa maison et du public qui y concouroit ce jour-là, de vouloir entendre les confessions : ce qu'il fit contre son ordinaire. Parmi les personnes qui se présentèrent à lui, il y eut une fille d'environ vingt ou vingt-cinq ans, d'une condition médiocre, laquelle après sa confession pria le P. Latenai de vouloir agréer qu'elle lui vînt proposer un doute au sujet de sa conduite et de son directeur. Le P. Latenai lui ayant assigné l'après-dînée de cette grande fête, on croit que c'étoit celle de la Pentecôte, cette fille se rendit à ladite église à l'heure marquée; et ayant fait appeler le P. Latenai, elle lui dit hors du confessionnal et de la confession, qu'elle étoit sous la conduite d'un homme de réputation, qu'elle lui nomma : mais le P. Latenai ne se souvient pas précisément de son nom ; il se souvient seulement qu'elle lui dit que c'étoit le successeur du grand directeur contre lequel M. Nicole avoit écrit. Elle fit connoître ensuite au P. Latenai qu'elle étoit dans l'exercice de l'oraison. Le P. Latenai s'aperçut effectivement par son entretien, que c'étoit une personne fort réglée et assez instruite des pratiques de dévotion. Elle dit encore au P. Latenai que quoiqu'elle fût fort contente de son directeur, il lui avoit néanmoins inspiré une maxime qui lui faisoit de la peine, par rapport au sacrement de pénitence. C'est, dit-elle, qu'il m'a témoigné que je pouvois m'en approcher sans douleur ou contrition, laquelle ne regardoit pas mon état. Le P. Latenai étonné de cette maxime, répondit ce qu'il devoit à cette dévote pour la détromper : mais parce qu'il voyoit qu'elle ne restoit pas pleinement contente, il lui dit de demander à son directeur qu'il mît son sentiment par écrit, et qu'il le souscrivît. Etant allée à son directeur, il lui répondit qu'il lui permettoit de produire des actes de douleur, et qu'il ne les lui avoit jamais défendus, quoiqu'ils ne fussent pas nécessaires pour elle. Le P. Latenai qui n'étoit pas satisfait de cette réponse, lui renvoya sa dévote, pour le prier de mettre son second sentiment par écrit et de le souscrire : mais ne l'ayant pas voulu faire, le P. Latenai profita de ce refus pour représenter vivement à la dévote que cette maxime devoit être bien dangereuse, puisqu'un directeur, qu'elle estimoit fort habile, n'osoit la soutenir par écrit ; qu'elle étoit effectivement très-pernicieuse ; qu'elle renverseroit l'idée que nous avons du sacrement de pénitence, et étoit contraire à l'Ecriture, aux Pères de l'Eglise et aux conciles, particulièrement à celui de Trente. Le P. Latenai reconnoissant que cette fille étoit pleinement changée là-dessus, la renvoya et ne l'a plus vue.

Comme cependant le P. Latenai avoit conservé une idée fort nette des sentimens extraordinaires de ce directeur et du nom de son prédécesseur, il s'est informé depuis environ douze ans qu'il est dans un pays étranger, du nom de ce personnage, et a appris qu'il étoit devenu confesseur d'un grand prince. Il en témoigna de la surprise à celui qui lui apprit cette nouvelle, et lui fit le récit de ce qui est rapporté ci-dessus, qui le jeta à son tour dans l'étonnement, lequel a augmenté dans le P. Latenai, lorsqu'il a su depuis peu que c'étoit par les intrigues de M. de Cambray qu'il étoit devenu confesseur de ce grand prince, et qu'il étoit auparavant directeur de M. de Cambray lui-même.

31 mars 1698.

LETTRE CCXLV.

L'ABBÉ BOSSUET A SON ONCLE.

Rome, 1er avril 1698.

J'ai reçu vos différentes lettres de même date, du 10 de mars, et suis parfaitement instruit de tout. Vous aurez vu par mes précédentes, que j'avois déjà prévenu ici sur la nécessité des écrits ; et ils sont absolument nécessaires en latin. Nous aurions grand besoin à l'heure qu'il est, pour les cardinaux, d'un extrait en latin de votre *Préface*, et d'une réponse juste et précise aux solutions et explications de M. de Cambray, comme aussi d'un abrégé de vos premières remarques. J'espère sur les lettres que je vous ai écrites continuellement là-dessus, que vous en aurez avancé l'impression: nous y suppléons ici le mieux qu'il est possible.

Ayant su de M. le cardinal Spada qu'il n'avoit reçu aucun de vos livres, que M. le nonce lui avoit écrit dès le précédent ordinaire qu'il lui envoyoit, je lui ai fait donner ce matin celui que je tenois tout relié pour Sa Sainteté, et il a dû le lui présenter cette après-dînée.

Il est arrivé ici plusieurs paquets par la poste à tous les examinateurs et à d'autres, d'un écrit contre vous sur l'essence de la charité, sous le nom d'un docteur de Louvain, qu'on juge bien venir de la part de M. de Cambray, afin de faire croire que votre sentiment sur cet article est contredit, et que celui de M. de Cambray a des partisans ; qu'ainsi on ne le peut pas condamner si facilement. C'est un piége grossier. Nous avons fait ici démentir ce prétendu docteur de Louvain par Hennebel, de qui je suis assuré et qui se porte très-bien contre M. de Cambray.

J'ai vu ce matin M. le sacriste, à qui j'ai proposé de l'éclaircir, moi ou M. Phelippeaux, des difficultés qu'il pourroit avoir : cela a été dit doucement et clairement ; mais le secret du saint Office lui a servi de prétexte pour refuser cette voie. Il seroit bon de nous envoyer encore une huitaine d'exemplaires de votre dernier livre tout entier.

J'ai reçu le cahier sur la maxime semi-pélagienne de saint François de Sales.

C'est une erreur de vouloir encore ménager M. de Cambray. Le fond de la cause a assez pâti des ménagemens qu'on a eus d'abord, et pâtira encore. Il n'y a ici que cela de capable de faire faire quelque chose de fort et de bon. Il ne faut pas hésiter d'envoyer tout ce qui fait connoître l'attache de M. de Cambray pour

Madame Guyon et le P. de La Combe, et leur doctrine sur les mœurs : cela est de la dernière conséquence. La copie de la lettre dont vous me parlez, qu'on répond de Madame Guyon corps pour corps, est importante. Le livre du P. Chartreux est remarquable, il faut nous en procurer des exemplaires. Envoyez-moi, s'il vous plaît, la copie de cette lettre sur Madame Guyon ; je ne sais si M. le nonce l'a envoyée.

A propos de M. le nonce, quand vous le verrez, dites-lui que je vous écris des merveilles du prince Vaïni, qui est fort son ami, et qui travaille même à l'expédition de l'affaire de M. de Cambray.

On ne sauroit trop faire voir au nonce le mouvement des parlemens, des évêques et des Universités, le feu qui est prêt de s'allumer en France, si on épargne le livre de M. de Cambray ; et si on lui laisse quelque prétexte, combien cela déplaira au roi, et combien cette division des théologiens cause de scandale.

Les Jésuites et M. le cardinal de Bouillon sont pis que jamais. Je sais, à n'en pouvoir douter, que M. le cardinal de Bouillon a dit qu'il s'opposeroit à une addition d'examinateurs. On lui dit là-dessus que cela étoit bien glorieux pour M. de Cambray, si le partage duroit, et bien scandaleux. C'est précisément cela qu'il veut.

La religion et l'Etat sont à présent à Rome en péril évident (a).

J'ai vu l'article de la *Gazette de Hollande* sur le Meldiste et le Moliniste. Il est très-certain qu'ici on tâche d'insinuer qu'on ne peut condamner le sens de M. de Cambray. Mais il est question du *sensu obvio* : nous n'en demandons pas davantage ; et son *Instruction pastorale*, jointe à son livre, ne lui laisse plus moyen d'échapper.

La liaison est grande de l'abbé de Fourci avec le cardinal Pétrucci : cela est de très-peu de conséquence, mais cela est.

Madame de Lanti, sœur de Madame de Bracciano, va en France. Cette Dame me rendra bien justice, si elle peut arriver jusqu'à Paris : elle a un cancer, et va pour le faire tailler. Je vous supplie de vouloir bien vous informer quand elle sera arrivée, et de l'aller

(a) Luther et Calvin ne disoient pas mieux.

voir : elle doit être à la fin de ce mois à Paris. C'est une femme d'un cœur, d'un esprit et d'un mérite infini, aimée et regrettée ici de tout le monde : elle vous dira bien des particularités importantes. Elle a bon esprit et un courage au-dessus de son sexe. Elle est fort amie de MM. les cardinaux d'Estrées et de Janson, et sera des vôtres assurément. Vous en saurez des nouvelles chez M. le duc de Noirmoustier son frère.

Le cardinal Grimani est ici, qui taillera bien des croupières à M. le cardinal de Bouillon. Les ambassadeurs d'Espagne et d'Allemagne sont unis pour décréditer la France, dont les affaires sont ici en mauvais état.

Jamais ambassadeur n'a été si nécessaire pour le temporel et le spirituel.

Je vous envoie trois mémoires; l'un regarde le P. de Valois : vous voyez les conséquences et les liaisons, et ce qui fait agir les Jésuites et le P. la Chaise. L'autre regarde M. de Saint-Pons, et vous voyez comme M. le cardinal de Bouillon traite ici les évêques : il est tout jésuite et entièrement mené par cette Société. Le troisième concerne l'élection d'un général des Carmes non déchaussés : j'envoie le pareil à M. de Paris, que cela regarde. Je vous supplie seulement de lui faire faire attention que la désunion des François, qui est immanquable s'ils ne s'unissent à ce P. Cambolas, produira ici l'effet que les Espagnols désirent, et contraire à l'honneur de la France; que ce P. Cambolas est aimé et estimé du Pape, de tout le monde et de tout son Ordre en Italie, et nous peut faire beaucoup de mal si M. de Paris l'irrite; sinon il sera tout contre M. de Cambray. Les ennemis de M. de Paris se servent déjà ici du bruit qu'on a répandu là-dessus contre lui. Il faut réponse incessamment sur cet article, et bonne. Le P. Cambolas est intime ami de M. le cardinal de Janson et du général de la Minerve. On dit aussi d'un autre côté qu'il est bien avec le P. la Chaise.

Si M. l'abbé de Barrières n'étoit pas encore parti, il seroit bon de lui bien faire comprendre le mal qu'il se feroit de soutenir ici M. de Cambray, comme M. l'abbé de Chanterac s'en vante. Je n'ai voulu rien dire jusqu'à cette heure : mais un ecclésiastique de M. de Barrières sert ici d'introducteur partout à M. de Chanterac, depuis six mois. Je ne sais si c'est par ordre de son maître, qui a toute obligation à M. le cardinal de Janson, mais qui espère tout des Jésuites et du P. la Chaise.

J'ai vu M. l'assesseur, qui m'a parlé tout autrement qu'il n'agit ; cela ne m'étonne pas. Le Pape, ces jours passés, a dit que l'affaire n'étoit pas si claire : c'est l'assesseur qui lui a fait valoir le partage des théologiens.

Je ne vous parle plus de mon histoire, dont on reconnoît tous les jours de plus en plus la fausseté. J'avoue que j'en ai pensé mourir de chagrin ; et il n'y a que quelque chose de la part du roi qui me puisse consoler du tort qu'on m'a fait en France ; du reste je me porte assez bien, Dieu merci.

LETTRE CCXLVI.

MADAME DE MAINTENON A BOSSUET.

Versailles, 3 avril 1698.

J'ai été si occupée depuis quelques jours, Monsieur, que je n'ai pu répondre à votre lettre du 29, et à celle de M. votre neveu. Il est si visible, Monsieur, qu'il est innocent, et le roi en est si persuadé, qu'il ne juge point à propos d'en faire une plus grande perquisition. Mettez-le donc en repos là-dessus le plus tôt qu'il vous sera possible : car je comprends parfaitement son inquiétude ; et l'estime du roi est trop précieuse, pour n'être pas alarmé d'une calomnie qui la feroit perdre, si on y ajoutoit foi. Cependant M. votre neveu doit se confier dans la vérité, qui a une force qui l'emporte sur tout, si on veut avoir un peu de patience. C'est cette même confiance que j'ai aussi dans la vérité, qui me fait espérer que la décision de Rome sera pour la gloire de Dieu et l'avantage de l'Eglise. Vous n'en avez jamais douté, Monsieur, et m'avez souvent rassurée. Je suis avec tout le respect que je dois, votre très-humble et très-obéissante servante.

LETTRE CCXLVII.

BOSSUET AU CARDINAL D'AGUIRRE.

Ce 6 avril 1698.

J'ai reçu vos savans *Prolégomènes* contre les nouveaux Ariens : il n'y a rien de plus concluant, ni de mieux raisonné. La mention que Votre Eminence y fait de moi avec sa bonté ordinaire me touche beaucoup, aussi bien que la manière obligeante dont elle parle de l'abbé Bossuet, dans la lettre dont elle m'honore dans le même paquet. Vous savez, Monseigneur, la calomnie dont on a voulu le noircir à Rome et ici; et quoique par la grace de Dieu, il en soit bien lavé par la voix publique et par toutes les lettres qui viennent de Rome, on voit la malignité de ceux qui l'ont inventée.

Je rends graces très-humbles à Votre Eminence, Monseigneur, de la peine qu'elle se donne à lire mes livres contre la nouvelle oraison. Nous avons été obligés de nous élever fortement contre cette secte naissante, qu'on tâche de répandre dans tout ce royaume. Il est fâcheux qu'un si grand prélat ait voulu se mettre à la tête, et soutenir une fausse prophétesse nommée Madame Guyon, à laquelle il a tant déféré qu'il la mettoit au-dessus de tous les docteurs : c'est ce que nous avons ouï de sa propre bouche avec une incroyable douleur. Tout son livre des *Maximes des Saints*, n'est qu'une excuse cachée de la doctrine de cette femme et de celle de Molinos : ainsi nous n'avons garde de douter, Monseigneur, que le saint Siége ne nous en fasse justice. Tout ce que nous avons un peu appréhendé durant quelque temps, je vous l'avouerai, Monseigneur, a été que la brigue ouverte de certaines gens, jointe aux embarras que l'auteur tâche de faire trouver dans son livre par ses équivoques, par ses innombrables écrits et par ses interprétations artificieuses, ne tirât l'affaire, non pas au silence, mais à des excessives longueurs. Maintenant que nous voyons que Sa Sainteté est si bien intentionnée pour juger la cause par son suprême jugement, nous demeurons en paix et en espérance.

Nous avons même été fort scandalisés de quelques lettres que M. l'archevêque de Cambray a répandues manuscrites, et puis imprimées, où il répétoit que si le Pape ne marquoit précisément les propositions qu'il voudroit condamner, et encore le sens auquel il les condamneroit, sa soumission ne seroit pas sans réserve. Cette manière de soumission ayant fait horreur aux gens de bien, l'auteur a voulu se corriger par une seconde lettre, où il dit qu'il sera soumis à la décision du Pape en quelque forme qu'il prononce ; mais que s'il n'explique le sens des propositions condamnées, il le questionnera en particulier sur l'explication de son décret. Ces manières de s'expliquer touchant son juge suprême, nous ont paru peu conformes à la soumission qui lui est due ; et nous aimons mieux croire qu'il s'en tiendra à la soumission pure et simple de son *Instruction pastorale*. Aussi puis-je assurer Votre Eminence qu'il ne trouvera sans cela aucun secours. Il a affaire à un roi qui saura bien faire obéir à Sa Sainteté, et tout l'épiscopat est bien réuni dans cette soumission.

Si nous écrivons cependant, nous le faisons pour découvrir un mal qui voudroit se cacher, et partager dans ce royaume très-chrétien, non pas l'épiscopat qui est d'accord contre ces nouvelles imaginations, mais de foibles dévots et dévotes qui soutiennent le quiétisme avec opiniâtreté, avec artifice et quelques-uns même avec beaucoup de crédit. C'est donc, Monseigneur, pour empêcher ce mal de gagner que nous écrivons. Mais à Dieu ne plaise que nous donnions nos écrits comme des préjugés. Nous reconnoissons dans la chaire de saint Pierre le dépôt inviolable de la foi, et la source primitive et invariable des traditions chrétiennes. Pour moi, en mon particulier, je soumets de bon cœur tous mes écrits à cette autorité ; et je me tiens pour assuré que ce qui sortira de ce siége, sera le meilleur. C'est par là qu'a commencé la condamnation de Molinos et des quiétistes : les adresses et l'éloquence de ceux qui veulent le déguiser, ne le rendront pas plus soutenable. La chaire de saint Pierre voit trop clair : tant de savans cardinaux découvriront tout ce mystère d'iniquité. Votre Eminence, qui donne de si grands et de si justes éloges à saint Augustin, trouvera en trop d'endroits de ce saint et incomparable docteur, les principes qui empêchent de séparer de l'amour de Dieu le désir de le posséder, et qui ne permettent pas de sacrifier son salut par des actes invincibles et réfléchis.

Pour moi, Monseigneur, je dirai à votre Eminence comme à un ami, que n'ayant jamais eu pour ce prélat qu'une amitié pure et constante, qui a été suivie de quelques succès très-favorables pour lui, je n'ai été contraint de me déclarer qu'après avoir tenté toutes les voies secrètes, pour retirer un si bel esprit de l'estime aveugle pour une femme insensée et pour ses principes outrés : mais les gens qui croient que Dieu leur parle, ne reviennent pas si aisément; il y faut l'autorité du saint Siége.

C'est ici un pur fanatisme, que je connois il y a longtemps, et contre lequel il a fallu enfin éclater. Je ne parle point par cœur; et Dieu, sous les yeux duquel j'écris, est témoin que je n'use pas d'exagération. Je n'avois nul dessein d'écrire à Votre Eminence de cette matière; mais comme elle m'a fait l'honneur de m'en parler, je réponds comme à un ami cordial, à qui on ouvre son cœur; et je suis avec tout le respect possible, Monseigneur, de Votre Eminence le très-humble et très-obéissant serviteur.

† J. Benigne, évêque de Meaux.

LETTRE CCXLVIII.

BOSSUET A SON NEVEU (a).

A Meaux, ce 6 avril 1698.

Votre lettre du 18 me fut apportée ici hier par un exprès de mon frère. Je viens de recevoir de la main de Madame de Maintenon la lettre dont je vous envoie la copie : elle doit vous mettre l'esprit en repos. Je ne m'éloigne pas de la précaution du côté de la gazette de Hollande : nous concerterons, mon frère et moi, ce qu'il faudra faire. A mon retour je parlerai à M. le Dauphin. La longue lettre que j'envoie à M. le cardinal d'Aguirre, m'a paru

(a) Revue et complétée sur l'original.

nécessaire à l'occasion d'une lettre qu'il m'écrit. Aidez-le à lire, et à entendre ce que je ne puis expliquer. Je rendrai compte de votre audience, et des suites qu'elle pourra avoir.

J'approuve fort votre vue sur le P. Latenai et sur le Père général de la Minerve, et sur la voie du cardinal Noris et du cardinal Ferrari pour y parvenir. Prenez courage : Dieu est avec vous, c'est sa cause que vous soutenez. Ménagez votre santé; assurez-vous que vous ne manquerez de rien. Je serai samedi à Paris. Voilà mes nouvelles d'un bon fureteur de la Cour. Mes écrits latins ne commencent à partir que lundi prochain : je presse autant que je puis.

La lettre de Madame de Maintenon doit être vue peu à peu par des personnes confidentes, comme M. l'abbé de la Trémouille et autres, que vous saurez discerner. Je suppose que tout est commun avec M. Phelippeaux.

LETTRE CCXLIX.

L'ABBÉ BOSSUET A SON ONCLE.

Rome, ce 6 avril 1698.

J'ai reçu la lettre que vous m'avez fait l'honneur de m'écrire, du 14 mars. Je viens d'écrire une longue lettre à M. de Paris, où je lui rends compte de l'audience utile et favorable que j'ai eue de Sa Sainteté. Je fus instruit très-exactement que M. le cardinal de Bouillon vouloit proposer au Pape un *mezzo termine,* pour ajuster, dit-il, ces évêques qui font tant de scandale. Vous voyez où cela peut tomber : il prétend se fonder sur la diversité de sentimens des qualificateurs. C'est le cardinal Nerli qui le dit bonnement à Monseigneur Giori, le jour même que le cardinal de Bouillon en avoit parlé au Pape. J'ai donc pris la résolution de voir tous les cardinaux et Sa Sainteté, et de demander une décision précise sur le livre et la doctrine qu'il contient.

Avant-hier j'eus audience du saint Père, avec qui je fus trois quarts d'heure, et je puis dire que je fus très-content de lui, et il me parut qu'il fut content de moi : il s'en est expliqué après avec Monseigneur Aquaviva et Monseigneur Giori. Je lui touchai tous les points les plus délicats, lui parlai fortement contre le *mezzo termine*. Il m'assura à plusieurs fois qu'il vouloit décider, que c'étoit son intention, et que rien ne pouvoit l'en empêcher. Je lui en fis voir toutes les raisons, et la nécessité dans l'état présent des choses. Il en convint; et le voyant de très-bonne humeur, il voulut entendre relire la lettre du roi du mois de juillet de l'année passée, qui dit tout, et qui demande une décision précise sur le livre et sur la doctrine du livre. Je lui parlai sur tout cela avec une liberté respectueuse qui ne lui déplut pas. Il me demanda lui-même de vos nouvelles par deux fois, avec une bonté singulière. Il m'entretint assez longtemps de sa maladie, de sa goutte qui se jetoit toujours sur son poignet, qu'il avoit eu rompu dans sa jeunesse, et qu'on lui avoit mal remis. Il me parla de M. le cardinal de Janson avec une tendresse et un souvenir vif. Cela me donna occasion d'entrer dans ce qui regarde la personne du Pape, et je lui parlai là-dessus d'une manière qui lui plut, jusqu'à le supplier de se conserver et de ne pas hasarder sa santé, comme il ne faisoit quelquefois que trop pour ne manquer à aucun de ses devoirs. Il me parut de l'aigreur quand je lui nommai en bien M. le cardinal de Bouillon; et sur M. le cardinal de Janson, il me dit en termes exprès : *Questo uomo era tagliato per questa Corte :* Cet homme étoit celui qu'il falloit pour résider en cette Cour. J'entendis bien ce que cela vouloit dire. Il finit en me déclarant de nouveau qu'il vouloit une décision. Je l'assurai qu'elle seroit exécutée, l'épiscopat étant bien réuni sous l'autorité du roi, pour faire exécuter ses décrets contre la mauvaise doctrine, et qu'il n'y avoit rien à craindre d'un foible parti de dévots et de dévotes qui vouloient faire revivre le quiétisme. Il m'ordonna de le venir voir plus souvent.

Il est certain que le cardinal de Bouillon est haï du Pape, qui est persuadé qu'il veut sa mort; et il ne se trompe pas. Que ferions-nous, si le cardinal de Bouillon avoit la confiance et l'amitié du Pape, comme l'avoit le cardinal de Janson?

Le cardinal de Bouillon et les Jésuites sont réunis plus que jamais : ils ont gagné le cardinal Albane pour un *mezzo termine*.

Le cardinal Nerli fut étonné, quand je lui parlai hier contre cette manière de finir : avec cela il comprit mes raisons; mais je ne sais l'effet que cela fera sur lui. Je crains encore le cardinal Albane, mais qui ira plus adroitement. Le cardinal Ottoboni étoit presque gagné ; mais j'ai eu hier et ce matin des conférences avec lui, qui me donnent quelque espérance. Il étoit terriblement prévenu par le cardinal de Bouillon, et en particulier par le P. Dez. Il me l'a avoué du dernier, et qu'il lui avoit donné des idées bien différentes de ce que je lui disois sur la Cour, sur le roi, sur Madame de Maintenon et sur les évêques de France.

Vous êtes tous, je dis tous, des rigoristes; et M. de Cambray n'est persécuté que pour s'être opposé à cette dévotion outrée et à de certains desseins artificieux. Voilà l'idée que M. le cardinal de Bouillon et les Jésuites donnent de ce qui se passe là-bas à leurs amis d'ici. Je rends justice à la vérité, et fais voir la fausseté de toutes ces idées. C'est une chose étonnante, que ce qu'on insinue tous les jours pour décrier tout ce qui ne favorise pas les Jésuites : encore un coup cela est étonnant, et qu'il n'y ait à présent personne ici qui s'oppose à ces calomnies. Cela n'alloit pas ainsi du temps du cardinal de Janson : je le mande nettement à M. de Paris.

J'ai vu presque tous les cardinaux, à qui j'ai parlé dans le même sens qu'au Pape : ils me paroissent prendre la chose sérieusement. On ne leur demande rien que de juste, et en même temps il est impossible que ce ne soit le gain de la cause, la vérité ne permettant pas qu'on approuve un aussi méchant livre. On n'oublie rien pour les éclairer; on le doit, et on le fait.

Les cardinaux Noris, Ferrari et Casanate veulent quelque chose qui soit digne du saint Siége : ces gens-là seront de grand poids.

L'abbé de Chanterac donne de petites écritures contre vous, et différentes selon le génie des qualificateurs. Aux prétendus jansénistes, il vous représente comme un moliniste devenu semi-pélagien par haine de M. de Cambray, aux molinistes il vous déclare pis que janséniste : cela est à la lettre.

Il faut plus que jamais des faits, et des faits non allégués, mais attestés par M. le nonce et par pièces authentiques, et que le roi y entre avec M. le nonce. Il faut aussi que le roi continue de presser une décision et insinue de condamner, puisqu'il y a cinq examinateurs qui jugent les propositions hérétiques, et que les autres ne s'expliquent que par des sens qui ne conviennent pas au livre.

Je vous supplie de rendre à M. Charmot la justice qui lui est due, d'un homme très-modéré, très-sage, très-aimé du Pape et des cardinaux, et qui par là seul fait enrager les Jésuites, et en particulier le P. Dez.

Les avis dont je vous parlois l'autre jour, où je suis nommé, portent encore que malgré la puissante sollicitation du roi, de Madame de Maintenon et le crédit de M. le cardinal de Bouillon unis contre M. de Cambray, les qualificateurs étoient partagés, et qu'apparemment on ne décideroit rien. On voit la main d'où cela part.

Les gazettes de Hollande ne font pas grand bien, au moins n'en doivent pas faire à M. de Cambray. Je n'ai pas encore reçu le *Mystici in tuto* : je l'attends par le prochain courrier. Ne perdez pas de temps pour le reste.

Le cardinal de Bouillon ne laisse pas, quelque mine qu'il fasse, d'être très-embarrassé de sa personne. Les Jésuites sont furieux contre moi, de la liberté que je prends de ne pas approuver leur brigue ouverte en faveur de M. de Cambray contre les évêques de France ; mais je n'ai pas à me justifier là-dessus. C'est à eux à se laver d'une conduite si indigne ; et cependant je ne parle jamais d'eux qu'avec ménagement, mais avec étonnement, de les voir se mêler ouvertement d'une affaire qui n'a aucun rapport avec leur Société.

On découvre tous les jours des quiétistes à Rome : cela n'est pas trop bon pour M. de Cambray. Encore une fois, des faits pour achever.

Sa Sainteté se porte bien, elle a encore un peu de goutte au bras droit. Il craint que le cardinal de Bouillon ne mande qu'il est bien malade, et il m'a fait dire d'assurer le contraire. Le pauvre cardinal est haï de tout le monde, et il le mérite.

Les ambassadeurs d'Espagne et d'Allemagne le traitent en petit garçon, et le font donner dans tous leurs panneaux malgré ses petites finesses : en un mot, il est connu.

On ne sait pas encore le biais que prendront les cardinaux sur cette affaire, et s'ils écouteront les qualificateurs : demain ils en parleront au saint Office.

LETTRE CCL.

M. DE NOAILLES, ARCHEVÊQUE DE PARIS, A L'ABBÉ BOSSUET.

Paris, 7 avril 1698.

Je reçois toujours avec plaisir vos lettres, Monsieur, et je ne les trouve point trop longues : je vous remercie au contraire du soin que vous prenez de me mander dans le détail tout ce qui se passe. Je vois par la vôtre du 18 qu'il n'y a pas encore de changement considérable ; que le Pape presse toujours les examinateurs, et qu'ils conservent toutes les dispositions qu'ils ont fait paroître d'abord. La cabale agit si fortement qu'il ne faut pas s'en étonner ; mais il faut toujours espérer que la vérité triomphera à la fin. Vous ferez bien de voir plus souvent le Pape ; mais il seroit bon, ce me semble, pour rendre vos audiences plus utiles, que vous convinssiez avec M. Giori de ce que vous proposerez, afin qu'il parlât ensuite comme vous.

Je vous remercie des trois belles lettres de M. de Cambray, que vous m'envoyez. Je les avois ; car on les a répandues ici en quantité, et dans le même temps qu'on les a envoyées à Rome. Je travaille actuellement à la réponse ; elle est assez avancée, et j'espère vous l'envoyer dans peu de temps. J'ai de quoi renverser, sur le fait aussi bien que sur le droit, tout ce qu'il avance de spécieux contre moi.

Je vous ai déjà mandé, Monsieur, que j'ai parlé fortement au roi et à Madame de Maintenon sur les calomnies qu'on a débitées contre vous. Je n'ai rien de plus à vous dire, sinon qu'on paroît toujours plus revenu des impressions qu'elles avoient faites, et qu'on ne doute plus qu'elles ne soient fausses. Madame de Maintenon vous prie de l'excuser, si elle ne vous fait pas réponse. Vous avez plus besoin de ses bons offices que de ses lettres : elle fera le premier, et ne peut pas aisément faire le dernier. Je me suis chargé de vous faire ses complimens.

M. l'abbé de la Tremouille m'écrit une lettre d'apologie pour vous, dont je ferai encore le meilleur usage que je pourrai : elle est très-forte et très-honnête. Vous devez lui en savoir très-bon gré : vous ne devez pas être moins persuadé que je vous honore toujours, Monsieur, très-sincèrement.

LETTRE CCLI.

BOSSUET A L'ABBÉ RENAUDOT [a].

A Germigny, ce 7 avril 1698.

J'ai reçu votre lettre du 5 : vous savez, Monsieur, les remercîmens que je vous dois, et je vous prie d'en faire beaucoup à M. le nonce. J'espère être à Paris samedi prochain, sans manquer. Nous parlerons de l'affaire dont M. de Montpellier m'écrit, et je vous supplie, en attendant, de l'assurer de mes respects. Je ne m'étonne pas de l'audace de M. de Cambray : cela est de l'esprit qui le pousse. Je viens de recevoir sa quatrième Lettre contre M. de Paris. Je ne sais où il a pris sa maxime, qu'il faut en matière de doctrine que l'accusé ait le dernier. En tout cas, puisqu'il nous accuse, il faut donc aussi que nous répondions. Il faudra pourtant donner des bornes à nos écrits : en faire en latin, parce qu'on les demande à Rome et en Flandre ; les faire courts et décisifs. Dieu confond toujours la témérité des novateurs. Je vous rends mille graces, Monsieur, et suis à vous avec toute l'estime et la confiance que vous savez.

[a] Revue sur l'original.

LETTRE CCLII.

L'ABBÉ PHELIPPEAUX A BOSSUET.

Rome, ce 8 avril 1698.

J'ai fait un extrait en latin de votre *Préface* sur ce qui regarde l'amour naturel, qui est le prétendu dénouement du livre. J'y ai ajouté la réfutation de ce qu'il dit de l'état de l'ame qui espère, dont vous n'avez dit qu'un mot. J'aurois souhaité que vous eussiez relevé les falsifications qui se trouvent dans la version latine, dont je vous ai envoyé un extrait : j'espère que vous le ferez dans les livres latins que vous nous promettez. Si on avoit eu la *Préface* traduite en latin et imprimée, elle auroit fait un bon effet : cela se pouvoit faire en même temps.

Le Pape ordonna dimanche que l'examen du livre fût fini à la fin de ce mois : c'est pourquoi on examinera demain six articles ensemble, le treizième jusqu'au dix-neuvième. Cet examen pourra finir dans deux congrégations : il ne restera plus que ce qui regarde la méditation et la contemplation.

M. l'abbé vous mandera au long la démarche qu'a faite l'abbé de Chanterac : il a présenté de nouveaux exemplaires imprimés en latin et en françois, contenant la *Réponse à la Déclaration* et au *Summa doctrinæ*, et a demandé qu'on lui rendît les autres exemplaires qu'il avoit donnés. Le Pape l'a refusé. Je ne sais pas son dessein, ni s'il y a des changemens qui ne se peuvent voir qu'en collationnant les deux livres ensemble. L'exemplaire nouveau en françois est imprimé à Bruxelles d'un caractère menu, auquel on a joint la réponse en françois au *Summa doctrinæ*. Le premier exemplaire étoit sans le nom du libraire ni de la ville, quoique je sache qu'il a été imprimé *à Lyon, chez Thiolin*. Le nouvel exemplaire latin est sans nom de libraire et de ville ; on n'y a pas joint la réponse au *Summa* en latin. Le temps nous apprendra quel dessein il a eu dans cette démarche, qui paroît étonnante.

On a déféré au saint Office l'*Ordonnance* de M. d'Amiens contre les propositions du P. des Timbrieux. Une personne de ma connoissance en a été chargée : j'en ai déjà conféré avec lui ; il est bien intentionné, et cela n'aura pas de suite. Vous jugez bien qui a pu faire cette délation. On ne pardonnera pas aux évêques qui ont accusé Sfondrate (a), et on prend le train d'accuser leurs *Ordonnances :* M. le cardinal de Bouillon ne s'y opposera pas.

J'ai vu ce matin Granelli, qui m'a chargé de vous faire ses complimens. L'archevêque de Chieti n'a pas assisté aux quatre dernières congrégations, ayant la goutte. Granelli fit dire il y a quelques jours, à l'archevêque de Chieti, qu'il se déshonoroit et se perdoit dans l'esprit de tous les honnêtes gens. L'archevêque l'a fait prier de le venir voir pour conférer avec lui : ils ont dû s'aboucher ce soir, et je ne doute pas que cela ne fasse un bon effet. Le sacriste et le général des Carmes persistent dans leur premier sentiment, aussi bien qu'Alfaro et Gabrieli. Les amis du sacriste en sont au désespoir, surtout Hennebel qui a toujours pris le bon parti. Il a eu une *Préface*, dont il a dit mille biens partout. Je le connois, il est honnête homme et assez habile.

Nicodème (b) mourut hier ; j'en suis fâché, il étoit déclaré pour nous : je l'avois fait changer dans trois conférences que nous eûmes ensemble.

M. le cardinal de Bouillon alla mercredi dernier, à une heure de nuit, voir les PP. Charonnier et Dez. On dit qu'il applaudissoit fort aux lettres de M. de Cambray contre M. de Paris ; je n'en doute pas. Le mariage de M. le comte d'Ayen m'a fort réjoui : cela vient bien dans la conjoncture présente. Si vos livres sont imprimés, ne perdez point de temps à les envoyer ; ils serviront pour les cardinaux. Quelque empressement qu'ait le Pape à finir l'examen, je doute fort qu'il le soit aussitôt qu'il l'a ordonné.

L'ambassadeur d'Espagne est très-fâché du partage qu'on a procuré sur l'affaire de Palafox : il s'est plaint que M. le cardinal de Bouillon ait sollicité dans cette occasion.

Nous donnerons au P. Campioni, religieux de Campitelli, le

(a) L'évêque d'Amiens étoit l'un des cinq prélats qui avoient déféré au souverain Pontife le livre du cardinal Sfondrate. — (b) Nom chryptographique, qui avoit désigné jusqu'alors M. Charlas, et qui fut donné après sa mort, comme on le verra tout à l'heure, au P. Campioni.

nom de Nicodème qui est vacant : il pourra nous servir dans l'occasion ; je vous prie de l'ajouter à vos chiffres. M. le prince des Ursins mourut samedi. On est ici dans une grande attente de savoir ce qu'auront produit les changemens arrivés à la Cour de Madrid.

Je vous aurois envoyé la traduction latine du livre de M. de Cambray, si je ne croyois que vous l'avez : elle a été imprimée à Lyon, chez Thiolin. L'auteur de la *Lettre d'un docteur de Louvain à un docteur de Sorbonne, contre les sentimens de M. de Meaux sur la charité*, est un nommé Caron, chanoine de Cambray et docteur de Louvain. La Faculté n'y a point de part, et est bien éloignée de vouloir se déclarer pour cette doctrine. Je suis avec un profond respect, etc.

LETTRE CCLIII.

L'ABBÉ BOSSUET A SON ONCLE.

Rome, 8 avril 1698.

J'ai reçu la lettre que vous m'avez fait l'honneur de m'écrire de Meaux, du 17 mars. Quoique je croie que ma lettre vous trouvera à Paris, je continue et continuerai d'écrire tous les ordinaires à M. de Paris. Votre lettre et la sienne est presque la même chose, hors certains articles particuliers qui ne regardent pas l'affaire générale.

Je lui mande au long une démarche que M. de Chanterac a faite ici depuis deux jours, de la part de M. de Cambray, qui est très-extraordinaire. En donnant des éditions nouvelles de sa réponse en françois à la *Déclaration* et au *Summa*, et la traduction en latin de la *Déclaration* dans un autre volume, il a demandé de la part de M. de Cambray, qu'on lui restituât ce qu'il avoit distribué ci-devant au saint Office, et qu'on n'eût égard dans l'examen et dans le jugement qu'à ce qu'il donnoit à présent. L'assesseur alla chez le Pape lui rendre compte de cette proposition. Sa Sainteté la rejeta, ordonna qu'on retînt tout, et qu'on ne rendît rien ; ce qui a été exécuté. On ne comprend rien à cette démarche, si ce n'est qu'il y eût quelque changement considérable dans ces ouvrages, ce qu'on n'a pu encore remarquer ; ou qu'il prétendit qu'on lui restituât tout ce qu'il a distribué ici hors ces deux réponses, comme la *Lettre pastorale,* les trois Lettres contre M. de Paris, et son écrit latin contre vous sur la différence de vos sentimens en deux points. Mais cela n'étoit pas praticable. J'ignore le motif de cette démarche ; ce que je sais, c'est qu'elle a produit un très-mauvais effet contre lui dans l'esprit du Pape et de tout le monde. M. l'assesseur me l'a dit ainsi; le Pape en a parlé dans ce sens à Monseigneur Giori, qui me l'a dit de même: j'en saurai davantage dans peu.

Dans les deux dernières conférences, qui se tinrent jeudi et dimanche, tous les examinateurs parlèrent sur le onzième et le douzième articles, et parlèrent tous suivant leurs premiers principes. L'archevêque de Chieti ne s'y trouva point, il est encore incommodé. On doit examiner demain les six articles suivans, jusqu'au dix-neuvième. Le Pape continue à presser, et on ne perd point de temps : le scandale et la division continuent. Il seroit bon de faire écrire le nonce, pour représenter le mal qu'a fait l'adjonction des nouveaux examinateurs, le scandale que cause le partage, et faire sentir que la cabale est marquée. Il faut décrier ce parti, afin que les cardinaux et le Pape ne soient pas arrêtés par leur autorité ; c'est tout ce que je crains.

Je vis hier le P. Dez, nous disputâmes ; il est du dernier entêtement : je lui parlai fortement, il n'avoit pas un mot à répondre sur tout, mais il ne se rendit pas. Les Jésuites sont plus déclarés que jamais : leur unique but est de décréditer les évêques, le roi et Madame de Maintenon.

J'attends la preuve de la liaison de M. de Cambray avec Madame Guyon et le P. de La Combe ; cela est essentiel pour les cardinaux : s'il vient quelque courrier extraordinaire, il faut s'en servir.

Il seroit aussi nécessaire d'avoir quelque témoignage de M. de Chartres. Le malheur est la foiblesse du Pape, sur qui on ne peut compter. M. le cardinal de Bouillon continuant d'agir de la même manière, le Pape est prévenu sur tout contre lui, c'est pitié.

M. Phelippeaux vous rend compte de l'affaire de M. d'Amiens. Il est honteux à M. le cardinal de Bouillon de laisser traduire au saint Office une chose pareille; mais il est entré dans la haine et la politique des Jésuites. Je crois être sûr de M. le cardinal Noris: pour M. le cardinal Ferrari j'en espère bien ; mais il est bon ami du P. Damascène.

Vos trois écrits latins ne sauroient trop tôt venir : il faudra les distribuer par toute l'Europe. Nous ne nous oublions pas.

Je vous supplie de vouloir bien faire mes complimens à toute la maison de M. de Noailles : je viens de les faire à M. l'archevêque de Paris et à M. le cardinal d'Estrées, que je vous prie de remercier. Cette Eminence m'a écrit la lettre du monde la plus obligeante pour vous et pour moi. M. le cardinal de Bouillon se désespère, et est le même très-assurément. Il est bon qu'il revienne à Monseigneur Giori par MM. les cardinaux de Janson et d'Estrées, que je mande qu'il continue à se bien conduire dans l'affaire; et cela est vrai.

LETTRE CCLIV.

BOSSUET A SON NEVEU (a).

A Paris, 14 avril 1698.

Votre lettre du 25 mars m'a été rendue samedi, en arrivant de Meaux en cette ville. J'y ai appris les extrêmes obligations qu'a la bonne cause à Monseigneur Giori. Il combat pour l'Eglise catholique contre les protestans, qui font tout ce qu'ils peuvent contre nous. Toutes les gazettes, tous les lardons et tous les journaux de Hollande font l'apologie de M. de Cambray contre moi : on a réimprimé son livre en Hollande, chez le même libraire qui imprimoit autrefois pour la fanatique Bourignon (b), qui ne van-

(a) Revue et complétée sur l'original. — (b) Antoinette Bourignon, née à Lille en Flandre, en 1616, fut fameuse par ses prétendues révélations, et par les dogmes de sa fausse spiritualité. Ses maximes se rapportent en beaucoup de points à celles de Molinos et des autres quiétistes. Grand nombre de prétendus dévots et de dévotes s'attachèrent à cette illuminée, dont le système étoit aussi insensé que pernicieux aux bonnes mœurs. Ses disciples firent un recueil de ses ouvrages en 19 vol. in-8°. Voyez la *République des lettres*, avril 1685; et sa vie écrite par elle-même.

toit que le pur amour. Les quakers (*a*) faisoient venir le livre de M. de Cambray avec tant d'empressement, qu'on a été obligé d'en arrêter le cours. Je ne suis pas encore bien assuré de ce dernier fait, mais les autres sont certains; et si une sentence de Rome ne décide bientôt ce grand différend, très-aisé à déterminer par la tradition, les protestans et les fanatiques diront : les premiers, que Rome commence à douter de ses lumières; et les seconds, qu'elle n'a osé les condamner à cause de ses mystiques qui pensent comme eux.

Vous devez recevoir à peu près dans le temps qu'arrivera cette lettre, le *Mystici in tuto*. J'ai voulu commencer par là, comme par l'endroit sensible des spirituels : le reste suivra avec toute la diligence possible.

M. de Cambray, après avoir écrit quatre lettres à M. de Paris, commence à m'écrire, à moi, et j'ai reçu une première lettre imprimée. On dit que j'en aurai ma douzaine (*b*). Jusqu'ici il n'y a que du verbiage. Quand j'aurai eu le loisir de lire, je vous en dirai davantage.

Depuis le bruit du chapeau pour M. l'abbé d'Auvergne, on parle de M. l'archevêque de Paris. J'aurai toute l'attention possible sur ce qui pourroit vous faire plaisir. Je serai demain à Versailles.

Je vous envoie les nouvelles que j'en reçus avant mon départ sans garantie. Je n'ai pu voir M. de Paris, qui y étoit aujourd'hui. Ainsi je ne vous puis rien dire de précis de ce qui se passe à la Cour. Je n'y présume rien de nouveau.

Vous ne sauriez marquer assez de reconnoissance aux amis de M. le nonce et à lui-même, puisqu'il a agi en cette Cour avec toute l'affection possible pour votre justification; faisant voir aux ministres les lettres qu'il avoit de Rome, dont il m'envoyoit des extraits, et en rendant compte au roi même.

(*a*) Formant une des sectes innombrables qui pullulent dans le protestantisme, les quakers ou trembleurs surgirent en Angleterre pendant les guerres civiles du règne de Charles Ier : leur père fut un nommé Fox, cordonnier à Nottingham, qui se croyoit envoyé du Ciel et inspiré par le Saint-Esprit pour réformer l'Eglise. La *Symbolique* de Mœhler, ouvrage traduit de l'allemand en françois, fait connoître la doctrine, la morale, les mœurs et les usages des quakers. —
(*b*) La douzaine fut dépassée.

LETTRE CCLV.

L'ABBÉ DE CASTRIES A L'ABBÉ BOSSUET.

A Versailles, ce 14 avril 1698.

Après vous avoir remercié, mon cher abbé, de toutes les marques d'amitié que vous me donnez dans votre lettre du 4 du passé, je vous dirai à propos du bruit qu'on a voulu faire courir ici sur vous, que M. votre oncle m'en donna la première nouvelle un jour que j'avois l'honneur de dîner avec lui. Il me parut, et vous le croyez bien, que cela n'avoit fait aucune impression sur lui : je le trouvai très-piqué là-dessus par rapport à l'amitié qu'il a pour vous. Et en effet ces sortes d'histoires, quoique sans fondement, sont toujours très-fâcheuses pour des gens de notre profession. Le mal se laisse toujours croire volontiers, et la plupart des gens ne se mettent guère en peine de démêler la fausseté d'une calomnie.

Pour moi, je vous connois trop depuis longtemps, pour vous avoir cru capable d'une telle folie, qui seroit tout au plus excusable dans un écolier mal morigéné. Il faudroit que vous eussiez absolument perdu l'esprit ; ce que je ne crois pas, je vous l'assure : j'en ai parlé ainsi à tous ceux qui me sont venus conter cette belle aventure. Vous n'aviez pas besoin de me rien recommander là-dessus, puisque vous devez être persuadé de mes sentimens pour vous : mais je ne saurois m'empêcher de vous plaindre et de vous trouver bien malheureux, de vous voir exposé à de pareilles attaques. Je m'assure que votre bonne conduite vous en fera triompher ; et je vous prie, mon cher abbé, de m'aimer toujours, comme étant plus que personne au monde, votre très-humble et très-obéissant serviteur.

L'abbé DE CASTRIES.

LETTRE CCLVI.

L'ABBÉ PHELIPPEAUX A BOSSUET.

A Rome, ce 15 avril 1698.

Dans l'incertitude où nous sommes de savoir quelle édition vous avez de la *Réponse à la Déclaration*, on vous envoie celle de Lyon qui a été donnée la première, et qu'on vouloit retirer, avec les suppressions et additions qui se trouvent dans l'édition de Bruxelles : les endroits sont notés d'une raie de crayon. On aura sans doute envoyé à Paris la dernière édition ; et en cas que vous ne l'ayez pas, le mémoire qu'on y joint vous instruira des différences qui se trouvent dans l'une et dans l'autre. On a distribué une quatrième lettre contre M. de Paris sur l'addition faite à son *Instruction pastorale*, avec les deux premières lettres en latin. Vous voyez que M. de Cambray ne manque pas de traducteurs, ni de gens qui prennent soin de ses impressions. On doit donner une dissertation sur le pur amour, comme vous verrez à la fin de la traduction de la réponse au *Summa* : je n'ai pas eu le temps de la collationner avec le latin. Cette réponse est de même caractère que la réponse à la *Déclaration* imprimée à Bruxelles et y étoit jointe.

Les partisans du livre font valoir ces deux questions : 1° Si la béatitude n'est pas gratuite, et si Dieu n'auroit pas pu nous créer sans nous destiner à la béatitude éternelle ; 2° Si un homme, à qui Dieu révéleroit sa damnation infaillible, ne seroit pas obligé de l'aimer. Et on n'a pas honte de faire de telles suppositions, si éloignées de l'état de la question.

On finit dimanche l'examen jusqu'au dix-neuvième article : Granelli y fit valoir la *Déclaration du P. La Combe*. On met la chose dans une si grande évidence, que les défenseurs du livre en ont honte, et n'y répondent que par des subtilités outrées qui font pitié : cependant ils persistent dans le parti qu'ils ont pris ; ce qui cause du scandale dans l'esprit des honnêtes gens. Cela ne laissera pas peut-être d'embarrasser les cardinaux, qui ont coutume de s'en rapporter aux examinateurs. Beaucoup d'autres personnes étudient la matière : elles s'éclairent de jour en jour ; et elles l'auroient été davantage, si vous aviez jugé à propos de donner des observations latines dans le temps qu'on vous avoit mandé. Demain on commencera à examiner les huit articles suivans jusqu'au vingt-sept ; et j'espère que la discussion en sera finie dimanche prochain. Il ne restera que ce qui regarde la contemplation.

J'ai vu le provincial des Carmes déchaux, qui a parlé au général. Ce général lui demanda quelle étoit la disposition des trois évêques à l'égard des réguliers. Je vous ai mandé ce qu'on avoit tâché d'inspirer sur cet article. Le P. Cambolas a parlé fortement au cardinal Ferrari, et lui a fait connoître la disposition du royaume sur le livre. Il doit voir au premier jour le Pape, et il a promis d'en parler fortement. C'est ce Père dont M. l'abbé a écrit à M. de Paris.

Je vous prie de faire réflexion sur l'article qui regarde M. de Chartres, page 9, qu'on a supprimé dans la nouvelle édition ; et sur la suppression, page 189, de ces paroles : *Je ne le répète point ici, ma lettre étant devenue publique.* Il n'a donc rendu compte au Pape de ses sentimens sur Madame Guyon, que dans sa lettre au Pape, qui est devenue publique, où cependant il n'en dit pas un mot ; car la note marginale n'étoit pas dans l'original écrit au Pape, dont j'ai copie. Vous verrez aussi qu'il admet à présent deux amours surnaturels : l'un commandé par la charité, l'autre imparfait qui n'est point relevé par le motif supérieur de la charité. Ainsi il rétracte son argument, que ce qui est imparfait vient de la nature. Je ne comprends plus rien dans le procédé de cet homme : c'étoit assez de manquer de science, sans manquer encore de bonne foi.

J'appréhende que vos écrits latins ne viennent un peu tard : ils serviront pour les cardinaux et leurs théologiens particuliers. Le provincial de Flandre des grands Carmes a avoué au P. Latenai, que le livre étoit de la plus grande inutilité du monde, quand la doctrine n'en seroit pas mauvaise. Je suis avec un profond respect, etc.

LETTRE CCLVII.

L'ABBÉ BOSSUET A SON ONCLE (a).

Rome, 17 avril 1698.

Je vous envoie les additions et altérations de la nouvelle édition de Bruxelles ; et comme je m'imagine que ce peut être celle que M. de Cambray aura envoyée en France, je vous fais passer à tout hasard la première, à laquelle on a fait les additions que vous verrez. Je vous envoie aussi le françois du *Summa*, c'est-à-dire de la réponse au *Summa*, que vous trouverez différent du latin que vous avez. Ce qu'il y a d'extraordinaire dans la démarche de M. de Cambray, c'est que le latin de la traduction de la *Réponse à la Déclaration*, est de même que cette édition françoise que je vous envoie. Tout cela est plein de détours inintelligibles : on n'oublie pas ici de tout faire remarquer, et j'espère que cela réussira malgré les oppositions.

J'ai reçu la lettre que vous m'avez fait l'honneur de m'écrire de Meaux, du 24 mars. Vous savez mieux ce qu'il faut faire que moi pour moi : je ne demande que justice et équité. Il me semble à présent que la chose parle d'elle-même : mais j'avoue qu'elle m'a été bien sensible, et me le seroit bien encore, si on n'a pas la bonté de m'assurer que le roi et les honnêtes gens sont convaincus de la vérité. J'ai reçu des lettres de M. le cardinal de Janson, de M. le cardinal d'Estrées, de M. l'archevêque de Reims, les plus obligeantes du monde. Pour ce qui me regarde, je ne donne aucun prétexte sur quoi que ce puisse être au monde. J'ose dire que je ne change rien à la conduite que j'ai toujours tenue ici, approuvée des honnêtes gens, et que je tiendrai ; mais on n'est pas à l'abri d'une calomnie aussi peu fondée : c'est au fond ma véritable consolation.

Dans les deux dernières congrégations on a examiné jusqu'au dix-neuvième article. Tous les examinateurs ont parlé, hors l'archevêque de Chieti, qui doit parler à la première fois. On n'a rien

---

(a) Revue et complétée sur l'original.

oublié pour son instruction ; mais j'ai bien peur qu'il ne continue comme il a commencé. On doit examiner à présent depuis le dix-neuvième article jusqu'au vingt-troisième inclusivement, et ainsi de suite. Le Pape voudroit bien que les examinateurs pussent finir ce mois-ci : mais cela est impossible, et ils ne pourront finir qu'à l'Ascension ; ce sera toujours quelque chose.

J'ai eu cette après-dînée une audience de trois heures avec le cardinal Panciatici, à qui j'ai tout expliqué sur le fait, tant du côté de France que de ce côté-ci. Comme il ne va jamais au saint Office, il ne savoit pas les choses extraordinaires qu'on avoit faites pour M. de Cambray. Je lui ai fait tout connoître, aussi bien que le caractère des examinateurs, l'état où cette affaire étoit au mois de décembre, et l'état où la cabale l'avoit mise par l'adjonction des trois derniers examinateurs. Il est absolument nécessaire qu'on connoisse cela ; car cela le décrédite absolument ; et on voit l'esprit de la cabale, et le tort que cela fait au saint Siége et à la réputation de la cause. Rien n'a été oublié, et je suis très-content de lui. J'ai vu aussi ce soir le cardinal Noris, qui voit clair dans cette affaire. Je crois savoir aussi que le cardinal Ferrari ne se laissera pas tromper : c'est beaucoup, avec la bonne intention du Pape qui dure toujours. M. le cardinal Casanate est le plus sûr de tous. M. le cardinal d'Aguirre aussi.

Le secrétaire de M. le cardinal de Bouillon m'a averti que l'abbé de Chanterac et ses partisans faisoient courir le bruit que le roi avoit écrit en particulier au Pape, pour l'assurer qu'il est indifférent sur M. de Cambray ; et que, pourvu qu'on finisse de quelque manière que ce soit, qu'il ne veut autre chose. Il faudroit être bien bon pour croire une pareille chose.

Il y a une quatrième Lettre contre M. de Paris : les deux premières Lettres sont déjà imprimées traduites en latin. M. de Cambray est bien servi pour l'impression.

Le P. Cambolas est venu : il a bien fait en plus d'une occasion au sujet de M. de Cambray, je le sais à n'en pouvoir douter. Il me paroît un fort honnête homme.

Le Père provincial des Carmes déchaussés est aussi arrivé : il est bien intentionné, et fera tout de son mieux. Il m'a avoué qu'il savoit que le Père général avoit reçu de fortes recommandations de France en faveur de M. de Cambray. Le Pape est un peu incommodé de rhume et de goutte; mais ce n'est rien.

Je mande à M. de Paris qu'il est important que le nonce écrive, non tant à présent pour presser que pour insinuer à quoi on s'attend en France, et le trouble que causeroit un *mezzo termine* ou une foible condamnation : cela est de la dernière conséquence.

La preuve des faits touchant le P. La Combe, Madame Guyon et M. de Cambray, est aussi très-importante.

M. le prince des Ursins est mal, et a confirmé en faveur de Madame la princesse des Ursins ce qu'il avoit fait pour elle pendant sa vie. Elle le mérite bien, et est digne d'être estimée; elle a mille bontés pour moi. J'oppose à M. le cardinal de Bouillon tout ce que je peux ; et j'ai mis tous les honnêtes gens de mon parti.

Je vous prie dans l'occasion de dire à M. le cardinal d'Estrées et à Madame la maréchale de Noailles, aussi bien qu'à Madame de Maintenon, l'estime universelle où elle est ici : les deux premiers sont ses intimes amis.

LETTRE CCLVIII.

BOSSUET A SON NEVEU.

A Paris, ce 20 avril 1698.

J'ai reçu votre lettre du 1. Nous attendions le résultat d'une conférence de M. Giori avec le cardinal Noris, après laquelle il avoit mandé qu'il espéroit faire tout d'un coup tourner le Pape contre M. de Cambray. La lettre portoit que les cinq examinateurs qui sont contre le livre, étant bien unis, et les autres ne l'étant pas, détermineroient infailliblement à la condamnation, surtout si le cardinal Noris se joignoit avec le cardinal Ferrari. Monseigneur Giori mande qu'il n'a pu rencontrer le cardinal Noris.

On a dit au roi que pour abréger on avoit proposé de faire cesser la congrégation, et de laisser le jugement de l'affaire aux cardinaux, et que vous l'aviez empêché; ce qui a surpris Sa Majesté. On lui a expliqué cela par votre lettre précédente (a) : mais vous devez prendre garde à ne vous charger de rien que le moins que vous pourrez. Vous avez pourtant bien fait, et l'on a fait entendre au roi que vos raisons étoient très-bonnes : vous devez vous concerter avec M. le cardinal Casanate.

Il vient d'arriver la chose la plus extraordinaire qui se soit passée depuis longtemps dans la distribution des bénéfices. Le roi avoit nommé à l'évêché de Poitiers l'abbé de Coidelet (b), que le P. de la Chaise lui avoit proposé pour remplir la charge d'aumônier, vacante par la promotion de M. l'archevêque d'Arles. On rapporte que le roi ayant répondu au P. de la Chaise qu'il avoit d'autres vues pour la charge d'aumônier, Sa Majesté, qui ne songe qu'à donner de bons sujets à l'Eglise, avoit dit que si l'abbé de Coidelet avoit toutes les bonnes qualités qu'on lui attribuoit, il falloit le faire évêque de Poitiers; à quoi le Père avoit applaudi. Quoi qu'il en soit, il fut nommé évêque de Poitiers : mais avant que la feuille fût présentée au roi pour être signée, quelques rapports faits à Sa Majesté de la vie de cet abbé, comme peu régulière pour un évêque, firent qu'elle ne voulut plus ratifier cette nomination; et que samedi dernier elle nomma M. l'abbé Girard à l'évêché de Poitiers, et M. l'abbé de Langle à celui de Boulogne. On dit qu'en effet cet abbé, que je ne connois point du tout et dont je n'avois jamais entendu parler, est un homme de fort peu de capacité, qui passe sa vie à tailler à la bassette, et qui est un peu entaché du vice qu'on reproche aux Bretons, qui est d'aimer le vin. Il est certain qu'il n'avoit nul air de la profession

(a) Voici le fait. Le cardinal de Bouillon, en habile politique, chercha à profiter du Mémoire envoyé par le roi, et que nous avons donné ci-dessus, pag. 312. Il feignit donc de vouloir suivre les ordres de Sa Majesté, et travailla en conséquence à précipiter la décision de l'affaire. Pour cet effet, il sollicita le Pape de faire finir l'examen des consulteurs, et de renvoyer aux cardinaux le jugement du livre, afin que les cardinaux, pressés d'un côté de juger, et voyant de l'autre un partage entre les consulteurs, se contentassent d'une simple prohibition du livre, *donec corrigatur*. L'abbé Bossuet demanda qu'on laissât aux consulteurs la liberté de terminer leur examen, afin que les cardinaux fussent en état de rendre avec connoissance de cause un jugement équitable et digne du saint Siége. On publia à ce sujet un Mémoire qui avoit été envoyé par l'évêque de Meaux, et que nous plaçons à la suite de cette lettre. (*Les édit.*) — (b) Son nom étoit Mathurin Léni de Koetlez; il avoit été archidiacre de Vannes. Voyez *Gallia christ.* tom. II, col. 1210.

ecclésiastique. Cela fait bien connoître l'attention du roi à nommer de bons évêques. J'ai vu ce matin, au sacre de M. de Troyes, les deux évêques nommés, qui ont fait leur remercîment à Sa Majesté.

On veillera au surplus de votre lettre. Nous savons, il y a longtemps, les affaires de M. de Saint-Pons (*a*). Il est certain qu'il n'est point favorisé à la Cour; du reste on ne lui fera point d'injustice. Je m'informerai, et je vous en dirai peut-être davantage au premier ordinaire.

Je ne sais quel est cet homme, devenu confesseur d'un grand prince par les intrigues de M. de Cambray. Si l'on connoissoit le prince, on devineroit le directeur.

M. de Paris vous écrira sur le sujet du P. Cambolas (*b*), et qu'on ne peut mieux faire que de suivre les avis du P. Latenai, pour lequel le roi est bien prévenu. Le P. Cambolas passe généralement pour homme de mérite. M. de Paris m'a paru le tenir un peu douteux : mais au reste bien loin d'être prévenu contre lui, il est très-porté à le servir sur de meilleures informations. Il sait qu'il est favorisé par les Jésuites, en particulier par le P. de la Chaise ; ce qui ne prévient pas en sa faveur : pour moi, je m'en rapporte au P. Latenai.

Portez-vous bien : prenez courage, Dieu ne vous abandonnera pas. C'est sa cause que vous soutenez : c'est pour sa cause que vous avez été attaqué d'une si noire calomnie. On n'en parle plus, tout le monde est bien persuadé de votre innocence.

Les amis de M. de Cambray chantent victoire par toute la France : c'est leur artifice ordinaire. Les Jésuites continuent à le défendre ouvertement dans les provinces, et ici avec quelques ménagemens, mais assez foibles. Je ne puis douter du succès. Ce

---

(*a*) Pierre-Jean-François de Percin de Montgaillard, né en 1633, nommé évêque de Saint-Pons, en 1664. Ce prélat eut de grands démêlés avec les Récollets de son diocèse. Il eut aussi des contestations avec l'évêque de Toulon, touchant le *Rituel d'Alet* ; et avec Fénelon au sujet du *Silence respectueux*. Le mandement et les lettres qu'il publia dans cette occasion furent condamnés à Rome. Il mourut le 13 mars 1713, après avoir écrit peu de temps auparavant une lettre de soumission au Pape. — (*b*) Il étoit provincial des Carmes déchaussés de Paris, et il étoit venu à Rome pour concourir à l'élection d'un général de son ordre, qui devoit succéder au P. Philippe.

seroit le plus grand scandale qui pût arriver dans l'Eglise, si Rome, je ne dis pas approuvoit le livre, car on sait bien que cela ne se peut, mais biaisoit et mollissoit pour peu que ce fût dans une affaire où il ne s'agit de rien moins que du rétablissement du quiétisme, et de l'entière subversion de la religion.

MÉMOIRE

Dans lequel on prouve que le saint Siége ne doit pas se contenter d'une simple prohibition du livre de M. de Cambray, mais qu'il doit censurer et qualifier les propositions extraites de ce livre par les examinateurs.

Les partisans de M. de Cambray, après avoir épuisé toute leur adresse pour retarder l'examen du livre, veulent aujourd'hui tout précipiter, afin qu'on se contente d'une simple prohibition. Mais il est nécessaire, pour les raisons suivantes, de qualifier en particulier les propositions extraites de ce livre.

1° Le roi, dans sa lettre écrite de Meudon le 26 juillet 1697, supplie Sa Sainteté de prononcer, le plus tôt qu'il lui sera possible, sur le livre et sur la doctrine qu'il contient.

2° Les évêques de France ont marqué en particulier dans leur *Déclaration*, les propositions qui ont excité un si grand scandale, et qui leur ont paru mériter une censure particulière.

3° M. de Cambray dans sa lettre au Pape du 3 août 1697, et dans ses autres écrits postérieurs, demande que le Pape ait la bonté de lui marquer précisément les endroits ou propositions de son livre qu'il condamnera, afin que sa soumission soit sans restriction.

4° La solennité et la longueur de l'examen si sérieux et si public qu'on a fait du livre, demande qu'on la termine par des qualifications précises, selon l'usage et la pratique ordinaire du saint Siége. Il a qualifié les propositions erronées qu'on lui avoit déférées sous les pontificats d'Innocent X, Alexandre VII, Innocent XI et Alexandre VIII.

5° Si l'on se contente d'une simple prohibition du livre, sa doctrine, quelque erronée qu'elle soit, demeurera autorisée; et chacun sera libre de la soutenir, dès qu'elle aura passé sans atteinte par un examen si rigoureux.

6° Les ennemis du saint Siége ne manqueront pas de l'insulter, et de dire que Rome ou n'a pu qualifier les propositions, faute de science; ou n'a pas voulu, faute de zèle, condamner une doctrine dont les suites sont si affreuses.

7° Les quiétistes triompheront et diront qu'on a prohibé le livre par politique, mais qu'on n'a pu se dispenser d'en reconnoître la doctrine orthodoxe.

8° Une simple prohibition du livre augmentera le trouble et le scandale, bien loin d'y remédier; et par conséquent le roi sera contraint, pour empêcher le progrès de l'erreur, de faire qualifier sa doctrine par les évêques ou universités de son royaume; ce qui ne seroit pas honorable au saint Siége.

9° On défend un livre, lorsqu'il contient des expressions équivoques qui peuvent porter à l'erreur; mais celui de M. de Cambray renferme des propositions évidemment scandaleuses, erronées et hérétiques, et tout un système dangereux.

10° Beaucoup de livres prohibés à Rome n'en sont pas moins estimés en France. Ainsi la simple prohibition ne fera nulle impression sur les esprits, qui seront imbus de cette mauvaise doctrine, et qui auront intérêt, ou de la défendre, ou de la pratiquer.

11° Toute la chrétienté demeure en suspens, en attendant une décision précise, solennelle et digne d'un si saint pontificat, qui fixe les esprits, termine les disputes et rende la paix à l'Eglise. Or que produira une simple prohibition? Elle ne servira qu'à rendre le mal plus dangereux, et Rome se verra bientôt dans un nouvel embarras.

12° Quoiqu'il soit de la dignité du saint Siége d'expliquer la doctrine catholique et de qualifier les propositions, on peut pourtant, si l'on veut, se contenter d'une qualification des propositions avec la clause *respectivè*, qui lève tout embarras, comme il s'est pratiqué dans de semblables occasions.

13° Le partage des examinateurs ne doit pas empêcher les qualifications. 1° On sait par quels ressorts et à quel dessein l'adjonction des trois examinateurs a été faite. 2° Quelques-uns d'entre eux sont portés par différens intérêts à défendre le livre. 3° Le jugement doctrinal des consulteurs n'est pas décisif: on doit peser leurs raisons, sans avoir égard à la division que l'esprit de parti a mise entre eux. 4° Le devoir du souverain Pontife est de rappeler à la vraie foi les errans soit qu'ils soient en grand ou en petit nombre, dit Melchior Canus, lib. v, *De auct. Conc.*, p. 317, edit. Venet. 1567 : *Sive pauci, sive plures ad errorem defluxerint, munus est apostolici Antistitis ad veram eos fidem revocare.*

14° L'autorité des mystiques ne doit pas non plus empêcher la qualification. 1° Nul d'eux n'a enseigné un amour pur, qui détruit l'espérance; nul n'a enseigné l'indifférence au salut, le sacrifice absolu de la béatitude éternelle, l'attente oisive de la grace avec l'exclusion des propres efforts, le trouble involontaire en Jésus-Christ, etc. 2° Quand ils se seroient servis de quelques expressions dures et peu exactes, il faudroit dire d'eux ce que saint Augustin disoit des saints Pères qui vivoient avant l'hérésie pélagienne : *Nondùm litigantibus Pelagianis securiùs locuti sunt.* 3° L'Ecriture et la tradition sont les seuls fondemens de la doctrine orthodoxe, et non les transports et les expressions outrées de quelques mystiques. 4° Voudroit-on décider à Rome des matières de foi sur l'autorité de quelques mystiques, qu'on ne pourroit même citer avec honneur dans une école de théologie? 5° M. de Cambray ne peut alléguer en sa faveur les mystiques, puisqu'il parle ainsi dans sa lettre au Pape : *Ab aliquot sæculis multi mystici scriptores, mysterium fidei in conscientiâ purâ habentes, affectivæ pietatis excessu, verborum incuriâ, theologicorum dogmatum veniali inscitiâ, errori adhuc latenti faverunt.* Peut-on appuyer une décision sur des auteurs qui n'ont ni pensé ni parlé correctement; qui n'ont su ni le dogme, ni la manière de l'expliquer, et qui se sont abandonnés aux excès d'une piété affective, *affectivæ pietatis excessu?*

15° M. de Cambray est soupçonné depuis longtemps de favoriser le quiétisme, comme il paroît par une apologie de Molinos imprimée en Hollande. Il est certain qu'il n'a composé son livre que pour défendre les erreurs d'une femme fanatique (a), déjà condamnée à Rome et en France. Il a écrit après la décision de

(a) Madame Guyon.

l'Eglise; et par conséquent il devoit parler correctement sur le dogme défini. Ainsi donc il est clair qu'il a écrit son livre dans un temps suspect, et lorsque lui-même étoit suspect. Or ne pas censurer un tel livre, ce seroit en quelque sorte faire revivre une doctrine déjà condamnée par toute l'Eglise, et dont on ne voit que trop les affreuses conséquences.

LETTRE CCLIX.

M. DE NOAILLES, ARCHEVÊQUE DE PARIS, A L'ABBÉ BOSSUET.

A Paris, 22 avril 1698.

Vos nouvelles du 1 de ce mois ne sont pas bonnes, Monsieur : cependant j'espère toujours en la force de la vérité et en vos soins; mais prenez, s'il vous plaît, vos mesures avec M. Giori et avec le P. Roslet. La grande affaire présentement seroit d'attirer les deux cardinaux qui président aux conférences des examinateurs. Ils sont forts habiles et gens de bien : ainsi je suis persuadé qu'ils connoîtront mieux que les autres les erreurs du livre; et si nous les avons pour nous, le partage des examinateurs ne nous nuira pas. Il faut compter, et je le dis bien à la Cour partout où il faut, que le cardinal de Bouillon fera jusqu'à la fin tout ce qu'il pourra contre nous : les Jésuites n'en feront pas moins; mais si nous avons de notre côté les deux cardinaux, ils ne nous nuiront pas. Il seroit fâcheux que le Pape se laissât affoiblir : mais vous pouvez le faire soutenir par M. Giori, et on écrira toujours d'ici tout ce qu'il faudra pour cela.

Voilà une lettre ostensible pour le P. Cambolas. Je n'ai rien fait, et ne ferai rien contre lui; mais je vous avoue que je ne suis pas édifié de la grande dévotion qu'il a pour être général de son ordre. Le P. Latenai n'y seroit-il pas plus propre? on en dit tant de bien. Mais encore un coup, je ne m'en mêlerai pas : dites au surplus tout ce que vous jugerez de meilleur en mon nom. Je suis, Monsieur, à vous de tout mon cœur.

LETTRE CCLX.

L'ABBÉ BOSSUET A SON ONCLE.

Rome, ce 22 avril 1698.

J'ai reçu la lettre que vous m'avez fait l'honneur de m'écrire, du 31 mars. J'en reçus une en même temps de M. l'archevêque de Paris, à qui je vous supplie de vouloir bien témoigner à quel point je ressens les obligations que je lui ai dans cette occasion. Je l'ai déjà fait à MM. les cardinaux d'Estrées et de Janson, et le ferai par le premier ordinaire à M. l'abbé Renaudot. Pour ici il n'est seulement pas question de mon affaire, quoi qu'aient pu faire M. le cardinal de Bouillon et les Jésuites. J'ai pris à Rome le parti de mépriser ces discours, et de prendre tout en riant, dans le temps même que je prenois la chose le plus sérieusement du côté de Paris. Je prie Dieu que cela ait réussi. Je vous supplie de ne négliger encore aucune occasion là-dessus; car nous avons affaire à des gens fins et malins, s'il en fût jamais.

La situation des affaires est la même; il n'y a rien de changé. Dans les deux prochaines congrégations, de demain mercredi et de dimanche, on finira le trente-troisième article. Un de ces jours-ci les qualificateurs qui croient devoir censurer le livre de M. de Cambray, doivent s'assembler entre eux pour réduire toutes les propositions de chaque article à un certain nombre, et convenir des qualifications, pour que leur vœu soit uniforme : cela fera un bon effet. Si *erronea et hæresi proxima* ne suffit pas, on n'épargnera pas l'*hæretica* à quelques-unes; au moins je me l'imagine : car ces Messieurs ne s'expliquent point, et c'est le secret du saint Office.

J'écris fortement à M. de Paris pour l'éclaircissement des faits, et avoir les preuves de la liaison de M. de Cambray avec Madame Guyon au moins, et savoir comment il répond : mais il faut des pièces authentiques et originales. Comptez que cela est décisif en ce pays, et rien n'y pourra résister : cela est même nécessaire dans la circonstance du partage des examinateurs. Il faut de la diligence; car dans quinze jours l'affaire sortira des mains des examinateurs, et passera dans celles des cardinaux. Nos amis demandent tous ces faits et les éclaircissemens relatifs : cela demeurera, s'il est nécessaire, au saint Office, et on ne le rendra pas public. Le P. La Combe est ici très-connu : Madame Guyon l'est moins. Pour M. de Cambray, on dit qu'il passe en tout saint François de Sales : voilà l'idée qu'on en donne ici, assurément bien différente de la vérité.

Le silence de M. de Chartres donne occasion de dire qu'il n'est plus contre M. de Cambray, et qu'au moins il juge à propos de le ménager comme il le doit être : je sais bien ce qui en est. M. le cardinal de Bouillon a dit à une personne qui me l'a rapporté, qu'à présent on ne feroit pas parler aisément M. de Chartres. J'ignore ce que cela veut dire. Enfin on se sert de tout, et on n'épargne personne.

On m'a dit que le cardinal Casanate étoit un peu fâché de ce que vous n'aviez pas fait réponse sur ce qui regarde M. Charmot, qui est à Rome pour les missions étrangères contre les Jésuites. Je puis vous assurer que c'est un honnête homme, très-sage, très-prudent, très-vigilant, aimé et estimé des cardinaux, et en particulier du cardinal Casanate, au delà de tout ce qu'on peut dire. On a voulu lui rendre de mauvais offices à la Cour ; mais ce sont des faussetés. Les Jésuites le craignent et le haïssent.

J'ai vu le cardinal Marescotti, qui m'a parlé comme étant très-éloigné des subtilités et des nouveautés : il verra tout par lui-même ; mais il veut être pape, et est ami des Jésuites.

Vous n'avez pas, je pense, oublié de remercier M. l'abbé de Gondi et M. le grand-duc, qui continue toujours ses bons offices.

Vous ne pouvez trop dépêcher l'impression de vos écrits : j'attends le premier avec impatience. Tout le fort des partisans du livre est dans l'acte de charité, et les suppositions impossibles. Mais quand même on leur accorderoit ces deux points, le livre en seroit tout aussi mauvais.

Le Pape a été un peu tourmenté, mais sans péril : il se porte mieux.

Je vous prie de bien remercier M. Pirot sur ce qui me regarde, aussi bien que M. l'archevêque de Reims. Je sais que M. le nonce a fait des merveilles : j'ai prié ici ses amis de l'en remercier; et ne l'oubliez pas, je vous en conjure. Voici ce que j'ai appris sur l'abbé d'Auvergne et la nomination de France.

M. le cardinal de Bouillon s'est expliqué qu'il ne pensoit pas à son neveu, qu'il savoit n'être pas agréable à la Cour. Il est certain que le Pape nommera un François; s'il fait comme il le veut, un Espagnol avec un Allemand : on n'en doute pas. Il est encore certain que le cardinal de Bouillon ne vous favorisera pas, et fera peut-être donner quelque recommandation par le roi pour un autre. Quel inconvénient trouvez-vous à vous expliquer une fois là-dessus avec le roi et Madame de Maintenon? Vous pouvez dire que vos amis de Rome vous marquent la bonne volonté et la grande estime du Pape, et vous pressent d'avoir le consentement du roi; qu'au moins Sa Majesté n'en demande pas un autre. Cela ne peut faire qu'un mérite pour vous auprès du roi, et vous aider à obtenir autre chose en cas que le roi ait une autre vue. Ne pourriez-vous pas faire entrer M. de Pomponne dans vos intérêts? Je suppose que M. de Paris doit être content du chapeau que je crois immanquable. Vous vous moquerez peut-être de moi; mais je crains plus dans cette conjoncture M. de Chartres que M. de Paris. Il seroit honteux au roi de vous le préférer; et ce que je vous dis là, est peut-être la seule manière de l'en faire apercevoir et de l'empêcher. Je vous supplie d'y faire réflexion, aussi bien qu'au scrupule de M. de Chartres sur son évêché. Joignez à cela la foiblesse avec laquelle il agit à Paris et à Rome contre M. de Cambray, pour gagner peut-être le cardinal de Bouillon, qui le pourroit parfaitement bien proposer à Madame de Maintenon. Je crois avoir entrevu quelque chose là-dessus, et une des manières de le faire échouer, ce seroit de le rendre public à Rome et à Paris.

LETTRE CCLXI.

BOSSUET A SON NEVEU (a).

A Versailles, 28 avril 1698.

J'ai reçu votre lettre du 8. Je n'imagine que deux raisons de la démarche nouvelle de M. de Cambray : l'une qu'il se défie des écrits qu'il a donnés, qui en effet lui doivent nuire beaucoup dans l'esprit des gens sensés, et qu'il veut changer quelque chose dans ceux même selon lesquels il demande d'être jugé ; l'autre, que dans le dessein d'étrangler l'affaire pour en venir à une moindre condamnation, il veut réduire l'examen au moins qu'il pourra.

Dans la réponse latine au *Summa doctrinæ*, imprimée à Bruxelles, vous trouverez deux choses erronées : la première, que *desideria salutis, ut explicentur, imperfecta à Patribus habentur, qui ea perfectis animabus nec imperant nec suadent*. Il cite saint Chrysostome et saint Ambroise, pour prouver que ces désirs du salut *sunt angusti animi, infirmi et imbecillis*, p. 54, *ad objec.* 13.

La seconde, que l'amour du quatrième degré, qui est le justifiant, ne se rapporte à Dieu que *habitu, non actu*, comme l'acte du péché véniel ; où il y a deux erreurs : l'une, que l'amour justifiant n'ait de rapport à Dieu que celui du péché véniel ; l'autre, que l'acte du péché véniel se rapporte habituellement à Dieu ; ce qu'il fait dire à saint Thomas ; II-II, *quæst.* LXXXI, *ad* 2 ; de quoi ce saint est tout à fait éloigné. Il dit bien que dans celui qui pèche véniellement, le sujet et l'acte humain indéfiniment se rapportent habituellement à Dieu ; mais non pas l'acte du péché véniel, lequel pourroit être rapporté à Dieu actuellement, s'il y étoit habituellement référible. Ce passage se trouve dans la réponse au *Summa*, p. 50, après la 11ᵉ object. et p. 62, 14ᵉ object. Il pose, p. 63, pour règle certaine, que ce qui n'est pas habituellement subordonné à Dieu est péché mortel ; ce qui détruiroit le péché véniel. Il faudroit prendre garde à ce qu'il pourroit changer dans ces endroits.

(a) Revue sur l'original.

Vous aurez, si je puis, par l'ordinaire prochain le *Schola in tuto*, qui résoudra beaucoup de choses. Mais je me propose de faire le dernier effort de l'esprit au *Quietismus redivivus*, et de ne laisser rien de ce que vous m'avez marqué dans vos précédentes.

Le P. La Combe, directeur de Madame Guyon, est à Vincennes (*a*), où on le doit interroger et confronter avec cette Dame. On a sa *Déclaration*, où il avoue toutes les pratiques de Molinos par inspiration (*b*). Il ne reste plus qu'à faire voir la liaison avec M. de Cambray : nous la prouverons par acte ; et je suis chargé d'en faire la relation, qui paroîtra au plus tôt, où je citerai le roi et Madame de Maintenon, comme témoins sur tous les faits. Vous pouvez vous fier à Monseigneur Giori.

Je vous prie de voir de ma part M. l'abbé Piquigni, dont j'ai vu des lettres admirables sur la matière à M. le cardinal de Janson, où il fait honorable mention de moi, et souhaite qu'on me les fasse voir. Faites-lui bien des honnêtetés de ma part : il agit beaucoup auprès de l'archevêque de Chieti. M. de Paris va faire paroître sa *Relation*, dans laquelle il n'omettra rien d'essentiel : M. de Chartres en fait une autre, pour expliquer les variations de M. de Cambray (*c*). Pour ce qui est d'un ambassadeur, on est embarrassé pour le choix.

On ne fera plus rien, qu'on ne mette en latin et en françois.

LETTRE CCLXII.

LE P. LA COMBE A MADAME GUYON.

Ce 25 avril de l'an 1698.

Au seul Dieu soit honneur et gloire.

C'est devant Dieu, Madame, que je reconnois sincèrement qu'il y a eu de l'illusion, de l'erreur et du péché dans certaines choses

---

(*a*) Il y avoit été transféré du château de Lourdes. — (*b*) Non content de sa *Déclaration*, le P. La Combe écrivoit de Vincennes, à Madame Guyon, une lettre dans laquelle il confessoit publiquement les mêmes désordres. Traduite en italien, cette lettre fut présentée au Pape par l'abbé Bossuet. Jusqu'à quel point mérite-t-elle notre confiance ? On pourra la lire tout à l'heure. — (*c*) Elles parurent en effet l'une et l'autre en forme de lettres, non sous le titre de *Relation*, mais sous celui de *Réponse* à M. l'archevêque de Cambray.

qui sont arrivées avec trop de liberté entre nous, et que je rejette et déteste toute maxime et toute conduite qui s'écarte des commandemens de Dieu ou de ceux de l'Eglise; désavouant hautement tout ce que j'ai pu faire contre ces saintes et inviolables lois, et vous exhortant en Notre-Seigneur d'en faire de même; afin que vous et moi réparions, autant qu'il est en nous, le mal que peut avoir causé notre mauvais exemple, et tout ce que nous avons écrit, qui peut donner atteinte à la règle des mœurs que propose la sainte Eglise catholique, à l'autorité de laquelle doit être soumise, sous le jugement de ses prélats, toute doctrine et spiritualité, de quelque degré que l'on prétende qu'elle soit. Encore une fois, je vous conjure dans l'amour de Jésus-Christ que nous ayons recours à l'unique remède de la pénitence, et que par une vie vraiment repentante et régulière en tout point, nous effacions les fâcheuses impressions causées dans l'Eglise par nos fausses démarches. Confessons, vous et moi, humblement nos péchés à la face du ciel et de la terre : ne rougissons que de les avoir commis, et non de les avouer. Ce que je vous déclare ici vient de ma pure franchise et liberté, et je prie Dieu de vous inspirer les mêmes sentimens qu'il me semble recevoir de sa grace, et que je me tiens obligé d'avoir (a).

LETTRE CCLXIII.

L'ABBÉ PHELIPPEAUX A BOSSUET (b).

A Rome, ce 29 avril 1698.

Demain on examinera les cinq derniers articles et l'avertissement : ainsi on finira l'examen dans le temps ordonné par Sa Sainteté. Ceux qui ont été pour censurer le livre, se sont déjà

(a) Quand il écrivit cette lettre, le P. La Combe étoit affoibli par l'âge, par les souffrances, par une longue détention; et comme on vit qu'il avoit perdu l'usage de la raison, l'on fut obligé bientôt après de le transférer à Charenton, où il mourut l'année suivante. L'historien de Fénelon, M. de Bausset raconte que le cardinal de Noailles et M. de la Chétardie curé de Saint-Sulpice, portèrent sa lettre à Madame Guyon détenue à Vaugirard, et l'exhortèrent à faire les mêmes aveux; elle répondit : Il faut que le P. La Combe soit *devenu fou*, pour écrire de pareilles choses. — (b) Revue sur l'original.

assemblés une fois en particulier, pour réduire les propositions qu'ils ont trouvées dignes de censure, à un nombre certain, et convenir des qualifications, afin qu'il n'y ait point de différence dans leurs suffrages. On ne sait pas encore si les autres justifieront entièrement le livre, et s'ils persisteront à n'y trouver aucune proposition censurable. Ils avoient fait espérer qu'à la fin de l'examen, qui ne se faisoit que pour s'éclaircir, ils donneroient tout le contentement qu'on pouvoit espérer : mais je ne sais ce qu'on peut espérer de gens visiblement engagés dans une cabale par différens intérêts. En cette occasion la politique romaine fera jouer tous ses ressorts.

Le général des Jésuites sollicite ouvertement. L'abbé de Chanterac publie que les évêques de France sont divisés sur cette affaire, et que la plus grande partie du clergé favorise M. de Cambray; que le roi ne prend plus d'intérêt dans cette cause; qu'on ne peut mieux connoître ses sentimens que par le P. la Chaise, qui donne aux Jésuites la liberté entière de soutenir M. de Cambray et approuve toutes les démarches qu'ils font; et encore par M. le cardinal de Bouillon, qui a toujours favorisé ce parti, et qui ne manquera pas de faire connoître les sentimens du roi dans les temps et occasions nécessaires. Cela publié par diverses bouches, ne laisse pas de faire quelque impression, et d'embarrasser les ignorans ou les timides : vous pouvez y remédier par la voie du nonce.

L'abbé de Chanterac rendit, il y a quelques jours, visite à Granelli pour lui demander ses difficultés : il lui dit que le secret du saint Office ne lui permettoit pas de parler. L'abbé de Chanterac lui remontra que M. de Cambray avoit toujours été l'ami de son Ordre; que si on touchoit le moins du monde au livre, on préjudicioit à la dignité et à la réputation d'un saint prélat. Le même rendit visite au cardinal Albane, et lui dit que M. de Cambray avoit bien besoin de protection, puisque M. de Meaux étoit favorisé par plusieurs Cours, et lui dit ces paroles : *Magnus dux Etruriæ minis et promissionibus urget condemnationem Domini Cameracensis.* Ces paroles, *minis et promissionibus*, parurent fortes au cardinal Albane. Il les rapporta à l'agent du grand-duc, qui lui dit que son maître lui avoit ordonné de rendre ses bons offices, mais qu'il n'employoit *nec minas nec promissiones*.

Le cardinal Noris a dit au P. Estiennot, depuis peu de jours, qu'on ne balançoit pas sur la condamnation du livre, mais sur la qualification des propositions. M. Poussin m'a avoué que le général des Jésuites sollicitoit : il me pria de vous mander qu'il avoit toujours été contre le livre, en sachant les intentions du roi, mais de le marquer de sorte qu'on n'accusât pas M. le cardinal de Bouillon, dont l'excuse se réduit à dire que c'est un prélat vivant qui s'explique. On lui a cité les exemples de Pétrucci et de Théodoret : mais comme il n'écoute que le P. Charonnier, je doute fort qu'il s'éloigne des sentimens des Jésuites.

On a produit ici un endroit du *Directorium Inquisitionis Nicol. Emerici*, q. xi, page 285. Il vous sera facile de voir s'il ne pourroit point vous être utile, et être rapporté dans vos livres.

Je vous ai parlé de l'accusation intentée contre l'*Ordonnance* de M. d'Amiens sur les propositions du P. de Timbrieux. Je cherchai cette *Ordonnance* imprimée, et la donnai à M. Campioni, qui m'a avoué que le délateur avoit falsifié les propositions condamnées dans l'*Ordonnance*; ce qui nous a surpris également. Mais il faut s'attendre à tout avec ces sortes de délateurs. Il m'a fait espérer copie de la délation.

On distribua dimanche une première lettre de M. de Cambray contre vos derniers écrits : je la crois imprimée à Cambray. J'y admire ses artifices et sa hardiesse à nier ce qu'il y a de plus certain. Il y donne le change partout, et raisonne toujours sur le principe de son amour naturel, et sur la prétention qu'il a d'avoir parlé de cinq états en parlant de cinq amours. Il paroît que les PP. Charonnier et Dez ne goûtent pas le dénouement de l'amour naturel; mais que le sacriste lui a suggéré d'appuyer sur cette solution : c'est aussi celle que vous avez le moins touchée. Dans l'extrait de la préface latine, j'y ai ajouté ce que j'avois dit des états dans l'observation que je vous ai envoyée. Vos livres viendront peut-être un peu tard : il faut toujours les envoyer; car on ne sait pas quelles longueurs apporteront les cardinaux : ainsi on ne doit point cesser à Paris de presser le jugement. L'infirmité survenue au Pape, il y a quelques jours, nous fit trembler: il se porte mieux; mais son grand âge doit faire tout appréhender. Je suis avec un profond respect, etc.

PHELIPFEAUX.

P. S. On dit qu'on a mis au saint Office quelques personnes accusées de quiétisme: on disoit même Monseigneur Marciani; mais on me vient de dire que la nouvelle qui regarde ce prélat étoit fausse.

On dit que M. le cardinal de Bouillon sollicite encore l'impression du livre du P. Dez. Le député de MM. des Missions a fini sa réponse aux deux gros volumes sur le culte de Confucius. M. le cardinal de Bouillon, qui est à Frescati depuis quelques jours, est revenu pour assister aujourd'hui au saint Office: il est retourné, et reviendra demain au soir pour assister à la même congrégation, qui se tiendra jeudi devant le Pape. On y pourra prendre quelque résolution pour terminer l'affaire de Cambray.

LETTRE CCLXIV.

L'ABBÉ BOSSUET A SON ONCLE.

A Rome, ce 29 avril 1698.

J'ai reçu la lettre que vous m'avez fait l'honneur de m'écrire de Meaux, du 6 avril, et la copie de la lettre de Madame de Maintenon, qui doit contribuer à me mettre l'esprit en repos par rapport au roi; et c'est le principal. Je vous supplie de vouloir bien témoigner à Madame de Maintenon ma reconnoissance infinie, égale assurément au service qu'elle m'a rendu, et au respect que j'ai pour elle et pour son mérite. Elle a la bonté de me faire faire par M. de Paris, des complimens et des excuses, si elle ne me fait pas de réponse: vous voyez les bontés dont je suis comblé.

Les Jésuites et le cardinal de Bouillon ne se lassent pas de faire paroître toujours quelque trait de leur malignité à mon égard. Des avis manuscrits secrets, de samedi dernier, disoient qu'il étoit venu de France de grandes plaintes contre l'abbé Bossuet, que le roi lui avoit donné ordre de partir de Rome ; mais que le cardinal de Bouillon l'avoit empêché par son crédit, et qu'il restoit à Rome avec un mauvais visage.

Vous voyez la fausseté, l'impertinence et la malignité dont ce récit est plein, et qu'on tâche par toutes sortes de voies, mais qui ne réussiront pas, s'il plaît à Dieu, de me faire perdre auprès du Pape et des cardinaux le peu d'estime qu'ils ont la bonté de me témoigner, et la créance qu'ils ont en ce que je leur puis dire sur l'affaire présente. Ces sortes de manuscrits sont très-méprisés ici, et sont toujours remplis de toute sorte de faussetés contre les honnêtes gens. Vous ne laissez pas de connoître par là combien il seroit avantageux, et à vous et à moi-même, qu'on vît, s'il y a moyen, par quelque preuve publique (a), que le roi n'est pas mécontent de moi. Pour ce qui regarde le mauvais visage, j'ose dire que depuis un mois je me porte à merveille : on ne sait ce que cela veut dire.

Je n'ai pu trouver le cardinal d'Aguirre, et je veux lui lire moi-même votre lettre, qui est telle qu'il faut dans les circonstances présentes : j'espère faire en sorte qu'il la communiquera au moins aux cardinaux du saint Office.

Je ne cesse de presser M. de Paris pour les faits : je lui marque qu'il n'y a rien à ménager là-dessus, que sans cela tout est à craindre ; mais que ce qui fera le plus d'impression, ce sera l'attestation du nonce ; que ce que le roi lui pourra dire là-dessus pour l'écrire ici, achèvera de déterminer, et contrebalancera la puissance de la cabale, et l'inclination que la plupart des cardinaux ont de prendre quelque *mezzo termine* pour contenter le cardinal de Bouillon.

Il seroit fort à propos de faire écrire M. le cardinal d'Estrées et M. le cardinal de Janson au cardinal Marescotti, que je crains fort malgré tout ce qu'il m'a dit, aussi bien qu'au cardinal Panciatici fort ami du cardinal de Janson, et aux cardinaux Spada, Albani et Ottoboni. Je suis comme assuré des cardinaux d'Aguirre, Casanate, Noris, Ferrari, et Altieri s'il assiste. Une lettre du cardinal d'Estrées au cardinal Carpegna feroit à merveille. Il

---

(a) Comme seroit la nomination à quelque évêché.

est bien juste d'opposer cardinal à cardinal ; mais un ministre est une terrible affaire à Rome.

L'ambassadeur d'Espagne s'est expliqué avec moi, et m'a avoué qu'il avoit d'abord été surpris dans cette affaire ; mais que depuis il avoit reconnu qu'on l'avoit trompé, qu'il voyoit de quel côté étoit la vérité, et le scandale que donnoient les partisans de M. de Cambray, en voulant soutenir sa doctrine. Il m'a assuré qu'il feroit sur cela dans l'occasion ce que je lui dirois. J'ai profité de cette circonstance, d'autant plus favorable, qu'il est piqué contre le cardinal de Bouillon et les Jésuites à l'occasion de Palafox, dont ils travaillent à empêcher la canonisation, qu'il est chargé de solliciter.

Je sais que l'ambassadeur de l'empereur continue à solliciter, et fortement, pour M. de Cambray : il croit par là s'attirer le cardinal de Bouillon, et brouiller la France. L'ambassadeur d'Espagne ne regarde pas les choses sous cette face à présent. Le sacriste est tout contre la France : il est payé par l'ambassadeur de l'empereur, et engagé par le cardinal de Bouillon.

Je vous envoie à tout hasard la première lettre de M. de Cambray contre vous. Elle est de la dernière foiblesse ; mais il faut pouvoir dire qu'on répond : entendra qui pourra ce qu'il dit. Vous verrez qu'il réduit son amour naturel, page 41, à l'inquiétude : il se voit perdu, il s'échappe où il peut.

Le frère de M. Toureil ira vous voir à Paris : c'est un fort honnête homme, persécuté par les Jésuites. Il a ici de bons amis, et est particulièrement estimé de plusieurs cardinaux. Je vous prie de le servir et même de le prévenir, si vous en trouvez l'occasion.

J'ai vu ce matin le cardinal Noris : j'en suis comme assuré. Je vis avant-hier le cardinal Ferrari : j'en espère bien. Ils entendent tout, sont éclairés, et aiment saint Augustin et saint Thomas.

Le provincial de Paris fait de son mieux. Le P. Philippe a comme promis de condamner en général le livre ; mais je ne le crois pas.

C'est demain que finit l'examen du livre : nous verrons le parti que prendront les cardinaux sur la division des examinateurs, et comment ils procéderont.

La maladie du Pape est cause que je ne l'ai pas vu : je le verrai assurément cette semaine ; Monseigneur Aquaviva m'avertira du temps commode. Sa Sainteté se porte toujours mieux : avec cela il faut avouer qu'elle baisse : je doute qu'elle passe l'année.

Voici le temps de la crise. Il seroit bien important que vous ne vous éloignassiez pas de la Cour : car s'il arrivoit quelque chose d'essentiel, qui demandât des éclaircissemens prompts, et qu'on eût besoin de votre secours pour parer quelque coup, je n'hésiterois pas à dépêcher un courrier. En effet tout devient ici de la dernière conséquence pour la religion et pour l'Etat. Je ne me rebuterai pas, s'il plaît à Dieu : je n'ai rien de caché pour M. Phelippeaux.

Je vous prie de continuer à remercier M. le nonce pour moi : il a écrit au prince Vaïni une lettre très-obligeante et très-avantageuse sur moi. Témoignez-lui combien j'en suis reconnoissant, et la manière dont je vous parle du prince Vaïni, qui fait de son mieux pour nous aider.

LETTRE CCLXV.

BOSSUET A SON NEVEU.

A Versailles, ce 5 mai 1698.

J'ai reçu votre lettre du 15 avril : vous aurez, par l'ordinaire prochain, le *Schola in tuto*. Je vous envoie, en attendant, la copie de deux pièces (a) dont l'une est l'aveu du P. La Combe, l'autre est une copie d'une lettre de M. l'archevêque de Cambray, que nous avons écrite de sa main, où sa liaison avec Madame Guyon est manifeste. Vous aurez bientôt une réponse de M. de Paris aux quatre lettres de ce prélat. J'en ferai une pareillement aux lettres qu'il m'écrit : M. de Chartres travaille aussi à un

---

(a) Les deux pièces sont la *Déclaration* du P. La Combe à l'évêque de Tarbes, et la lettre de Fénelon à Madame de Maintenon. Ces deux pièces, nous les avons données précédemment.

nouvel écrit. On a bien perdu du temps, mais on tâchera de hâter ce qui reste à faire.

On ne parle plus de votre affaire : tout le monde vous tient pour très-bien justifié, et il ne reste pas même un nuage sur ce sujet. Il faut achever : Dieu vous récompensera de tout ce que vous avez souffert pour la défense de sa cause. Vous ne devez point douter que je ne fasse dans l'occasion tout ce qui dépendra de moi.

Usez sobrement de la lettre de M. de Cambray à Madame de Maintenon; mais usez-en sans hésiter, quand il sera nécessaire.

Je partirai pour Meaux de vendredi en huit.

La *Réponse* de M. de Cambray *à la Déclaration des trois évêques*, que vous m'avez envoyée, est d'une autre édition que celle qu'il a adressée et répandue ici. La vôtre est en plus gros caractères, et contient deux cent trente-six pages : elle n'a point de nom de ville. La mienne est à Bruxelles, chez Fricx, et a cent cinquante-deux pages : je n'y ai point encore remarqué de différence pour les choses. On aura soin de collationner les deux éditions pour montrer les variations, s'il y en a : celles que M. Phelippeaux m'envoie sont impudentes.

LETTRE CCLXVI.

BOSSUET A SON NEVEU.

Paris, 12 mai 1698.

J'ai reçu hier seulement votre lettre du 22 avril. La calomnie tourne en louange pour vous, et en indignation contre les auteurs : vous l'aurez vu par la lettre de Madame de Maintenon, que je vous ai envoyée de Meaux.

Je suis fort aise que les examinateurs, qui sont bien intentionnés, conviennent de leurs qualifications. Si pour aller plus vite on prenoit le parti d'une condamnation générale, cela ne seroit pas à la vérité si honorable pour Rome, mais feroit ici le même effet.

Le *Quietismus redivivus* qualifiera bien; mais il faut auparavant faire l'ample relation dont on est convenu. Elle ne tient de ma part qu'à celle que M. de Paris doit faire paroître, et qu'il envoie aujourd'hui manuscrite à Rome : ce qu'on verra sera concluant. Il ne tient pas à moi qu'on ne diligente.

Ne craignez rien de M. de Chartres ; il est toujours le même par rapport à M. de Cambray. J'attends une lettre de lui, qui vous expliquera ses sentimens. Il est plus vif que jamais, et il voit plus clairement le péril extrême de l'Eglise dans le quiétisme renouvelé.

Je crois avoir écrit à M. Phelippeaux touchant M. Charmot, qui est affectionné par le cardinal Casanate, que j'ai parlé fortement en sa faveur à Messieurs des Missions étrangères, dont il est le procureur. Ils l'estiment beaucoup ; mais ces Messieurs sont un peu politiques. Je leur marquerai l'estime de M. le cardinal Casanate, ce qui sera d'un grand poids. Ayez soin de bien dire à ce cardinal que je ne négligerai rien de ce qu'il aura à cœur tant soit peu, à plus forte raison de ce qu'il affectionnera beaucoup. Je ne crois pas qu'on ait voulu rendre ici de mauvais offices à M. Charmot. Je m'en informerai, et non-seulement je prendrai hautement son parti, mais j'y engagerai tous mes amis : vous en pouvez assurer M. le cardinal Casanate, en lui renouvelant toujours mon grand respect.

Vous devez avoir reçu à présent le *Mystici in tuto*. Le *Schola in tuto* est parti vendredi dernier : vous trouverez la notion de la charité et les suppositions par impossible, traitées à fond. Il est parlé de cette matière dans le *Mystici in tuto* : mais le *Schola* emporte la pièce, et est tout à fait démonstratif.

M. de Reims part demain pour son diocèse, et moi vendredi pour Meaux jusqu'après l'octave, s'il n'arrive rien qui dérange ces dispositions.

Il ne faut pas s'attendre que je puisse m'aider ici pour le chapeau : cette dignité sera vraisemblablement pour M. l'archevêque de Paris, que M. le cardinal de Bouillon n'aimera pas plus que moi, mais qui aura toute la Cour pour lui. Il n'y a point d'apparence pour M. de Chartres. M. le cardinal de Bouillon tâchera de vous faire parler ; mais vous saurez bien être sur vos gardes.

Vous ne devez pas supposer que M. de Paris soit content de l'attente.

Voilà une lettre pour un cordelier, qui est opposé au P. Dias; il se faut aider de tout : vous la fermerez quand vous l'aurez vue, et vous la rendrez. Donnez nos livres à ce Père. Il me tarde que la Relation paroisse : travaillons pour Dieu.

Le P. Roslet vous communiquera la réponse de M. de Paris aux lettres de M. de Cambray : elle est admirable. La mienne s'imprime.

Le roi et Madame de Maintenon seront bien aises de mon avancement; mais ils n'agiront point, ni moi non plus.

N'hésitez pas à mander vos sentimens sur ce qui se passe à Rome. Nous pèserons ici ce qu'il sera utile de faire.

Vous devez cultiver avec soin Monseigneur Giori. M. de Paris a tiré de M. le cardinal d'Estrées une lettre de créance vers lui pour le P. Roslet : vous voyez le dessein.

Continuez, surtout pendant mon absence, à rendre compte à M. de Paris comme à moi-même.

Voilà la lettre de M. de Chartres; il parle assez nettement. Vous la pouvez supposer écrite à vous-même, ou en faire le dessus à qui vous voudrez.

LETTRE CCLXVII.

M. DE NOAILLES, ARCHEVÊQUE DE PARIS, A L'ABBÉ BOSSUET.

Paris, 12 mai 1698.

Je voudrois bien, Monsieur, pouvoir vous écrire à loisir; mais le temps que j'ai été obligé de donner pour mettre ma réponse à M. de Cambray en état de partir, m'a ôté celui dont j'aurois besoin pour vous faire une longue lettre. Je perdrois le courrier, si je ne me pressois. Je vous rends graces du soin que vous continuez de prendre de me mander ce qui se passe dans notre affaire. J'espère toujours que malgré les efforts de la cabale, la vérité triomphera.

Je vous envoie une copie de ma *Réponse aux quatre lettres de*

M. de Cambray : je ne l'ai pas fait imprimer pour les raisons que le P. Roslet vous dira. Je lui mande d'en faire faire autant de copies que vous et lui le jugerez à propos, en attendant qu'on puisse vous en envoyer des exemplaires imprimés : car il y en aura sans doute; mais ce ne sera pas moi, ni personne de ma part, qui la mettra sous la presse. J'envoie aussi par cet ordinaire au P. Roslet plusieurs exemplaires de mon *Instruction* traduite en latin : il vous en donnera une partie : j'espère qu'elle fera du bien. Ma *Réponse* en doit faire aussi ; car le fait y est éclairci assez fortement, ce me semble, et très-véritablement. Je compte envoyer dans peu des actes qui étonneront, et feront voir le fond de cette affaire, qu'on n'a pu pénétrer jusqu'à présent. Mais on ne me permet pas de vous en dire davantage. Je suis, Monsieur, à vous parfaitement.

M. de Chartres travaille, et on verra bientôt à Rome un ouvrage de sa façon.

LETTRE CCLXVIII.

M. GODET DES MARAIS, ÉVÊQUE DE CHARTRES, A L'ABBÉ BOSSUET.

A Paris, ce 12 mai 1698.

J'apprends qu'on sème à Rome le bruit que j'ai changé de sentiment sur le livre de M. l'archevêque de Cambray, intitulé *Explication des maximes des Saints*. Je vois même par la réponse qu'il a fait imprimer contre notre *Déclaration*, qu'il cite l'explication qu'il m'a donnée comme pour en prendre avantage, et pour rendre la cause que nous soutenons odieuse au public, en disant qu'elle étoit saine et naturelle, et que cependant nous l'avions rejetée. Il ajoute que nous avons presque partout changé le texte de son livre. Je vais incessamment, Monsieur, répondre aux faits qu'il allègue comme incontestables et qui ne sont pas véritables, en lui opposant sa première réponse, qui sans doute le couvrira de confusion ; et j'exposerai ingénument ce qui s'est passé entre nous, dont j'ai la preuve littérale par ses lettres et par les miennes.

En attendant, Monsieur, je vous supplie de témoigner à ceux auxquels vous le croirez à propos, que je suis plus que jamais persuadé de la mauvaise doctrine de son livre; et que je justifierai par l'explication manuscrite qu'il m'a envoyée avant l'impression de son *Instruction pastorale*, qu'il donnoit alors à son livre le sens naturel que nous lui avons donné, et qui est entièrement opposé à celui qu'il lui donne aujourd'hui. Que pense-t-on d'un homme qui se coupe dans ses défenses? que sa cause est mauvaise, et qu'il ne peut la défendre. J'espère que vous verrez dans l'écrit que je dois vous envoyer dans quinze jours, une conviction claire contre M. l'archevêque de Cambray, et par le texte de son livre, et par la première explication qu'il m'en a donnée et qu'il cite aujourd'hui. J'espère aussi, Monsieur, que vous voudrez bien détromper sur mon chapitre ceux qui m'ont cru changé sur de faux bruits. Je suis ravi d'avoir cette occasion de vous assurer du zèle avec lequel je suis, Monsieur, votre très-humble et très-obéissant serviteur.

† PAUL, év. de Chartres.

LETTRE CCLXIX.

L'ABBÉ PHELIPPEAUX A BOSSUET.

A Rome, ce 13 mai 1698.

Depuis que l'examen est fini, les cinq examinateurs déclarés contre le livre se sont assemblés deux fois. Ils ont extrait quarante-cinq propositions, et ont commencé à les qualifier : demain ils s'assembleront pour continuer, et pourront peut-être finir. Il a été résolu que tous en particulier feront leur rapport à la congrégation des cardinaux; ce qui selon toutes les apparences, tiendra plusieurs séances.

Il y a quelques jours que j'eus une fort longue conférence avec l'archevêque de Chieti, où je lui proposai les motifs les plus pressans que je pus. Il m'assura qu'il n'étoit pas d'avis de justifier le livre en tout, y trouvant beaucoup de choses scandaleuses : mais je ne sais quel fondement on peut faire sur un homme dont la tête tourne à tout vent comme une girouette.

Depuis le départ du provincial des Carmes déchaux, j'ai vu le P. Eugène, vicaire-général, ami de l'ex-général, que j'instruisis de toutes choses pour les insinuer : il m'a dit que l'ex-général n'approuvoit pas en tout le livre. Je ne sais quel parti prendra le sacriste. Pour les deux autres, je ne vois pas qu'on puisse rien espérer d'eux ; la partie est trop liée, et la cabale est bien connue ici. Il suffit que ces gens-là ne conviennent pas ensemble ; et il sera difficile qu'ils conviennent tous à justifier le livre en tout.

Je ne doute pas que l'abbé de Chanterac et les Jésuites n'aient répandu en France comme ici que tous les examinateurs approuvoient le fond de la doctrine, et n'improuvoient que quelques expressions : ne vous alarmez pas de ce faux bruit. Les cardinaux Ferrari et Noris sont bien intentionnés. La déclaration du P. La Combe et l'emprisonnement de quelques quiétistes mis au saint Office, font un bon effet, et font plus d'impression que les meilleurs raisonnemens. On voit par là combien le mal est répandu, et quel remède il y faut apporter. Le cardinal Albane a déclaré au P. Roslet, que sa résolution et celle du Pape étoient de qualifier les propositions. Je craignois un peu du cardinal Albane, assez attaché à M. le cardinal de Bouillon et aux Jésuites : mais il aime sa réputation et celle du saint Siége.

Je vis le jour de l'Ascension M. le cardinal de Bouillon, à qui l'abbé de Chanterac avoit donné une quatrième lettre contre vous : je n'eus pas la commodité de lui parler longtemps. Je le priai de me dire s'il avoit vu la pièce du P. La Combe : il me demanda si nous avions un certificat de son authenticité. Je lui répondis que M. de Paris l'avoit envoyée, et qu'il ne falloit pas douter de son authenticité : il me répliqua qu'il n'en doutoit point.

J'ai instruit les théologiens des cardinaux Altieri et Ottoboni. Le livre de *Mystici in tuto* n'est pas encore arrivé : j'en ai été affligé ; car le temps est précieux. J'appréhende qu'on ne l'ait retardé exprès : nous avons affaire avec des gens capables de tout. C'est à vous à veiller, et à donner de bons ordres pour éviter la surprise. Nous attendions aussi les écrits de M. de Paris, où il doit faire voir des faits justificatifs et même, à ce qu'on m'a dit, montrer qu'avant que l'affaire fût portée à Rome, on n'avoit pas parlé du dénouement de l'amour naturel dans toutes les réponses qu'on avoit données : c'est un fait important. N'oubliez pas, je vous prie, de publier les falsifications de l'édition latine. Quoique les examinateurs les connoissent, il est bon que le public en soit informé. Les manuscrits ne peuvent se communiquer qu'à peu de personnes.

Le théologien du cardinal Carpegna est bien instruit et bien intentionné. Ce qu'il y a à appréhender, c'est que ceux qui prétendent à la papauté ne soient portés à avoir divers égards pour le cardinal de Bouillon et pour les Jésuites, qui se font tout-puissans à la Cour. L'assesseur est à Albane : il a demandé congé pour quinze jours, prétendant cause d'infirmité; ce qui a retardé les mesures qu'on auroit pu prendre. M. le cardinal de Bouillon est à la vigne de Benedetti, appartenante au duc de Nevers, aux portes de Rome. Il m'a dit qu'il ne s'éloigneroit pas de Rome, pour presser davantage le jugement de l'affaire. Je ne crois pas qu'elle puisse finir avant le mois d'août ou juillet. Je suis, etc.

LETTRE CCLXX.

L'ABBÉ BOSSUET A SON ONCLE.

Rome, 13 mai 1698.

J'ai reçu la lettre que vous m'avez fait l'honneur de m'écrire, du 20 avril. J'entre avec M. de Paris plus dans le détail des raisons que j'ai eues de ne pas donner dans le piége qu'on me tendoit pour me faire consentir, sous prétexte d'abréger, à laisser là les qualificateurs, pour aller tout de suite à la Congrégation des cardinaux et au Pape. Quand même nous l'aurions tous voulu fortement, le Pape et les cardinaux n'y auroient jamais consenti; cette manière de procéder étant contre toutes les règles, et véritablement injuste et déshonorante pour le saint Siége, qu'on auroit accusé, quoi qu'il eût pu faire, de précipitation. Ainsi, outre l'impossibilité que ce dessein réussît, qu'auroient pu faire les cardinaux sur un pareil livre, qui n'auroit pas été examiné ? Il n'y eût point eu de propositions extraites, la matière fût restée informe; et par conséquent les cardinaux n'étant pas instruits n'auroient pu que concevoir des doutes, et demeurer incertains du parti qu'ils auroient à prendre. J'ose dire que l'affaire étoit ruinée : aussi étoit-ce le but de ceux qui proposoient l'expédient : et si j'avois donné dans leur piége, c'étoit le moyen de faire haïr les évêques, et de porter à croire que l'animosité seule avoit part à leur conduite, puisqu'ils pressoient un jugement du saint Siége, et qu'ils ne vouloient pas qu'on examinât et qu'on s'éclaircît dans une matière si importante et si délicate. Dieu me fit la grace d'entrevoir la malignité du dessein de nos ennemis, et de faire revenir par la conduite que je tins les esprits de tous les cardinaux et du Pape qu'on avoit aliénés (a). Les cardinaux Ferrari, Casanate, Noris et Spada me l'ont avoué, et furent très-édifiés de me voir entrer dans leurs vues, d'autant plus qu'on commençoit à marcher bien diligemment et sérieusement, et que tout ce qu'on auroit pu dire auroit été inutile et auroit produit un très-mauvais effet. Au contraire la manière dont je me comportai en fit un très-bon, et persuada MM. les cardinaux de la droite intention des évêques et du roi, qui ne souhaitoient autre chose que l'éclaircissement de la vérité et une décision solide : c'est aussi ce qui met en droit de demander à présent une décision digne du saint Siége.

Les cinq qualificateurs contraires au livre ont ordre de rédiger les propositions, qu'ils réduisent, je pense, à une trentaine, prises mot à mot du livre et toutes incontestablement condamnables : on les communiquera aux cinq autres, puis chacun donnera en son particulier son vœu. Nous verrons si les cinq favorables au livre oseront approuver ces propositions toutes nues, que les cinq autres qualifient d'hérétiques, erronées, etc. Je ne puis m'empêcher d'espérer qu'il y aura quelque diversité dans leurs vœux, surtout dans celui du carme et de l'archevêque de Chieti; ou qu'ils mettront au moins le sens dans lequel ils l'approuvent, qui ne peut être le sens naturel et par où on les combattra. Voyez, je

(a) Vous voyez bien qu'il prévoit tout, qu'il dispose tout, qu'il fait tout.

vous prie, où nous en serions, si l'affaire avoit été portée d'abord au tribunal du Pape et des cardinaux, confuse et embrouillée comme elle étoit.

 Le cardinal Casanate m'a fait entendre que son avis étoit que l'Eglise romaine fît quelque chose de magistral et de lumineux en cette occasion, qu'elle n'en auroit jamais une plus belle. J'ai entrevu que son dessein seroit que le saint Siége s'expliquât contre les quiétistes, qu'il déclarât précisément ce qu'il faut croire pour l'opposer à cette doctrine, et qu'ensuite il condamnât le livre si on le trouvoit condamnable. Ce seroit suivre l'idée des évêques de France dans leurs articles. Je n'ai pas manqué de lui faire remarquer, en louant fort ce dessein, quelle en étoit la difficulté; que malgré ce qu'avoient fait les évêques, qui croyoient avoir tout prévu, M. de Cambray en prétendant expliquer ces mêmes articles, avoit trouvé le moyen de répandre et de couvrir son venin dans son livre; qu'il ne manqueroit pas de prétendre qu'il n'avoit pas voulu dire autre chose que ce que le saint Siége auroit déterminé; qu'ainsi il falloit que l'Eglise romaine, pour faire quelque chose de solide, décidât sur la doctrine contenue dans le livre. Il en est convenu; et c'est ce que j'ai fait remarquer aux cardinaux Noris et Ferrari, qui ne se sont pas expliqués si clairement avec moi sur cela; mais je ne doute pas qu'ils n'entrent dans les vues du cardinal Casanate. Je suis persuadé que ce sont ces trois personnes, avec le cardinal Spada, qui donneront le branle à tout.

 Il m'étoit venu en pensée de vous proposer de travailler dans cette vue, et par rapport à la doctrine de Molinos, des quiétistes et de M. de Cambray, de dresser des articles de doctrine en forme de canon ou autrement, dans lesquels seroient proscrites les erreurs des quiétistes et de M. de Cambray. Je suis persuadé que dans l'Eglise de Dieu vous êtes le seul capable de réduire à des points précis cette matière abstraite et difficile, où il ne faut toucher que ce qui est mauvais.

 Je trouverois par le moyen du cardinal Casanate, les facilités de proposer votre travail, que je tiendrois secret et que l'on pourroit adopter ici. Cela leur épargneroit bien de la peine, et ils en auroient certainement beaucoup de faire mieux. Pensez-y, s'il vous plaît, et n'y perdez point de temps ; envoyez-moi au moins quelque projet là-dessus, qui puisse donner des lumières. On peut tout confier à M. le cardinal Casanate, qui se fie assez à moi. Je parle de cette vue en général à M. l'archevêque de Paris, vous lui communiquerez le reste : il faut là-dessus un grand secret.

Le cardinal de Bouillon et les Jésuites sont toujours les mêmes. Le cardinal voit avec douleur que le Pape veut décider sur la doctrine : cela les a déconcertés, et ils sont démontés depuis qu'ils savent la manière dont je parle là-dessus, et que le Pape à la suite de mon audience a dit qu'il vouloit faire quelque chose d'honorable et de décisif. Je démonte le cardinal de Bouillon quand je lui dis qu'il est juste, s'il n'y a rien de mauvais dans le livre, qu'il passe pour la règle de la vie intérieure et spirituelle, étant construit de manière à n'être pas approuvé ni improuvé à demi. Il voit bien où va la conséquence infaillible, et selon moi inévitable de ce raisonnement. Toute leur espérance étoit dans un *mezzo termine ;* mais j'ai lieu de croire ce dessein bien éloigné. Ils n'ont plus guère de ressource que dans quelque changement de cette Cour; mais, Dieu merci, la santé du Pape n'y fait voir aucune apparence.

Je n'espère pas que l'affaire finisse avant le mois de juillet ou d'août, surtout si on a le dessein que je vous marque.

Je ne laisse pas d'inculquer fortement la nécessité de décider bientôt, et que le délai seul est un grand mal dans les circonstances présentes. Il faut que les coups viennent à présent du côté du nonce, et qu'il demande une décision sur la doctrine du livre comme nécessaire à la France.

Le P. Dez menace de partir bientôt : il nous a fait tout le mal qu'il a pu. Il est très-fourbe, très-malin, et plus que je ne pensois. Il a tenu ici des discours très-pernicieux sur la France et sur Madame de Maintenon, qui retombent tous sur le roi, qu'il n'épargne qu'en apparence. Je suis persuadé qu'il me hait bien. Il a trouvé fort mauvais que j'aie osé dire que je m'étonnois que les Jésuites eussent si peu de ménagement dans une affaire qui concerne les évêques de France, et où le roi prend un intérêt si public, et que je les aie regardés comme parties. Mais le P. Dez devroit se rendre justice et à moi aussi ; car leurs manœuvres crèvent les yeux à tout le monde. Ce qui fâche les Jésuites, c'est que j'ai prévenu par mes démarches bien des coups qu'ils vouloient porter.

C'est le P. le Valois que l'on vous a voulu marquer par le directeur mis auprès d'un grand prince (a) : il me semble que c'est lui que M. de Cambray a mis auprès de M. le duc de Bourgogne.

L'affaire de M. Coadelets (b) ne laisse pas d'être bizarre, et signifie bien des choses : je crois le P. de la Chaise assez mortifié. J'ai des raisons de ne pas douter que le coup ne vienne de Madame de Maintenon, de M. de Paris et de M. Brisacier.

Le P. Cambolas, jusqu'ici, a plus de part que personne au généralat.

M. le cardinal de Bouillon se fait ici haïr et mépriser de tout le monde.

Le Pape est en bonne santé : il faut pourtant avouer qu'il est un peu baissé.

Je n'ai point encore reçu le paquet de *Mystici in tuto*, et n'en ai aucune nouvelle. Prenez des mesures assurées pour les autres : je crains quelque malice à Lyon.

LETTRE CCLXXI.

M. DE NOAILLES, ARCHEVÊQUE DE PARIS, A L'ABBÉ BOSSUET.

Paris, 19 mai 1698.

J'ai reçu, Monsieur, votre lettre du 29 : je suis fâché que les miennes n'aillent pas à vous plus régulièrement ; je ne sais pas pourquoi celle du 24 a été retardée.

Je ne vous dis plus rien sur votre affaire : on n'en parle plus, et on paroît tout à fait revenu des premières impressions : ainsi vous pouvez être en repos.

Voilà donc enfin l'affaire du livre hors des mains des examinateurs : j'attends avec impatience des nouvelles de leurs vœux,

---

(a) Voyez le *Mémoire du P. Latenai*, ci-dessus, pag. 366. — (b) Bossuet parle de cette affaire dans sa lettre du 28 avril. Voyez ci-dessus, p. 402.

quoique je ne voie guère d'espérance que leur partage ait cessé. Ils ne se seront pas fait honneur, s'ils sont demeurés toujours ainsi divisés.

Ce que vous me mandez de la disposition des cardinaux et de la fermeté du Pape, me fait espérer qu'ils agiront d'une manière plus digne du saint Siége. Il faut s'attendre que M. le cardinal de Bouillon continuera jusqu'au bout ses efforts pour son ami. M. Giori vous aidera plus que personne à soutenir le Pape : il me paroît important que vous concertiez toujours toutes choses avec lui.

Le P. Alemanni est assurément le seul de sa société qui condamne le livre : quoiqu'il y en ait plusieurs ici qui disent hautement qu'ils ne l'approuvent pas, on voit cependant que dans le fond de leur cœur ils sont attachés du moins à l'auteur, et ils font sous main tout ce qu'ils peuvent en sa faveur.

Je vous envoyai la semaine passée ma *Réponse aux quatre lettres de M. de Cambray*, et mon *Instruction* en latin. M. de Chartres fera imprimer cette semaine son ouvrage sur les variations de M. de Cambray. Nous faisons ce que nous pouvons ; mais toute mon espérance est en Dieu, qui ne permettra pas que la vérité soit opprimée. Je me recommande à l'honneur de vos bonnes graces, et suis toujours, Monsieur, à vous de tout mon cœur.

LETTRE CCLXXII.

L'ABBÉ LEDIEU A L'ABBÉ BOSSUET.

A Meaux, ce lundi de la Pentecôte, 19 mai 1698.

M. de Meaux, Monsieur, reçut ici samedi dernier 17, votre paquet du 29 avril. Il est, Dieu merci, en parfaite santé, après avoir fait tout l'Office d'hier à l'ordinaire avec un grand sermon. Il n'a pu vous écrire ce matin, ayant été entièrement occupé à finir sa *Réponse aux quatre lettres* que M. de Cambray lui a adressées imprimées.

Tout ce que j'ai à vous dire, Monsieur, c'est que la réponse françoise de notre prélat achève de s'imprimer, et qu'elle vous sera envoyée sans faute par le premier ordinaire. Vous devez avoir reçu par la dernière poste le *Schola in tuto*, ou vous le recevrez par cet ordinaire-ci ; car il arrive quelquefois, quelques bonnes mesures que l'on prenne, que les paquets sont retardés à Lyon d'un ordinaire à l'autre.

Pour achever le dessein de Monseigneur, il auroit fallu ajouter un troisième traité latin, sous ce titre : *Quietismus redivivus* : il a sursis à l'impression de ce traité, estimant plus nécessaire et plus pressant d'imprimer sa *Réponse* françoise *aux quatre lettres*. Elle sera suivie de la narration de toute cette affaire et de toute la conduite de M. de Cambray. Ses lettres à notre prélat, sur sa soumission et son attachement à la doctrine de M. de Meaux, seront aussi imprimées entières ou par extrait, comme il conviendra, avec celle que notre prélat écrivit à M. de Cambray dans le temps de la publication de son livre, lui en prédisant le mauvais succès. Enfin on n'épargnera rien, et on ne le ménagera plus aucunement, parce qu'il faut instruire le public de tout le danger de sa doctrine.

M. de Paris vous a envoyé manuscrite par le dernier courrier, sa *Réponse aux quatre lettres* que M. de Cambray lui a aussi écrites, laquelle réponse sera imprimée incessamment. M. de Chartres va aussi faire paroître son écrit, qui contiendra les variations de M. de Cambray dans ses explications pour défendre son livre, et dans ses diverses réponses qui ont suivi.

Monseigneur croit que tout est en bon train présentement à Rome. Il vous exhorte à prendre courage jusqu'à la fin : il espère qu'elle sera heureuse pour l'Église et pour la vérité, attribuant ce bon succès en grande partie à votre zèle et à votre travail infatigable. Il vous envoie sa sainte bénédiction.

LETTRE CCLXXIII.

L'ABBÉ BOSSUET A SON ONCLE.

Rome, ce 20 mai 1698.

J'ai reçu la lettre que vous m'avez fait l'honneur de m'écrire, du 28 avril : j'ai reçu aussi le *Mystici in tuto*, qui est admirable.

Sa Sainteté a reçu par le dernier courrier une lettre très-pressante du nonce, et très-précise de la part de Sa Majesté. Le Pape en fut alarmé, et ses ministres ont eu de la peine à l'apaiser. Il vouloit qu'on finît sur-le-champ l'affaire. Cela étoit impossible à moins qu'on ne prît un *mezzo termine*; ce qu'ils assurèrent à Sa Sainteté qui ne convenoit pas, et ce qu'ils savoient par ma bouche que j'appréhendois le plus, et avec raison.

Messieurs les cardinaux Spada et Albane me firent avertir de tout, et me firent dire d'aller trouver le Pape pour lui parler en conformité, et lui mettre l'esprit en repos, en l'assurant que j'étois témoin qu'on ne perdoit point de temps, et que je l'écrirois. J'y fus avant-hier sur-le-champ, et cela mit le Pape un peu en repos. Je pris occasion de lui parler sur toute cette affaire, et lui dis qu'il ne devoit pas s'étonner des instances nouvelles de Sa Majesté, ni de son zèle; qu'elle voyoit sous ses yeux la cabale croître tous les jours, et le feu prêt à se mettre aux quatre coins de son royaume par le retardement qu'on apportoit, et par la division qui paroissoit dans la Cour de Rome; que tout le royaume, ainsi que Rome, retentissoit des bruits répandus par les partisans de M. de Cambray, que le saint Siége ne décideroit rien et n'oseroit le faire; qu'on se vantoit publiquement qu'on traîneroit l'affaire en longueur, et qu'on gagneroit un autre pontificat; que tous ces bruits étoient portés aux oreilles du roi par ceux qui favorisoient le plus M. de Cambray. Là-dessus je m'étendis sur le scandale de cette division des théologiens de Sa Sainteté, et entrai dans un détail nécessaire sur ceux qui avoient été ajoutés. Je n'oubliai rien de ce qui pouvoit faire le plus d'impression, et je fus écouté très-favorablement. Sa Sainteté leva les épaules sur cette division, m'en témoigna son chagrin, m'assura que cela ne feroit aucun tort, et qu'il ne falloit pas s'étonner que cela arrivât quelquefois sur des matières si difficiles. Sur ce que je lui dis que les amis de M. de Cambray assuroient qu'il n'y auroit point de décision, il me répondit plusieurs fois : *S'inganneranno, s'inganneranno :* « Ils se tromperont, ils se tromperont. » Je l'assurai que j'étois témoin et en rendrois témoignage, que depuis que les deux cardinaux présidoient aux conférences, on ne pouvoit procéder avec plus de diligence.

Les cardinaux Spada, Panciatici, Albane et Ferrari m'attendoient dans l'antichambre de Sa Sainteté pour me parler. Je leur rendis compte de ce qui s'étoit passé : je n'oubliai rien de ce que je crus nécessaire, pour leur faire comprendre la nécessité d'une décision forte et honorable au saint Siége. Je leur parlai fortement sur la division des examinateurs, sur celle qu'on publioit qui seroit parmi les cardinaux, du grand scandale et du grand mal que cela causeroit à Rome, en France et parmi les hérétiques. J'ajoutai qu'il n'y avoit point d'autre moyen pour réparer le mal actuel, que l'authenticité d'une décision digne du saint Siége. Ils parurent être satisfaits de ce que je leur disois et de la manière : c'étoit la vérité qui me faisoit parler.

Le Pape me dit qu'on tiendroit toutes les semaines, outre les assemblées ordinaires du saint Office, une extraordinaire pour aller plus vite, et c'est tout ce qu'on peut faire.

Cette assemblée fut tenue hier pour la première fois : on fit venir les qualificateurs. Les cinq favorables au livre ne convinrent pas tout à fait des propositions extraites par les cinq autres : ils affectèrent de trouver quelques difficultés. On leur ordonna de s'assembler, de convenir de la vérité des propositions et de les signer; après quoi chacun donnera son vœu et les qualifications en particulier.

Le cardinal de Bouillon est furieux de la nouvelle démarche du roi et du nonce. Le cardinal pressoit assez, depuis quelque temps, pour qu'on finît cette affaire; mais il ne s'attendoit pas qu'elle prît un si bon tour, et qu'on rejetât tous les *mezzo termine.*

On fait craindre au Pape, si l'on qualifie les propositions dans le décret, qu'on n'accable Rome d'écrits, à cause des mystiques et scolastiques, qui parlent comme M. de Cambray, à ce qu'ils prétendent. Tout fait trembler le Pape. Le cardinal Casanate fera des merveilles auprès de lui.

Le cardinal de Bouillon publioit partout, ainsi que ses amis, que la France et le roi revenoient fort pour M. de Cambray : il l'a dit ici publiquement.

Qu'est-ce que le roi attend pour ôter à M. de Cambray le préceptoriat? cela produiroit un grand effet, et il est temps d'agir. Il faut dépêcher les *Relations*, sans quoi elles viendront trop tard : les faits surtout sont bien essentiels.

Un ambassadeur, tel qu'il fût, serviroit beaucoup, pourvu que ce fût un homme de bonne intention, et qui aimât le roi, la nation et la religion.

Je rends compte à M. l'archevêque de Paris, encore plus amplement qu'à vous, de ce qui s'est passé entre les cardinaux, le Pape et moi.

Le cardinal de Bouillon est très-mortifié : il ne manquera pas de dire que c'est lui qui a fait doubler les conférences, mais c'est cette dernière instance de Sa Majesté, qui a été plus vive qu'aucune, et qui a fait une impression très-forte.

On a beau m'assurer ici du cardinal Ferrari : j'appréhende que son naturel mou, son amitié et ses liaisons avec le P. Philippe, carme, ne le portent à épargner M. de Cambray; mais cela va du plus au moins.

J'ai donné moi-même au carme le *Mystici in tuto*, et lui ai fait voir sans réplique le mauvais pas où sa prévention jetteroit le saint Siége, s'il ne revenoit. Il est ébranlé; mais la prévention et l'engagement sont une terrible chose.

J'ai vu le cardinal Noris; il fera bien. On veut dans Rome, qu'il ait dit que le cardinal de Bouillon lui avoit écrit pour l'engager en faveur du livre; et qu'il avoit répondu qu'il ne pouvoit aller contre sa conscience. Cela passe ici pour constant; mais je ne puis le croire, car cela me paroît trop marqué.

Il ne laisse pas de paroître étonnant à tout le monde que le roi soit si déclaré contre M. de Cambray, et qu'il souffre ici le cardinal de Bouillon faire le personnage qu'il y fait sur une affaire si importante pour la religion et pour l'Etat. Cela retombe sur le roi; on n'y entend rien, et à la lettre la conduite du cardinal fait un mauvais effet pour le roi. Vous ne sauriez vous imaginer les mauvaises impressions que donnent ici le cardinal de Bouillon et les Jésuites du roi et de Madame de Maintenon, pour décrier leur témoignage sur M. de Cambray.

Encore une fois ne perdez pas de temps pour m'envoyer les preuves de la liaison du P. de La Combe, de Madame Guyon et de M. de Cambray.

Fabroni continue ses brigues : je crains un peu Collorédo.

LETTRE CCLXXIV.

BOSSUET A SON NEVEU (a).

A Germigny, ce 25 mai 1698.

M. Ledieu vous écrivit un mot de ma part sur votre lettre du 29 avril. J'ai reçu celle du 6 mai, où vous rendez bon compte de votre audience : j'en suis très-content, et j'en rends compte à la Cour. Rien ne peut mieux justifier les faits que de les imprimer publiquement. Je presse MM. de Paris et de Chartres. Je fais une *Relation*, où la lettre de M. de Cambray, dont je vous ai envoyé copie, sera imprimée tout du long, aussi bien que les lettres que ce prélat m'a écrites.

Il me tarde que vous ayez le *Mystici in tuto* et le *Schola in tuto*. On a fait partir pour Rome vendredi dernier, ma *Réponse aux quatre lettres* que M. de Cambray m'a adressées (b), qui prépare bien la voie à ma *Relation*. Depuis, il en imprime une cinquième. Je ne répondrai plus, ni ne ferai rien que ma *Relation* et *Quietismus redivivus*. La *Relation* est aussi nécessaire pour ici que pour là : M. de Cambray sera couvert de confusion.

N'hésitez pas à dépêcher un courrier exprès, quand la chose le méritera : j'en ferai autant d'ici. Mon frère vous mandera l'état

(a) Revue sur l'original. — (b) Cette *Réponse* se trouve vol. XIX, p. 524.

de sa santé : la mienne est parfaite à l'ordinaire, Dieu merci. Vous voyez que je profite de tous les avis.

J'embrasse M. Phelippeaux, que je remercie de sa lettre très-instructive.

Il faut insinuer la condamnation de tous les livres faits en défense de celui de M. de Cambray, et, s'il se peut, qu'on ne parle point de l'Inquisition, à cause de nos coutumes, quoiqu'au reste cela n'arrêtera pas.

LETTRE CCLXXV.

M. DE NOAILLES, ARCHEVÊQUE DE PARIS, A L'ABBÉ BOSSUET.

26 mai 1698.

Voilà donc, Monsieur, l'examen du livre fini : j'espère que les cardinaux s'en tireront plus utilement pour l'Eglise et plus honorablement pour eux. Vous avez fait une très-grande affaire, de prévenir le Pape contre le *mezzo termine* qu'on lui vouloit proposer. J'ai bien de la joie que Sa Sainteté vous ait donné une audience si favorable. Je vous rends grâces du détail que vous m'en faites : vous y avez parlé à merveille. Continuez toujours, s'il vous plaît, à veiller sur toutes les démarches de la cabale, et à vous y opposer fortement : il faut espérer qu'elle sera à la fin confondue, Dieu ne pouvant abandonner la vérité que nous défendons.

Si vous avez les cardinaux Noris et Ferrari, nous serons bien forts ; mais il faut prendre garde qu'on ne les affoiblisse : tout est à craindre, quand on a affaire à des gens du caractère de ceux qui nous traversent.

Le P. Roslet vous donnera des exemplaires imprimés de ma *Réponse* à M. de Cambray : je lui en envoie aujourd'hui plusieurs, dont il vous fera telle part que vous voudrez. J'espère qu'elle produira quelque bien à Rome. Je suis fâché de ne pouvoir faire celle-ci plus longue. Ne me faites point d'excuses de faire les vôtres trop étendues : elles me font un grand plaisir. J'en aurois beaucoup de pouvoir y répondre plus amplement, mais il n'y a pas moyen aujourd'hui. Je finis en vous assurant que je suis à vous, Monsieur, parfaitement.

LETTRE CCLXXVI.

L'ABBÉ PHELIPPEAUX A BOSSUET.

A Rome, ce 27 mai 1698.

Je vous envoie les propositions accusées et fidèlement extraites, qui regardent M. d'Amiens : vous verrez par vous-même l'insolence du délateur. J'aurai sur cela toute l'attention que vous souhaitez. J'ai vu ce qu'a fait Campioni, j'en suis content; et je crois que l'affaire dont il traite n'aura pas de suite, quand il aura représenté le fait tel qu'il est. En tout cas j'aurai soin de vous en avertir, et de veiller à ce qui se fera. Je crois qu'il faut encore garder le silence sur cet article.

Bernini, assesseur du saint Office, mourut samedi subitement à Albane : on parle de plusieurs concurrens à cette charge, qui n'est pas encore remplie.

Jeudi et samedi derniers, les examinateurs reconnurent ensemble trente-huit propositions extraites du livre. On a réduit à ce nombre plus de cent propositions, que la plupart des nôtres avoient jugées dignes de censures : ce sont les principales, et il a fallu s'accommoder à ce nombre pour ne pas se diviser. Parmi ces trente-huit, on n'a point mis celle-ci : *L'amour de pure concupiscence prépare à la justice;* et cette autre : *Tout ce qui ne vient pas de la charité vient de la cupidité.* Peut-être pourra-t-on les ajouter dans la suite, du moins plusieurs en feront mention, et j'ai insisté sur cela.

Il y eut hier congrégation des cardinaux, où assistèrent tous les examinateurs. Alfaro vota sur la première proposition. On ne sait pas encore si chaque examinateur votera de suite sur toutes les propositions : l'ordre n'est pas encore établi. On lut dans la congrégation la *Déclaration du P. La Combe* et la *Lettre* de M. de Cambray. Ces deux pièces feront plus d'impression que vingt démonstrations théologiques ou mathématiques. Voilà les argumens dont nous avons le plus de besoin; mais il faut les rendre authentiques, en montrant les originaux à M. le nonce, et lui en donnant copie : car les partisans de M. de Cambray ont déjà commencé à dire que la lettre étoit supposée. J'espère que les interrogations qu'on fera au P. La Combe et sa confrontation pourront découvrir quelque mystère. Il n'est plus question de ménager une personne qui doit s'imputer sa perte : la vérité et la religion sont préférables à tout. Demain matin il y aura encore congrégation : il y en aura au moins deux chaque semaine.

Le frère de M. Toureil a envie de vous faire la révérence : il pourra s'adresser à M. Ledieu pour vous être présenté. Il seroit peut-être bon qu'il revînt à Rome : sa capacité y seroit de grande utilité en plusieurs occasions.

Vous voyez qu'il n'y a point de temps à perdre pour nous envoyer vos derniers ouvrages, et encore plus les faits bien authentiques, qui sont plus importans. Les gens arrêtés au saint Office depuis peu, jusqu'au nombre de plus de trente personnes, commettoient les dernières ordures. M. l'abbé vous instruira de tout. Je suis avec un profond respect, etc.

LETTRE CCLXXVII.

L'ABBÉ BOSSUET A SON ONCLE.

Rome, 27 mai 1698.

J'ai reçu la lettre que vous m'avez fait l'honneur de m'écrire, du 5 mai, et les copies de la *Déclaration du P. La Combe*, que j'avois il y a longtemps et dont j'ai déjà fait un bon usage, ainsi que de la lettre admirable de M. de Cambray à Madame de Maintenon. Cette dernière pièce est de la dernière conséquence : elle est venue très-à propos. Car j'ai si bien fait connoître ici le directeur et la dirigée, que M. de Chanterac et ses protecteurs ont publié partout, et dit cent et cent fois que cela n'avoit rien de commun avec M. de Cambray; que ce prélat n'avoit jamais parlé que trois fois très-légèrement à Madame Guyon, et que tout ce qu'on disoit là-dessus étoit imposture. A présent je ne vois pas ce que l'on pourra dire. La lettre manifeste l'amitié : la liaison est claire, aussi bien que la défense de la personne et de ses écrits, qu'il confesse avoir vus et approuvés. Le général de la Minerve m'a déterminé à ne pas hésiter de la faire voir aux cardinaux : effectivement cela est absolument nécessaire dans les circonstances, pour prévenir favorablement les esprits des cardinaux, qui vont entendre parler les examinateurs, et à qui une pareille connoissance fait prendre les choses d'une façon toute autre que quelques-uns n'auroient peut-être d'abord voulu les envisager. Mais l'union et l'entêtement sont trop manifestes, pour pouvoir se refuser à une si forte preuve.

Dans cette résolution, j'ai cru devoir commencer par en parler à M. le cardinal de Bouillon, afin qu'il n'eût aucun sujet de se plaindre de moi : je lui ai donc lu cette pièce. Je suis très-assuré de ne lui avoir rien appris de nouveau : il n'a pas laissé de paroître fort surpris, et d'être étonné de me voir en main de quoi confondre le mensonge ; et en m'avouant qu'il n'y avoit rien au monde de plus fort et selon lui de plus concluant, il m'a demandé si ce que j'avois étoit bien conforme à l'original. J'ai vu ce qu'il vouloit dire pour affoiblir au moins pendant quelque temps la force de cette preuve ; et je lui ai répondu sans hésiter que l'original étoit entre vos mains, que M. le nonce l'avoit vu, et que je ne doutois pas qu'on ne le fît imprimer avec d'autres pièces aussi fortes et aussi claires. Cela l'a arrêté tout court, et la crainte d'un démenti public et prompt l'empêchera peut-être de former des doutes sur l'authenticité de la pièce. L'essentiel est que cette lettre fasse son effet à présent sur l'esprit du Pape et des cardinaux, avant qu'ils aient entendu les qualificateurs, qui vont commencer à parler. Ainsi, s'il vous plaît, en cas que l'on ait oublié de faire voir l'original au nonce, aussitôt ma lettre reçue, il faut que M. de Paris ou vous la lui montriez, et lui en laissiez même copie, qu'il puisse envoyer ici, comme de toutes les pièces que vous m'enverrez : vous sentez l'importance de cette précaution.

Je donnai hier copie de cette lettre à M. le cardinal Spada, qui la porta aussitôt au Pape, à qui j'en avois fait parler la veille par M. Giori ; et le Pape ordonna sur-le-champ à ce cardinal de la porter à la congrégation où il alloit, et de la faire lire ; ce qui fut exécuté. On lut en même temps la confession du P. La Combe. On commença par entendre le P. Alfaro sur la première proposition de l'amour pur. On ne sait pas encore l'ordre qu'on gardera sur tout cela : si chaque qualificateur parlera tout de suite sur toutes les propositions, qui sont, je pense, au nombre de trente-huit ; ou bien par ordre de matière. Il y a encore demain une congrégation, et peut-être jeudi y en aura-t-il une autre : avec cela si l'on ne prend un chemin plus court, l'affaire durera encore longtemps. Mais on ne peut travailler davantage que l'on fait, et c'est beaucoup qu'on ait trois congrégations par semaine.

Je vous prie d'assurer M. le nonce du témoignage que je rends aux bonnes intentions et dispositions de Sa Sainteté, à l'attention qu'on a ici sur cette affaire, et à la diligence qu'on y apporte depuis trois mois. Dites-lui que je suis ici le seul François qui vous donne courage et bonne espérance : ce que je crois exactement vrai. Si M. le nonce l'écrit ici, rien ne sera plus propre à me concilier la bienveillance du Pape et des cardinaux.

Monseigneur Bernini est mort subitement. J'ai toujours cru qu'il nous étoit contraire secrètement. Ce seroit bien pis, si l'on faisoit Monseigneur Fabroni assesseur du saint Office : c'est le défenseur public de M. de Cambray, l'un des plus grands ennemis du clergé de France et, pour tout dire, l'homme des Jésuites. Le cardinal de Bouillon et ces Pères se remuent fort pour lui. M. le cardinal sollicite en sa faveur, sous prétexte d'empêcher Casoni, à qui on ne songe peut-être pas. Mais le premier ne vaut pas mieux que le dernier pour la France ; et le premier est cent fois pis par rapport à la doctrine. Je ne m'oublie pas là-dessus, relativement aux affaires présentes : cela est de la dernière importance pour le présent et pour l'avenir.

Le P. Dez est enfin parti. On l'avoit fait ici valoir furieusement par rapport au roi et à Monseigneur le Dauphin, auprès de qui on assure qu'il sera tout-puissant ; et là-dessus on bâtit des chimères surprenantes en faveur des Jésuites contre la France. On fait même entrevoir à présent un grand parti contre Madame de Maintenon et contre le roi, qui pourra éclater dans la suite. Deux cardinaux me l'ont dit en confidence, voulant savoir la vérité : Ottoboni en est un, et l'autre Cenci, qui n'est pas du saint Office. Vous voyez bien où tout cela va. Voilà l'esprit assurément de la cabale ici et à la Cour, et le P. Dez est très-dangereux : il est au désespoir de n'avoir pu faire passer son livre.

Tous les qualificateurs ont signé les propositions comme fidèlement extraites du livre. Vous ne sauriez trop dépêcher ce que vous avez à faire contre M. de Cambray ; autrement ce sera après la mort le médecin. Quoique j'aie bonne espérance, je crains tout, et avec raison.

LETTRE CCLXXVIII.

BOSSUET A M. DE LA LOUBÈRE (a).

1er juin 1698.

Puisqu'il n'y a, Monsieur, ni fracture, ni déboîtement, ni contusion, ni blessure, la chute est heureuse ; du moins elle ne vous a pas estropié le raisonnement. Vous voyez très-bien le foible de celui du pauvre M. de Cambray, qui s'égare dans le grand chemin, et qui a voulu se noyer dans une goutte d'eau. Il fait trop d'efforts d'esprit ; et s'il savoit être simple un seul moment, il seroit guéri. Si Dieu le veut sauver, il l'humiliera. Quand on veut forcer la nature et Dieu même, pour lui dire en face qu'on ne se soucie pas du bonheur qu'on trouve en lui, il donne des coups de revers terribles à ceux qui lui osent dire que c'est là l'aimer. Ah ! que je suis en bon train, et que c'est dommage qu'on vienne me quérir pour vêpres ! Je vous prie de mander à M. de Mirepoix que j'approuve la comparaison d'Abailard ; et que de toutes les aventures de ce faux philosophe, je ne souhaite à M. de Cambray que son changement. Mille remercîmens, et à vous sans fin.

(a) Revue sur l'original.

LETTRE CCLXXIX.

BOSSUET A SON NEVEU.

A Meaux, ce 2 juin 1698.

J'ai reçu votre lettre du 13 mai. Le roi s'est expliqué le plus fortement qu'il le pouvoit à M. le nonce contre les accommodemens et le *mezzo termine*, et pour demander une décision précise. Sa Majesté dira ce qu'il faut sur l'union des évêques contre M. de Cambray.

Je penserai sérieusement à la vue que vous me proposez touchant les articles de doctrine : vous en aurez bientôt des nouvelles. *Mystici in tuto* et *Schola in tuto*, qui arriveront avant cette lettre, vous instruiront beaucoup. Ma *Relation* est à la Cour : elle sera foudroyante. On travaillera avec toute la diligence possible, et l'on ne fera rien hors de propos. On ne plaindra pas les courriers extraordinaires dans le besoin. La lettre de M. l'archevêque de Paris en réponse à celles de M. de Cambray, et la mienne font un bon effet.

On est bien obligé à Monseigneur Giori : M. le nonce va fort bien. Je reviendrai à Paris après l'octave et plus tôt, s'il est besoin. M. de Chanterac a dit, à ce que l'on nous mande de Rome, que je méritois punition : on lui a répondu selon sa sagesse. Il n'y a rien à ajouter à ce que vous avez dit au cardinal Casanate et contre les accommodemens.

La tête a tourné à deux docteurs qui ont travaillé pour M. de Cambray : l'un est Laverdure de Douai, et l'autre est Colombet de Paris, principal du collège de Bourgogne. Le prélat souffre lui-même, tant ce qu'il écrit à M. le nonce est extravagant. Il se plaint toujours de ce qu'on écrit contre lui, pendant qu'il inonde la terre de ses écrits. Dieu l'aveugle visiblement.

Songez à votre santé : la mienne est parfaite. Ce que M. de Chartres va faire imprimer sera fort : vous en avez vu le projet par la lettre que je vous ai adressée.

LETTRE CCLXXX.

M. DE NOAILLES, ARCHEVÊQUE DE PARIS, A L'ABBÉ BOSSUET.

Paris, 3 juin 1698.

Je vois avec grand plaisir, Monsieur, par votre lettre du 13, que nos affaires vont mieux, et qu'on est résolu de les finir tout de bon. Vous avez très-bien fait de rassurer les cardinaux, auxquels on avoit persuadé que nous voulions leur arracher une décision. J'ai toujours dit en mon particulier qu'il falloit de la diligence sans précipitation. Pressez toujours, s'il vous plaît, sur ce ton-là.

Le roi vient de faire une chose qui prouvera clairement que son zèle ne s'est pas ralenti, comme on a voulu le persuader. Il ôta hier au soir aux princes les abbés de Langeron et de Beaumont, et les sieurs Dupuy et Leschelles, gentilshommes de la manche. Je me presse de vous le mander, parce que le cardinal de Bouillon, à qui on pourra bien l'écrire dès ce courrier, ne se pressera pas de le dire; et il est bon qu'on le sache au plus tôt dans votre Cour : ce sera un bon argument pour de certaines gens.

Je suis toujours à vous, Monsieur, de tout mon cœur.

LETTRE CCLXXXI.

L'ABBÉ BOSSUET A SON ONCLE (a).

Rome, ce 3 juin 1698.

J'ai reçu la lettre que vous m'avez fait l'honneur de m'écrire, du 12 mai. J'espère recevoir par l'ordinaire prochain le *Schola in tuto*. J'ai reçu par cet ordinaire, la *Réponse de M. de Paris aux quatre lettres de M. de Cambray*. Rien n'est mieux écrit, et n'est capable de faire un si bon effet. C'est dommage que nous ne l'ayons pas imprimée : elle ne fera pas ici le même effet que

---
(a) Revue sur l'original.

quand elle sera imprimée. Nous ne laisserons d'en faire bon usage, et le mieux que nous pourrons. La vérité est qu'il n'y a pas de temps à perdre, et qu'assurément le public ne s'attend plus qu'on ménage M. de Cambray, qui ménage si peu la vérité.

L'usage que j'ai fait de la lettre que vous m'avez envoyée, de M. de Cambray à Madame de Maintenon, ne pouvoit être plus à propos. Je ne l'ai donnée que pour le saint Office, où je suppose le secret, et je ne l'ai fait que par l'avis du cardinal Casanate, du Père général de la Minerve et du P. Roslet. Cela étoit absolument nécessaire dans ces circonstances, où il falloit faire impression avant qu'on entendît parler les examinateurs, comme on a fait depuis. Car enfin il faut à présent que les protecteurs et défenseurs de M. de Cambray le soient aussi de son amie et de ses écrits. Le cardinal de Bouillon enrage dans l'ame de ce que dans Rome et à présent on ne parle que de la liaison de M. de Cambray avec cette femme. Ce sont de ces choses qui font ici une grande sensation et qui décrient, comme il convient, la mauvaise cause. Je ne crois pas qu'on puisse ne pas approuver ce que j'ai fait à présent là-dessus par pure nécessité. Ne laissez pas prévenir là-dessus Madame de Maintenon et le roi; car M. de Bouillon tâchera peut-être de donner un mauvais tour à cette démarche, parce qu'elle a fait effet. Assurément ce seroit à présent une imprudence très-grande de cacher la vérité. Tâchez que tout ce que vous nous enverrez soit vu et approuvé par M. le nonce, et qu'il en rende compte ici en même temps, et dépêchez, s'il vous plaît.

Je crains un peu ici M. de Barrières, qui est arrivé d'avant-hier : il m'a déjà assuré qu'il ne se mêleroit en rien de cette affaire, quoique M. de Chanterac soit de ses parens.

J'ai reçu la lettre de M. de Chartres, qui est très-précise. Je me donnerai l'honneur de lui écrire l'ordinaire prochain.

La lettre de M. de Cambray à Madame de Maintenon justifie extrêmement dans l'esprit des gens les plus affectionnés à M. de Cambray, le procédé de Madame de Maintenon à son égard ; car on voit qu'elle n'agit qu'après avoir tout tenté.

J'ai fait voir à M. le cardinal de Casanate ce qui le regarde dans votre lettre : il ne faut pas le nommer par rapport aux

Jésuites et au P. Dez, qui le tiennent déjà pour suspect au sujet de cet homme.

Il n'y a pas encore d'assesseur : tout ce qui est opposé ici aux Jésuites souhaiteroit Casoni ; et la seule considération qu'on a avec raison pour le roi l'empêche. Sans cette considération, il est certain que pour la bonne doctrine et la morale on ne pourroit mieux tomber : je n'entre pas dans le reste. Pour ce qui est de Fabroni, il est pis encore ; mais il est protégé sous main par le cardinal de Bouillon, et publiquement par les Jésuites. Tout est perdu, s'il est fait assesseur du saint Office : il en faut avertir le roi nécessairement, et incessamment. M. le cardinal de Janson le connoît bien, et ce que je vous mande là-dessus est certain. M. Nucci seroit très-bon, et il est déjà du saint Office. Je ne laisse pas d'agir assez bien contre Fabroni.

Vous croyez bien que je ne néglige pas Monseigneur Giori ; je sais la lettre du cardinal d'Estrées.

Je sais que le cardinal de Bouillon a dit qu'il avoit proposé un sujet au roi pour être cardinal, et qu'il avoit été pris au mot : cela roule entre vous, M. de Chartres ou M. de Paris. Je veux croire le dernier plus vraisemblable, puisque vous le voulez.

M. de Paris nous promet incessamment des actes qui étonneront : il n'y a donc que la diligence à demander, et que tout soit authentique, et montré au nonce de bonne main ; et que le roi continue à lui parler nettement sur les faits et sur la diligence.

Dans les assemblées passées, Alfaro, le procureur-général des Augustins, le P. le Mire, Gabrieli et Granelli ont parlé. L'amour pur fait ici la conversation de tout le monde. Le Pape veut qu'on tienne trois fois la semaine des congrégations. Cela ne laissera pas de durer encore longtemps, si on ne prend une méthode plus courte ; mais il les faut laisser faire encore quelque temps, et voir un peu le tour que cela prendra, et ne laisser pas de toujours presser du côté du roi.

Le cardinal de Bouillon et les Jésuites continuent sur le même ton assurément, et ne changeront pas. La réponse de M. l'archevêque de Paris les fera enrager : elle découvre tout, et leur fait voir qu'on aperçoit leur manége; ils devroient mourir de honte.

Je profiterai dans quelque temps de la liberté que vous me donnez de tirer sur vous quelques lettres de change. Je vous assure qu'on ne peut être plus nécessité là-dessus que je le suis. Je m'aide de mon mieux; mais comment puis-je faire? et il me semble qu'il faut finir avec honneur, comme on a commencé. Je vous supplie de vouloir bien vous charger de mes complimens partout, à Paris et à Meaux; car je n'ai pas beaucoup de temps à perdre aux lettres inutiles.

LETTRE CCLXXXII.

L'ARCHEVÊQUE DE REIMS A L'ABBÉ BOSSUET.

De Lille, ce samedi 7 juin 1698.

On vous mandera sans doute de Paris que lundi, 2 de ce mois, le roi chassa de sa Cour quelques amis, parens et créatures de M. l'archevêque de Cambray, dont je vous répéterois inutilement les noms.

J'ai passé à Arras en venant ici, et par conséquent à cinq lieues de Cambray. Je n'ai pas jugé à propos d'aller voir M. de Cambray, parce que nous ne nous serions pas trouvés, dans la conversation, de même avis sur la doctrine de son livre des *Maximes des Saints*.

Les réponses que M. de Paris et Monsieur votre oncle viennent de faire aux lettres qu'il leur a écrites, l'ont terriblement mortifié. On m'a dit ici qu'il va leur répondre : je le plains de son opiniâtreté. Dieu veuille qu'il se rende après la censure de Rome, que tous les honnêtes gens du royaume attendent avec impatience. Je suis tout à vous.

L'Arch. duc de Reims.

LETTRE CCLXXXIII.

BOSSUET A SON NEVEU.

A Germigny, 8 juin 1698.

J'ai reçu votre lettre du 20 mai. Je suis ravi que vous ayez reçu *Mystici in tuto* : *Schola in tuto* sera encore plus fort.

Nonobstant tout l'empressement que témoigne le nonce de la part du roi, vous pouvez assurer sans crainte que quand on prendroit quinze jours et un mois, même plus, pourvu qu'il y ait des bornes et qu'on emploie le temps à faire une décision digne du saint Siége, loin de faire de la peine au roi, ces délais lui feront plaisir.

Le roi s'est clairement déclaré touchant le préceptoriat, puisqu'il a renvoyé les subalternes, qu'on savoit être les créatures de M. de Cambray, l'abbé de Beaumont son neveu, l'abbé de Langeron son élève, les sieurs Dupuy et de Leschelles, quiétistes déclarés. Cela fut fait mardi matin; et l'on a nommé à l'une de ces places M. de Vittement, recteur de l'université, que je présentai il y a quelque temps au roi. C'est ce même recteur qui lui fit sur la conclusion de la paix, une harangue magnifique, qui fut admirée de toute la Cour. Il a fait depuis à moi-même comme conservateur des priviléges de l'université, une harangue latine admirable contre le quiétisme. L'autre homme qu'on a nommé est l'abbé le Febvre. C'est un très-saint prêtre et très-habile, qui travailloit à la Pitié : on ne pouvoit pas faire un plus digne choix. Je ne doute pas après cela qu'on ne nomme bientôt un précepteur, et que la foudre ne suive de près l'éclair : on verra par là comment le roi et la Cour reviennent pour M. de Cambray. Ma *Relation* s'imprime : celle de M. de Paris a déjà paru; vous l'aurez d'abord manuscrite, et bientôt après imprimée.

Le roi ne cessera point de témoigner son zèle pour la promptitude de la décision; mais il ne faut point douter qu'il n'entende raison, et qu'il ne donne volontiers tout le temps qu'il faudra pour faire une décision plus à fond.

Le P. Philippe sera bien sourd, si le *Mystic in tuto* ne le fait pas entendre. Inspirez toujours que la décision soit telle, qu'elle puisse être reçue unanimement et sans aucune difficulté. Il est important qu'il y ait un décret contre tous les livres faits en faveur de la doctrine condamnée : moyennant cela, tout ira bien. Mais au reste, quoi qu'il arrive, on fera toujours obéir à la décision du Pape, et il ne sera question que du plus ou moins d'agrément.

On peut s'assurer que tous les évêques et tous les docteurs en gros seront très-unis contre M. de Cambray. Le parti est grand par cabale ; mais il n'est pourtant composé que de femmes et de courtisans, pour qui les exils de l'abbé de Beaumont et des autres sont des coups de foudre. Ayez soin de votre santé, et embrassez M. Phelippeaux.

On pousse le P. La Combe, qui avoue et demande pardon. Madame Guyon est opiniâtre : vous verrez bientôt quelque chose sur cela. Encore un peu de temps, et tout ira bien.

LETTRE CCLXXXIV.

L'ABBÉ BOSSUET A SON ONCLE (a).

Rome, ce 10 juin 1698.

J'ai reçu la lettre de M. Ledieu : je suis ravi de votre bonne santé, que Dieu conserve longtemps pour l'Eglise et pour nous. J'ai reçu le *Schola in tuto*, qui est de la dernière force : tout le monde le demande avec empressement. La cabale dure, et durera la même : elle fait jouer tous les ressorts imaginables. La lettre de M. de Paris est désolante pour M. de Cambray. M. le cardinal de Bouillon est bien fâché d'être obligé d'en dire du bien, et de la trouver belle. Il n'a pas laissé de me dire qu'elle faisoit de l'honneur à M. de Paris, et ce ne sera pas sans raison.

La lettre du P. La Combe à Madame Guyon est assez fâcheuse pour les amis de la pénitente. Je la portai dimanche en italien et en françois, aussi bien que la lettre de M. de Cambray à Madame

(a) Revue et complétée sur l'original.

de Maintenon, à Sa Sainteté, qui avoit envie de la voir traduite.

Je pris occasion en même temps de lui faire vos complimens, et ceux de MM. de Paris et de Chartres sur le rétablissement de sa santé, et j'eus occasion de lui faire là-dessus fort bien ma cour et celle des évêques. Il me parut touché de cette démarche, et me le témoigna très-obligeamment par rapport aux évêques. Il me demanda en riant quand on finiroit d'écrire de part et d'autre. Je m'étendis là-dessus, et lui fis comprendre la nécessité indispensable où vous étiez d'éclaircir les points de fait et de doctrine que M. de Cambray déguisoit avec un artifice incroyable depuis plus de six mois par rapport aux mystiques et aux scholastiques. Je lui expliquai le but de vos ouvrages, et le suppliai de s'en faire informer par les cardinaux Casanate, Noris et Ferrari, qui sont les plus capables d'en juger. J'ajoutai que vous ne faisiez rien que de concert avec M. le nonce et le roi, et soumettiez tout au saint Siége. Il me parut très-satisfait de ce que je lui dis. Je vois bien que l'on continue à lui donner des idées contre la conduite des évêques, que de certaines gens voudroient qui se tussent, pendant que leur faux oracle parle avec tant de hardiesse et d'effronterie. Nos amis battront là-dessus fortement au Pape; mais il faut que le nonce écrive en conformité.

M. de Cambray commence à être connu : sa réputation est perdue, et le seroit à moins. On commence à le regarder comme un homme très-dangereux; on ne comprend pas qu'il reste précepteur; on en est scandalisé. Si par hasard on avoit des faits particuliers de Madame Guyon, de M. de Cambray et de la cabale, qu'on ne voulût pas publier, il faudroit les montrer à M. le nonce, et me les envoyer seulement pour le Pape, à qui j'ai un canal sûr pour les faire voir, que personne ne sait, et qui est excellent, et qui fortifiera le Pape qui en a toujours besoin et sur qui cela fait un terrible effet.

Le P. Massoulié parla mercredi et jeudi devant Sa Sainteté : les six examinateurs qui avoient parlé devant les cardinaux parlèrent devant elle; le Pape fut d'une attention étonnante. Tous les jeudis dorénavant les congrégations devant le Pape regarderont

M. de Cambray, et on lui rapportera (a) tout ce qu'on aura dit devant les cardinaux. Hier le carme et le maître du sacré Palais parlèrent : le carme à son ordinaire. Vos livres et les faits l'ont ébranlé; et l'on dit qu'à l'exception de l'amour pur sur lequel il explique M. de Cambray à sa mode, il convient que le système de ce prélat est mauvais en tout. On ne sait ce que cela veut dire, et je n'y ajoute aucune foi. Le cardinal de Bouillon et les Jésuites n'ont rien oublié à son égard : je le sais de science certaine.

Le *Quietismus redivivus* est demandé de tout le monde et attendu. Ne perdez pas de temps, je vous en prie : après quoi on peut attendre la décision du saint Siége. Nous attendons votre *Relation* en françois et en latin, et votre *Réponse aux lettres de M. de Cambray*. Il paroît ici une cinquième; il a des traducteurs diligens.

Demain l'archevêque de Chieti et le sacriste parleront à leur ordinaire. Le cardinal de Bouillon fait semblant de presser ; mais sous main il travaille à tirer tout en longueur. On verra bientôt comme on s'y prendra pour les autres propositions. Les dispositions sont les mêmes par rapport aux cardinaux. Le cardinal Panciatici, je pense, ira bien. Le cardinal Nerli est un peu revenu des terribles préventions données par le cardinal de Bouillon et les Jésuites. Je fais mon possible pour faire intervenir le cardinal Altieri à se trouver aux congrégations qui se tiennent devant Sa Sainteté ; il me l'a promis. Le pauvre cardinal d'Aguirre est quasi hors d'état de s'appliquer ; cela est fâcheux. Le cardinal Casanate a été très-incommodé ces jours passés ; mais il se porte mieux : nous perdrions tout en le perdant ; c'est la tête de tout. Faites, si vous le jugez à propos, écrire le P. Mabillon au cardinal Colloredo sur M. de Cambray qu'il protége ici, ou du moins sur le bruit qui en court. Il est uni trop avec Fabroni pour en douter : je ne m'y oublie pas. Je crois Fabroni exclu d'être assesseur : j'ai été obligé de dire au Pape qu'il étoit partie dans cette affaire ; cela ne lui a pas servi.

Le cardinal de Bouillon fut obligé de convenir hier avec moi que les *mezzo termine* n'étoient plus de saison, et feroient plus

(a) Au saint Père.

de mal que de bien. Ce qui est plaisant, c'est que c'est son unique vue à présent; et nous savons, Monseigneur Giori et moi, qu'il a fait insinuer au Pape et aux cardinaux qu'il savoit un ajustement admirable, mais qu'il ne vouloit s'expliquer que quand il en seroit requis. Cependant on répand qu'il est dangereux de traiter M. de Cambray à la rigueur, qui désespéré pourroit faire un parti considérable. Toute l'attention du cardinal de Bouillon est par rapport au roi à qui il voudroit se faire croire indifférent pour la personne et la doctrine, et cependant qu'il presse le jugement. J'ose dire qu'il ne tiendroit qu'à lui qu'il ne finît dans un mois. Je continue à craindre M. de Barrières.

Sur la bonté que vous avez eue de me marquer de tirer sur vous quelque somme, dans le besoin et la nécessité où je suis, je tire aujourd'hui une lettre de change dont je vous envoie la copie, de neuf cent vingt livres. Je tire de petites sommes, et vous serai à charge le moins qu'il me sera possible.

Cette lettre vous sera rendue par M. de Paris; je la mets sous son adresse, et la donne à Lantivaux, qui la lui donnera en main propre.

LETTRE CCLXXXV.

BOSSUET A M. DE LA BROUE (a).

Paris, ce 15 juin 1698.

J'ai reçu votre lettre du 29 mai. Vous avez vu que j'ai répondu à quatre lettres de M. de Cambray, et ma réponse vous a été envoyée. En même temps il en a paru une de M. l'archevêque de Paris, qui a eu ici un grand effet. Cela joint avec ce qui s'est passé à Versailles sur M. l'abbé de Beaumont, etc., a désolé le parti. Nous avons tous répondu de M. l'abbé Catelan: on a aussi sauvé M. de Fleury. Je ne sais encore ce qu'on fera sur la place principale: vous savez les vues que j'ai eues, les pas que j'ai faits; je persiste, et rien ne me pourroit faire plus de plaisir. Cent fois le jour je vous souhaite ici pour nous aider dans une

(a) Revue et complétée sur l'original.

affaire qui demande tant d'attention et de lumières, qu'on ne doit rien désirer davantage que d'y être aidé.

Je suis fâché (a) de me trouver d'un avis si différent du vôtre et de celui de M. de Basville sur la contrainte des mal convertis pour la messe. Quand les empereurs ont imposé une pareille obligation aux donatistes, etc., c'est en supposant qu'ils étoient convertis ou se convertiroient; mais les hérétiques d'à présent qui se déclarent en ne faisant pas leurs Pâques, doivent plutôt être empêchés que contraints à assister aux mystères. D'autant plus qu'il paroît que c'est une suite de les contraindre aussi pour faire leurs Pâques, ce qui est expressément donner lieu à des sacriléges affreux. Si néanmoins vous avez des raisons à opposer à celles-ci qui jusqu'ici m'ont paru décisives, je tâcherai d'y entrer. Quant au bruit qu'on a répandu qu'il y avoit quelques articles secrets en leur faveur avec l'Angleterre, il n'y aura que le temps qui les en désabusera à fond. Je ne vois qu'un cas de les pousser par des contraintes et amendes pécuniaires, c'est celui où l'on sauroit que les foibles, qui ayant envie de revenir, en seront empêchés par la violence des faux réunis, seront déterminés par l'autorité. Mais comme le nombre de ceux-là en ce pays-ci est petit et que le grand nombre sans comparaison est celui des vrais opiniâtres; le remède que l'on propose aura en soi peu d'efficace. On pourroit les contraindre aux instructions. Mais selon les connoissances que j'ai cela n'avancera guère, et je crois qu'il faut se réduire à trois choses : l'une de les obliger d'envoyer leurs enfants aux écoles, faute de quoi, chercher le moyen de les leur ôter; l'autre de demeurer ferme sur les mariages; la dernière de prendre un grand soin de connoître en particulier ceux de qui on peut bien espérer, et de leur procurer des instructions solides et de véritables éclaircissements. Le reste doit être l'effet du temps et de la grace de Dieu. Je n'y sais rien davantage. Le premier article peut avoir avec le temps un bon effet, surtout si on prend garde à procurer de bons curés et de bons maîtres d'école aux paroisses, qui puissent faire impression sur ces ames

---

(a) Cette seconde partie de la lettre se trouve imprimée séparément dans la correspondance relative aux nouveaux convertis, vol. XXVII, p. 81.

tendres. Ce sera semer le bon grain qui fructifiera en son temps. Je finis en vous assurant de mes respects et vous suppliant de les présenter à M. de Basville.

LETTRE CCLXXXVI.

BOSSUET A SON NEVEU.

A Paris, ce 16 juin 1698.

Sur votre lettre du 27 mai, je dis hier à M. le nonce tout ce qu'il falloit, pour lui faire connoître ce que vous m'écrivez au sujet du Pape et des cardinaux, et l'engager à écrire une lettre conforme à ce que vous m'avez mandé.

Vous recevrez par cet ordinaire cinquante exemplaires des premières feuilles de ma *Relation* (a), qui en comprennent la moitié, et toutes les lettres de M. de Cambray avec son Mémoire à Madame de Maintenon, qui y est inséré de mot à mot. Il n'y a point de plus grande authenticité que d'imprimer ces pièces ici à la face de toute la Cour. On voit bien qu'on n'oseroit le faire, si l'on n'étoit assuré de deux choses : l'une, de ne pouvoir être contredit ; l'autre, que le roi et Madame de Maintenon le trouvent bon. En effet tout leur a été communiqué, et j'ai réponse positive qu'on agrée cette publication. Au surplus M. le nonce a vu entre les mains de M. de Chartres le Mémoire entier, de la main de M. de Cambray. Il m'a dit qu'il en avoit écrit à M. le cardinal Spada, et qu'il l'avoit assuré qu'autant qu'il en pouvoit juger par l'inspection, c'étoit le propre caractère de M. de Cambray. On lui fera voir encore une fois ce Mémoire en original ; mais il n'y a rien à ajouter à l'authenticité de l'impression, où l'on dit publiquement et sans crainte d'être démenti que ce Mémoire est transcrit de mot à mot, et sans y changer ou ajouter une seule parole : c'est ce que vous verrez dans les feuilles qu'on vous envoie. L'ordinaire prochain, vous recevrez la continuation de la *Relation*, où seront mes réflexions sur ces faits, qui donnent une nouvelle force à ce Mémoire. M. de Paris vous instruira sur ce qui regarde

(a) Elle se trouve vol. XX, p. 85.

le reste des faits, et je ne puis que m'en rapporter à lui. Je n'ai pu le voir depuis mon arrivée, qui fut avant-hier; je le verrai ce matin. J'irai ce soir coucher à Versailles.

Le bruit est ici public qu'on a rayé les appointemens de M. de Cambray, comme on a fait bien certainement ceux des subalternes qui ont été renvoyés. Si cela n'est pas encore fait, on peut compter que cela sera, et que M. de Cambray ne verra jamais la Cour. La cabale est humiliée jusqu'à la désolation, depuis l'expulsion des quatre hommes remerciés; et les Jésuites, qui disoient hautement que c'étoit leur affaire, n'osent plus dire mot.

J'ai instruit Monseigneur le Dauphin des faits. Il est aussi éloigné de la nouvelle cabale que le roi, outre que naturellement il n'a point d'autre volonté que la sienne, et en ce cas particulier son sentiment y est conforme. Ainsi vous voyez que ce qu'on vante du crédit du P. de la Chaise sur son esprit sera en cette occasion fort inutile. Nous attendrons le P. Dez en patience.

Il me tarde de savoir si vous avez reçu le *Mystici in tuto*. Je vais reprendre le *Quietismus redivivus*, qui sera court et tranchant. M. de Cambray fait imprimer en Flandre et à Liége des écrits de ses émissaires, qui ne font que mal répéter ce qu'il dit. Il a pour lui les gazettes et les journaux de Hollande, à qui un Jésuite envoie des Mémoires: nous le savons à n'en point douter.

Mon frère a toujours la goutte; et après beaucoup de douleurs, il en est réduit à une foiblesse importune: mais le fond de sa santé est indiqué par le bon visage: du reste sa bonne humeur ne s'altère jamais.

Vous pouvez tirer sur moi en deux fois, jusqu'à douze cents livres: j'ai donné des ordres pour cela. Je suppose que vous aiderez M. Phelippeaux, s'il a quelque besoin. On ne vous laissera manquer de rien, persuadé que l'on est de votre sagesse: il nous tarde bien à tous de vous revoir.

Je suis étonné qu'on omette parmi les propositions condamnables, les deux dont vous parlez: la première: *Ce qui n'est pas charité est cupidité*, où l'auteur admet une charité qui n'est pas la théologale (a); et la seconde: *L'amour de pure concupiscence,*

(a) On pourroit être étonné de ce que Bossuet mettoit au nombre des propo-

quoique sacrilége, est une disposition à la justice. Ces deux propositions ne peuvent être excusées par nulles tergiversations.

LETTRE CCLXXXVII.

M. DE NOAILLES, ARCHEVÊQUE DE PARIS, A L'ABBÉ BOSSUET.

Versailles, 16 juin 1698.

Je ne pus vous écrire par le dernier courrier, Monsieur, et je priai le Père procureur général des Minimes de vous faire mes complimens : je n'ai pas toujours le temps de faire ce que je voudrois.

Vous devez avoir reçu depuis quelques jours ma *Réponse à M. de Cambray,* manuscrite et imprimée : vous l'aurez dans peu en latin. Elle a fait un si bon effet en ce pays, que j'espère fort qu'elle en fera aussi beaucoup dans celui où vous êtes.

Vous avez très-bien fait de montrer la lettre dont M. de Meaux

---

sitions censurables celle-ci : « Ce qui n'est pas charité, est cupidité, » puisque saint Augustin a dit : *Non præcipit Scriptura nisi charitatem, nec culpat nisi cupiditatem :* « L'Ecriture ne commande que la charité, et ne défend que la cupidité : » (*De doct. christ.*, lib. III) paroles qui semblent d'abord renfermer tout le fond de la proposition de M. de Cambray. Mais si l'on fait attention à ce qu'ajoute ici Bossuet, on verra qu'il ne reprend dans la proposition de son adversaire que la définition qu'il donnoit du mot *charité*, où l'auteur admet, dit-il, une charité qui n'est pas la théologale. Et en effet, il ne faut que lire les huits premières pages du livre des *Maximes des Saints,* pour voir que l'auteur appliquoit très-mal à propos à l'espérance chrétienne le principe de saint Augustin, qui attribue à la cupidité charnelle et vicieuse tout ce qui ne vient pas de la charité. Ainsi il représentoit dans son système l'espérance chrétienne comme mauvaise, et donnoit le nom de charité à un amour purement naturel, et tout à fait distingué de l'amour surnaturel, du don par excellence qui constitue la troisième vertu théologale. M. de Meaux lui ayant reproché d'avoir avancé ces erreurs dans son livre des *Maximes* et d'avoir voulu en rendre saint Augustin complice, ce prélat, au lieu de les rétracter, les confirma par son *Instruction pastorale* explicative de son livre, dans laquelle il s'exprimoit ainsi : « J'ai entendu en cet endroit de mon livre, par le terme de *charité*, tout amour de l'ordre considéré en lui-même; et par celui de *cupidité*, tout amour particulier de nous-mêmes. » Par conséquent, selon M. de Cambray, tout amour de l'ordre naturel ou surnaturel est charité, et tout amour particulier de nous-mêmes est cette cupidité charnelle, que saint Paul appelle la racine de tous les vices. Bossuet réfute amplement ces erreurs dans sa *Préface sur l'Instruction pastorale* de M. de Cambray, section III, n. 48; sect. X, n. 104 et suiv., dans l'écrit latin intitulé *Quietismus redivivus, Admon. præv.,* n. 22; et dans beaucoup d'autres endroits de ses ouvrages contre le quiétisme. (*Les premiers édit.*)

vous a envoyé la copie : l'original est où vous savez; c'est moi qui l'ai rendu : tout ce qui y est n'est que trop vrai. M. le cardinal de Bouillon a pu faire l'étonné; mais je suis sûr qu'il ne l'a point été : il sait la liaison ; et s'il n'étoit intéressé dans la cause de M. de Cambray par les engagemens qu'il a pris avec les Jésuites et avec lui, il en parleroit plus fortement que nous. Vous avez pu l'assurer que M. le nonce a vu l'original : on lui communique tous ceux des pièces qu'on vous envoie, et on le fera toujours avec plus de soin. M. de Meaux la met par extrait dans sa *Relation,* qu'il vous enverra au plus tôt.

La disgrace des quatre hommes que le roi a ôtés de la maison de Messeigneurs les princes ses petits-enfans, fera bien voir que le zèle de Sa Majesté ne s'est point ralenti, et qu'elle craint toujours autant que jamais que la mauvaise doctrine ne se répande. Je m'attends bien que vous ferez valoir cet événement le plus que vous pourrez.

Nous aurons donc bientôt le P. Dez : il a du mérite, et la coadjutorerie qu'on lui donne, dans le public, du P. de la Chaise, achève de lui attirer de la considération ; ainsi je ne suis pas surpris qu'il en ait eu à Rome. Cependant elle n'a pu lui faire passer son livre, et je sais qu'il en est fort mortifié : il le sera bien encore, quand il verra ici qu'on le croit tout à fait dans les intérêts de M. de Cambray. Il aura beau dire, il ne nous persuadera pas du contraire, ni sur lui, ni sur ses frères.

Ce n'est pas un grand malheur pour nous que la mort de Bernini, car il étoit fort gagné; mais c'en seroit un fort grand, si Fabroni ou Casoni avoit sa place : ils ne nous seroient bons ni l'un ni l'autre. Faites tous vos efforts pour l'empêcher. M. Giori y fera bien tout ce qu'il pourra : il en parle et en écrit vigoureusement.

Si on ne va pas plus vite dans les congrégations, nous ne serons pas sitôt hors d'affaire. Il ne faut pas étrangler, mais il faut presser, quand ce ne seroit que pour empêcher les longs discours du P. Alfaro : je ne comprends pas comment on les souffre. J'espère toujours beaucoup de la force de la vérité, et de la continuation de vos soins. Je suis toujours à vous, Monsieur, avec les sentimens que vous savez.

LETTRE CCLXXXVIII.

BOSSUET A SON NEVEU.

A Paris, ce 23 juin 1698.

J'ai reçu votre lettre du 3. Vous avez bien fait de montrer le Mémoire de M. de Cambray à Madame de Maintenon. Toutes les lettres de Rome retentissent du bon effet que cette lecture a produit : cela a été trouvé ici fort bon et fort à propos. Vous allez présentement recevoir la suite de ma *Relation :* elle authentiquera tout, et l'on verra bien que je n'écris pas sans aveu. M. de Chartres envoie aussi par cet ordinaire sa *Lettre pastorale,* qui sera d'un grand poids : il vous en fera part. Le surplus des faits vous sera mandé par M. de Paris. Je fais mettre en latin ma *Relation :* je la ferai traduire aussi en italien, si l'on peut trouver une plume assez élégante.

M. le nonce m'a assuré qu'il avoit écrit sur le Mémoire de M. de Cambray, qu'il lui paroissoit être de la main de ce prélat. Le principal est qu'on connoisse deux choses : l'une que le roi est implacable sur M. de Cambray ; ce qu'il a fait dans la maison des princes en est la preuve. Assurez-vous qu'il n'y a point de retour ; ce que nous imprimons ici aux yeux de la Cour en est une confirmation. Quoi qu'il arrive, et quand même on molliroit à Rome, ce qui ne paroît pas être possible, on n'en agira pas ici moins fortement : car le roi voit bien de quelle conséquence il est pour la religion et pour l'Etat, d'étouffer dans sa naissance une cabale de fanatiques, capable de tout, et qui en est venue à une insolence qui a étonné ici tout le monde. L'autre chose qu'on peut tenir pour assurée, c'est le parfait concert des évêques avec le roi, pour couper la racine d'une dévotion qui tend manifestement à la ruine de la religion.

On n'a garde de nommer en rien le cardinal Casanate, dont le nom est à ménager en tout et partout.

Des deux concurrens que vous nommez pour la place d'assesseur, on ne sait ici lequel est plus digne d'être exclus.

Quant au chapeau, le cardinal de Bouillon le voudroit plutôt pour M. de Chartres que pour M. de Paris, et plutôt pour M. de Paris que pour moi.

Je pense et repense à ce que vous m'avez mandé sur la vue de M. de Paris : cela est fort délicat.

Vous trouverez des ouvertures pour répondre à toutes les objections dans le commencement du *Schola in tuto :* il y en aura d'autres dans le *Quietismus redivivus*. Je ne vois rien de meilleur que de poser pour principe qu'il faut joindre les deux motifs de l'amour de Dieu *in praxi*, et de donner quelque mot fort pour décrier les chimères des suppositions impossibles. Je roule cela dans mon esprit, et ne sais encore que dire.

Pour la place vacante d'assesseur, j'entends vanter M. Nucci à M. le cardinal d'Estrées.

Vous avez très-bien fait de commencer par M. le cardinal de Bouillon, à montrer l'écrit de M. de Cambray.

J'ai fait connoître à M. le nonce qu'une décision ambiguë ou foible ne seroit ni de l'honneur du saint Siége, ni du goût du roi et du royaume, ni d'aucun effet; et que la cabale, qu'il faut étouffer, ne feroit que s'en moquer et devenir plus insolente : il le voit aussi bien que moi.

Une des choses, pour la doctrine, des plus importantes, est d'observer que le désintéressement que met l'École dans la charité, n'a rien de commun avec l'amour désintésessé de M. de Cambray, qui consiste dans un cinquième degré au-dessus de la charité justifiante, laquelle dans son système fait le quatrième : mais je crois qu'il n'y a plus rien de considérable à dire là-dessus.

Je ne sais si je vous ai dit que l'effet de nos deux Lettres, de M. de Paris et de moi, en réponse à celles de M. de Cambray, a été prodigieux : celle de M. de Paris a fait et fait revenir une infinité de gens. S'il plait à Dieu de donner sa bénédiction à ma *Relation*, elle achèvera de confondre M. de Cambray.

J'embrasse M. Phelippeaux. Il sera bien aise d'apprendre que M. Obin étant mort, j'ai donné sa prébende à M. Moreri, qui est utile au diocèse dans l'hôtel-Dieu, et un homme qui paroît sûr.

Mon frère est tenu longtemps par la goutte : j'admire sa tranquillité et sa bonne humeur.

Je vous prie, en rendant à M. le cardinal de Bouillon la lettre que je lui écris sur le mariage de Mademoiselle de Château-Thierry avec le prince de Guiméné, de le bien assurer de la sincère continuation de mes respects, malgré le quiétisme.

LETTRE CCLXXXIX.

M. DE NOAILLES, ARCHEVÊQUE DE PARIS, A L'ABBÉ BOSSUET.

Paris, ce 24 juin 1698.

Vous n'aurez qu'un mot de moi aujourd'hui, Monsieur, car je viens de faire une course de visites. J'en arrivai hier au soir, et n'ai pu écrire que dans ce moment où le courrier va partir.

J'ai reçu votre lettre du 3; j'y vois la continuation de vos soins et des efforts de la cabale : j'espère qu'elle succombera à la fin.

J'ai bien de la joie que vous soyez content de ma réponse à M. de Cambray : elle a parfaitement bien réussi en ce pays. Vous en avez eu plus promptement que je ne croyois des exemplaires imprimés : les imprimeurs ont cru avec raison y gagner, et se sont pressés d'y travailler. Je vous l'enverrai en latin le plus tôt que je pourrai.

Vous aurez dans peu la *Relation* de M. de Meaux et l'ouvrage de M. de Chartres : on y verra des faits importans, qui feront connoître la vérité à tous ceux qui ne seront pas ou ne voudront pas être aveugles. Une autre fois je vous en dirai davantage : je ne veux pas perdre ce courrier; ainsi je ne puis que vous assurer, Monsieur, que je suis toujours à vous avec les sentimens que vous savez.

LETTRE CCXC.

L'ABBÉ PHELIPPEAUX A BOSSUET.

Rome, ce 24 juin 1698.

On ne pouvoit nous envoyer de meilleures pièces et plus persuasives que la nouvelle disgrace des parens et des amis de M. de Cambray, et que celle qu'on reçut hier par un courrier extraordinaire que le roi lui avoit ôté la charge et la pension de précepteur. Cela seul pourra convaincre cette Cour que le mal est grand et réel; et ses partisans n'oseront plus publier l'indifférence du roi pour la condamnation ou justification du livre.

Mercredi dernier Granelli et Massoulié votèrent devant les cardinaux. Jeudi les six examinateurs qui avoient voté parlèrent devant le Pape sur la seconde proposition. Hier lundi le carme, le maître du sacré Palais et le sacriste votèrent devant les cardinaux. Le dernier parla près de deux heures : ils ne font que répéter ce qu'ils avoient dit dans les premières congrégations tenues en présence des cardinaux Noris et Ferrari. On n'a encore rien réglé sur les instances qu'on a faites pour prendre des moyens sûrs d'abréger. Si on continue sur ce pied, nous ne sommes pas au bout.

Le sacriste a assemblé chez lui ceux de son parti, et leur a dit qu'il ne falloit s'attacher qu'à cette seule chose, qui est que l'amour pur renferme virtuellement l'exercice de l'espérance : par là ils abandonnent toutes les solutions de l'auteur. Le sacriste fait parade d'une érudition batavique; beaucoup de citations qui ne font rien à la question : sa manière de parler et son assurance sont néanmoins capables d'en imposer aux ignorans. Demain Chieti parlera et sera court; car il est *levis armaturæ*. Le Pape est si mécontent de lui, qu'il est résolu de le renvoyer dans son diocèse. On croit qu'il n'est pas trop content du sacriste, l'ayant refusé pour examinateur à l'abbé de Montgaillard qui l'avoit demandé.

Je vis hier une personne en qui le Pape prend confiance, et

qui doit lui proposer les moyens d'abréger. Il lui a fait connoître la cabale : mais sa facilité et son incertitude font qu'il ne peut prendre de fortes résolutions. Sur ce que le Pape lui dit qu'on ne cessoit d'écrire, il lui représenta qu'il avoit été nécessaire que vous écrivissiez pour éclaircir la vérité et empêcher le cours de l'erreur.

M. de Chanterac a distribué ces jours-ci deux Lettres imprimées à Liége avec la permission d'Eyben, censeur des livres. La première est intitulée : *Autre lettre d'un théologien de Louvain à un docteur de Sorbonne, au sujet de l'addition de M. de Paris à son* Instruction pastorale. La seconde est intitulée : *Lettre d'un Ecclésiastique de Flandres à un de ses amis de Paris, où l'on démontre l'injustice des accusations que fait M. l'évêque de Meaux contre M. l'archevêque de Cambray, dans son livre qui a pour titre :* DIVERS ÉCRITS. L'une et l'autre porte sa réfutation avec elle : ce sont des solutions contraires à celles de l'archevêque. La première est courte ; la seconde contient cent soixante-trois pages.

On a nommé des examinateurs pour le livre de M. de Saint-Pons. L'abbé de Montgaillard a obtenu l'exclusion de Damascène, et a fait prier Cambolas de s'exclure lui-même sur des procès entre la famille de ce Père et la sienne. Le général de la Minerve qui avoit accepté, a refusé : on croit que c'est l'effet d'un voyage à sa maison de campagne avec Cambolas, M. le cardinal de Bouillon et Charonnier. Le Pape a nommé en leurs places Miro, Latenai et le commissaire du saint Office, avec les PP. Bianchi jacobin et Borelli.

M. de Saint-Pons a fait accuser à l'*Index* un livre d'un récollet, imprimé à Narbonne, où l'auteur soutient que le corps et le sang de la Vierge sont dans l'Eucharistie en propre espèce et substantiellement, et qu'il les y faut adorer comme le corps et le sang de Jésus-Christ. Vous voyez qu'on apporte à Rome toutes les contestations de France (*a*). Ne pourroit-on pas condamner ces livres sur les lieux ? Je suis avec un profond respect, etc.

(*a*) C'est aussi le seul moyen de les terminer.

LETTRE CCXCI.

L'ABBÉ BOSSUET A SON ONCLE (a).

Rome, 24 juin 1698.

J'ai reçu la lettre que vous m'avez fait l'honneur de m'écrire de Meaux, du 2 de ce mois. J'ai su par M. l'archevêque de Paris le changement arrivé dans la maison des princes; et par les lettres du 9 venues par un courrier extraordinaire, qui a apporté le paquet de M. le cardinal de Bouillon, la pension ôtée à M. de Cambray, et sa place de précepteur remplie par M. l'abbé Fleury (b). Vous savez ce que je vous mandois sur tout cela par mes précédentes. Le roi est sage, et d'une modération qui m'a fait tout comprendre : mais il n'y avoit plus moyen de soutenir le parti qu'on sembloit avoir pris d'attendre ce qui viendroit de cette Cour-ci, après les expériences qu'on voit. La mortification et l'abattement du cardinal de Bouillon sont extrêmes. Les Jésuites ont pris leur parti, et ne démordent pas : le cardinal veut faire croire tout ce qui n'est pas.

Le projet que j'ai proposé au cardinal Spada (c) pour abréger la relation des qualificateurs, qui fait toute la longueur, n'a pas encore été accepté. Je l'envoyai par écrit le lendemain de la proposition que j'en fis à ce cardinal qui le porta au Pape : on en doit parler à la Congrégation des cardinaux. J'en ai donné copie au cardinal Casanate : j'en parlai hier à M. le cardinal de Bouillon, qui me parut ne le pas désapprouver. On en avoit proposé un ces jours passés, qui ne fut pas approuvé de la Congrégation : c'étoit de faire parler un des examinateurs de chaque côté pour cinq, et qu'ils convinssent d'un seul vœu de chaque côté; mais cela n'a pas paru à propos, pour ne pas donner lieu de croire au public qu'on supposât des partis formés, et la Congrégation espérant toujours qu'on pourra varier dans les vœux donnés séparément.

(a) Revue sur l'original. — (b) L'abbé Fleury, l'auteur de l'*Histoire ecclésiastique*. On ne lui ôta pas la place de sous-précepteur des princes, parce que Bossuet se porta garant de sa doctrine auprès du roi. Fénelon ne fut point remplacé dans la charge de précepteur. — (c) On le verra après cette lettre.

Le cardinal de Bouillon est bien aise qu'on croie que c'est lui qui a proposé ce moyen d'abréger, qui a son bon et son mauvais : son bon, parce qu'il abrége ; son mauvais, parce qu'il unit le parti. Le cardinal Noris, qui n'espère pas qu'ils changent jamais d'avis, m'a dit que c'étoit lui qui avoit proposé cet expédient, à bonne intention, je pense ; mais il a été rejeté. Je vous envoie celui que j'ai proposé, qui ne me paroît souffrir aucune difficulté et qui abrége les discours, en quoi consistent les longueurs.

Tout ce que le cardinal de Bouillon veut, c'est qu'on croie à la Cour qu'il veut finir, et sous main ses amis trouvent des difficultés à tout, et il écrit à la Cour qu'il ne tient pas à lui. On voit bien que l'unique ressource des amis de M. de Cambray est de ne pas terminer.

L'air persécuté est le parti que prennent les cambrésiens. Vous savez que cela fait un mérite ordinairement : mais avec cela, dans les circonstances présentes, de Madame Guyon, du P. La Combe, etc. Les honnêtes gens s'aperçoivent des raisons bonnes qui ont obligé le roi d'éclater, surtout depuis vos réponses et celles de M. l'archevêque de Paris. On a soin d'instruire le Pape de tout : on l'a prévenu fort à propos contre les airs plaintifs de M. de Chanterac, qui alla dimanche à son audience.

M. le cardinal de Bouillon dit à Sa Sainteté, dès jeudi, la nouvelle qui regarde M. de Cambray, au sortir de la congrégation du saint Office. Il a depuis passé trois jours à la campagne. Je tâche de faire voir au cardinal de Bouillon le véritable intérêt qu'il a de contribuer à la fin de cette affaire. Il est impossible qu'il ne le sente ; mais le moyen d'abandonner les Jésuites ? La seconde proposition n'est pas encore terminée. Le sacriste tint hier deux grosses heures. Il faut bien nécessairement qu'on change de méthode, si l'on veut finir : je n'oublierai rien pour y parvenir. Je ne doute pas que demain ou jeudi on ne donne quelque ordre là-dessus : si on ne le fait pas, je suis résolu d'aller à Sa Sainteté lui en parler fortement.

Les Jésuites font entendre, à ce qu'on m'a assuré, qu'ils soutiendront jusqu'au bout la doctrine de l'amour pur. On dit même que peut-être entreront-ils en cause comme parties : j'en doute un peu; mais ils sont capables de tout. Ne pourroit on pas donner un frein à leur insolence, qui est extrême assurément? Ils prétendent la probabilité que s'est acquise la doctrine de M. de Cambray, par le partage, qu'elle est devenue incensurable.

Le cardinal Albane est à la campagne: il a promis monts et merveilles au P. Roslet; nous le mettrons à l'épreuve. Nous avons aussi en vue d'obliger le Pape d'établir un conseil secret composé du cardinal Casanate, du cardinal Noris, de lui (a) et du cardinal Ferrari, pour terminer toutes les difficultés qu'on court risque de trouver à chaque pas, et surtout quand après la relation (b) des qualificateurs, il sera question de décider.

M. le prince Vaïni continue à faire tout de son mieux auprès du Pape et des cardinaux : il est bien aise de témoigner en toute occasion au roi le zèle qu'il a pour son service et pour tout ce qu'il croit qu'il affectionne. Vous lui ferez plaisir dans l'occasion, aussi bien qu'au nonce, de le témoigner. Il dit qu'il faut que le cardinal de Bouillon change de conduite, et qu'il lui a dit : c'est dure entreprise que d'en venir à bout.

Je mande à M. l'archevêque de Paris, qu'on m'a dit que les amis de M. de Cambray avoient voulu insinuer au Pape de consulter, sur la doctrine de l'amour pur, les facultés de Douai et de Louvain. Je doute qu'on l'ait fait; mais il faut être toujours sur ses gardes. M. Phelippeaux vous rend compte de deux petits écrits, venus de Flandre, contre M. de Paris et vous.

Le Pape paroît à présent persuadé de la nécessité des écrits venus de la part des évêques: on lui a dit de plusieurs côtés ce qu'il faut là-dessus.

Si par quelque voie courte on pouvoit nous envoyer une voiture de tous vos écrits en bonne quantité, et de ceux de M. de Chartres et de M. de Paris, cela ne feroit peut-être pas un mauvais effet.

La Relation ne sauroit venir trop tôt, et le *Quietismus redivivus* et l'écrit de M. de Chartres. Il faut continuer à presser du côté de la Cour, et qu'on parle au nonce fortement sur le mal et le scandale de ce partage, causé par l'adjonction des trois der-

(a) Du cardinal d'Albane. — (b) Le rapport.

niers examinateurs mis par la cabale. Il est question de rendre suspecte à présent hautement cette séquelle. On sait que le sacriste est ennemi déclaré de la France et attaché à l'empereur.

Je vous prie de me mander comment se comporte actuellement le P. de la Chaise, de quel parti est M. Racine, ce que dit M. de Mirepoix, et le nouveau précepteur.

Je me doute bien que le roi auroit été bien aise que Rome eût décidé avant cette déclaration, et cela auroit été à souhaiter : voilà l'obligation que le roi et le royaume ont au cardinal de Bouillon.

PROJET

Présenté aux consulteurs pour abréger l'examen du livre de M. de Cambray.

On peut réduire à ce petit nombre d'articles toute la doctrine de M. l'archevêque de Cambray :

1° A l'amour pur, auquel se rapporte tout ce qui est en dispute sur l'espérance, vertu théologale, et sur le désir de la béatitude.

2° A la sainte indifférence du salut, et à ce qui peut y conduire.

3° Aux dernières épreuves, auxquelles se rapporte le sacrifice absolu de son salut éternel, le consentement à sa réprobation, et le désespoir.

4° A l'exclusion du propre effort, de la propre industrie, et à la vaine attente de la grâce pour agir ; sur quoi on accuse l'auteur de renouveler le fanatisme et le quiétisme.

5° Aux vertus, où l'on comprend la suppression des motifs particuliers et la distinction de ces vertus.

6° A la séparation de la partie supérieure et inférieure, qui conduit l'auteur à admettre en Jésus-Christ des troubles involontaires ; et à cet article on rappelle tout ce qui concerne la nature et la bonté des actes réfléchis.

7° A la contemplation, à sa nature, sa vertu et son objet.

C'est à ces chefs capitaux que l'on réduit les trente-huit propositions extraites par les qualificateurs :

Au 1ᵉʳ, les propositions 1, 2, 3, 4, 5, 37

Au 2ᵉ, les prop. 7, 8, 9, 10.

Au 3ᵉ, les prop. 11, 12, 13, 14, 15, 16.

Au 4°, les propositions 6, 17, 28, 29, 30.
Au 5°, les prop. 31, 32, 33, 34, 35, 36, 38.
Au 6°, les prop. 18, 19, 20, 21.
Au 7°, les prop. 22, 23, 24, 25, 26, 27.

PROPOSITIONS

Extraites par les qualificateurs du livre des *Maximes des Saints* de M. l'archevêque de Cambray.

I. On peut aimer Dieu d'un amour qui est une charité pure, et sans aucun mélange du motif de l'intérêt propre..... Ni la crainte des châtimens, ni le désir des récompenses n'ont plus de part à cet amour. On n'aime plus Dieu, ni pour le mérite, ni pour la perfection, ni pour le bonheur qu'on doit trouver en l'aimant..... On l'aime néanmoins comme souveraine et infaillible béatitude de ceux qui lui sont fidèles : on l'aime comme notre bien personnel, comme notre récompense promise, comme notre tout; mais on ne l'aime plus par ce motif précis de notre bonheur et de notre récompense propre. (Pag. 10 et 11, édit. de Paris.)

II. Cette charité véritable n'est pourtant pas encore toute pure, c'est-à-dire sans aucun mélange; mais l'amour de la charité prévalant sur le motif intéressé de l'espérance, on nomme cet état un état de charité. L'ame aime alors Dieu pour lui et pour soi; mais en sorte qu'elle aime principalement la gloire de Dieu, et qu'elle n'y cherche son bonheur propre que comme un moyen qu'elle rapporte et qu'elle subordonne à la fin dernière, qui est la gloire de son créateur. (P. 8 et 9.)

III. Dans l'état de la vie contemplative ou unitive..... on ne perd jamais ni la crainte filiale, ni l'espérance des enfans de Dieu, quoiqu'on perde tout motif intéressé de crainte et d'espérance. (P. 24.)

IV. L'ame désintéressée dans la pure charité, attend, désire, espère Dieu comme son bien, comme sa récompense, comme ce qui lui est promis, et qui est tout pour elle. Elle le veut pour soi, mais non pour l'amour de soi : elle le veut pour soi, afin de se conformer au bon plaisir de Dieu qui le veut pour elle; mais elle ne le veut point pour l'amour de soi, parce que ce n'est plus le motif de son propre intérêt qui l'excite. (P. 12.)

V. Ce pur amour ne se contente pas de ne vouloir point de récompense qui ne soit Dieu même. (P. 25.)

VI. Ce qui est essentiel dans la direction (des ames) est de ne faire que suivre pas à pas la grace, avec une patience, une précaution et une délicatesse infinie. Il faut se borner à laisser faire Dieu, et ne parler jamais du pur amour (dans l'*errata*, ne porter jamais au pur amour, et dans la version latine de M. de Cambray, *ad purum amorem nunquàm impellere*,) que quand Dieu, par l'onction intérieure, commence à ouvrir le cœur à cette parole qui est si dure aux ames encore attachées à elles-mêmes, et si capable ou de les scandaliser, ou de les jeter dans le trouble. (P. 35.)

VII. Dans l'état de la sainte indifférence, une ame n'a plus de désirs volontaires ni délibérés pour son intérêt, excepté dans les occasions où elle ne coopère pas fidèlement à toute sa grace. (P. 50.)

VIII. Dans la sainte indifférence, on ne veut rien pour soi; mais on veut tout pour Dieu : on ne veut rien pour être parfait et bienheureux pour son propre intérêt; mais on veut toute perfection et toute béatitude, autant qu'il plaît à Dieu de nous faire vouloir ces choses par l'impression de sa grace, selon sa loi écrite, qui est toujours notre règle inviolable. (P. 52.)

IX. En cet état (de la sainte indifférence) on ne veut plus le salut comme salut propre, comme délivrance éternelle, comme récompense de nos mérites, comme le plus grand de tous nos intérêts; mais on le veut d'une volonté pleine, comme la gloire et le bon plaisir de Dieu, comme une chose qu'il veut, et qu'il veut que nous voulions pour lui. (P. 52, 53.)

X. Non-seulement l'ame indifférente désire pleinement son salut, en tant qu'il est le bon plaisir de Dieu, mais encore la persévérance..... et généralement, sans aucune exception, tous les biens...., qui sont dans l'ordre de la Providence une préparation de moyens pour notre salut et pour celui de notre prochain. La sainte indifférence admet non-seulement des désirs distincts, et des demandes expresses pour l'accomplissement de toutes les volontés de Dieu qui nous sont connues, mais encore des désirs généraux pour toutes les volontés de Dieu que nous ne connaissons pas. (P. 60, 61.)

XI. Cette abnégation de nous-mêmes n'est que pour l'intérêt propre, et ne doit jamais empêcher l'amour intéressé que nous nous devons à nous-mêmes, comme au prochain, pour l'amour de Dieu. Les épreuves extrêmes, où cet abandon doit être exercé, sont les tentations, par lesquelles Dieu jaloux veut purifier l'amour, en ne lui faisant voir aucune ressource ni aucune espérance pour son intérêt propre, même éternel. (P. 72, 73.)

XII. Tous les sacrifices que les ames les plus désintéressées font d'ordinaire sur leur béatitude éternelle, sont conditionnels;... mais ce sacrifice ne peut être absolu dans l'état ordinaire. Il n'y a que le cas des dernières épreuves, où ce sacrifice devient en quelque manière absolu. (P. 87.)

XIII. Dans les dernières épreuves, une ame peut être invinciblement persuadée d'une persuasion réfléchie, et qui n'est pas le fond intime de la conscience, qu'elle est justement réprouvée de Dieu. (P. 87.)

XIV. L'ame alors est divisée d'avec elle-même : elle expire sur la croix avec Jésus-Christ, en disant : *O Dieu, mon Dieu, pourquoi m'avez-vous abandonnée?* Dans cette impression involontaire de désespoir, elle fait le sacrifice absolu de son intérêt propre pour l'éternité. (P. 90.)

XV. Il n'est question que d'une conviction qui n'est pas intime, mais qui est apparente et invincible. En cet état une ame perd toute espérance pour son propre intérêt; mais elle ne perd jamais dans la partie supérieure, c'est-à-dire dans ses actes directs et intimes, l'espérance parfaite, qui est le désir désintéressé des promesses. Elle aime Dieu plus purement que jamais. (P. 90, 91.)

XVI. Un directeur peut alors laisser faire à cette ame un acquiescement simple à la perte de son intérêt propre, et à la condamnation juste où elle croit être de la part de Dieu..... Mais il ne doit jamais lui conseiller ni lui permettre de croire positivement, par une persuasion libre et volontaire, qu'elle est réprouvée, et qu'elle ne doit plus désirer les promesses par un désir désintéressé. (P. 91, 92.)

XVII. Toute excitation empressée et inquiète, qui prévient la grace de peur de n'agir pas assez; toute excitation empressée, hors le cas du précepte, pour se donner par un excès de précaution intéressée les dispositions que la grace n'excite pas dans ces momens-là, parce qu'elle en inspire d'autres moins consolantes et moins perceptibles; toute excitation empressée et inquiète pour se donner comme par secousses marquées un mouvement plus aperçu, et dont on puisse se rendre aussitôt un témoignage intéressé, sont des excitations défectueuses pour les ames appelées au désintéressement paisible du parfait amour. (P. 99, 100.)

XVIII. Les ames encore intéressées pour elles-mêmes veulent sans cesse faire des actes fortement marqués et réfléchis, pour s'assurer de leur opération et pour s'en rendre témoignage, au lieu que les ames désintéressées sont par elles-mêmes indifférentes à faire des actes distincts ou indistincts, directs ou réfléchis. Elles en font de réfléchis toutes les fois que le précepte peut le demander, ou que l'attrait de la grace les y porte; mais elles ne recherchent point les actes réfléchis par préférence aux autres, par une inquiétude intéressée pour leur propre sûreté. (P. 117, 118.)

XIX. La partie inférieure de Jésus-Christ sur la croix n'a point communiqué à la supérieure ses troubles involontaires. (P. 122.)

XX. Il se fait dans les dernières épreuves pour la purification de l'amour, une séparation de la partie supérieure de l'ame d'avec l'inférieure, en ce que les sens et l'imagination n'ont aucune part à la paix et aux communications de grace, que Dieu fait alors assez souvent à l'entendement et à la volonté d'une manière simple et directe, qui échappe à toute réflexion. (P. 121.)

XXI. Les actes de la partie inférieure dans cette séparation sont d'un trouble entièrement aveugle et involontaire, parce que tout ce qui est intellectuel et volontaire est de la partie supérieure. Mais quoique cette séparation prise en ce sens ne puisse être absolument niée, il faut néanmoins que les directeurs prennent bien garde de ne souffrir jamais dans la partie inférieure aucun de ces désordres qui doivent dans le cours naturel être toujours censés volontaires, et dont la partie supérieure doit par conséquent être responsable. Cette précaution doit toujours se trouver dans la voie de pure foi, qui est la seule dont nous parlons, et où l'on n'admet aucune chose contraire à l'ordre de la nature. (P. 123, 124.)

XXII. La méditation consiste dans des actes discursifs, qui sont faciles à distinguer les uns des autres, parce qu'ils sont excités par une espèce de secousse marquée,..... enfin parce qu'ils sont faits et réitérés avec une réflexion qui laisse après elle des traces distinctes dans le cerveau. Cette composition d'actes discursifs et réfléchis est propre à l'exercice de l'amour intéressé, parce que, etc. (P. 164, 165.)

XXIII. Il y a un état de contemplation si haute et si parfaite, qu'il devient habituel; en sorte que toutes les fois qu'une ame se met en actuelle oraison, son oraison est contemplative et non discursive. Alors elle n'a plus besoin de revenir à la méditation, ni à ces actes méthodiques : si néanmoins il arrivoit, contre le cours ordinaire de la grace et contre l'expérience commune des saints, que cette contemplation habituelle vînt à cesser absolument, il faudroit toujours à son défaut substituer les actes de la méditation discursive, parce que l'ame chrétienne ne doit jamais demeurer dans le vide et dans l'oisiveté. (P. 176.)

XXIV. L'exercice de l'amour, qui se nomme *contemplation* ou *quiétude* quand il demeure dans sa généralité et qu'il n'est appliqué à aucune fonction particulière, devient chaque vertu distincte, suivant qu'il est appliqué aux occasions particulières; car c'est l'objet, comme parle saint Thomas, qui spécifie toutes les vertus. Mais l'amour pur et paisible demeure toujours le même quant au motif ou à la fin, dans toutes les différentes spécifications. (P. 184.)

XXV. La contemplation pure et directe est négative, en ce qu'elle ne s'occupe volontairement d'aucune image sensible, d'aucune idée distincte et nominable, comme parle saint Denys, c'est-à-dire d'aucune idée limitée et particulière sur la Divinité;

mais qu'elle passe au-dessus de tout ce qui est sensible et distinct, c'est-à-dire compréhensible et limité, pour ne s'arrêter qu'à l'idée purement intellectuelle et abstraite de l'Etre qui est sans bornes et sans restriction..... Enfin cette simplicité n'exclut point la vue distincte de l'humanité de Jésus-Christ et de tous ses mystères. (P. 186, 188.)

XXVI. En cet état une ame ne considère plus les mystères de Jésus-Christ par un travail méthodique et sensible de l'imagination, pour s'en imprimer les traces dans le cerveau et pour s'en attendrir avec consolation ;..... mais elle voit d'une vue simple et amoureuse tous ces divers objets, comme certifiés et rendus présens par la vraie foi. (P. 189, 190.)

XXVII. Les ames contemplatives sont privées de la vue distincte, sensible et réfléchie de Jésus-Christ en deux temps différens; mais elles ne sont jamais privées pour toujours en cette vie de la vue simple et distincte de Jésus-Christ. 1° Dans la ferveur naissante de leur contemplation, cet exercice est encore très-imparfait. Il ne représente Dieu que d'une manière confuse..... 2° Une ame perd de vue Jésus-Christ dans les dernières épreuves, parce qu'alors Dieu ôte à l'ame la possession et la connoissance réfléchie de tout ce qui est bon en elle, pour la purifier de tout intérêt propre. (P. 194, 195.)

XXVIII. L'état passif.... exclut non les actes paisibles et désintéressés, mais seulement l'activité, ou les actes inquiets et empressés pour notre propre intérêt. (P. 209.)

XXIX. Dans l'état passif.... les enfans de Dieu.... ne rejettent pas la sagesse, mais seulement la propriété de la sagesse.... Ils usent avec fidélité en chaque moment de toute la lumière naturelle de la raison et de toute la lumière surnaturelle de la grace actuelle, pour se conduire selon la loi écrite et selon les véritables bienséances. Une ame en cet état n'est sage, ni par une recherche empressée de la sagesse, ni par un retour intéressé sur soi pour s'assurer qu'elle est sage et pour jouir de la sagesse en tant que propre. Mais sans songer à être sage en soi, elle l'est en Dieu,.... en usant toujours sans propriété de la lumière, tant naturelle que surnaturelle, du moment présent.... Ainsi à chaque jour suffit son mal, et l'ame laisse le jour de demain prendre soin de lui-même, parce que ce jour de demain, qui n'est pas encore à elle, portera avec lui, s'il vient, sa grace et sa lumière, qui est le pain quotidien. (P. 216.)

XXX. Tels sont les pauvres d'esprit que Jésus-Christ a déclarés bienheureux, et qui se détachent de leurs talens propres, comme tous les chrétiens doivent se détacher de leurs biens temporels. (P. 218.)

XXXI. Dans l'état passif on exerce toutes les vertus distinctes, sans penser qu'elles sont vertus : on ne pense en chaque moment qu'à faire ce que Dieu veut ; et l'amour jaloux fait tout ensemble qu'on ne veut plus être vertueux (dans *l'errata* on ajoute *pour soi*) et qu'on ne l'est jamais tant que quand on n'est plus attaché à l'être. (P. 225, 226.)

XXXII. On peut dire en ce sens, que l'ame passive et désintéressée ne veut plus même l'amour en tant qu'il est sa perfection et son bonheur, mais seulement en tant qu'il est ce que Dieu veut de nous. (P. 226.)

XXXIII. Ailleurs ce saint (saint François de Sales) dit que « le désir du salut est bon, mais qu'il est encore plus parfait de n'en rien désirer. » Il veut dire qu'il ne faut pas même désirer l'amour en tant qu'il est notre bien. (P. 226.)

XXXIV. L'ame dans l'état de transformation..... se hait elle-même, en tant qu'elle est quelque chose hors de Dieu ; c'est-à-dire qu'elle condamne le *moi*, en tant qu'il est séparé de la pure impression de l'esprit de grace, comme la même sainte (sainte Catherine de Gênes) le faisoit avec horreur. (P. 233.)

XXXV. Les ames transformées,... en se confessant, doivent détester leurs fautes, se condamner et désirer la rémission de leurs péchés, non comme leur propre purification et délivrance, mais comme chose que Dieu veut, et qu'il veut que nous voulions pour sa gloire. (P. 241.)

XXXVI. Parler ainsi (*comme ci-dessus*), c'est dire ce que les saints mystiques ont voulu dire, quand ils ont exclu de cet état (des ames transformées) les pratiques de vertu. (P. 253.).

XXXVII. Les pasteurs et les saints de tous les temps ont eu

une espèce d'économie et de secret pour ne parler des épreuves rigoureuses et de l'exercice le plus sublime du pur amour, qu'aux ames à qui Dieu en donnoit déjà l'attrait ou la lumière. Quoique cette doctrine fût la pure et simple perfection de l'Evangile, marquée dans toute la tradition, les anciens pasteurs ne proposoient d'ordinaire au commun des justes que les pratiques de l'amour intéressé, proportionnées à leur grace, donnant ainsi le lait aux enfans, et le pain aux ames fortes. (P. 261.)

XXXVIII. Le pur amour fait lui seul toute la vie intérieure, et devient alors l'unique principe et l'unique motif de tous les actes délibérés et méritoires. (P. dern.)

LETTRE CCXCII.

BOSSUET A SON NEVEU.

A Marly, 30 juin 1698.

Je vois par votre lettre du dernier ordinaire, que les assemblées continuent trois fois la semaine, et néanmoins que les choses vont assez lentement.

Je n'ai point reçu la lettre que vous avez mise dans le paquet de M. l'archevêque de Paris: ce prélat est en visite autour de Paris.

Vous ne sauriez croire le prodigieux effet que fait ici et à Paris ma *Relation sur le quiétisme* (a). Vous pouvez compter qu'à la Cour et à la ville M. de Cambray est souverainement décrié; et

---

(a) Madame de Maintenon, qui étoit plus à portée que qui que ce fût de voir l'impression que cet ouvrage fit sur tous les esprits, s'en expliquoit ainsi dans une lettre à l'archevêque de Paris, du 29 juin : « Le livre de M. de Meaux fait un grand fracas ici : on ne parle d'autre chose. Les faits sont à la portée de tout le monde : les folies de Madame Guyon divertissent. Le livre est court, vif et bien fait. On se le prête, on se l'arrache, on le dévore... Ce livre réveille la colère du roi sur ce que nous l'avons laissé faire un tel archevêque ; il m'en fait de grands reproches : il faut que toute la peine de cette affaire tombe sur moi. » Et après avoir dit dans une autre lettre du 3 juillet de la même année, « que les quiétistes de la Cour abjuroient Madame Guyon, » la même Dame ajoute dans sa lettre à Madame Brinon, religieuse de Saint-Cyr : « M. l'évêque de Meaux a montré par sa *Relation du quiétisme* la liaison qui est entre M. de Cambray et Madame Guyon, et que cette liaison est fondée sur la conformité de la doctrine. »

qu'il ne lui reste pas un seul défenseur, excepté M. le duc de Beauvilliers et M. le duc de Chevreuse, qui sont si honteux qu'ils n'osent lever les yeux. Le roi a déclaré d'une manière qui ne peut être ignorée de personne, que les faits de ma *Relation* étoient de sa connoissance et très-véritables. On commence à murmurer contre les longueurs de Rome, et nous ne retenons les plaintes qu'en disant que la censure du saint Siége n'en deviendra que plus forte. Il n'est pas croyable combien ce parti est devenu odieux.

Je fus hier à Versailles, où je donnai ma *Relation* dans la Cour des princes : on y frémit plus qu'ailleurs contre M. de Cambray. L'abbé de Fleury n'a été conservé que parce que j'en ai répondu : et l'on soupire après une forte décision, qui seule peut sauver l'honneur de Rome.

Si l'on pouvoit donner un bon conseil à M. le cardinal de Bouillon, ce seroit celui d'ôter publiquement son estime à un livre qui est bien constamment devenu l'objet du mépris et de la haine publique, sans qu'il y ait de contradiction. Je fais mettre ma *Relation* en latin.

J'ai fait dire, autant que j'ai pu, aux amis du cardinal de Bouillon, comme en étant moi-même un des plus zélés, qu'il ne peut mieux faire sa cour, ni se rendre le public plus favorable, qu'en se déclarant contre le livre.

Nous nous attendons aux beaux rapports du P. Dez; et il sera ici peu écouté. Le P. de la Chaise, depuis la *Relation*, se déclare si hautement contre le livre qu'il ne s'y peut rien ajouter (*a*).

Tous ceux qui voient dans le Mémoire de M. de Cambray à Madame de Maintenon, que j'ai fait imprimer, combien ce prélat étoit lié avec Madame Guyon, sont étonnés de l'hypocrisie de ce prélat, qui faisoit semblant ici comme à Rome de ne la point connoître.

On est surpris de voir que ceux qu'on accusoit d'être emportés

---

(*a*) Bossuet se trompoit. Le P. de la Chaise avoit dit souvent : « Je défie tout le genre humain de trouver dans le livre de M. de Cambray la moindre chose qui soit digne de censure, » et rien ne prouve qu'il ait jamais changé d'opinion. Il n'approuvoit pas le P. Bourdaloue, qui s'étoit déclaré, devant Madame de Maintenon, contre les *Maximes des Saints*.

contre M. de Cambray aient eu la patience de taire depuis si longtemps ce qu'ils savoient. La charité seule les retenoit, et le désir d'épargner la personne d'un archevêque. S'il a la hardiesse de répondre et de nier quelqu'un des faits, on le confondra dans les formes et on le couvrira de confusion. J'attends avec impatience la nouvelle de la réception du *Schola in tuto* et de la *Relation*.

Je vous envoie un Projet d'admonition (*a*) générale, que vous communiquerez avec prudence.

Croyez, encore un coup, que le parti est désolé et consterné, et qu'il n'y a plus de retour.

Vous verrez par le lardon de la gazette de Hollande, que je mets dans ce paquet, ce que M. de Cambray fait débiter en Hollande. C'est un jésuite nommé Doucin, qui envoie les Mémoires (*b*).

Il importe beaucoup de voir une fin.

La Lettre pastorale de M. de Chartres réussit très-bien.

ADMONITIO GENERALIS,

Ad animarum directores, de orationis statu.

Admonendi theologi ac doctores, ac piarum animarum directores, ne motiva sive incentiva et incitamenta charitatis in praxi separent : sed attendant verbis magni mandati charitatis, prout in Scripturis sacris continetur ejusque connexis. Neque in præcisionibus, subtilitatibus, argutiis christianam perfectionem reponant; nec ambulent in magnis et mirabilibus super se : et Ecclesiæ peregrinantis, et cum Davide et Paulo aliisque propheticis et apostolicis scriptoribus, ad patriam spirantis, orationes frequentent. Devitent autem novas et extraordinarias locutiones, a piis licèt auctoribus nonnunquàm usurpatas, quibus indocti et pravi homines, his maximè temporibus, ad suam ipsorum aliorumque perditionem abusi sunt : ac formam habentes sanorum verborum, Sedisque apostolicæ præcepta retinentes, mysterium fidei sanctæque orationis, quoad fieri potest, planis ac simplici-

(*a*) On pourra la lire après cette lettre. — (*b*) Ce Père se distingua plus tard par quelques écrits, qui parurent sous le titre de *Tocsins*.

bus, et in Scripturâ contentis, verbis atque sententiis tradant.

Non plus sapere quàm oportet sapere, sed sapere ad sobrietatem. *Rom.* xii, 3.

LETTRE CCXCIII.

L'ABBÉ PHELIPPEAUX A BOSSUET

Rome, 1ᵉʳ juillet 1698.

On nous fait espérer de prendre des moyens sûrs pour abréger l'affaire ; cependant jusqu'ici on n'a rien déterminé. On convient que si l'on continue de procéder sur le même pied qu'on a fait jusqu'à présent, nous sommes renvoyés à deux ans, et peut-être aux calendes grecques. Mercredi dernier, l'archevêque de Chieti parla sur la seconde proposition : nous avons su qu'un jésuite du collége romain lui faisoit ses vœux. Le jeudi le même archevêque avec le sacriste, le maître du sacré Palais et le carme firent leur rapport devant le Pape. Deux jours auparavant le Pape avoit déclaré l'archevêque de Chieti secrétaire des évêques et réguliers, en la place de Monseigneur Dasti, qui va être président à la légation d'Urbin en la place du cardinal Lorenzo Altiéri rappelé par le Pape. Cependant cet archevêque n'a encore cette charge que par *interim ;* aussi ne quitte-t-il ni son archevêché, ni la charge de secrétaire *sopra lo stato de' Regulari*, qu'il avoit auparavant. Hier matin mourut le vieux cardinal Altiéri : ses obsèques se sont faites aujourd'hui ; et par là M. le cardinal de Bouillon devient sous-doyen avec mille pistoles de rente. On croit qu'il y aura bientôt une promotion de cardinaux.

Hier il y eut congrégation, où parlèrent Alfaro, Miro, Gabrieli et le procureur général des Augustins, toujours sur le même pied : ils votèrent sur les 3ᵉ, 4ᵉ et 5ᵉ propositions. Les partisans du livre rejettent absolument les solutions de M. de Cambray, comme fausses en elles-mêmes et ne convenant point au texte : ils disent qu'il ne faut que s'attacher à la lettre du livre, dont ils prétendent que la doctrine est probable et peut se soutenir ; que l'auteur en voulant s'exprimer *ha avuto paura, et ha detto infi-*

niti spropositi. Tout le fondement sur lequel ils s'appuient maintenant, est la distinction d'*opus operantis* et *opus operis*. La charité qui est opérante conserve son motif, et renferme virtuellement le motif *ex parte operis*. Voilà ce que j'ai pu comprendre de leurs solutions, qu'on ne manque pas de réfuter; et quoiqu'ils ne disent que des subtilités ou plutôt des sottises, ils ont pris leur parti et continueront jusqu'à la fin.

Un honnête homme (*a*) eut, il y a quelques jours, une longue audience du Pape. Il lui porta la nouvelle des changemens qui s'étoient faits chez le roi, que le Pape savoit déjà : il lui insinua qu'il pourroit encore en arriver d'autres. Contre qui, répliqua le saint Père? contre le cardinal de Bouillon? L'inconnu répondit que cela pourroit regarder d'autres gens. Il ajouta que les longueurs qu'on apportoit à la décision de l'affaire pourroient avoir de fâcheuses suites, que les esprits se fortifioient dans l'erreur : il rapporta ce qui s'étoit passé à Mousseaux du temps du calvinisme, lorsque Chatillon demanda avec insolence la liberté de conscience. Le Pape en parut étonné, et promit de presser le jugement. L'inconnu rebattit toute l'histoire de la Guyon et du livre, dont j'avais pris soin de l'informer. Il lui représenta les désordres où étoient tombés les chefs de la secte, et qu'il pouvoit consulter les cardinaux Casanate, Ferrari, Noris et Albani sur les moyens sûrs d'abréger. Il ajouta que ce qu'on venoit de faire pour l'archevêque de Chieti, ne manqueroit pas de nous alarmer. Cela est-il possible? répondit le Pape tout surpris, il n'a été nommé que par *interim*. Le Pape demanda pourquoi M. de Meaux avoit congédié Madame Guyon, sans l'obliger de rétracter ses erreurs. Alors l'inconnu eut occasion de faire connoître la vérité du fait; et j'espère que vous rendrez publics les actes concernant ce fait, car on s'en prévaut fort ici. Comme l'inconnu racontoit tous les dogmes de la nouvelle prophétesse, le Pape l'interrompit : Mais les François sont de bonnes gens et bien crédules, pour suivre la séduction d'une folle. Il ajouta : Mais on ne cesse point d'écrire; *Questi Francesi cacciano via infiniti libri; come pos-*

(*a*) M. Daurat, archiprêtre de Pamiers, réfugié à Rome depuis l'affaire de la Régale.

sono frae? L'inconnu fit voir la nécessité qu'on avoit eue d'écrire pour expliquer la vérité et empêcher le progrès de l'erreur. Je vous prie de tenir secrètes ces circonstances; car le moindre vent qu'on en auroit nous ôteroit absolument cette ressource. Ce dialogue eut son effet, le jeudi d'après le Pape parla fortement pour chercher les moyens d'abréger.

Je suis obligé de vous avertir que vous êtes mal servi. L'abbé de Chanterac a déjà des exemplaires imprimés du livre *Quietismus redivivus in Galliâ purgatus;* du moins une personne m'a assuré en avoir vu des feuilles imprimées. Il est certain qu'ils ont eu tous vos libres aussitôt que nous, et peut-être plus tôt : aussi se vantent-ils d'être bien servis. Ce sont gens lestes et instruits en bonne école sur l'article.

L'abbé de Chanterac et les Jésuites publient que, ne pouvant faire condamner la doctrine du livre, on avoit recours aux faits et à l'autorité; que M. de Cambray ne s'étonnoit point du changement qu'avoit fait le roi; qu'il s'attendoit encore à une plus grande persécution; qu'on n'en étoit venu là que pour empêcher les universités du royaume qui étoient prêtes à se déclarer en faveur de M. de Cambray; que c'étoit ainsi qu'on avoit traité saint Chrysostome, mais que sa mémoire étoit en bénédiction. Les Jésuites blâment fort l'action du roi : ils disent qu'on a prévenu le jugement, que cette démarche est visiblement une persécution, que le roi s'est laissé conduire par les jansénistes, *et quid non?* Car l'audace des Jésuites va croissant de jour en jour, quoique ce soit une énigme pour tous les gens sensés.

Le général des Jésuites ayant présenté au conseil de Madrid un grand mémorial où il énonce que Hennebel a obtenu par force les derniers brefs du Pape, et accuse ce docteur aussi bien que le conseil de Brabant d'être hérétiques; ce mémorial a été envoyé ici par le nonce; il va *per manus cardinalium.* Hennebel va citer ce général au saint Office pour ce qui regarde la doctrine, et prétend le poursuivre dans un autre tribunal pour ce qui regarde les injures.

L'affaire de M. de Saint-Pons n'avance pas. Le général de la Minerve s'est exclus, aussi bien que Bianchi, du même ordre

Massoulié s'est excusé. On prétend donner l'exclusion au P. de Latenai, du moins l'a-t-on suggéré aux Récollets. Cambolas s'est exclus à la sollicitation de l'abbé de Montgaillard. On prétend que le cardinal de Bouillon brouille cette affaire ; je n'en sais rien, elle ne nous regarde pas.

On m'a assuré que l'abbé de Chanterac et les Jésuites faisoient consulter les universités. Vous pouvez prendre vos mesures pour celle de Salamanque : quant à Louvain, on ne se déclarera pas. Steyaert et son parti s'est déclaré contre le livre : l'autre parti ne se déclarera pas ; et s'il avoit à se déclarer, ce seroit contre le livre : c'est de quoi m'a assuré Hennebel.

Nous avons perdu à la mort d'Altiéri un juge favorable ; ses théologiens étoient bien instruits. Le cardinal d'Aguirre pourra bien n'être pas en état de juger. Sur la fin d'un pontificat, chacun ne songe qu'à se ménager, et le cardinal de Bouillon est capable de beaucoup intimider. M. l'abbé vous mandera le reste. Je suis avec respect votre très-humble et obéissant serviteur.

Phelippeaux.

LETTRE CCXCIV.

L'ABBÉ BOSSUET A SON ONCLE (a).

Rome, ce 1er juillet 1698.

J'ai reçu la lettre que vous m'avez fait l'honneur de m'écrire de Germigny, du 8 juin. Vous aurez vu par ma dernière lettre, que M. de Paris m'avoit informé de la résolution du roi touchant les gens attachés à M. de Cambray, qui étoient auprès des petits princes. Vous croyez bien qu'après cela il n'y a plus personne qui doute des intentions du roi : la plupart n'en doutoient pas dans l'ame, mais étoient bien aises de faire croire qu'ils en doutoient, et qu'il y avoit lieu d'en douter.

Le projet que je vous ai envoyé par le dernier ordinaire, est celui jusqu'à présent qui a le plus plu à la Congrégation et au

(a) Revue et complétée sur l'original.

Pape ; néanmoins il n'y a encore rien de résolu sur ce sujet précisément. Le Pape parla fortement à la Congrégation jeudi passé, pour la presser de trouver quelque expédient. Le cardinal Casanate proposa le mien, à l'exception de prescrire une demi-heure à chaque qualificateur pour parler, leur enjoignant seulement d'être le plus court qu'il seroit possible. Le cardinal de Bouillon, qui n'avoit pas désapprouvé ce projet quand je le lui communiquai, ne se presse pas de le faire suivre, et veut en proposer d'autres, qui sont tous rejetés, parce qu'ils ne paroissent pas à propos. Dans ces circonstances, j'ai cru devoir aller aux pieds du Pape pour lui parler là-dessus, en commençant par le remercier du zèle qu'il avoit témoigné aux cardinaux, et de la manière forte dont il leur avoit parlé ; ce que je fis il y a deux jours ; et je lui fis voir en même temps la disposition des cardinaux, leur vues politiques, leurs ménagemens, leur lenteur naturelle ; qu'il n'y avoit rien à espérer de prompt, de décisif de leur part, si Sa Sainteté ne les déterminoit, et ne faisoit exécuter l'expédient le plus convenable pour finir. Sa Sainteté comprend bien l'inutilité des longs discours des qualificateurs, et que l'essentiel consiste à leur faire donner leur vœu par écrit, sur quoi Messieurs les cardinaux formeront le leur. Elle me témoigna être persuadée de tout ce que j'avois l'honneur de lui dire, et me dit qu'il étoit *capacissimo*, et qu'il alloit chercher les moyens les plus efficaces. Je finis par lui dire qu'on attendait tout le bien de lui et de lui seul. Cela lui fit plaisir, aussi bien que tout ce que je lui dis sur le génie des cardinaux pour qui il n'a pas grande estime et qu'il aime fort peu, surtout les papables.

J'eus lieu de lui parler de ce qui vient de se faire à la Cour, et il ne me dit rien là-dessus qui me pût marquer la moindre peine, quelques efforts qu'aient pu faire Fabroni et la cabale des Jésuites pour l'animer ; mais je ne vois pas qu'on y ait réussi.

J'ai su depuis hier que Sa Sainteté, en attendant qu'on eût pris une résolution précise, a fait ordonner aux examinateurs de parler dans les premières congrégations sur trois propositions à la fois, et de laisser leur vœu par écrit.

Je ne serai pas content qu'on ne réduise les deux propositions sous six chefs principaux. J'espère que jeudi il pourra y avoir une résolution là-dessus. Le nouvel assesseur et le commissaire du saint Office me paroissent fort approuver cette vue, et m'ont promis d'en parler demain au Pape très-fortement. Si le cardinal de Bouillon y avoit voulu entrer, il y auroit déjà quinze jours qu'on auroit commencé; mais il ne le veut pas: il suffit qu'elle vienne de moi; il me fuit à présent avec affectation. Ce n'est pas le moyen de faire croire qu'il entre de bonne foi dans les intentions du roi: par là tout s'allonge. S'il vouloit pour le bien de l'affaire entrer dans nos vues pour faire finir, ce qui nous fait tant de peines s'exécuteroit dès le lendemain. Je fais de mon côté tous les pas nécessaires pour le faire revenir; mais la vanité l'emporte, aussi bien que le peu de sincérité avec laquelle il chemine. Tout son but est de tromper le roi, s'il le peut.

Le général de la Minerve a fait proposer au Pape, par le commissaire du saint Office et le maître du sacré Palais, de commencer par la prohibition du livre de M. de Cambray pour empêcher le mal qu'il peut faire, et puis de continuer toujours l'examen des propositions. Le Pape n'a pas goûté cet expédient, et a dit qu'il falloit tout faire à la fois: cela a été proposé sans ma participation. Je m'explique là-dessus longuement dans la lettre que j'écris à M. de Paris; et je lui en dis le bon et le mauvais dans les circonstances présentes, et ce que j'ai fait là-dessus. Je crains que ce ne soit un expédient qui vienne de la part du cardinal de Bouillon pour contenter en quelque façon le roi, mais dans le fond pour empêcher une bonne décision, espérant par là de faire ralentir le roi et le Pape, et c'est ce qui est à craindre. Consultez, je vous prie, la lettre de M. de Paris: j'en saurai davantage dans huit jours. Le général de la Minerve, depuis quelque temps, a de grands ménagemens pour le cardinal de Bouillon, aussi bien que tous les autres: il ne laisse pas d'être toujours du bon parti mais il est politique.

Je parle aussi à M. de Paris sur Salamanque, que nous avons raison de craindre qu'on ne veuille gagner, pour donner au moins quelque décision ambiguë sur l'amour pur. Il est bon que la Cour prévienne là-dessus notre ambassadeur pour qu'il y ait l'œil; et qu'on lui envoie les écrits latins des évêques avec leur *Déclaration*, pour instruire en cas de besoin.

Le pauvre cardinal Altiéri est mort: il étoit bien résolu de condamner le livre; et tout impotent qu'il étoit, il vouloit se faire porter aux congrégations. C'est une perte pour le sacré Collége et pour nous.

Le roi ne sauroit témoigner trop d'empressement pour faire finir les examinateurs, qui ne font que scandaliser par leur division; il est bien nécessaire de demander une décision sur la doctrine, digne du saint Siége. Pour peu que M. le cardinal de Bouillon voulût aider, ce seroit une affaire bien aisée, mais dans le fond il est le même assurément. J'ai su à n'en pouvoir douter, que toute son attention est de persuader le roi de tout le contraire de ce qu'il fait et de ce qu'il pense; et qu'il a supplié le Pape et le cardinal Ferrari d'écrire au nonce d'assurer le roi qu'il n'oublie rien pour faire finir. M. Vaïni écrit en conformité au nonce à sa prière. Je ne doute pas que l'abbé de la Tremouille et le général de la Minerve n'en fassent de même à leurs amis; mais il faudroit être bien dupe pour le croire. Si la Cour le vouloit faire marcher, ce seroit de lui témoigner qu'on en jugera par les effets prompts et une fin glorieuse pour la France et pour le saint Siége.

Il y eut hier quatre examinateurs qui votèrent sur trois propositions, c'est-à-dire la troisième, la quatrième et la cinquième.

Oserois-je vous prier de bien faire mes complimens à M. Pirot et à M. l'abbé Renaudot?

Le grand-duc fait ici à merveille; et a donné de nouveaux ordres à l'abbé Fédé, qui remplit son devoir auprès du Pape, et le tout en conformité des intentions du roi. Vous pouvez en assurer Sa Majesté: j'ai vu les ordres exprès; il faut le remercier. Cette protection n'est pas inutile ici. Il est bon aussi de témoigner qu'on est content de cet abbé.

M. Poussin (*a*) veut bien me faire croire qu'il n'entre pas dans ce que fait son maître pour M. de Cambray, ainsi au contraire. Je ne m'y fie pas tout à fait; cependant je le crois de bonne foi là-des-

(*a*) Il étoit secrétaire du cardinal de Bouillon.

sus. Il s'en explique hautement : il n'estime pas cette Eminence plus que de raison.

LETTRE CCXCV.

L'ABBÉ BOSSUET A M. DE NOAILLES, ARCHEVÊQUE DE PARIS (a).

A Rome, ce 1ᵉʳ juillet 1698.

Vous aurez vu, Monseigneur, par mes précédentes, les longueurs qu'il y avoit à craindre dans l'affaire de question, si l'on ne changeoit la manière de procéder qu'on avoit prise, et si l'on ne trouvoit le moyen d'abréger les relations des qualificateurs. Vous avez reçu le projet que j'ai fait donner au Pape. M. le cardinal de Bouillon m'avoit paru l'approuver; mais depuis j'ai su qu'il ne jugeoit pas à propos de faire aucune instance pour le faire suivre. Je ne sais si c'est par la raison qu'il vient de ma part. Il croit apparemment en avoir un meilleur : ceux qu'on a proposés jusqu'à présent, je ne sais par quel malheur, n'ont plu à personne, et ont été inutiles. Mais on espère que cela fera toujours voir au roi le soin qu'on apporte à mettre fin à cette affaire, et que cela ne dépend pas du cardinal de Bouillon. Le cardinal de Bouillon a par rapport au roi une attention extrême, et va ici priant tout le monde et surtout le cardinal Spada et le Pape même, de bien rendre témoignage des instances qu'il fait à ce sujet dans les lettres qu'ils écrivent au nonce. M. le prince de Vaïni ne s'oublie pas au sujet du cardinal de Bouillon, dans les lettres qu'il écrit au nonce tous les ordinaires. Si M. le cardinal de Bouillon le vouloit, le projet que je vous ai envoyé seroit suivi en tout ou en partie; car c'est celui qui plaît le plus à toute la Congrégation.

Deux ou trois personnes depuis huit jours ont sondé le Pape là-dessus, et il n'a fait que leur parler de réduire les propositions sous des chefs principaux. Jeudi, dans la congrégation qui se tint devant le Pape, il exhorta fortement MM. les cardinaux à chercher efficacement le moyen de finir; leur témoigna qu'on ne pouvoit lui faire un plus grand plaisir, et rendre un plus grand ser-

(a) Revue sur l'original.

vice à l'Eglise dans les circonstances présentes. M. le cardinal Casanate proposa d'exécuter le projet que je lui avois donné, à la réserve de prescrire une demi-heure pour parler, mais disant qu'on se contenteroit de faire savoir aux qualificateurs qu'ils feroient plaisir à la Congrégation d'être courts. On ne résolut rien.

Je fus averti aussitôt de ce qui s'étoit passé, et je crus que je ne pouvois mieux faire que d'aller aux pieds du Pape pour le remercier du zèle qu'il avoit témoigné sur ce sujet à MM. les cardinaux, et prendre de là occasion de lui marquer la nécessité de prescrire quelque règle aux qualificateurs, sans quoi on ne pouvoit espérer aucune fin. J'y allai avant-hier. Je me doutois bien que je lui ferois plaisir de lui parler de ce qui s'étoit passé à la congrégation : après quoi j'entrai en matière, et fis mon possible pour lui faire comprendre la situation de la congrégation, l'indolence des cardinaux, leurs vues politiques ; et pour lui faire entendre qu'il n'y avoit rien de bon à espérer que des saintes intentions de Sa Sainteté ; mais qu'il falloit qu'elles fussent efficaces, et qu'il déterminât, et fît exécuter l'expédient qu'il croiroit être le plus prompt et le plus convenable. Une des choses que je sais qui fait le moins de peine au Pape, c'est d'entendre parler comme je lui parlai. Il m'assura avoir une attention extrême sur cela, et qu'il alloit chercher des moyens efficaces pour me contenter. Il comprit bien l'inutilité des grands discours des examinateurs, et que l'essentiel est qu'ils laissent, après avoir peu parlé, leur vœu par écrit. Je finis par lui dire qu'on attendoit tout le bien de lui, et de lui seul.

Je trouvai aisément l'occasion de lui parler de ce que le roi avoit jugé à propos de faire en France, en éloignant d'auprès des princes des personnes aussi suspectes. Il ne me dit rien là-dessus qui me pût faire connoître que cela lui eût fait la moindre peine, quelques efforts que Fabroni ait faits pour l'animer là-dessus.

J'ai appris depuis que Sa Sainteté, en attendant qu'on eût pris une résolution plus précise, avoit ordonné que les qualificateurs eussent à parler sur trois propositions à la fois, et laisser leur vœu par écrit. Mais cela ne suffit pas, et il faut qu'on en vienne à parler sur chaque chapitre principal, qu'on peut réduire facilement à six. J'espère que jeudi il pourra y avoir quelque résolution là-dessus. Le nouvel assesseur et le commissaire du saint Office me paroissent approuver fort cette vue, et doivent demain en parler fortement au Pape.

Le mal de cette affaire vient de M. le cardinal de Bouillon, qui me fuit depuis quinze jours avec affectation, et ne veut entrer dans rien avec moi. S'il le vouloit pour le bien de l'affaire, ce qui nous coûte tant de peines se feroit en un clin d'œil, pour ainsi parler; et il me semble qu'il le pourroit, et même le devroit dans tout ce qui va à une prompte décision. Je n'ai pas à me reprocher de n'avoir pas fait toutes les avances imaginables, telles que je le devois sur tout cela; et je le ferai toujours avec fort peu d'espérance d'y réussir.

De nos amis craignant de grandes longueurs dans cette affaire, ont proposé au Pape sans ma participation de commencer par défendre le livre pour lui donner un premier coup, et de continuer l'examen des propositions en particulier. Le Pape n'a pas goûté cette proposition, et a dit qu'il veut tout faire à la fois. Cette vue a, selon moi, du bon et du mauvais : du bon, si après l'examen déjà fait ou près de finir des cinq premières propositions sur l'amour pur, le Pape vouloit les déclarer erronées, scandaleuses, pernicieuses, et fonder sur cela la prohibition du livre, en promettant dans peu sa décision solennelle sur toutes les propositions du livre, et qu'effectivement on ne ralentît point sur l'examen; alors il n'y auroit aucun inconvénient, et ce seroit toujours donner un premier coup pour arrêter le mal. Mais si l'on se contentoit de défendre le livre sans rien exprimer, et qu'on crût en avoir assez fait, et qu'on se ralentît sur l'examen, ce qui pourroit bien arriver, ce ne seroit plus la même chose.

Le commissaire du saint Office, qui m'a parlé de cette vue ce matin, est entré avec moi dans les difficultés qui s'y trouvent. Je ne parlerai sur cela ni pour ni contre, jusqu'à ce que j'y voie plus clair. Ce qui me fait un peu craindre, c'est que je me doute que cette vue vient en partie de M. le cardinal de Bouillon, dont le dessein seroit de se tirer promptement d'affaire auprès du roi; espérant d'ailleurs que la prohibition du livre faite, on ne presseroit pas avec tant d'ardeur une condamnation plus précise, et par là épargner M. de Cambray : c'est, comme vous voyez, une espèce de *mezzo termine*.

J'en ai déjà parlé à M. le cardinal Casanate, qui dit très-affirmativement qu'il ne sera pas d'avis de cet expédient ; craignant avec fondement qu'on ne laissât tout là après et qu'on ne suivît plus cette affaire, et croyant qu'il faut que le saint Siége parle sur cette affaire magistralement. Je l'ai supplié avec cela d'attendre que nous soyons mieux informés des desseins cachés, pour prendre une résolution. Car on pourroit tourner ce projet de manière qu'il ne le faudroit pas rejeter : et ce qui me le feroit embrasser efficacement, ce seroit la crainte que le Pape ne vînt à mourir avant la décision, qui est tout ce que désire la cabale ; et ce seroit toujours quelque chose d'avoir flétri le livre dans cette circonstance, qui laisseroit la liberté au clergé de France de faire ce qu'il jugeroit à propos.

Je vous ai dit que ce sont nos amis qui proposent cette vue ; car ce sont le général de la Minerve, le commissaire du saint Office et le maître du sacré Palais. Mais je sais et ne puis douter de la liaison du général de la Minerve avec le cardinal de Bouillon, et des extrêmes ménagemens de ce général, qui sans difficulté fait agir les deux autres. Enfin quoi qu'il en soit, je verrai bientôt le fond de cela, et je puis comme vous assurer qu'on ne prendra point du côté de la Congrégation et du Pape de résolution là-dessus que ce ne soit avec ma participation. Et à vous parler franchement, je doute fort qu'on veuille entrer dans cet expédient, qui ne seroit bon qu'en faisant la censure des premières propositions, et fondant là-dessus la prohibition du livre. Dans huit jours je vous parlerai là-dessus plus clairement.

M. le cardinal Albane est retourné de la campagne. Le P. Roslet l'a dû voir hier, et vous en mandera apparemment des nouvelles. Il doit aussi vous écrire au long sur Salamanque, dont nous avons quelque lieu de craindre qu'on ne se veuille servir pour embrouiller notre affaire, en faisant donner quelque décision ambiguë en faveur de l'amour pur. Je crois qu'il est toujours bon d'en donner avis à notre ambassadeur, afin qu'il y ait l'œil, et empêche ce qu'on pourroit faire. On pourroit lui envoyer en même temps les pièces latines des évêques sur cette affaire, qui les instruiroient. Nous faisons ici ce qu'il faut de notre côté. Il faut encore, je pense, avoir l'œil sur Douai et sur Louvain.

Le vieux cardinal Altiéri mourut hier subitement : nous y perdons un vœu sûr dans notre affaire. Je suis avec respect, etc.

L'insolence des Jésuites ne fait qu'augmenter. Les Italiens disent ici hautement que le roi et Madame de Maintenon sont jansénistes; et que c'est à cause qu'ils soutiennent la cabale des évêques jansénistes, qu'eux jésuites s'opposent ici à leurs desseins. Leurs discours là-dessus sont pitoyables; mais Dieu les confondra.

LETTRE CCXCVI.

BOSSUET A M. DE NOAILLES, ARCHEVÊQUE DE PARIS.

Marly, 2 juillet 1698.

J'ai reçu, mon très-cher Seigneur, la lettre que vous m'avez fait l'honneur de m'écrire de Saint-Prix, avec celle que mon neveu avoit pris la liberté de mettre pour moi dans votre paquet. Je ne comprends rien à l'ordre dont vous me mandez qu'on vous a donné part, touchant l'extrait de quatre-vingts propositions à faire par M. Phelippeaux. Pour moi tous mes ordres, conformes aux vôtres, sont à abréger, et à laisser retrancher des propositions plutôt que d'en fournir de nouvelles, parce qu'il y aura toujours un *non intendentes approbare*, etc., qui sauvera tout. Il ne faut plus tendre qu'à abréger et conclure.

Quand on aura reçu ma *Relation*, on verra ce que c'est que mon attestation à Madame Guyon (a) : et si vous jugez qu'il soit nécessaire, j'en enverrai l'extrait authentique tiré de mon registre.

On demande à vous parler pour vous dire deux choses. La première, qu'on a appris par ma *Relation* des vérités qu'on ne savoit pas. C'est un mensonge; car j'ai lu tout ce qui est tiré de

(a) *Relation sur le quiétisme.* sect. III, n. 18. Dans cette édition, vol. XX, p. 113.

la vie de Madame Guyon, à Messieurs de Beauvilliers et de Chevreuse chez M. l'abbé de Fénelon. La seconde, c'est qu'on voudra prendre des mesures avec vous, pour vous faire contenter de l'abjuration qu'on fera de Madame Guyon. J'en ai entendu parler, et j'ai répondu que ce n'étoit rien ; que ce qu'il falloit abjurer c'étoit, non le livre de Madame Guyon, qu'on auroit honte de défendre, mais celui de M. de Cambray, fait pour la défense de cette trompeuse. J'ai cru vous devoir donner avis de ceci, parce qu'encore que je ne doute pas que vous ne soyez sur vos gardes et bien éloigné de prendre le change, il est bon de se tenir les uns les autres avertis de tout.

Ils sont au pied du mur par notre concert, ou plutôt ils ne savent plus où ils en sont, ni que dire, ni à Paris, ni ici ; il n'y a qu'à nous tenir fermes.

On m'a mandé de Paris qu'on y disoit qu'on avoit arrêté au Bourget cinq cents exemplaires d'une réponse à votre désolante lettre. Si cela est, je vous supplie de me la communiquer au plus tôt. Je trouverai peut-être dans mes extraits quelque chose dans le fait, pour convaincre les menteurs.

Ils ne songent qu'à déguiser ; je dis les plus sincères. Le parti les aveugle ; vous savez qu'on y écrit tout ce qu'on veut. La continuation de notre concert les mettra à bout.

Ils ne songent qu'à nous séparer ; et ce qu'ils publient de ma prévention contre eux pour se cacher de moi, n'est qu'artifice. Je ne vous dis rien de Torci : vous verrez tout par vous-même. Donnez du courage à Madame de Luynes (*a*) pour vous parler, comme je l'y exhorte, avec une pleine liberté.

Vous savez avec quel respect, quelle obéissance, et quelle tendresse je suis à vous, priant Dieu pour vous comme pour moi-même.

Je vous conjure de vous ménager ; le travail est grand.

(*a*) On sait qu'après avoir été religieuse à Jouarre avec sa sœur Madame d'Albert, elle devint en 1697 supérieure du monastère de Torci, dans le diocèse de Paris.

LETTRE CCXCVII.

M. LE TELLIER, ARCHEVÊQUE DE REIMS, A M. L'ABBÉ BOSSUET.

De Charleville, ce 6 juillet 1698.

Votre lettre du 10 du mois passé m'a trouvé dans le cours de mes visites, que je commençai le 27 du même mois. Elle me fait espérer que l'affaire de M. de Cambray sera terminée à Rome dans le mois prochain, au plus tard : elle dure en vérité depuis trop longtemps. J'attendrai avec bien de l'impatience la nouvelle de cette décision.

La *Relation sur le quiétisme*, que Monsieur votre oncle a fait imprimer, fait partout l'effet qu'on en devoit attendre : c'est une pièce qui écrase M. de Cambray. La *Lettre pastorale* de M. de Chartres démontre bien les variations de cet archevêque. Je suis toujours, Monsieur, entièrement à vous.

L'archevêque duc de REIMS.

LETTRE CCXCVIII.

BOSSUET A SON NEVEU.

Versailles, 7 juillet 1698.

J'ai reçu votre lettre du 17 du mois précédent. Je vais vous faire un récit fidèle de l'état des choses depuis nos derniers écrits, et surtout depuis ma *Relation*, à qui Dieu a donné une si manifeste bénédiction, qu'il est impossible que le bruit n'en aille pas jusqu'à Rome. Je n'ai pu voir M. le nonce; mais je suis bien assuré qu'il a su et vu en grande partie ce qui s'est passé à Paris et à la Cour, où le déchaînement contre M. de Cambray a été si grand, qu'il est à craindre que l'indignation n'aille trop loin, et ne fasse perdre le respect à beaucoup de gens. Nous en trouvons même qui nous insultent, de ce que bonnement et simplement nous nous sommes attachés à consulter le saint Siége : mais je ne m'en repentirai jamais, moi qui puis vous dire, et M. le nonce le sait, que j'ai plus que personne donné le conseil de consulter Rome, et conseillé plus que jamais de s'en tenir là.

J'interromps ma lettre pour aller voir M. de Paris chez le roi, où nous nous sommes donné rendez-vous. Je la reprendrai au retour.

Je vous dirai pourtant, en attendant, que ceux à qui l'on avoit fait accroire que j'avois poussé M. de Cambray avec trop de chaleur, ne sont plus étonnés que de ma trop grande patience; mais j'ai eu mes raisons. Si j'ai bien espéré dans les commencemens de M. de Cambray; les promesses que vous avez vues dans ses lettres en étoient la cause. Ceux qui voudroient que je l'eusse d'abord décelé au roi, ne songent pas que je ne savois que par lui seul les erreurs dans lesquelles il étoit tombé, dont par conséquent je ne pouvois en honneur et en conscience tirer avantage contre lui, ni faire autre chose que de travailler de tout mon pouvoir à le tirer de son égarement.

Je ne me suis donc déclaré que quand son livre, ses mauvaises explications et son opiniâtreté m'ont fait perdre toute espérance. Encore n'ai-je éclaté sur les faits qui regardent la conduite, que quand tout le monde a vu qu'il n'y avoit plus moyen de se taire. Vous avez pu le remarquer par la petite narration latine (*a*), que je vous envoyai avec tant de précaution, et que vous avez fait voir de même. Maintenant si j'explique tout, on voit bien que j'y suis forcé, ainsi que M. de Paris et M. de Chartres, qui sont obligés par intérêt pour la vérité de dire ce qui a passé par leurs mains. Cependant, quoique le public se déclare contre la mauvaise doctrine de M. de Cambray, le mal gagnera en secret; et la religion, la vérité, ainsi que la foi que l'on a au saint Siége, en souffriront : c'est ce qui m'a porté à vous envoyer ce récit latin, que j'aurois pu augmenter des choses que je viens de dire. Mais par le rapport qu'elles ont à moi, je remets à votre prudence de les expliquer, comme aussi de faire passer cet écrit par les mains que vous croirez les plus propres à un secret si important.

Vous verrez par la *Gazette de Hollande*, que je vous envoie,

(*a*) C'est la relation qui se trouve à la tête des *Lettres sur le quiétisme*, vers la fin du volume précédent.

ce que disent les partisans de M. de Cambray ; car ce sont eux qui font ici ces articles, et qui se font écrire de Rome des choses semblables.

Tout Paris étoit hier ému et scandalisé de la défense d'écrire, qu'on disoit faite également aux deux partis, sans mettre aucune différence entre nous qui écrivons pour éclaircir la vérité, et ceux qui n'écrivent que pour l'embrouiller et la combattre. Mais ces bruits, qui viennent des émissaires de M. de Cambray, tomberont d'eux-mêmes. Le roi est un peu étonné de la longueur de cette affaire, et je ne sais pas ce qu'il en dira à M. le nonce.

Pour vous, parlez toujours sobrement et avec tout le respect convenable. Je fais valoir ici, le mieux que je puis, ce que vous m'écrivez des saintes intentions du Pape et de la Congrégation. Mais on attend des effets ; et les paroles, quoique véritables, mais dont l'accomplissement est trop tardif et paroît peu certain, ne contentent guère. Pour moi, je vais toujours mon train, et je demeure inviolablement attaché à faire valoir la conduite et l'autorité de Rome. Nous sommes dans les mêmes sentimens, M. de Paris et moi, aussi bien que M. de Chartres, dont l'écrit fait ici l'effet que vous pouvez attendre de ses solides remarques sur les variations de M. de Cambray. Ce prélat ne laisse pas de protester toujours, et de prendre Dieu à témoin qu'il n'a jamais eu que les mêmes pensées ; ce qui le rend odieux aux gens de bien au delà de ce qu'on peut exprimer. M. le nonce, qui voit ce que je vous dis, peut en rendre témoignage.

On aura soin de toutes les choses que vous marquez, et vous en verrez bientôt des effets.

Il faut du temps pour bien digérer ce que m'envoie M. Phelippeaux. Je lui suis obligé de sa diligence, tout est excellent : il aura sur son travail de mes nouvelles par le premier courrier.

Cependant notez bien ceci : comme il pourra arriver qu'à l'occasion de nos derniers écrits M. de Cambray donne quelque chose de nouveau, ou qu'il en demande communication et du temps pour répondre, ou qu'enfin il fasse quelque chose tendant à obtenir du délai : ne manquez pas de nous avertir par courrier exprès : le roi le trouvera très-bon, et vous le commande. Adressez-moi le courrier; prenez toutes les mesures nécessaires, et rendez-vous maître du courrier. Faites les choses à petit bruit; mais encore une fois, adressez-moi tout : je porterai à l'instant vos lettres au roi, soit qu'elles soient en chiffre ou non. Cela n'empêchera pas que s'il y a quelque chose qui regarde vos affaires particulières, vous ne le mandiez à mon frère. Ne faites qu'avec discrétion la dépense d'un courrier exprès; mais quand elle sera à propos, n'y manquez pas. On en fera autant de ce côté-ci.

J'ajoute, après avoir vu M. de Paris, qu'il doit vous écrire. Nous ne nous sommes vus qu'en passant très-légèrement chez le roi. Demain nous devons avoir un grand entretien, dont le résultat fera la matière des lettres de lundi.

Au surplus si les choses cheminent, peut-être ma lettre latine ne sera-t-elle pas nécessaire : peut-être paroîtra-t-elle un peu forte. Quoi qu'il en soit, usez-en selon votre prudence et le conseil des sages. Vous verrez par cette lettre du P. Séraphin, le langage de tout le monde en ce pays. Je vais à Paris, où M. le cardinal de Janson doit arriver ce soir ou demain.

LETTRE CCXCIX.

M. DE NOAILLES, ARCHEVÊQUE DE PARIS, A L'ABBÉ BOSSUET.

Paris, 8 juillet 1698.

Je fus bien fâché, Monsieur, de n'avoir pu vous écrire la semaine passée : je priai le Père procureur général des Minimes de vous en faire mes excuses. Un voyage que je fis hier à Versailles, d'où je revins tard, m'a ôté le temps que je voulois mettre à vous écrire amplement.

J'envoie par ce courrier trente exemplaires de ma *Réponse*, comme vous souhaitez. La *Relation* de M. de Meaux a achevé le bien qu'elle avoit commencé; car les plus aveugles voient présentement et sont étonnés, ou du moins le font. C'est tout vous dire, que Monsieur et Madame de Beauvilliers, Monsieur et Madame de Chevreuse sont revenus tout à fait, et renoncent entièrement le parti. On ne peut s'en expliquer plus nettement, ni plus fortement qu'ils le firent hier dans les conversations que j'eus avec eux : ainsi la cabale est constamment très-abattue en ce pays. Mais je vois par vos lettres et par d'autres qu'elle est toujours puissante à Rome : il faut redoubler vos efforts et vos soins pour la combattre. Je crois que pour cela il est bon de commencer à changer de ton, et à faire un peu de peur de ce que les évêques de France pourroient faire, si on recule trop. Si les raisonnements et les faits, qui sont encore plus forts dans l'esprit des gens à qui nous avons affaire, n'obtiennent rien d'eux, il faudra bien employer d'autres moyens : en un mot nous serons obligés de juger, s'ils ne jugent point. Faites-le un peu envisager aux gens sages du pays.

L'expédient que vous avez proposé pour finir est très-bon, mais il n'importe quel moyen ils prennent, pourvu qu'ils décident. Je doute que l'abbé de Barrières ait dit ce qu'on lui fait dire : j'ai chargé quelqu'un de ses amis de lui écrire ; il sait bien que cela n'est pas vrai.

La patience du roi ne doit pas tant étonner : elle n'ira pas loin encore, selon les apparences. On s'est expliqué hautement que M. de Cambray ne reviendroit plus : ainsi c'est comme s'il n'avoit plus sa charge. Mais le cardinal de Bouillon cache la vérité tant qu'il peut ; et je ne comprends pas comment des gens si sages et si pénétrans que ceux à qui vous avez affaire, se laissent ainsi imposer : ils le doivent connoître. Prenez garde aux conversations que vous avez avec lui : il est homme à prendre ses avantages de tout, et les Jésuites le fortifient beaucoup. Je crains la liaison que le nouvel assesseur a avec eux ; mais le bien que vous m'en dites d'ailleurs me rassure. Quand M. le cardinal de Janson sera revenu de Beauvais, je le prierai de lui écrire fortement. Il faut toujours espérer en la protection que Dieu donne à la vérité et à vos soins. Je ne vous dis plus, Monsieur, combien je suis à vous.

LETTRE CCC.

L'ABBÉ PHELIPPEAUX A BOSSUET.

Rome, 8 juillet 1698.

Le P. Campioni a entrepris de traduire l'*Instruction sur les états d'oraison* en langue italienne : il est déjà fort avancé. Il a souhaité vous écrire pour vous en demander la permission, quoique je l'aie assuré que vous en seriez très-aise.

Les Jésuites continuent toujours à prendre le parti de M. de Cambray. J'ai su de bonne part que le P. Carégna, jésuite du collége romain, dont on a envoyé les écrits en faveur de Sfondrate, dit partout que si on condamne le livre de M. de Cambray parce qu'il détruit l'espérance, il faut aussi condamner le vôtre, parce qu'il détruit la charité : mais ces discours ne font pas à présent grande impression.

Le P. Rozzi avoit dit au Pape que les Moscovites, partis depuis peu, avoient dessein de rentrer dans le sein de l'Eglise romaine, et qu'ils espéroient y faire entrer toute leur nation. Le Pape dans cette vue leur fit beaucoup de caresses dans l'audience de congé, se réjouissant de leur bon dessein, et de voir approcher le moment où ils rentreroient dans la communion romaine. Ils parurent étonnés de ce discours. Le Pape leur dit que le P. Rozzi, qui étoit présent, lui avoit donné cette assurance. Ils nièrent en avoir parlé, et cela fâcha fort le Pape.

Le P. Roslet écrira à M. de Paris l'entretien qu'il a eu avec M. le cardinal de Bouillon, qui fut assez chaud. Le P. Roslet ne fit point de difficulté de lui dire qu'on savoit tous les manéges qui s'étoient faits dans cette affaire.

Jeudi les six premiers examinateurs parlèrent devant le Pape sur les troisième, quatrième et cinquième propositions. Toute la défense de ceux qui favorisent le livre roule toujours sur la distinction d'*opus operantis* et *opus operis*.

J'eus dimanche un long entretien avec l'archevêque de Chieti : il me dit qu'on condamneroit le livre. Je lui répondis que ce n'étoit pas assez de le condamner, mais qu'il falloit que la censure fût solennelle, et proportionnée aux erreurs qu'il contenoit. Il me répliqua qu'on auroit sujet d'être content. Je suis persuadé qu'il aura plus de peine à défendre les propositions suivantes.

M. Poussin (a) a fort affecté de me persuader que M. le cardinal de Bouillon étoit fort changé, qu'il se déclareroit infailliblement pour la condamnation, et que son suffrage seroit même plus rigoureux que celui de ses confrères.

Il y eut hier lundi congrégation où parlèrent le carme, le maître du sacré Palais et le sacriste sur les mêmes propositions. M. le cardinal de Bouillon dit aux qualificateurs, de la part du Pape, qu'ils eussent à abréger sans répéter les mêmes choses, et qu'ils réduisissent les propositions à certains chefs principaux qui les contenoient. Cet ordre a été donné apparemment en conséquence des vues qu'on a insinuées à la Congrégation. On leur a montré qu'on pouvoit réduire toutes les propositions à sept chefs. Ainsi dans la suite on pourra avancer plus qu'on n'a fait jusqu'à présent ; mais quelque diligence qu'on fasse, nous en avons encore pour beaucoup de temps.

M. de Chanterac et ses amis commencent à être effrayés. Le parti se diminue de jour en jour. La *Relation* donnera le dernier coup : ceux qui ont déjà vu ce qu'on en a reçu, en sont surpris. Nos gens ont plus d'espérance que jamais de remporter la victoire. Il paroit que les défenseurs du livre ne songeront plus qu'à faire modérer les qualifications. Demain on pourra commencer ce qui regarde la prévention de la grâce et les propres efforts. J'ai travaillé tout aujourd'hui pour en instruire de nouveau Granelli, qui est toujours vigoureux, et qui dans l'occasion réprime l'insolence d'Alfaro et du sacriste. Nous attendons le *Quietismus redivivus*, après quoi je pense que vous n'écrirez plus. Vous y ferez peut-être mention des falsifications de la traduction latine, que vous n'avez pas encore relevées. Je vous en ai envoyé les principaux endroits pour vous mettre en état de le faire, dans le cas où vous n'auriez pas le livre même. Je suis avec un profond respect, etc.

(a) Secrétaire du cardinal de Bouillon, comme on l'a déjà dit.

LETTRE CCCI.

L'ABBÉ BOSSUET A SON ONCLE.

Rome, ce 8 juillet 1698.

J'ai reçu la lettre que vous m'avez fait l'honneur de m'écrire de Paris, du 16 juin, et en même temps les cinq premières feuilles de votre *Relation*. J'attends le reste par le premier courrier : cela ne peut pas manquer de faire un très-bon effet ici, comme en France. L'ouvrage est admirablement bien écrit, et plus que démonstratif. M. de Cambray l'a voulu, et ne vous a pas permis de garder le silence sur rien : c'est la manière dont je prépare ici les esprits sur tout ce qui se fait à présent, et les plus grands partisans de M. de Cambray n'osent pas dire qu'on n'a pas attendu à l'extrémité. Ils ont un beau démenti : ils devroient mourir de honte. M. de Cambray n'a plus, selon les gens désintéressés et de bon sens, d'autre parti à prendre que de baiser les verges et de se soumettre.

Enfin le Pape s'est déterminé sur les instances que je lui ai faites de nouveau, aussi bien qu'aux cardinaux, à faire ordonner aux qualificateurs de réduire sous de certains chefs principaux les trente-trois propositions qui restent à examiner, et de parler chaque fois sur toute la matière et les propositions y comprises. On exécutera aussi le reste du projet que je lui avois donné, si ce n'est qu'on ne restreindra pas les examinateurs à ne parler qu'une demi-heure; ce qu'on n'a pas jugé à propos, de peur que M. de Cambray ne se plaignît qu'on n'avoit pas voulu écouter ses raisons. On s'est contenté de leur enjoindre d'être courts et très-courts.

Hier M. le cardinal de Bouillon, comme l'ancien du saint Office, expliqua tout ce détail aux qualificateurs, qui doivent s'assembler incessamment pour convenir des propositions qu'on doit ranger sous chaque chapitre. Ce qui reste peut se ranger sous cinq chapitres ; chaque chapitre peut durer quinze jours : en voilà pour deux mois et demi. Ainsi je compte qu'à la fin de septembre les qualificateurs auront fini. Ce sera ensuite à Messieurs les cardinaux à faire leur devoir. Ils étudieront pendant ce temps, prépareront leur vœu, et pourront avoir expédié pendant le mois d'octobre. J'espère donc que nous pourrons avoir une décision au mois de novembre. Il n'y a qu'à prier Dieu pour la santé de Sa Sainteté, d'où tout dépend. Les amis de M. de Cambray n'ont plus dans le fond guère d'espérance que dans sa mort; mais je crois fermement que Dieu veut trop le bien de son Eglise pour permettre ce malheur. En un mot, je parle avec confiance, nous n'avons que cela à craindre.

Les cardinaux vont bien : je les ai tous sondés ces jours-ci, et j'en suis resté très-content. Quelques-uns faisoient de la difficulté pour changer de méthode, comme le cardinal Ferrari, quoique d'ailleurs bien intentionné; le cardinal Marescotti, qui a assurément la tête dure, et le cardinal Nerli, qui d'ailleurs s'est déclaré dans la dernière conversation que j'ai eue avec lui contre la mauvaise doctrine, et qui m'a paru bien revenu surtout depuis qu'il a vu qu'on l'avoit trompé par rapport aux dispositions du roi, pour qui il a une vénération particulière.

Le cardinal de Bouillon cherche à me tromper aussi bien que le P. Roslet, et à nous persuader qu'il ne favorise pas M. de Cambray; il aura de la peine. Il est bien certain qu'il a plus de ménagement qu'auparavant; mais nous n'en jugerons qu'avec le public par les actions. Je tâche de lui faire entendre par ses amis qu'il y va de son intérêt et de sa réputation. Il a eu quelque peine à voir que mon projet a été le seul approuvé et suivi. Tous ceux que cette Eminence présentoit ont été rejetés. Son unique attention est à présent de persuader à la Cour tout le contraire de ce qu'il a dans le cœur.

Le projet du général de la Minerve sur la censure des cinq premières propositions, s'est trouvé impraticable : on ne pouvoit faire qu'une prohibition de lire le livre avant la fin de tout l'examen, et c'étoit justement pour faire échouer la décision. Le général de la Minerve croyoit que cela se pouvoit faire par un bref, en déclarant erronée la doctrine de l'amour pur. Mais le cardinal Casanate et le cardinal Albane, que j'ai consultés là-dessus, l'ont jugé impraticable avant l'examen du tout : ils m'ont dit qu'on ne pouvoit faire dans l'état des choses qu'un *prohibeatur*, qui auroit tout gâté et tout ralenti. Ainsi cette idée s'en est allée en fumée. Le dessein du cardinal de Bouillon dans ce projet, étoit d'engager cette Cour et le roi à se contenter de cette condamnation ; mais personne n'a été ici de cet avis. Nous avons découvert, à n'en pouvoir douter, que le cardinal de Bouillon veut, s'il ne peut sauver le livre, faire en sorte qu'on lui imprime la plus légère censure qu'il sera possible ; et en tout cas, empêcher à quelque prix que ce soit qu'on ne qualifie d'hérétiques quelques propositions. Il s'intrigue déjà sur cela auprès des cardinaux, et même des qualificateurs qui sont contre M. de Cambray ; mais nous sommes avertis, et ne laisserons rien passer.

Vous ne sauriez dire trop de bien du P. Roslet à M. l'archevêque de Paris : il vous sert ici tous les deux à merveille et nous est très-utile ; il a une droiture et une fermeté d'esprit très-grandes. Le P. général de la Minerve peut avoir quelques égards pour le cardinal de Bouillon ; mais il ne fera rien contre son devoir et contre l'essentiel de l'affaire.

Les Jésuites et Fabroni sont pires que jamais. Ils publient partout que si l'on censure M. de Cambray pour avoir ôté l'espérance, il faut vous censurer pour détruire la charité. Ne fera-t-on rien à la Cour contre le P. Valois? Il est plus méchant que les quatre autres qu'on a renvoyés. Le P. de la Chaise et le P. Dez mériteroient bien qu'on ne les oubliât pas : ils veulent à présent tout le mal possible au roi, à Madame de Maintenon, à M. de Paris, à vous et à tout ce qui leur appartient (*a*).

On est bien obligé au cardinal Casanate, qui veut, à ce qu'il dit, servir la religion, le roi et ses amis. Il a en moi une confiance toute particulière, qui nous est d'une grande utilité sur tout : aussi je lui confie presque tout, c'est-à-dire tout ce qu'il est à propos de communiquer, et je m'en trouve à merveille. C'est un homme qui a en vue sérieusement le bien de l'Eglise et l'honneur du saint Siége : il estime infiniment l'Eglise de France, en

---

(*a*) On lira dans la lettre suivante : « Le démon n'a guère de plus vilaine qualité que celle d'accusateur de ses frères. »

aime beaucoup les évêques et vous en particulier. Si quelque chose autrefois l'a fait agir un peu contre les intérêts de la France, ç'a été la crainte qu'il avoit de faire triompher par là les Jésuites qu'il connoît on ne peut pas mieux. A présent qu'il voit qu'on ne les suit pas à l'aveugle, je tiens pour certain qu'il serviroit le roi en tout et partout.

Il y a un mois que je n'ai vu M. Giori. Entre nous, mais n'en dites rien, c'est un homme un peu extraordinaire, quoiqu'avec beaucoup de feu et beaucoup d'esprit. Il s'en faut servir quand on peut, et l'employer à ce à quoi il est bon, qui est de découvrir les sentimens du Pape. On a besoin ici de beaucoup de patience.

Les propositions oubliées ne demeureront pas là; il faudra bien qu'on les ajoute. Nous prendrons notre temps pour cela; mais il faut aller pas à pas, et ne pas faire croître les difficultés et les embarras : les plus petits passent ici pour fort grands. La cabale se sert de tout : elle est un peu étourdie, il faut l'avouer; mais elle n'est pas abattue, et subsiste la même.

Jeudi on achèvera devant le Pape les cinq premières propositions.

En vérité je crois qu'il seroit très-bon que vous nous envoyassiez une grande quantité d'exemplaires de tout ce que vous faites, vous, M. de Paris et M. de Chartres, pour répandre ici de tous côtés. Nous n'en avons pas la moitié de ce qu'il nous en faut, surtout de la *Déclaration*, du *Summa doctrinæ*, du *Mystici in tuto*, du *Schola in tuto*, du *Quietismus redivivus*, de la *Réponse aux quatre lettres*, de votre *Relation*, de l'*Ordonnance* de M. de Paris et de sa dernière *Réponse*. Je m'étonne encore que vous n'ayez pas fait traduire sur-le-champ en latin votre *Relation*, et la *Réponse aux quatre lettres*. Je suis tenté de faire traduire ici la *Relation* en italien, et de la faire imprimer à Naples.

L'archevêque de Chieti est très-embarrassé de sa personne. Il dit que pour sortir promptement d'affaire, il veut donner dans les premières séances son sentiment sur tout le livre en gros, et sur les propositions qui restent. Le sacriste est plus obstiné que jamais; la politique s'en mêle.

M. le cardinal de Bouillon est très-fier de l'indult que le Pape a accordé au roi pour M. de Besançon; mais après l'exemple de Cambray, il n'y avoit plus de difficulté. J'oublie de vous dire que le cardinal de Bouillon fait de grands manéges auprès du cardinal Noris.

LETTRE CCCII.

M. PERRAULT, DE L'ACADÉMIE FRANÇOISE A BOSSUET.

9 Juillet 1698.

Je ne puis, Monseigneur, vous dissimuler que jusqu'ici il me sembloit, comme à la plupart du monde, que vous traitiez un peu rudement, quoiqu'avec justice, un de vos confrères dans l'épiscopat et de vos amis très-particuliers. Mais depuis que j'ai lu le dernier ouvrage que vous m'avez fait l'honneur de m'envoyer, où vous racontez comment les choses se sont passées, et quel est le caractère de Madame Guyon, je trouve que vous avez trop épargné votre confrère, et attendu un peu trop longtemps à le faire connoître. Je vous demande pardon, Monseigneur, de la liberté que je prends; mais cette faute est si belle, elle marque tant de bonté et de générosité, que je serois fâché que vous ne l'eussiez pas faite. Le démon n'a guère de plus vilaine qualité que celle d'accusateur de ses frères; et à moins que la gloire de Dieu et l'intérêt de la religion ne le demandent, comme en cette rencontre, où l'un et l'autre sont mortellement blessés, un silence charitable me semble devoir couvrir toutes les autres fautes. Je ne puis donc, Monseigneur, vous trop féliciter sur l'honneur que vous remportez dans toute cette affaire, et sur le grand bien que vous procurez à l'Eglise, en lui découvrant les erreurs effroyables qu'on semoit dans son sein. Il y a longtemps qu'il ne s'en est élevé de si dangereuses, ni de plus dignes d'un si sage et si habile extirpateur. Tous vos ouvrages sur cette matière sont admirables; mais ce dernier, semblable aux autres pour la solidité, l'élégance et l'érudition, semble l'emporter pour l'utilité dont il est à désabuser tout le monde. Je suis avec bien du respect, Monseigneur, votre très-humble et très-obéissant serviteur,

PERRAULT.

LETTRE CCCIII.

DOM INNOCENT LE MASSON, PRIEUR DE LA GRANDE CHARTREUSE,

A BOSSUET.

11 juillet 1698.

Je suis si rempli d'estime, de respect et de reconnoissance pour Votre Grandeur, que je suis pressé de m'en soulager un peu, en interrompant vos occupations si utiles à l'Eglise, par ce mot de lettre. Je vous y parlerai avec la franchise et la simplicité cartusienne.

Je bénis Dieu mille fois, Monseigneur, de ce qu'il a donné à l'Eglise en votre personne un si fidèle et si docte défenseur de la foi catholique et de la morale chrétienne. Chacun sait ce que vos savans et sages livres ont produit contre l'hérésie : mais je crois connoître, autant que personne au monde, le prix de vos écrits contre la Dame qui a tant fait parler d'elle, et contre ses fauteurs. Car j'ai vu de près ce que sa pernicieuse doctrine et celle de son directeur étoient capables de produire, et je l'ai comme touché au doigt par les effets que j'en connois.

J'ai reçu avec bien de l'estime et de la reconnoissance les exemplaires des livres précieux que Votre Grandeur m'a donnés, et que le prieur de Paris m'a fait tenir. Je les ai lus et relus avec une parfaite satisfaction : mais votre *Relation*, que j'ai reçue et comme dévorée sur-le-champ, doit être considérée comme ce qui s'appelle le coup de grace, qui doit faire cesser l'erreur et la défense de l'erreur, qui doit faire cesser de vivre l'une et l'autre. C'est le coup mortel que vous lui donnez, mais qui fait paroître en même temps votre sagesse et votre modération : car on y voit que vous avez épargné, tant que vous avez pu, des gens que vous auriez pu jeter d'abord sur le carreau.

Je ne mérite en aucune manière, Monseigneur, la mention que

vous y faites de ma personne avec des titres que je n'ai garde de m'attribuer. Mais ce m'est un grand sujet de consolation de voir qu'une des plus pernicieuses erreurs qui ait jamais paru dans l'Eglise de Dieu, et contre laquelle je crie au loup depuis huit années, soit si fortement combattue et blessée à mort par votre zèle et par votre docte plume. Je connois assez les effets du venin de cette doctrine des démons, pour pouvoir dire que si on lui avoit laissé faire un progrès tranquille, elle auroit comme effacé de l'Evangile ces paroles : *Sint lumbi vestri præcincti*.

Monseigneur l'archevêque de Paris a fait aussi une admirable lettre, qui marque combien il est rempli de piété et de sagesse, aussi bien que d'érudition. J'attends aujourd'hui la belle pièce que Son Eminence Monseigneur le cardinal le Camus, doit m'envoyer de Monseigneur de Chartres. Voilà un digne *funiculus triplex*, qu'on trouve en vos trois sacrées personnes, pour la conservation desquelles nous prions Dieu de tout notre cœur, comme pour trois grands défenseurs de l'Eglise, qui méritent d'être écrits dans le catalogue des Athanase, des Chrysostome et des Augustin. Je vous demande en grace un peu de part en votre bienveillance, et que vous soyez bien persuadé que je suis avec autant de reconnoissance que d'estime et de respect, Monseigneur, de votre grandeur, le très-humble et très-obéissant serviteur,

F. INNOCENT, prieur de Chartr.

LETTRE CCCIV.

L'ABBÉ BOSSUET A SON ONCLE.

Rome, ce 12 juillet 1698.

Je me sers d'un courrier extraordinaire, qui porte la nouvelle au roi de l'indult de Besançon accordé par le Pape, pour envoyer à Madame la duchesse de Foix une petite boîte de pommade, au fond de laquelle boîte j'ai caché cette lettre, qu'on vous doit remettre de sa part. J'use de cette innocente finesse, afin de ne point faire ici soupçonner à personne que je me sers des courriers extraordinaires pour écrire sur l'affaire en question. C'est l'écuyer de M. le cardinal de Bouillon, qui est de mes amis, et qui m'a témoigné être ravi que je lui donnasse cette petite commission pour Madame de Foix : il ne lui viendra jamais dans l'esprit que je vous écrive par ce moyen.

Je reçus hier votre lettre du 3 juin. Je vous ai écrit le 8, et plus amplement à M. de Paris, pour vous apprendre que M. le cardinal de Bouillon veut apparemment flatter ou plutôt tromper le roi.

Enfin le Pape a résolu de suivre ce que j'avois proposé il y a un mois. Tout ce que le cardinal de Bouillon a proposé n'a point plu; et on peut dire dans la vérité que notre plan a été agréé malgré lui. Le Pape au lieu de déterminer une demi-heure pour parler, a commandé aux qualificateurs d'être courts. Les nôtres le seront extrêmement : car l'important est de terminer le rapport des qualificateurs, et d'aller à la fin. J'ai plus de confiance que jamais qu'elle sera telle qu'on peut désirer.

J'ai vu depuis huit jours tous les cardinaux : la plupart s'expliquent avec moi fort clairement sur la doctrine. Le cardinal de Bouillon se contraint à présent beaucoup plus; mais il est difficile qu'il trompe personne à Rome : il ne cherche qu'à en imposer au roi. Il dit actuellement qu'on jugera de lui par son vœu; mais il faut venir à la fin pour cela.

Le quiétisme et la cabale n'ont plus de ressource que dans la mort du Pape, qui n'arrivera pas, s'il plaît à Dieu. On a fini les cinq premières propositions : on va réduire les propositions qui suivent par chapitres, qu'on examinera successivement avec les propositions qu'ils renferment. Cela sera cent fois plus court que d'aller proposition à proposition, et j'espère qu'au mois de septembre les qualificateurs auront fini. Le mois d'octobre sera le grand mois; et le mois de novembre verra la décision. Si l'on peut trouver quelque voie plus courte encore pour avancer le travail des qualificateurs, je ne l'oublierai pas.

L'attention de M. le cardinal de Bouillon se réduit à deux choses. A présent il commence à voir qu'on ne peut, si on parvient à la fin, soutenir le livre; mais il veut faire tous ses efforts pour obtenir la plus légère censure qu'il soit possible : c'est à quoi je vais avoir une extrême attention. La seconde chose, c'est de faire écrire ici par tout le monde, s'il peut, afin que cela revienne au roi, qu'il ne cesse de presser la décision. Il seroit bien content que la Cour en fût persuadée ; et cependant il voudroit, s'il étoit possible, qu'on ne finît pas : cela sera difficile. Je tâche de le faire changer tout de bon ; mais le moyen ?

M. l'abbé de la Trémouille demande avec empressement Besançon ; et le cardinal de Bouillon veut que l'abbé de Polignac ait sa place à Rome. Cela feroit ici un très-mauvais effet pour le roi : vous en voyez les raisons.

Nous avons reçu l'écrit de M. de Chartres : il l'a adressé ici au P. Massoulié, qui n'a pas jugé à propos de s'en charger, ni aucun de son ordre, pour ne se rendre pas suspect. Je me suis chargé, avec le P. Roslet, de la distribution. Il n'y a que deux heures que j'ai cet écrit : je l'ai lu ; il est excellent et donne un tour nouveau aux choses. Rendez compte de ceci, je vous prie, à M. de Chartres. Les contradictions de M. de Cambray y sont démontrées.

La fin de votre *Relation* n'est pas venue par ce courrier : apparemment elle ne sera pas arrivée assez tôt à Lyon. Je la recevrai par l'ordinaire prochain. Que peut répondre M. de Cambray à tant de faits constans ? Que fera-t-on du P. Valois ? Le P. Dez ne vaut guère mieux.

Il seroit bon que vous m'envoyassiez une censure juste et précise de la proposition de M. de Cambray oubliée, que l'amour de pure concupiscence, quoique sacrilége, est une préparation à la justice. Plusieurs de nos amis, gens savans, croient qu'on peut donner un sens excusable à cette proposition, par l'explication de M. de Cambray, *removendo obices*. Nous savons déjà à peu près ce qu'on peut dire contre.

On n'oublie rien ici pour parvenir à une bonne fin. On a bien de l'obligation au cardinal Casanate. Nous attendons le *Quietismus redivivus*. Je n'ai pas le temps d'écrire à M. l'archevêque de Paris.

LETTRE CCCV.

M. DE NOAILLES, ARCHEVÊQUE DE PARIS, A L'ABBÉ BOSSUET.

Conflans, 14 juillet 1698.

Votre lettre du 24, Monsieur, ne me fait pas espérer une aussi prompte décision que je le souhaite : ceux qui la retardent se rendent coupables devant Dieu de grands maux. Je le vois par ce que nous découvrons tous les jours des mauvaises suites de ces nouvelles maximes. Je continue à vous dire qu'il faut commencer à faire peur, en assurant que nous nous ferons bien justice nous-mêmes, puisqu'on ne veut pas la faire.

Quel mauvais air peut-on donner au changement que le roi a fait dans la maison des princes ? Il est de sa sagesse de ne laisser personne auprès d'eux qui soit suspect, ni pour la doctrine ni pour les mœurs.

Le projet que vous avez donné à M. le cardinal Spada pour abréger est fort bon ; il n'y a qu'à souhaiter qu'on le suive. M. le cardinal de Bouillon s'opposera toujours à ce qui pourra avancer le jugement : mais à la fin il faudra bien qu'il se rende, pourvu que le Pape ne soit point attendri contre nous : c'est à quoi vous devez bien prendre garde. M. Giori le soutient fort, et peut vous aider plus qu'un autre : ainsi continuez, s'il vous plaît, à le consulter, et ne vous ouvrez pas tant au cardinal de Bouillon. Vous voyez bien qu'on ne s'y doit pas fier : il est plus attaché aux Jésuites qu'au roi ; et jamais ces Pères ne reviendront, quoi qu'en disent ceux de ce pays.

Je ne manquerai pas de faire bien valoir les bons offices de M. le prince Vaïni : je ferai de mon mieux sa cour au roi, à ma première audience.

Seriez-vous d'avis qu'on fît signer plusieurs docteurs de notre Faculté, pour opposer leurs avis à ceux que la cabale arrachera peut-être aux universités étrangères ? Conférez-en, je vous prie, avec le Père procureur général des Minimes, et mandez-moi le sentiment que vous prendrez l'un et l'autre. Ne vous lassez point de défendre la bonne cause, Dieu la fera triompher à la fin ; et croyez-moi toujours, je vous conjure, Monsieur, entièrement à vous.

LETTRE CCCVI.

BOSSUET A SON NEVEU.

A Germigny, ce 14 juillet 1698.

J'ai reçu votre lettre du 24, avec celle de M. Phelippeaux de même date et le nouveau projet pour abréger, en réduisant la matière à sept chefs, au lieu de cinq que marquoit votre lettre du 10 à M. de Paris. L'un et l'autre étoient bon : le dernier est le meilleur, et je le suivrai dans mes qualifications (a). Je ne puis encore vous les envoyer : car il faut du temps pour digérer de pareilles choses. Vous avez déjà des qualifications de moi, auxquelles il y a très-peu à ajouter.

Le cardinal Ferrari doit recevoir par cet ordinaire une lettre et une censure très-bien faite, du P. Alexandre, à qui j'ai parlé. Tout est bon, et va en droiture.

Selon ce que diront vos lettres, nous pourrons bien envoyer nos avis par un courrier exprès. Souvenez-vous d'en user de même selon les instructions de ma précédente, et encore en cas qu'il paroisse quelque chose de M. de Cambray contre M. de Paris ou contre moi. Nous avons avis qu'il a fait un écrit latin, dont il a retiré tous les exemplaires, jusqu'aux épreuves et maculatures, et dont on n'a pu même savoir le titre. C'est signe qu'il veut nous le cacher (b).

(a) On n'a pas conservé ces qualifications, probablement parce que les propositions erronées du nouveau quiétisme se trouvent suffisamment qualifiées dans les écrits de Bossuet.— (b) C'étoit la *Réponse de M. l'archevêque de Cambray à la lettre de M. l'archevêque de Paris*. Imprimée clandestinement sans nom de lieu ni d'éditeur, cette *Réponse* ne parut point en France, mais elle fut répandue secrètement à Rome. Comme nous le voyons dans la *Relation* de M. Phelippeaux, part. II, p. 2, M. de Chanterac la communiquoit sous deux conditions ; l'une qu'on ne la montreroit point aux amis de Bossuet ; l'autre qu'on la rendroit si l'auteur jugeoit à propos de la supprimer. C'est ce qui arriva. Dans un moment où il espéroit plus que jamais un accommodement avec l'archevêque de Paris, toujours chancelant, flottant toujours entre les deux partis, M. de Cambray fit retirer son écrit. Cependant M. Phelippeaux en reçut un

Nous attendons l'effet de ma *Relation*, que je fais mettre en latin et en italien. Si elle faisoit à Rome un aussi prompt effet qu'en France, elle changeroit tout le monde, et jusqu'aux plus zélés partisans de M. de Cambray. Tout tourne ici contre lui ; et l'on s'étonne, non-seulement des longueurs de Rome, mais encore de ce que nous ne parlons pas. Il faudra voir aussi ce que produiront les lettres de M. l'archevêque de Paris, dans lesquelles il déclare qu'il parlera, si Rome tarde trop.

Le P. Estiennot écrit à M. l'archevêque de Reims, de manière à faire entendre que Rome ne sait plus où elle en est, que tout y est ignorance ou politique. Selon lui, le cardinal Casanate même n'est pas exempt de ce mal : il dit que les Jésuites lui cassent la tête, et qu'une proposition mauvaise trouve aussitôt sa contradictoire; ce qui paroît l'embarrasser. L'ignorance pourroit bien obliger à une censure *in globo :* en tout cas, on vous enverra un modèle.

Si l'on ne change point la manière dont on se conduit dans les examens, on croira ici qu'il n'y a rien à espérer qu'une longueur affectée et sans fin ; et je crains qu'on ne prenne d'autres mesures : car on ne peut pas supporter un livre qui fait tous les mauvais effets qu'on peut craindre, et qui rallie tous les disciples de Madame Guyon et de Molinos.

Il n'est pas vrai que M. de Fleury soit précepteur en titre : il fait la charge de sous-précepteur auprès de Monseigneur de Bourgogne. Il y a apparence que ce prince étant marié et bientôt tiré du gouvernement, on ne lui nommera point de précepteur. Quoi qu'il en soit, le roi a bien déclaré que M. de Cambray ne reviendroit jamais.

Il me semble que ma lettre au cardinal Spada, à l'occasion de l'envoi de ma *Préface,* fait assez voir la nécessité d'écrire pour éclaircir la matière.

Je vous envoie, à toutes fins, copie des attestations que Madame Guyon a eues de moi. Je n'ai pas jugé nécessaire de vous envoyer les autres actes, où elle condamne ses livres comme con-

---

exemplaire pour quelques heures, et le transcrivit dans une nuit avec l'abbé Bossuet. L'abbé Bossuet l'envoya tout de suite à M. de Meaux par un courrier extraordinaire.

tenant une mauvaise doctrine. Vous verrez bien que par les abominations de Molinos, nous avons entendu les impuretés et les ordures qu'en effet Madame Guyon a toujours détestées devant moi, et où il est vrai que je ne l'ai point trouvée impliquée ; ce qui ne la justifie qu'à mon égard, et encore parce que je n'en ai fait aucune information.

J'ai aussi déclaré sans difficulté que je n'ai pas eu dessein de la comprendre dans ce qui est dit contre ces abominations, à la fin de ma censure du 16 avril 1695, ses livres étant suffisamment condamnés dans la même censure, comme contenant une mauvaise doctrine. Voyez dans mon *Ordonnance sur les états d'oraison* les pages LXXIV, LXXV ; et la censure de M. de Châlons, p. LXXXVII, lesquelles censures elle a souscrites.

LETTRE CCCVII.

L'ABBÉ BOSSUET A SON ONCLE.

Rome, 15 juillet 1698.

J'ai reçu la lettre que vous m'avez fait l'honneur de m'écrire, du 23 juin. Je n'ai pas reçu par ce dernier courrier les dernières feuilles de votre *Relation*, je ne sais pourquoi. J'en ai été fâché ; je les attends le prochain ordinaire.

La *Lettre pastorale* de M. de Chartres est arrivée : nous nous sommes chargés de la distribution, le P. Roslet et moi. On n'en a reçu que dix-huit exemplaires ; c'est bien peu : mais apparemment le prochain courrier nous en apportera encore.

Vous ne pouvez nous envoyer trop d'exemplaires de votre *Relation*, qu'il faut donner ici à tout le monde, tout le monde étant capable des faits. La traduction latine et italienne fera des merveilles. Il faudroit ne pas perdre de temps ; car ce qui est en françois ne fait pas ici tout l'effet qu'on pourroit désirer ; il me semble vous l'avoir mandé positivement, il y a bien longtemps ; et c'est ce qui a le plus retardé ici l'instruction. Sans les copies latines de vos premières observations, que j'ai distribuées et que vous n'avez pas jugé à propos de faire imprimer, on auroit été ici très-embarrassé de donner les instructions nécessaires. Le *Mystici* et le *Schola in tuto* ont fait un effet admirable. Le *Quietismus redivivus* n'en fera pas moins.

L'écrit de M. de Chartres est très-bien fait, et est venu très-à propos pour faire voir clairement la mauvaise foi de M. de Cambray. Il donne un tour nouveau à tout, et l'exclusion de l'espérance par M. de Cambray est poussée à la démonstration dans le droit et dans le fait.

M. le cardinal Spada m'a dit avoir reçu pour lui et pour le Pape, par M. le nonce, des exemplaires de la lettre de M. de Chartres, avec des lettres de l'auteur à l'un et à l'autre. Je rends compte de ce que j'ai fait là-dessus à M. de Chartres, et lui envoie une lettre de M. le cardinal Panciatici en réponse à la sienne.

Je croyois qu'en exécution de l'ordre donné il y a huit jours aux qualificateurs, qu'ils conviendroient entre eux de la réduction des propositions sous de certains chefs, et en même temps des matières sur lesquelles on parleroit successivement. Mais on n'a rien fait là-dessus, personne n'ayant pris le soin de faire assembler les examinateurs, et ne leur ayant donné aucun ordre précis touchant les propositions sur lesquelles on auroit à voter. Cela ne pouvoit pas manquer de produire de la confusion, et on couroit risque de perdre encore une quinzaine de jours. Comme les momens me paroissent précieux pour bien des raisons, j'ai revu MM. les cardinaux, afin de les avertir de cette inaction, et me plaindre à eux du peu d'ordre qu'on observoit. J'ai conféré en particulier avec M. le cardinal Spada, à qui j'ai dit que j'irois informer Sa Sainteté de ce qui se passoit. Le cardinal Casanate et le cardinal Noris, les mieux intentionnés assurément, m'ont assez fait connoître que la foiblesse du Pape et la crainte qu'on avoit du cardinal de Bouillon faisoient tout le mal. Néanmoins ils me promirent d'agir efficacement sur ce point.

Il arriva hier, jour de congrégation, ce qu'on avoit prévu : les uns étoient préparés sur un point, les autres sur un autre. Le jésuite Alfaro, qui ouvrit la séance, parla sur le propre effort et sur les propositions qui y reviennent : il fallut que les autres suivissent cette matière ; la plupart s'étoient préparés sur l'indifférence. Cela fit un bon effet en ce que l'on fut très-court, et sept parlèrent et votèrent ; de sorte que dans les congrégations du mercredi et du jeudi de cette semaine, cette matière sera finie. On loua fort les qualificateurs de leur brièveté, et on les exhorta à continuer. Dorénavant les matières, à ce qu'on dit, seront plus réglées. Si cela continue, les qualificateurs finiront au commencement de septembre. Il a fallu, pour qu'ils eussent leur travail tout digéré, que je donnasse à l'assesseur et à plusieurs cardinaux les propositions réduites sous certains chefs, comme je vous les envoie. C'est l'ouvrage d'une demi-heure, qui auroit peut-être arrêté quinze jours ; car ils ne font rien : cela fait pitié, mais n'est que trop vrai.

L'archevêque de Chieti a déjà fini ce qui le regarde, il a voté en un demi-quart d'heure sur tous les points. Il n'a trouvé aucune proposition digne de censure en particulier, parce, dit-il, qu'à chaque page on peut citer des propositions catholiques qui déterminent le sens de celles qui pourroient faire de la peine. Mais néanmoins il juge à propos qu'on défende le livre, à cause du danger et des circonstances. Il a cru se tirer d'affaire par là, et c'est tout ce qu'on en a pu arracher. Si l'on parvient à faire parler ainsi les autres qui favorisent M. de Cambray, cela ne laissera pas d'être un grand argument contre eux-mêmes. Je tâcherai de faire en sorte que le Pape et la Congrégation, après qu'ils auront donné leur vœu sur les propositions en particulier, leur demandent leur sentiment sur le livre en général.

Je puis vous assurer que les choses sont dans un état, qu'il ne faut que tendre à la fin de l'examen. La disposition des cardinaux ne peut être meilleure intérieurement, quant au fond de la doctrine.

Il faut encore avoir l'œil aux coups fourrés. Les efforts de la cabale se réduisent à affoiblir la censure. Les Jésuites font ici courir le bruit que M. le nonce a dit au roi, que ces Pères sont les seuls à Paris qui ne lui ont jamais fait instance pour écrire à Rome en faveur de M. de Cambray, pendant que toutes les autres communautés l'en ont sollicité (a). Je doute du fait : quand il se-

(a) M. l'abbé Phelippeaux explique ainsi ce fait dans sa Relation : « Les Jé-

roit vrai, cela feroit voir seulement que les Jésuites sont assez habiles pour n'avoir pas voulu parler en personne au nonce sur une matière aussi délicate, mais qu'ils ont fait agir sous main et parler tous les autres. Il faut toujours, s'il vous plaît, que M. le nonce continue à demander une bonne et forte censure.

On dit que l'abbé de la Trémouille demande Besançon, et que le cardinal de Bouillon le sert pour faire donner la rote à l'abbé de Polignac. Cela feroit un mauvais effet pour la nation et pour le roi, après ce qui s'est passé.

On croit que le Pape fera bientôt les deux cardinaux qu'il a *in petto*. Sa santé est bonne; mais vingt-trois heures sont sonnées (a). L'ambassadeur de l'empereur est de retour et continue à faire ici des siennes sur les fiefs qui relèvent de l'Empire, à ce qu'il prétend, dans l'Etat ecclésiastique.

LETTRE CCCVIII.

BOSSUET A M. DE LA BROUE (b).

A Germigny, 18 juillet 1698.

Il me tarde beaucoup, Monseigneur, que j'aie votre sentiment sur la *Relation*. Il est vrai qu'elle a eu ici tout l'effet qu'on en pouvoit attendre, et au delà. A la Cour et à la ville, tous les partisans secrets ou déclarés se sont rendus; et deux ou trois qui restoient ont été si visiblement consternés et désolés, que tout le monde s'en est aperçu. J'attends avec quelque impatience ce qu'elle aura opéré à Rome; et vous serez le premier à qui j'en écrirai la nouvelle.

Il me semble que vous n'avez pas trop sujet de vous plaindre

suites, dit-il, répandirent dans Rome que le cardinal de Bouillon avoit écrit au nonce, et lui avoit demandé s'il étoit vrai que les Jésuites l'avoient prié d'écrire à Rome en faveur de M. de Cambray: et que le nonce avoit répondu que toutes les communautés de Paris, hors les Jésuites, l'en étoient venues solliciter. Ces Pères avoient en cela deux vues: la première, de se disculper; et la seconde, de faire croire que M. de Cambray avoit un gros parti en France, qui devoit empêcher ou suspendre la condamnation de son livre. » *Relat.*, II part., p. 113, 114.

(a) C'est-à-dire qu'il avoit quatre-vingt-trois ans. — (b) Revue et complétée sur l'original.

de mon silence. Je vous écrirois plus souvent, si je pouvois me résoudre à vous mander des incertitudes et des conjectures. Les longueurs de Rome sont insupportables. On fait ce qu'on peut pour les presser : le zèle du roi ne se ralentit pas. On voudroit bien avoir à concerter avec vous tant ce qui regarde le dogme que ce qui regarde la conduite.

Au reste vous n'avez pas oublié votre ......, et l'aigle vous est fort obligé.

Je n'empêcherai pas qu'on imprime en vos quartiers la *Réponse à quatre lettres* et la *Relation*, pourvu que je n'y paroisse pas. Pour cela on vous enverra les secondes éditions, qui sont plus correctes ; et je marquerai quelques fautes qu'on n'y a pas corrigées.

Il n'y a rien de nouveau. M. l'abbé de Catelan est fort estimé ; et il doit imputer à sa modestie de ce qu'on ne lui a pas fait faire une fonction de précepteur. Il n'y a point apparence qu'on change rien à présent, ni même qu'on donne la place de M. de Cambray, le prince étant si proche de sortir d'entre les mains des gouverneurs et des précepteurs. Mon témoignage au reste n'a pas manqué à M. l'abbé de Catelan, et ne lui manquera jamais.

J'ai reçu la copie de votre lettre à M. de Montpellier : je ne sais encore quel tour prendra cette affaire. J'attends vos remarques avec un esprit de docilité. Je suis avec le respect que vous savez, avec toute la confiance et toute la cordialité, Monseigneur, votre, etc.

Germigny vous baise les mains, et rend ses hommages à Maoserettes (*a*).

LETTRE CCCIX.

BOSSUET A M. DE NOAILLES, ARCHEVÊQUE DE PARIS.

A Meaux, 19 juillet 1698.

Quoique je doive être à Paris lundi au soir au plus tard, je ne laisse pas, mon cher Seigneur, de vous écrire aujourd'hui sur la

---

(*a*) Germigny et Maoserettes, maisons de campagne, l'une de Bossuet et l'autre de M. de la Broue.

proposition qu'on dit être faite au Pape par le général de la Minerve, de défendre le livre par provision, en attendant que l'examen soit achevé, et les qualifications particulières résolues (*a*). Mon neveu me renvoie à vous pour apprendre les raisons de part et d'autre : quoiqu'il ne me les explique pas, je crois les voir. D'un côté Rome, contente de cette prohibition, s'en tiendroit là et croiroit apaiser, ou du moins amuser le roi et la France par cette expédition palliative, et en même temps éluder tout ce qu'on diroit sur les longueurs de l'examen. D'autre côté Rome préviendroit le mal de laisser le livre en autorité pendant l'examen, et s'engageroit à une expresse qualification de la doctrine. Sur cela je vous avoue, mon cher Seigneur, que je voudrois bien vous écouter pour me déterminer par votre avis. Mais, pour vous dire le mien en attendant, j'accepterois le parti à deux conditions : l'une, que dans la prohibition fût apposée la condition ci-jointe ; et l'autre, qu'on déterminât en même temps une voie courte de finir l'examen, en réduisant les propositions à six chefs, sur lesquels les examinateurs ne pussent parler que demi-heure, ainsi qu'on l'a proposé de notre part.

Des six chefs, il y en a cinq dans la lettre que mon neveu vous écrivit sur ce sujet, et dont vous me donnâtes la lecture le dernier jour que j'eus l'honneur de vous voir. Le sixième seroit sur la tradition secrète, et sur ce que l'état d'amour pur est inaccessible aux saints, et leur doit être caché.

Le tour de persécution qu'on donne à l'exil des quatre exclus de la maison des princes, est le plus malin qu'on y pouvoit donner ; mais après tout il est bien foible.

(*a*) Voici le projet de cette prohibition : « Cùm ex occasione libri gallici cui titulus, *Explication*, etc. ab archiepiscopo Cameracensi editi, grave scandalum ac perturbatio animarum exorta sint, et incrementum capere non cessent, Sanctissimus decrevit ut ejusdem libri examen, quod jamdiù incœptum est, quàm diligentissimè ad optatum et debitum finem perducatur. Atque interim, ne periculosissimi ac damnosissimi libri lectio in grave detrimentum vertat animarum, idem Sanctissimus eumdem librum, et omnes libros ad ejusdem defensionem pertinentes, sub excommunicationis latæ sententiæ pœnâ prohibuit ac prohibet. Omnibus locorum ordinariis auctoritate apostolicâ districtè præcipiens, ut hujus Decreti executioni, pro suâ quisque parte, diligenter intendant. » On reconnut à Rome les inconvéniens de ce projet, et l'on a vu dans les lettres précédentes qu'il ne fut pas adopté.

Après ce que nous avons écrit vous et moi sur le jugement qu'on pourra prononcer ici, si l'on ne prend des expédiens pour abréger les longueurs, il semble qu'il va être temps que le roi s'explique d'un ton ferme à M. le nonce. Mais comme on nous fait espérer qu'on aura pris sur cela un parti à Rome le jeudi qui devoit suivre les lettres du premier juillet, la prudence voudra peut-être qu'on attende encore jusqu'à la réception des lettres de l'ordinaire prochain, afin qu'on puisse parler plus précisément.

Quant à la menace qu'on nous fait d'émouvoir l'université de Salamanque, il me semble, mon cher Seigneur, qu'il est bon d'en avertir Sa Majesté, afin qu'elle ordonne à son ambassadeur d'Espagne de veiller à cette affaire; et cependant pour son instruction et pour celle des docteurs de delà, on pourroit lui envoyer la *Déclaration des évêques* en latin, le *Summa doctrinæ*, votre *Instruction pastorale* en françois et en latin, votre *Réponse aux quatre lettres*, la *Lettre pastorale* de M. de Chartres, ma *Réponse* et ma *Relation*. Anisson vous enverra tout ce que vous lui ordonnerez par rapport à moi. Tout à vous, mon cher Seigneur, avec le respect que vous savez.

† J. Bénigne, év. de Meaux.

P. S. Vous voyez à la colère de qui s'expose l'abbé Bossuet, par les vives remontrances qu'il fait au Pape et aux cardinaux. Je vous supplie, mon cher Seigneur, de l'encourager et de l'assurer que vous veillerez aux mauvais offices qu'on lui pourroit rendre ici, comme je vous en supplie et je l'attends de votre amitié.

LETTRE CCCX.

M. LE TELLIER, ARCHEVÊQUE DE REIMS A L'ABBÉ BOSSUET.

De Donchery, 19 juillet 1698.

J'avoue que je ne comprends pas les longueurs de la Cour de Rome dans l'affaire de M. de Cambray. Je vous exhorte à ne point perdre courage, et je vous prie de croire qu'on ne peut être à vous plus que j'y suis.

L'archev. duc de Reims.

LETTRE CCCXI.

BOSSUET A SON NEVEU.

A Meaux, ce 20 juillet 1698.

Votre lettre du premier m'apprend que malgré les saintes intentions du Pape, l'on n'a point encore pris de parti sur les expédiens proposés pour avancer la délibération. Il faut encore attendre ce qu'auront fait la *Relation* et les autres choses que nous avons écrites, ou que le roi pourra avoir dites à M. le nonce. Pour moi, je ne vois pas d'autre moyen d'abréger que d'obliger les examinateurs à donner leurs vœux par écrit, qu'ensuite les cardinaux donnent leurs avis, et que le Pape prononce.

Je ne crois pas que vous puissiez venir à bout d'une qualification particulière, à cause de la quantité de propositions que l'ignorance ou la politique ne voudront pas ou même ne pourront déterminer, à moins que quelque habile homme, comme le cardinal Noris, ne prenne sur lui de mettre la main à la plume; mais je n'y vois guère d'apparence.

Je conclus pour une censure *in globo*, dont vous trouverez ici un modèle qui seroit plus que suffisant, ou à quelque chose d'approchant, si l'on y vouloit passer. Je ne m'éloignerois pas d'un jugement provisoire, tel que seroit celui dont je vous envoie aussi une formule.

Je travaille à une censure qualifiée; mais je doute que je puisse l'achever pour partir demain. Quoique cette lettre soit écrite à Meaux, elle partira demain de Paris, où j'arriverai sans manquer le même jour.

J'ai écrit afin qu'on prît des mesures du côté d'Espagne. Si l'on fait parler Salamanque, nous ferons parler la Sorbonne et les autres universités du royaume; et ceci deviendra une affaire de docteurs; ce qui ne convient à personne.

Toutes les lettres qu'on écriroit d'ici, ne feroient rien sur la proposition du général de la Minerve. Mais si l'on faisoit ce que je propose, vous pourriez la laisser passer sans en être auteur et sans vous charger de rien, à moins que vous ne vissiez jour à faire passer l'autre modèle.

Il y a longtemps que nous prêchons à la Cour qu'il faut rendre le ministre garant des événemens : mais il y a là dedans un mystère que je ne conçois pas.

J'ai fait des remercîmens au grand duc sur ses offices puissans : on lui en fera parler de la Cour. Ce prince a voulu avoir mon portrait. Nous ne saurions trop estimer ses bontés, ni trop faire valoir ce qu'il fait.

Ne manquez pas, aussitôt qu'il paroîtra quelque chose à Rome de la part de M. de Cambray, surtout à l'égard des faits contre M. de Paris ou contre moi, de me l'envoyer par un courrier.

J'achèverai le vœu dont je vous envoie le commencement, quoique je ne pense pas qu'il faille s'attendre à une censure qualifiée, et qu'il ne faille pas même la désirer à cause de sa longueur. On en viendra toujours à un *respective :* cependant l'avis servira à faire entendre la matière.

Pour la censure provisoire, vous entendez bien qu'elle n'est bonne qu'en cas que l'affaire dût traîner excessivement en longueur; car sans cela elle la ralentiroit: Rome croiroit avoir frappé son coup, et en demeureroit là.

Au reste je ne vois pas qu'on puisse faire aucun bon usage des trente-huit propositions en l'état où elles sont, par la chicane que ne manqueroient pas de faire les partisans du livre · ce sera une affaire inextricable d'en démêler les contradictions.

Plus j'y pense, moins je trouve qu'on puisse suivre d'autre expédient que celui de prescrire un temps précis et court aux examinateurs pour donner leur vœu par écrit, sans plus parler, et après cela laisser faire les cardinaux et le Pape.

A Paris, le 21 juillet 1698.

J'arrive, et je n'apprends rien de nouveau qui soit certain. On parle de plusieurs ducs et duchesses, qui depuis ma *Relation* ont abjuré, non-seulement Madame Guyon, mais encore M. de Cambray. Cela étoit en branle avant mon départ pour Meaux, et il est vrai que tous les amis de ce prélat ont honte de lui.

Il a fait une réponse latine à M. de Paris, que nous ne pouvons avoir (a). On croit qu'il ne lui sera pas si aisé de me répondre.

Je vous envoie un avis *in globo*, composé par M. Pirot. Le mien est meilleur; mais vous choisirez dans le sien ce qui pourra être utile.

LETTRE CCCXII.

L'ABBÉ PHELIPPEAUX A BOSSUET.

Rome, 22 juillet 1698.

Dans la congrégation qui se tint mercredi, le maître du sacré Palais et le sacriste votèrent. Le dernier affecta de ne voter que sur la sixième proposition, quoique les nôtres eussent voté sur les autres propositions qui appartenoient à la même matière. Jeudi, devant le Pape, tous votèrent sur deux propositions seulement, la sixième et la dixième, excepté le sacriste qui ne voulut voter que sur la sixième; c'est une affectation qui ne tend qu'à différer. Jusqu'ici il n'y a point eu d'ordre précis pour ordonner aux qualificateurs sur quel nombre de propositions ils devoient voter. Les cardinaux, sur la fin d'un pontificat, ne veulent rien prendre sur eux : ils croient que c'est à celui qui préside à avoir ce soin, et à le faire régler par le Pape. Hier lundi on vota sur les quatre propositions suivantes, qui regardent l'indifférence. Il n'y eut qu'Alfaro, Gabrieli, Miro et le procureur général des Augustins qui votèrent. Alfaro affecta de parler une heure et demie, et de dire selon sa louable coutume beaucoup de choses sur le péché véniel, qui étoient hors de propos. Ainsi on sera quinze jours à voter sur ces quatre propositions. Demain deux pourront voter, et jeudi les six qui auront voté parleront devant le Pape.

On a publié ici que le roi avoit demandé au nonce s'il étoit vrai que les Jésuites l'eussent sollicité d'écrire en faveur du livre; qu'il avoit répondu qu'il étoit vrai que les religieux de tous les

---

(a) On voit, par la correspondance de Fénelon avec l'abbé de Chanterac, que cette *Réponse* fut imprimée à très-petit nombre; et que Fénelon en retira presque tous les exemplaires, parce que, dans le temps de la publication de cet écrit, il fut question d'un rapprochement entre lui et l'archevêque de Paris. (*Edit., de Vers.*)

ordres l'en avoient prié, mais que les Jésuites n'avoient fait sur cela aucune démarche. Il est bon d'éclaircir ce fait, qui tend à persuader qu'il y a un gros parti en France en faveur du livre. Les Jésuites voudroient maintenant faire croire qu'ils n'ont point sollicité, voyant la condamnation inévitable.

Les plus éminens protecteurs ont été effrayés de la *Relation*, que nous avons distribuée entière, et qui fait ici un merveilleux effet : cela seul les couvre de confusion. Elle a jeté l'abbé de Chanterac et ses amis dans la dernière consternation. Après tant de faussetés publiées, il dit à présent pour toute excuse qu'on l'a trompé lui-même, et qu'on lui a caché la vérité de tous les faits énoncés. C'étoit cependant sur les faits et sur le procédé que M. de Cambray devoit le plus triompher. Les partisans voient bien qu'il faut abandonner la doctrine du livre, et qu'il ne faut plus s'attacher qu'à sauver la personne. On sent bien qu'un roi aussi zélé que le nôtre, aura peine à laisser un grand diocèse à un homme qui a soutenu si longtemps, et avec tant d'opiniâtreté, des erreurs si capitales. Le lundi 14 juillet, partit en poste un valet de pied. Ne seroit-ce point pour avertir M. de Cambray de ce qu'il doit faire dans la conjoncture présente? M. Daurat a lu la première partie de la *Relation* au Pape, et lui a persuadé de prendre des mesures séparément avec les cardinaux Casanate, Ferrari, Noris et d'Aguirre. Il m'a fait demander s'il parleroit du cardinal Albani, et on a trouvé à propos qu'il fût adjoint aux autres. En effet le Pape a fait venir le cardinal Casanate, et lui a parlé de l'affaire. Il est à croire qu'il en aura autant fait à l'égard des autres.

Je vous ai mandé qu'on avoit mis à l'Inquisition deux religieux capucins noirs, accusés de quiétisme ; ils ont été jugés. Le frère Bénigne qui passoit pour un saint, qui disoit avoir été guéri miraculeusement par saint Cajétan, qui avoit eu des apparitions de la Vierge, dont la chambre avoit été convertie en une chapelle magnifique après un procès-verbal fait par ordre d'Innocent XI, et pour lequel il se faisoit tous les ans une fête solennelle avec de grandes illuminations, a été condamné à une prison perpétuelle; son confrère, aux galères. Ce dernier étoit intime ami de Monseigneur Marciani, qui ne s'est sauvé que par une accusation volontaire. Ces gens faisoient des retraites et des exercices spirituels où il se commettoit beaucoup d'impuretés. On dit que le prêtre sicilien dont je vous ai parlé fera abjuration publique : par là on apprendra en détail ses erreurs. Le quiétisme n'est pas moins répandu à Madrid qu'en France et en Italie. L'inquisition de Madrid a fait arrêter plusieurs personnes qui, sous prétexte de perfection, tomboient dans les derniers excès.

Hier il y eut consistoire, où le cardinal Carpegna proposa le cardinal de Bouillon pour l'évêché de Porto. On ne proposa point le cardinal d'Estrées, ni pour Albano, ni pour Palestrine, à cause du différend survenu sur la dispense du cardinal Porto-Carrero. On prétend qu'il a consommé son droit dans l'option de Palestrine, la dispense ne lui donnant faculté que d'opter une des églises épiscopales : cette contestation sera jugée pour le premier consistoire.

On m'a dit que M. le cardinal de Bouillon avoit demandé permission de passer trois mois à Frescati, et qu'on attendoit incessamment la réponse. Je souhaite que cela soit vrai : les affaires n'en auront qu'un succès plus prompt.

L'empereur renouvelle ses prétentions sur les fiefs situés dans l'Etat ecclésiastique. L'ambassadeur a cité le prince Chigi, pour prendre dans deux mois l'investiture, et faire hommage du fief de Farnèse situé dans l'évêché de Castro. Le cardinal Chigi acheta ce fief en 1658 du cardinal Hiérome et de Pierre, duc de Farnèse. Alexandre VII mit dans son chirographe : *Salvis juribus Imperii, si quæ fuerint;* et dans la suite il mit sa famille sous la protection de l'empereur, en obtenant un titre honoraire de prince du saint Empire, pour la mettre à couvert contre les ressentimens de la France, brouillée alors avec Rome pour l'affaire de M. de Créqui. Le dimanche 13, il y eut sur cela une congrégation d'Etat; et dès le lundi au soir on afficha à la porte de l'église de Lanima un placard en allemand, injurieux aux cardinaux qui y avoient assisté. On a expédié un courrier à la Cour de Vienne, et cette affaire pourra avoir des suites.

On avoit publié que M. de Chanterac avoit une réponse aux

faits, manuscrite, qu'on n'imprimeroit pas pour ne pas commettre des personnes intéressées. Je lui ai envoyé secrètement un ami pour s'en informer, il a nié le fait. On est bien aise de répandre ces bruits pour arrêter l'impression que fait la *Relation :* mais tous ces artifices retombent à la fin sur les auteurs. On a traduit en italien la *Relation :* on tâchera de la faire imprimer. Nous attendons la traduction latine que vous promettez, et le *Quietismus redivivus ;* après quoi je ne crois pas qu'il faille produire aucune écriture. Je suis avec un profond respect, etc.

LETTRE CCCXIII.

L'ABBÉ BOSSUET A SON ONCLE (a).

A Rome, ce 22 juillet 1698.

J'ai une fluxion dans la tête, qui m'a pris ce matin, et qui ne me permet pas de m'appliquer un moment à écrire de ma main : je me contenterai de dicter en peu de mots ce que je sais de nouveau, qui se réduira à peu de chose, d'autant plus que M. Phelippeaux vous écrit au long. Ce que j'ai est moins que rien : je sens bien que demain je serai dans mon état naturel. Le chaud extrême, joint à l'application et aux mouvemens qu'il faut se donner, m'ont causé cette très-légère incommodité.

L'affaire de question ne va ni si vite, ni avec l'ordre qu'il seroit à désirer, par les mêmes raisons que vous aurez vues dans mes précédentes lettres. M. le sacriste n'a voulu voter dans les dernières congrégations que sur une proposition, qui est la sixième, et on l'a souffert. J'ai pris la liberté de m'en plaindre à M. le cardinal de Bouillon qui ne m'a pas dit mot à son ordinaire, et au cardinal Spada qui m'a promis d'y mettre ordre à l'avenir.

J'ai quelques espérances que le Pape se résoudra enfin à prendre le conseil de quatre ou cinq personnes, dont je vous ai parlé. Il a déjà envoyé querir le cardinal Casanate, avec lequel il eut sur ce sujet jeudi dernier une grande conférence. On lui parla comme il

(a) Revue et complétée sur l'original.

faut; j'espère que cela aura quelque suite. Le cardinal Casanate me dit, au sortir de là, qu'à la fin d'août les examinateurs pourroient avoir fini leurs relations, et cela me paroît difficile.

On commença hier lundi la matière de l'indifférence. Les quatre premiers votèrent sur quatre propositions : ceux qui restent ne pourront finir demain, ni jeudi devant le Pape.

Votre *Relation*, que j'ai reçue par le dernier courrier, est déjà toute distribuée : elle achève de couvrir de honte les partisans de M. de Cambray. Ils n'ont plus rien à dire sur les faits, au moins ceux à qui il reste un peu de bonne foi. Pour les autres, ils répandent, autant qu'ils peuvent, que M. de Cambray a de quoi répondre à tout, même que M. de Chanterac a reçu quelques manuscrits qu'il n'ose rendre publics encore, parce qu'ils intéressent des personnes de la première considération. Mais je suis assuré que c'est une gasconnade. On ne se retranche plus qu'en disant qu'il n'est pas question de faits, mais de la doctrine du livre. On ne laisse pas de sentir la conséquence de pareils faits.

M. le cardinal de Bouillon fait semblant, et dit hautement n'avoir jamais rien su de ces faits; ne voulant pas se souvenir de ce que vous lui en avez dit en France, de ce que je lui en ai dit ici, et de ce qui est contenu dans votre *Relation* latine, que je lui ai lue il y a plus de six mois.

M. le cardinal de Bouillon me dit hier qu'il avoit demandé au roi la permission de sortir de Rome, et d'aller à Frescati jusqu'à la *rinfrescate*, et qu'il espéroit l'obtenir. Il ne s'est jamais mieux porté. Selon moi, cela montre la corde dans les dispositions des choses et celles du cardinal de Bouillon. Dans le fond cela n'est que bon.

J'ai reçu votre lettre de Marly du 30 juin, et e ardon insolent, et le projet d'admonition dont on fera usage dans le temps. Je n'ai jamais douté de l'effet de la *Relation* en France et partout. Vous savez combien il y a de temps que nous demandons ici des faits qui frappent tout le monde, jusqu'aux plus ignorans dont ce pays-ci est plein. On traduit votre *Relation* en italien : peut-être la ferons-nous imprimer. Quant au public, elle contient la condamnation du livre et de l'auteur. Les Jésuites et le cardinal de Bouillon sont consternés. Je pense que le P. Dez se repentira un peu de n'avoir pas voulu me croire. On lui rendra justice, si on l'en fait apercevoir.

Ce que j'ai c'est moins que rien, et demain je sortirai assurément. Au mal de tête près, je me porte à merveille. M. le grand-duc continue à faire des merveilles : on m'assura hier qu'il avoit envoyé ici au cardinal Noris des écrits contre le livre; je ne sais encore ce que c'est.

Envoyez-nous des *Relations* françoises : la traduction latine fera aussi bien.

LETTRE CCCXIV.

BOSSUET A M. DE NOAILLES, ARCHEVÊQUE DE PARIS.

A Versailles, ce 27 juillet 1698.

Je vous renvoie, mon cher Seigneur, la lettre de mon neveu, du 1ᵉʳ juillet, déchiffrée. Encore qu'on soit entré dans les expédiens d'abréger, les instances du roi seront toujours nécessaires.

Mes lettres du 8 juillet semblent marquer un dessein d'accélérer les affaires. Nous en sommes à dépendre de la vie du Pape. Mais s'il venoit à mourir, et qu'aussitôt vous fissiez une censure, comme vous me le dites dernièrement, plusieurs évêques vous suivroient et la vérité n'y perdroit rien (a).

L'expédient de la censure provisoire et interlocutoire est tombé tout seul, et il n'en est plus question. Il avoit été proposé à bonne intention, du moins il l'avoit été par des personnes bien intentionnées ; mais il étoit dangereux, et je suis bien aise qu'on n'en parle plus.

Le P. Roslet vous aura sans doute rendu compte d'une vive conversation qu'il a eue avec M. le cardinal de Bouillon.

Je ne manquerai point de vous envoyer ce qui peut être utile pour Salamanque, dès que je serai à Paris. A vous, mon cher Seigneur, comme vous savez.

(a) Sans la décision du juge irréfragable, malgré les évêques ou plutôt avec les évêques mêmes, la France se fût divisée en gallicans jansénistes et en quiétistes orduriers.

LETTRE CCCXV.

BOSSUET A SON NEVEU.

A Versailles, 28 juillet 1698.

Je suis bien aise de voir, par votre lettre du 8, qu'on ait pris l'expédient que vous aviez proposé pour abréger. C'étoit le meilleur dans l'état des choses, encore qu'il nous mène à une excessive longueur. On l'abrégeroit beaucoup en faisant donner aux examinateurs leurs avis par écrit, sur lesquels les cardinaux formeroient le leur; mais comme ce n'est pas la méthode du pays, il faut se contenter de presser le plus qu'on pourra. Vous ferez de votre mieux de votre côté, et nous du nôtre, pour parvenir à une heureuse fin.

J'ai rendu compte à l'ordinaire de votre ettre. On souhaiteroit bien qu'on allât plus vite; mais quelque las qu'on soit de Rome et de ses longueurs, on est obligé d'en prendre ce qu'on peut.

Vous recevrez bientôt le *Quietismus redivivus;* après quoi je n'écrirai plus rien, ni en latin ni en françois pour le public, à moins qu'il ne vienne quelque chose de nouveau qui m'y oblige.

Je vous envoie par avance une préface du *Quietismus redivivus* (*a*), qui me semble toucher vivement l'état présent de la défense du livre. Comme elle est fort courte, on la pourra donner à part aux cardinaux et aux examinateurs. Vous ferez à cet égard ce que vous jugerez à propos.

La version italienne de ma *Relation* est fort avancée : c'est M. l'abbé Régnier (*b*) qui l'a préparée, mais il ne veut pas être nommé. Il sait parfaitement l'italien, et est de l'académie *della Crusca.*

J'avoue que j'ai quelque impatience de savoir l'effet de ma

(*a*) Elle est à la tête de cet ouvrage, sous le titre d'*Admonitio prævia, De summâ quæstionis, ac de variis libri defensoribus.* Dans cette édition, vol. XX, au commencement. — (*b*) L'abbé Régnier des Marais, de l'Académie françoise, auteur d'un grand nombre d'ouvrages qui furent accueillis favorablement par ses contmeporains.

Relation : vous m'en instruirez quand vous l'aurez reçue toute entière.

On cherchera les moyens de vous envoyer les livres que vous avez demandés.

Nous faisons connoître ici l'utilité des offices que rend M. le grand-duc, et l'on en est fort content.

Nous ne pouvons trouver ici la réponse latine de M. de Cambray à M. de Paris (*a*). Ne manquez pas de nous faire passer ce qui vous viendra et contre lui et contre moi, et ne vous contentez pas d'en envoyer un seul exemplaire.

Si vous pouvez faire usage de mon écrit secret en latin (*b*), ne le manquez pas sans égard aux vues politiques.

LETTRE CCCXVI.

L'ABBÉ BOSSUET A SON ONCLE.

Rome, ce 29 juillet 1698.

Je suppose que vous avez reçu ma lettre de même date, que j'ai fait aller par le moyen d'un courrier extraordinaire, dépêché par M. le cardinal de Bouillon, qui doit arriver huit jours avant celle-ci : je crois que la voie est sûre. J'ai écrit de même à M. l'archevêque de Paris ; et à tout événement je lui envoie encore par l'ordinaire une lettre abrégée, qui contient tout en substance, et qu'il vous montrera en cas qu'il arrive quelque accident à celle du courrier extraordinaire, qui, je pense, ne manquera pas.

Je ne crois pas qu'il faille faire usage de votre lettre latine de Marly. On sait ici les dispositions de la France. M. le nonce les a expliquées, et on les a fait savoir d'ailleurs au Pape et aux principaux.

On croit ici ne point perdre de temps : c'est quelque chose de les faire marcher, et ils marchent. Je puis dire que les qualificateurs finiront avant la mi-septembre.

(*a*) Voir plus haut la deuxième note de la lettre CCCV. — (*b*) Il s'agit probablement de la Relation qui se trouve en tête des *Lettres sur le quiétisme,* vers la fin du volume précédent.

On attend ici avec grande impatience ce que M. de Bouillon exécutera de son projet de Frescati. Il nous a déclaré, à M. de Chanterac et à moi, qu'il faisoit ce voyage pour ne pas assister aux congrégations, par conséquent au jugement, et pour ne pas condamner ses amis.

Ma lettre à M. de Paris, et celle que je vous envoie par l'extraordinaire, parlent à fond de tout; elles sont très-importantes.

On finit hier l'indifférence. Enfin le Pape fait exécuter mon projet, à la demi-heure près. Demain on commence la matière des épreuves : on votera sur six propositions.

J'userai dans la nécessité de la liberté qu'on me donne d'un courrier extraordinaire ; ce ne sera que dans la nécessité, et point, s'il se peut.

LETTRE CCCXVII.

L'ABBÉ BOSSUET A SON ONCLE.

A Rome, ce 29 juillet 1698.

J'ai reçu la lettre que vous m'avez fait l'honneur de m'écrire de Versailles le 7 de ce mois. Ma fluxion ne m'a duré que vingt-quatre heures, et dès le lendemain j'ai été en état de sortir.

J'ai gardé votre lettre latine de Marly, les affaires ici allant aussi vite à présent qu'on est capable de les pousser dans les circonstances actuelles. Le Pape ordonna hier à M. le cardinal de Bouillon et au cardinal Spada, de dire aux examinateurs qu'il vouloit absolument qu'on exécutât ce qu'il avoit déjà fait ordonner, qui est de réduire à de certains chefs les propositions qui regardent la même matière ; et il faut espérer qu'on le fera dorénavant. Hier le cardinal de Bouillon et le cardinal Spada le dirent aux examinateurs en pleine congrégation.

On finit hier la matière de l'indifférence. Le carme, le maître du sacré Palais et le sacriste parlèrent; le carme et le sacriste chacun pendant une heure et demie. Pour les nôtres, ils ne parlèrent qu'un quart d'heure, ou demi-heure tout au plus. Ils ont eu beau vouloir trouver un autre expédient que celui que je vous ai envoyé il y a déjà six semaines, ils n'y ont pas réussi. Le cardinal de Bouillon a fait ce qu'il a pu sous main pour empêcher qu'on n'exécutât mon projet; mais à la fin, à la demi-heure près, on l'a suivi. On le devoit adopter il y a six semaines; et si on leur avoit dès ce temps-là fixé une demi-heure, dans huit jours les qualificateurs auroient fini. Mais quoi qu'il puisse arriver, à la mi-septembre au plus tard leur rapport sera fini. Combien de temps tiendront les cardinaux? Voilà ce que l'on ne peut savoir.

Sur les plaintes publiques que j'ai faites de ce que, sans en dire de raison et sans en avoir, on n'exécutoit qu'avec mollesse et sans ordre ce que le Pape avoit ordonné; sur ce que j'en ai dit aux amis du cardinal de Bouillon qui le lui ont rapporté, et sur ce que je lui en ai dit moi-même, me plaignant de la manière d'agir de la Congrégation dont il est le chef, il a pensé aux moyens de donner le change, voyant bien que cela le regardoit. En conséquence il a voulu et jugé à propos *ad pompam*, car il n'étoit plus temps et cela n'aboutissoit à rien, d'assembler samedi chez lui M. de Chanterac et moi, en présence de M. de la Trémouille, pour nous exhorter par un discours bien préparé à n'apporter de notre part aucun retardement à la décision de cette affaire, que le roi souhaitoit ardemment qu'il finît promptement. Il ajouta qu'il nous prioit de faire entrer dans ces sentimens les qualificateurs de chaque parti. Il nous dit en même temps comme ministre du roi, que Sa Majesté, par tout ce qui lui revenoit du livre en question et par ce qu'elle en entendoit dire aux gens en qui elle avoit confiance, étoit persuadée qu'il contenoit une mauvaise doctrine; et après nous avoir exagéré la douleur que cette affaire lui avoit donnée, il ajouta qu'au reste pour ce qui le regardoit, voyant qu'elle ne pouvoit finir comme il l'avoit désiré, il partoit pour Frescati; qu'il en avoit par un homme exprès demandé la permission au roi, pour ne plus être obligé d'assister aux congrégations, par conséquent au jugement, et pour n'avoir aucune part à la condamnation de ses amis. Il finit en nous disant qu'il ne nous demandoit à l'un et à l'autre aucune réponse. Il fut obéi; pas un de nous ne lui dit une seule parole : on dîna, et chacun se retira chez soi.

J'avoue que ce fut une comédie pour moi qui lisois dans son cœur. Ce qui m'a le plus étonné de ces discours, c'est cette déclaration de vouloir aller à Frescati pour ne plus se mêler de cette affaire, ne plus assister aux congrégations, et ne point condamner son ami. Je ne sais ce qu'il exécutera de ce projet, ni si le roi le lui permettra. Je sais bien que c'est le plus grand bonheur qui nous puisse arriver : mais enfin on aperçoit clairement qu'il est engagé, autant que M. de Cambray même, dans sa défense, et qu'il ne le peut abandonner. Il voit la mauvaise fin, le mauvais succès de cette affaire. De plus ayant agi comme il a fait auprès du Pape et des cardinaux, il croit ne pouvoir plus rien faire avec honneur. Mais ce que je sais, c'est que dans le cœur il favorise les sentimens de M. de Cambray, et tout ce qui a l'air de nouveauté lui plaît. Il a déjà, depuis huit jours, fait part de son dessein à tous les cardinaux, qui en sont bien aises. Personne ne comprend la hardiesse qu'il a eue de le demander au roi : tous les gens sensés craignent pour lui une disgrace, et ne comprennent pas la patience de Sa Majesté.

Si le cardinal de Bouillon ne part pas, je crains son vœu : il est capable de tout, il est incorrigible et homme à tout hasarder par vanité et par esprit de parti. Il est le premier à voter. Qui osera le contredire dans une affaire qui regarde la France? Les cardinaux ne seront-ils pas disculpés de suivre les impressions d'un ministre à qui le roi confie tous ses intérêts? On ne peut s'imaginer que le cardinal de Bouillon aille directement contre les intentions du roi, et l'on croit toujours qu'il a des ordres secrets. D'ailleurs on craint bien plus ici le ministre que le roi. Cela n'est que trop vrai, et c'est tout le péril.

La cabale continue sourdement; et son but, auquel elle tend toujours, c'est d'empêcher une condamnation particulière. Le cardinal Nerli, que j'ai vu ce matin, a pendant une demi-heure enchéri sur ce que je lui disois contre le livre : on ne peut se déclarer plus fortement qu'il l'a fait. Cependant au bout de ce beau discours, il m'a dit aussi fortement que le saint Siége ne devoit et ne pouvoit s'engager dans le détail des propositions, ni les qualifier, ni donner là-dessus qu'une décision générale, surtout étant question d'un livre fait par une personne qui n'étoit pas hérésiarque; qu'il croyoit en agissant ainsi satisfaire le roi, les évêques et sa conscience.

J'ai tâché de lui faire voir combien il se trompoit, ou plutôt combien on le trompoit sur tous ces points : je lui ai cité la conduite de l'Eglise dans tous les temps contre les erreurs et ceux qui les soutenoient, qui n'étoient hérésiarques que par leur obstination. Je lui ai rappelé la condamnation des évêques des plus grands siéges, parcourant l'histoire ecclésiastique, les décrets des papes Victor et Etienne, etc. Je lui ai fait sentir l'obligation où étoit le saint Siége, consulté par le roi et les évêques, de s'expliquer autrement, lui alléguant la parole solennelle que le Pape en avoit donnée. Je lui ai représenté la honte dont se couvriroit le saint Siége par un pareil jugement, la nécessité où seroient les évêques de France de faire ce que le saint Siége déclareroit par là ne pouvoir ou ne vouloir pas exécuter. Je l'ai accablé pour ainsi dire par la multitude des raisons que je lui ai exposées pour le tirer de son idée : il n'a rien eu à me répondre, sinon que cela étoit difficile. Sur quoi je lui ai fait avouer qu'un *respectivè*, comme à Molinos, aplaniroit toute difficulté; que c'étoit le moins que Rome pût faire. Il m'a paru étonné de mes fortes raisons. Mais je crois ses engagemens pris de longue main, et qu'on lui a fait entendre qu'il contenteroit tout le monde en suivant ce plan. Je l'ai au contraire bien assuré qu'il ne contenteroit que la cabale de M. de Cambray : cela l'a surpris; je redoublerai dans l'occasion.

Les dispositions de ce cardinal me font manifestement connoître ce que produit encore la cabale. J'écris tout ce détail à M. l'archevêque de Paris, et je lui mande qu'il faut que M. le nonce renouvelle de la part du roi ses instances ici pour une décision vigoureuse; que c'est dans ce moment qu'il faut dire tout haut, que les évêques suppléeront immanquablement à ce que Rome ne fera pas. Il faudroit aussi trouver quelque moyen de faire écrire là-dessus au cardinal Nerli par quelque ministre, ou par les cardinaux de Janson et d'Estrées, en lui marquant les intentions des évêques de France, et lui insinuer qu'il se peut fier à ce que je lui dirai. En tout cas ce qui me console, ce sont les bonnes intentions de nos amis, qui, j'espère, n'abandonneront pas l'honneur et l'intérêt véritable du saint Siége.

Le cardinal de Bouillon s'imagine que tout lui est permis, et qu'il persuadera au roi ce qu'il voudra.

On doit commencer demain les épreuves; on votera sur six propositions.

Le faux bruit répandu à Paris sur le silence imposé aux deux partis, vient de ce que le cardinal de Bouillon a tenté sous main de le faire ordonner par le Pape, pour éviter, s'il pouvoit par là, le coup qu'il craignoit de votre *Relation*; mais on n'a eu garde d'entrer dans ses vues. Le Pape a été bien instruit à propos de la nécessité de vos écritures.

M. de Chanterac montre secrètement une espèce de réponse manuscrite à M. de Paris, qu'il dit ne pouvoir faire imprimer à cause de certaines personnes qui y sont nommées : on m'a dit qu'elle ne contenoit rien de considérable.

L'abjuration des ducs et duchesses est ici publique. Il n'est pas à propos que la France fasse aucune censure; il est trop tard, et cela gâteroit tout; mais il est bon de le faire craindre.

Quand il sera nécessaire pour quelque chose de la dernière importance, et qui demandera grande diligence et prompte réponse, je n'hésiterai pas d'envoyer un courrier extraordinaire; si je puis, on s'en passera.

Le cardinal Spada m'a avoué dans ma dernière visite, que c'étoit le diable qui avoit fait ajouter les derniers examinateurs (*a*).

Cette lettre part par un courrier extraordinaire, qu'envoie M. le cardinal de Bouillon; mais il ne sait point que j'en profite pour faire passer mes lettres, qui sont remises par une voie sûre.

Quelle étoit la duchesse qui délaçoit Madame Guyon (*b*)? M. le cardinal de Bouillon m'a dit qu'il croyoit que c'étoit Madame de Mortemart.

(*a*) L'archevêque de Chieti et le sacriste du Pape. — (*b*) Il avoit deviné juste. Au reste, tous les éditeurs depuis Déforis ont écrit *délassoit* au lieu de *délaçoit*, sans doute parce qu'ils avoient oublié le fait que Bossuet raconte dans sa *Relation*, sect. II, n. 4, 5, etc. Dans cette édition, vol. XX, p. 92 et 93.

LETTRE CCCXVIII.

M. LE TELLIER, ARCHEVÊQUE DE REIMS A M. L'ABBÉ BOSSUET.

A Dun, ce 31 juillet 1698, jeudi au soir.

On me mande de Paris que M. l'archevêque de Cambray a fait imprimer une réponse latine à la lettre que M. de Paris lui a écrite; et qu'il a fait aussi imprimer, sous le nom d'un docteur de Louvain, une réponse aux cinq écrits de Monsieur votre oncle, contenus dans un seul volume. On m'ajoute qu'il a envoyé tous les exemplaires de cette impression, et qu'on n'en peut trouver à Paris. Je vous prie de tout mon cœur de m'adresser par la poste, le plus tôt que vous le pourrez, un exemplaire de chacun de ces deux écrits.

Je vois comme vous que les partisans de M. de Cambray n'espèrent plus que dans la vieillesse du Pape : je prie Dieu de tout mon cœur qu'il conserve Sa Sainteté.

LETTRE CCCXIX.

BOSSUET A SON NEVEU.

A Meaux, 4 août 1698.

J'ai reçu votre lettre du 15 juillet : c'est bien peu, d'avoir seulement dix-huit exemplaires de la *Lettre pastorale* de M. de Chartres. Je suis pourtant bien aise que vous les ayez reçus, et du bon effet que cet ouvrage produit à Rome. Je le ferai savoir à ce prélat, afin qu'il en envoie un plus grand nombre d'exemplaires.

Vous aurez bientôt la traduction italienne de ma *Relation* : j'en enverrai du moins cent exemplaires.

Les amis de M. de Cambray sont consternés ; mais ils ne laissent point de répandre mille écrits secrets, où ils assurent que ce prélat répond à ma *Relation*, et qu'au reste quoi qu'il arrive, et quand même il seroit condamné à Rome, ce prélat reviendra à la

Cour plus glorieux que jamais. Ils osent compter sur la mort de trois ou quatre personnes, parmi lesquelles ils me mettent. C'est une chose inouïe que l'audace de ce parti, que des vérités si déshonorantes pour leur chef et pour eux-mêmes ne peuvent abattre. Tout ce que je vous marque est en termes formels dans leurs libelles manuscrits, qui se répandent sans nombre.

Vous pouvez tenir pour chose certaine que les prétendues intercessions des communautés pour M. de Cambray, et ce qu'on fait dire là-dessus au roi par M. le nonce, est chose inventée depuis le commencement jusqu'à la fin.

Si vous pouvez obtenir qu'on achève l'examen au commencement de septembre, on sera fort content de vous. En cas qu'il arrive quelque chose qui vise un peu droit à quelque accélération ou à quelque retardement, soyez-y bien attentif et faites-le-moi savoir par courrier exprès : ayez aussi l'attention de m'envoyer les réponses de M. de Cambray aux faits, comme je vous l'ai déjà mandé.

La réduction des trente-huit propositions aux sept chapitres (*a*) est fort bien. Il sera aisé d'y réduire celles qui ont été omises, et qu'il faudra ajouter.

Il est certain que la *Relation* a eu un effet si prodigieux, que ceux qui s'intéressent à M. de Cambray, ont été forcés de renoncer non-seulement à Madame Guyon, mais encore à lui-même, pour contenter le roi qui eût fait un coup d'éclat. Il y a sur cela jalousie contre moi (*b*).

Le P. Dez a eu audience.

On a écrit ici que le Pape a parlé fortement dans la congrégation, en disant : *ch'era una vergogna*, qu'on devoit avoir honte de parler si longtemps; qu'il avoit été interrompu par le cardinal de Bouillon, qui vouloit lui faire donner audience au P. Philippe, lequel attendoit son ordre à ses pieds; et qu'il avoit repris son

---

(*a*) On peut voir cette réduction dans le *Projet présenté aux consulteurs pour abréger l'examen du livre de M. de Cambray*; projet que nous avons donné comme note à la lettre CCXCI, p. 457. — (*b*) La jalousie dévoroit avant tous les autres M. de Noailles. M. de Noailles, archevêque de Paris, cardinal, etc., etc. auroit voulu l'emporter sur Bossuet par le talent comme il l'emportoit par la naissance, par les richesses, par les honneurs, par l'autorité, etc.

discours contre le cardinal avec aigreur. C'est Monseigneur Giori qui l'écrit ici à M. le cardinal d'Estrées (a).

J'ai vu entre les mains de M. le cardinal de Janson une longue et admirable lettre de M. l'abbé Péquigni, qui définit M. de Cambray par ces mots : *Un quietismo soprafino, un fanatismo stravagante, un pedantismo cicanoso*. Je juge par une lettre du P. Estiennot à M. l'archevêque de Reims, que ce Père prend mal l'affaire et ma *Relation*, dont il a vu la moitié. Ainsi, sans lui montrer de défiance, il faut ou le redresser, ou marcher avec lui bride en main. Peut-être aussi n'ose-t-il pas parler ouvertement par lettres ; mais tout ce qu'il écrit est foible. Il ne faut pas qu'il sache que M. de Reims me communique toutes les lettres qu'il reçoit de lui. Ce prélat est en visite et va à Metz, dont il s'approche d'une journée en visitant.

LETTRE CCCXX.

M. DE NOAILLES, ARCHEVÊQUE DE PARIS, A L'ABBÉ BOSSUET.

Ce 4 août 1698.

Je ne pus vous écrire la semaine passée, Monsieur, parce que j'étois en visite : je priai le P. Roslet de vous en faire mes excuses. J'ai reçu votre lettre du 15 : j'y vois avec plaisir que les choses commencent à aller un peu plus vite, et qu'on est résolu à suivre votre projet. C'est le meilleur en toutes façons ; et j'ai

---

(a) Voici comment l'abbé Phelippeaux raconte ce fait dans sa *Relation*; part. II, p. 107 : « Le jeudi 26 juin se tint la quatorzième congrégation... Le cardinal de Bouillon reçut une terrible mortification. Le P. Philippe étant à genoux devant le Pape pour commencer son discours, Sa Sainteté dit qu'il étoit honteux de perdre le temps à des contestations et des disputes inutiles ; qu'il vouloit que chaque consulteur se contentât de dire les choses essentielles, et volât d'une manière courte et précise, sans chercher tant de détours. Le cardinal de Bouillon qui vouloit empêcher l'impression que pouvoit faire le discours du Pape, l'interrompit en disant : *Padre santo, ecco Padre Philippo chi ospetta per votar* ; « Saint Père, voici le P. Philippe qui attend pour voter, » c'est-à-dire pour parler. Le Pape ne faisant pas semblant d'entendre, le cardinal réitéra la même chose. Alors le Pape lui dit tout en colère : « C'est à Nous à parler ; ce n'est ni à vous ni au Père : Nous voulons parler, et Nous voulons que cette affaire soit bientôt finie. » La plupart des cardinaux ne furent pas fâchés de voir le cardinal de Bouillon mortifié. »

toujours proposé, pour éviter la longueur qui étoit inévitable autrement, de prendre ce parti. Il faut s'attendre que la cabale le troublera encore, si elle peut. Comme elle n'a rien à espérer que par le retardement, elle ne manquera pas d'y travailler toujours avec la même force; mais j'espère que vous ne travaillerez pas moins à l'empêcher, et que vous en viendrez à bout à la fin.

L'opinion de l'archevêque de Chieti est trop douce; mais comme elle est différente de celle des gens qui justifient absolument le livre, elle pourra vider le partage. Ceux qui veulent qualifier les propositions étant uniformes, ils l'emporteront; du moins c'est la règle.

J'ai envoyé votre paquet à M. de Chartres. Son ouvrage est très-bon : je suis bien aise qu'il soit approuvé à Rome. Il a tort de ne vous avoir pas envoyé un plus grand nombre d'exemplaires, et M. de Meaux de vous faire tant attendre les dernières feuilles de sa *Relation*; je ne doute pas que vous n'ayez tout reçu présentement.

C'est beaucoup que la disposition intérieure des cardinaux soit bonne. Continuez à la bien cultiver, et prenez garde aux coups fourrés : vous pourrez bien en essuyer quelqu'un avant que l'affaire finisse.

J'engagerai encore le roi à parler au nonce comme il faut : nous sommes sûrs de l'un et de l'autre. Nous n'avons rien à craindre que de votre Cour, et du cardinal de Bouillon plus que de personne.

La nouvelle des Jésuites est fausse : il n'est point vrai que les communautés de Paris aient sollicité M. le nonce en faveur de M. de Cambray; mais il est bien certain que si elles l'avoient fait, on les auroit fait agir.

Je ne vous dis plus, Monsieur, combien je suis à vous : je vous en crois bien persuadé; vous me feriez tort si vous en doutiez.

LETTRE CCCXXI.

L'ABBÉ PHELIPPEAUX A BOSSUET.

Rome, ce lundi 4 août 1698.

Ce n'est pas sans difficulté qu'on a recouvré un exemplaire de la réponse de M. de Cambray à la lettre de M. de Paris, qu'on a pris soin de tenir secrète. On ne l'a distribuée qu'à quelques cardinaux, et on les a priés de ne pas la communiquer. M. de Chanterac en a refusé à plusieurs personnes de ses amis, et s'est contenté de leur en promettre dans la suite du temps. La lettre est imprimée sans nom de ville et de libraire. Nous l'avons écrite dans une nuit, étant obligés de rendre le lendemain l'exemplaire.

Il seroit bon de nous envoyer copie de tous les actes qui regardent Madame Guyon ; car M. de Cambray brouillera tout, et confondra les dates : il pourra même avancer des faussetés qu'on ne seroit pas en état de détruire, si on n'avoit pas des copies fidèles. Je serois bien aise d'avoir le *Cantique des Cantiques* de Madame Guyon, et le livre du P. Malebranche sur l'amour de Dieu : ce courrier pourroit les apporter.

Mercredi dernier on commença à voter sur les six propositions qui regardent les épreuves. Alfaro parla une heure et demie, quoiqu'on eût donné ordre d'être court. Monsieur l'abbé vous mandera toutes les démarches qu'on fait pour sauver la personne de M. de Cambray, et n'en venir qu'à la prohibition du livre : mais les plus sensés n'entreront jamais dans ce sentiment.

Je vous envoie une relation de ce qui s'est passé en Espagne, qui vous fera horreur. Il court ici une lettre de M. le cardinal le Camus au sujet de Madame Guyon, qui prétendoit se prévaloir d'une lettre de recommandation qu'il lui avoit donnée pour M. le lieutenant civil, sous prétexte d'un procès qu'elle disoit avoir. Il y parle d'une fille, nommée Cateau Barbe, qu'il dit avoir révélé d'étranges mystères. Si j'avois eu le temps, je vous l'aurois transcrite ; mais apparemment vous l'avez. Ni vous, ni M. de Chartres n'avez révélé le fait de Saint-Cyr, qui seroit pourtant très-important. Vous serez sans doute surpris de tout ce que M. de Cambray dit dans sa réponse à M. de Paris : on n'a jamais avancé des faussetés avec tant de hardiesse. Mandez-nous précisément si on imprimera à Paris la *Relation* en italien : on me la traduit ici. Nous n'en avons plus de françoise. On a besoin du *Quietismus redivivus*. Je suis avec un profond respect, etc.

PHELIPPEAUX.

Sur la relation d'un de mes amis qui a assisté au panégyrique de saint Ignace, nous avons dressé sept propositions. On y a prêché l'amour pur et l'indifférence du salut, égalant saint Ignace à Jésus-Christ, qui, a-t-on dit, avoit abandonné la béatitude pour venir sauver les hommes. Je ne puis vous les envoyer par cet ordinaire : elles sont entre les mains de gens qui en pourront profiter (*a*).

(*a*) M. Phelippeaux donne de plus longs détails sur cette affaire dans sa *Relation du quiétisme*, part. II, p. 124 : « un Jésuite, dit-il, prêchant le panégyrique de saint Ignace dans l'église du Gesù, tâcha de justifier la doctrine de M. de Cambray. Il prit pour texte : *De excelso misit Deus ignem in ossibus meis, et erudivit me*. L'Eglise, dit-il, se voyant prête de périr, pria Dieu de la secourir; et Dieu touché de ses prières, envoya un feu dans les os de saint Ignace, c'est-à-dire un coup de mousquet, afin qu'il devînt le soutien et l'ornement de l'Eglise. Instruit par cette blessure, non-seulement il méprisa les honneurs du monde, mais même son salut éternel, pour convertir les ames à Dieu. Il réforma l'Eglise qu'il avoit trouvée corrompue, comme un autre Vuirtembergt : il donna l'idée de la solide piété et du parfait amour. Il avoit coutume de s'écrier : Mon Dieu, je vous aime de tout mon cœur, parce que vous êtes très-aimable et très-parfait : Je ne vous aime pas pour jouir de vous, ni de votre béatitude; je suis prêt à y renoncer pour votre plus grande gloire. Dans ce degré d'amour et dans cette indifférence pour la félicité éternelle, il s'est égalé au Verbe divin, qui a renoncé à la béatitude pour racheter le monde. Mais il a beaucoup surpassé le prince des apôtres, qui ayant vu un rayon de la béatitude sur la montagne du Thabor, s'écria : « Faisons ici trois tabernacles; il nous est avantageux de demeurer ici. » Pierre abandonna les fonctions de l'apostolat pour jouir de la béatitude; mais Ignace plus parfait que Pierre, renonce à la béatitude pour gagner des ames à Dieu : c'est en cela que consiste l'abnégation chrétienne.

On fut scandalisé de ce discours. J'en fis des plaintes au cardinal Casanate, et je lui donnai une censure sur ces propositions; mais comme on n'avoit pas le manuscrit du prédicateur, on ne put procéder juridiquement contre lui. » Nous avons cité les lignes précédentes pour mieux éclaircir le texte que nous avons la mission de reproduire; mais qu'un jésuite ait prêché des choses absurdes ou exagérées dans une église de Rome, qu'est-ce que cela prouve ?

LETTRE CCCXXII.

BOSSUET A M. DE NOAILLES, ARCHEVÊQUE DE PARIS.

A Meaux, 4 août 1698.

Je ne vous dis rien, mon cher Seigneur, des nouvelles de Rome dont mon neveu vous rend un meilleur compte qu'à moi; cependant comme il me marque quelque chose sur la réduction des trente-huit propositions, qui semble demander quelque instruction, je vous supplie de me les renvoyer, ou d'en donner l'ordre à M. Pirot qui vous les a remises de ma part. Vous savez mon respect, mon cher Seigneur.

On répand ici, comme ailleurs, des manuscrits contre vous, contre M. de Chartres, contre moi. M. de Cambray nous va répondre. Il reviendra plus glorieux que jamais à la Cour. Ses amis, qui sont nommés, ne l'ont abandonné que de concert avec lui. Pour moi, je n'ai de ressource que dans la mort prochaine que mon âge me pronostique. Il ne faut que la mort de deux personnes, qui sont bien nommées, pour changer la persécution en triomphe. Nous savons bien le mépris qu'il faut faire de tels écrits; mais ils montrent l'acharnement du parti. Beaucoup de confesseurs me font avertir que l'erreur se répand sourdement: à Dijon, elle ne fait que couver sous la cendre. Vous savez la correspondance du curé de Seurre avec Madame Guyon. Enfin l'Eglise est terriblement menacée. Dieu ne vous a mis où vous êtes que pour résister comme vous faites.

Quand vous me l'ordonnerez, je vous enverrai mes réflexions sur l'affaire de la religion.

Comme le capital est de mettre de bons curés, on pourroit se servir de cette occasion pour établir le concours, et M. le chancelier y est favorable.

LETTRE CCCXXIII.

LE P. CANDIDE CHAMPY, EX-PROVINCIAL DES RÉCOLLETS D'ARTOIS,

A BOSSUET.

Arras, 4 août 1698.

L'ordre que Votre Grandeur m'a donné de lui faire part de ce que je pourrois apprendre de ce qui se passe à Cambray, me fait prendre la liberté de lui écrire ces lignes pour l'avertir de plusieurs particularités qu'elle sera peut-être bien aise de savoir. J'étois la semaine passée dans ladite ville de Cambray, et j'y vis entre les mains d'un de mes amis une *Réponse de M. l'archevêque de Cambray à la lettre de M. l'archevêque de Paris*, qui n'avoit été prêtée qu'à condition de la renvoyer cachetée audit Seigneur archevêque de Cambray, qui a chez lui tous les exemplaires (*a*).

J'appris aussi qu'il avoit dessein de la supprimer, et qu'il a inséré dans une réponse qu'il fait au livre de Votre Grandeur, intitulé *Relation sur le Quiétisme*, la plus grande partie de ladite lettre. Cependant deux Messieurs de l'archevêché doivent partir cette semaine pour Paris, et y porteront imprimées et ladite lettre et la réponse au livre de Votre Grandeur. Je ne sais pas positivement ce que peut contenir ladite réponse; mais je sais bien que la *Relation sur le Quiétisme* a eu un applaudissement général et universel en tous ces pays-ci, et que chacun a approuvé votre droiture et votre zèle, si on excepte certains esprits passionnés qui ne raisonnent que par emportement.

La plupart des ouvrages de M. de Cambray ne s'impriment pas hors du royaume, comme on l'assure; mais bien à Douai, sous la faveur de M. d'Arras, qui a indiqué, à ce qu'on m'a assuré, M. de la Verdure à M. de Cambray pour travailler avec lui. Il est vrai que ce M. de la Verdure, qui est président d'un séminaire à Douai, a traduit en latin tous les ouvrages de M. l'archevêque de Cam-

---

(*a*) Moins ceux que l'agent de M. de Cambray, l'abbé de Chanterac, avoit répandus secrètement à Rome.

bray, qui se trouvent en cette langue. La doctrine même des *Maximes des Saints* se répand dans cette université : Votre Grandeur en pourra juger bien mieux que moi par la thèse ci-jointe.

Il est venu un ecclésiastique de Paris, en habit déguisé, qui se disoit médecin, et qui a eu de longues conférences avec M. l'archevêque. Toutes les lettres qu'on adressoit à Cambray audit ecclésiastique étoient sous des noms supposés : il alloit lui-même les retirer de la poste.

Je crois que Votre Grandeur n'ignore pas que Monseigneur envoie fréquemment des courriers à Bruxelles pour y porter ses ouvrages, et de là à Rome par la poste. La manière pour le faire avec moins d'éclat, est que M. de Monbron fait ouvrir fréquemment les portes de la ville vers le milieu de la nuit, soit pour faire sortir les courriers, soit pour faire entrer les livres qui viennent de Douai ; mais cela s'est fait si fréquemment, que la vérité et la manière de le faire sont devenues publiques. J'ai entendu dire à quelques personnes sages, qu'il y avoit en cette conduite quelque chose contre le service de Sa Majesté, étant défendu d'ouvrir pendant la nuit les portes d'une ville considérable, à moins que ce ne soit directement pour son service.

Il y a encore quelques autres petites circonstances qui ne peuvent pas se mettre si facilement sur le papier. Si Votre Grandeur souhaitoit d'en être plus parfaitement instruite, nous allons tenir notre chapitre ici, après lequel j'espère être à Paris vers le 15 ou 16 de ce mois, et je pourrois lui en rendre un compte plus exact.

Je demande pardon à Votre Grandeur, si peut-être je l'ennuie à la lecture de choses qu'elle sait mieux que moi ; mais j'ai un fond d'attachement pour la sainte doctrine de Votre Grandeur et pour son zèle infatigable, qui me persuade que tout le monde, même les plus petits et les plus foibles, doivent concourir chacun en leur manière pour la faire triompher sur la nouveauté qui se répand de toutes parts, et qui ne peut avoir que de très-fâcheuses suites pour le repos des consciences. Excusez au moins ce qu'il y a de défectueux dans la liberté que je prends, et n'attribuez le tout qu'au très-profond respect avec lequel je suis, Monseigneur, de Votre Grandeur le très-humble et très-obéissant serviteur,

F. Candide Champy, ex-provincial des Récollets d'Artois.

Je supplie très-instamment Votre Grandeur de vouloir bien me garder le secret sur ces affaires; car nous sommes dans un pays où les François ont des ennemis qui profiteroient de toutes choses pour rendre de mauvais services.

LETTRE CCCXXIV.

BOSSUET A SON NEVEU.

A Germigny, ce 10 août 1698.

Votre lettre du 22 juillet, qui m'apprend votre mal de tête, me donne en même temps la consolation de savoir que vous avez bonne espérance d'en être quitte bientôt.

Je suis bien aise que la *Relation* fasse son effet. Elle est traduite en italien par M. l'abbé Régnier, et très-élégamment, autant que j'en puis juger. Nous avons achevé aujourd'hui de la revoir, et aussitôt après je la ferai imprimer pour vous l'envoyer avec toute la diligence possible. Si la traduction que vous faites faire nous prévient, il vaut mieux, dans le doute où vous êtes, hasarder d'en avoir deux que d'en manquer.

Je pense que vous avez à présent la *Réponse de M. de Cambray* à cette *Relation* (a) et que le prélat n'aura pas manqué de l'envoyer à Rome, où il dépêche souvent des courriers. Mais pour nous, il nous est bien difficile d'avoir ce qu'il fait imprimer, parce qu'il se couvre d'un secret presque impénétrable. J'ai pourtant sa *Réponse* à ma *Relation*, à la réserve de quelques feuilles. Il ne fait que s'embarrasser davantage. Aussi mande-t-on qu'il n'est pas content de cette réponse, et qu'il la refait. On dit aussi qu'il a supprimé sa Réponse latine à M. de Paris, et qu'il l'insère

(a) Bossuet réfuta cet écrit dans les *Remarques sur la Réponse de M. l'archevêque de Cambray à la Relation sur le quiétisme.* Voir vol. XX, p. 171.

dans celle qu'il fait contre moi. Quoi qu'il en soit, envoyez-nous en diligence tout ce qui tombera entre vos mains.

Servez-vous avec prudence de mon Mémoire latin, et n'ayez égard qu'au bien de l'affaire.

On n'a jamais tant parlé d'ambassadeur à Rome qu'on fait à présent. Je ne sais quel en sera l'événement. On dit que M. le duc de Grammont s'excuse sur la dépense. On craint que M. de Monaco (a) ne soit trop ami de M. de Cambray ou plutôt des Jésuites, défenseurs ardens de ce prélat. Le premier, qui est allié si étroitement à la maison de Noailles, ne seroit pas suspect de ce côté-là. Je passerai ici la fête, et aussitôt après je retournerai à Paris.

Je n'ai plus qu'un mot à vous dire : tout le *Quietismus redivivus* va partir ; on tire la dernière feuille.

LETTRE CCCXXV.

M. DE NOAILLES, ARCHEVÊQUE DE PARIS, A L'ABBÉ BOSSUET.

11 août 1698.

Comme je me disposois, Monsieur, à répondre à votre lettre du 22, j'ai reçu celle du 29 et du 30 par le courrier extraordinaire. Elle m'a été rendue très-sûrement et promptement : n'en soyez pas en peine. Je le suis des dispositions où vous avez trouvé le cardinal Nerli : la seconde partie de votre conversation me déplaît fort ; je chercherai le moyen de le faire changer. Mais travaillez à soutenir ceux que vous croyez mieux disposés ; car il est à craindre qu'on ne les affoiblisse par les raisonnemens que le cardinal Nerli vous a faits, qui sont spécieux pour des politiques et des gens qui aiment leur repos.

Le procédé du cardinal de Bouillon est toujours très-singulier. L'esprit lui manque : il faut bien qu'il croie la cause désespérée. Son absence ne peut être que bonne ; ainsi je ne m'y opposerai pas : je presserai même qu'on y consente, si on a besoin de l'être.

Le discours que ce cardinal vous a fait et à ceux qu'il avoit

---

(a) C'est ce prince qui fut nommé, comme on le verra dans la suite, à l'ambassade de Rome.

appelés avec vous, est fort extraordinaire : vous avez très-bien fait de n'y rien répondre.

Grondez toujours de la longueur des examinateurs et de l'opiniâtreté qu'ils ont de ne vouloir point abréger, malgré les ordres du Pape et de la Congrégation.

Je sais bien qu'il ne faut pas aigrir les gens du pays où vous êtes, mais il est bon de les tenir en crainte; et il est certain que si on ne fait qu'une condamnation générale ou une simple prohibition, on ne pourra éviter d'en faire davantage en France pour arrêter le cours de la mauvaise doctrine: ainsi ils ne doivent point regarder cette menace comme une terreur panique qu'on veut leur donner sans fondement.

Je viens d'écrire à M. le nonce de parler fortement dans ses lettres d'aujourd'hui : je lui en ferai donner des ordres nouveaux.

J'ai bien de la joie que votre fluxion dans la tête n'ait pas duré davantage : je vous souhaite une longue et parfaite santé, et suis à vous, Monsieur, à mon ordinaire.

LETTRE CCCXXVI.

L'ABBÉ BOSSUET A SON ONCLE.

Rome, ce 12 août 1698.

J'ai reçu la lettre que vous m'avez fait l'honneur de m'écrire de Meaux et de Paris, du 20 et 21 juillet, et en même temps tous les différens projets. Le projet provisoire sera inutile, car il n'est plus temps d'en faire usage. Le projet *in globo* seroit de saison; mais comme il est fait, cette Cour se résoudra peut-être plus aisément à qualifier les propositions avec un *respective* qu'à les condamner ainsi, en s'expliquant sur le particulier de la doctrine, quoiqu'en gros. Il faut les laisser agir. Tout ce qu'on fait depuis trois mois tend à une qualification. Un si long examen avec toutes les formalités les plus pompeuses et les plus extraordinaires, les engage, malgré qu'ils en aient, à faire quelque chose de décisif et de solennel; car ils commencent à s'apercevoir que s'ils se conduisoient autrement, on se moqueroit d'eux. J'ai aussi eu en vue de les obliger à prendre ce parti, en les engageant à tout ce qu'il y a de plus éclatant, et ne les pressant qu'indirectement. La cabale l'a bien prévu, et n'a cessé ou de proposer des moyens pour estropier l'affaire, ou pour l'allonger à l'infini. Dieu merci, on en est venu à quelque chose de très-solennel, de très-marqué et d'assez court dans les circonstances présentes. Il les faut donc laisser continuer.

J'ai vu tous les cardinaux depuis huit jours, pour les prévenir sur la *Réponse de M. de Cambray à M. de Paris*, et les autres choses de cette nature; en même temps pour leur faire remarquer l'attente générale où l'on étoit de quelque chose de grand, de décisif et d'honorable pour le saint Siége. Je vois bien où est l'enclouure; mais la honte de passer pour ce qu'ils sont, les rendra hardis malgré eux. Je l'espère ainsi, quoique j'avoue que cela aura sa difficulté; mais on né sera pas plus de temps à se résoudre à un *respectivè* qu'à une simple condamnation générale, telle que vous la proposez. Nous profiterons de tout, et des occasions propres à obtenir le succès que nous désirons. Pour moi, si je vois qu'on veuille nous porter quelque coup fourré ou faire quelque chose de trop foible, je serai tous les jours aux pieds du Pape, pour lui représenter avec sincérité et respect ce qu'il conviendra. Au moins si on veut faire mal, je n'aurai rien à me reprocher, et c'est qu'on le voudra. Je suis persuadé que si l'on nous aide du côté du nonce pour la condamnation des propositions *respectivè*, nous l'emporterons. Jusqu'à cette heure, c'est l'intention du Pape.

On cache toujours de plus en plus la *Réponse de M. de Cambray à M. deParis*, et il n'y a pas moyen d'en avoir d'exemplaire (a). Je ne sache que trois cardinaux qui l'ont, Noris, Carpegna et Bouillon : les autres sont un peu mécontens de n'en avoir pas. Ce mystère, que nous avons grand soin de faire remarquer, ne produit pas un bon effet pour M. de Cambray. Ses amis continuent à publier que la *Réponse* à votre *Relation* est faite, qu'elle est foudroyante, et que vous êtes réduit en poudre;

(a) L'abbé Phelippeaux put en obtenir un pour quelques heures. Voir la deuxième note de la lettre CCCV.

cependant elle ne paroît pas. Vous me témoignez désirer si fort de voir promptement tout ce qui sera publié ici là-dessus, que je crois que je vous enverrai encore ces pièces par un courrier extraordinaire, surtout si je vois qu'il y ait des choses de conséquence. Leur finesse est de les faire paroître ici le plus tard qu'ils pourront, afin que vous n'ayez pas le temps d'y répondre, et d'obtenir l'effet qu'ils désirent : mais je crois qu'ils se tromperont en tout.

Leur excuse, pour ne pas publier la *Réponse à M. de Paris*, est la défense qu'ils disent que le roi a faite à M. de Cambray d'écrire davantage pour sa défense. Le cardinal Colloredo me demanda l'autre jour si cela étoit vrai : je l'en désabusai. Fabroni et les Jésuites font courir ces bruits, que M. le cardinal de Bouillon laisse répandre, aussi bien que tout ce qu'on dit sur le roi et sur Madame de Maintenon. Sans nous, je l'ose dire, cela feroit une impression très-défavorable sur des gens qui naturellement sont malins, et qui croient aisément que tout se fait par politique, parce qu'ils ont coutume d'agir par de pareils motifs (*a*).

Si je pouvois avoir la *Réponse* à votre *Relation*, quand le valet de chambre que M. de Torci a envoyé ici partira, je me servirai de cette occasion pour vous la faire passer; mais elle ne paroît pas encore.

La matière des épreuves est finie; on a commencé à voter sur l'involontaire et les cinq propositions qui suivent : il faut encore deux congrégations pour terminer cette matière. Le reste des propositions se divisera en deux ou en trois points, et tout sera terminé dans quatre semaines; de sorte qu'à la mi-septembre les qualificateurs auront fini assurément. Si l'on veut faire quelque chose de bon, on ordonnera à nos qualificateurs de mettre les propositions en état d'être qualifiées et censurées, c'est-à-dire de les réduire sous les différens chefs, et puis les cardinaux verront ce qu'ils auront à faire.

J'attends la fin de votre vœu : nous en ferons l'usage qu'il faut, et nous tâcherons que nos qualificateurs prennent modèle dessus. Je ne sais s'ils seront assez dociles pour vouloir s'en servir; en

(*a*) Le lecteur connoît le gentil abbé qui formule toutes ces accusations.

tout cas, cela les aidera toujours beaucoup. La censure de M. Pirot est bonne, mais bien embrouillée.

Au reste M. Charmot vous a écrit, et a envoyé sa lettre à Messieurs des Missions étrangères, qui ne lui mandent rien là-dessus : il en est en peine. Les Jésuites, et le cardinal de Bouillon sous main le persécutent. Fabroni, secrétaire de la Propagande, fait échouer, pour favoriser les Jésuites au préjudice des Missions, toutes les bonnes intentions du Pape et de la Congrégation.

Il n'y a rien à craindre du côté du duc Cesarini à mon égard. Il a avoué à un de mes intimes amis que M. le cardinal de Bouillon lui avoit fait parler il y a trois mois contre moi; mais qu'il avoit répondu qu'il ne pouvoit me savoir mauvais gré d'un bruit qui m'avoit fait autant de peine qu'à lui, et auquel on savoit que je n'avois jamais donné sujet. Le cardinal est resté couvert de honte de sa démarche, et il n'est depuis un temps infini non plus question de cela que si l'on n'en avoit jamais parlé.

Tout le monde a été convaincu de la fausseté de ce mauvais bruit et de la malice de mes ennemis. Je fais semblant de tout ignorer, et je méprise tout ce qu'on peut dire. On est ici témoin de ma conduite, qui est, Dieu merci, sans reproche, sans affectation et pleine de sincérité en tout.

Les traductions en latin et en italien viendroient bien à propos, aussi bien que le *Quietismus redivivus*, que tout le monde demande.

J'ai oublié de vous dire dès l'ordinaire passé, que des ennemis de M. l'archevêque de Reims ont écrit ici qu'il étoit disgracié, et qu'on vous avoit donné son bureau. Je me suis récrié, comme je devois, contre cette nouvelle.

LETTRE CCCXXVII.

BOSSUET A SON NEVEU.

A Jouarre, le 13 août 1698.

J'ai reçu ici votre lettre du 29 juillet, par un courrier extraordinaire. J'ai envoyé un récit du tout à la Cour, avec l'insinuation de ce qu'il faudra dire à M. le nonce ; savoir, que Sa Majesté n'attend pas seulement une décision prompte, mais encore digne du saint Siége, et qui donne le dernier coup à une secte toujours renaissante ; en sorte qu'il n'y ait plus rien à désirer, ni à faire ici pour l'extirper tout à fait.

Je m'étonne des raisonnemens du cardinal Nerli, auxquels ni le cardinal de Janson, ni le cardinal d'Estrées ne peuvent apporter aucun remède : le dernier étant même d'avis d'une condamnation en gros pour ne point embarrasser le saint Office, d'autant plus qu'un *respectivè* n'instruit guère plus ; de sorte qu'il faut se réduire à l'instruction que vous pouvez donner sur les lieux, en insistant du moins en tout cas sur le *respectivè*.

Je n'ajoute rien à mes précédentes observations. On vous enverra le *Quietismus redivivus*, si le courrier s'en veut charger. On va imprimer la *Relation* traduite en italien par M. l'abbé Régnier, que j'ai revue avec lui : elle est si bien, que je doute qu'on puisse mieux faire au pays où vous êtes. Après cela la traduction latine sera inutile pour l'Italie.

LETTRE CCCXXVIII.

BOSSUET A M. DE NOAILLES, ARCHEVÊQUE DE PARIS.

A Meaux, ce 16 août 1698.

Voilà, Monseigneur, la réponse latine de M. de Cambray à la vôtre françoise. Mon neveu me l'a envoyée par un courrier exprès, selon l'ordre que je lui en avois donné avec la permission du roi. Il a cru que vous ne pouviez être trop tôt averti, ainsi que moi, des impostures qu'on répand à Rome contre nous.

C'est par M. le cardinal de Bouillon que mon neveu l'a vue. Ce cardinal a fait semblant de ne savoir ce que c'étoit que cet écrit, et cela par une affectation manifeste, puisque M. l'abbé de Chanterac, qui le lui avoit mis en main, sortoit de chez lui après une conférence de deux heures. Dans le peu de temps qu'on donna à l'abbé Bossuet pour le lire, il remarqua bien qu'il étoit tout plein d'impostures : il s'en est convaincu de plus en plus par l'exemplaire qu'on a confié depuis à M. Phelippeaux, qui en a fait faire cette copie en diligence. Je l'ai parcourue fort légèrement ; et quoiqu'elle me regarde beaucoup, néanmoins comme elle est pour vous, j'ai cru, mon cher Seigneur, que je ne pouvois trop tôt vous l'envoyer.

Si l'on n'eût pris cette voie extraordinaire, nous eussions été trop longtemps sans apprendre ce qu'on disoit. Il y a eu un retardement d'un jour, parce que mon frère à qui le paquet étoit adressé s'est trouvé à dix lieues de Paris. On m'a éveillé de fort bonne heure pour recevoir le paquet, qui étoit sous mon adresse. J'ai cru d'abord que je devois ouvrir le paquet qui étoit pour vous, quand ce n'eût été que pour suppléer par la lettre qui m'est adressée, ce qui pourroit manquer à la vôtre ; mais enfin le respect l'a emporté. Je serai, sans tarder, mardi au soir à Paris, et je chercherai dès le lendemain les moyens de vous voir. Je vous supplierai, quand vous aurez vu la lettre latine et que vous en aurez tiré copie, que je la puisse revoir.

L'état des choses est que, malgré les longs discours des Cambrésiens, le rapport des qualificateurs finira à la mi-septembre, et qu'il n'y aura qu'à attendre l'avis des cardinaux. Les bien intentionnés croient qu'il seroit honteux au saint Siége et contraire au bien de la religion, après un si grand éclat, de ne faire aboutir un si long examen qu'à une simple prohibition, sans aucune qualification particulière avec du moins un *respectivè*, qui ôteroit tout l'embarras de la discussion, et c'est à quoi il faut s'en tenir, à mon avis.

M. le nonce continue à écrire fortement. Il me semble absolument nécessaire que le roi, en lui témoignant la satisfaction qu'il en a, lui déclare qu'il s'attend non-seulement à une prompte expédition, mais encore à une décision digne du saint Siége et de l'attente de la chrétienté, et qui soit capable de mettre fin à un mal si contagieux.

On répand plus que jamais sous main le quiétisme, et les preuves que j'en ai sont demonstratives.

Je suppose qu'on vous écrira sur le sermon prononcé aux

Jésuites, le jour de saint Ignace (*a*), où l'on a prêché avec l'amour pur l'indifférence pour le salut, en comparant saint Ignace à Jésus-Christ, qui avoit abandonné la béatitude pour venir sauver les hommes.

Voici sans doute une grande crise pour l'Eglise et une pressante occasion de mettre fin aux nouvelles spiritualités, qui produiront un grand mal, si l'on n'en arrête le cours.

Je vous supplie qu'en arrivant j'apprenne où je pourrai avoir, dès le lendemain, la joie de vous voir. Vous connaissez mes respects, mon cher Seigneur, et mon vif attachement.

L'abbé Bossuet me mande qu'il sait que le cardinal de Bouillon lui rend à la Cour tous les mauvais offices qu'il peut. L'abbé lui témoigne toutes sortes de respects : mais quoique ce cardinal m'écrive sur son sujet d'une manière très-obligeante, il est fâché dans son cœur de le voir si attentif à solliciter et à agir contre la cause qu'il favorise. Il est de votre bonté, en vous souvenant du passé, de pénétrer ce qui peut être de l'avenir : pourvu qu'on soit averti, l'abbé Bossuet se promet de tout détruire par preuves.

LETTRE CCCXXIX.

BOSSUET A SON NEVEU.

A Meaux, ce 17 août 1698.

J'ai reçu vos lettres du 12 du mois dernier par le courrier de M. le cardinal de Bouillon, celle du 22 écrite d'une autre main, celle que Madame de Foix m'a fait tenir, celle du 29 par l'ordinaire, et celle de votre courrier extraordinaire du 4 de ce mois.

Vous avez appris apparemment par M. de Paris qu'aussitôt que j'eus reçu votre paquet par le valet de chambre de M. d'Azuque, mon frère m'envoya un exprès. Je le fis repartir le plus tôt qu'on put, pour faire tenir à l'archevêché la réponse latine de M. de Cambray et le paquet qui regardoit M. de Paris, avec une lettre que j'y joignis. Quoique la réponse latine n'ait été par ce moyen

(*a*) Voir plus haut la lettre CCCXI.

que très-peu de temps entre mes mains, et qu'on ne puisse la parcourir plus légèrement que je l'ai fait, j'y ai remarqué en gros les impudentes impostures dont elle est pleine. Ce sont à peu près les mêmes qui remplissent la réponse françoise à la *Relation,* que j'ai toute, à la sixième feuille près. J'espère que si elle vient entre vos mains, vous me l'enverrez, ainsi que vous avez fait la latine, par un courrier exprès. Quand je l'aurois déjà toute entière, vous me ferez toujours plaisir de me l'envoyer. Les changemens des diverses éditions sont à observer, et il vaut mieux en avoir trop que d'en manquer.

Le *Quietismus redivivus* doit vous arriver par le courrier de M. le cardinal de Bouillon, qui n'a voulu se charger que d'un très-petit nombre d'exemplaires : le reste ira par la voie ordinaire. Je vous enverrai par votre courrier la version italienne de la *Relation*. Toutes les lettres de Rome retentissent de l'effet qu'elle y a eu (*a*).

Je serai mardi à Paris ; je dirai ce qu'il faudra dire sur votre compte.

J'ai reçu une lettre de M. le cardinal de Bouillon, du 22. Voici ce qu'il dit en parlant de vous : « Je souhaite que M. votre neveu soit content de moi ; au moins puis-je vous assurer qu'il en a sujet. » Et dans un *post-scriptum :* « M. votre neveu m'a donné votre dernier ouvrage (*b*), que j'ai lu avec toute l'attention et les réflexions que demandent les faits qui y sont rapportés. Je suis sûr que loin de désirer que je vous mande mes sentimens sur ce dernier ouvrage, non plus que sur les précédens, concernant cette trop malheureuse affaire, vous me prescririez de ne vous en rien faire connoître, si je voulois vous le faire savoir. »

J'avoue pourtant que ce silence sur une affaire de procédé, dont on n'est pas juge, me paroît bien sec.

(*a*) Elle jeta les partisans de M. de Cambray dans la consternation. « L'abbé de Chanterac, dit M. Phelippeaux dans sa *Relation*, part. II, p. 116, étoit confus d'avoir publié tant de faussetés : il protestoit qu'on lui avoit caché tous ces faits ; que s'il les eût sus, il auroit été le premier à condamner M. de Cambray. » Le cardinal de Bouillon tenoit le même langage : « Il disoit publiquement, continue M. Phelippeaux, qu'il n'avoit jamais rien su de ces faits, ne voulant pas se souvenir de ce que M. de Meaux lui en avoit dit en France et de ce que nous lui en avions dit à Rome. » — (*b*) La *Relation sur le quiétisme*.

Pour vous, vous ne sauriez faire trop d'honnêtetés à Son Eminence.

LETTRE CCCXXX.

M. DE NOAILLES, ARCHEVÊQUE DE PARIS, A L'ABBÉ BOSSUET.

18 août 1698.

Je commencerai par vous parler, Monsieur, de votre dernière lettre du 4. Elle est arrivée fort heureusement, aussi bien que la belle pièce (*a*) que vous m'envoyez. Vous m'avez fait un sensible plaisir de l'envoyer si diligemment; je vous en remercie de tout mon cœur. Elle ne me fait point de peur : il me semble qu'elle est foible en tout, et pour les raisonnemens et pour les expressions. Il convient des faits principaux de ma *Réponse;* je puis vous assurer que ceux qu'il y ajoute sont faux : je suis fâché d'être obligé de le dire, mais j'y suis forcé. Je ne répondrai pas néanmoins : je me suis engagé trop publiquement à ne le pas faire pour manquer à ma parole. Je pourrai seulement laisser répondre un anonyme, qui dira ce qu'il faut : je m'expliquerai davantage par le premier courrier.

Je viens à votre lettre du 29, et ne trouve pas grand'chose à y répondre, parce que c'est un abrégé de celle que vous m'aviez écrite le même jour par ce courrier extraordinaire, et que l'abbé Madot m'apporta fort ponctuellement.

Il est fâcheux que le cardinal de Bouillon ait changé la résolution qu'il avait prise : on consentoit volontiers en ce pays au séjour qu'il vouloit faire à la campagne.

Continuez à combattre la cabale, et à soutenir la bonne cause ; j'espère que Dieu vous y aidera; nous le ferons de notre mieux en ce pays. M. de Meaux arrive demain : nous conférerons d'abord, et nous agirons toujours avec le zèle que nous devons. Croyez-moi, je vous conjure, Monsieur, à vous très-sincèrement.

(*a*) La *Réponse de M. de Cambray à M. l'archevêque de Paris.*

LETTRE CCCXXXI.

L'ABBÉ BOSSUET A SON ONCLE.

Rome, ce 19 août 1698.

Je vous écris par le valet de chambre de M. de Torci, que M. le cardinal de Bouillon renvoie cette nuit.

J'ai reçu la lettre que vous m'avez fait l'honneur de m'écrire de Versailles, du 28 juillet : j'ai reçu en même temps les premières feuilles du *Quietismus redivivus.* J'ai commencé à en donner à quelques cardinaux, et en donnerai à tous ; mais à mesure que je les pourrai rencontrer, pour leur pouvoir expliquer le tout moi-même. Vous recevrez ma lettre du 12 par le courrier ordinaire, à peu près en même temps que celle-ci ; ainsi je ne répéterai dans celle-ci que ce qu'il y avoit d'essentiel dans l'autre : j'y ajouterai ce que je sais de nouveau.

Je vous parlois, dans ma lettre du 12, de ce qui regarde le duc Cesarini, et je vous disois qu'il s'étoit expliqué avec un de mes intimes amis, qui est aussi des siens, sur ce qui me regarde ; qu'il avoit déclaré que M. le cardinal de Bouillon l'avoit fait tenter par des voies indirectes sur mon chapitre, pour tâcher de l'irriter contre moi, et de lui faire prendre de l'ombrage sur les bruits qui avoient couru ; que cela lui avoit causé un peu de chagrin contre moi pendant quelque temps ; mais que depuis qu'il avoit su les manéges du cardinal de Bouillon dans l'affaire de M. de Cambray, et l'aversion qu'il avoit pour moi, il avoit aisément reconnu sa malice ; qu'il avoit fait dire à ce cardinal depuis quelques mois, par les mêmes gens qui lui en reparloient, qu'il n'avoit eu jamais aucun sujet de se plaindre de moi ; que les auteurs de ces faux bruits étoient ses ennemis autant que les [miens ; et qu'il n'avoit garde de s'en prendre à moi, qui en étois innocent en toutes manières.

J'ai été bien aise de savoir ces intrigues, qui me font voir ce qu'il faut attendre de l'amitié du cardinal de Bouillon. Vous devez être assuré que s'il pouvoit me voir mort, ou hors de Rome, rien ne lui causeroit plus de joie ; mais je vas toujours mon train à l'ordinaire, et le cardinal est obligé extérieurement d'avoir pour moi de grands égards. Ainsi je ne puis croire que le mal que le cardinal de Bouillon a fait dire de moi par son homme, regarde la calomnie débitée contre moi cet hiver, qui est entièrement oubliée, et sur laquelle tout le monde ici me rend justice. Mais ses propos ont infailliblement pour objet l'affaire de M. de Cambray; et à cet égard il devroit se contenter de tâcher de se justifier, sans accuser les gens qui font leur devoir en honneur et en conscience. Il s'imagine que j'écris contre lui, parce que la conscience lui reproche beaucoup de choses qu'il voudroit être ignorées. Mais je n'écris que ce qui est public, et ce que je sais à n'en pouvoir douter : je ne suis ici que pour cela. Il n'ose entrer dans aucun éclaircissement avec moi, parce qu'il sait que j'ai raison en tout, et qu'il ne m'en imposera pas. Il y a cinq ou six mois qu'il voulut me parler, mais il s'en tira très-mal. Il parle plus qu'il ne veut ; et malgré lui il montre son cœur et ses dispositions : c'est pourquoi il juge à propos à présent de n'avoir avec moi aucune discussion sur ce qui le regarde ; et je n'en suis pas fâché. Au reste je puis vous assurer que je ne me mêle de rien que de cette affaire, sur laquelle je m'exprime toujours très-modestement touchant cette Eminence, mais très-fortement sur les faussetés qu'on répand perpétuellement, et qu'on répandra jusqu'à la fin de l'affaire. Toute l'application des ennemis est à présent de faire croire que c'est une cabale de Cour qui persécute M. de Cambray, et qui veut lui imposer silence. Là-dessus on tient sur le roi et sur Madame de Maintenon, toutes sortes de discours indécens, que le cardinal de Bouillon ne prend aucune peine de détruire. Il faut que nous et nos amis le fassions.

Il ne faut plus espérer que la *Réponse de M. de Cambray* contre M. de Paris devienne publique : ils tâchent d'en retirer doucement les exemplaires qu'ils en ont donnés à quelques cardinaux. Aucun de ceux à qui je l'ai demandée ne me l'a voulu laisser voir, me disant qu'ils avoient promis de ne la montrer à personne. Sur les plaintes que j'ai faites hautement du procédé des agens de M. de Cambray, qui cachent ainsi un livre imprimé auquel ils veulent qu'on ajoute foi, et d'après les remarques que nous avons faites sur le peu de droiture d'une pareille conduite, en nous récriant contre la fausseté du contenu de cette Réponse, M. de Chanterac est allé déclarer chez les cardinaux, et en particulier chez le cardinal Casanate, qui me l'a dit, qu'il ne publioit pas encore cette *Réponse* telle qu'elle étoit imprimée, parce qu'il y avoit quelque chose à corriger, qu'elle n'étoit pas tout à fait exacte, qu'elle traitoit un peu durement M. de Paris, qu'il vouloit ménager à cause de Madame de Maintenon et du roi ; mais que bientôt elle paroîtroit corrigée avec la réponse à votre *Relation*, telle qu'il convenoit. Voilà la manière d'agir de ces Messieurs : ils n'osent publier ce que leur maître imprime. Il leur suffit de dire qu'on a répondu, que la pièce est imprimée ; après quoi ils la suppriment sous prétexte qu'ils ne veulent pas fâcher Madame de Maintenon et le roi, qui s'intéressent à ce qui regarde M. de Paris. Il est aisé de voir que ces manières ne doivent pas faire un bon effet pour eux. Néanmoins les partisans de M. de Cambray n'en publient pas moins insolemment qu'on répond à tout. On a fait remarquer toutes ces choses au Pape et aux cardinaux.

M. de Cambray veut à présent faire pitié. M. de Chanterac va supplier, en pleurant, qu'on sauve l'honneur d'un évêque dont les intentions, selon lui, sont si droites et les mœurs si irréprochables. Il n'est plus question maintenant de mettre le livre à couvert ; mais on veut empêcher une qualification particulière, et même une condamnation générale du livre, comme contenant une doctrine hérétique, erronée, etc. On voudroit après tout ce qui s'est passé, après un examen aussi long et aussi solennel, qu'on se contentât de défendre le livre en général, ou bien seulement comme contenant quelques propositions équivoques, auxquelles en rigueur on peut donner un mauvais sens, et qui ont besoin d'explication.

Pour moi, je soutiens que si le saint Siége commet une pareille bassesse, il donne gain de cause à M. de Cambray, et fournit moyen de renouveler la pernicieuse doctrine des quiétistes. C'est aussi à quoi je m'oppose de toutes mes forces, et à quoi il faut que l'on s'oppose du côté de la France, et que le nonce écrive fortement là-dessus. Le Pape m'a promis solennellement une décision sur la doctrine du livre, qu'on doit déclarer bonne ou mauvaise. C'est pour y parvenir qu'il a voulu qu'on fît un examen si authentique, et plus sérieux qu'on ne l'a fait dans aucune affaire de ce siècle, puisqu'on entend les examinateurs les uns après les autres, qui parlent autant qu'ils veulent, et qui laissent leur vœu par écrit. Si donc on ne faisoit autre chose que de défendre le livre, sans déclarer la doctrine mauvaise, sans même qualifier les propositions, ce seroit l'effet d'une ignorance trop crasse ou d'une mauvaise volonté trop publique. Je ne puis m'imaginer qu'on commette une pareille indignité : c'est pourtant la seule ressource du cardinal de Bouillon et de la cabale, qui est plus forte que jamais certainement malgré votre *Relation*, malgré le parjure démontré de M. de Cambray, malgré l'évidence des faits plus claire que la lumière du soleil. Et la raison est que c'est un parti pris par cabale et par engagement, dont on ne peut sortir qu'en cherchant à déshonorer le saint Siége, et qu'en mettant en péril évident la religion par une décision qui ne dise rien, et qui par conséquent laisse le quiétisme en vigueur.

Vous pouvez compter que nous n'oublierons rien pour prendre un bon parti, et j'ai lieu d'espérer qu'on s'y déterminera. Mais pour assurer la chose davantage, je serois d'avis que vous fissiez un mémoire court sur cela, où vous montreriez la nécessité de prononcer sur la doctrine en l'état où sont les choses. Il seroit nécessaire que le roi le remît incessamment entre les mains du nonce ; et si l'on pouvoit dépêcher ici un courrier pour le porter, cela feroit à merveille et assureroit les qualifications. Il faut de la diligence, parce que la première chose que les cardinaux feront quand les qualificateurs auront fini, ce qui arrivera à peu près à la mi-septembre, sera de s'assembler sur le *modus agendi ;* car à cet égard on n'a pris encore aucune résolution. C'est alors qu'on déterminera si l'on qualifiera les propositions, et de quelle manière on procédera : ainsi tout dépend de cette première détermination. Vous voyez donc combien il seroit nécessaire que le roi parlât sérieusement au nonce avant ce temps. Le Pape, qui est jusqu'à cette heure bien intentionné, sera jaloux de le satisfaire ; et si le roi témoigne désirer une décision forte et précise, on ne pourra lui refuser une demande si juste. Or, pour que nous ayons gain de cause, il suffit qu'on se détermine à juger si la doctrine des propositions est bonne ou mauvaise. Toute la finesse de la cabale consiste à présent à précipiter l'affaire ; mais il est de l'intérêt de la vérité de l'empêcher : car il nous faut une bonne décision ; et pour l'obtenir, il est essentiel qu'elle soit demandée de nouveau avec instance par le roi et par le nonce.

Votre *Quietismus redivivus* viendra fort à propos : on souhaite il y a longtemps voir le parallèle des propositions de M. de Cambray avec celles de Molinos et des quiétistes. La préface mettra ici de mauvaise humeur les défenseurs de M. de Cambray.

Depuis huit jours on dit ici publiquement que le roi veut envoyer un nouvel ambassadeur : la plupart des lettres de France en parlent; les avis de Venise l'assurent, et d'une manière qui a fait de la peine au cardinal de Bouillon, parce qu'on y loue fort le cardinal de Janson. On dit M. de Catinat nommé ; d'autres, le prince de Monaco : on voit bien qu'il n'y a encore rien de sûr, ou au moins que la Cour n'a pas encore déclaré son choix. Mais quoique vous ne me donniez aucune instruction sur ce fait, par tout ce qui me revient, je juge qu'il doit y avoir quelque fondement à tous ces bruits. Quoi qu'il en soit, tout le monde approuve fort la résolution du roi là-dessus ; et rien n'est plus nécessaire dans les circonstances présentes qu'un pareil changement, nonseulement pour notre affaire, mais encore pour toutes les autres. On dit actuellement plus que jamais, chez M. le cardinal de Bouillon, qu'après la Saint-Louis ce cardinal va à Frescati. Il y a quatre jours qu'il eut une légère indisposition, que les uns croyoient simulée pour avoir prétexte de changer d'air. Vous savez ce que je vous ai mandé à ce sujet dans mes précédentes. Les dispositions sont les mêmes, et tout ira bien si le cardinal part. Je ne crains que son vœu, parce qu'il est le premier du saint Office à donner son avis.

Vous ne m'avez jamais mandé si vous aviez vu Madame de Lanti : c'est une Dame d'un mérite très-grand, à qui j'ai bien des obligations, et qui sera ravie de vous voir assurément. Je ne doute pas qu'elle ne vous voie, en quelque état qu'elle puisse être.

Je crois aussi avoir oublié de vous écrire une circonstance assez remarquable. Lorsque M. le cardinal de Bouillon jugea à propos de me dire, aussi bien qu'à M. de Chanterac, qu'il vouloit aller à Frescati pour ne pas assister au jugement de l'affaire, M. Poussin, secrétaire de cette Eminence, vint me trouver et me dit tout ce qu'on peut imaginer contre l'imprudence du cardinal. Il m'assura qu'il n'avoit nulle part à cette résolution, qui ne pouvoit manquer de nuire infiniment à Son Eminence, en faisant voir au roi et à tout le public sa partialité : il me pria de vouloir bien écrire en France, que lui Poussin n'entroit pour rien dans tout ce que faisoit son maître, et qu'il ne l'approuvoit pas. Il faut que vous sachiez que ce secrétaire fait ici le petit ministre, et prétend voler de ses ailes. Je l'assurai qu'il ne couroit aucun risque ; que je ne doutois pas que son maître ne sût bien ce qu'il faisoit, et ne fût bien sûr de ne pas déplaire au roi. Tout cela fait bien voir le peu d'approbation que la conduite du cardinal trouve dans l'esprit des personnes qui lui sont le plus dévouées.

Ce même Poussin, que son maître ménage à présent, me dit il y a quelques jours, qu'il lui paroissoit que les lettres du roi n'étoient pas si fortes, et qu'il avoit calé là-dessus. Je le priai de s'expliquer mieux à d'autres ; je lui ajoutai que si le roi ne parloit pas de cette affaire dans toutes ses lettres, c'étoit qu'il croyoit avoir plus que suffisamment expliqué ses intentions dans les précédentes.

Je sais de science certaine qu'on fait courir le bruit chez le cardinal de Bouillon, que l'affaire de M. de Cambray s'accommode en France, et que M. de Cambray donne une explication qui ne le condamne pas, et qui contente tout le monde. Je me suis bien moqué d'un pareil discours ; mais cela est fait exprès pour adoucir ici les esprits à l'égard de M. de Cambray, et faire voir qu'il faut avoir des ménagemens pour lui.

Au reste j'ai vu ces jours passés le P. Ammonio, jésuite, qui m'a dit tout ce qu'on pouvoit dire pour justifier le P. de la Chaise, et qui m'a répondu de lui. Je l'ai assuré que je ne doutois pas de ce qu'il me disoit, surtout sachant par vous la déclaration publique qu'il avoit faite là-dessus ; qu'il seroit à souhaiter que les Jésuites françois et italiens qui sont à Rome, fussent dans les mêmes sentimens; que je n'avois rien à lui dire là-dessus, et qu'il le voyoit mieux que moi. Il est, si je ne me trompe, grand charlatan. Il m'a offert ses services pour cette affaire auprès du Pape, auquel il assure avoir dit mille biens de vous. Je l'en ai remercié et en crois ce qu'il me plaît. Il ne manquera pas d'écrire au P. de la Chaise notre conversation. Dans l'occasion témoignez, je vous prie, à ce Père ce que vous jugerez à propos : il ne coûte rien de faire semblant de croire ce qu'ils disent, quand on leur parle.

La santé du Pape m'inquiète un peu, ses jambes sont un peu enflées : il n'y a rien de dangereux; mais il ne faut rien à son âge : Dieu sait ce qu'il veut faire là-dessus. Il faut toujours préparer les voies à une bonne condamnation, s'il y a moyen.

Je puis vous assurer qu'en conscience on doit envoyer un ambassadeur au plus tôt, ou bien tout périra.

Il est de la dernière conséquence que nous soyons assurés du cardinal Carpegna : c'est le premier à voter après le cardinal de Bouillon. Il a bon esprit, mais il veut être Pape. Il faut le soutenir du côté de la Cour contre le cardinal de Bouillon. Le cardinal d'Estrées est de ses grands amis : une lettre de lui un peu forte à cette Eminence, produiroit un bon effet. Encore une fois, il n'est question que de presser sur les qualifications, en en montrant la nécessité. On a répandu ici le bruit que M. de la Trémouille même et le général de la Minerve ont assuré que la France ne s'attend qu'à une prohibition du livre, et qu'elle en sera contente. Je leur ai parlé là-dessus fortement; mais quoi que je puisse dire, on en croira le ministre. Je ne puis trop le répéter : une qualification leur coûtera moins avec le *respective* qu'une censure *in globo*, telle que vous me l'avez envoyée, et sera aussi plus honorable pour le saint Siége.

M. de Chanterac dit ici hautement que vous avez mis dans votre *Relation* plusieurs faits faux et très-faux, qu'on relèvera bien; nous verrons. La traduction italienne imprimée ne peut venir trop tôt : elle sera certainement bien faite, étant de la main de M. Régnier; je ne le nommerai pas.

Il seroit encore bon que le cardinal d'Estrées, ou le cardinal de Janson, ou vous, écrivissiez au Père général de la Minerve, qu'il ne peut faire un plus grand plaisir à la Cour et à tous ceux qui aiment la religion que de porter les cardinaux à une censure honorable, en qualifiant les propositions. M. l'abbé de la Trémouille tremble : il n'a pas voulu jusqu'à cette heure faire un pas pour nous. Le cardinal de Bouillon l'a prié sans doute de ne point agir; et actuellement il est la dupe de cette Éminence, qui lui fait tirer les marrons du feu. M. de la Trémouille auroit souhaité que du côté de la Cour on l'eût chargé de quelque chose; mais il ne connoît pas le terrain : je sais qu'il s'en est plaint à M. de Torci.

J'ai sujet de craindre que le cardinal Noris ne favorise les *mezzo termine;* car j'ai appris depuis deux jours des choses qui me font voir qu'il a de grandes liaisons avec le cardinal de Bouillon : néanmoins on ne peut s'expliquer plus clairement qu'il l'a fait sur la doctrine. Vendredi dernier, je fus avec lui deux heures dans son cabinet à remuer saint Augustin et saint Thomas : il a les plus beaux passages du monde contre M. de Cambray et son amour pur. Il me pria même de vous mander cette conversation : mais avec cela j'ai appris depuis que le cardinal de Bouillon faisoit fond sur lui, et qu'il pencheroit volontiers à ne pas fulminer contre M. de Cambray. Je le verrai incessamment là-dessus, et lui parlerai fortement. Je vois qu'il évite d'entrer en matière sur cela. J'ai résolu de le faire expliquer : nous verrons qui sera plus fin, car il l'est beaucoup.

J'ai vu le cardinal Ferrari; il me paroît qu'il ira bien : il m'a assuré que toute la solution des partisans du livre consiste à dire, que M. de Cambray n'a voulu qu'établir un état où ordinairement la charité commande les actes des autres vertus. Et sur l'exclusion du motif de l'espérance qui n'excite plus, il m'a dit bonnement ne savoir pas de réponse; ajoutant néanmoins qu'ils disoient que c'étoit le motif de la volonté de Dieu qui excitoit principalement, qui faisoit agir sans exclusion de l'autre motif. Je lui ai montré que c'étoit là l'amour du quatrième état; et franchement voilà à quoi il n'y a pas de réponse.

Je vous envoie la traduction latine du livre de M. de Cambray : il seroit bien à souhaiter que vous l'eussiez eue plus tôt. M. Phelippeaux m'a toujours assuré que vous l'aviez, et qu'il vous avoit écrit là-dessus; mais il vaut mieux tard que jamais. Nous vous avons envoyé les notes qu'il avoit données manuscrites au commencement; c'est substantiellement les mêmes.

Je vous adresse tout le paquet sous l'enveloppe de M. le marquis de Torci, afin que le courrier soit disculpé s'il reçoit mon paquet. J'en adresse aussi un pour M. de Paris. Je n'ai le temps que de lui écrire un mot; vous lui ferez, s'il vous plaît, part de cette lettre.

On a fini hier les cinq propositions : on commence demain la matière suivante, et en trois semaines le tout sera bien avancé.

LETTRE CCCXXXII.

BOSSUET A SON NEVEU.

Versailles, 24 août 1698.

Je vous apprendrai que la *Réponse de M. de Cambray à la Relation* en françois devient publique à Paris, et je l'ai. Il y en avoit une autre édition plus courte et assez différente que j'ai encore, quoique l'auteur l'ait supprimée. Tout y est plein d'impostures et de pauvretés, de répétitions et de foiblesses.

J'ai vu, entre les mains de M. le nonce, une lettre de l'archevêque de Chieti, qui semble tourner tout court sur le livre de M. de Cambray, et qui prouve par l'exemple de saint Denis d'Alexandrie et de saint Basile, que des propositions approuvées dans des gens de bonne intention sont condamnées dans des gens dont l'intention est connue mauvaise, comme la *Relation* le montre de M. de Cambray.

La traduction italienne de la *Relation* est avancée.

Je n'ai pu encore achever la réponse au nouvel écrit de M. de

Cambray, ni même faire aucun projet. Quoi qu'il en soit, nous mettrons tout en italien ou en latin.

Quand j'aurai parlé sur votre courrier, on prendra la résolution pour le renvoyer : j'espère bien que le roi le paiera.

M. le cardinal d'Estrées m'a dit que Monseigneur Giori n'avoit rien contre vous; mais que comme vous voyiez souvent M. le cardinal de Bouillon qu'il n'aime pas, il avoit eu quelque défiance de vous. Ce cardinal m'a assuré qu'il avoit écrit à ce prélat d'une manière à lever tous ses soupçons. Souvenez-vous que c'est un homme qu'il faut ménager.

Je ne vois jusqu'ici rien contre vous : je veillerai à tout, et je dirai ce qu'il faudra.

Le cardinal de Bouillon n'est pas fort bien ici. On ne trouve pas bon qu'il n'y envoie pas ce que M. de Cambray répand en secret.

J'ai presque achevé de lire la Réponse de M. de Cambray à ma *Relation*. Elle est pitoyable; et l'on s'étonne beaucoup ici que M. le cardinal de Bouillon se déclare protecteur d'un homme qui ne fait que se moquer du public. On s'étonne aussi qu'il retourne aux congrégations (*a*).

M. l'abbé de la Trémouille a mandé la conversation où M. de Chanterac a été appelé avec vous; mais il ne rapporte pas que M. le cardinal de Bouillon y eût dit qu'il se retiroit des congrégations, pour ne pas voir condamner ses amis.

La réponse à ma *Relation*, que M. de Cambray fait distribuer, a 170 pages; et celle qu'il a supprimée, dont j'ai un exemplaire, en a 143.

M. le cardinal de Janson est allé chez lui; il a toujours pour nous toutes les bontés imaginables.

(*a*) Le cardinal de Bouillon avoit déclaré, comme on le voit dans la lettre de l'abbé Bossuet, du 29 juillet, qu'il se retiroit à Frescati pour ne plus assister aux congrégations; mais il ne tint point parole, et continua jusqu'à la fin d'y assister. (*Les édit.*)

LETTRE CCCXXXIII.

L'ABBÉ PHELIPPEAUX A BOSSUET.

Rome, 26 août 1698.

Mercredi dernier on commença à voter sur la vingt-deuxième proposition jusqu'à la vingt-huitième inclusivement. Alfaro parla seul et longuement. Hier lundi, Gabrieli, le procureur général des Augustins et Miro parlèrent sur les mêmes propositions. L'examen de toutes les propositions finira dans le mois prochain. On m'a averti ce soir qu'on entendroit les consulteurs, ce qui se fera dans peu de séances, parce que, pour éviter l'inconvénient où sont tombés les qualificateurs, qui ont fait plutôt l'office de parties que de juges, ils se contenteront de dire sommairement les qualifications convenables à chaque proposition : cela ôtera la partialité. J'espère que ces consulteurs nous seront d'un grand secours. Le général de la Minerve et le commissaire du saint Office sont à la tête : les autres sont instruits, et on continuera de les instruire.

Jeudi dernier, M. le cardinal de Bouillon déclara que le roi avoit nommé pour ambassadeur le prince de Monaco ; ce qui a donné sujet à beaucoup de discours. Cela ne nuira point à notre affaire. On affecta fort de dire qu'on avoit demandé un ambassadeur, et qu'on avoit demandé ce prince en particulier. Quelques personnes bien intentionnées pour la France n'approuvent pas fort ce choix. Ils exagèrent la vieillesse de ce prince, son peu d'expérience dans les affaires, et la jalousie des Italiens contre lui pour s'être livré aux François qu'on craint, mais qu'on n'aime pas ici. Cela a fait redoubler les regrets qu'on a du cardinal de Janson, qui est de plus en plus aimé, estimé et regretté dans cette Cour, et regardé comme un excellent ministre.

M. le grand-duc doit vous écrire en faveur de M. Poussin, secrétaire de M. le cardinal de Bouillon, qui ne veut pas entrer chez le prince de Monaco. Il voudroit faire rétablir l'agence en sa faveur. C'est un homme qui a de l'esprit, qui est fort laborieux, accoutumé aux négociations, et qu'on peut dire avoir fait l'ambassade depuis le départ du cardinal de Janson. Il s'est assez montré favorable dans nos affaires, et en cela contraire dans le secret à M. le cardinal de Bouillon. Il ne lui manqueroit qu'une chose pour l'agence, qui est la connoissance des affaires ecclésiastiques, celle de la doctrine et de la discipline de l'Eglise de France, pour appuyer ses intérêts dans les occasions fréquentes qui se présentent. Il prétend que cela peut être réparé par quelque habile docteur, que l'ambassadeur peut prendre à son service : il envoie sur cela un grand mémoire à M. de Torci. C'est à eux à voir ce qui est convenable. Il a souhaité qu'on vous en informât.

La *Réponse à la Relation du quiétisme* est arrivée : on ne la voit point encore. La *Réponse à M. de Paris* n'est point encore commune : on dit qu'on l'imprime en françois à Douai. Nous attendons la suite du *Quietismus*, qui viendra toujours un peu tard.

Les amis de M. de Cambray commencent à avouer que le livre sera défendu; mais ils ne s'attendent pas encore aux qualifications des propositions, qui doivent être une suite nécessaire de la solennité de l'examen, quand d'autres raisons ne l'exigeroient pas. Je suis avec un profond respect, etc.

LETTRE CCCXXXIV.

L'ABBÉ BOSSUET A SON ONCLE.

Rome, 26 août 1698.

J'ai reçu la lettre que vous m'avez fait l'honneur de m'écrire de Meaux le 4 août. J'attends avec impatience de vos nouvelles, et l'avis de la réception de notre courrier et des lettres que j'ai écrites par celui de M. le cardinal de Bouillon : elles étoient toutes de conséquence.

Le lendemain de ma dernière lettre partie par le valet de chambre de M. de Torci, M. le cardinal de Bouillon déclara au Pape la résolution du roi d'envoyer ici M. le prince de Monaco pour ambassadeur. En même temps il publia que le roi ne l'avoit fait qu'à sa prière, qu'il le tourmentoit là-dessus depuis plus de six mois à cause de sa santé; et qu'il avoit même nommé au roi M. le prince de Monaco comme son intime ami. Je sais même des gens à qui il a lu quelques lignes de la prétendue lettre de Sa Majesté là-dessus, et tournée dans ce sens. Je voudrois que Rome fût à cet égard aussi crédule que moi ; mais il n'y a personne qui ne soit persuadé que le motif de ce changement est que Sa Majesté n'est pas contente de lui, notamment sur ce qui regarde M. de Cambray; car tout le monde voit sa manière d'agir. Vous croyez bien que chacun est fort curieux de me faire parler; mais comme je ne sais rien là-dessus que ce que M. le cardinal de Bouillon a dit publiquement, j'ai paru ajouter foi à ses paroles, sans me mêler de dire ce que je ne sais pas.

M. le cardinal de Bouillon a été bien aise qu'on sût encore, ou au moins qu'on crût que le roi le fera protecteur de France, comme l'ont été autrefois M. le cardinal d'Est, etc. Néanmoins on n'en croit rien pour plusieurs raisons, outre qu'il est sujet du prince, et qu'ordinairement les couronnes ne choisissent pour cet emploi que des cardinaux étrangers, qu'elles attachent par là à leurs intérêts.

Le chagrin du cardinal de Bouillon ne se peut cacher; il sent le coup. Cette Eminence est résolue plus que jamais d'aller à Frescati. On dit qu'il viendra aux congrégations du lundi et du jeudi devant le Pape. Presque personne ne doute que sous quelque prétexte il évitera de voter; mais il n'y a rien de sûr : ce n'est que par conjecture qu'on le présume, et par la vue de l'embarras où l'on juge qu'il doit se trouver. Pour moi, je crains tout de ses mauvaises intentions : mais on a frappé le coup essentiel, et son crédit est tombé. Je le regarde à présent comme un simple cardinal, ou comme un simple jésuite, qui cependant ne manquera pas de bonne volonté, et qui fera le pis qu'il pourra.

Au reste la joie de voir ici un ambassadeur a été universelle. Le choix de M. de Monaco fait ici faire bien des raisonnemens. Comme il est Italien, les cardinaux papables et non papables ont leurs espérances ou leurs craintes. Pour moi, le connoissant pour un digne sujet et un fort honnête homme, je lui rends partout la justice qui lui est due. Je crois que vous voudrez bien lui écrire sur mon sujet. Je me donnai l'honneur de lui faire mon compliment samedi à Monaco. On espère qu'il pourra être ici à la *Rinfrescate*.

Voilà le pauvre ambassadeur d'Espagne mort, regretté de tout le monde. Il n'avoit pas encore paru en public : ses équipages sont magnifiques, et n'ont pas encore vu le jour. M. de Monaco pourroit plus mal faire que de les acheter.

Notre affaire va son train ; et à la mi-septembre ou peu de jours après, les qualificateurs finiront leurs rapports. On copie leurs vœux à force, pour les mettre entre les mains de MM. les cardinaux.

J'ai parlé de nouveau à l'assesseur du saint Office et au commissaire. Le dernier se comporte avec vigueur ; le premier plus mollement : Fabroni et les Jésuites sont ses amis. Il n'est pas savant, et trouve bien la doctrine périlleuse ; mais il n'en sait pas assez pour en voir l'erreur par lui-même. Dans l'état des choses, il ne nous fera ni grand bien ni grand mal : s'il étoit vigoureux, il pourroit faire beaucoup de bien.

La *Réponse à M. de Paris* se cache de plus en plus, c'est-à-dire qu'on n'en donne plus d'exemplaires ; mais les émissaires de M. de Cambray la lisent et la font voir sous main et en secret à tout le monde : ils font courir sur le motif de ce procédé des bruits injurieux au roi, à Madame de Maintenon et à M. l'archevêque de Paris. J'ai cru, ne pouvant en avoir d'exemplaire imprimé, devoir faire mes efforts pour en avoir une copie authentique. Pour cela il a fallu user de manége, afin de tirer des mains de quelque cardinal son exemplaire pendant quelques heures. Je n'ai pu en venir à bout par moi-même ; mais M. le prince Vaïni s'est tant remué, qu'il m'en a procuré un pour une demi-journée. Je l'ai fait copier par quatre personnes fort exactement, en marquant soigneusement le chiffre des pages de l'imprimé. On a fait collationner cette copie par un notaire public, et elle a été légalisée ; en sorte qu'elle peut tenir lieu d'original à M. de Paris, à qui je l'envoie. J'ai cru qu'il étoit bon de prendre cette précaution contre des gens de si mauvaise foi. Ils débitent qu'ils font réimprimer cette *Réponse* pour la corriger et l'adoucir, mais c'est un prétexte dont ils veulent couvrir la honte de leur procédé.

On commence à faire voir ici en secret la *Réponse à la Relation du quiétisme :* elle est très-sûrement arrivée, imprimée en françois. Trois ou quatre personnes m'ont dit l'avoir vue imprimée et entendu lire. Je ne sache pas qu'on l'ait encore donnée à aucun cardinal, et je doute qu'on la distribue. Ainsi il y a apparence qu'il y aura encore plus de mystère sur cette pièce que sur la *Réponse à M. de Paris.* On ne l'a donnée qu'à des gens affidés, qui la lisent et font lire, et on ne la laissera à personne. Vous croyez bien que je ferai l'impossible pour la lire et pour vous l'envoyer : mais vous aurez vu par la *Réponse à M. de Paris*, sur quoi il peut appuyer sa *Réponse* à votre *Relation ;* car il en a jeté tous les fondemens dans cette pièce. On m'a dit seulement que sa *Réponse* à votre *Relation* étoit très-foible, quoique les Jésuites disent qu'elle vous accable. Il répète souvent : Voilà ce Montan, voilà cette Priscille. Il distingue trois temps sur Madame Guyon. Le premier est celui où elle étoit exempte de tout soupçon ; c'est celui de sa liaison avec elle, et qui étoit fondée sur le témoignage que lui avoient rendu MM. de Genève et de Grenoble. Le second temps est celui où vous examinâtes cette femme : le troisième, celui qui suivit les censures des évêques. Dans les deux derniers temps, il n'a eu aucun commerce avec elle : voilà ce que j'ai pu tirer des différens récits.

J'ai cru dans toutes ces circonstances, à la veille de la fin de l'examen, au milieu des cabales furieuses qui se forment pour faire donner une décision précipitée et insuffisante, et enfin parmi les sujets de crainte que doit causer la manière dont M. de Cambray et ses agens parlent et agissent ; j'ai cru qu'il étoit nécessaire et important d'aller aux pieds de Sa Sainteté : mais auparavant j'ai voulu voir la disposition des ministres, du cardinal Spada et du cardinal Albanc. Ils m'ont confirmé qu'on faisoit toutes sortes d'efforts pour avoir une décision précipitée, et qui ne fût pas forte. Le cardinal Spada m'a assuré pourtant qu'on qualifieroit les propositions, et qu'on feroit bien ; mais le cardinal

Albane m'a dit franchement que tout étoit à appréhender de la cabale, de l'impatience naturelle du Pape, des lettres pressantes du nonce pour finir promptement, et qu'il croyoit très-à propos que je visse Sa Sainteté et lui exposasse ce que je lui disois, afin de la déterminer à ne rien précipiter, pour que les cardinaux pussent qualifier les propositions, et qu'on fît bonne et forte censure, sans néanmoins perdre de temps.

Je me rendis donc avant-hier aux pieds de Sa Sainteté : je lui témoignai la satisfaction que les évêques et les gens bien intentionnés avoient de pouvoir espérer dans peu la fin du rapport des qualificateurs, dont la division qu'on avoit travaillé à procurer, étoit le scandale de la chrétienté. Je l'assurai que c'étoit ce partage causé par la cabale, qui touchoit si vivement le roi et les évêques, et dont ils souhaitoient ardemment voir incessamment la fin à quelque prix que ce fût, sentimens qui répondoient à ceux de Sa Sainteté et des cardinaux ; que c'étoit sur ce point qu'on faisoit tant d'instances en France auprès de M. le nonce. J'ajoutai que pour ce qui regarde la décision, on ne pouvoit nier que les circonstances de l'affaire n'en demandassent une prompte, mais néanmoins qui ne devoit pas être précipitée, c'est-à-dire qu'il convenoit que MM. les cardinaux eussent le temps convenable et nécessaire pour former leur vœu sur la doctrine des propositions examinées, et pussent les qualifier; que là-dessus les évêques n'avoient jamais prétendu donner des règles; qu'ils se contentoient de témoigner leur désir de voir partir du saint Siège une décision qui déterminât le plus tôt qu'il seroit possible l'erreur et la vérité, en montrant ce qu'on devoit suivre et éviter en ces matières, afin de ne laisser aucun prétexte à M. de Cambray de défendre la pernicieuse doctrine de son livre et de ceux de Madame Guyon. Je lui fis sentir qu'un mois de plus ou de moins n'étoit rien après un examen si long, si solennel, pour parvenir à une décision qui honorât le saint Siège et l'épiscopat; qui fût agréable à Sa Majesté et utile aux fidèles. Je lui dis là-dessus beaucoup de choses qui tendoient au même but. Sa Sainteté me témoigna beaucoup de satisfaction de tout ce que je lui disois, et de me voir persuadé, aussi bien que les évêques, de ses bonnes intentions:

elle m'assura du désir qu'elle avoit de finir, et me déclara en même temps qu'elle sentoit combien il étoit essentiel de ne pas précipiter, pour pouvoir faire quelque chose de bien : elle me témoigna là-dessus être très-résolue d'entrer dans le fond de la doctrine, et de faire qualifier les propositions. Le saint Père m'ajouta que la division des examinateurs ne faisoit rien à cet égard ; que c'étoit aux cardinaux à dire leur sentiment et à lui à décider ; qu'il pouvoit m'assurer qu'il vouloit faire bien, et pacifier le royaume par une bonne et honorable décision.

Je lui fis ensuite mes justes plaintes du procédé de M. de Cambray et de ses agens, à l'égard des *Réponses* à M. de Paris et à vous. Je lui rappelai l'effet de votre *Relation* sur l'esprit même des plus intimes amis de M. de Cambray, le témoignage authentique du roi et le décri universel où étoit ce prélat et sa doctrine ; en sorte qu'on avoit honte à présent d'avoir été de ses amis, et que tout le monde avoit reconnu ses mauvaises intentions et son peu de bonne foi dans toute sa conduite. Je lui fis observer que le procédé dont ce prélat usoit, en montrant et en cachant ses *Réponses,* non-seulement à la plupart des cardinaux du saint Office, mais aux parties, à moi qui résidois à Rome et aux évêques de France, étoit inouï et injuste et marquoit la fausseté du contenu de ses écrits ; que les prétextes qu'on employoit pour justifier une telle conduite étoient encore plus frivoles, et également injurieux au roi et aux évêques, à qui le roi avoit rendu un témoignage si authentique. Je m'étendis sur cet article essentiel, et rapportai plusieurs choses de cette nature, que je vis bien faire impression sur l'esprit de Sa Sainteté, qui me parut fort surprise d'un procédé si artificieux. Elle me demanda si je souhaitois qu'elle fît quelque chose là-dessus. Je lui répondis que je la suppliois seulement de n'avoir aucune créance à des libelles qu'on n'osoit publier, et à ceux qui tâchoient de la prévenir à cet égard.

Comme le Pape me donnoit une audience favorable, je me servis de l'écrit imprimé de M. de Chartres, pour lui faire voir démonstrativement le peu de confiance que l'on devoit avoir à ce que disoit M. de Cambray, qui avoit pris Dieu à témoin d'explications dans ses précédens écrits, qu'il contredisoit manifestement dans son *Instruction pastorale*; et je lui démontrai ainsi le parjure (*a*). Je le suppliai de se ressouvenir toujours de ce fait, quand on voudroit lui parler en faveur de M. de Cambray. Il me témoigna une extrême douleur de l'obstination de cet archevêque, et me donna sa bénédiction.

Le Pape me parut un peu plus pâle qu'à son ordinaire. Il a eu une espèce de fluxion sur le nez, qui se guérit. On dit que ses jambes sont un peu enflées; je ne m'en aperçus pas : mais cela n'est pas extraordinaire à un vieillard de son âge. Il n'y a rien encore dans son état qui menace une prompte ruine.

Il est bien certain que depuis un an il est baissé, et devenu infirme : doit-on s'en étonner à quatre-vingt-trois ans ?

Par les manuscrits répandus à Paris, jugez des discours qu'on tient ici : ils sont de la dernière insolence.

Au reste les Jésuites publient avec une affectation surprenante, que M. de Monaco est tout jésuite. Je réponds à cela qu'il est et sera ce que le roi lui ordonnera d'être. Il est bon qu'il ait des instructions là-dessus. Comme apparemment je me trouverai encore ici quand il y viendra, il seroit avantageux pour moi que la Cour lui recommandât de me témoigner de la bonté et de la confiance.

M. Giori a connu que j'avois raison : il a eu depuis un mois la goutte. Il parla dimanche au Pape; conformément à ce que je lui avois représenté le matin : voilà sa réponse originale que je vous envoie.

(*a*) On peut voir dans l'*Instruction* de M. de Chartres la preuve de ces contradictions de M. de Cambray, qui, après tous les sermens dont il avoit autorisé ses premières défenses, nioit ou rejetoit ce qu'il avoit si solennellement affirmé. Voyez l'*Instruction* de M. de Chartres, pages 50, 64, 65, 66, 68, 69, 79. Et pour donner ici une idée de ces infidélités de M. de Cambray, si toutefois cette qualification n'est pas trop modérée, il est bon de mettre sous les yeux du lecteur ce texte de l'*Instruction* de M. de Chartres : « Enfin, dit ce prélat, et c'est ce qui paroît de plus étonnant, après avoir donné cette première explication en la présence de Dieu, avec des protestations bien sérieuses qu'on n'a point eu d'autres sentimens dans le cœur en faisant le livre, et que cette explication en contient le système avec toutes ses restrictions, ou ne laisse pas de se départir visiblement de cette explication dans l'*Instruction pastorale*, pour y en substituer une autre qui n'a aucun fondement et qui n'en peut avoir, ni dans le dessein, ni dans les termes du livre. » (*Les premiers édit.*)

Le général de la Minerve m'a promis de parler aux cardinaux dans l'occasion, comme je le souhaite. Il a su par M. Nicole que les Jésuites publioient à Paris qu'il ne suivroit pas les sentimens de Massoulié, et du maître du sacré Palais : cela lui a fait faire bien des réflexions.

Ayez la bonté de me faire savoir comment le P. Dez a été reçu du roi. Les Jésuites publient sur ce sujet les plus belles choses du monde. Le P. Dez est très-sûrement le plus dangereux de tous les hommes. Les Jésuites et le cardinal de Bouillon seront toujours les mêmes.

Je suis fâché qu'on n'ait pas encore vu à Paris et dans les provinces, et en Flandre, le *Mystici* et *Schola in tuto*. Votre première résolution, de faire de petits écrits dans les circonstances présentes, étoit, selon moi, la meilleure : car beaucoup de gens auroient lu volontiers ces traités l'un après l'autre, qui seront effrayés de la lecture des trois ensemble. J'attends avec impatience les dernières feuilles du *Quietismus redivivus*, la traduction italienne et la censure qualifiée.

La France et les évêques auront une obligation infinie au cardinal Casanate, qui, s'il en est cru, fera aussi bien que nous. La jalousie que vous me dites qu'on a eue sur l'effet de la *Relation*, regarde-t-elle M. de Paris? il en est bien capable : ou bien concerne-t-elle les Jésuites, ou la Cour en général?

Les amis de M. de Cambray sont-ils revenus de bonne foi ? Je ne parle pas des Jésuites; il ne faut pas attendre qu'ils reconnoissent jamais leurs égaremens. Voici une feuille pour vous en particulier.

Il est de la dernière conséquence pour la religion et pour le roi, que le cardinal de Bouillon ne soit pas protecteur de la France. Il emploieroit assurément tout son crédit en faveur des Jésuites et contre les évêques et la bonne doctrine, surtout à présent qu'il a la rage dans le cœur.

Poussin souhaite que je vous écrive en sa faveur, pour que vous rendiez témoignage à M. de Pomponne et à M. de Torci, qu'il s'est toujours bien comporté sur l'affaire de M. de Cambray, et qu'il n'est pas entré là-dessus dans les sentimens de M. le cardinal de Bouillon. Effectivement je puis assurer que tout ce qu'il m'a dit a toujours répondu à cette disposition, et tout ce qui m'est revenu de ses discours et de sa conduite à cet égard a toujours justifié ses bonnes intentions.

Il croit que votre témoignage et la manière dont vous parlerez de lui sur ce sujet, lui sera utile pour parvenir à se faire nommer agent de la France ici, ne voulant pas être secrétaire de l'ambassade. Il doit vous faire recommander ses intérêts par M. le grand-duc. Je lui ai dit que vous ne vous mêliez jamais de ces sortes d'affaires, que vous n'y aviez aucun crédit; que pour lui rendre témoignage qu'il se comportoit bien sur l'affaire de M. de Cambray, je vous en prierois, puisque c'étoit la vérité. Vous ferez ce que vous jugerez à propos dans la circonstance.

Il est de la dernière conséquence qu'on prévienne bien l'ambassadeur sur mon chapitre, et qu'il sache que Madame de Maintenon en particulier prend intérêt à l'affaire. Car le cardinal de Bouillon ne négligera rien pour lui faire croire que j'ai tout outré; mais je n'ai jamais écrit que la vérité très-constante et même publique. La fin le démontrera encore mieux, si je ne me trompe. Encore une fois, il faut que Madame de Maintenon ait la bonté de faire quelque chose là-dessus, aussi bien que MM. de Noailles. Tout ira bien si M. de Monaco voit qu'il fera plaisir à Madame de Maintenon, en agissant d'une manière convenable avec moi, qui lui rendrai bon et sûr compte de tout.

Le cardinal Albane, à qui j'ai parlé depuis mon audience, m'a assuré que Sa Sainteté avoit bien compris tout ce que je lui avois dit et étoit satisfaite.

Au reste la manière hautaine dont M. de Cambray traite M. de Paris a scandalisé tous les cardinaux, et le mystère qu'on fait de la *Réponse* les a encore plus indisposés. C'est ici le mystère d'iniquité. Communiquez ma lettre à M. de Paris, à qui je n'écris pas si au long qu'à vous.

J'apprends dans le moment qu'on dit qu'on fera parler et voter sommairement les consulteurs. Il y avoit longtemps que j'avois donné cette vue, comme je vous l'ai mandé. Il n'est pas encore bien sûr qu'on la suivra; mais je le souhaite fort, parce qu'il ne peut, ce me semble, qu'être avantageux qu'on prenne ce parti. Je serai bien trompé si alors les avis des consulteurs sont partagés.

LETTRE CCCXXXV.
BOSSUET A M. DE LA BROUE (a).
A Paris, le 30 août 1698.

M. le cardinal de Bonzy s'excuse, Monseigneur, pour cette année, par les engagemens déjà pris; mais il promet pour l'année prochaine, de tourner les choses de manière que vous soyez député des Etats. Je suis fâché de ce retardement de ma joie, et de la privation du secours dont j'aurois besoin dans les occurrences présentes. Le cardinal m'a parlé avec toute sorte d'estime pour vous, et témoigne qu'il auroit beaucoup de plaisir à vous obliger.

La *Réponse à ma Relation* est si pleine de déguisement et d'artifice, qu'on croit que je dois répliquer. Je pars pour Meaux et de là pour Compiègne, où je tâcherai de ne pas perdre de temps. Vous savez mon respect, mon cher Seigneur.

Le livre dont vous m'avez envoyé le titre n'est rien.

LETTRE CCCXXXVI.
L'ABBÉ BOSSUET AU PRINCE DE MONACO,
NOMMÉ AMBASSADEUR A ROME.
Ce 30 août 1698.

Comme je ne doute pas que vous ne soyez informé de l'intérêt que Sa Majesté a toujours pris et prend encore à la décision de l'affaire de M. de Cambray, qu'elle regarde comme une des plus importantes que la France ait en cette Cour, et par rapport à la religion, et par rapport à l'Etat, j'espère que vous ne trouverez pas mauvais que je prenne la liberté de vous écrire sur ce sujet, et de vous informer de l'état véritable de cette affaire qui tire à

(a) Revue et complétée sur l'original.

sa fin, et dont la conclusion, bonne ou mauvaise, ne peut être que d'une conséquence infinie. Je le fais avec d'autant plus de confiance, que je n'ai pas perdu un moment de vue cette affaire, et que je suis bien assuré de ne vous dire rien que de très-vrai. Je commencerai donc, sans perdre de temps, à vous rendre compte en peu de mots de ce qui s'est passé à ce sujet, dès l'instant où cette affaire a été portée ici.

Après la lettre que Sa Majesté jugea à propos d'écrire à Sa Sainteté au mois de juillet de l'année passée et que je joins à cette lettre, Sa Sainteté, dès le commencement de septembre, nomma sept théologiens, qualificateurs du saint Office, pour examiner le livre de M. l'archevêque de Cambray. Ces qualificateurs devoient examiner le livre, en tirer les propositions censurables, et puis dire leur avis en présence de la Congrégation des cardinaux et du Pape, selon la coutume du saint Office.

Les agens de cet archevêque parurent en même temps à Rome; et avant qu'on eût pu vaincre les chicanes qu'ils faisoient pour allonger, quelques mois se passèrent. Enfin au mois de décembre, on reprit les assemblées des qualificateurs, qu'on avoit interrompues. Ils commencèrent à se découvrir les uns aux autres leurs sentimens sur ce livre. La puissante cabale qui soutient M. de Cambray en fut avertie, et sut à la fin de décembre qu'il y avoit déjà plusieurs propositions de ce livre qualifiées d'erronées, d'hérétiques, etc., par le plus grand nombre de ces qualificateurs; et que de sept qualificateurs, il n'y en avoit que deux favorables à M. de Cambray, dont l'un étoit un jésuite espagnol, qui n'entend pas un mot de françois, et l'autre feuillant attaché aux Jésuites, et qui venant d'approuver le livre du cardinal Sfondrate, improuvé depuis ouvertement par M. de Paris et M. de Meaux, étoit manifestement déclaré contre ces prélats.

Dans cette conjoncture, les amis de M. de Cambray ne virent de salut pour lui qu'en embrouillant l'affaire, qu'en mettant le feu et la division parmi ces théologiens. Mais n'ayant pu gagner aucun des cinq contraires au livre, tous théologiens sans passion et d'un mérite distingué, ils trouvèrent le moyen de persuader à Sa Sainteté sur des prétextes spécieux de joindre aux premiers nommés trois nouveaux théologiens, dont ils s'étoient assurés. Cette adjonction faite, ils se virent dès là partagés, car ils furent désormais cinq contre cinq ; et le parti de M. de Cambray, par ce changement, devint à Rome comme en France plus insolent que jamais. Il est clair que c'est de là que sont nées les difficultés et les embarras qu'on a vus depuis dans cette affaire, qui sans cette adjonction malheureuse et injuste, auroit été terminée à l'honneur du saint Siége, à l'avantage de l'Eglise de France et à la satisfaction de Sa Majesté, avant le mois d'avril de cette année : il n'y auroit pas eu le moindre obstacle, pas le moindre scandale.

Sa Sainteté connut, mais un peu trop tard, le piége qu'on lui avoit tendu : elle fut obligée, pour contenir ces théologiens, dont les assemblées ne se passoient plus qu'en disputes, de nommer deux cardinaux du saint Office, le cardinal Ferrari et le cardinal Noris, pour régler les conférences des qualificateurs, leur prescrire les matières sur lesquelles ils auroient à parler, et être témoins de tout ce qui se passeroit.

Les conférences furent terminées à la fin d'avril : la division dura jusqu'au bout. Le Pape et la Congrégation ordonnèrent à ceux qui condamnoient le livre de M. de Cambray, d'en extraire les propositions qu'ils jugeoient répréhensibles. Ils en tirèrent trente-huit, sur lesquelles on les a entendus et on les entend encore parler les uns après les autres devant les cardinaux, dans la congrégation du lundi et du mercredi, et en présence de Sa Sainteté le jeudi. On a cru pendant quelque temps, que cela dureroit une éternité par les chicanes et les longueurs affectées de ceux qui favorisent M. de Cambray. Mais Sa Sainteté et MM. les cardinaux ont eu la bonté, pour abréger, d'approuver un projet que je leur ai présenté : en sorte que je ne doute pas que ce rapport des qualificateurs ne finisse bientôt, c'est-à-dire à la fin du mois de septembre où nous allons entrer. Les vœux resteront toujours partagés. Les rapports terminés, c'est à la Congrégation à voir comment elle veut procéder et ce qu'elle veut faire.

Ce que je puis vous dire en général de la disposition des cardinaux, c'est qu'il n'y en a pas un seul qui n'improuve le livre de M. de Cambray, et qui ne soit prêt à le condamner ; le Pape, plus qu'un autre. Mais il est question d'une censure plus ou moins forte : c'est là à présent le point de la difficulté. Les protecteurs de M. de Cambray font sous main tous leurs efforts pour obtenir qu'on se contente d'une prohibition générale du livre, sans condamner la doctrine en particulier. Mais ceux qui aiment la vérité, l'honneur du saint Siége, celui de la religion, et qui savent les intentions de Sa Majesté, qui souhaite que l'on décide sur le fond de la doctrine pour mettre dans son royaume une véritable paix ; ceux-là, dis-je, pensent bien d'une autre façon, et croient une décision sur la doctrine absolument nécessaire, principalement après un examen aussi solennel dans une matière aussi agitée, aussi éclaircie que celle en question l'est à présent, tant sur le fait que sur le droit. Ils se confirment dans cette opinion, quand ils considèrent que M. de Cambray lui-même a demandé expressément une pareille décision, que les évêques de France et le roi se réunissent pour la procurer. Et rien ne les touche davantage que la vue des suites que peut avoir le jugement qui sera rendu, parce qu'ils sont persuadés que si l'Eglise romaine prononce une censure vigoureuse, le quiétisme est renversé jusque dans ses fondemens ; et qu'au contraire, si elle mollit, l'erreur n'attendra qu'un temps favorable pour se relever.

On ne peut imaginer les efforts qu'on fait pour embarrasser l'esprit du Pape et arrêter les cardinaux ; rien n'est oublié. J'ose néanmoins vous assurer qu'on a lieu d'espérer un heureux succès ; mais pour y parvenir, il est essentiel de ne point précipiter la conclusion. Il est vrai qu'il ne faut point perdre de temps ; et c'est ce que je prends la liberté de représenter continuellement à Sa Sainteté et à MM. les cardinaux, en leur observant toutefois qu'il convient, en travaillant à avancer, de traiter les différens points avec toute la maturité nécessaire, pour former une décision telle qu'on peut la désirer et qu'on a droit de l'attendre.

Les amis de M. de Cambray, qui agissent dans un tout autre esprit que celui qui devroit les animer et qui dirige les démarches de Sa Majesté dans cette affaire, bien éloignés de vouloir procurer tous les éclaircissemens nécessaires à un bon jugement, comme ils voient à présent qu'ils ne peuvent sauver le livre de ce prélat, ils cherchent à précipiter la conclusion de cette affaire, afin d'empêcher qu'on ne discute les objets et qu'on ne prononce clairement sur les contestations. C'est, je l'avoue, le seul parti qu'il me semble qu'on ait aujourd'hui à craindre : aussi fais-je tous mes efforts pour l'empêcher. Je puis vous dire que Sa Sainteté, dans la dernière audience qu'elle m'a donnée, me promit tout ce que je désirois. Mais je ne laisse pas de beaucoup appréhender des intrigues de la puissante cabale qui protége M. de Cambray.

Permettez-moi donc, Monsieur, de vous dire que je ne doute pas que votre présence n'assurât ici une prompte victoire à la vérité. Je puis vous certifier que votre nomination seule a déjà produit son effet; et vous connoissez trop bien ce pays-ci et MM. les cardinaux, pour ne pas comprendre qu'ils seront ravis de se faire un mérite auprès de vous d'une détermination qui satisfera en même temps leur honneur et leur conscience.

Cette considération, jointe aux autres raisons qui font désirer à tout le monde de vous voir ici bientôt, me porte à souhaiter plus que personne votre arrivée. Je serois ravi que vous eussiez la gloire de contribuer à faire terminer honorablement pour le royaume une affaire de cette importance; et la France vous en auroit, avec la religion, une obligation éternelle.

Pardonnez-moi encore une fois, Monsieur, la liberté que je prends. Je me suis cru obligé de vous instruire promptement de l'état de cette affaire, d'autant plus qu'on nous assure ici que vous allez incessamment prendre vos instructions, et que je suis persuadé que vous ne serez pas fâché d'entrer dans l'examen des faits avec une idée juste et exacte de tout ce qui les concerne.

Si vous souhaitez que je me donne l'honneur de vous écrire régulièrement sur ce qui se passera ici à ce sujet, j'aurai un plaisir sensible à vous obéir, et à vous marquer en cette occasion, comme en toute autre, avec quel respect je suis, etc.

LETTRE CCCXXXVII.

BOSSUET A M. DE NOAILLES, ARCHEVÊQUE DE PARIS.

A Germigny, ce 31 août 1698.

Voilà, mon cher Seigneur, la lettre de mon neveu, apportée par le valet de chambre de M. le marquis de Torci. Il me semble qu'elle est importante, et fait bien voir l'état des choses. Il faut engager M. le cardinal d'Estrées à écrire fortement au cardinal Carpegna. Faites, je vous prie, réflexion sur les circonstances de la lettre de mon neveu, et prenez la peine de m'en dire votre sentiment. Il est vrai qu'une simple prohibition, après un si grand fracas, seroit honteuse au saint Siége et d'ailleurs un remède peu proportionné à la grandeur du mal : le *respective* les tirera d'embarras, et cependant il aura l'effet de proscrire les propositions.

Je vois qu'on attend que je fasse quelque réponse; j'y travaille. Il me semble, mon cher Seigneur, que vous ne pouvez en refuser une à la réponse latine que M. de Cambray vous a faite. Quelque mine qu'on fasse de vous vouloir ménager, il n'y a rien de sincère. Ils ne veulent que nous désunir, parce que notre union les confond. Vous connoissez mon respect.

† J. Bénigne, év. de Meaux.

LETTRE CCCXXXVIII.

BOSSUET A SON NEVEU.

A Germigny, ce 31 août 1698.

Je reçus hier, avant que de partir pour Meaux, votre lettre du 19, par les mains du valet de chambre de M. le marquis de Torci, qui avoit ordre d'aller rendre quelques paquets à M. de Paris. J'envoie à ce prélat un ample extrait de votre lettre. J'ai reçu aussi la lettre qui est venue par le courrier. Votre lettre est très importante : j'en ferai usage le plus tôt qu'il sera possible.

Je ne m'étonne pas des ménagemens qu'on a pour M. de Paris. Tout l'effort de la cabale va maintenant contre moi, parce que l'on sait que je suis inexorable quand il s'agit de la religion, et qu'on ne m'en imposera pas sur la doctrine.

J'attends avec impatience quel effet la nomination de M. le prince de Monaco pour ambassadeur à Rome y produira. Ici elle marque beaucoup, et l'on ne croit pas que M. le cardinal de Bouillon soit bien à la Cour.

J'ai vu Madame de Lanti une seule fois. Elle me témoigna être tout à fait de vos amies. Je ne pus lui parler en particulier; mais je sais qu'elle a bien parlé sur votre compte aux personnes les plus intimes. Elle est fort mal, et tout le monde la plaint : elle croit être mieux.

Vous avez bien répondu au secrétaire d'ambassade de M. le cardinal de Bouillon. Le zèle du roi s'anime plutôt qu'il ne se ralentit.

On ne songe nullement à accommoder l'affaire de M. de Cambray ; mais ses amis étourdis de l'effet de la *Relation*, font semblant de le vouloir abandonner.

Le jésuite italien dont vous me parlez, est tel que vous le peignez.

Selon toutes les apparences, M. le cardinal de Bouillon aura peu de crédit dans le conclave; et le cardinal Carpegna se rassurera, quand il verra M. l'ambassadeur.

Je vois dans toutes les lettres du P. Estiennot, qu'il en revient toujours à une condamnation *ut jacet*, qui est très-mauvaise : on donneroit lieu à mille détours sur l'explication, ce qui seroit pire que le premier mal.

On croit ici qu'il faut répondre quelque chose à M. de Cambray. J'y ai travaillé, quoique tous les gens sensés voient bien qu'il ne fait qu'éluder, et se rendre plus odieux par ses artifices et ses déguisemens.

On garde votre courrier pour porter la traduction italienne de ma *Relation*, faite par l'abbé Régnier. J'enverrai ma réponse au nouvel écrit de M. de Cambray contre cette *Relation*, par un extraordinaire : j'y joindrai un petit écrit sur les actes *imperati à charitate* (a).

Votre conversation avec le cardinal Noris me fait grand plaisir. Puisqu'il a bien voulu que vous m'en écrivissiez, dites-lui que l'espérance de la bonne cause est toute en son savoir et en son courage, qui a paru avec tant d'éclat dans ses livres précédens ; que cette affaire mettra le comble à sa gloire. Sans doute qu'il ne croira pas tout ce qu'on dit contre moi. Nul autre motif ne me fait agir, que celui d'empêcher que les vaines dévotions ne prévalent contre l'ancienne piété enseignée par saint Augustin et par saint Thomas.

Le détour des actes commandés par la charité est un pur plâtrage, qui ne s'accommode nullement avec le dénouement d'amour naturel. M. de Cambray n'a non plus parlé de l'un que de l'autre dans son livre des *Maximes*. Le quatrième amour cet avantage, aussi bien que le cinquième : *Omnia in charitate fiant; omnia propter gloriam Domini nostri Jesu Christi*. Soit qu'on regarde l'amour comme précepte avec l'école de saint Thomas, ou comme conseil avec l'école relâchée, il s'étend à tous les états, et ne se borne pas au seul état passif, où l'on avoue que tout le monde n'est pas appelé. Enfin on n'explique pas pourquoi la charité commanderoit l'espérance, qui, selon le nouveau système, ne lui sert de rien et ne la peut augmenter.

Je suis très-aise d'avoir la traduction latine du livre de M. de Cambray : j'en ai dit dans la *Relation* ce que j'en ai su par les mémoires de M. Phelippeaux, et M. de Cambray y répond très-mal.

Le P. Alexandre n'a point fait de réponse sur la proposition de la pure concupiscence qui sert de préparation à la justice, quoiqu'elle soit sacrilége. Je n'ai rien non plus à dire là-dessus que ce que j'en ai dit dans ma *Préface sur l'Instruction pastorale de M. de Cambray*, n° 47 (b). M. Phelippeaux a très-bien marqué dans un de ses écrits et dans la qualification de cette proposition, qu'elle égale un acte sacrilége à la crainte *ex impulsu Spiritûs sancti*, qui ne fait que *removere prohibens*. On ne peut résister à

(a) Se trouve vol. XIX, p. 772. — (b) Vol. XIX, p. 214.

ses raisons, ni s'empêcher de mettre cette proposition avec les autres censurables.

LETTRE CCCXXXIX.

M. LE TELLIER, ARCHEVÊQUE DE REIMS, A L'ABBÉ BOSSUET.

Reims, le lundi matin 1ᵉʳ septembre 1698.

J'ai lu et relu la *Réponse de M. de Cambray à la Relation* de M. de Meaux *sur le quiétisme* : il s'y défend pitoyablement sur les faits allégués contre lui par M. votre oncle. Il n'en nie qu'un, qui est celui d'un religieux de distinction. Ce religieux dont M. de Meaux a voulu parler est le P. de la Chaise, qui m'a conté à moi-même ce fait, et qui l'a dit depuis la publication de la *Relation*, à qui l'a voulu entendre (a). M. de Cambray débite dans cette pièce sa mauvaise marchandise avec esprit. Il seroit à souhaiter qu'il employât mieux celui que Dieu lui a donné ; qu'il ne s'en servît pas, comme il fait, contre l'Eglise et la vérité ; et qu'il fût plus humble et plus détaché de Madame Guyon qu'il ne le paroît par ce dernier écrit. Je n'ai pas encore vu la réponse latine de M. de Cambray à l'archevêque de Paris. Je vous conjure de m'en envoyer par la poste un exemplaire. Je suis toujours entièrement à vous.

(a) Voici de quelle manière Bossuet rapporte ce fait : « Tout le monde étoit étonné de l'inflexible refus de M. de Cambray pendant six semaines : nous en avons des témoins qu'on ne dément pas, et on s'empressoit à l'envi de nous faire conférer ensemble. Je ne refusois aucune condition. Un religieux de distinction, touché, comme tout le monde, de ce désir charitable de rallier des évêques, tira parole de moi pour lier une conférence où il seroit. S'il n'avoit dit qu'à moi seul la réponse qu'il me rapporta, il faudroit peut-être la lui laisser raconter à lui-même : ce fut en un mot, que M. de Cambray ne vouloit pas qu'on pût dire qu'il changeât rien par l'avis de M. de Meaux. » (*Relat.*, sect. VIII, n° 5 ; vol. XX, p. 159.)

Dans sa *Réponse à la Relation*, M. de Cambray se contenta de dire, p. 135 : « Pour l'histoire d'un religieux de distinction, qui a déclaré que je ne voulois pas qu'on pût dire que je changeasse par l'avis de M. de Meaux, elle m'est absolument inconnue : je ne sais ni qui est ce religieux, ni à quel propos il peut avoir parlé ainsi. »

M. de Cambray ne s'arrêta pas en si beau chemin ; dans sa *Réponse aux Remarques* de Bossuet, p. 93, il nia formellement le propos rapporté par un *religieux de distinction*, c'est-à-dire par le Père de la Chaise, son protecteur et son ami.

LETTRE CCCXL.

L'ABBÉ BOSSUET A SON ONCLE.

Rome, ce 2 septembre 1698.

J'ai reçu en même temps, quoique par différentes voies, vos lettres de Germigny du 10 août, et de Jouarre du 13. On n'a pu m'envoyer que quatre autres feuilles du *Quietismus redivivus*, dans une petite boîte où il y en avoit dix exemplaires : apparemment la dernière feuille n'étoit pas achevée.

Selon mon compte on doit recevoir demain, par l'ordinaire, nouvelle du courrier que j'ai dépêché, dont je n'ai rien appris d'aucun endroit, mais j'espère qu'il ne lui sera arrivé aucun accident. Il se pourroit faire que vous jugeriez à propos de le renvoyer avec des exemplaires du *Quietismus* et des autres livres, notamment de la *Relation* italienne. On a su ici depuis quinze jours, et je ne m'en suis pas caché, que je vous avois envoyé copie de la réponse de M. de Cambray ; mais on ne sait pas le départ du courrier extraordinaire.

M. de Chanterac reçut le 27 du mois passé, par un courrier extraordinaire venu en droiture de Cambray, une nouvelle édition de sa *Réponse* à votre *Relation du quiétisme*. Une heure après, il en porta un exemplaire à M. le cardinal de Bouillon, et le lendemain il la distribua dans Rome. Je vous en envoie un exemplaire à tout hasard ; c'est celui de M. de la Trémouille. Il a assuré que M. de Cambray en avoit envoyé mille à Paris. Cela a fait que je ne vous l'ai pas envoyée par un courrier exprès ; d'autant plus que, hors le démenti sur les circonstances de son sacre (*a*), vous avez deviné toutes ses défenses ou plutôt toutes ses impostures sur tous les autres points, en voyant l'écrit contre M. de Paris. Vous avez bien deviné ou plutôt vous étiez bien instruit, quand vous m'avez écrit qu'il faisoit une autre édition de

---

(*a*) Voyez *Relation sur le quiétisme*, sect. III, n. 14 ; dans cette édition, vol. **XX**, p. 110 ; et *Remarques sur la Réponse à la Relation*, art. VII, § 10 ; vol. **XX**, p. 242.

sa *Réponse* à votre *Relation*, dans laquelle il inséroit une partie de ce qu'il avoit dit contre M. de Paris dans son écrit latin.

Nous n'avons besoin d'être éclaircis ici que sur les soumissions de Madame Guyon, qu'il dit avoir été dictées par vous et par M. de Paris : et vous l'avez fait, ne voulant en aucune façon juger de ses intentions ni de ses mœurs, mais seulement mettre en sûreté la saine doctrine contre les erreurs des méchans livres de cette femme. Les protestations que M. de Cambray fait, de n'avoir jamais lu ses manuscrits *des Torrens* et *sa Vie par elle-même*, retombent sur lui, de son propre aveu. Car outre qu'il est contre toute vraisemblance qu'il vous les ait fait mettre entre les mains sans les avoir examinés, il demeure d'accord que vous lui avez rapporté les folles visions qu'ils contenoient. Après cela, ou il vous a cru, et alors c'est comme s'il avoit lu lui-même ces visions; ou s'il ne vous a pas cru, il n'est pas possible qu'il n'ait voulu voir les écrits pour vous montrer que vous vous trompiez par un effet de votre prévention. Ce raisonnement me paroît une démonstration. Il seroit bon aussi d'éclaircir un peu ce qui concerne les lettres de M. de Genève et de M. de Grenoble. Notre homme a retranché ce qui regarde le dernier, parce qu'il est vivant.

M. le cardinal de Bouillon a publié ici que vous aviez dit que vous écraseriez M. de Cambray, s'il osoit nier les faits que vous avancez. Dans le cas où vous jugeriez à propos de répondre, vous le devez faire avec plus de modération que jamais, mais avec autorité. Si vous répondiez sous le nom d'un ami, il vous seroit plus libre de rapporter ce que vous jugerez à propos de découvrir. Au reste l'article de la confession qu'il prétend vous avoir faite (a), est de conséquence. Car que ne donne-t-il pas à entendre par ce qu'il en dit? J'ai fait remarquer ici l'adresse de Madame Guyon et de M. de Cambray, qui avoient eu dessein de vous fermer la bouche sur leur chapitre en voulant vous faire recevoir leur confession.

Il seroit bon de faire parler M. Tronson, sur lequel seul M. de Cambray s'appuie à présent.

(a) Voir *Rem. sur la Rép. à la Relat.*, concl., § 1, n. 4 et suiv.; vol. XX, p. 297.

Il me semble que vous n'avez pas assez insisté sur le déni que M. de Cambray fait d'avoir lu votre livre ; ce qui est impossible, puisqu'il en a extrait ce qu'il en rapporte dans son *Mémoire* à Madame de Maintenon. Mais il étoit absolument nécessaire qu'il tînt ce langage pour ne pas se contredire, quand il dit à présent que vous ruinez la charité, et qu'alors il assuroit qu'il n'y avoit pas à craindre qu'il vous contredît sur rien, et que sa doctrine étoit conforme à la vôtre. On peut bien faire valoir cette contradiction manifeste. Car quand il n'auroit pas lu votre livre, ce qu'il ne pouvoit manquer de faire, il savoit à fond vos sentimens sur la charité, et il savoit qu'il vous contrediroit sûrement là-dessus, aussi bien que sur la définition de la passiveté, qui sont les deux points essentiels de son système.

On peut remarquer que quand M. de Cambray a écrit son *Mémoire* à Madame de Maintenon, pour s'excuser de ne pas approuver votre livre sous prétexte qu'il ne pouvoit condamner Madame Guyon, dont il connoissoit la droiture des intentions, cette femme s'étoit enfuie de Meaux, avoit été mise à la Bastille, et avoit assez montré ses malheureuses dispositions.

Je vais voir Messieurs les cardinaux les uns après les autres, et leur montrer les faussetés manifestes de M. de Cambray : il ne faut pas moins pour empêcher l'effet des artifices et des insinuations de nos adversaires, qui ne s'oublient pas et qui sont les mêmes.

Je fus averti, il y a quelques jours, que M. le cardinal de Bouillon avoit extrêmement pressé le Pape, dans son audience du 28 du passé, pour conclure et donner une décision prompte, aussitôt que le rapport des qualificateurs seroit fini ; et que Sa Sainteté lui avoit répondu : Mais, M. le cardinal, afin que la décision soit bonne et telle qui convient, il ne faut rien précipiter : l'abbé Bossuet est venu ces jours passés, me parler dans ce sens. Je sais de plus que M. le cardinal de Bouillon avoit avancé que j'avois dit au Pape qu'il ne falloit pas finir sitôt, par où il vouloit faire entrevoir que c'étoit moi qui retardois. Je l'ai donc vu ce matin, et j'ai eu une longue conférence avec lui. Je lui ai rendu compte de tout ce que j'avois fait, et des raisons que j'avois eues pour agir ainsi. Il n'a pu me désapprouver, et m'a avoué que pour avoir une décision sur la doctrine et faire qualifier les propositions, il falloit plus de temps qu'on ne se l'imaginoit en France ; que MM. les cardinaux ne pourroient avoir entre leurs mains les vœux des qualificateurs qu'à la fin de septembre, ce que je savois fort bien ; que les cardinaux auroient ensuite besoin de quelque temps pour former leur vœu. Je lui ai rendu compte de toute l'audience que j'avois eue de Sa Sainteté. Il m'a rapporté ce que le Pape lui avoit dit de moi, et que le cardinal Spada le lui avoit expliqué comme je le faisois moi-même ; c'est-à-dire que je demandois qu'on ne précipitât point, mais cependant qu'on ne perdît pas un instant pour accélérer la décision.

M. le cardinal de Bouillon m'a dit que sur les pressantes lettres de Sa Majesté, il avoit été obligé de parler comme il avoit fait au Pape et de le presser extrêmement, parce qu'on le pressoit lui-même. Je lui ai répondu que tout cela s'accordoit parfaitement bien, et qu'il ne pouvoit jamais manquer, en demandant toujours qu'on ne perdît point de temps, et une prompte décision, pourvu qu'elle fût bonne, précise, honorable au saint Siége et utile à la France. Je lui ai répété là-dessus toutes les raisons que je vous ai déjà écrites. Il m'a prié, je ne sais pourquoi, de mettre par écrit le précis de ce que j'avois dit au Pape, afin qu'il le pût envoyer dans son paquet à Sa Majesté, pour ne rien ajouter ni diminuer au compte qu'il vouloit lui en rendre (a), ce que j'ai

(a) Effectivement le cardinal de Bouillon s'empressa d'envoyer à la Cour de France le rapport de l'abbé Bossuet, mais dans le dessein de faire retomber sur cet abbé la cause des lenteurs qu'il avoit suscitées lui-même ; voir la *Relation* de l'abbé Phelippeaux, part. II, p. 134. Au reste, ce rapport le voici.

Mémoire que M. le cardinal de Bouillon a souhaité que M. l'abbé Bossuet lui donnât signé de lui, sur les représentations et les demandes qu'il avoit faites au Pape.

Je fus instruit qu'on vouloit profiter des instances que fait Sa Majesté auprès du Pape, pour terminer promptement l'affaire du livre de M. de Cambray ; et qu'on se servoit des menaces qu'on supposoit que les évèques faisoient, en cas que Rome ne finît pas promptement, afin d'arracher du saint Siége ou une simple prohibition du livre de M. de Cambray, ou quelque décision ambiguë, qui n'entrât point dans le fond de la doctrine du livre, et qui la laissât sans censure et sans flétrissure. Frappé de ce danger, j'ai cru être obligé d'aller aux pieds de Sa Sainteté, comme je l'ai fait il y a quelques jours, pour lui représenter toutes les raisons qui doivent l'engager à donner une décision la

fait de manière que vous verrez dans la copie que je vous envoie de ce Mémoire, qui contient la pure vérité. Il a ajouté que si je l'assurois que les vues que je proposois fussent celles des évêques, il croiroit aisément qu'elles seroient aussi celles de Sa Majesté. Je lui ai dit là-dessus que jamais je ne parlois au nom du roi, ni au Pape, ni aux cardinaux, mais bien au nom des évêques; que cela faisoit à présent, Dieu merci, le même effet, parce qu'on ne pouvoit ignorer que les évêques n'agissoient dans cette affaire que conformément aux intentions de Sa Majesté; qu'au reste je pouvois l'assurer que je ne parlois jamais de moi-même. Il m'a paru approuver fort ma conduite sur tout cela. Comme je ne sais point user de finesse, je lui expose très-franchement ce que je pense, et il est obligé d'approuver ce que je lui dis.

Il m'a observé là-dessus que c'étoit la coutume des cardinaux de prendre leurs vacances pendant le mois d'octobre, et que par cette raison il n'y avoit jamais dans ce mois d'assemblées du saint

plus prompte qu'il soit possible, mais en même temps la plus précise et la plus honorable pour le saint Siège; qui puisse donner la paix, non-seulement à la France, mais à toute la chrétienté, en portant le dernier coup à une secte toujours renaissante, en sorte qu'il n'y ait plus rien à désirer, ni à faire en France pour l'exterminer tout à fait. Je déclarai à Sa Sainteté que l'intention des évêques n'étoit point de lui prescrire à cet égard aucun terme, ni de la menacer, comme je sais que leurs ennemis le lui avoient voulu faire entendre, que ce terme passé on décideroit en France sur les points contestés. Mais je l'assurai qu'ils ne pensoient qu'à la supplier très-humblement de faire finir le plus promptement qu'il seroit possible le rapport des qualificateurs, dont la division, que la cabale qui protége M. de Cambray, y avoit mise, étoit devenue un scandale pour la chrétienté. J'ajoutai que ces évêques ne pouvoient s'empêcher de faire des vœux pour une prompte décision, mais toutefois qui n'eût rien de précipité, parce qu'elle ne pourroit être bonne et digne du saint Siége dans les circonstances présentes, si elle n'étoit faite avec maturité et ne touchoit la doctrine du livre. Après cela je conclus que c'étoit à Sa Sainteté et à MM. les cardinaux à voir les moyens qu'il convenoit de prendre, pour parvenir à un effet si désiré le plus tôt qu'il seroit possible, et sans perdre de temps. Je finis en déclarant au Pape que les évêques de France étoient bien éloignés de vouloir lui prescrire la manière dont il devoit exécuter un dessein si important; mais que ne doutant pas de son zèle pour subvenir aux nécessités pressantes de l'Eglise, et de son désir de répondre aux instances réitérées de Sa Majesté, ils étoient persuadés qu'il prendroit les mesures les plus sages et en même temps les plus efficaces pour finir promptement cette affaire, et d'une façon qui fût aussi avantageuse à la France qu'honorable pour le saint Siége.

Le Pape me parut content de ces assurances, et me dit qu'il étoit bien aise que les évêques restassent *capaci*, voilà son terme; et que son intention étoit d'entrer dans le fond de la doctrine. La plupart de MM. les cardinaux me paroissent à présent dans les mêmes dispositions.

Office le jeudi devant le Pape, quoique le mercredi il n'y eût point d'interruption pour les cardinaux qui restoient à Rome. Il a ajouté qu'on pouvoit laisser les cardinaux passer ce temps en villégiature, qu'ils en profiteroient pour étudier la matière et rédiger leur vœu.

Je lui ai répondu que le bien pressant de la chrétienté devoit être préféré aux plaisirs de MM. les cardinaux; qu'ainsi ce prétexte de villégiature ne devoit point, ce me semble, retarder les opérations nécessaires pour terminer promptement une affaire de cette importance, qui traînoit depuis si longtemps; qu'à la vérité si ce sursis n'apportoit aucun retard à la décision, et que MM. les cardinaux effectivement en eussent besoin pour former leur vœu, il importoit peu qu'ils le fissent à la campagne ou à Rome, et qu'il n'y avoit rien à dire; mais qu'au moins en ce cas il falloit, le rapport des examinateurs étant fini, que les cardinaux missent tout en ordre, de manière que le mois d'octobre ne fût pas perdu, et qu'incontinent après la Toussaint ils n'eussent qu'à voter devant Sa Sainteté et conclure cette affaire. Il m'a répliqué qu'il étoit bien aise de savoir là-dessus mon sentiment.

Sur ce que j'ai appris à n'en point douter, que le cardinal de Bouillon faisoit tous ses efforts pour retarder l'arrivée à Rome de M. de Monaco, ou afin de terminer l'affaire de M. de Cambray un peu plus à sa mode, ou parce que jugeant la mort du Pape prochaine, il voudroit être maître de lui donner un successeur selon ses vues, j'ai cru dans ces circonstances qu'il étoit à propos d'informer M. de Monaco de l'état véritable de l'affaire de M. de Cambray, en lui en donnant une idée juste, sans rien dire sur le cardinal de Bouillon, comme vous le verrez par la copie que je vous envoie. Vous la montrerez à Madame de Maintenon, si vous le jugez à propos. M. de Monaco ne peut, ce me semble, que me savoir bon gré de m'être expliqué franchement avec lui.

J'avoue que la seule chose que je craigne qui puisse empêcher le succès de nos démarches pour obtenir une bonne décision, c'est que la mort du Pape n'arrive avant qu'elle soit faite. Mais la prudence chrétienne ne veut pas, je pense, que par l'appréhension de la mort d'un homme qui ne se porte point mal, on précipite une décision de cette importance et qui doit abattre pour toujours l'erreur, au hasard d'en avoir une mauvaise ou insuffisante, qui dans l'état des choses auroit le même effet selon moi.

Encore un coup, le pis qui puisse arriver est qu'on essuie les délais d'un conclave, c'est-à-dire de deux ou trois mois; après quoi il est certain que la décision sera telle que la France le voudra, tous MM. les cardinaux françois se trouvant alors à Rome : ainsi d'un mal on en tireroit un bien. Je parle du pis qui puisse arriver, et qui n'arrivera pas s'il plaît à Dieu.

J'ai vu le cardinal Nerli, qui m'a paru un peu revenu : il m'a parlé assez bien, et il a compris mes raisons pour entrer dans le fond de la doctrine. Le cardinal Noris a évité de me faire connoître ce qu'il pouvoit penser ; mais il n'éludera pas ainsi une autre fois.

On finit hier de voter sur la vingt-huitième proposition; et les examinateurs décidés pour nous, doivent voter à la première congrégation sur les dix dernières à la fois. Par là il sera vrai à la lettre, comme je vous l'ai marqué, que les qualificateurs auront terminé leur rapport à la mi-septembre.

Les Jésuites sont aussi insolens que jamais. Le cardinal de Bouillon est un peu plus doux et modeste, parce qu'il est humilié. Il faut toujours continuer à demander une bonne décision, et presser sans cesse pour que l'on ne se ralentisse pas.

Le cardinal Casanate fut un peu incommodé hier, mais il se porte bien aujourd'hui. C'est en vérité un digne homme, le seul sur qui on puisse compter. Sûrement ce seroit un excellent Pape en toutes manières; malheureusement on ne le connoît pas. Ne cessez, je vous prie, d'en dire du bien, cela peut faire beaucoup dans l'occasion. Il a un amour extrême pour l'Eglise et la bonne doctrine et une estime infinie pour le roi et pour la France.

On fait courir ici bien des bruits contre M. de Monaco : la plupart viennent du cardinal de Bouillon, qui enrage dans le fond.

Ayez la bonté de me mander comment il convient que je traite M. de Monaco, soit par lettre, soit en lui parlant. Je ne sais s'il voudra qu'on le qualifie d'*Altesse* : cela ne laisseroit pas d'être embarrassant. Je lui ai écrit *Monseigneur* avec un *vous*, dans l'incertitude où j'étois. Il feroit bien de se contenter de la qualité d'*Excellence*.

LETTRE CCCXLI.

BOSSUET A SON NEVEU.

A Compiègne, 7 septembre 1698.

Le dernier ordinaire ne m'apporte point de vos nouvelles : j'en conclus qu'il n'y a rien de nouveau. Toutes les lettres que je vois de Rome marquent qu'on s'y attend à une qualification. Il est à propos qu'on évite dans la bulle le terme de *motu proprio*, dont nous ne nous accommodons point en France.

Je ne suis ici que d'avant-hier, et je n'ai pu encore parler de rien. M. le nonce n'est pas ici à cause du *pour* (a), qu'il a prétendu avec tous les autres ambassadeurs, qui se sont aussi absentés pour la même raison. La vérité est qu'on ne l'a jamais donné qu'aux princes tant du sang qu'étrangers, et aux cardinaux. Il est arrivé une fois que M. le nonce logeant avec M. le cardinal d'Estrées, on a mis : *Pour M. le cardinal d'Estrées et M. le nonce ;* ce qui a donné occasion à M. le nonce de croire que le *pour* lui étoit dû, mais sans fondement, parce que si dans cette occasion on avoit voulu donner le *pour* au nonce, il eût fallu le mettre double de cette manière : Pour *M. le cardinal d'Estrées*, en ajoutant pour *M. le nonce*. Cela n'est rien, et on cherche des expédiens pour faire que M. le nonce puisse venir. C'est l'ambassadeur de Savoie qui a élevé le premier la difficulté.

J'espère que vous aurez par cet ordinaire la version italienne de ma *Relation*.

(a) Voici le sujet de cette querelle. Lorsque le roi va dans quelques-unes de ses maisons, l'usage est de marquer les appartemens de ceux qui sont du voyage, de cette manière : *Pour M. le Dauphin, pour M. le duc d'Orléans ;* mais le mot *pour* ne se met qu'aux appartemens des princes et des cardinaux. Ceux des autres sont seulement marqués de leurs noms, comme *M. le duc de Noailles, M. l'ambassadeur d'Espagne*, etc. Le mécontentement du nonce et des ambassadeurs sur le refus du *pour*, montre à quelles bagatelles les hommes s'attachent, et de combien de minuties des personnages graves s'occupent sérieusement. (*Les premiers édit.*)

La *Réponse de M. de Cambray* à cette *Relation* tombe pour le fond; et il s'acquiert seulement la réputation de bien et éloquemment pallier une cause visiblement mauvaise. On y voit autant de déguisement que de négligence; car ses répétitions sont insupportables. Du reste le langage coule. Ma *Réponse*, qui est jugée ici très-nécessaire pour mettre au jour une bonne fois le mauvais et dangereux caractère de l'esprit de M. de Cambray, suivra de près, s'il plaît à Dieu.

Le roi est étonné de la hardiesse à mentir de ce prélat sur des choses dont, pour la plupart, Sa Majesté elle-même est témoin. Il s'étonne surtout que M. de Cambray ose dire qu'il a écrit par ordre. Le roi le lui avoit seulement permis de la plus simple permission : il avoit vu la lettre de ce prélat, mais sans y prendre aucune part, ni y donner aucune approbation quelle qu'elle fût. Vous pouvez le dire positivement, et le roi même le dit. Il n'est pas moins étonné que M. de Cambray ait pu révoquer en doute ce que j'ai dit sur la première nouvelle portée à Sa Majesté du soulèvement contre son livre. Elle sait bien que je ne lui dis pas un seul mot sur tout cela que trois semaines après la publication et le soulèvement général. Le roi a dit hautement que je n'avois rien avancé que de vrai et de sa connoissance particulière.

Vous recevrez bientôt une réponse très-courte et très-décisive *De actibus à charitate imperatis* (a). On imprime actuellement cet écrit. Vous vous souvenez de celui qui vous dit, qu'il ne savoit point de réponse à l'explication que M. de Cambray et ses partisans donnoient à l'amour du cinquième état (b) : c'est n'avoir guère compris la matière. Il y a bien d'autres faussetés que je ferai voir aussi clair que le jour. Il n'est plus ici question de rien éclaircir par rapport à Rome, mais de faire connoître M. de Cambray, afin qu'il ne puisse plus en imposer aux simples par des discours où il n'y a que déguisement et qu'artifice.

J'ai vu plusieurs fois le P. de la Rue, qui ne m'a pas dit un mot sur l'affaire de M. de Cambray (c).

(a) Vol. XIX, p. 772. — (b) Celui qui dit cela, c'est le cardinal Ferrari; voir la lettre datée du 19 août 1698, de l'abbé Bossuet, plus haut, p. 542. — (c) Après la condamnation, ce jésuite prêcha souvent contre la nouvelle spiritualité.

EPISTOLA CCCXLII.

D. CAMPIONUS AD EPISCOPUM MELDENSEM.

Romæ, septembris 1698.

Jàm non propter aliorum loquelam credo benignitatis uberrimum fontem in Benigno; sed quia ego audivi, ego vidi in benignissimâ, quam mihi illustrissima vestra Dominatio direxit, epistolâ. Totum sanè illustrissimæ vestræ Dominationis animum occupavit Spiritus ille puri castique amoris, cujus causam agunt vestræ elucubrationes; quandoquidem ipsæ familiares litteræ spirant quàm maximè nobilissimum ejusdem Spiritûs fructum, benignitatem. Illud vestræ illustrissimæ Dominationis erit, prædictum Spiritum non concludere sub angustis terminis ejus quem tanto honore dignamini. Equidem naturis rerum se accommodat Spiritus, qui Deus est, ubi eas operi præmovet. Sed et est aliquandò ut earum tarditatem socordiamque præveniat juxta gratiam suam, quæ nescit tarda molimina; fitque, cujus cor eructat verbum bonum, calamus velociter scribentis.

Quotidiè major in Italiâ necessitas urget evulgandi contra falsas orationes antidotum, quod unicè hucusque reperio propinatum in libris vestræ illustrissimæ Dominationis *de Statibus orationis*. Ut malo serpenti possit mederi verbum bonum, quod à vobis acceptum eructare disposui de licentiâ vestræ illustrissimæ Dominationis; vestrum sit meam tarditatem prævertere abundantiâ vestri spiritûs, ut velociter scribam quæ purioribus animabus communicatæ à Specioso præ filiis hominum diffusæ sunt gratiæ è labiis vestris. Et verò non me reliquit adeò segnem, ut profiteri non debeam, totis jam decem libris translatis, versari nunc in vertendis *additionibus*, quas ad calcem tractatûs in secundâ editione duxit inserendas illustrissima vestra Dominatio.

Quoniam verò de *additionibus* sermo contigit, erunt forté qui satiùs habeant ut suis locis reponantur; mihique ab initio sententia hæc arridebat, petitâ priùs vestræ Dominationi illustrissimæ veniâ. Cæterùm agnovi quod ut iisdem necterentur, necessarius esset aliquis circuitus novarum periodorum, quas de meo addere scelus mihi ducerem; ne scilicet nobilis adamas vinctus prodeat circulo ferreo. Proptereà etiam in versione, quantùm potui, adhæsi litteræ; mihique liberum id unicè volui, ut aptarem stylo italico venustatem gallicam, ne scilicet asperior currens oratio, si ad verbum redderetur, lectorem retardaret. Vertam hâcce methodo *Præfationem*, et *Acta quietistarum* quantociùs, ut permittent occupationes complures ab aliquot Romanis Congregationibus mihi commissæ in dies, quarum expediendarum causâ fateor me hucusque pluries abrupisse filum versionis.

Illud in sinum vestræ Benignitatis refundere debeo, quòd non nemo conscius meæ translationis significavit utilissimum fore, si tractatui illustrissimæ vestræ Dominationis conjungerem *Litteram pastoralem* illustrissimi ac reverendissimi archiepiscopi Parisiensis de eodem argumento. Sed quî ego audeam, sine ejusdem archipræsulis veniâ, mittere meam falcem in messem illius, et sine vestrâ in unum manipulum colligare?

Quod ad meam dissertationem de necessitate amoris initialis ad sacramenta mortuorum, completa jàm fuit impressio: solùm restat conferre, juxta stylum Romanum, exemplaria typis edita cum originali scripto, ut permittantur evulgari. Celebris est illa quæstio, et à compluribus tractata; ut mihi verendum fuisset ne actum agerem. Nihilominùs notaveram scholasticos modernos multùm obstare necessitati, adeò ut in Decreto Alexandri VII fuerit insertum, communiorem in scholis esse opinionem, quæ negat prædictam necessitatem; et præoccupati scholastici ratiunculis, quas ad scholæ amussim non vident dissolutas, etiam hîc in Urbe, ubi aliàs frigescere incipiunt opiniones laxiores, non sibi satisfaciant juxta suam methodum. Operæ proptereà pretium existimavi illis abripere scholæ principes, sanctos Thomam, Bonaventuram, Albertum Magnum, Alexandrum Alensem virosque persimiles, quorum rationibus et principiis, ad evidentiam, meo videri, confirmavi necessitatem amoris initialis; quas verò è contra moderni ratiunculas urgent, scholasticâ methodo facillimè dissolvi.

Utinàm in eâ elucubrandâ potuissem sedere ad pedes vestræ

Dominationis illustrissimæ : profectò sperassem voce Pauli in illos tonare : *Qui non amat Dominum Jesum Christum, anathema sit.* Diebus hisce licebit facilè publici juris eam facere, et mittam eam vestræ illustrissimæ Dominationi per tabellarium sequentis hebdomadæ, ut vestrâ curâ educetur quæ vestro spiritu non potuit nasci. Quam sanè si exceperitis, dissolvetur vetus problema : Nùm plus educatione quàm nativitate conceptus proficiat? habebit enim, quod per me non habuit, per illustrissimam vestram Dominationem.

Quoniam autem semel cœpi, loquar ad Dominum meum pulvis et cinis : Quid est quod Dominus meus in Epistolâ scribit se sanctum Thomam habere ducem, quasi unus vos præeat Doctor angelicus; cùm Patrum omnium velut encyclopedia sint vestri libri, etiam mysticorum, quorum sensa perquiritis, et sanam doctrinam proponitis ? Sanè salebrosam orationis passivæ segetem nemo utiliùs, nemo salubriùs tractavit, adscitâ sæculorum omnium traditione, non unius tantùm Angelici doctrinâ, licèt angelicâ methodo.

Sed si gloriamini habere ducem Angelicum, gloria vestra sit Angelicum imitari. Vix fuisse crediderim, qui me operosiùs dissentiret à doctrinâ sancti Thomæ, præsertim in materiis de gratiâ et amore Dei, in quibus explicandis premit ille vestigia sancti Augustini, magistri gratiæ et prodigii amoris. At ille solis, quem gestat in pectore, radio evibrato, suæ cœlestis doctrinæ fecit discipulum et admiratorem. Radio vestræ Benignitatis percellar, illustrissime Domine, ut qui admiror vestram doctrinam et pietatem, utriusque possim calcare vestigia; et vivam exindè discipulus, qui vivo, illustrissimæ et reverendissimæ vestræ Dominationis humillimus, obsequentissimus et addictissimus famulus.

Franciscus-Maria Campionus,
Apostolicus in Urbe cleri examinator.

LETTRE CCCXLIII.

L'ABBÉ BOSSUET A SON ONCLE.

Rome, ce 9 septembre 1698.

J'ai reçu votre lettre du 17 août, de Meaux, par laquelle vous me marquez l'arrivée du courrier et la réception de tous nos paquets. J'espère apprendre bientôt les mesures que vous aurez prises, M. de Paris et vous, pour faire connoître, le plus tôt qu'il sera possible, les faussetés des derniers écrits de M. de Cambray contre vous deux. J'en relève ici les impostures fort aisément; car je trouve qu'il n'y a qu'à relire vos deux écrits pour répondre clairement à tout : mais il me semble qu'il donne encore par ces derniers écrits de grands avantages sur lui. Il faut absolument que vous fassiez quelque chose; mais il sera nécessaire de le traduire en même temps en italien, et imprimer l'un et l'autre en même temps : si cela pouvoit venir à la fin du mois prochain, ou au commencement de novembre, ce seroit à merveille. En ce cas il faudroit envoyer les exemplaires par un courrier extraordinaire. L'écrit doit être court et fort : il est en bonne main.

Les Jésuites triomphent de la *Réponse de M. de Cambray* à votre *Relation*. Ils répandent là-dessus, comme une vérité constante, que le roi est entièrement revenu pour M. de Cambray, qu'il a reconnu les emportemens des évêques, qu'il a rétabli les pensions de ce prélat; que c'est moi qui fais courir tous les faux bruits qui se débitent sur la disposition peu favorable du roi pour lui; enfin il n'y a rien de si faux qu'ils ne publient. Ils prétendent que tout ce que le roi a fait dans cette affaire, il l'a fait par force. Ils ont leurs fins dans tous ces mensonges qu'ils avancent; par là ils conservent plusieurs de leurs partisans. Ils soutiennent jusqu'au bout les qualificateurs favorables, peu inquiets de ce qu'ils pourront penser dans la suite de tant d'impostures dont on les a entretenus.

Des cinq qualificateurs qui sont contre le livre de M. de Cambray, trois ont achevé de voter devant les cardinaux sur les dix dernières propositions. Le P. Massoulié votera demain, et peut-être aussi le maître du sacré Palais. Pour les quatre favorables à M. de Cambray, ils ont jugé à propos de ne voter que sur cinq propositions; et par ce délai, ce qui auroit été fini devant le Pape le 18 de ce mois, ne finira que le 25. Le Pape a témoigné assez fortement son chagrin de cette affectation à prolonger. Voilà à peu près le temps où j'ai toujours cru, depuis qu'on a suivi mon projet, que le rapport finiroit.

La nouvelle que M. Phelippeaux vous avoit mandée il y a quinze jours, touchant les consulteurs qu'on pourroit entendre après les examinateurs, n'est pas vraie. Je n'ai jamais vu MM. les cardinaux disposés à prendre cet expédient: ils se croient suffisans pour lever ce partage; je les laisse faire. S'ils choisissent ce moyen, ce sera pour l'honneur de la cause, et afin qu'on ne dise pas dans la chrétienté que les théologiens de Rome ont été partagés; ce qu'on dira éternellement.

Le cardinal de Bouillon fut fort embarrassé il y a huit jours, voyant la tournure de l'écrit que je lui donnai (*a*). Son conseil fut d'avis de ne le pas envoyer, étant fait de manière à ne pouvoir être qu'approuvé; mais il le voulut, parce qu'il s'imagina que je l'envoyois de mon côté. Je sais qu'il a mis dans la dépêche à Sa Majesté, que le Pape lui avoit dit que je lui avois représenté qu'il ne falloit rien précipiter: ce seul mot me justifie entièrement sur tout ce qu'on voudroit insinuer. Je sais aussi qu'on a dit ici que je cherchois à différer, et on ne manquera pas de le répandre à Paris. Le Mémoire que je vous ai envoyé montre bien le contraire. Je vais le faire passer à M. le cardinal de Janson et à M. l'archevêque de Reims, pour qu'ils puissent s'instruire du fait, et éclaircir les autres de la vérité. Ici tout le monde a fort loué ce que j'ai fait, et l'a trouvé très-à propos. Mais cette démarche met au désespoir les partisans du livre, qui auroient souhaité une décision ambiguë, pour pouvoir excuser la doctrine et la personne de M. de Cambray.

(*a*) C'est le Mémoire qu'on a lu comme note à la lettre précédente.

De la manière dont M. le cardinal de Bouillon me parla, il sembloit qu'il doutoit des intentions du roi sur le fond de la décision : il me témoigna même être disposé à dépêcher un courrier extraordinaire, pour savoir plus tôt et plus précisément ses volontés à cet égard; mais à la fin je le fis convenir que quand Sa Majesté pressoit, elle avoit toujours en vue une fin bonne et honorable pour le saint Siége et pour la France; qu'il falloit procurer un jugement de cette nature le plus promptement qu'il seroit possible, mais toujours avec ces conditions, sans lesquelles une conclusion de l'affaire pourroit être plus préjudiciable qu'utile. Tout cela me paroît démontrer que quand le cardinal de Bouillon presse si fort Sa Sainteté pour une décision prompte, il ne se soucie guère qu'elle soit telle qu'on doit la désirer. J'espère plus que jamais une heureuse issue, si le roi et le nonce continuent à agir comme ils ont commencé, et à déclarer qu'il ne faut avoir en vue que l'intérêt de la vérité, le maintien de la bonne doctrine et point du tout la personne de M. de Cambray, qu'il est bon d'humilier, parce que son salut consiste uniquement dans le renoncement à ses erreurs et une soumission entière. Si l'on persévère à solliciter, je crois qu'on tirera de Rome sur la doctrine tout ce qu'on en peut obtenir dans les circonstances présentes, même sur la matière de l'amour pur; du moins je n'oublie rien pour leur faire sentir la nécessité d'étendre jusque-là leur censure.

J'ai depuis quelques jours, grande raison de croire que le cardinal de Bouillon a écrit au roi sur le vœu qu'il se propose de donner, afin que s'il ne l'approuve pas, il s'abstienne peut-être de voter. Je suis persuadé que le roi ne manquera pas de communiquer son projet à vous et à M. de Paris, et que l'on pourra lui insinuer qu'il feroit mieux de ne pas assister au jugement, s'il croyoit ne pouvoir changer d'avis. Le cardinal de Bouillon prétend encore par là surprendre le roi, et en extorquer quelque chose. Je crois qu'il est du bien de l'affaire que le roi, dans l'occasion que présente l'envoi que le cardinal de Bouillon lui fait de mon Mémoire, témoigne approuver ma conduite en la déclarant conforme à ses intentions.

M. Giori travaille toujours pour nous, et entretient le Pape dans ses bonnes dispositions. Je ne puis m'empêcher de vous dire que ceux qu'on appelle à Rome jansénistes font à merveille contre M. de Cambray, sans qu'il paroisse que j'agisse.

Je crois savoir presque certainement que le cardinal de Bouillon a voulu donner ici un projet de censure sur le livre de M. de Cambray, qui a été rejeté : j'en saurai peut-être bientôt davantage. Cette Éminence a eu ces jours passés de grosses paroles avec le Pape : il avoit demandé à Sa Sainteté un bénéfice pour une personne. Dans ces entrefaites le roi lui écrivit de demander le même bénéfice pour une autre personne. Le cardinal le fit de la part du roi; mais en même temps il continua à solliciter fortement pour son homme. Le Pape a jugé à propos de le donner à un tiers pour vider le différend. Le cardinal a fulminé là-dessus, et a très-mortifié le Pape qui ne le méritoit pas, en lui disant qu'il falloit, pour obtenir quelque chose de lui, être ambassadeur de l'empereur.

Il ne sera pas mauvais de préparer le nonce à insinuer ici qu'en finissant cette affaire, il sera bon que le saint Siége loue le zèle et le procédé des évêques.

J'ai reçu le *Quietismus redivivus* : vous avez cru me l'envoyer tout entier, mais la dernière feuille manque : je n'ai que jusqu'à la page 432. Je n'ai pas laissé de le donner tel qu'il est aux cardinaux et à nos cinq examinateurs, en attendant la dernière feuille qu'on ajoutera, et sans laquelle l'ouvrage quant aux propositions est entier. J'espère recevoir cette dernière feuille l'ordinaire prochain, peut-être avec la traduction italienne de la *Relation*, qui viendra bien à propos. Quand les Romains auront la facilité de lire cet écrit, ils y trouveront d'eux-mêmes la réponse aux impostures de M. de Cambray.

Vous avez su, il y a déjà longtemps, qu'il n'y a rien à craindre sur l'affaire du duc de Cesarini (a). Il a connu la malice de mes ennemis, et les mauvais desseins du cardinal de Bouillon ont tourné à sa confusion. Je vous ai mandé à cet égard, comme dans tout le reste, la pure vérité. Je n'ai rien à appréhender que les suppositions calomnieuses.

(a) Sur la tentative d'assassinat qui auroit menacé l'abbé Bossuet

La nouvelle du curé de Seurre (*a*) ne laisse pas de faire ici son effet. S'il y avoit quelque chose de nouveau sur Madame Guyon par rapport à M. de Cambray, il seroit bon de nous en instruire,

(*a*) Les pièces suivantes vont éclaircir ce passage.

LETTRE DU SIEUR ROBERT,

Curé de la ville de Seurre, à une religieuse converse de Sainte-Claire dudit Seurre, sa pénitente.

Dieu seul.

Pourquoi vous adressez-vous à moi, pauvre chétif que je suis? Si vous saviez ma misère, vous auriez plus envie de me donner que de me demander. En un mot, je me souviens d'avoir su autrefois quelque chose, mais à présent j'ai tout oublié, et je n'ai point le désir d'apprendre. Je me contente de la simple foi que j'ai reçue de mon Dieu, et je me tiens plus assuré d'elle que de toute la science, de tous les conseils des plus savans. Elle seule me suffit dans tous mes besoins : avec elle l'on peut tout, l'on résout les plus grandes difficultés et généralement tous les doutes en toute sorte de matières; l'on vit sans crainte, et l'on marche sans broncher avec un tel guide. Jamais elle ne nous quitte que nous ne la voulions laisser. Et comment la voudroit abandonner celui qui en connoît les avantages? Si vous voulez, ma très-chère Sœur, vous en servir comme moi, vous n'aurez plus besoin de moi, ni de tant de sortes de choses dont tous les dévots et tous les spirituels de ce temps font tant de cas. Quand vous aurez donné une bonne fois votre ame à Dieu, et que vous lui en aurez abandonné le soin, croyez assurément qu'il la conduit comme il faut : n'en soyez plus en peine, et ne pensez plus qu'à vous laisser conduire comme un enfant, sans vous amuser à regarder ce qui se passe au dedans de vous ni au dehors. Allez toujours ; car c'est s'arrêter que de penser à soi, pour quelque chose que ce soit. Ne vous êtes-vous pas donnée à Dieu pour le temps et pour l'éternité? Il n'y a donc plus rien à espérer ni à prétendre pour vous. Vivez, ma très-chère Sœur, dans cette étroite dépendance d'être, à tous les momens de votre vie, telle que Dieu veut que vous soyez; et contentez-vous de ce que vous êtes. Jouissez du présent tel que Dieu vous le donne, et laissez le passé et l'avenir à celui à qui il appartient. Ne communiquez point de votre intérieur avec personne, ni ne montrez mes lettres à qui que ce soit. Ne soyez nullement en peine de ne pouvoir dire vos péchés en confession. Communiez quand vous aurez faim. Parlez peu, et ne vous plaignez jamais, ni pour l'intérieur ni pour l'extérieur. Présentez-vous quelquefois à Dieu, quand la pensée vous en viendra. Je suis en notre Seigneur Jésus-Christ, votre très-humble et très-obéissant serviteur.

Signé ROBERT.

Nous, soussigné, certifions et attestons que la présente copie de la lettre ci-dessus est tout à fait et mot à mot conforme à son original que nous avons vu, lu, et tenu en nos mains. Fait à Seurre, ce vingt-troisième jour du mois de novembre 1695.

F. E. DELACHASSIGNOLE.

PRÔNE

Fait et prononcé le troisième dimanche du mois d'août, en l'église paroissiale de Saint-Martin de la ville de Seurre dit Bellegarde, au duché de Bourgogne et du diocèse de Besançon, parce que ces faits sont très-utiles à nos gens, qui sont fort touchés du matériel.

J'apprends dans le moment que M. le cardinal de Bouillon dit

par le sieur Philibert-Robert, prêtre, curé de ladite ville, à l'occasion d'une rétractation publique et par écrit qu'il fit en chaire le même dimanche, à l'honneur du sieur Dupuys, docteur de Sorbonne, prêtre, curé du village de l'Abergement-le-Duc, auprès de Seurre, du diocèse de Châlons-sur-Saône ; pour avoir ledit sieur Robert traité avec injures ledit sieur Dupuys, dans son prône, le dernier dimanche de juillet dernier ; entre autres l'avoir nommé faux prophète, docteur prétendu, prédicateur sans mission, et lui avoir imposé d'avoir condamné l'exercice de l'oraison mentale dans le panégyrique de sainte Marthe, que ledit sieur Dupuys fit à l'hôpital de Seurre, où le sieur Robert fut présent, quoique néanmoins tous les auditeurs dudit sieur Dupuys, à la réserve peut-être de quelques dévotes dudit sieur Robert, certifieront partout qu'il ne fit autre chose que condamner l'oraison de quiétude, que l'Eglise a condamnée, notamment en ce point qu'elle exclut toutes demandes à Dieu, et que pour la véritable contemplation reçue et approuvée, c'étoit un don de Dieu où personne ne devoit s'élever de soi-même, mais qu'il falloit attendre, comme sainte Thérèse, que Dieu élevât les ames ; comme encore que l'usage de la prière vocale étoit bon, et qu'il ne falloit pas s'en dispenser sous prétexte d'oraison de quiétude. Mais ledit sieur Robert, curé de Seurre, en faisant satisfaction en apparence audit sieur Dupuys, prêcha plus hardiment ses erreurs du quiétisme, et supposa faussement qu'il avoit été trop facile à croire ce qu'on lui avoit dit du panégyrique de sainte Marthe, comme s'il vouloit persuader qu'il n'y fût point présent, ce qui est faux. Voici donc ce que plusieurs prêtres et religieux se souviennent d'avoir ouï dans ce prône, à peu près de la même manière et dans les mêmes termes dont il s'est servi.

Je vous fis remarquer, dans mon dernier prône du mois de juillet, que saint Paul prêchant aux peuples, il survint une certaine rumeur et il se fit un bruit confus entre les fidèles, de ce que cet Apôtre leur prêchoit des vérités hautes et difficiles à concevoir, *alta et difficilia*, que les foibles ne comprenoient pas, que les ignorans ne vouloient pas savoir et que les libertins corrompoient à leur perte et leur damnation : *Alta et difficilia intellectu, quæ indocti et instabiles depravant ad suam ipsorum perditionem;* ce qui les obligea d'avoir recours à saint Pierre comme au Chef de l'Eglise, lequel pénétré des bonnes intentions de cet Apôtre et certain de la vérité de sa doctrine, jugea en sa faveur, disant : *Charissimus frater noster Paulus secundùm datam sibi sapientiam scripsit vobis.*

Je me trouve aujourd'hui, Messieurs, dans le même cas ; et il faut avouer que vous et moi nous nous sommes trompés par notre trop grande facilité à croire les faux bruits qui se sont répandus et les rapports qu'on nous a faits, disant que M. le curé de l'Abergement avoit prêché contre l'oraison, qu'il en condamnoit les pratiques et préféroit l'action à la contemplation, puisque je suis certain du contraire, et que je sais qu'il la pratique lui-même, qu'il l'enseigne à ses peuples, et l'ordonne aux pécheurs comme un souverain remède à leurs péchés : la doctrine duquel est pure et saine, la mission véritable et de l'ordinaire, et lui véritablement docteur de Sorbonne, qui n'a jamais voulu prêcher contre l'oraison, qu'il approuve : ainsi nous voilà d'accord, nous sommes contens, on ne nous ôte pas l'oraison, on nous la laisse, et nous avons ce que nous demandons. Semblables à un pauvre marchand qui passe par un bois où il trouve des voleurs qui l'attaquent, lui courent dessus pour lui ôter la bourse et la vie : dans ce moment et tandis qu'ils le volent, il en sort un troisième qui vient à lui le poignard à la main. Ce pauvre malheureux, qui voit venir à lui celui-ci, tremble de peur ; et hors de lui-même, il se croit déjà perdu, volé et mort : mais quand il voit et quand il sait que c'est pour le défendre et le tirer d'entre les voleurs, ah ! quel bonheur, quel plaisir, et quelle joie pour lui de se voir délivré du péril où il étoit !

De même on nous vouloit ôter l'oraison qui est notre bien, notre trésor et

que les évêques ne s'accordent pas avec le roi, quand ils veulent une décision sur la doctrine; et que la Cour sera contente, pourvu qu'on finisse promptement en prohibant simplement le livre.

nos richesses. M. le curé de l'Abergement est venu à notre secours pour nous défendre, pour nous affermir dans cette pratique, et nous secourir contre ceux qui la décrient et la condamnent, qui se contentent de donner dans la pénitence quelques chapelets à la volée, sans se mettre en peine de l'oraison que les théologiens mystiques et moraux, que les contemplatifs et les spirituels appellent l'oraison de pure foi, de simple présence, de quiétude, de paix, de repos, d'union intime, d'affection, de méditation et de contemplation.

Disons ici quelque chose de l'oraison de pure foi, de simple présence et de quiétude, qui est la même chose. Examinons-en les avantages; et sans sortir de cette chaire, décidons cette grande question qui a fait, et qui fait encore aujourd'hui tant de bruit, savoir si elle est bonne et la plus parfaite, et si on la doit pratiquer; ce qui n'a point encore été décidé. Il faut pour cela des personnes d'une grande sainteté, et d'une science extraordinaire et connue. N'allons pas chercher plus loin ce que nous avons dans le royaume. La Sorbonne nous fournira deux docteurs dont la voix est comme un tonnerre, *vox tonitrui tui in rotā*; l'un par sa sainteté extraordinaire, l'autre par la sublimité de sa doctrine. Le premier est Monseigneur l'évêque de Châlons-sur-Marne, dont la piété est si connue; et le second Monseigneur l'évêque de Meaux, dont la science éclate partout; lesquels, dans le livre qu'ils ont composé de l'Oraison de quiétude, la louent, l'approuvent, et déclarent si hautement son utilité et sa nécessité, qu'il n'est plus permis d'en douter après leur témoignage : d'où je conclus qu'elle est nécessaire aux pécheurs dans le crime, pour en sortir; qu'elle est utile aux pénitens, pour les fortifier dans les austérités de la pénitence; et très-avantageuse aux parfaits, pour augmenter en vertus : ainsi toute sorte de personnes peuvent et doivent la pratiquer.

Elle renferme, ou plutôt elle a trois parties, la leçon, la méditation et l'affection. La leçon est dans la bouche, la méditation dans l'esprit, l'affection dans le cœur. Ah! pauvres pécheurs, vous qui êtes dans le crime, qui vivez dans l'habitude du péché depuis des cinq, des dix et des vingt ans, je veux vous apprendre à faire oraison, et vous donner une leçon qui ne consiste qu'en un mot. Retenez-la bien : vous la devez dire et redire pendant un quart d'heure : Enfer! et je suis sûr que vous vous convertirez. Je sais même par expérience, et j'ai vu des personnes, lesquelles après avoir croupi des quinze et des seize ans dans l'horreur des vices, se sont enfin converties et ont abandonné l'impureté et les crimes les plus honteux, après cette réflexion sérieuse : Enfer, enfer; mort, mort; jugement, jugement! Ainsi ceux que l'amour n'avoit pu gagner, la crainte, l'oraison, la méditation de ces mots les a touchés, et leur a fait changer de vie. Saint Augustin la définit : *Oratio est vera dilectio; et qui diligit, orat :* « L'oraison est la dilection; et celui qui aime, prie. » Sainte Thérèse et le bienheureux Jean de Dieu l'ont ainsi pratiquée, et c'est elle qui les a élevés à l'union avec Dieu. L'Epouse des cantiques la pratiquoit de même, lorsqu'elle nous dit : *Ego dormio, et cor meum vigilat,* « Je dors, et mon cœur veille; » c'est-à-dire, tous mes sens sont dans un assoupissement, et mon esprit dans l'oisiveté et l'inaction qui ne pense à rien. Oui, oui je dors, je suis dans un doux sommeil, tandis que mon cœur veille en Dieu : *Ego dormio, et cor meum vigilat.*

Disons encore un mot de sainte Marthe et de Madeleine, dans cette amoureuse conteste qu'elles eurent entre elles, sur ce que sainte Marthe étoit toute occupée à servir Jésus-Christ, et Madeleine étoit toujours attentive à ses pieds.

Jésus-Christ quittant la qualité de juge, prend celle d'avocat; il conclut en faveur de Madeleine, et profère ces paroles à sa gloire : *Maria optimam partem elegit*. Il dit *optimam partem*, pour nous montrer que l'oraison de quiétude et de repos est la plus pure, la plus parfaite et la plus agréable à Jésus-Christ; et c'est pourquoi il dit *optimam*. Maria, Marie, vous avez choisi la meilleure part. Que dis-je ? Quoi ! Marie, vous qui êtes la cadette, et Marthe l'aînée; Marie, vous qu'il n'y a pas longtemps qui servez Jésus-Christ, et Marthe l'a toujours servi et ne l'a jamais abandonné; enfin Marie, vous qui avez perdu votre virginité, et Marthe qui a toujours conservé la sienne, ayant toujours été pure et chaste : n'importe, votre oraison vous rend plus agréable à Jésus-Christ, et vous relève par-dessus elle; c'est la meilleure part que vous avez choisie ; *elegit*, elle a choisi la meilleure part de son propre mouvement.

Je sais bien, et l'Ecriture nous en assure, que c'est Dieu qui nous appelle par une première grace que nous appelons de vocation : *Quos vocavit*. Il est encore vrai que c'est lui qui nous choisit par une seconde grace d'élection. Mais ici c'est Marie qui choisit elle-même cet état si haut, si sublime de contemplation, qui fait son partage et son élévation : *Maria optimam partem elegit*. Et si vous en voulez savoir la raison, pourquoi elle est si agréable, le même Evangile nous l'a dit : c'est parce qu'elle aime beaucoup : *Dilexit multum* ; c'est ce qui l'élève, et l'unit jusqu'à Dieu : *Dilexit multum*. [Il répéta encore que Jésus-Christ a choisi ses apôtres; mais que pour l'oraison d'élévation, c'est Madeleine qui se l'est choisie.]

Finissons, et si je suis un peu trop long, vous me le pardonnerez bien pour cette fois ; je n'ai point de montre pour me régler : finissons, en disant que l'oraison est comme le lait et la nourriture de notre ame ; et comme les enfans ne peuvent vivre sans cette nourriture, aussi nous ne saurions vivre sans l'oraison et la contemplation. Femmes nourrices, Mesdames qui avez des enfans, vous le savez, lorsque vous leur laissez sucer le lait de vos mamelles, ils ne disent mot, ils sont en repos, ils ne pleurent point ; mais lorsque vous leur refusez ce lait, et que vous leur cachez vos mamelles, ils soupirent, ils pleurent et ils crient. De même, si vous nous ôtez l'oraison, qui est la nourriture de nos ames, nous nous plaindrons, nous crierons et nous réclamerons : il n'y aura ni accord, ni paix, ni repos jusqu'à ce que nous l'ayons.

Mais à présent qu'on nous la laisse, qu'on nous la donne et qu'on nous la rend, nous sommes contens, et nous n'avons plus rien à dire ni à désirer : la paix est faite; nous avons bonheur, paix et victoire; de sorte que je puis bien maintenant, mes Sœurs, vous adresser les paroles de l'Evangile de ce jour, et vous dire : Bienheureux sont les yeux qui voient ce que vous voyez ; fortunées sont les oreilles qui entendent ce que vous entendez : *Beati oculi qui vident quæ vos videtis, et aures quæ audiunt quæ vos auditis*. O Seigneur, dit le Roi-Prophète, soyez à jamais loué, et béni, et remercié de ce que vous ne nous avez pas ôté l'oraison, la prière et la contemplation : *Benedictus Deus, qui non amovit orationem suam à me* : louange, bénédiction, actions de graces vous soient à jamais rendues dans tous les siècles des siècles. *Amen*.

Ce prône accompagné d'action, emporta d'abord l'approbation des peuples, qui en sont un peu revenus par les réflexions et les entretiens des autres prêtres de Seurre, qui ont signé les propositions de ce prône et les articles, pour assurance de ce qu'ils les ont entendu prononcer en chaire par ledit sieur Robert.

S'ensuit la rétractation par écrit, signée desdits sieurs Robert, Trullard, Noirot et Galleton.

Pour l'accommodement dont M. Trullard a bien voulu se charger en faveur de

M. Robert, prêtre et curé de la ville de Seurre, et entre le sieur Dupuys, prêtre, curé de l'Abergement-le-Duc, docteur de Sorbonne.

1º Le sieur curé de l'Abergement-le-Duc ayant toujours fait profession d'une foi pure et d'une morale reçue des docteurs les plus catholiques, il souhaite que mondit sieur Robert, curé de Seurre, déclare de lui-même, au prône de la même église paroissiale et dans sa conférence, qu'il reconnoît s'être trompé dans tout ce qu'il a dit dans l'avertissement qu'il donna à ses paroissiens le dimanche trente-unième du mois de juillet dernier; que pour cet effet il dise à haute et intelligible voix que ledit sieur curé de l'Abergement-le-Duc avoit sa mission pour prêcher dans ladite ville de Seurre; que sa doctrine est conforme aux Ecritures saintes, aux conciles, aux décrets des Papes, et aux sentimens de la sacrée Faculté de Paris; qu'il a eu raison de condamner le quiétisme dans les termes qu'il l'a fait, n'ayant rien dit que de général; que sa morale est conforme à toutes ces sources de vérités; qu'il prie son peuple d'oublier tout ce qu'il a dit contre ledit sieur curé de l'Abergement-le-Duc, vrai docteur de ladite Faculté de Paris; et qu'il le reconnoît homme de bien, et très-orthodoxe dans sa doctrine.

2º Comme ledit sieur curé de l'Abergement-le-Duc a eu avis par plusieurs personnes dignes de foi que ledit sieur Robert, curé de Seurre, avoit écrit à Besançon à ses supérieurs contre la doctrine et les mœurs dudit curé de l'Abergement, lequel a très-grand intérêt de conserver sa réputation et l'honneur de son corps dans l'esprit de toutes les personnes de piété, et particulièrement dans celui de Nosseigneurs les évêques : à cet effet, et pour réparer tout le dommage que ledit sieur Robert a prétendu faire audit sieur curé de l'Abergement-le-Duc, qu'il écrive à Monseigneur l'archevêque de Besançon ou à Monsieur son vicaire-général, qu'il s'est trompé dans tout ce qu'il a écrit contre la personne dudit sieur curé de l'Abergement-le-Duc, et qu'il le prie de se désabuser et de ne point ajouter foi à tout ce qu'il auroit pu écrire. Mais comme ledit sieur curé de l'Abergement-le-Duc a grand intérêt que ladite lettre soit rendue fidèlement, il souhaite et désire qu'elle lui soit remise ouverte ou avec un cachet volant.

3º Le sieur curé de l'Abergement-le-Duc souhaite que ledit sieur Robert, curé de Seurre, se donne la peine de signer tout ce que dessus, et de l'approuver et ratifier; et ce en présence de quatre ecclésiastiques, qui ne lui soient point parens, qu'il priera aussi de signer.

Le soussigné promet de satisfaire au contenu du premier chef. A l'égard du second, il déclare qu'il n'a point écrit ni donné avis à Monseigneur l'archevêque, ni à M. le vicaire-général de la difficulté présente; et pour la satisfaction du troisième et dernier chef, il supplie MM. Jean Trullard, Charles Noirot et Louis Galleton, prêtres de cette ville, de vouloir signer avec lui le présent acte. Fait à Seurre le neuvième août 1695. *Signé* sur l'original, P. ROBERT, TRULLARD, NOIROT, L. GALLETON.

Suite de l'addition que ledit sieur Robert, curé de Seurre, fit de son mouvement à la rétractation donnée audit sieur curé de l'Abergement, après l'avoir signée comme dessus.

Ledit Robert, curé de Seurre, désirant cependant faire connoître à M. le curé de l'Abergement le véritable et principal motif qu'il a eu de faire l'avertissement prétendu, et n'ayant jamais eu dessein ni intention de le blâmer dans ses mœurs, ni dans sa doctrine, ni dans sa qualité de docteur, dit seulement que sur rumeur publique et sur le bruit commun que les ennemis font courir dans cette ville, que l'oraison étoit condamnée, qu'il ne falloit dire que son chapelet et quelques prières vocales et autres choses de cette nature ; qu'ayant en mains des preuves par écrit et par des faits avérés qu'il a bien voulu taire, de plusieurs prêtres religieux qui l'avoient condamné, dans la personne de plusieurs filles qui pratiquent la dévotion, d'hérétique, de quiétiste et de faux directeur, et autres termes injurieux, et tous ces faits étant arrivés depuis peu, ce qu'il est prêt de faire connoître audit sieur curé de l'Abergement, il a été obligé dans cette rencontre d'avertir son peuple de ne point troubler leur paix, ni point se laisser surprendre à ces ennemis de l'oraison, et à demeurer fermes dans cette pratique qu'ils ont reçue de la mission dernière. Voilà le motif principal de l'avertissement, sur lequel il auroit encore beaucoup de choses à dire si sa santé lui permettoit ; mais il a été obligé de se forcer à faire cette remarque, pour faire connoître à M. le curé de l'Abergement qu'il n'a point dit pour lui tout ce qu'il a dit dans son avertissement, mais qu'il l'a dit en général et qu'il l'a répété plusieurs fois. Enfin puisque les peuples à l'occasion dudit avertissement ont pu prendre quelques mauvais sentimens contre ledit sieur curé de l'Abergement, il veut bien les en désabuser et leur faire connoître qu'ils n'ont pas eu raison. Fait à Seurre, le jour et an que dessus.

Signé P. ROBERT.

Je soussigné, prêtre, curé du village de Chivre, certifie et atteste que j'ai tiré et écrit mot à mot les deux copies ci-dessus, des rétractation et satisfaction faites par ledit sieur Robert, curé de la ville de Seurre, sur l'original qui m'avoit été confié par ledit sieur Dupuys, docteur de Sorbonne, curé de l'Abergement, et qui a été retiré d'icelui ; en foi de quoi j'ai prié ledit sieur curé de l'Abergement de signer avec moi le présent certificat. Fait à Chivre, ce vingtième novembre de l'année mil six cent quatre-vingt-quinze. DUPUYS, MALECHARD, curé de Chivre.

REMARQUE.

C'est un mensonge à correction du sieur Robert, de dire qu'il n'a point prétendu parler du sieur Dupuys dans l'avertissement qu'il fit, puisqu'il parla d'un docteur de Sorbonne, et qu'il n'y a que ledit sieur Dupuys au pays de Seurre et d'alentour qui ait ce caractère.

On ne sait pas ce qu'il veut dire par ces preuves par écrit qu'il a en mains, que des prêtres religieux condamnent l'oraison pour ne vouloir que des chapelets et des prières vocales : on connoîtra mieux son mensonge, si on lui fait représenter ces preuves par écrit, qu'il veut taire, et que personne ne peut lui faire produire.

SENTENCE CONTRE MAITRE PHILIBERT ROBERT.

Entre maître Claude Rabiet, prêtre, docteur en théologie, promoteur en l'officialité de Besançon au vicomté d'Auxonne, duché de Bourgogne, à lui joint et instiguant maître Michel Dupuys, docteur de Sorbonne, curé de l'Abergement-le-Duc, demandeur en correction de crimes d'hérésie et inceste spirituel, aux fins de son interdit du 4 mai 1697, d'une part.

Maître Philibert Robert, prêtre, ci-devant curé de la ville de Seurre, accusé et contumace, d'autre.

Vu par nous Hugues David, docteur de Sorbonne, conseiller clerc au parlement de Dijon, ayant les lettres de vicariat de Monsieur l'archevêque de Besançon, etc., et tout ce qui fait à voir considéré : le saint nom de Dieu prémis, et après avoir invoqué l'assistance du Saint-Esprit, avons déclaré et déclarons la contumace bien et dûment acquise contre ledit Philibert Robert, et pour le profit l'avons déclaré atteint et convaincu d'avoir enseigné de vive voix et par écrit, prêché audit Seurre et fait pratiquer à ses pénitentes les erreurs des quiétistes; d'avoir mal parlé de notre saint Père le pape Innocent XI, et de quelques évêques de France qui ont censuré les livres qui les contiennent; d'avoir conseillé et distribué à sesdites pénitentes quelques-uns desdits livres, et d'avoir entretenu commerce et relation avec des personnes suspectes et prévenues des mêmes sentimens; comme aussi d'avoir commis inceste spirituel avec aucunes desdites pénitentes et paroissiennes, et en avoir fréquenté plusieurs avec une familiarité criminelle et un attachement scandaleux.

Pour réparation de quoi et autres charges résultantes de la procédure, l'avons condamné et condamnons à faire dans notre auditoire, en présence de tous ceux qui voudront y assister, amende honorable à genoux et tête nue à Dieu et à l'Eglise, suivant le formulaire qui lui sera prescrit : ordonnons qu'il condamnera Molinos, ladite hérésie des quiétistes et les livres qui la contiennent; qu'il déclarera que c'est témérairement et méchamment qu'il a mal parlé de notre saint Père le pape Innocent XI, et des évêques de France; qu'il s'en repent et leur demande très-humblement pardon. Disons qu'il a encouru l'anathème, et qu'il demeurera pour toujours déposé des saints ordres, et incapable de posséder aucun bénéfice séculier ou régulier; et en cas qu'il en possède aucuns, les déclarons vacans et impétrables : qu'il sera conduit dans une maison régulière qui lui sera indiquée, pour y être enfermé dans les lieux de force le reste de ses jours, pendant lesquels il jeûnera tous les mercredis, vendredis et samedis *in pane doloris et aqua angustiæ*, et récitera tous les jours à genoux et tête nue les Psaumes de la Pénitence; le condamnons à une amende de cent livres applicable à l'hôpital dudit Seurre, et en tous les dépens dudit Dupuys. Et sera notre présent jugement publié au prône de la messe paroissiale dudit Seurre; et pour le cas privilégié et la discussion de ses biens, l'avons renvoyé et renvoyons par devant le juge compétent.

Enjoignons à notre greffier d'envoyer dans un mois, moyennant salaire, une grosse de la procédure, cette part faite, au greffe ordinaire de l'officialité dudit Besançon, au vicomté d'Auxonne, pour être par ladite officialité ou autre procédé, s'il y échet, ainsi qu'il appartiendra, contre autres que ledit Robert. Fait en notre hôtel à Dijon, le onzième août 1698.

Signé DAVID.

ARRÊT DE LA COUR DE PARLEMENT DE DIJON.

Rendu contre maître Philibert ROBERT, prêtre, curé de la ville de Seurre, accusé de quiétisme et d'inceste spirituel.

Extrait des registres de Parlement.

Vu le procès criminel fait par commissaire de la Cour, à la requête du procureur général du roi, instigation et poursuite de maître Michel Dupuys, prêtre, curé de l'Abergement-le-Duc, docteur en théologie de la faculté de Paris; à maître Philibert Robert, prêtre, ci-devant curé de Seurre, fugitif, accusé d'impiété, d'irréligion, de séduction et mauvaises pratiques envers plusieurs de ses paroissiennes et pénitentes, en leur inspirant la fausse doctrine du quiétisme, et d'inceste spirituel avec aucunes d'icelles; informations sur ce faites par ledit commissaire, conjointement avec l'official commis par le sieur archevêque de Besançon, le deuxième avril dernier et autres jours ensuivans; décret de prise de corps donné sur les lieux par ledit commissaire contre ledit Robert, le seizième dudit mois d'avril dernier; exploit du même jour contrôlé à Seurre, contenant la perquisition dudit Robert, et à faute d'avoir pu être appréhendé, l'assignation à lui donnée à la quinzaine, et la saisie et annotation de ses biens; le défaut donné par ledit commissaire le vingt-septième juin dernier contre ledit Robert, qui ne s'étoit représenté; les assignations à lui données par cri public, en la place du marché public dudit Seurre; et encore au devant de son dernier domicile en ladite ville, par exploit du premier juillet ensuivant, contrôlé le même jour audit Seurre, et en cette ville de Dijon au devant de la principale porte du palais, par exploit du quatrième dudit mois de juillet, contrôlé le même jour à Dijon; arrêt donné le cinquième dudit mois de juillet, sur les conclusions du procureur général du roi, par lequel il avoit été ordonné audit Dupuys de faire procéder par addition à l'audition de tous témoins et au récollement de ceux déjà ouïs; arrêt du quinze dudit mois de juillet, par lequel ayant égard au désistement dudit Dupuys de faire entendre aucuns témoins comme révélans, il avoit été ordonné que ceux qui avoient été ouïs seroient récollés en leurs dépositions, et que le récollement vaudroit confrontation, et permis audit Dupuys de faire ouïr par ampliation les témoins qu'il verroit bon être, conjointement avec le procureur général du roi, lesquels seroient pareillement récollés et vaudroit le récollement confrontation; procès-verbaux d'ampliation des témoins ouïs par ledit commissaire, conjointement avec ledit official commis, les neuvième dudit mois de juillet et autres jours suivans; procès-verbaux de récollement de témoins par ledit commissaire, aussi conjointement avec ledit official, des quinzième dudit mois de juillet dernier et autres jours; conclusions dudit procureur général du roi. La Cour a déclaré la contumace bien acquise contre ledit Robert, et en adjugeant le profit, l'a déclaré et déclare dûment atteint et convaincu d'abus et profanation des sacremens de pénitence et d'eucharistie; d'avoir tenu des discours impies et scandaleux, enseigné une doctrine détestable et condamnée, contraire à la foi et à la pureté de la religion; de séduction de plusieurs de ses paroissiennes et pénitentes, en leur inspirant ladite doctrine; d'inceste avec aucunes d'icelles : Et pour réparation a condamné et condamne ledit Robert à être, par l'exécuteur de la haute-justice, conduit en chemise, la corde au col, tête et pieds nuds au-devant de la principale porte de l'église Notre-Dame de cette ville, et là, à genoux, tenant une torche ardente du poids de deux livres, faire amende honorable, déclarer à haute et intelligible voix que méchamment, scandaleusement et avec impiété, il a enseigné ladite doctrine, fait et commis lesdits crimes et en demande pardon à Dieu, au roi et à la justice à être ensuite conduit par ledit exécuteur au-devant de la principale porte de l'église paroissiale de Seurre, et y faire une pareille amende honorable, et à l'instant mené en la place publique de ladite ville, attaché à un poteau et brûlé vif, son corps réduit en cendres et icelles jetées au vent; et pour son absence, l'exécution en sera faite en figure : le condamne en outre en mille livres d'amende envers le roi, en cinq cents livres d'aumône à l'hôpital dudit Seurre et aux dépens des procédures, le surplus de ses biens acquis et confisqués à qui il appartiendra.

A fait et fait très-expresses inhibitions et défenses à toutes personnes, de quelque qualité et condition qu'elles soient, de donner aide et retraite audit Robert et le receler; à peine d'être punis comme ses complices et sectateurs, suivant la rigueur des ordonnances, et ordonne à cet effet que le présent arrêt, en ce qui concerne ledit Robert, sera lu et publié partout où il appartiendra.

Ordonne ladite Cour qu'à la diligence du procureur général du roi, il sera informé par commissaire qui sera député, contre les complices, sectateurs et adhérens dudit Robert dans la mauvaise doctrine par lui répandue; auquel effet elle a permis audit procureur général d'obtenir monitoire à la forme des édits et arrêts.

Que Marie Malechard, Anne Guillaume et Estiennette Martin, filles de ladite ville de Seurre, seront prises au corps et amenées sous bonne et sûre garde en la conciergerie du palais, pour être procédé contre elles ainsi qu'il appartiendra, sur le commerce criminel et incestueux et autres mauvaises pratiques avec ledit

Robert ; et où elles ne pourroient être appréhendées, elles seront assignées dans les délais portés par l'ordonnance, leurs biens saisis et annotés.

Et que pareillement Catherine Jaquin, femme de Jean Barbey, demeurant au village de la Bruyère, sera prise au corps et amenée en la conciergerie du palais, et Jeanne Lucquet, femme de Jacques Prost, dudit la Bruyère, ajournée à comparoir en personne par-devant ledit commissaire, pour répondre sur la remise faite entre les mains de deux hommes inconnus, d'un enfant que ladite Jaquin avoit pris dans la maison dudit Robert. Fait en parlement à Dijon, le treizième août 1698.

Signé JOLY.

FIN DU VINGT-NEUVIÈME VOLUME

TABLE

DES MATIÈRES CONTENUES DANS LE VINGT-NEUVIÈME VOLUME.

LETTRES SUR L'AFFAIRE DU QUIÉTISME.

(SUITE.)

REMARQUES HISTORIQUES. 1
LETTRE LV. *De Bossuet à son neveu.* Sur les choses obligeantes que le grand-duc de Toscane marquoit de cet abbé ; les dissertations du cardinal Noris ; et la censure sollicitée à Rome par les Carmes contre Papebrock. 1
LETTRE LVI. *De Bossuet à M. de la Broue.* Sur les déguisemens de madame Guyon, et tous les efforts de ses partisans en sa faveur. 2
LETTRE LVII. *De M. Pirot, docteur de Sorbonne, à Madame Guyon.* Il lui expose tout ce qu'elle doit faire pour sortir de ses erreurs, et réparer les scandales qu'elle a causés. 4
LETTRE LVIII. *De Bossuet à son neveu.* Sur son arrivée à Rome, et les lettres obligeantes du cardinal de Janson. 4
LETTRE LIX. *De Bossuet à son neveu.* Il lui marque comment il doit se conduire à Rome ; lui parle de l'improbation du général des Jacobins pour le livre de Marie d'Agréda, et de la censure que la Sorbonne en préparoit. 5
LETTRE LX. *De Bossuet à son neveu.* Sur le retardement des lettres du prélat, la censure de Marie d'Agréda, et le P. Papebrock. 6
LETTRE LXI. *De Bossuet à son neveu.* Sur les opérations de la Faculté touchant Marie d'Agréda, et le silence affecté que gardoit à ce sujet le cardinal d'Aguirre. 8
LETTRE LXII. *De Bossuet à son neveu.* Sur les lettres du cardinal de Janson au sujet de cet abbé, et sur la réception de l'abbé Fleury à l'Académie françoise. 9
LETTRE LXIII. *De Bossuet à son neveu.* Sur les délibérations de Sorbonne au sujet de Marie d'Agréda. 10
LETTRE LXIV. *De Bossuet à son neveu.* Sur les différentes lettres qu'il avoit reçues des cardinaux, et le partage des avis en Sorbonne sur la censure de Marie d'Agréda. 11
LETTRE LXV. *De Fénelon à Bossuet.* Sur le refus qu'il faisoit d'approuver son ouvrage. 13
LETTRE LXVI. *De Bossuet à son neveu.* Sur les longueurs qu'employoient les Mendians en Sorbonne pour empêcher la censure de Marie d'Agréda, le silence que gardoit le cardinal Noris à l'égard de Bossuet, et la paix avec le duc de Savoie. 14

Lettre LXVII. *De Bossuet à son neveu.* Sur la manière dont le cardinal d'Aguirre lui avoit écrit ; et les raisons qui retardoient en Sorbonne la censure de Marie d'Agréda. 16

Lettre LXVIII. *De Bossuet à son neveu.* Sur la paix avec le duc de Savoie, et quelques contestations entre le chapitre de Meaux. 18

Déclaration *de madame Guyon, faite entre les mains de M. de Noailles archevêque de Paris,* sur ses sentimens, ses écrits et sa conduite. 19

Lettre LXIX. *De Bossuet à son neveu.* Sur l'*Instruction* de M. de Paris, touchant *la Grace et la Prédestination* ; et sur la paix avec le duc de Savoie. 23

Lettre LXX. *De Bossuet à M. de la Broue.* Il lui parle de l'Ordonnance de M. de Paris sur la Grace, de son ouvrage sur la même matière, de celui du quiétisme, et du refus que M. de Cambray avoit fait de l'approuver. 24

Lettre LXXI. *De Bossuet à son neveu.* Sur la publication de la paix avec le duc de Savoie, et les délibérations de Sorbonne sur Marie d'Agréda. 27

Lettre LXXII. *De Bossuet à son neveu.* Sur la princesse des Ursins, l'élection du P. de la Tour au généralat de l'Oratoire, et la censure de Marie d'Agréda. 28

Lettre LXXIII. *De Bossuet à son neveu.* Sur la manière froide dont le nonce avoit parlé de l'*Instruction* de M. de Paris ; et sur la conclusion prochaine de la censure de Marie d'Agréda. 30

Lettre LXXIV. *Du cardinal Casanate à Bossuet.* Il parle avantageusement de l'archevêque de Paris, et témoigne à l'évêque de Meaux une affection particulière. 31

Epistola LXXV. Cardinalis Casanate ad episcopum Meldensem. Egregie commendat archiepiscopum parisiensem, singularemque Meldensi episcopo benevolentiam significat. 32

Lettre LXXVI. *De Fénelon à Bossuet.* Il tâche de le rassurer dans ses défiances à son égard, et de justifier son refus d'approuver le livre du prélat *sur les Etats d'oraison.* 33

Nouvelle Déclaration *de Madame Guyon à l'archevêque de Paris.* Elle y jure la plus parfaite soumission à tout ce qui lui avoit été prescrit. 34

Lettre LXXVII. *De Bossuet à son neveu.* Sur l'arrivée de la princesse de Savoie, et les différens sentimens touchant l'*Instruction* de M. de Noailles. 34

Lettre LXXVIII. *De Fénelon à M***.* Il lui reproche le parti qu'il a pris contre un ancien ami, et justifie ses sentimens et sa conduite. 36

Lettre LXXIX. *De Bossuet à son neveu.* Sur la princesse de Savoie nouvellement arrivée, et l'examen que le Pape faisoit faire secrètement de l'*Instruction* de M. de Noailles. 40

Lettre LXXX. *De l'abbé Ledieu à l'abbé Bossuet.* Sur la place de premier aumônier de la duchesse de Bourgogne, dont on pensoit que Bossuet venoit prendre possession, et la cour qu'on lui faisoit pour les places inférieures. 41

Lettre LXXXI. *De Bossuet à son neveu.* Sur l'approbation donnée à l'*Instruction* de M. de Paris, par le cardinal Casanate et plusieurs autres, et les troubles de Flandre. 42

Lettre LXXXII. *De Bossuet à son neveu.* Il lui donne des avis sur les connoissances qu'il doit chercher à se faire. 42

Lettre LXXXIII. *De Fénelon à M***.* Il donne des éclaircissemens à sa lettre précédente. 43

Lettre LXXXIV. *De Bossuet à son neveu.* Sur un voyage à Naples, et les traités du cardinal Sfondrate. 46

Lettre LXXXV. *De Bossuet à son neveu.* Sur des propositions qu'il lui avoit envoyées, et sur les pensions pour les curés qui se démettent. 46

Lettre LXXXVI. *De Bossuet à M. l'abbé de Maulevrier.* Il lui témoigne qu'ayant appris que M. de Cambray écrivoit sur la spiritualité, le bien de l'Eglise demande qu'on s'entende ; et que si ce prélat ne condamne pas madame Guyon, il est réduit à écrire contre lui. 48

Lettre LXXXVII. *De Bossuet à son neveu.* Sur son voyage de Naples, et les procédés de M. de Cambray. 49

Lettre LXXXVIII. *De M. de Rancé à M. de Saint-André, curé de Vareddes.* Il loue le zèle de Bossuet pour s'opposer aux égaremens de la nouvelle spiritualité. 50

Lettre LXXXIX. *De Bossuet à son neveu.* Sur le prochain départ du cardinal de Bouillon pour Rome ; le refus de M. de Cambray d'approuver l'ouvrage de M. de Meaux ; et le livre que le premier venoit de publier. 50

Lettre XC. *De Bossuet à son neveu.* Sur le retour du cardinal de Janson et la publication du livre des *Maximes des Saints.* 51

Lettre XCI. *De Bossuet à M. Godet des Marais, évêque de Chartres.* Sur le livre des *Maximes*, et ce qu'on en disoit dans le monde. 53

Lettre XCII. *De Bossuet à M. de la Broue.* Sur le livre de M. de Cambray, et le mécontentement général que causoient ses procédés. 53

Lettre XCIII. *De Bossuet à M. de la Broue.* Sur le même sujet. 54

Lettre XCIV. *De Bossuet à son neveu.* Sur le livre de M. de Cambray, la lettre des cinq évêques au Pape contre le livre du cardinal Sfondrate, et les *Hommes illustres* de Perrault. 55

Lettre XCV. *De M. Tronson à l'évêque de Chartres.* Il lui expose ses sentimens touchant le livre de Fénelon. 57

Lettre XCVI. *De l'abbé Ledieu à l'abbé Bossuet.* Sur le livre de M. de Cambray et celui de M. de Meaux, et sur les *Hommes illustres* de Perrault. 58

Lettre XCVII. *De Bossuet à son neveu.* Sur le retour du cardinal de Janson en France, et sur le livre de M. de Cambray. 59

Lettre XCVIII. *De Bossuet à M. de la Broue.* Sur la satisfaction donnée à M. de Saint-Pons ; les excuses du refus que M. de Cambray avoit fait d'approuver son livre ; et le soulèvement universel que causoit celui de ce prélat. 60

Lettre XCIX. *De Bossuet à son neveu.* Sur son livre et l'attente du public ; et sur les défenseurs de M. de Cambray. 62

Lettre C. *De Bossuet à son neveu.* Il lui parle de son prochain retour en France, et de la manière dont il devoit se conduire à l'égard du cardinal de Bouillon. 63

Lettre CI. *De M. Tronson à l'évêque de Chartres.* Sur les dispositions de M. de Cambray à l'égard des explications qu'on lui demandoit sur son livre. 64

Lettre CII. *De Bossuet à son neveu.* Sur la lettre des cinq évêques, touchant le cardinal Sfondrate ; et sur l'extrait des propositions erronées du livre de M. de Cambray que M. de Noailles et Bossuet devoient faire par ordre du roi. 65

Lettre CIII. *De M. de Rancé à Bossuet.* Il lui témoigne son mécontentement du livre de M. de Cambray et loue le zèle de Bossuet dans la défense de la vérité. 67

Lettre CIV. *De Bossuet à M. de la Broue.* Il lui parle du mécontentement général contre le livre de M. de Cambray, et témoigne beaucoup de compassion pour ce prélat. 68

Lettre CV. *Du cardinal de Bouillon à Bossuet.* Il fait de grands éloges de son livre *sur les états d'oraison*, et lui demande ses remarques sur le livre de M. de Cambray, 69

Lettre CVI. *De Bossuet à son neveu.* Sur l'ouverture que le cardinal d'Estrées avoit faite au cardinal de Janson de ses sentimens touchant le livre de M. de Cambray. 71

Lettre CVII. *Du cardinal le Camus au curé de Saint-Jacques du Haut-Pas.* Sur les vices du livre de M. de Cambray. 72

Lettre CVIII. *De Bossuet à son neveu.* Sur la nécessité de faire droit aux plaintes des cinq évêques contre le livre du cardinal Sfondrate; les efforts de M. de Cambray pour désunir M. de Paris et M. de Meaux, et sur les raisons qui obligeroient ce dernier à parler contre son livre. 73

Lettre CIX. *De l'abbé Bossuet à l'évêque de Meaux, son oncle.* Il lui rend compte de la conversation qu'il a eue avec le saint Père, en lui présentant le livre du prélat *sur les états d'oraison*. 74

Lettre CX. *De M. de Rancé à Bossuet.* Sur le livre de Bossuet, *des états d'oraison*, et les illusions les quiétistes. 75

Lettre CXI. *D'un ami de l'abbé de la Trappe.* En réponse aux plaintes des partisans de M. de Cambray, contre les lettres précédentes de cet abbé. 77

Lettre CXII. *De Bossuet à son neveu.* Sur une affaire concernant son abbaye de Beauvais, avec M. le cardinal de Janson; et les bons effets de la lettre des cinq évêques. 82

Lettre CXIII. *De Bossuet à son neveu.* Il témoigne beaucoup d'estime pour le cardinal Casanate et marque comment les trois évêques procédoient à l'examen du livre de M. de Cambray. 84

Lettre CXIV. *De Bossuet à son neveu.* Sur la bonne réception que le Pape lui avoit faite; la consolation que le prélat ressentoit de l'approbation que ce pontife donnoit à ses travaux, et l'examen que les trois évêques faisoient du livre des *Maximes*. 86

Lettre CXV. *De Bossuet à son neveu.* Il lui rapporte tout ce que les trois évêques avoient fait au sujet du livre de M. de Cambray et le recours de ce prélat au Pape. 88

Lettre CXVI. *De Bossuet à M. de la Broue.* Sur le jugement que M. de Mirepoix portoit du livre de M. de Cambray, et les sentimens des évêques de Rieux et de Béziers à l'égard du même livre. 90

Lettre CXVII. *De Bossuet à son neveu.* Il lui promet de solliciter pour lui obtenir l'indult qu'il desiroit; l'instruit de l'expulsion de trois religieuses de Saint-Cyr, infectées du quiétisme; et l'entretient de l'affaire de M. de Cambray. 92

Lettre CXVIII. *De Bossuet à son neveu.* Sur le bref que le Pape lui avoit adressé, la nécessité où les trois évêques se trouvoient de parler au sujet du livre de M. de Cambray, et la correspondance que cet abbé devoit se ménager à Rome en quittant cette capitale. 93

Lettre CXIX. *De Bossuet à son neveu.* Sur le bref du Pape aux cinq évêques; le discours du roi contre Madame Guyon, et les explications que M. de Cambray donnoit de son livre. 94

Lettre CXX. *De Bossuet à son neveu.* Il l'instruit de la résolution finale prise par les trois évêques sur le livre de M. de Cambray. 96

Lettre CXXI. *Du cardinal le Camus à Bossuet.* Il lui témoigne la joie qu'il a de la place que le roi lui a donnée au conseil, et l'estime qu'il faisoit de son dernier ouvrage. 98

Lettre CXXII. *De Bossuet à son neveu.* Sur la lettre de M. de Cambray au Pape, les différens écrits qu'il devoit envoyer à Rome, et le secret qu'il gardoit à l'égard des évêques. 98

Lettre CXXIII. *De M. de Rancé à Bossuet.* Il lui parle du bref qu'il avoit reçu du Pape, et de la lettre que cet abbé avoit écrite au prélat sur M. de Cambray. 99

Lettre CXXIV. *De Bossuet à son neveu.* Sur l'arrivée du cardinal de Bouillon à Rome, les explications données par M. de Cambray et le refus qu'il faisoit de conférer avec M. de Meaux. 100

Lettre CXXV. *De l'abbé Ledieu à l'abbé Bossuet.* Sur la nouvelle édition du livre de Bossuet *sur les états d'oraison*, et les difficultés que le chancelier avoit faites pour empêcher la publication de la lettre des cinq évêques au Pape. 101

Lettre CXXVI. *De Bossuet à M. de Noailles, archevêque de Paris.* Il le presse de terminer leur examen du livre des *Maximes des Saints*. 102

Lettre CXXVII. *De Bossuet à son neveu.* Sur la place de conseiller d'Etat que le roi lui avoit donnée ; les longueurs que M. de Cambray apportoit dans l'affaire de son livre. 103

Les XX Articles de M. de Cambray, avec les Réponses de M. de Meaux. 105

Lettre CXXVIII. *De M. de Rancé à Bossuet.* Il confirme les lettres qu'il lui avoit écrites sur M. de Cambray, et désire que Dieu inspire à ce prélat des sentimens de paix et d'humilité. 112

Lettre CXXIX. *De Bossuet à M. de Rancé.* Il lui donne quelques avis sur la lettre que M. l'évêque de Noyon lui avoit écrite touchant le quiétisme. 113

Lettre CXXX. *De Bossuet à son neveu.* Sur l'élection du prince de Conti à la couronne de Pologne, l'obligation où le Pape étoit de s'expliquer sur Sfondrate, la réponse que devoit donner M. de Cambray. Sentimens de Bossuet touchant les dignités. 113

Lettre CXXXI. *De Bossuet à son neveu.* Sur les explications que donnoit M. de Cambray et la réponse de huit docteurs et de deux évêques touchant son livre. 115

Lettre CXXXII. *Du roi à Innocent XII.* Il lui demande de prononcer sur la doctrine du livre de M. de Cambray. 117

Lettre CXXXIII. Bref *de N. S. P. le Pape à Louis XIV, latin et françois.* 117

Lettre CXXXIV. *De Bossuet à son neveu.* Sur la seconde édition de son livre *des états d'oraison*; l'ordonnance de M. de Reims, touchant les Réguliers; et les sentimens de Bossuet à l'égard de M. de Cambray. 120

Lettre CXXXV. *De Bossuet à M. de la Broue.* Sur ce qui s'étoit fait au sujet du livre de M. de Cambray, et sur la conduite que tenoit ce prélat. 122

Lettre CXXXVI. *De Bossuet à l'abbé Renaudot.* Sur les avis que le nonce donnoit au prélat. 123

Lettre CXXXVII. *De Bossuet à son neveu.* Sur la nouvelle promotion des cardinaux; l'exil de M. de Cambray, la protestation qu'il avoit faite avant son départ; et sur la manière dont les trois prélats devoient procéder dans son affaire. 123

Lettre CXXXVIII. *De Bossuet à son neveu.* Sur la *Déclaration des trois évêques*; la lettre que M. de Cambray avoit répandue en se retirant dans son diocèse; la confiance de ce prélat; et l'approbation que le roi donnoit au séjour de l'abbé Bossuet à Rome. 126

Lettre CXXXIX. *De M. l'archevêque de Cambray à un ami.* Sur ses dispositions à l'égard de son livre. 127

Lettre CXL. *De Bossuet à son neveu.* Sur le mécontentement qu'avoit produit la *lettre* de M. de Cambray *à un ami* ; la réponse qu'il y avoit faite, et l'écrit qu'il avoit composé pour suppléer à la *Déclaration*. 130

Lettre CXLI. *Du cardinal d'Aguirre à Bossuet.* Il fait l'éloge de son *Instruction sur les états d'oraison*. 132

Lettre CXLII. *De Bossuet à M. de Rancé.* Il justifie les lettres que cet abbé avoit écrites sur le livre de M. de Cambray, et l'excite à traiter la matière si Dieu lui en donnoit le mouvement. 133

Lettre CXLIII. *De l'abbé Berrier à M. de Rancé.* Il lui rend compte de tout ce qui se passoit dans l'affaire du quiétisme, et des propos qu'on avoit tenus au sujet des lettres que cet abbé avoit écrites sur M. de Cambray. 134

Lettre CXLIV. *De Bossuet à son neveu.* Sur les éclaircissemens ajoutés à la *Déclaration* des trois prélats, le vice des explications de M. Cambray, et la lettre de l'abbé de Chanterac à Madame de Ponthac. 136

Lettre CXLV. *De l'abbé de Chanterac à Madame de Ponthac.* Il fait l'éloge du livre de M. de Cambray et de sa personne. 140

Lettre CXLVI. *De Bossuet à son neveu.* Sur une autre protestation que M. de Cambray avoit substituée à la première; et la forme dans laquelle on pourroit condamner le livre de M. de Cambray. 142

Lettre CXLVII. *De l'abbé Phelippeaux à Bossuet.* Sur le séjour que cet abbé devoit faire à Rome, le soin qu'il vouloit donner à l'affaire dont on le chargeoit. 144

Lettre CXLVIII. *De l'abbé Bossuet à son oncle.* Sur l'effet qu'avoit produit la lettre du roi au Pape; le bien qu'opéreroit la *Déclaration* des trois prélats; et la sensation que faisoit à Rome la *lettre* de M. de Cambray à un ami. 146

Lettre CXLIX. *De Bossuet à M. de la Broue.* Sur l'état de l'abbé de Catelan auprès des princes; et la manière dont les trois évêques paroissoient dans l'affaire de M. de Cambray. 148

Lettre CL. *Bossuet à son neveu.* Il l'entretient de divers sujets de peu d'importance. 149

Lettre CLI. *De Bossuet à son neveu.* Sur la prochaine arrivée de l'abbé de Chanterac à Rome, le caractère de son esprit, et sur une seconde lettre de M. de Cambray. 150

Lettre CLII. *De Bossuet au cardinal d'Aguirre.* Il lui fait sentir le danger du quiétisme, et lui témoigne combien il auroit désiré jouir de sa présence. 152

Lettre CLIII. *De Bossuet à M. de la Broue.* Sur la *Déclaration* envoyée à Rome, et les incertitudes de M. de Cambray. 153

Lettre CLIV. *De Bossuet à son neveu.* Sur une confidence faite au cardinal de Janson, l'Instruction que M. de Paris devoit publier, et les livres demandés à Rome pour les examinateurs. 154

Lettre CLV. *De l'abbé Bossuet à son oncle.* Sur les qualifications envoyées par Bossuet, et les démarches de l'abbé de Chanterac. 155

Lettre CLVI. *De Bossuet à son neveu.* Sur l'addition du P. Damascène aux autres consulteurs; l'envoi de la traduction latine du livre de M. de Cambray, et les écrits que Bossuet faisoit passer à Rome. 160

Lettre CLVII. *De l'abbé Bossuet à son oncle.* Sur l'utilité qu'on retireroit d'engager les plus grands évêques de France et les personnes distinguées par leur savoir à se déclarer contre le livre de M. de Cambray. 162

Lettre CLVIII. *De Bossuet à son neveu.* Sur quelques écrits que ce prélat lui envoyoit; et sur l'avantage que M. de Cambray prétendoit tirer de deux livres anciennement approuvés, l'un par M. de Noailles, l'autre par Bossuet. 164

Lettre CLIX. *De l'abbé Bossuet à son oncle.* Il l'instruit des mesures qu'il prendra pour assurer le secret de ses lettres; et l'avertit des discours de l'abbé de Chanterac et de ses démarches. 166

Lettre CLX. *De l'abbé Bossuet à son oncle.* Sur les efforts du cardinal de Bouillon en faveur de M. de Cambray, les discours de l'abbé de Chanterac, et les délais accordés aux Jésuites dans l'affaire des Missions. 171

Lettre CLXI. *Du cardinal de Bouillon à Bossuet.* Il lui témoigne désirer vivement son amitié, et l'assure de la sienne ainsi que de son estime. 177

Lettre CLXII. *De Bossuet à son neveu.* Sur le projet de mettre seulement le livre de M. de Cambray à l'Index, et le mécontentement que la présence de l'abbé Bossuet donnoit au cardinal de Bouillon. 178

Lettre CLXIII. *De l'abbé Phelippeaux à Bossuet.* Il lui donne avis d'un écrit latin, qu'il avoit fait sur le livre de M. de Cambray, et lui marque ce que les examinateurs avoient arrêté dans leurs premières assemblées. 180

Lettre CLXIV. *De l'abbé Bossuet à son oncle.* Sur le bon effet de la *Déclaration des trois évêques*, et le jugement que portaient du livre des *Maximes* les cardinaux Noris et Casanate. 181

Lettre CLXV. *Du P. Augustin, dominicain, à Bossuet.* Sur une conversation qu'il avoit eue avec le cardinal Denhoff, au sujet du livre de M. de Cambray et des mystiques; sur la manière dont le P. Serri avoit encouru la disgrace du cardinal de Bouillon; et le jugement que portoient du livre de M. de Cambray les docteurs de Louvain et le père Massoulié. 185

Lettre CLXVI. *De Bossuet à son neveu.* Sur les promesses que le cardinal de Bouillon avoit faites au roi; la confiance qu'avoit le prélat, que la vérité triompheroit; et sur la conduite que devoit tenir l'abbé Bossuet. 190

Lettre CLXVII. *De l'abbé Bossuet à son oncle.* Sur le succès des sollicitations employées auprès du Pape, pour obtenir que les examinateurs entendissent l'abbé de Chanterac, et reçussent ce qu'il voudroit leur communiquer; sur les résolutions de la dernière assemblée des examinateurs, et l'inutilité des efforts des Cordeliers en faveur de Marie d'Agréda. 192

Lettre CLXVIII. *De Bossuet à son neveu.* Sur la lettre que le cardinal de Bouillon lui avoit écrite; une relation de l'affaire du quiétisme qu'il lui promet, et sur l'Instruction de M. de Paris, et une Ordonnance que M. de Cambray tenoit cachée. 195

Lettre CLXIX. *De l'abbé Bossuet à son oncle.* Sur la permission donnée aux examinateurs de communiquer à l'abbé de Chanterac leurs difficultés, et la résolution contraire qu'ils avoient prise à ce sujet. 197

Lettre CLXX. *De Bossuet à M. de Noailles, archevêque de Paris.* Il lui fait ses observations sur son *Instruction* contre le livre de M. de Cambray. 200

Lettre CLXXI. *De Bossuet à son neveu.* Sur sa nomination à la place de premier aumônier de la duchesse de Bourgogne; sur l'*Instruction pastorale* de M. de Cambray, et les raisons que ce prélat avoit eues de la tenir secrète. 202

Lettre CLXXII. *De l'abbé Bossuet à son oncle.* Sur une simple suppression du livre de M. de Cambray, la remise des congrégations, et ce qui y servoit de prétexte; et sur la communication des pièces et des propositions à l'abbé de Chanterac. 204

Lettre CLXXIII. *De Bossuet à son neveu.* Il lui apprend la manière dont le cardinal de Bouillon avoit écrit à l'abbé de Fleury sur le prélat et son neveu, et la réponse qu'il avoit fait faire à ses honnêtetés. 208

Lettre CLXXIV. *De l'abbé Bossuet à son oncle.* Sur l'avantage que l'on retiroit de l'impression des écrits des évêques; les dispositions de la Congrégation et du Pape touchant la communication demandée par l'abbé de Chanterac; divers écrits de M. de Meaux, et ceux publiés pour M. de Cambray. 209

Lettre CLXXV. *De l'abbé Phelippeaux à Bossuet.* Sur les mouvemens que cet abbé se donnoit, le retard qu'avoient éprouvé les congrégations, la traduction latine du livre de M. de Cambray, et les délais à craindre. 214

Lettre CLXXVI. *De Bossuet à son neveu.* Sur l'Instruction de M. de Cambray et celle de M. de Paris, et sur divers écrits qu'il envoie à son neveu. 216

Lettre CLXXVII. *De l'abbé Bossuet à son oncle.* Sur les raisons qui le portoient à ne point parler de l'affaire au cardinal de Bouillon ; l'importance qu'il y avoit de publier en France beaucoup d'écrits sur la matière, et le projet de former pour cette affaire une Congrégation de cardinaux. 219

Lettre CLXXVIII. *De Bossuet à son neveu.* Il lui recommande de témoigner au cardinal de Bouillon son mécontentement de ce qu'il vouloit faire passer cette affaire pour une querelle particulière entre lui et M. de Cambray, lui parle de l'*Instruction pastorale* de ce prélat, et des effets qu'elle devoit produire. 221

Extrait *de l'Instruction pastorale de M. l'archevêque de Paris, contre les faux mystiques,* du 27 octobre 1697, *fait par l'évêque de Meaux,* pour montrer que l'unique but de cet ouvrage est de combattre les erreurs de M. de Cambray, aux notes. 222

Lettre CLXXIX. *De l'abbé Phelippeaux à Bossuet.* Sur les écrits donnés par M. de Cambray pour tirer en longueur; et sur plusieurs faits relatifs à cette affaire. 226

Lettre CLXXX. *De l'abbé Bossuet à son oncle.* Sur la manière dont il agissoit pour accélérer le jugement de l'affaire; la Congrégation nouvelle qu'on avoit eu dessein de former; et sur l'*Instruction* de M. de Cambray. 227

Lettre CLXXXI. *Du cardinal le Camus à Bossuet.* Il donne de justes éloges à son zèle contre les nouveautés, et à son dernier ouvrage sur le quiétisme. 231

Lettre CLXXXII. *De Bossuet à son neveu.* Sur l'*Instruction pastorale* de M. de Paris contre le livre de M. de Cambray, les dispositions de ce dernier, et l'opposition des docteurs à ses sentimens. 232

Lettre CLXXXIII. *De l'abbé Bossuet à son oncle.* Sur deux écrits contre les trois évêques opposés à M. de Cambray, les notes explicatives de ce dernier sur son livre; le dessein de ses partisans de faire suspendre l'examen jusqu'à ce qu'il eût répondu aux pièces publiées contre lui. 233

Lettre CLXXXIV. *De Bossuet à son neveu.* Sur le mariage du duc de Bourgogne; l'*Instruction pastorale* de M. de Noailles; les éloges que l'abbé de Chanterac donnoit à Fénelon; et sur la conduite du prélat dans l'assemblée de 1682. 238

Lettre CLXXXV. *De l'abbé Bossuet à son oncle.* Sur ses démarches pour faire recommencer les conférences des examinateurs, des dispositions du Pape, une conversation que cet abbé avoit eue avec le cardinal de Bouillon, l'Ordonnance de M. de Cambray et celle de M. de Paris, et sur les notes explicatives de M. de Cambray. 246

Lettre CLXXXVI. *De l'abbé Phelippeaux à Bossuet.* Sur l'inquiétude que donnoit à l'abbé de Chanterac la Relation de M. de Meaux; le mérite des écrits du prélat ; et sur plusieurs écrits faits pour M. de Cambray. 247

Lettre CLXXXVII. *De Bossuet à son neveu.* Sur des remarques abrégées qu'il devoit faire imprimer contre M. de Cambray, et sur l'improbation universelle que témoignoient pour le livre et l'*Instruction* de ce prélat les évêques et les docteurs. 250

Lettre CLXXXVIII. *De l'abbé Bossuet à son oncle.* Sur les conférences des examinateurs, qui étoient reprises. 252

Lettre CLXXXIX. *De l'abbé Phelippeaux à Bossuet.* Sur le rétablissement des assemblées, et les prétextes dont on cherchoit à en excuser l'interruption. 253

Lettre CXC. *De Madame de Maintenon à Bossuet.* Sur l'affaire du quiétisme. 255

Lettre CXCI. *De Bossuet à son neveu.* Sur les motifs qui l'engagent à composer différens ouvrages sur la matière, contre l'avis de ceux qui pensoient qu'il ne falloit point écrire. 255

Lettre CXCII. *De Bossuet à son neveu.* Il lui donne des avis pour se conduire dans cette affaire. 256

Lettre CXCIII. *De l'abbé Phelippeaux à Bossuet.* Sur les craintes qu'on donnoit à l'abbé de Chanterac; les conférences des examinateurs; et les écrits publiés à Rome en faveur de M. de Cambray. 257

Lettre CXCIV. *De l'abbé Bossuet à son oncle.* Sur plusieurs des examinateurs, et l'Ordonnance de M. de Paris. 259

Lettre CXCV. *De Bossuet à son neveu.* Sur les procédés de M. de Cambray l'approbation qu'on donnoit à l'*Instruction* de M. de Noailles, et la *Déclaration des trois évêques*. 260

Lettre CXCVI. *De l'abbé Bossuet à l'abbé de Gondi.* Il le prie d'empêcher que l'agent du grand-duc de Toscane à Rome, ne favorise le livre de M. de Cambray. 261

Lettre CXCVII. *De l'abbé de Gondi à l'abbé Bossuet.* Il l'assure des bonnes intentions du grand-duc pour le soutien de la cause que défendoit M. de Meaux. 263

Lettre CXCVIII. *De l'abbé Bossuet à son oncle.* Sur les dispositions des examinateurs au sujet de M. de Cambray; il demande à Bossuet un écrit contre l'*Instruction* de ce prélat. 264

Lettre CXCIX. *De Bossuet à M. de la Broue, évêque de Mirepoix.* Sur les écrits contre le quiétisme qu'il devoit publier cette année; et l'état de cette affaire à Rome. 265

Lettre CC. *De Bossuet à son neveu.* Sur les raisons qui devoient engager Rome à mettre plus de célérité dans le jugement de cette affaire; et les faux bruits que répandoit le cardinal de Bouillon. 266

Lettre CCI. *De l'abbé Phelippeaux à Bossuet.* Sur la traduction latine que M. de Cambray avoit faite de son livre. 268

Lettre CCII. *De l'abbé Bossuet à son oncle.* Sur les adresses qu'on avoit employées pour faire joindre deux évêques aux examinateurs; et sur le caractère de ces deux prélats. 268

Lettre CCIII. *De Bossuet à son neveu.* Sur la lettre de M. Giori au cardinal de Janson, et quelques écrits publiés en faveur des quiétistes. 273

Lettre CCIV. *De l'archevêque de Reims à l'abbé Bossuet.* Sur la procédure qu'il avoit intentée contre les Jésuites. 275

Lettre CCV. *Du cardinal de Bouillon à Bossuet.* Il assure le prélat qu'il est bien éloigné de suspecter la droiture et la pureté de ses intentions dans l'affaire du quiétisme. 275

Lettre CCVI. *De l'abbé Bossuet à son oncle.* Sur les conférences qui se tenoient à Rome touchant le livre de M. de Cambray, et un entretien que cet abbé avoit eu avec le cardinal de Bouillon. 276

Lettre CCVII. *De Bossuet à son neveu.* Sur l'affaire de M. de Reims avec les Jésuites, les deux nouveaux consulteurs, le succès de la *Relation* du prélat, et la nécessité de la communiquer au Pape. 279

Lettre CCVIII. *De l'abbé Ledieu à l'abbé Bossuet.* Sur différens écrits qu'il lui envoyoit, et l'accommodement qui devoit se faire entre M. de Reims et les Jésuites. 280

Lettre CCIX. *De l'abbé Bossuet à son oncle.* Sur les disputes introduites dan l'examen du livre des *Maximes*; l'effet qu'avoient produit les

Remarques de l'évêque de Meaux ; et le nouveau sens que M. de Cambray vouloit donner à son livre. 281

Lettre CCX. *De Bossuet à M. de la Broue.* Sur deux nouveaux consulteurs nommés par le Pape ; la forme dans laquelle on devoit prononcer la condamnation de M. de Cambray, et les délais qu'on lui accordoit pour répondre. 286

Lettre CCXI. *De M. de Noailles, archevêque de Paris, à l'abbé Bossuet.* Sur le succès qu'avoit à Rome son *Instruction* touchant le quiétisme. 288

Lettre CCXII. *De Bossuet à son neveu.* Sur les mesures à prendre pour empêcher d'allonger l'affaire ; et sur la conduite que cet abbé devoit tenir à Rome. 288

Lettre CCXIII. *De l'archevêque de Reims à l'abbé Bossuet.* Sur son affaire avec les Jésuites. 290

Lettre CCXIV. *De l'abbé Phelippeaux à Bossuet.* Sur quelques écrits de M. de Cambray ; la manière dont on procédoit dans les congrégations ; le caractère des consulteurs qui devoient voter ; et un nouvel examinateur nommé par le Pape. 290

Lettre CCXV. *De l'abbé Bossuet à son oncle.* Sur les dispositions des consulteurs ; une conversation du prélat Giori avec le Pape, et les réponses de M. de Cambray. 294

Lettre CCXVI. *De l'abbé Phelippeaux à Bossuet.* Sur un écrit que cet abbé avoit fait contre M. de Cambray, la réponse de ce prélat à la *Déclaration des évêques*, et la nomination de deux cardinaux pour présider aux congrégations. 297

Lettre CCXVII. *De l'abbé Bossuet à son oncle.* Sur les motifs qui avoient porté le Pape à nommer deux cardinaux pour assister aux conférences ; sur leurs dispositions, et les avantages que procuroit leur présence. 299

Lettre CCXVIII. *De Bossuet à son neveu.* Il lui parle de M. Giori, des disputes ordonnées dans les conférences, de la dépense à Rome, et des moyens pour y fournir. 304

Lettre CCXIX. *De l'archevêque de Reims à l'abbé Bossuet.* Il lui parle d'un écrit pour le livre de Sfondrate, et se plaint avec raison de la conduite que tenoit à son égard le cardinal Noris. 306

Lettre CCXX. *De Bossuet à M. Giori.* Il donne de grands éloges à son mérite, et implore le secours de ce prélat pour défendre la vérité dans le péril qu'elle couroit. 306

Lettre CCXXI. *De l'abbé Bossuet à son oncle.* Sur le dessein des partisans de Fénelon d'empêcher une condamnation détaillée de son livre, et la qualification des propositions. 307

Lettre CCXXII. *De Bossuet à son neveu.* Sur les mauvais bruits que les ennemis de cet abbé avoient répandus à son sujet ; la maladie du cardinal de Janson ; le courage et la prudence dont ce tabbé avoit besoin. 309

Lettre CCXXIII. *De Bossuet à son neveu.* Sur les avantages qu'on pouvoit tirer des disputes introduites parmi les examinateurs ; sur une lettre de M. de Cambray au nonce ; et les dispositions des plus grands évêques en faveur des trois prélats. 311

Mémoire remis par le roi entre les mains du nonce, pour être envoyé à Rome, et porter le Pape à accélérer la condamnation du livre de M. de Cambray. 312

Lettre CCXXIV. *De l'abbé Phelippeaux à Bossuet.* Sur les falsifications commises dans la traduction latine de M. de Cambray ; les retards causés par l'adjonction des nouveaux examinateurs ; l'état où se trouvoit l'affaire, et les longueurs qu'elle devoit éprouver. 314

LETTRE CCXXV. *De l'abbé Bossuet à son oncle.* Sur la fausseté d'une aventure injurieuse à cet abbé. 317

LETTRE CCXXVI. *De Bossuet à son neveu.* Sur le bien qu'il espère de la nomination des deux cardinaux; l'union constante des trois évêques, et le mécontentement que donnoient au roi ceux qui favorisoient M. de Cambray. 318

LETTRE CCXXVII. *De l'archevêque de Reims à l'abbé Bossuet.* Il déplore la conduite du cardinal Noris à son égard; lui parle du recueil imprimé des pièces de son démêlé avec les Jésuites et des lenteurs scandaleuses de la Cour de Rome dans l'affaire du quiétisme. 320

EPISTOLA CCXXVIII. *Bossueti ad cardinalem Spadam.* Multa perorat de fine quo susceperit tractandas quæ apud sanctam Sedem quæstiones discutiebantur, deque mente quâ omnia sua opera elaborare velit. 321

LETTRE CCXXIX. *De l'abbé Bossuet à son oncle.* Il lui fait part des représentations qu'il avoit faites sur les lenteurs qu'on apportoit dans cette affaire, et sur le partage des théologiens; et montre la fausseté de l'histoire de son prétendu assassinat. 322

LETTRE CCXXX. *De Bossuet à son neveu.* Sur son nouveau livre contre M. de Cambray, sa lettre au cardinal Spada, et les longueurs qu'il appréhendoit dans l'examen. 327

LETTRE CCXXXI. *De l'abbé Phelippeaux à Bossuet.* Sur les conférences, la manière dont s'y conduisoient les différens consulteurs, leur caractère, et le besoin qu'on avoit d'un écrit latin qui fût à leur portée. 330

LETTRE CCXXXII. *De l'abbé Bossuet à son oncle.* Il se justifie des accusations formées contre lui; et l'instruit de l'effet qu'avoient produit les nouvelles instances du roi pour accélérer le jugement de l'affaire. 333

LETTRE CCXXXIII. *De Bossuet à son neveu.* Sur l'utilité de l'avertissement de son dernier écrit; l'effet que produisoit sa *Préface sur l'instruction pastorale* de M. de Cambray, une lettre de ce prélat au P. de la Chaise, pour empêcher Bossuet d'écrire; et sur des faits avancés par Fénelon dans plusieurs de ses écrits. 336

DÉCLARATION du P. La Combe à M. l'évêque de Tarbes. 340

LETTRE CCXXXIV. *De l'abbé Phelippeaux à Bossuet.* Sur le bon effet qu'avoit opéré la lettre du nonce; les questions traitées dans un écrit de M. de Cambray; et la manière dont avoient voté les examinateurs dans plusieurs congrégations. 346

LETTRE CCXXXV. *De l'abbé Bossuet à son oncle.* Il lui rend compte des dernières conférences. 348

LETTRE CCXXXVI. *De Bossuet à son neveu.* Sur quelques ouvrages de M. de Cambray, et la réponse qu'on devoit lui faire. 350

LETTRE CCXXXVII. *De l'abbé Phelippeaux à Bossuet.* Sur un écrit que cet abbé avoit fait; sur ceux que M. de Cambray venoit de distribuer, et sur la satisfaction qu'on avoit de la *Préface* de Bossuet. 351

LETTRE CCXXXVIII. *De l'abbé Bossuet à son oncle.* Sur un nouvel artifice employé pour étrangler l'affaire, l'audience très-favorable qu'il avoit eue de Sa Sainteté; et les conférences des consulteurs. 353

LETTRE CCXXXIX. *De Bossuet à son neveu.* Sur les calomnies débitées contre lui, et la forme de la condamnation du livre de M. de Cambray. 357

LETTRE CCXL. *De M. de Noailles, archevêque de Paris, à l'abbé Bossuet.* Il lui parle des obstacles qu'il avoit à éprouver, d'une proposition du cardinal de Bouillon, du procureur général des Minimes; lui promet ses bons offices, et l'exhorte à ne pas se décourager. 358

LETTRE CCXLI. *De l'abbé Bossuet à son oncle.* Sur le bon effet que la relation du prélat avoit produit sur l'esprit du Pape; les sentimens du cardinal Spada pour lui; et sur ce qui s'étoit passé dans la dernière conférence. 359

LETTRE CCXLII. *De M. de Noailles, archevêque de Paris, à l'abbé Bossuet.* Il lui mande qu'il a remis sa lettre à Madame de Maintenon, le rassure contre les mauvaises impressions qu'on avoit cherché à donner de sa conduite. 363

LETTRE CCXLIII. *De M. Le Tellier, archevêque de Reims, à l'abbé Bossuet.* Sur la calomnie qu'on avoit débitée sur son sujet. 363

LETTRE CCXLIV. *De Bossuet à son neveu.* Sur les dispositions des cardinaux Noris et Ferrari, l'espérance qu'il avoit de voir la vérité triompher; les différens écrits latins qu'il préparoit; et les raisons pour et contre une censure générale. 364

MÉMOIRE *du P. Latenai, assistant du général des Carmes, à Rome*, sur les sentimens et la conduite d'une dévote quiétiste. 366

LETTRE CCXLV. *De l'abbé Bossuet à son oncle.* Sur les différens ouvrages dont la cause avoit besoin; sur un écrit publié sous le nom d'un docteur de Louvain, en faveur de M. de Cambray; et les raisons de ne plus ménager ce prélat. 367

LETTRE CCXXLVI. *De Madame de Maintenon à Bossuet.* Elle lui déclare que le roi est très-persuadé de l'innocence de son neveu, et l'exhorte à le rassurer promptement. 371

LETTRE CCXLVII. *De Bossuet au cardinal d'Aguirre.* Sur les Prolégomènes de ce cardinal contre les nouveaux Ariens, la calomnie répandue sur l'abbé Bossuet, et sur les motifs qui l'ont porté à écrire contre la nouvelle oraison. 372

LETTRE CCXLVIII. *De Bossuet à son neveu.* Sur la lettre que madame de Maintenon lui avoit écrite, et sur différens points d'une lettre de cet abbé. 374

LETTRE CCXLIX. *De l'abbé Bossuet à son oncle.* Sur une proposition que le cardinal de Bouillon avoit faite au Pape, et les démarches qu'il avoit faites pour en traverser le succès; sur l'audience qu'il avoit eue de Sa Sainteté, et les dispositions des cardinaux. 375

LETTRE CCL. *De M. de Noailles, archevêque de Paris, à l'abbé Bossuet.* Sur les moyens de rendre plus utiles les audiences que le Pape lui donnoit, les trois lettres de M. de Cambray, et les calomnies débitées contre cet abbé. 379

LETTRE CCLI. *De Bossuet à l'abbé Renaudot.* Sur l'affaire de M. de Cambray, et une fausse maxime que ce prélat avoit avancée dans une de ses lettres. 380

LETTRE CCLII. *De l'abbé Phelippeaux à Bossuet.* Sur la célérité que les consulteurs mettoient dans leur examen; la démarche qu'avoit faite l'abbé de Chanterac; les nouveaux imprimés de M. de Cambray; et le véritable auteur de la *Lettre d'un docteur de Louvain.* 381

LETTRE CCLIII. *De l'abbé Bossuet à son oncle.* Sur une demande singulière qu'avoit faite M. de Chanterac, en distribuant aux examinateurs de nouveaux livres; et sur ce qui s'étoit passé dans les dernières conférences. 383

LETTRE CCLIV. *De Bossuet à son neveu.* Sur le zèle que les protestans témoignoient pour M. de Cambray; les avantages qu'ils tireroient du silence de Rome; et les lettres que M. de Cambray commençoit à lui adresser. 385

LETTRE CCLV. *De l'abbé de Castries à l'abbé Bossuet.* Sur les mauvais bruits qu'on avoit fait courir à son désavantage. 387

LETTRE CCLVI. *De l'abbé Phelippeaux à Bossuet.* Sur les différences d'une nouvelle édition que Fénelon venoit de donner de quelques-uns de ses ouvrages ; sur des questions que les partisans du livre élevoient; et les contradictions de M. de Cambray. 388

Lettre CCLVII. *De l'abbé Bossuet à son oncle.* Sur l'état des congrégations; les conférences qu'il avoit eues avec quelques cardinaux; et les bruits que répandoit l'abbé de Chanterac sur les dispositions du roi. 390

Lettre CCLVIII. *De Bossuet à son neveu.* Il lui marque comment M. Giori espéroit conduire l'affaire à une heureuse fin ; l'avertit d'un mécontentement que le roi avoit eu d'une de ses démarches; et lui témoigne être assuré que la vérité triomphera. 392

Mémoire dans lequel on prouve que le saint Siége ne doit pas se contenter d'une simple prohibition du livre de M. de Cambray, mais qu'il doit censurer et qualifier les propositions extraites de ce livre par les examinateurs. 395

Lettre CCLIX. *De M. de Noailles, archevêque de Paris, à l'abbé Bossuet.* Sur les moyens de rendre inutiles les efforts du cardinal de Bouillon en faveur de M. de Cambray. 398

Lettre CCLX. *De l'abbé Bossuet à son oncle.* Sur la situation des affaires, et le plan que devoient suivre les examinateurs bien intentionnés; les avantages qu'on tiroit du silence de M. de Chartres, et les vues ambitieuses de l'abbé Bossuet pour l'élévation de son oncle. 399

Lettre CCLXI. *De Bossuet à son neveu.* Sur les raisons qu'avoit eues M. de Cambray d'altérer les premiers écrits qu'il avoit produits à Rome; la confrontation du P. La Combe avec Madame Guyon, et les réponses que préparoient M. de Paris et M. de Chartres. 402

Lettre CCLXII. *Du P. La Combe à Madame Guyon.* Il fait l'aveu des fautes qu'ils avoient pu commettre, et l'exhorte à imiter son repentir. 403

Lettre CCLXIII. *De l'abbé Phelippeaux à Bossuet.* Sur les opérations des examinateurs; les faux bruits que répandoit l'abbé de Chanterac, et les excuses du cardinal de Bouillon. 404

Lettre CCLXIV. *De l'abbé Bossuet à son oncle.* Sur les cardinaux qui lui étoient suspects, et ceux dont il croyoit être assuré, les dispositions actuelles de l'ambassadeur d'Espagne, et la conduite que tenoit celui de l'empereur ; l'état du Pape, et les précautions que les circonstances demandoient. 407

Lettre CCLXV. *De Bossuet à son neveu.* Sur différents écrits qui devoient paroître contre M. de Cambray; et les éditions différentes de la Réponse de ce prélat à la *Déclaration*. 410

Lettre CCLXVI. *De Bossuet à son neveu.* Sur une condamnation générale du livre : l'attachement de M. de Chartres à la cause; sur deux derniers écrits latins de Bossuet, et la Réponse de M. de Paris à M. de Cambray. 411

Lettre CCLXVII. *De M. de Noailles, archevêque de Paris, à l'abbé Bossuet.* Sur sa *Réponse aux quatre lettres de M. de Cambray;* la traduction latine de son *Instruction,* et les actes qu'il devoit bientôt envoyer. 413

Lettre CCLXVIII. *De M. Godet des Marais, évêque de Chartres, à l'abbé Bossuet.* Sur les faux bruits répandus de son changement à l'égard du livre de M. de Cambray. 414

Lettre CCLXIX. *De l'abbé Phelippeaux à Bossuet.* Sur les assemblées tenues par les cinq examinateurs déclarés contre le livre, les dispositions des autres consulteurs, et sur l'effet qu'avoit produit la Déclaration du P. La Combe. 415

Lettre CCLXX. *De l'abbé Bossuet à son oncle.* Sur les raisons qu'il a eues de ne pas consentir à porter l'affaire à la Congrégation des cardinaux avant que les consulteurs eussent achevé leur examen ; et sur le plan que le cardinal Casanate désiroit qu'on suivit. 417

Lettre CCLXXI. *De M. de Noailles, archevêque de Paris, à l'abbé Bossuet.* Sur le partage des examinateurs, les dispositions des cardinaux et du Pape. 421

Lettre CCLXXII. *De l'abbé Ledieu à l'abbé Bossuet.* Sur les écrits que Bossuet préparoit et devoit encore publier; la conduite qu'on se proposoit désormais de tenir à l'égard de M. de Cambray. 422

Lettre CCLXXIII. *De l'abbé Bossuet à son oncle.* Sur l'effet qu'avoit produit la lettre écrite au Pape par le nonce, de la part du roi ; sur l'audience qu'il avoit eue depuis de Sa Sainteté; et les craintes qu'on tâchoit d'inspirer au Pape. 424

Lettre CCLXXIV. *De Bossuet à son neveu.* Sur la meilleure manière de justifier les faits ; et sur les écrits qu'il devoit encore donner au public. 427

Lettre CCLXXV. *De M. de Noailles, archevêque de Paris, à l'abbé Bossuet.* Il le loue d'avoir empêché qu'on ne précipitât l'affaire; et approuve tout ce qu'il avoit dit au Pape. 428

Lettre CCLXXVI. *De l'abbé Phelippeaux à Bossuet.* Sur les propositions extraites du livre de M. de Cambray; ce qui s'étoit passé dans la congrégation des cardinaux; et le besoin qu'on avoit des preuves de fait. 429

Lettre CCLXXVII. *De l'abbé Bossuet à son oncle.* Sur l'usage qu'il a fait de la lettre de M. de Cambray à Madame de Maintenon ; la conversation qu'il a eue à ce sujet avec le cardinal de Bouillon, et ce qui s'étoit passé dans la dernière congrégation. 430

Lettre CCLXXVIII. *De Bossuet à M. de la Loubère.* Sur une chute qu'il avoit faite, et sur l'égarement déplorable de M. de Cambray. 433

Lettre CCLXXIX. *De Bossuet à son neveu.* Sur la manière dont le roi s'étoit expliqué au nonce, et sur différens ouvrages contre M. de Cambray que l'abbé Bossuet devoit bientôt recevoir. 434

Lettre CCLXXX. *De M. de Noailles, archevêque de Paris, à l'abbé Bossuet.* Il lui témoigne désirer qu'on accélère le jugement, et lui apprend le renvoi de plusieurs personnes préposées à l'éducation des princes. 435

Lettre CCLXXXI. *De l'abbé Bossuet à son oncle.* Sur la *Réponse de M. de Paris aux quatre Lettres de M. de Cambray*, l'usage qu'il a fait de la lettre de ce dernier à madame de Maintenon; et les dernières asssemblées des cardinaux. 435

Lettre CCLXXXII. *De l'archevêque de Reims à l'abbé Bossuet.* Sur l'expulsion des amis et des créatures de M. de Cambray, les motifs qui avoient empêché M. de Reims d'aller à Cambray en passant par Arras, et les réponses de MM. de Paris et de Meaux. 438

Lettre CCXXXIII. *De Bossuet à son neveu.* Il l'assure que les délais qu'on apporteroit à Rome, pour mieux juger, ne déplairont point au roi ; lui apprend quels sont ceux qui ont été choisis pour continuer l'éducation des princes ; et désire que la décision de Rome soit telle, qu'elle puisse être reçue unanimement. 439

Lettre CCLXXXIV. *De l'abbé Bossuet à son oncle.* Sur la lettre de M. de Paris, la lettre du P. La Combe à madame Guyon, et celle de M. de Cambray à Madame de Maintenon ; sur la conférence que cet abbé avoit eue avec le saint Père, et les congrégations qui s'étoient tenues depuis peu devant Sa Sainteté. 440

Lettre CCLXXXV. *De Bossuet à M. de la Broue.* Sur les réponses faites à M. de Cambray, le renvoi de ses créatures, et les personnes qu'on avoit épargnées. 443

Lettre CCLXXXVI. *De Bossuet à son neveu.* Sur la manière dont il a parlé au nonce; sa *Relation du quiétisme*, l'authenticité des pièces qu'elle contient; et sur deux propositions omises parmi celles qu'on jugeoit condamnables. 445

Lettre CCLXXXVII. *De M. de Noailles, archevêque de Paris, à l'abbé Bossuet.* Sur les bons effets de la *Réponse* de ce prélat, l'authenticité de toutes les pièces qu'on envoyoit à Rome, et sur la nécessité de presser le jugement. 447

Lettre CCLXXXVIII. *De Bossuet à son neveu.* Il lui promet que la suite de sa *Relation* authentiquera tous les faits; lui parle de la réponse de M. de Chartres, et des dispositions fermes et invariables du roi à l'égard de M. de Cambray; l'assure du concert des évêques, et lui apprend le grand effet de la *Réponse* de M. de Paris et de la sienne. 449

Lettre CCLXXXIX. *De M. de Noailles, archevêque de Paris, à l'abbé Bossuet.* Sur les bons effets de sa *Réponse à M. de Cambray*, la *Relation* de M. de Meaux, et l'ouvrage de M. de Chartres. 451

Lettre CCXC. *De l'abbé Phelippeaux à Bossuet.* Sur la conduite du roi à l'égard de M. de Cambray; la manière dont les consulteurs avoient voté dans les dernières congrégations; les moyens à prendre pour abréger; et l'affaire de M. de Saint-Pons avec les Récollets. 452

Lettre CCXCI. *De l'abbé Bossuet à son oncle.* Sur le projet qu'il avoit proposé pour abréger les discussions, et l'expédient présenté par le cardinal Noris; sur un conseil secret qu'on désiroit faire établir par le Pape; et les sentimens du saint Père touchant les écrits publiés par les trois évêques. 454

Projet présenté aux consulteurs pour abréger l'examen du livre de M. de Cambray. 457

Propositions extraites par les qualificateurs du livre des *Maximes des Saints* de M. l'archevêque de Cambray. 458

Lettre CCXCII. *De Bossuet à son neveu.* Sur le prodigieux effet que produisoit à la Cour sa *Relation;* les murmures qu'on entendoit contre les longueurs de Rome; et les dispositions des princes à l'égard de M. de Cambray. 465

Admonition générale *aux directeurs des ames sur les états d'oraison.* 467

Lettre CCXCIII. *De l'abbé Phelippeaux à Bossuet.* Sur les moyens qu'on devoit prendre pour abréger; la manière dont votoient les examinateurs; la conversation qu'un homme de bien avoit eue avec le Pape touchant cette affaire; les démarches de l'abbé de Chanterac auprès des universités, et les dispositions de la Faculté de Louvain. 468

Lettre CCXCIV. *De l'abbé Bossuet à son oncle.* Sur l'effet qu'avoit produit à Rome le renvoi des personnes qui étoient auprès des princes; les expédiens proposés à la dernière assemblée pour abréger; et sur une conversation que cet abbé avoit eue avec le Pape. 471

Lettre CCXCV. *De l'abbé Bossuet à M. de Noailles, archevêque de Paris.* Il lui rend compte des différens objets contenus dans la lettre précédente, en y ajoutant quelques circonstances particulières. 475

Lettre CCXCVI. *De Bossuet à M. de Noailles, archevêque de Paris.* Sur les moyens propres à abréger l'affaire; et sur une conférence que les partisans de M. de Cambray vouloient avoir avec ce prélat. 479

Lettre CCXCVII. *De M. Le Tellier, archevêque de Reims à M. l'abbé Bossuet.* Sur la prochaine conclusion de l'affaire du quiétisme et la relation de M. de Meaux. 481

Lettre CCXCVIII. *De Bossuet à son neveu.* Sur l'effet de sa *Relation*, et le soulèvement universel contre M. de Cambray; et sur des écrits de l'abbé Phelippeaux. 481

TABLE. 611

Lettre CCXCIX. *De M. de Noailles, archevêque de Paris, à l'abbé Bossuet.* Sur les grands changemens qu'avoit opérés la *Relation* de Bossuet; le ton que devoit prendre cet abbé pour porter les Romains à accélérer; et les dispositions du roi. 484

Lettre CCC. *De l'abbé Phelippeaux à Bossuet.* Sur la traduction en italien de l'*Instruction sur les états d'oraison;* un entretien du P. Roslet avec le cardinal de Bouillon; et l'ordre signifié de réduire les propositions à certains chefs, pour abréger. 486

Lettre CCCI. *De l'abbé Bossuet à son oncle.* Sur les ordres donnés par le Pape pour abréger l'examen; les bonnes intentions des cardinaux; l'improbation donnée au plan que le cardinal de Bouillon avoit fait proposer; et les soins de cette Eminence pour empêcher qu'on ne censurât fortement le livre. 488

Lettre CCCII. *De M. Perrault de l'Académie françoise, à Bossuet.* Il rétracte le jugement qu'il avoit porté de la conduite du prélat à l'égard de M. de Cambray; et le félicite des services qu'il rendoit à l'Eglise dans cette affaire. 492

Lettre CCCIII. *De dom Innocent le Masson, prieur de la grande Chartreuse, à Bossuet.* Sur les écrits du prélat contre le nouveau quiétisme, et les pernicieux effets de cette doctrine. 493

Lettre CCCIV. *De l'abbé Bossuet à son oncle.* Sur les mesures prises par l'ordre du Pape, pour abréger; les deux objets qui fixoient l'attention du cardinal de Bouillon; et l'écrit de M. de Chartres. 494

Lettre CCCV. *De M. de Noailles, archevêque de Paris, à l'abbé Bossuet.* Sur la nécessité d'une prompte décision; le changement fait par le roi dans la maison des princes; et le projet présenté par cet abbé. 497

Lettre CCCVI. *De Bossuet à son neveu.* Sur le dernier projet proposé pour abréger; une censure faite par le P. Alexandre; l'effet de sa *Relation;* sur la place de précepteur des princes; et sur des pièces relatives à Madame Guyon. 498

Lettre CCCVII. *De l'abbé Bossuet à son oncle.* Sur le besoin qu'on avoit des écrits du prélat; l'inexécution des ordres de Sa Sainteté relativement aux moyens d'abréger; et le résultat des dernières congrégations. 500

Lettre CCCVIII. *De Bossuet à M. de la Broue.* Il lui demande son jugement sur sa *Relation;* lui apprend le grand effet qu'elle a produit à la ville et à la Cour. 503

Lettre CCCIX. *De Bossuet à M. de Noailles, archevêque de Paris.* Sur le projet présenté par le général de la Minerve, les chefs auxquels on devoit réduire les propositions: et les précautions à prendre pour empêcher qu'on ne surprît l'Université de Salamanque. 504

Lettre CCCX. *De M. Le Tellier, archevêque de Reims à l'abbé Bossuet.* Sur les longueurs de la cour de Rome. 506

Lettre CCCXI. *De Bossuet à son neveu.* Sur les moyens propres à abréger; les difficultés d'une condamnation détaillée; les bons offices du grand-duc; et le changement opéré par sa *Relation* dans plusieurs personnes distinguées. 507

Lettre CCCXII. *De l'abbé Phelippeaux à Bossuet.* Sur la manière dont les examinateurs avoient voté dans les dernières congrégations; l'étonnement où étoient réduits les partisans de M. de Cambray, par la lecture de la *Relation,* et les mesures que le Pape avoit prises depuis cette lecture. 509

Lettre CCCXIII. *De l'abbé Bossuet à son oncle.* Sur le peu d'ordre qu'on suivoit dans les congrégations, une conférence du Pape avec le cardinal Casanate, et le succès de la *Relation.* 512

Lettre CCCXIV. *De Bossuet à M. de Noailles, archevêque de Paris.* Sur le dessein de faire une censure en France, si le Pape venoit à mourir; et sur le projet de la censure provisoire qui n'avoit pas eu lieu. 514

Lettre CCCXV. *De Bossuet à son neveu.* Il désire qu'on fasse donner aux examinateurs leurs avis par écrit, et lui annonce la traduction en italien de sa *Relation*. 515

Lettre CCCXVI. *De l'abbé Bossuet à son oncle.* Sur le temps où les qualificateurs devoient finir, les motifs de l'absence du cardinal de Bouillon, et les délibérations des consulteurs. 516

Lettre CCCXVII. *De l'abbé Bossuet à son oncle.* Sur les nouveaux ordres donnés par le Pape, pour faire exécuter le projet adopté dans la vue d'accélérer; les efforts du cardinal de Bouillon pour empêcher qu'on ne le suivît; et la conduite qu'on devoit tenir en France. 517

Lettre CCCXVIII. *De M. Le Tellier, archevêque de Reims, à M. l'abbé Bossuet.* Sur différens écrits de M. de Cambray, qu'il demande. 522

Lettre CCCXIX. *De Bossuet à son neveu.* Sur l'Instruction de M. de Chartres; les écrits secrets que répandoient les amis de M. de Cambray; l'intercession prétendue des communautés en faveur de ce prélat; et sur la manière dont le Pape avoit mortifié le cardinal de Bouillon dans une congrégation. 522

Lettre CCCXX. *De M. de Noailles, archevêque de Paris, à l'abbé Bossuet.* Sur le projet que l'on suivoit pour abréger; l'opinion de l'archevêque de Chieti, la disposition des cardinaux, celle du roi et du nonce. 524

Lettre CCCXXI. *De l'abbé Phelippeaux à Bossuet.* Sur la réponse de M. de Cambray à la lettre de M. de Paris, et sur une lettre de M. le Camus touchant Madame Guyon. 526

Lettre CCCXXII. *De Bossuet à M. de Noailles, archevêque de Paris.* Il lui demande un écrit sur la réduction des propositions; il lui parle de ceux qu'on répandoit contre les trois prélats, et des propos qu'on tenoit. 528

Lettre CCCXXIII. *Du R. P. Candide Champy, ex-provincial des Récollets d'Artois, à Bossuet.* Il l'instruit de différens faits relatifs aux ouvrages de M. de Cambray, et lui apprend de quelle manière il les faisoit imprimer et parvenir à Rome. 529

Lettre CCCXXIV. *De Bossuet à son neveu.* Sur la traduction italienne de sa *Relation*, la réponse de M. de Cambray, les difficultés pour se procurer ses écrits, et le dessein de la Cour de nommer un nouvel ambassadeur à Rome. 531

Lettre CCCXXV. *De M. de Noailles, archevêque de Paris, à l'abbé Bossuet.* Il lui témoigne être fâché des dispositions du cardinal Nerli, et souhaite qu'on tienne en appréhension les Romains pour les obliger à bien faire. 532

Lettre CCCXXVI. *De l'abbé Bossuet à son oncle.* Sur les différens projets de censure qui lui avoient été envoyés; les mesures qu'il vouloit prendre pour obtenir une bonne décision, le soin avec lequel on tenoit secrète la *Réponse de M. de Cambray à M. de Paris*; et la conclusion prochaine du rapport des examinateurs. 533

Lettre CCCXXVII. *De Bossuet à son neveu.* Sur ce qu'il écrit à la Cour, pour que le roi fasse agir le nonce, et sur la traduction italienne de sa *Relation*. 536

Lettre CCCXXVIII. *De Bossuet à M. de Noailles, archevêque de Paris.* Sur la Réponse latine de M. de Cambray à cet archevêque, que l'abbé Bossuet envoyoit de Rome; l'état des affaires à Rome, et la manière dont il désire que le roi parle au nonce. 537

Lettre CCCXXIX. *De Bossuet à son neveu.* Sur la Réponse latine de M. de Cambray à M. de Paris; la Réponse du même à sa *Relation*; et sur une lettre que le cardinal de Bouillon lui avoit écrite. 539

Lettre CCCXXX. *De M. de Noailles, archevêque de Paris, à l'abbé Bossuet.* Il lui marque ce qu'il pense de la Réponse de M. de Cambray, et ce qu'il devoit faire à cet égard. 541

Lettre CCCXXXI. *De l'abbé Bossuet à son oncle.* Sur les discours tenus au duc Cesarini, contre cet abbé; les sollicitations des partisans de M. de Cambray, et leurs démarches pour empêcher une qualification particulière des erreurs du livre; les expédiens que cet abbbé jugeoit nécessaires pour obtenir une bonne décision; sur le faux bruit d'un accommodement de l'affaire; et sur la dernière congrégation. 542

Lettre CCCXXXII. *De Bossuet à son neveu.* Sur la *Réponse de M. de Cambray à sa Relation*; la manière dont l'archevêque de Chieti parloit du livre de M. de Cambray dans une lettre; les raisons du refroidissement de M. Giori; et les mécontentemens qu'on avoit du cardinal de Bouillon. 544

Lettre CCCXXXIII. *De l'abbé Phelippeaux à Bossuet.* Il lui rend compte de ce qui s'étoit passé dans les dernières congrégations; et lui fait part des divers sentimens sur le nouvel ambassadeur que le roi avoit nommé. 552

Lettre CCCXXXIV. *De l'abbé Bossuet à son oncle.* Sur la nomination d'un nouvel ambassadeur; l'état de l'affaire de M. de Cambray; l'audience que l'abbé Bossuet avoit eue du saint Père; et le mécontentement des cardinaux à l'égard de M. de Cambray. 553

Lettre CCCXXXV. *De Bossuet à M. de la Broue.* Sur les raisons qui empêchoient qu'il ne fût député des Etats, et sur la *Réponse de M. de Cambray à sa Relation.* 562

Lettre CCCXXXVI. *De l'abbé Bossuet au prince de Monaco, nommé ambassadeur à Rome.* Il l'instruit de tout ce qui s'étoit passé dans l'affaire de M. de Cambray, et de l'état actuel des choses. 562

Lettre CCCXXXVII. *De Bossuet à M. de Noailles, archevêque de Paris.* Il lui fait des observations sur la lettre que l'abbé Bossuet lui avoit écrite, et l'exhorte à répondre à M. de Cambray. 567

Lettre CCCXXXVIII. *De Bossuet à son neveu.* Sur ce que les partisans de Fénelon lui en vouloient plus qu'à M. de Noailles; sur les faux bruits d'accommodement répandus par les amis de M. de Cambray; une forme de condamnation proposée par le P. Estiennot; et sur le motif qui le fait agir dans cette affaire. 567

Lettre CCCXXXIX. *De M. le Tellier, archevêque de Reims, à l'abbé Bossuet.* Il lui déclare le jugement qu'il porte de la Réponse de M. de Cambray à la Relation de M. de Meaux. 570

Lettre CCCXL. *De l'abbé Bossuet à son oncle.* Sur différents écrits du prélat, la nouvelle édition de la *Réponse de M. de Cambray à la Relation*; les démarches du cardinal de Bouillon pour précipiter la décision; la conférence qu'ils avoient eue à ce sujet; et la fin prochaine du rapport des examinateurs. 571

Mémoire que M. le cardinal de Bouillon a souhaité que M. l'abbé Bossuet lui donnât signé de lui, sur les représentations et les demandes qu'il avoit faites au Pape; en notes. 574

Lettre CCCXLI. *De Bossuet à son neveu.* Il l'avertit de faire en sorte qu'on évite dans la bulle le *motu proprio*; l'instruit d'un différend survenu entre le nonce, les ambassadeurs et la Cour; et porte son jugement de la *Réponse de M. de Cambray à sa Relation.* 578

Lettre CCCXLII. *Du R. P. Campioni à M. l'évêque de Meaux.* Il lui parle du dessein qu'il avoit de traduire le livre du prélat, *des Etats d'oraison*, et lui annonce la dissertation qu'il avoit composée sur la nécessité de l'amour divin pour les sacremens des morts. 580

LETTRE CCCXLIII. *De l'abbé Bossuet à son oncle.* Sur la *Réponse* de M. de Cambray, et la nécessité d'y répliquer; le rapport des examinateurs, et l'affectation de quelques-uns à prolonger; et les doutes affectés du cardinal de Bouillon touchant les intentions du roi.   583

LETTRE *du sieur Robert, curé de la ville de Seurre, à une religieuse converse de Sainte-Claire dudit Seurre, sa pénitente.*   587

PRÔNE fait et prononcé le troisième dimanche du mois d'août, en l'église paroissiale de Saint-Martin de la ville de Seurre, par ledit sieur Robert.   587

SENTENCE contre maître Philibert Robert.   592

ARRÊT de la cour de parlement de Dijon, rendu contre maître Philibert Robert, prêtre, curé de la ville de Seurre, accusé de quiétisme et d'inceste spirituel.   593

FIN DE LA TABLE DU VINGT-NEUVIÈME VOLUME.

BESANÇON. — IMPRIMERIE D'OUTHENIN CHALANDRE FILS.

GRAND CATÉCHISME

DE

LA PERSÉVÉRANCE CHRÉTIENNE

OU

EXPLICATION PHILOSOPHIQUE, APOLOGÉTIQUE, HISTORIQUE
DOGMATIQUE, MORALE
CANONIQUE, ASCÉTIQUE ET LITURGIQUE DE LA RELIGION

Suivant les Constitutions déjà promulguées du saint Concile du Vatican

Tirée des meilleurs auteurs anciens et contemporains
et appuyée de très-nombreux témoignages de l'Écriture, des Pères
et des Écrivains ecclésiastiques

AVEC D'INNOMBRABLES TRAITS HISTORIQUES PUISÉS AUX SOURCES LES PLUS PURES

Par P. D'HAUTERIVE

Auteur des *Nouvelles Méditations* à l'usage des Religieuses hospitalières et enseignantes, traducteur des *Instructions familières* et des *Homélies* de RAINERI, des *Méditations* du vénérable P. LOUIS DU PONT, etc., etc.

OUVRAGE APPROUVÉ ET RECOMMANDÉ

Par Mgr Pichenot, archevêque de Chambéry.

12 très-forts volumes in-12, renfermant la matière d'au moins
14 volumes in-8º ordinaires. — Prix : 48 francs.

APPROBATION DE S. G. Mgr PICHENOT, ALORS ÉVÊQUE DE TARBES
ET DE LOURDES.

« D'après ce que Nous avons lu Nous-même, et sur le rapport favorable d'un prêtre dont la science théologique et le bon jugement Nous sont bien connus, nous n'hésitons pas à *approuver* et à *recommander* le GRAND CATÉCHISME DE LA PERSÉVÉRANCE CHRÉTIENNE par M. d'Hauterive. C'est un excellent répertoire, plus riche et plus complet, sans comparaison, que tout ce qui existe en ce genre. L'auteur, du reste, a sagement profité du travail de ses devanciers. Le plan de l'ouvrage est celui de tous les catéchismes ; c'est le plus simple et le plus logique. Les matériaux sont variés, abondants ; les citations bien choisies et puisées aux meilleures sources ; le style clair, facile et naturel ; les traits d'histoire souvent nouveaux et en grand nombre.

» De plus, ce livre a un cachet d'à-propos et d'actualité qui n'échappera à personne, et qui le met au niveau des circonstances et des besoins du temps. Les nouvelles définitions conciliaires, les découvertes scientifiques les plus récentes y trouvent naturellement leur place ; les objections du jour y sont réfutées avec soin. Nous désirerions que cette *véritable encyclopédie du Christianisme* fût dans toutes les mains. Nous le bénissons de grand cœur, et Nous le plaçons sous le patronage bien-aimé et tout-puissant de l'Immaculée Conception.

» De notre *Chalet* à la Grotte de Lourdes, le jour du pèlerinage de notre grand séminaire, le 17 juin 1872.

» † PIERRE-ANASTASE,
» *Évêque de Tarbes (et de Lourdes).* »

Paris. — Imp. Vve P. LAROUSSE et Cie, rue du Montparnasse, 19.

www.ingramcontent.com/pod-product-compliance
Lightning Source LLC
Chambersburg PA
CBHW051328230426
43668CB00010B/1182